ullstein

Der Verräter in den eigenen Reihen ist entlarvt, doch der britische Secret Service liegt in Trümmern. Seit Jahren weiß der sowjetische Geheimdienst so gut wie alles über Aufbau und Personal des *Circus*, und Smiley, zu dessen Leiter befördert, steht vor einer schier unlösbaren Aufgabe: So schnell und unauffällig wie möglich muß er den Secret Service zu alter Schlagkraft zurückführen – und das Leben seiner Agenten auf der ganzen Welt schützen. Dazu muß er Karla finden, den sowjetischen Einsatzleiter, der den Vernichtungsfeldzug gegen den *Circus* befehligt hat. Ein entscheidender Hinweis deutet nach Indochina. Der Agent Jerry Westerby wird nach Asien geschickt und stößt auch bald in Hongkong auf Karlas Spuren …

JOHN LE CARRÉ, 1931 geboren, studierte in Bern und Oxford. Er war Lehrer in Eton und arbeitete während des Kalten Kriegs kurze Zeit für den britischen Geheimdienst. Fast sechzig Jahre war dann das Schreiben sein Beruf. 2011 wurde er mit der Goethe-Medaille ausgezeichnet. Er lebte in London und Cornwall. Am 12. Dezember 2020 ist John le Carré verstorben.

Von John le Carré sind in unserem Hause bereits erschienen:

*Absolute Freunde · Agent in eigener Sache · Dame, König, As, Spion · Das Russlandhaus · Das Vermächtnis der Spione · Der ewige Gärtner · Der heimliche Gefährte · Der Nachtmanager · Der Schneider von Panama · Der Spion, der aus der Kälte kam · Der Taubentunnel · Der wachsame Träumer · Die Libelle · Ein blendender Spion · Ein guter Soldat · Ein Mord erster Klasse · Eine kleine Stadt in Deutschland · Empfindliche Wahrheit · Federball · Geheime Melodie · Krieg im Spiegel · Marionetten · Schatten von gestern · Single & Single · Unser Spiel · Verräter wie wir · Silverview*

# JOHN LE CARRÉ

# EINE ART HELD

EIN SMILEY-ROMAN

AUS DEM ENGLISCHEN VON
HEDDA SOELLNER UND ROLF SOELLNER

ULLSTEIN

Besuchen Sie uns im Internet:
www.ullstein.de





Neuausgabe im Ullstein Taschenbuch
1. Auflage November 2019
2. Auflage 2024

Titel der englischen Originalausgabe: *The Honourable Schoolboy*
(Hodder and Stoughton, London)
Übersetzung: Hedda und Rolf Soellner mit freundlicher Genehmigung des
Verlags Kiepenheuer & Witsch, Köln

Umschlaggestaltung: zero-media.net, München
Titelabbildung: © FinePic®, München
Druck und Bindearbeiten: ScandBook UAB, Litauen
ISBN 978-3-548-06185-6

# Inhalt

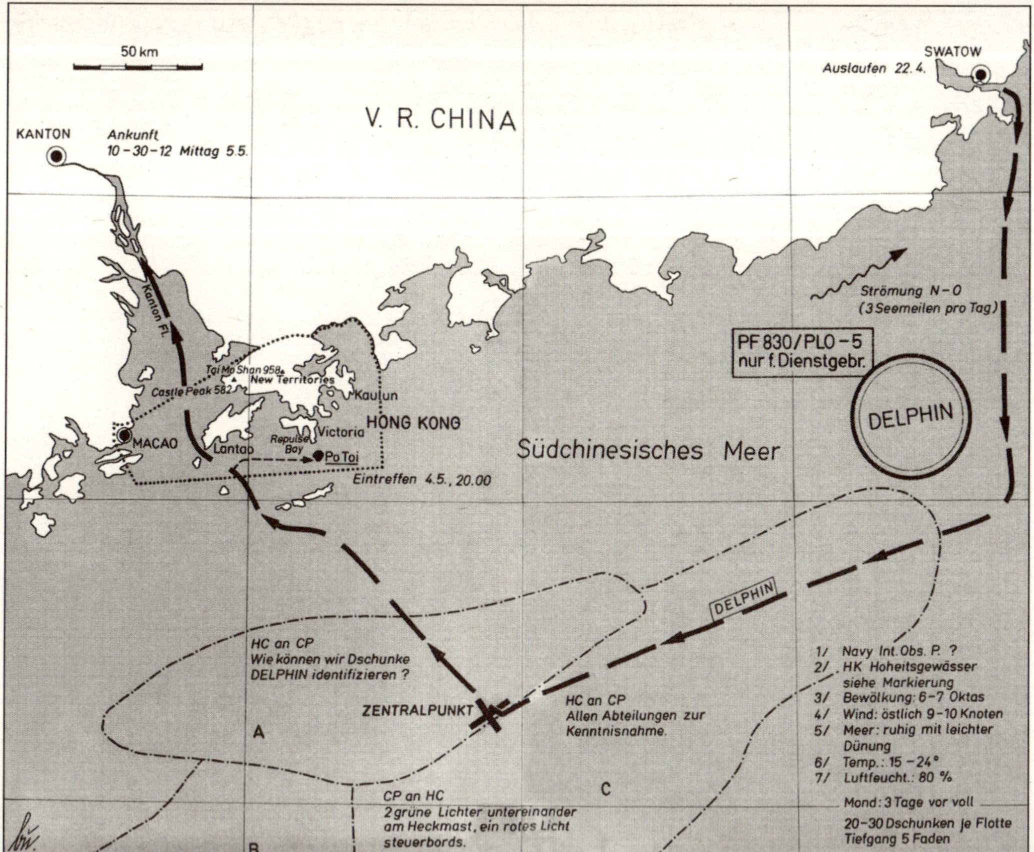
50 km
V. R. CHINA
KANTON
Ankunft
10 – 30 – 12 Mittag 5.5.
SWATOW
Auslaufen 22.4.
Kanton Fl.
Tai Mo Shan 958
New Territories
Castle Peak 582
Kaulun
HONG KONG
MACAO
Lantao
Repulse Bay
Victoria
Po Toi
Eintreffen 4.5., 20.00
Südchinesisches Meer
Strömung N–O
(3 Seemeilen pro Tag)
PF 830/PLO – 5
nur f. Dienstgebr.
DELPHIN
DELPHIN
HC an CP
Wie können wir Dschunke
DELPHIN identifizieren ?
ZENTRALPUNKT
HC an CP
Allen Abteilungen zur
Kenntnisnahme.
A
B
C
CP an HC
2 grüne Lichter untereinander
am Heckmast, ein rotes Licht
steuerbords.
1/ Navy Int. Obs. P. ?
2/ HK Hoheitsgewässer
siehe Markierung
3/ Bewölkung: 6–7 Oktas
4/ Wind: östlich 9–10 Knoten
5/ Meer: ruhig mit leichter
Dünung
6/ Temp.: 15 – 24°
7/ Luftfeucht.: 80 %
Mond: 3 Tage vor voll
20–30 Dschunken je Flotte
Tiefgang 5 Faden

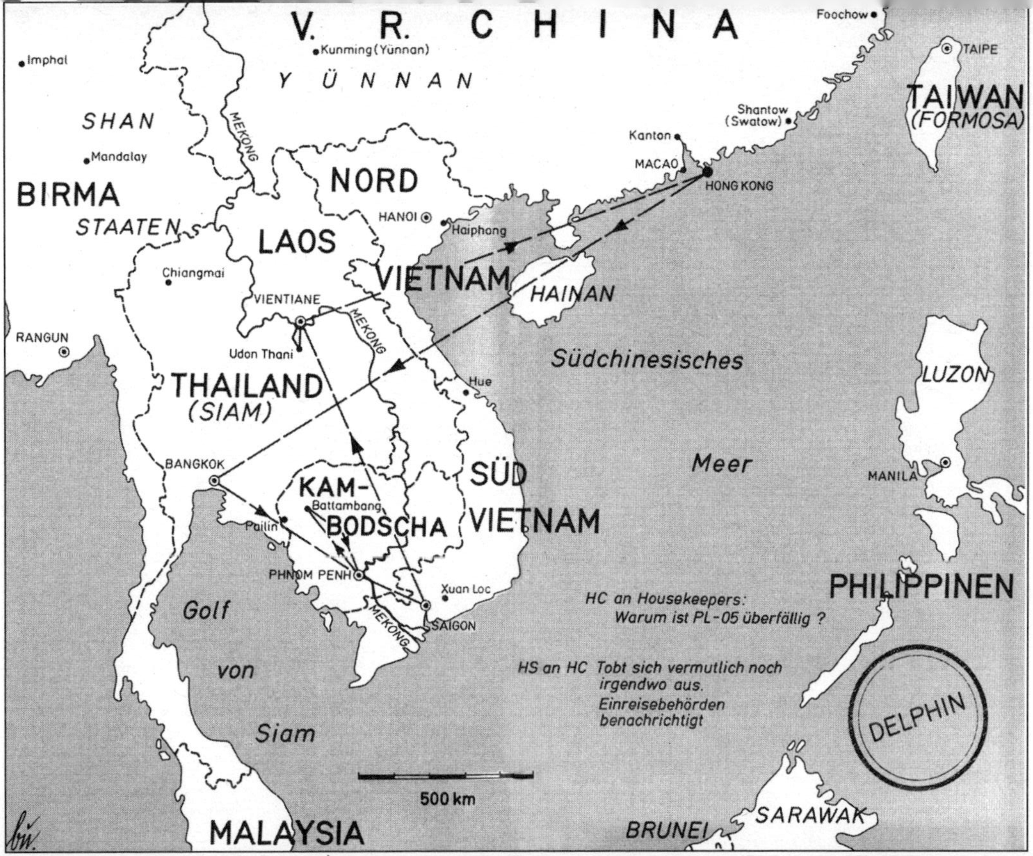
V. R. CHINA
Foochow
Imphal
Kunming (Yünnan)
YÜNNAN
SHAN
Mandalay
BIRMA
STAATEN
MEKONG
NORD
HANOI
Haiphong
LAOS
VIETNAM
Chiangmai
VIENTIANE
Udon Thani
RANGUN
THAILAND
(SIAM)
BANGKOK
KAM-
BODSCHA
Battambang
Pailin
PHNOM PENH
SÜD
VIETNAM
Hue
Xuan Loc
SAIGON
Shantow
(Swatow)
Kanton
MACAO
HONG KONG
HAINAN
TAIPE
TAIWAN
(FORMOSA)
LUZON
MANILA
PHILIPPINEN
Südchinesisches
Meer
HC an Housekeepers:
Warum ist PL-05 überfällig ?
HS an HC Tobt sich vermutlich noch
irgendwo aus.
Einreisebehörden
benachrichtigt
DELPHIN
Golf
von
Siam
500 km
MALAYSIA
BRUNEI
SARAWAK
bü.

Ich und das Publikum, wir wissen,
Was jedes Schulkind lernt:
Wer heute Böses leidet,
Wird morgen Böses tun.

W. H. Auden

# Vorwort

Mein aufrichtiger Dank gilt den vielen großzügigen und gastfreundlichen Menschen, die sich Zeit nahmen, mir bei den Vorarbeiten zu diesem Roman behilflich zu sein.
In Singapur, Alwyne (Bob) Taylor, Korrespondent von *Daily Mail;* Max Vanzi von UPI; Peter Simms, damals bei *Time;* und Bruce Wilson vom *Melbourne Herald.*
In Hongkong, Sydney Liu von *Newsweek;* Bing Wong von *Time;* H. D. S. Greenway von *Washington Post;* Anthony Lawrence von BBC; Richard Hughes, damals bei der *Sunday Times;* Donald A. Davis und Vic Vanzi von UPI; und Derek Davies und seinen Mitarbeitern bei der *Far Eastern Economic Review,* insonderheit Leo Goodstadt. Besondere Anerkennung verdient die außerordentliche Hilfsbereitschaft Major-General Penfolds und seines Teams im Royal Hong Kong Jockey Club, die mir alle Informationen über den Rennplatz Happy Valley zugänglich machten, ohne mich ein einziges Mal nach dem Zweck meiner Recherchen zu fragen. Leider ist es mir unmöglich, hier auch die Namen jener Regierungsbeamten von Hongkong und Angehörigen der Königlichen Polizei von Hongkong aufzuführen, die mir, auf die Gefahr hin, sich möglicherweise in Schwierigkeiten zu bringen, so manche Tür geöffnet haben.
In Phnom Penh ließ mein liebenswürdiger Gastgeber, Baron Walther von Marschall, mir alle erdenklichen Aufmerksamkeiten angedeihen, und wie ich ohne die umfassenden Kenntnisse von Kurt Furrer und Madame Yvette Pierpaoli, beide bei der Suisindo Shipping and Trading Co., und zur Zeit in Bangkok, hätte zurechtkommen sollen, vermag ich nicht zu sagen.
Doch mein ganz besonderer Dank muß denen vorbehalten sein, die es am längsten mit mir aushielten: meinem Freund David Greenway von *Washington Post,* der mir erlaubte, in seinem erlauchten Schatten Laos, Nordost-Thailand und Phnom Penh

aufzusuchen; und Peter Simms, der mich, ehe er sich in Hongkong niederließ, ungewohnte Regionen sehen lehrte und mir viele mühsame Gänge abnahm. Bei ihnen sowie bei Bing Wong und einigen chinesischen Freunden in Hongkong, die vermutlich lieber anonym bleiben möchten, stehe ich tief in der Kreide.

Nicht unerwähnt bleiben darf der großartige Dick Hughes, dessen Erscheinung und Eigenheiten ich schamlos übertrieben habe und so die Figur von Old Craw schuf. Manchen Leuten braucht man nur einmal zu begegnen, und schon haben sie sich in einem Roman einquartiert und bleiben darin, bis der Autor einen Platz für sie findet. So einer ist Dick. Leider vermochte ich seinem nachdrücklichen Begehr, ihn als komplettes Zerrbild darzustellen, nicht zu folgen. Selbst meine erbittertsten Bemühungen konnten die Herzensgüte des Originals nicht unterkriegen.

Da alle diese guten Menschen zum damaligen Zeitpunkt genausowenig wie ich selber ahnten, was aus diesem Buch werden würde, muß ich mich beeilen, sie von jeder Mitwisserschaft an meinen Missetaten zu entbinden.

Terry Mayers, Veteran des British Karate Team, weihte mich in eine Reihe höchst beunruhigender Fertigkeiten ein. Miß Nellie Adams' unglaublichen Leistungen an der Schreibmaschine vermag kein Lob gerecht zu werden.

Cornwall, den 20. Februar 1977

# Vorwort zur englischen Neuauflage von 1989

Ein geistreicher englischer Schriftsteller hat einmal bemerkt, er schreibe, damit er im Alter etwas zu lesen habe. Mit siebenundfünfzig zähle ich zwar noch nicht zu den Alten, die Geschichte aber ist in den dreizehn Jahren, seit ich dieses Buch geschrieben habe, zweifellos merklich gealtert. Vor dreizehn Jahren war die Sowjetunion noch unter dem Eis einer trägen und korrupten Oligarchie begraben, und die streng gesinnten Führer des neuen China hatten sich voller Verachtung von ihrem alten Verbündeten und Mentor abgewandt. Heute ringt die Sowjetunion um eine Neudefinition der großen Proletarischen Revolution, falls es diese überhaupt je gegeben hat, während das Blut heldenmütiger Chinesen, die friedlich um eine ähnliche Neudefinition ihrer politischen Identität gebeten haben, auf dem Platz des Himmlischen Friedens steht und sich auch von noch so vielen Wasserwerfern der Armee nicht wegspülen läßt.

Also geben Sie acht, wenn Sie dieses Buch lesen. Sie lesen einen historischen Roman, geschrieben vor dieser Zeit, in einem Klima, das sich so geändert hat, daß ich nicht wüßte, wie ich irgend etwas davon wieder einfangen könnte, wenn ich versuchen würde, Ihnen heute dieselbe Geschichte aus der Erinnerung zu erzählen.

Ein weiterer Grund, warum ich im Alter in Versuchung geraten könnte, mich diesem Buch noch einmal zuzuwenden, ist der, daß ich darin ein vages Abbild des Mannes wiederfinde, der ich damals war. *Eine Art Held* war das erste Buch, das ich vor Ort geschrieben habe, und das erste, aber nicht das letzte, für das ich, um Erfahrungen und Informationen zu sammeln, die nicht existierende Uniform eines Reporters angezogen habe. Es erinnert mich daran, wie ich zum ersten Mal Schußwechsel in der Hitze der Schlacht erlebt, wie ich einem verwundeten Soldaten beigestanden und auf den Feldern den Gestank alten Blutes gerochen habe. Es erzählt daher in gewisser Weise vom Erwachsenwerden, aber auch von einer

Rückwärtsentwicklung, denn der Krieg ist immer auch eine Rückkehr in die Kindheit.
Wenn also Jerry Westerby, der Held meines Romans, seine Taxifahrt an die Front einige Kilometer außerhalb von Phnom Penh unternimmt und sich auf einmal unfreiwillig hinter den Linien der Roten Khmer wiederfindet, saß ich mehr oder weniger mit ihm im selben Taxi, das Herz schlug mir im Hals, ich trommelte mit den Fingern auf dasselbe Armaturenbrett und sandte dieselben Gebete zu meinem Schöpfer.
Wenn Jerry eine Opiumhöhle besucht oder sich den Flugkünsten eines berauschten chinesischen Opiumpiloten anvertraut, und dies in einem Flugzeug, das nicht einmal auf einer Schrottauktion zugelassen worden wäre, so ist er der Nutznießer meiner eigenen angstvollen Abenteuer. Was lediglich bedeutet, daß ich im Zeitraum einiger Monate Gefahren durchgestanden habe, die jeder Reporter lässig an einem einzigen Nachmittag hinter sich bringt.
Ich erinnere mich nur an eine Gelegenheit, bei der ich gekniffen habe, doch mag sie für jene anderen Gelegenheiten stehen, die ich zum Glück vergessen habe. Zusammen mit H.D.S. Greenway, der damals bei der *Washington Post* war, wollte ich mit einem Zug von Nakhonphenom im Nordosten Thailands zurück nach Bangkok fahren. Wir waren aus Laos gekommen und hatten eine ziemlich harte Woche hinter uns. Wir hatten im Rebellengebiet gemeinsam einige höchst interessante, aber zermürbende Begegnungen erlebt, nicht zuletzt mit einem von den Amerikanern ausgebildeten Thai-Kommandanten einer Sondereinheit, der mehr Waffen am Leib trug als irgendein anderer, den ich je zuvor oder seitdem gesehen habe, und den Sie in den späteren Kapiteln dieses Buches kennenlernen werden. Als wir uns dem Fahrkartenschalter näherten, fragte Greenway mich erschöpft, ob meine Suche nach Material es erforderlich mache, daß wir in der schlechtesten Wagenklasse reisen müßten. Ich zögerte noch, als ihm die Lösung einfiel: »Ich sag dir was. Wir fahren erster Klasse und lassen Smiley in der dritten Klasse schmoren.« Gesagt, getan, und so kamen wir so gut erholt in Bangkok an, daß wir die Veröffentlichung von *Dame, König, As, Spion* feiern konnten.
Was sonst noch könnte mich dazu bringen, dieses Buch in zehn Jahren noch einmal in die Hand zu nehmen? Die Antwort gleicht einem traurigen Lächeln in meiner Erinnerung. Das verschwundene Kambodscha. Das verschwundene Phnom Penh, der letzte

von Joseph Conrads Flußhäfen, der zum Teufel gegangen ist. Die Gerüche von heißem Öl und Nachtblumen und das Lärmen der Ochsenfrösche, während wir unsere lächerlich wunderbaren Khmer-französischen Mahlzeiten verzehrten, nur wenige Meilen von den raubgierigen Haufen entfernt, die bald die Stadt verwüsten sollten. Die geflüsterten Anzüglichkeiten der Straßenmädchen, die in ihren dreirädrigen Taxis durch die warme Nacht an uns vorüberrollten. Kurz, die Erinnerung an die letzten Tage des französischen Kolonialismus, bevor die Rache des furchtbaren Pol Pot und seiner Roten Khmer das alles für immer hinwegfegte.

Und was Hongkong betrifft – ist auch das alles Geschichte? Während ich dies niederschreibe, befindet sich Mrs. Thatchers Außenminister gerade in der Kolonie und erklärt dort tapfer, warum Britannien nichts tun kann für ein Volk, von dem es sich einhundertfünfzig Jahre lang ernährt hat. Zeitlos ist anscheinend nur der Verrat.

John le Carré, Juli 1989

Für Jane,
die den schwierigsten Teil erwählt hat,
die Last meiner Gegenwart
und meiner Abwesenheit ertrug
und dieses Buch erst möglich machte.

# Erster Teil

# Die Uhr wird aufgezogen

# 1 *Wie der Circus die Stadt verließ*

Noch lang danach stritten sich Londons Geheimdienstler in ihren staubigen Stammkneipen um die Frage, wann denn genau der Beginn des Unternehmens Delphin anzusetzen sei. Die eine Partei, angeführt von einem dicklichen Burschen aus der Abteilung Abhörprotokollierung, ging so weit, zu behaupten, der Stichtag sei vor sechzig Jahren gewesen, als »dieser Erzlump Bill Haydon« unter einem verräterischen Stern das Licht der Welt erblickt hatte. Allein schon der Name Haydon jagte ihnen Schauder über den Rücken und tut es noch heute. Denn eben jener Haydon war noch während seiner Zeit in Oxford von dem Russen Karla als »Maulwurf« oder »Schläfer«, das heißt als Tiefenagent angeworben worden, um gegen sie zu arbeiten. Und hatte sich unter Karlas Weisung in ihre Mannschaft eingereiht und sie dreißig Jahre oder noch länger ausspioniert. Und seine endliche Entdeckung hatte die britische Mannschaft – so lautet die Lesart – in eine fatale Abhängigkeit vom amerikanischen Schwesterunternehmen gebracht, von den »Vettern«, wie es in ihrem Privatjargon hieß. Die Vettern modelten das Spiel völlig um, sagte der Dicke: im gleichen Ton, als bedauerte er die Entwicklung des Leistungssports zum Massensport. Und haben es dabei völlig verdorben, sagten seine Sekundanten.

Für weniger umschweifige Geister begann die Geschichte mit Haydons Entlarvung durch George Smiley und mit Smileys darauffolgender Ernennung zum amtierenden Chef der verratenen Dienststelle, so geschehen Ende November 1973. Nachdem George einmal Karlas Witterung aufgenommen hatte, so sagten sie, war er nicht mehr zu halten. Alles übrige sei nur die zwangsläufige Folge gewesen, sagten sie. Armer alter George: aber was für ein Kopf auf den schwachen Schultern!

Ein gelehrtes Haus, Ermittler seines Zeichens, im Jargon »Wühlmaus« genannt, wollte in seinem Suff sogar den 26. Januar 1841 ansetzen, den Tag, an dem ein gewisser Captain Elliot von der Royal Navy seine Mannschaft auf einen umnebelten Felsen Namens Hongkong an der Mündung des Perlflusses an Land setzte und den Ort wenige Tage später zur britischen Kolonie erklärte. Mit Elliots Landung, so das gelehrte Haus, wurde Hongkong zum Hauptquartier des britischen Opiumhandels mit China und in der Folge zu einer der wirtschaftlichen Säulen des Empire. Hätten die Briten nicht den Opiummarkt erfunden, sagte er – nicht unbedingt im Ernst –, dann hätte es auch keinen Fall, kein Unternehmen, kein Ergebnis und folglich auch keine Wiedergeburt des Circus nach Bill Haydons verheerendem Verrat gegeben.

Für die harten Burschen hingegen – die gelernten Außenagenten, die Instruktoren und die Einsatzleiter, die immer ihren eigenen Kommentar brummten – war das Ganze eine reine Verfahrensfrage. Sie erinnerten daran, wie zielsicher Smiley Karlas Zahlmeister in Vientiane aufgestöbert hatte, wie Smiley mit den Eltern des Mädchens umzugehen verstand und wie er mit den Whitehall-Baronen verfuhr, die den Daumen auf der Kasse hielten und in der Geheimwelt das Sagen und das Fragen hatten. Vor allem aber, wie er zu jenem grandiosen Zeitpunkt die ganze Operation um hundertachtzig Grad herumschwenkte. Für diese Profis war Unternehmen Delphin ein Triumph der Technik. Nichts weiter. Sie betrachteten die Muß-Ehe mit den Vettern lediglich als einen weiteren schlauen Trick in einem langen und heiklen Pokerspiel. Und was das Endresultat betraf: nebbich. Der König ist tot, lang lebe der nächste.

Die Debatte wird fortgeführt, wo immer alte Kameraden beieinandersitzen, der Name Jerry Westerby fällt dabei jedoch aus verständlichen Gründen nur selten. Gewiß, gelegentlich passiert es dennoch, irgendwer holt ihn aus der Versenkung hervor, aus Großsprecherei, aus Gefühlsduselei oder einfach aus Unbesonnenheit, und dann kommt Spannung auf: aber das geht vorbei. Erst unlängst hat ihn zum Beispiel ein junger Grünschnabel, frisch aus dem neueröffneten Trainingslager des Circus in Sarratt – im Jargon die »Nursery« genannt –, in der Kneipe der Unterdreißiger herausposaunt. Eine entschärfte Version von Unternehmen Delphin war vor einiger Zeit in Sarratt als Material für Roundtable-Diskussionen eingeführt worden, Teile davon hatte man sogar durchgespielt, und der arme, noch so recht grüne Junge

schnappte fast über vor Aufregung, als er entdeckte, daß er im Bilde war: »Mein *Gott*«, entrüstete er sich im Schutze jener Narrenfreiheit, wie sie manchmal junge Marineleutnants in der Offiziersmesse genießen, »mein *Gott*, warum will denn niemand Westerbys Rolle in dieser Sache würdigen? *Wenn* hier einer das Risiko zu tragen hatte, dann war's Jerry Westerby. Er war die Speerspitze gewesen. Oder etwa nicht? Ehrlich?« Nur daß er natürlich nicht den Namen »Westerby« aussprach, auch nicht den Namen »Jerry«, allein schon deshalb nicht, weil er sie nicht kannte; er bediente sich des Decknamens, der Jerry für die Dauer seines Einsatzes zugeteilt worden war.
Peter Guillam griff rettend ein. Guillam ist groß und drahtig und elegant, und Novizen, die auf ihren ersten Einsatz warten, blicken gern zu ihm auf, wie zu einer griechischen Gottheit.
»Westerby war der Stecken, der das Feuer schürte«, erklärte er brüsk und beendete damit das Schweigen. »Jeder Außenmann hätte es genausogut getan, mancher sogar verdammt viel besser.«
Als der Junge noch immer nicht kapierte, stand der sehr blaß gewordene Guillam auf, ging zu ihm hinüber und schnauzte ihm ins Ohr, er solle sich noch einen Drink holen, wenn er ihn vertragen könne, und danach ein paar Tage oder besser ein paar Wochen lang die Klappe halten. Worauf das Gespräch sich wiederum dem lieben alten George Smiley zuwandte, dem gewiß letzten der *wahrhaft* Großen, und was er wohl jetzt, da er wieder in den Ruhestand zurückgekehrt war, mit sich anfangen mochte? Er hatte so viele Leben gelebt; so vieles am stillen Herd zu überdenken, meinten sie einhellig.
»George hat fünfmal soviel geleistet wie wir«, erklärte jemand ritterlich – eine Frau.
Zehnmal, fanden sie alle. Zwanzigmal! *Fünfzigmal!* Über diesem massiven Lob geriet Westerbys Schatten in gnädige Vergessenheit. Und in gewissem Sinn auch George Smileys Schatten. Schließlich hatte George ein erfülltes Leben gehabt, sagten sie. Was konnte man in *seinem* Alter noch erwarten?

Vielleicht ist es realistischer, als Ausgangspunkt einen Sonnabend in der Mitte des Jahres 1974 anzunehmen, als ein Taifun über Hongkong hinwegfegte und die Stadt gegen drei Uhr nachmittags wie ausgestorben dalag und auf den nächsten Sturmangriff wartete. In der Bar des Auslandskorrespondenten-Clubs lunger-

ten eine Handvoll Journalisten, in der Mehrzahl aus ehemaligen britischen Kolonien – Australien, Kanada, Amerika –, herum, alberten und tranken in einer Art aggressiver Untätigkeit: eine Truppe ohne Hauptdarsteller. Dreizehn Stockwerke unter ihnen schoben sich die alten Straßenbahnen und Doppeldeckerbusse durch die schmutzigbraunen Ausdünstungen der Häuser und den Ruß der Fabriken von Kaulun. Die winzigen Teiche vor den hochaufragenden Hotels wurden vom langsamen, penetranten Regen punktiert. Und in »Herren«, von wo aus man den schönsten Blick über den Hafen hatte, tauchte der junge Kalifornier Luke das Gesicht ins Becken und wusch sich das Blut vom Mund.
Luke war ein eigenwilliger, hochaufgeschossener Tennisspieler, ein Greis von siebenundzwanzig Jahren, der bis zum Abzug der Amerikaner das beste Pferd im Saigoner Stall der Kriegsberichterstatter seiner Zeitschrift gewesen war. Wer ihn als Tennisspieler kannte, konnte sich kaum vorstellen, daß er auch noch etwas anderes tat, und wäre es nur trinken. Man sah ihn am Netz, wie er unbeirrbar alles, was da kommen mochte, zum Teufel schmetterte; oder zwischen Doppelfehlern Asse servierte. Während er saugte und spuckte, war sein Denken durch Alkohol und eine gelinde Gehirnerschütterung in mehrere luzide Teile gespalten. Der eine Teil beschäftigte sich mit einer Barmaid in Wanchai namens Ella, der zuliebe er dem neuseeländischen Polizisten einen Kinnhaken versetzt und die unvermeidlichen Folgen erlitten hatte: mit einem Minimum an Kraftaufwand hatte ihn Superintendent Rockhurst, alias der Rocker, der sich jetzt in einer Ecke der Bar von seinem Tun ausruhte, auf die Bretter geschickt und ihm einen herzhaften Tritt in die Rippen verpaßt. Ein weiterer Teil von Lukes Denken beschäftigte sich mit einem Ausspruch seines chinesischen Hauswirts, der sich an diesem Morgen wegen des Grammophonlärms bei ihm beschwert hatte und auf ein Bierchen geblieben war.
Irgendein Knüller, soviel stand fest, aber was für einer?
Er erbrach sich nochmals, dann linste er aus dem Fenster. Die Dschunken waren hinter den Schutzmauern vertäut, und die Star Ferry hatte den Betrieb eingestellt. Eine altgediente britische Fregatte dümpelte vor Anker, und im Club ging das Gerücht, Whitehall wolle sie verkaufen.
»Sollte in See stechen«, brabbelte Luke wirr, denn er entsann sich einigen Seemannsgarns, das er auf seinen Reisen aufgeschnappt

hatte. »Fregatten stechen auch bei Taifun in See. Yes Sir.« Die Hügel waren schiefergrau unter den schwarzen Wolkenschichten. Vor einem halben Jahr hätte Luke bei diesem Anblick vor Wonne geschnurrt. Den Hafen, das Getöse, sogar die Hochhausschuppen, die vom Strand bis zum Peak, zur Hügelspitze, hinaufklommen: nach Saigon hatte er die ganze Szenerie jubelnd begrüßt. Aber heute sah er nur noch einen satten, reichen, britischen Felsen in den Händen einiger feister Krämer, die nicht über die eigenen Wänste hinaussahen. Die Kolonie war daher für ihn genau das geworden, was sie für die übrigen Journalisten längst war: ein Flugplatz, ein Telefon, eine Wäscherei, ein Bett. Dann und wann – aber niemals für lange – eine Frau. Sogar die Erfahrungen mußte man importieren. Und die Kriege, die so lange Zeit hindurch seine Droge gewesen waren: sie waren von Hongkong genauso weit entfernt wie von London oder New York. Nur die Börse reagierte andeutungsweise, aber am Sonnabend war sie ohnehin geschlossen.

»Meinst du, du wirst's überleben, Goldjunge?« fragte der strubbelige kanadische Cowboy, der an die Piß-Schüssel nebenan trat. Die beiden Männer hatten die Freuden der Tet-Offensive geteilt.

»Danke, mein Lieber, ich bin in *ausgesprochner Hochform«*, erwiderte Luke mit seinem übertriebensten englischen Akzent.

Luke kam zu dem Schluß, daß er sich unbedingt an das erinnern müsse, was Jake Chiu am Vormittag beim Bier zu ihm gesagt hatte, und plötzlich fiel es ihm wie ein Geschenk des Himmels wieder ein.

»Ich hab's«, schrie er. »Herrgott, Cowboy, ich weiß es wieder! Luke, du weißt es wieder! Mein Gehirn! Es funktioniert! Leute, alle mal herhören!«

»Vergiß es!« riet ihm der Cowboy. »Da draußen herrscht heute dicke Luft, Goldjunge. Was es auch sein mag, vergiß es.«

Aber Luke trat die Tür auf und rannte mit ausgebreiteten Armen in die Bar.

»Heh! Heh! *Leute!«*

Niemand wandte den Kopf. Luke formte die Hände zu einem Megaphon:

»Hört zu, ihr besoffenen Strolche, ich hab ne *Neuigkeit.* Zwei Flaschen Whisky am Tag undn Gehirn wien Rasiermesser. Ist das nicht fabelhaft? Wo is die Bimmel?«

Da er keine fand, griff er sich ein Bierseidel und hämmerte damit gegen die Theke, daß das Bier überschwappte. Auch dann geruhte nur der Zwerg, von ihm Notiz zu nehmen.

»Na, wo brennt's denn, Lukie?« näselte der Zwerg mit seinem Greenwich-Village-Akzent. »Hat Big Moo wiedermal den Schluckauf? Bricht mir das Herz.«

Big Moo nannten sie im Clubjargon den Gouverneur, und der Zwerg war Lukes Bürochef. Ein formloser, mürrischer Mensch mit wirrem Haar, das ihm in schwarzen Strähnen ins Gesicht fiel, und der Angewohnheit, wie aus dem Nichts neben einem aufzutauchen. Vor einem Jahr hatten ihn ein paar Franzosen, die man sonst hier selten sieht, wegen einer beiläufigen Bemerkung über den Ursprung des Vietnam-Fiaskos beinah umgebracht. Sie zerrten ihn zum Lift, brachen ihm den Kiefer und mehrere Rippen, dann kippten sie ihn im Erdgeschoß wie ein lebloses Bündel heraus und kehrten zu ihren Gläsern zurück. Kurz darauf wurde ihm eine ähnliche Behandlung von seiten der Australier zuteil, als er eine absurde Äußerung betreffs ihrer militärischen Rolle in diesem Krieg zum besten gab. Er behauptete, Canberra habe mit Präsident Johnson vereinbart, daß die australischen Jungens in Vung Tau bleiben sollten, einem wahren Picknickplätzchen, während die Amerikaner anderswo den wirklichen Krieg führten. Im Gegensatz zu den Franzosen verschmähten die Australier den Lift. Sie prügelten den Zwerg einfach an Ort und Stelle windelweich, und als er zu Boden ging, bekam er noch eine Zugabe. Danach hatte er begriffen, wann er den Leuten in Hongkong aus dem Weg gehen mußte. Zum Beispiel bei lang anhaltendem Nebel. Oder wenn es nur vier Stunden am Tag Wasser gab. Oder an einem Sonnabend während des Taifuns.

Im übrigen war der Club recht leer. Die Starkorrespondenten hielten sich aus Prestigegründen ohnehin fern. Ein paar Geschäftsleute, die wegen der um die Pressemänner herrschenden Atmosphäre kamen, ein paar Mädchen, die der Männer wegen kamen. Eine Handvoll Fernseh-Kriegstouristen in imitierten Kampfanzügen. Und, in seiner Stammecke, der furchterregende Rocker, Polizei-Superintendent und ehemaliger Palästina-, Kenia-, Malaya- und Fidji-Kämpfer, ein erbarmungsloses Schlachtroß mit einem Bier, einer Garnitur leicht geröteter Fingerknöchel und einer Wochenendausgabe der *South China Morning Post*. Der Rocker, so sagten die Leute, komme aus Standesgründen. Und an dem großen Mitteltisch, der an Wochentagen das Reservat von *United Press International* war, lungerte der Shanghai Junior Baptist Conservative Bowling Club unter dem Vorsitz des gescheckten alten Australiers Craw und gab sich dem üblichen Sonnabendturnier hin. Bei diesem Kampf ging es darum, eine zusammengedrehte Serviette quer durch den Raum segeln und im Weinregal landen zu lassen. Bei jedem Treffer stifteten die Mitspieler dem Torschützen die betreffende Flasche und halfen sie ihm leeren. Old Craw knurrte die Schießbefehle, und ein ältlicher Kellner aus Schanghai, der bei Craw einen Stein im Brett hatte, bestückte müde den Schießstand und servierte die Preise. An diesem Tag fehlte dem Spiel die Würze; ein paar Mitglieder beteiligten sich überhaupt nicht. Dennoch wählte Luke gerade diesen Kreis als sein Publikum.

»Die *Frau* von Big Moo hatn Schluckauf!« quengelte der Zwerg weiter. »Das *Pferd* von der Frau von Big Moo hatn Schluckauf! Der *Stallknecht* vom Pferd von der Frau von Big Moo hatn Schluckauf! Das . . . «

Luke marschierte zum Tisch, sprang mit einem Satz darauf, daß er krachte; ein paar Gläser zerbrachen, und Lukes Kopf rammte die Decke. Die leicht gebückte Gestalt hob sich überlebensgroß vor dem Südfenster ab: der suppige Nebel, dahinter der dunkle Schatten des Peak und dieser schwarze Riese, der den ganzen Vordergrund ausfüllte. Aber die Männer warfen und tranken weiter, als hätten sie ihn nicht gesehen. Nur der Rocker blickte ein einzigesmal in Lukes Richtung, ehe er seinen riesigen Daumen ableckte und zur Witzseite umblätterte.

»Dritte Runde!« kommandierte Craw mit seinem kräftigen australischen Akzent. »Bruder Kanada, Feuer frei. Warte, du Knallkopf. Feuer!«

Eine zusammengedrehte Serviette segelte im hohen Bogen zum Regal. Fand eine Lücke, verhakte sich eine Sekunde lang, glitt ab, flatterte zu Boden. Luke, vom Zwerg angestachelt, begann auf den Tisch zu stampfen und warf noch ein paar Gläser um. Schließlich gab sein Publikum den Widerstand auf.

»Ehrwürdens«, sagte Old Craw seufzend, »darf ich um Aufmerksamkeit bitten für meinen Sohn. Ich fürchte, er hat uns etwas mitzuteilen. Bruder Luke, du hast heute mehrere Friedensbrüche begangen, jeder weitere wird unserer ernsten Mißbilligung begegnen. Sprich klar und knapp und lasse nichts aus, auch nicht die geringste Kleinigkeit, und dann halt die Luft an.«

In ihrer unermüdlichen gegenseitigen Mythenstrickerei hatten sie Old Craw den *»Ancient Mariner«* getauft. Craw habe sich, so erzählten sie einander, schon mehr Sand von den Hosen geklopft, als die meisten von ihnen je unter die Sohlen kriegen würden; und das stimmte. In Schanghai, wo seine Laufbahn begann, war er *Tee-Boy* und Lokalredakteur der einzigen englischsprachigen Zeitung der Hafenstadt gewesen. Seither berichtete er über den Kampf der Kommunisten gegen Tschiang Kai-schek, den Kampf Tschiangs gegen die Japaner und die Kämpfe der Amerikaner gegen nahezu alle anderen. Craw vermittelte ihnen eine Art Geschichtsbewußtsein in dieser wurzellosen Stadt. Seine Redeweise, die an Taifuntagen sogar den Abgehärtetsten verzeihlicherweise auf die Nerven fallen konnte, war ein echtes Relikt aus den dreißiger Jahren, als Australien den Großteil der Journalisten im Fernen Osten stellte und der Vatikan aus unerfindlichen Gründen den Jargon ihrer Gemeinde.

So gelang es Luke dank Old Craw schließlich, seine Neuigkeit an den Mann zu bringen.

»Gentlemen! – Zwerg, verdammter Polack, laß meinen Fuß los! – Gentlemen!« Er hielt inne und betupfte sich die Lippen mit dem Taschentuch. »Das Haus, bekannt unter dem Namen High Haven, steht zum Verkauf, und Ehrwürden Tufty Thesinger haben sich aus dem Staub gemacht.«

Nichts tat sich, aber er hatte auch nichts Besonderes erwartet. Journalisten geben ihrem Erstaunen nicht lauthals Ausdruck, nicht einmal ihrem Unglauben.

»High Haven«, wiederholte Luke schallend, »ist zu haben. Mr. Jake Chiu, der bekannte und beliebte Immobilienmakler, Ihnen besonders in seiner Eigenschaft als mein aufgebrachter Hauswirt ein Begriff, wurde von der Regierung Ihrer Majestät beauftragt, über High Haven zu *disponieren*. Im Klartext: die Bude zu verscheuern. Loslassen, polnischer Saukerl, ich bring dich um!«

Der Zwerg hatte ihn vom Tisch gestoßen. Nur ein hurtiger Luftsprung bewahrte Luke vor Schaden. Vom Fußboden aus brüllte er weitere Beschimpfungen gegen seinen Angreifer. Inzwischen hatte Craw seinen großen Kopf Luke zugewendet, die feuchten Augen hefteten sich böse glotzend auf ihn, schienen ihn nie mehr loslassen zu wollen. Luke fragte sich, gegen welches von Craws zahlreichen Gesetzen er verstoßen haben mochte. Unter seinen verschiedenen Verkleidungen war Craw ein komplizierter und einsamer Mensch, wie die ganze Tischrunde wußte. Die absichtliche Ruppigkeit verdeckte eine Liebe zum Fernen Osten, die ihn zuweilen bis zur Unerträglichkeit zu packen schien, so daß er monatelang von der Bildfläche verschwinden konnte und wie ein gereizter Elefant auf seinen eigenen Pfaden stapfte, bis er sich diesem Leben wieder gewachsen fühlte.

»Bitte nicht zu faseln, Ehrwürden, wenn's beliebt«, sagte Craw schließlich und warf den großen Kopf gebieterisch in den Nacken. »Kein dreckiges Gewäsch in die bekömmlichen Gewässer spucken, wenn's gefällig ist, Herr Baron. High Haven ist das ›Spukhaus‹, schon seit Jahren, die Residentur. Bau des luchsäugigen Major Tufty Thesinger, ehedem bei Her Majesty's Rifles, jetzt der Lestrade des Yard in Hongkong. Tufty würde sich nie aus dem Staub machen. Er ist ein ›Spuk‹, kein Waschlappen. Gebt meinem Sohn zu trinken, Monsignore« – dies zu dem chinesischen Barmann –, »er redet irre.«

Craw gab einen weiteren Feuerbefehl, und der Club wandte sich wieder seinen intellektuellen Exerzitien zu. Lukes großartige Erstmeldung in Sachen Spionage war für die Kollegen kein Novum. Er genoß seit langem einen Ruf als verhinderter Spitzeljäger, und seine Hinweise waren unweigerlich haltlos. Seit Vietnam sah dieser Dämlack Spione unter jedem Teppich. Er war überzeugt, daß sie die Welt regierten, und einen Großteil seiner freien Zeit trieb er sich, falls er nüchtern war, in der Umgebung der zahlreichen Heere kaum getarnter China-Beobachter und noch üblerer Gestalten herum, die das riesige amerikanische Konsulat auf dem Hügel heimsuchten. An einem weniger ereignislosen Tag hätte die Sache folglich damit ihr Bewenden gehabt. So jedoch sah der Zwerg eine Gelegenheit zur Kurzweil, und ergriff sie.

»Sag mal, Lukie«, begann er und drehte dabei die ausgestreckten Handflächen nach oben, »steht High Haven *mit kompletter Einrichtung* zum Verkauf oder nur wie besichtigt?«

Die Frage wurde mit Applaus belohnt. War High Haven wertvoller mit seinen Geheimnissen oder ohne sie?

»Steht es *mit* Major Thesinger zum Verkauf?« hakte der südafrikanische Fotograf in seinem humorlosen Singsang ein, und wiederum lachten alle, wenn auch nicht mehr so herzhaft. Der Fotograf war eine gespenstische, klapperdürre Gestalt mit Bürstenhaarschnitt, und sein Gesicht war so zerpflügt wie die Schlachtfelder, auf denen er herumgeisterte. Er kam aus Kapstadt, aber sie nannten ihn Deathwish den Hunnen. Sie sagten, er würde sie noch alle begraben, denn er stelzte immer hinter ihnen her wie ein Klageweib.

Ein paar vergnügliche Minuten lang ging Lukes Eröffnung völlig unter in einer Flut von Thesinger-Stories und Thesinger-Imitationen, an denen sich alle außer Craw beteiligten. Man erinnerte sich, daß der Major ursprünglich als Importkaufmann in der Kolonie aufgetaucht war, drunten in den Docks mit irgendeiner albernen Legende; nach einem halben Jahr erschien er völlig übergangslos auf der Beamtenliste und übersiedelte komplett mit seinem Personal blasser Schreiber und teigiger, wohlerzogener Sekretärinnen in besagtes Spukhaus, um dort irgend jemandes Nachfolge anzutreten. Besonders seine Tête-à-tête-Lunches wurden geschildert, zu denen, wie sich jetzt herausstellte, fast jeder der anwesenden Journalisten irgendwann einmal eingeladen war, und die mit spitzfindigen Vorschlägen beim Cognac endeten, einschließlich so wunderschöner Formulierungen wie: »Hören Sie, alter Junge, falls Ihnen jemals ein interessanter Chinaman vom anderen Flußufer vor die Büchse kommen sollte – einer mit *Zugang*, Sie verstehen? –, dann denken Sie an High Haven!« Dann die magische Telefonnummer, die »direkt auf meinem Schreibtisch anklingelt, keine Zwischenstation, keine Tonbänder, nichts, ja?« – die ein gutes halbes Dutzend von ihnen in ihren Notizbüchern stehen hatte: »Da, schreiben Sie's auf Ihre Manschette, sagen Sie einfach, es ist ein Rendezvous oder eine Freundin oder so. Fertig? Hongkong fünf-null-zwei-vier . . . «

Sie leierten die Zahlen im Chor herunter, dann wurde es still. Irgendwo schlug eine Uhr Viertel nach drei. Luke erhob sich langsam und klopfte sich den Staub von den Jeans. Der alte schanghainesische Kellner gab seinen Posten bei den Regalen auf und holte die Speisenkarte hervor, in der Hoffnung, jemand wolle essen. Eine Weile zögerten sie. Der Tag war vertan. War es schon beim ersten Gin gewesen. Im Hintergrund ertönte tiefes Knurren, als der Rocker sich einen üppigen Lunch bestellte:

»Und dazu ein kaltes Bier, *kalt*, verstanden? *Sehl kalt. Und luck zuck.*« Der Superintendent wußte mit Eingeborenen umzugehen und versäumte nie, darauf hinzuweisen. Dann war es wieder still.

»Na, geschafft, Lukie«, rief der Zwerg und brachte sich außer

Reichweite. »Damit dürften Sie den Pulitzerpreis gewinnen. Gratuliere, *darling*. Knüller des Jahres.«
»Ach, leckt mich doch, alle mitnander«, sagte Luke und begab sich durch das Lokal zur Bar, wo zwei blaßgelbe Mädchen saßen. Armymädchen auf der Pirsch. »Jake Chiu hat mir die Scheiß-Anweisung gezeigt, oder? Anweisung von Her Majesty's Scheiß-Service, oder? Scheiß-Wappen aufm Briefkopf, Löwe vögelt Geiß. Hei, *sweethearts*, kennt ihr mich noch? Ich bin der nette Onkel, der euch aufm Jahrmarkt die Lutscher gekauft hat.«
»Thesinger antwortet nicht«, sang Deathwish der Hunne moros vom Telefon her. »Niemand antwortet. Nicht Thesinger, nicht sein Diensthabender. Apparat ist außer Betrieb.« War es die Aufregung oder die Langeweile gewesen, niemand hatte bemerkt, wie Deathwish ans Telefon gegangen war.

Bis jetzt war Old Craw so leblos gewesen wie ein Dodo. Nun blickte er jäh auf.
»Wähl nochmal, du Narr«, befahl er scharf wie ein Feldwebel beim Exerzieren.
Achselzuckend wählte Deathwish wiederum Thesingers Nummer, und ein paar von ihnen gingen hinüber und sahen ihm dabei zu. Craw blieb, wo er war, und beobachtete. Es gab zwei Apparate. Deathwish probierte es mit dem zweiten, aber das Ergebnis blieb das gleiche.
»Ruf die Vermittlung an«, befahl Craw quer durch das Lokal. »Steh nicht da wie die schwangere Jungfrau. Ruf die Vermittlung an, du afrikanischer Baumaffe.«
»Kein Anschluß unter dieser Nummer«, sagte die Vermittlung.
»Seit wann, Menschenskind?« fragte Deathwish.
»Keine weiteren Angaben«, sagte die Vermittlung.
»Haben die vielleicht ne neue Nummer gekriegt? Hallo! Vermittlung!« heulte Deathwish in die Muschel. Niemand hatte ihn je so aufgebracht gesehen. Das Leben war für Deathwish etwas, was sich vor dem Sucher abspielte: an dieser Leidenschaftlichkeit konnte nur der Taifun schuld sein.
»Keine weiteren Angaben«, sagte die Vermittlung.
»Ruf Shallow Throat an«, befahl Craw, der jetzt richtig wütend war. »Ruf jeden verdammten Protokollhengst in der Kolonie an.«
Deathwish schüttelte zweifelnd den langen Kopf. Shallow Throat war der offizielle Regierungssprecher, ihnen allen ein Dorn im

Auge. Ihn um irgend etwas angehen hieß das Gesicht verlieren.
»Los, gib ihn mir«, sagte Craw, stand auf, schob die anderen beiseite, griff nach dem Telefon und hob ein makabres Werben um Shallow Throat an. »Ihr ergebener Craw hier, Sir, Ihnen stets zu Diensten. Wie geht's Euer Eminenz an Leib und Seele? Sehr erfreut, Sir, sehr erfreut. Und die Frau Gemahlin und die Kleinen, Sir? Essen schön ihren Teller leer, will ich hoffen? Kein Kopfgrind, kein Typhus? Wundervoll. Also dann, vielleicht würden Sie die Güte haben, mir mitzuteilen, warum zum Teufel Tufty Thesinger sich aus dem Staub gemacht hat?«
Sie beobachteten ihn, aber seine Züge waren wie versteinert, und es gab nichts aus ihnen zu lesen.
»Danke sehr, gleichfalls, Sir!« schnaubte er schließlich und hieb den Hörer so hart auf die Gabel, daß der ganze Tisch einen Satz machte. Dann wandte er sich an den alten schanghainesischen Kellner. »Monsignore Goh, Sir, besorgen Sie mir eine Benzinkutsche, seien Sie so freundlich! Ehrwürdens, lüftet eure Ärsche, die ganze Bande!«
»Warum zum Teufel?« fragte der Zwerg, in der Hoffnung, der Befehl gelte auch für ihn.
»Weil's 'ne Story gibt, du rotziger kleiner Kardinal. 'ne Story, ihr versoffenen Eminenzen. Und Reichtum, Ruhm, Weiber und ein langes Leben!«
Seine grimmige Laune war ihnen allen ein Rätsel.
»Was hat Shallow Throat denn so Schlimmes gesagt?« fragte der zottige kanadische Cowboy ratlos.
Der Zwerg echote: »Ja, was hat er denn gesagt, Bruder Craw?«
»Er hat gesagt: *Kein Kommentar*«, erwiderte Craw mit schöner Würde, als wären diese Worte der gemeinste Schandfleck auf seiner Berufsehre.
Also fuhren sie alle zum Peak hinauf, nur die schweigende Mehrheit der Säufer blieb friedlich sitzen. Der zerfahrene Deathwish, der lange Luke, der zottige kanadische Cowboy, ein malerischer Anblick mit seinem mexikanischen Revoluzzerschnurrbart, der Zwerg, wie immer nicht abzuschütteln, und schließlich Old Craw und die beiden Armyweibchen: eine Plenarsitzung des Shanghai Junior Baptist Conservative Bowling Club also, nebst Damen – obwohl der Club auf Ehelosigkeit eingeschworen war. Wunderbarerweise brachte der lustige kantonesische Chauffeur sie alle unter, ein Triumph der Masse über

physikalische Gesetze. Er war sogar einverstanden, drei Quittungen über den jeweils vollen Fahrpreis auszustellen, eine für jeden beteiligten Journalisten: was kein Taxichauffeur von Hongkong jemals getan hatte oder in Zukunft tat. Ein Tag, der alles bisher Dagewesene über den Haufen warf. Old Craw saß vorn, auf dem Kopf den berühmten weichen Strohhut mit den Eton-Farben am Band, den ihm ein alter Kamerad testamentarisch vermacht hatte. Der Zwerg kauerte über dem Schalthebel, die drei anderen Männer saßen hinten und die beiden Mädchen hatten sich Luke auf den Schoß gesetzt, so daß er Mühe hatte, sich die Lippen abzutupfen. Der Rocker war offenbar nicht am Mitkommen interessiert gewesen. Er hatte die Serviette in den Kragen gestopft und harrte der Spezialität des Clubs in Form von gegrilltem Lamm mit Pfefferminzsoße und reichlich Kartoffeln.
»Und noch ein Bier! Aber diesmal *kalt*, verstanden? *Sehl kalt*, und zwar *luck zuck!*«
Aber sobald die Luft rein war, benutzte auch der Rocker das Telefon und sprach mit einer zuständigen Stelle, nur um ganz sicher zu gehen, obwohl beide Teilnehmer der Meinung waren, daß sich gar nichts machen lasse.

Das Taxi war ein roter Mercedes, ziemlich neu, aber nirgends geht ein Wagen so schnell vor die Hunde wie am Peak, wo es im Schneckentempo mit voll aufgedrehter Klimaanlage endlos bergauf geht. Das Wetter war und blieb mörderisch. Als sie langsam die Zementklippen hinaufwimmerten, umfing sie ein Nebel, an dem man fast erstickte. Und als sie ausstiegen, war es sogar noch schlimmer. Ein heißer, unbeweglicher Vorhang, geschwängert von Benzingestank und getränkt mit dem Lärm aus dem Tal hatte sich über den Gipfel gebreitet. Die Feuchtigkeit wallte in dünnen heißen Schwaden. An einem klaren Tag hätten sie nach beiden Seiten Aussicht gehabt, eine der schönsten der Welt: im Norden auf Kaulun und die blauen Berge der New Territories, hinter denen sich die achthundert Millionen Chinesen, denen nicht das Glück britischer Herrschaft lächelte, den Blicken entzogen; im Süden auf Repulse und Deep Water Bays und hinaus aufs offene Chinesische Meer. Die Royal Navy hatte schließlich in der ihr eigenen Naivität in den zwanziger Jahren High Haven erbaut, damit es das Gefühl von Macht repräsentiere und ausstrahle. Doch befände sich das Haus nicht in einer Mulde, von Bäumen umstanden, die danach strebten, den Himmel zu erreichen, und hätten sie nicht den Nebel abgehalten, dann wäre an jenem Nachmittag nichts weiter zu sehen gewesen als die beiden weißen Betonsäulen mit den Klingelknöpfen für »Tag« und »Nacht« und die abgesperrten Gittertore dazwischen. Doch dank der Bäume sahen sie das Haus ganz deutlich, obwohl es fünfzig Yards zurückgesetzt war. Sie konnten die Regenrinnen unterscheiden, die Feuertreppen und die Wäscheleinen, und sie konnten die grüne Kuppel bewundern, die die japanische Armee während ihres vierjährigen Aufenthalts draufgesetzt hatte.

Der Zwerg, der sich nützlich machen wollte, lief hin und drückte die Klingel mit dem Schildchen »Tag«. Eine Sprechanlage war in die Säule eingebaut, und sie starrten alle darauf und warteten, daß sie tönen würde, oder, wie Luke sich ausdrückte, Opiumrauch ausstoße. Am Straßenrand hatte der kantonesische Fahrer das Autoradio auf volle Lautstärke gedreht, es spielte unermüdlich ein winselndes chinesisches Liebeslied. Die zweite Säule war kahl bis auf ein Messingschild mit der Aufschrift Inter Services Liaison Staff, Thesingers fadenscheinige Legende. Deathwish der Hunne hatte eine Kamera gezückt und fotografierte so methodisch, als wäre er auf einem seiner vertrauten Schlachtfelder.

»Vielleicht arbeiten sie sonnabends nicht«, gab Luke zu bedenken, während sie weiter warteten, worauf Craw ihn einen blutigen Esel nannte: Spione arbeiteten sieben Tage in der Woche rund um die Uhr, sagte er. Auch äßen sie niemals, ausgenommen Tufty.

»Wünsche einen *schönen* guten Tag,« sagte der Zwerg.

Er hatte die Nachtklingel gedrückt und die gespitzten roten Lippen den Schlitzen der Sprechanlage genähert. In, wie man ihm zubilligen mußte, überraschend gekonntem Oberklassen-Englisch flötete er hinein:

»Mein Name ist Michael Hanbury-Steadly-Heamoor, ich bin Erster Bumsboy bei Big Moo. Ich würde, *biete*, gern Major Thesinger in einer wichtigen Angelegenheit sprechen, *biete*, da ist eine pilzförmige Wolke, die der Herr Major vielleicht noch nicht gesehen haben, *schoint* über dem *Perrl*fluß aufzu*stoigen* und *beointrächtigt* Big Moos Golfplatz. *Tanke* schön. Würden Sie freundlicherweise das Tor öffnen?«

Eines der blonden Mädchen kicherte.

»Ich hab' nicht gewußt, daß er ein *Steadly*-Heamoor ist«, sagte sie.

Sie hatten Luke stehenlassen und sich an den zottigen Cowboy geklammert, dem sie dauernd ins Ohr flüsterten.
»Er ist Rasputin«, sagte eines der Mädchen bewundernd und streichelte die Rückseite seines Schenkels. »Ich hab' den Film gesehen. Gleicht ihm wie ein Ei dem anderen, stimmt's, Kanada?«
Nun nahmen sie alle einen Schluck aus Lukes Flachmann, während sie sich wieder sammelten und überlegten, was zu tun sei. Vom geparkten Wagen her tönte unbeirrbar das chinesische Liebeslied, aber die Sprechanlagen an den Säulen gaben keinen Ton von sich. Der Zwerg drückte gleichzeitig auf beide Klingeln und probierte es mit der Al-Capone-Masche.
»Hören Sie, Thesinger, wir wissen, daß Sie drinnen sind. Kommen Sie jetzt raus, Hände überm Kopf, ohne Visier, und ihre Dolche werfen Sie weg – *Heh, paß doch auf, du Rindvieh!«*
Das Kosewort galt weder dem Kanadier noch Old Craw – der sich gerade seitwärts in die Büsche schlug, offenbar einem Ruf der Natur folgend –, sondern Luke, der sich entschlossen hatte, mit Gewalt ins Haus einzudringen. Das Tor stand in einer verschlammten Zufahrt unter triefenden Bäumen. Auf der anderen Seite lag ein Haufen Abfall, einiger davon neueren Datums. Luke war hinübergesprungen und hatte auf der Suche nach erhellenden Anhaltspunkten ein S-förmiges Stück Roheisen ausgegraben. Obwohl es seine dreißig Pfund haben mußte, schleppte er es zum Tor, wuchtete es mit beiden Händen über den Kopf und ließ es auf den Stahl hinuntersausen, worauf das Tor den Ton einer gesprungenen Kirchenglocke von sich gab.
Deathwish war niedergekniet, sein ausgemergeltes Gesicht zu einem Märtyrerlächeln verzerrt, während er Fotos schoß.
»Zähle bis fünf, Tufty«, brüllte Luke und holte wiederum mit aller Kraft aus. »Eins . . . «, er schlug erneut zu, »Zwei . . . «
Über ihren Köpfen erhob sich ein Schwarm von allerhand Vögeln, einigen sehr großen, aus den Bäumen und floh in langsamen Spiralen, das Donnern aus dem Tal und das Dröhnen des Eisentors übertönten ihr Geschrei. Der Taxichauffeur tanzte herum, klatschte in die Hände und lachte, das Liebeslied war vergessen. Und was noch seltsamer war angesichts der bedrohlichen Witterung: eine komplette Chinesenfamilie tauchte auf, schob nicht nur einen Kinderwagen, sondern deren zwei vor sich her und fing ebenfalls an zu lachen, auch das Kleinste lachte, und sie hielten die Hände vor den Mund, um ihre Zähne zu verbergen. Bis der

kanadische Cowboy jählings einen Schrei ausstieß, die Mädchen abschüttelte und durch die Gitterstäbe wies.

»Um Himmels willen, was treibt denn bloß Old Craw? Der alte Bussard ist über den Stacheldraht gesprungen.«

Jetzt war es um den letzten Rest von Vernunft geschehen, der bislang noch gewaltet haben mochte. Die ganze Horde schien von Wahnsinn erfaßt. Der Alkohol, der elende Tag, die Klaustrophobie hatten ihnen endgültig die Köpfe verwirrt. Die Mädchen hätschelten hingebungsvoll den Cowboy; Luke hämmerte unaufhörlich auf das Tor ein; die Chinesen trompeteten vor Lachen – bis sich plötzlich mit göttlicher Präzision der Nebel hob, blau-schwarze Wolkenburgen sich genau über ihnen türmten und ein Platzregen in die Bäume prasselte. Eine Sekunde später hatte er sie erreicht und durchnäßte sie im Handumdrehen. Die Mädchen, die plötzlich halb nackt dastanden, flohen lachend und kreischend in den Mercedes, die Reihen der Männer jedoch hielten eisern stand – der Zwerg eingeschlossen – und starrten durch den Wasserschleier auf die unverwechselbare Gestalt Old Craws des Australiers mit seinem alten Etonhut. Craw stand dicht am Haus unter einem primitiven Vordach, das aussah wie ein Fahrradschuppen, obwohl nur ein Irrer den Peak hinaufradeln würde.

»Craw!« schrien sie. »Monsignore! Der alte Bastard hat uns abgehängt!«

Der Regen prasselte ohrenbetäubend, die Äste schienen unter seiner Gewalt zu krachen. Luke hatte seinen blöden Hammer weggeworfen. Der zottige Cowboy ging als erster, Luke und der Zwerg folgten, Deathwish bildete mit seinem Lächeln und seiner Kamera die Nachhut, hoppelte geduckt dahin, während er blindlings fotografierte. Der Regen strömte wie aus Eimern, spritzte in roten Bächlein um ihre Knöchel, während sie Craws Fährte hügelan folgten, wo das Krächzen von Ochsenfröschen den Höllenkrach noch steigerte. Sie nahmen im Sturm einen Farnkrauthügel, kamen vor einem Stacheldrahtzaun schlitternd zum Stehen, schlüpften durch die auseinandergebogenen Stränge und setzten über einen niedrigen Graben. Als sie bei Craw ankamen, starrte der Alte zur grünen Kuppel hinauf, während der Regen ungeachtet des Strohhuts ihm flott übers Gesicht und weiterlief und seinen adretten rostbraunen Anzug in einen schwärzlichen, formlosen Kittel verwandelte. Er stand wie hypnotisiert da und starrte nach oben. Luke, der ihn besonders gern mochte, versuchte

als erster, Craw in die Gegenwart zurückzuholen.
»Ehrwürden? Heh, aufwachen! Ich bin's: Romeo. Herrjeh, was zum Teufel ficht ihn an?«
Plötzlich bekam Luke Angst und berührte sanft seinen Arm. Aber Craw sprach noch immer kein Wort.
»Vielleicht isser im Stehen gestorben«, ließ sich der Zwerg vernehmen, während der grinsende Deathwish ihn auf diesen Verdacht hin fotografierte.
Langsam, wie ein alter Berufsboxer, rappelte Craw sich auf. »Bruder Luke, wir müssen dir demütig Abbitte tun, Sir,« murmelte er.
»Bringt ihn zurück ins Taxi«, sagte Luke und fing an, ihm einen Weg zu bahnen, aber der alte Knabe wollte sich nicht von der Stelle rühren.
»Tufty Thesinger. Ein guter Spürhund. Keine ausgesprochene Spitzenklasse – dazu ist er nicht schlau genug –, aber ein guter Spürhund.«
»Tufty Thesinger ruhe in Frieden«, sagte Luke ungeduldig. »Gehen wir. Zwerg, verzieh dich«.
»Stockbesoffen«, sagte der Cowboy.
»Sieh dir mal die Spuren an, Watson«, fuhr Craw nach einer weiteren Denkpause fort, während Luke ihn am Arm zog und der Regen noch heftiger fiel. »Beachte zunächst die leeren Kästen über dem Fenster, aus denen zur Unzeit die Klimaanlagen herausgerissen wurden. Sparsamkeit, mein Sohn, eine empfehlenswerte Tugend, besonders, wenn ich so sagen darf, bei einem Spion. Siehst du die Kuppel dort? Schau sie dir genau an, Sir. Kratzspuren. Doch ach! Nicht die Krallen eines riesigen Hunds, sondern die Kratzspuren von Funkantennen, von fiebrigen weißen Händen entfernt. Schon mal von einem Spukhaus ohne Antennen gehört? Wäre wie ein Puff ohne Klavier.«
Der Regenguß hatte sich zum Crescendo gesteigert. Riesentropfen schlugen wie Schüsse rings um sie ein. Craws Gesicht zeigte eine Mischung aus Gefühlen, die Luke nur erraten konnte. Tief in seinem Herzen regte sich der Verdacht, Craw könne wirklich am Sterben sein. Luke hatte wenige natürliche Todesfälle gesehen und war sehr scharf darauf, einen zu erleben.
»Vielleicht haben sie die Bergkrankheit gekriegt und sind weg«, sagte er und versuchte erneut, Craw zum Wagen zu locken.
»Durchaus möglich, Ehrwürden, ja, durchaus möglich. Ist genau

die rechte Jahreszeit für unbesonnene, kurzgeschlossene Handlungen.«
»Nach Hause«, sagte Luke und zog ihn energisch am Arm. »Platz da, ja? Sanitäter!«
Aber der alte Mann ließ es sich nicht nehmen, noch einen letzten langen Blick auf das englische Spukhaus zu werfen, das im Sturm schauderte.

Der kanadische Cowboy reichte seine Story als erster ein, und sie hätte ein besseres Los verdient. Er schrieb sie noch in der gleichen Nacht, während die Mädchen in seinem Bett schliefen. Er fand, die Story würde sich besser als Zeitschriftenartikel eignen, nicht als Sensationsmeldung, also baute er sie um den Peak im allgemeinen und benutzte Thesinger nur als Aufhänger. Er erklärte, wie der Peak von jeher der Olymp Hongkongs gewesen sei – »je weiter oben man wohnt, desto höher rangiert man in der Gesellschaft« – und wie die reichen britischen Opiumhändler, Hongkongs Gründerväter, dort hinauf vor der Cholera und dem Fieber in der Stadt flüchteten; wie noch vor ein paar Jahrzehnten jeder Chinese sogar einen Paß brauchte, wenn er einen Fuß dorthin setzen wollte. Er schilderte die Geschichte von High Haven und zuletzt dessen, von der chinesischsprachigen Presse begründeten, Ruf als Hexenküche für britisch-imperialistische Anschläge auf das Reich Maos. Über Nacht war die Küche geschlossen worden, die Köche waren verschwunden.
»Eine weitere Versöhnungsgeste?« fragte er. »Ein Entgegenkommen? Im Zuge der britischen Beschwichtigungspolitik gegenüber dem Festland? Oder einfach nur ein weiteres Indiz dafür, daß die Briten in Südostasien wie überall auf der Welt von ihrer hohen Warte heruntersteigen müssen?«
Er beging den Fehler, eine weitverbreitete englische Sonntagszeitung zu wählen, die gelegentlich seine Arbeiten brachte. Die Sperr-Anweisung, die alle Hinweise auf diese Vorkommnisse untersagte, kam ihm zuvor. »Bedauern Ihre hübsche Havenstory nicht unterzubringen«, telegrafierte der Redakteur und ließ sie prompt in der Schublade verschwinden. Ein paar Tage später fand der Cowboy beim Nachhausekommen sein Zimmer gründlich durchsucht. Auch litt sein Telefon ein paar Wochen lang an einer Art Kehlkopfentzündung, so daß er es nie benutzte, ohne eine obszöne Anspielung auf Big Moo und sein Gefolge zu äußern.

Luke kam voll guter Ideen nach Hause, badete, trank große Mengen schwarzen Kaffee und machte sich an die Arbeit. Er rief bei Fluggesellschaften an, bei Regierungsleuten und bei zahlreichen bleichen, geschniegelten Bekannten im amerikanischen Konsulat, die ihn durch Ausflüchte und delphische Antworten erbitterten. Er belästigte Umzugsfirmen, die vorwiegend für die Regierung arbeiteten. Noch in der gleichen Nacht um zehn Uhr hatte er, wie er wörtlich zum Zwerg sagte, »hieb- und stichfeste Beweise« dafür, daß Thesinger mit Frau und sämtlichem Personal von High Haven in den frühen Morgenstunden des Dienstag Hongkong mit einer Chartermaschine in Richtung London verlassen hatte. Thesingers Boxerhund, so erfuhr er durch einen glücklichen Zufall, sollte im Lauf der Woche per Luftfracht nachkommen. Mit seinen Notizen setzte Luke sich an die Schreibmaschine und blieb, wie er genau vorhersah, alsbald stecken. Er fing hastig und fließend an zu schreiben:
»Heute hängt eine neue Skandalwolke über der kampfgewohnten und nichtgewählten Regierung von Britanniens einzig verbliebener Kolonie in Asien. Der Aufdeckung von Korruption im Polizei- und Zivildienst folgt die Nachricht auf dem Fuße, daß das geheimnisvollste Etablissement der Insel, das Haus High Haven, die Basis für Englands Mantel- und Degenkomplotte gegen Rotchina, über Nacht geschlossen wurde.«
Hier hielt er mit einem gotteslästerlichen Fluch über sein Unvermögen inne und preßte das Gesicht in die Handflächen. Alpträume: die konnte er ertragen. Erwachen nach soviel Krieg, schweißbedeckt ob unaussprechlicher Visionen, in den Nüstern den Gestank von Napalm auf Menschenfleisch: in gewisser Weise war es ihm ein Trost, daß die Dämme seines Gefühls nach so langem Verdrängen gebrochen waren. Es hatte Zeiten gegeben, damals, als er das alles erlebte, in denen er sich nach einer Atempause sehnte, die ihm erlauben würde, Ekel zu empfinden. Wenn Alpträume notwendig waren, damit er wieder in die Reihen normaler Menschen zurückfände, dann konnte er sie dankbar willkommen heißen. Doch nicht im schlimmsten Alptraum war die Möglichkeit aufgetaucht, daß er nach jahrelangem Kriegsberichten nicht mehr imstande sein könnte, über den Frieden zu berichten. Sechs Nachtstunden lang kämpfte Luke mit dieser schrecklichen Starre. Manchmal dachte er an Old Craw, wie er dort stand, regentriefend, und seine Grabrede gehalten hatte:

vielleicht war *das* die Story? Aber wer hängt schon eine Story an der ausgefallenen Gemütsverfassung eines Zunftkollegen auf?
Der Version, die der Zwerg zusammenbraute, war auch nicht viel mehr Erfolg beschieden, was den Verfasser sehr reizbar machte. Auf den ersten Blick hatte die Story alles, was man sich wünschen konnte. Sie mokierte sich über die Briten, enthielt das Wort SPION in Großbuchstaben und verzichtete ausnahmsweise auf das Bild von Onkel Sam als Henker Südostasiens. Doch alles, was er nach fünftägigem Warten zur Antwort erhielt, war die bündige Anweisung, er möge bei seinem Leisten bleiben und nicht in anderer Leute Stiefeln auftreten.

Blieb nur noch Old Craw. Verglichen mit der Rasanz der Haupthandlung war die Art, wie Craw den Zeitpunkt für sein Tun und Nichttun wählte, zwar nur ein Nebeneffekt, aber sie blieb denkwürdig bis auf den heutigen Tag. Drei Wochen lang schickte er gar nichts ein. Es gab ein paar Kleinigkeiten, um die er sich hätte kümmern sollen, aber er tat es nicht. Luke, der sich ernstlich um ihn Sorgen machte, hielt es zunächst für ein Zeichen fortschreitenden rätselhaften Verfalls. Craw verlor jeden Schwung und jedes Bedürfnis nach Geselligkeit. Er wurde schwierig und zuweilen ausgesprochen unfreundlich und bellte die Kellner in schlechtem Kantonesisch an; sogar Goh, seinen Liebling. Er behandelte die Shanghai Bowlers wie seine schlimmsten Feinde, und grub angebliche Missetaten aus, die sie längst vergessen hatten. Er saß allein auf seinem Fensterplatz wie ein alter Boulevardier in mageren Zeiten, verbiestert, abweisend, untätig. Dann verschwand er eines Tages, und als Luke voll banger Ahnungen seine Wohnung aufsuchte, teilte ihm die alte Amah mit, »Whisky Papa lauflauf London, laschlasch«. Sie war ein sonderbares kleines Wesen, und Luke glaubte ihr nicht recht. Ein stumpfsinniger Schreiber des *Spiegel* berichtete, er habe Craw in Vientiane in der Constellation Bar bechern sehen, aber auch das schien Luke fragwürdig. Die Insider hatten sich schon immer einen Sport daraus gemacht, Old Craw zu beobachten, und jede zusätzliche Information erhöhte das eigene Prestige.
Bis eines schönen Montags so gegen Mittag der alte Knabe in einem neuen beigen Anzug mit eleganter Knopflochblume in den Club spaziert kam, voller Anekdoten und Lächeln, ganz wie

ehedem, und sich an die High-Haven-Story machte. Er gab mehr Geld aus, als sein Blatt ihm normalerweise zugestanden hätte. Er verzehrte mehrere vergnügte Mahlzeiten mit gutgekleideten Amerikanern von recht vage bezeichneten US-Organisationen, darunter ein paar, die Luke bekannt waren. Den berühmten Strohhut auf dem Kopf, führte er jeden einzeln in ein ruhiges, ausgewähltes Restaurant. Im Club wurde er als Diplomatenknecht geschmäht, eine schwere Anschuldigung, und er lachte dazu. Danach mußte er zu einer Konferenz der China-Beobachter nach Tokio, und rückblickend darf wohl angenommen werden, daß er diesen Besuch nutzte, um nach weiteren Bestandteilen der Story zu recherchieren, die langsam für ihn Gestalt annahm. Bestimmt bat er alte Bekannte bei dieser Konferenz, das eine oder andere für ihn auszugraben, sobald sie wieder zu Hause sein würden, in Bangkok oder Singapur oder Taipeh oder woher immer sie gekommen waren, und sie taten ihm den Gefallen, weil sie wußten, daß er das gleiche auch für sie getan hätte. Auf geheimnisvolle Weise schien er zu wissen, wonach er suchte, noch ehe sie es gefunden hatten.

Das Ergebnis erschien in voller Ausführlichkeit in einer Sydneyer Morgenzeitung, die für den langen Arm der anglo-amerikanischen Zensur unerreichbar war. Alle fanden, daß es an die besten Jahre des Meisters erinnerte. Ein Artikel von zweitausend Wörtern. Typischerweise stand keineswegs die High-Haven-Story im Vordergrund, sondern der »geheimnisvolle leere Flügel« der britischen Botschaft in Bangkok, der bis vor einem Monat eine seltsame Körperschaft namens »The Seato Coordination Unit« beherbergt hatte und außerdem eine Visa-Abteilung mit sage und schreibe sechs Zweiten Sekretären. Waren es die Freuden der Massage-Salons von Soho, so fragte der alte Australier zuckersüß, die die Thailänder in solcher Anzahl nach England lockten, daß man zur Bearbeitung ihrer Visa-Anträge sechs Zweite Sekretäre benötigte? Sonderbar desgleichen, so seine weiteren Überlegungen, daß sich nach ihrer Abreise und der Schließung des betreffenden Gebäudeflügels *keine* Warteschlangen von Reisewilligen vor der Botschaft bildeten. Ganz allmählich – er schrieb mit leichter Hand, aber immer wohlüberlegt – tat sich ein überraschendes Bild vor seinen Lesern auf. Er bezeichnete den britischen Geheimdienst als den »Circus«. Er sagte, der Name komme von der Adresse dieser Organisation, deren Hauptquartier an einem

berühmten Platz in London stehe. Der Circus hatte sich nicht nur aus High Haven abgesetzt, sagte er, sondern auch aus Bangkok, Singapur, Saigon, Tokio, Manila und Djakarta. Und aus Seoul. Sogar das entlegene Taiwan sei nicht immun, dort sei festgestellt worden, daß ein zweitrangiger britischer Resident drei Schreiber-Chauffeure und zwei Sekretariatsgehilfen abgestoßen habe, nur eine Woche ehe dieser Artikel in Druck gegangen sei.
»Das Dünkirchen der Spione«, hatte Craw es genannt, »wobei Chartermaschinen vom Typ DC 8 die Fischerboote aus Kent ersetzten.«
Was hatte einen solchen Exodus ausgelöst? Craw bot mehrere geistreiche Theorien an. Waren wir Zeugen einer weiteren Beschneidung der Staatsausgaben? Der Autor hatte da seine Zweifel. In ihren schweren Stunden neigte Britannia eher dazu, mehr, nicht weniger Wert, auf ihre Spione zu legen. Die ganze Geschichte des Empire bewies das. Je schmaler die Handelswege, desto raffinierter die geheimen Bemühungen, sie zu schützen. Je mehr sich der Zugriff auf die Kolonien lockerte, desto verzweifelter der Kampf gegen jene, die ihn vollends lösen wollten. Nein: Großbritannien mochte bei Wasser und Brot schmachten, seine Spione würden der letzte Luxus sein, den es aufgäbe. Craw zeigte noch weitere Möglichkeiten auf und tat sie sogleich wieder ab. Eine Geste der Entspannung gegenüber China? fragte er, wie vor ihm schon der Cowboy. Gewiß würde England alles Menschenmögliche tun, um Hongkong vor Maos antikolonialistischem Eifer zu bewahren – alles, nur nicht seine Spione opfern. Und so kam Old Craw schließlich zu seiner Lieblingstheorie:
»Quer über das ganze Fernöstliche Schachbrett«, schrieb er, »ging der Circus, wie man im Fachjargon sagt, auf Tauchstation.«
Aber warum?
Der Schreiber zitierte nun seine »verehrten amerikanischen Amtsbrüder von der streitenden Geheimkirche in Asien«. Amerikanische Geheimdienstler seien allerorts, so sagte er, nicht nur in Asien, »fuchsteufelswild über die laxe Sicherheitshandhabung bei den britischen Dienststellen«. Am verbittertsten seien sie über die kürzliche Entdeckung eines hohen russischen Spions – er warf hier das Fachwort »Maulwurf« ein – innerhalb des Londoner Hauptquartiers, eben des Circus: eines britischen Verräters, dessen Namen sie nicht nennen wollten, der jedoch mit den Worten der verehrten Amtsbrüder »jede auch nur einigermaßen nennenswer-

te anglo-amerikanische Geheimoperation während der letzten zwanzig Jahre zunichte gemacht« habe. Wo war der Maulwurf jetzt?, habe der Schreiber seine Quellen gefragt. Worauf sie mit unverhohlener Erbitterung geantwortet hätten: »Tot. In Rußland. Und hoffentlich beides.«

Craw war nie um einen effektvollen Schluß verlegen gewesen, aber dieser hatte für Lukes liebendes Auge etwas geradezu Erhabenes. Er war beinah eine Aussage über das Leben selbst, und sei es nur über das geheime Leben.

»Ist Kim, der junge Spion, für immer aus den Legenden des Fernen Ostens verschwunden?« fragte er. »Soll der englische Pundit nie wieder seine Haut färben und seinen Platz am Dorffeuer einnehmen? Fürchtet euch nicht«, donnerte er. »Die Briten werden zurückkommen! Der altehrwürdige Sport der Spionenjagd wird Urständ feiern! Der Spion ist nicht tot: er tut nur einen tiefen Schlaf.«

Der Artikel erschien. Im Club wurde er flüchtig bewundert, beneidet, vergessen. Eine örtliche englischsprachige Zeitung mit starken amerikanischen Verbindungen druckte ihn ungekürzt nach, mit dem Erfolg, daß die Eintagsfliege noch weitere vierundzwanzig Stunden leben durfte. Die Benefiz-Vorstellung des alten Knaben, sagten sie: eine letzte Reverenz, ehe er von der Bühne abtrat. Dann brachten ihn die überseeischen Sender von BBC, und schließlich strahlte der müde Sender der Kolonie eine Version der Version von BBC aus, und einen vollen Tag lang wurde die Frage erörtert, ob Big Moo beschlossen habe, den örtlichen Medien den Maulkorb abzunehmen. Doch obwohl inzwischen Wochen vergangen waren, sah weder Luke noch der Zwerg sich zu der Frage veranlaßt, wieso zum Teufel der Alte den Hintereingang zu High Haven gekannt hatte.

Was nur bewies, wenn ein Beweis jemals nötig war, daß Journalisten genauso lange brauchen wie gewöhnliche Sterbliche, bis sie spitzkriegen, was sich vor ihrer eigenen Nase tut. Schließlich tobte an jenem Sonnabend der Taifun.

Im Circus selbst, wie Old Craw den Sitz des britischen Geheimdienstes zutreffend benannt hatte, löste der Artikel unterschiedliche Reaktionen aus, je nachdem, wieviel die Betroffenen wußten. Bei den Housekeepers zum Beispiel, die für das bißchen Tarnung verantwortlich waren, mit dem sich der Circus zur Zeit umgeben

konnte, löste der alte Knabe eine Woge aufgestauten Zorns aus, wie sie nur ein Mensch verstehen kann, der die Atmosphäre in einer Geheimdienststelle im Belagerungszustand kennt. Sogar sonst duldsame Geister wurden von wilder Rachsucht erfaßt. Verrat! Vertragsbruch! Sperrt seine Pension! Setzt ihn auf die Observierungsliste! Strafverfolgung, sobald er nach England zurückkehrt! Ein Stückchen weiter unten sahen die weniger fanatisch um ihre Sicherheit Besorgten die Sache mit milderem Auge, obgleich auch sie von falschen Voraussetzungen ausgingen. Na ja, so sagten sie ein bißchen kleinlaut, so geht es eben: zeigt uns einen, der nicht schon dann und wann mal durchgedreht hätte, und ganz besonders einen, der so lange in Unkenntnis gelassen wurde wie Old Craw. Und schließlich hatte er nichts veröffentlicht, was nicht allgemein zugänglich gewesen wäre, nicht wahr? Wirklich, diese Housekeepers da sollten sich ein *bißchen* mäßigen. Wie sie zum Beispiel neulich abends die arme Molly Meakin, die schließlich Mikes Schwester ist, fertiggemacht haben, nur weil sie ein Blatt leeres Briefpapier in ihrem Papierkorb ließ!
Nur die Leute vom innersten Kreis sahen die Sache anders. Für sie war Old Craws Artikel ein Meisterstück an Desinformation: George Smiley in seinen besten Tagen, sagten sie. Klar, daß die Sache herauskommen mußte, und alle stimmten darin überein, daß Zensur zu jeder Zeit ein fragwürdiges Mittel sei. Viel besser also, wenn sie nach unserer eigenen Fasson herauskam. Der rechte Zeitpunkt, das rechte Maß, der rechte Ton: in jedem Federstrich die Erfahrung eines ganzen Lebens, so sagten sie einmütig. Aber diese Ansicht drang nicht über ihren Kreis hinaus.

Drüben in Hongkong erwies sich Craws High-Haven-Story – völlig klar, sagten die Shanghai Bowlers, wie die Sterbenden hatte der alte Knabe hier einen prophetischen Instinkt entwickelt – als sein Schwanengesang. Einen Monat nach dem Erscheinen hatte Craw sich zurückgezogen, nicht aus der Kolonie, aber aus seinem Schreiberjob und von der Insel. Er mietete ein Cottage in den New Territories und verkündete, daß er unter einem gelben Himmel aus der Welt zu scheiden gedenke. Für die Bowlers hätte er ebensogut Alaska wählen können. Es war einfach zu verdammt weit, sagten sie, um zurückzufahren, wenn man blau war. Es ging das Gerücht – barer Unsinn, denn Craws Neigungen zielten nicht in diese Richtung –, er habe sich einen hübschen Chinesenjungen

als Gefährten zugelegt. Es war das Werk des Zwergs: er konnte es nicht verwinden, daß ein alter Mann ihm die Story weggeschnappt hatte. Nur Luke wollte ihn nicht vergessen. Luke fuhr eines Morgens von der Nachtschicht direkt zu ihm hinaus. Nur so, und weil er den alten Bussard schrecklich gern hatte. Craw sei glücklich wie der Mops im Paletot berichtete er: ganz der alte Widerling, nur ein bißchen verwirrt, Lukes unangemeldetes Erscheinen habe ihn aus dem Tritt gebracht. Er hatte einen Freund bei sich, keinen Chinesenjungen, sondern einen Überraschungsbesuch, den er als George vorstellte: ein gedrungenes, kurzsichtiges Kerlchen mit runden Brillengläsern, der ihm offenbar ins Haus geschneit war. Craw hatte Luke beiseite genommen und ihm erklärt, dieser George schreibe gelehrte Fachartikel für englische Zeitungen, für die er selber in finsterer Vorzeit gearbeitet habe.
»Zuständig für die Sparte Lebensabend, Ehrwürden. Rutscht mal schnell quer durch Asien.«
Wer immer er auch sein mochte, eins wurde deutlich, nämlich daß Craw einen Heidenrespekt vor dem kleinen Dicken hatte, denn er betitelte ihn sogar »Seine Heiligkeit«. Luke war sich als Eindringling vorgekommen und hatte den Rückweg angetreten, ohne sich zu betrinken.

So standen also die Dinge. Thesingers heimliche Flucht, Old Craws naher Tod und Wiederauferstehung; sein Schwanengesang trotz aller heimlicher Zensur; Lukes rastloses Interesse für die Geheimwelt; die schlaue Nutzbarmachung eines unvermeidlichen Übels durch den Circus. Nichts Geplantes, doch, wie das Leben so spielt, ein Eröffnungsstück zu vielem, das später geschah. Ein Taifun-Sonnabend; ein Kräuseln auf dem tückischen, stinkenden, öden, sterilen, wimmelnden Tümpel Hongkong, ein gelangweilter Chor, noch immer ohne einen Hauptdarsteller. Und seltsamerweise fiel es ein paar Monate später wiederum Luke in seiner Rolle als Shakespearescher Bote zu, die Ankunft des Helden zu verkünden. Die Nachricht kam über den Fernschreiber, als Luke gerade Bereitschaftsdienst hatte, und er machte sie mit seinem üblichen Eifer einem gelangweilten Publikum zugänglich:
»Leute! Herhören! Eine Neuigkeit! Jerry Westerby ist wieder auf dem Kriegspfad, Männer! Nimmt Kurs gen Osten, hört ihr, arbeitet immer noch für das gleiche Revolverblatt!«
»Seine *Lordschaft*!« schrie der Zwerg mit gespielter Begeisterung.

»*Endlich* ein Schuß blaues Blut, damit hier ein anderer Ton einkehrt! *Es lebe der Adel!*« Mit einem gemeinen Fluch schleuderte er eine Serviette nach dem Flaschenregal. »Herrgott«, sagte er und trank Lukes Glas aus.

# 2 *Der große Ruf*

Am Nachmittag traf das Telegramm ein. Jerry Westerby saß auf der Schattenseite des Balkons vor seinem heruntergekommenen Bauernhaus und hackte auf der Schreibmaschine, der Sack mit alten Büchern lag zu seinen Füßen. Den Umschlag brachte die schwarzgewandete Gestalt der Postmeisterin höchstpersönlich, eine finstere und ungehobelte Bäuerin, die durch den Rückzug der einstigen Führungsschicht zur ersten Macht in diesem toskanischen Drecknest geworden war. Sie war schon eine alte Hexe, aber eine so dramatische Gelegenheit wie heute konnte sie sich einfach nicht entgehen lassen, und so stapfte sie trotz der Hitze zügig den staubigen Pfad hinan. In ihrem Postbuch wurde der historische Augenblick später um fünf Uhr sechs festgehalten, was glatter Schwindel war, der Sache jedoch Nachdruck verlieh. Die wahre Zeit war punkt fünf Uhr. Im Haus hämmerte Westerbys zaundürres Mädchen, im Dorf die Waise genannt, auf ein zähes Stück Ziegenfleisch ein, voll Erbitterung, wie sie alles betrieb. Das gierige Auge der Postmeisterin machte sie schon aus beträchtlicher Entfernung hinter dem offenen Fenster aus: Ellbogen nach allen Seiten gespreizt und die oberen Zähne in die Unterlippe gepreßt: und bestimmt, wie üblich, mürrischen Blicks.

»Hure«, dachte die Postmeisterin aufgebracht, »jetzt hast du's doch noch erwarten können.«

Das Radio schmetterte Verdi: die Waise mochte nur klassische Musik, wie das ganze Dorf seit jenem Abend in der Taverne wußte, als sie eine Szene gemacht hatte, nur weil der Dorfschmied Rockmusik aus der Jukebox spielen ließ. Sie hatte einen Krug nach ihm geworfen. Und der Verdi und die Schreibmaschine und die Ziege?, sagte sich die Postmeisterin. Der Krach war so ohrenbetäubend, daß ihn sogar ein Italiener gehört hätte.

Jerry saß, so erinnerte sie sich, wie eine Heuschrecke auf dem Holzboden – vielleicht auch auf einem Kissen – und benutzte den

Büchersack als Fußschemel. Er hockte mit auswärts gerichteten Füßen da und tippte zwischen den Knien. Manuskriptblätter voller Fliegendreck waren rings um ihn ausgebreitet, mit Steinen beschwert wegen der glühenden Winde, die den ausgebrannten Hügel heimsuchten, und neben seinem Ellbogen stand eine Korbflasche mit dem roten Landwein, gewiß für die selbst dem größten Meister bekannten Augenblicke, in denen die Inspiration ihn im Stich ließe. Er tippte nach Adlerart, berichtete sie später den bewundernden Lachern: kreiste immer lang herum, ehe er zustieß. Und er trug, was er immer trug, ob er sich nun sinnlos auf seinem Stück Land zu schaffen machte und das Dutzend unnützer Olivenbäume bestellte, die dieser Spitzbube Franco ihm angedreht hatte, oder mit der Waise ins Dorf hinunter zum Einkaufen zockelte oder in der Taverne bei einem Schnaps saß, ehe er sich wieder an den langen Aufstieg machte: Wildlederstiefel, denen die Waise noch nie einen Bürstenstrich hatte zukommen lassen und die folglich an den Zehen glänzten, Knöchelsocken, die sie niemals wusch, ein schmuddeliges Hemd, das vor langer Zeit weiß gewesen war, und graue Shorts, die aussahen wie von feindseligen Hunden zerkrallt und die eine anständige Frau längst geflickt hätte. Und er begrüßte sie mit dem gewohnten schnarrenden Wortschwall, der zugleich schüchtern und überschwenglich klang und den sie nicht im einzelnen verstand, aber doch im allgemeinen, wie eine Rundfunkmeldung, und den sie durch die schwarzen Lücken ihrer schadhaften Zähne erstaunlich getreu wiederzugeben vermochte.

»Mamma Stefano, sowas, super, müssen kochen. Hier, altes Haus, was zum Gurgeln«, rief er, während er die Ziegelstufen heruntergeschlurft kam und ihr ein Glas Wein anbot. Dabei grinste er wie ein Schuljunge, wie sein Spitzname im Dorf lautete: der Schuljunge, ein Telegramm für den Schuljungen, dringend, aus London! In neun Monaten nichts weiter als ein Packen broschürter Bücher und jede Woche ein gekritzelter Brief seiner Tochter, und jetzt aus heiterem Himmel dieses Denkmal von einem Telegramm, kurz wie ein Befehl, aber für die Antwort fünfzig Wörter im voraus bezahlt! Man stelle sich vor, fünfzig, was das bloß kostet! Nur natürlich, daß das halbe Dorf den Versuch gemacht hatte, es zu enträtseln.

Schon bei der Adresse waren sie steckengeblieben: »The *honourable* Gerald Westerby«. Warum? Der Bäcker, der als Kriegsgefangener in Birmingham gewesen war, förderte ein zerfleddertes Wörterbuch zutage: Höflichkeitstitel für den Sohn eines Adeligen. Natürlich. Signora Sanders, die auf der anderen Seite des Tals wohnte, hatte ja gleich gesagt, der Schuljunge habe blaues Blut. Zweiter Sohn eines Zeitungsbarons, hat sie gesagt, *Lord* Westerby, Zeitungsbesitzer, verstorben. Zuerst war die Zeitung gestorben, dann ihr Besitzer – laut Signora Sanders, ein Witz, er hatte die Runde gemacht. Dann folgte *regret,* kein Problem, das hieß Bedauern. Auch *advise* war nicht schwierig. Die Postmeisterin stellte erfreut und wider alles Erwarten fest, wieviel gutes Latein die Engländer trotz ihrer Dekadenz übernommen hatten. Das Wort *guardian* war heikel, denn es führte zu Protektor und von da zu plumpen Männerspäßen, die von der Postmeisterin erzürnt vom Tisch gefegt wurden. Bis schließlich Schritt für Schritt der Text entschlüsselt und die Geschichte klar war. Der Schuljunge hatte einen *guardian,* also eine Art Vormund. Dieser *guardian* lag lebensgefährlich krank im Spital und wollte den Schuljungen vor seinem Tod noch einmal sehen. Niemanden sonst wollte er sehen. Es mußte der Honourable Westerby sein. Rasch ergänzten sie das Bild: die schluchzende Familie umstand das Lager, die Ehefrau dem Sterbenden zunächst und untröstlich, elegante Priester zelebrierten die Letzte Ölung, Wertsachen wurden weggeschlossen und durch das ganze Haus, in Korridoren und Küchen, zog ein geflüstertes Wort: Westerby – wo ist der Honourable Westerby? Zuletzt waren noch die Unterzeichner des Telegramms zu identifizieren. Es waren drei, und sie bezeichneten sich als *solicitors,* ein Wort, das eine weitere Flut schmutziger Vermutungen auslöste, bis sie auf *Notar* kamen und die Gesichter schlagartig hart wurden. Heilige Jungfrau Maria. Wenn sie drei Notare brauchten, dann war eine Menge Geld vorhanden. Und wenn sie alle drei unterzeichnen wollten und noch dazu diese fünfzig Wörter Rückantwort zahlten, dann nicht nur eine Menge, sondern eine Unmenge! Haufen! Wagenladungen! Kein Wunder, daß sich die Waise so an ihn gekrallt hatte, diese Hure! Plötzlich riß sich jeder darum, zum Hügel hinaufzusteigen. Guido konnte mit seiner Lambretta bis zum Wassertank fahren, Mario konnte rennen wie ein Fuchs, Manuela, die Tochter des Krämers, hatte so sanfte Augen, die Trauerbotschaft würde ihr gut anstehen. Doch die Postmeisterin wies alle Freiwilligen ab – Mario mit einem tüchtigen Knuff ob seiner Anmaßung –, verschloß die Geldschub-

lade und ließ ihren schwachsinnigen Sohn als Hüter der Poststelle zurück. Auch wenn es zwanzig Minuten Wüstenmarsch bedeutete und – falls dort droben dieser Glutwind blasen sollte – einen Mundvoll roten Staub für ihre Mühe.
Sie hatte Jerry anfangs nicht richtig eingeschätzt. Das bedauerte sie jetzt, während sie sich durch die Olivenhaine hügelan mühte, aber der Irrtum hatte seine Gründe. Erstens war er im Winter angekommen, wenn die billigen Kunden eintreffen. Er kam allein, aber er hatte den gejagten Blick eines Mannes, der vor kurzem eine Menge menschlichen Ballast abgeworfen hat, Kinder, Ehefrauen, Mütter: die Postmeisterin hatte zu ihrer Zeit manchen Mann gekannt und dieses weidwunde Lächeln allzuoft gesehen, um es bei Jerry zu mißdeuten: »Ich bin verheiratet, aber zu haben«, besagte es, und keine von beiden Behauptungen war wahr. Zweitens hatte ihn der parfümierte englische Major angeschleppt, ein allbekanntes Schwein, das ein Immobilienbüro betrieb und die Bauern übers Ohr haute: ein weiterer Grund, den Schuljungen links liegen zu lassen. Der parfümierte Major zeigte ihm mehrere schmucke Anwesen, darunter eines, an dem die Postmeisterin finanziell beteiligt war – übrigens zufällig das schönste von allen –, doch der Schuljunge entschied sich statt dessen für die Bruchbude dieser Tunte Franco droben auf dem gottverlassenen Hügel, den sie nunmehr erklomm: den Teufelshügel nannten sie ihn; der Teufel kam dorthin, wenn es ihm in der Hölle zu kalt wurde. Ausgerechnet Franco, der seine Milch und seinen Wein panschte und sonntags mit einer Bande von Zierbengeln auf der Piazza in der Stadt herumstolzierte. Der Wucherpreis betrug eine halbe Million Lire, wovon der parfümierte Major sich ein Drittel unter den Nagel reißen wollte, bloß weil ein Vertrag bestand.
»Und jeder weiß, warum der Major den Franco begünstigt hat«, zischte sie sabbernd durch die Zahnlücken, und die Meute ihrer Anhänger sahen einander wissend an und machten »Ts, ts«, bis sie ihnen unwirsch befahl, damit aufzuhören.
Außerdem mißtraute sie als erfahrene Frau irgend etwas an Jerrys Äußerem: Härte unter der Liederlichkeit. Sie hatte das schon früher an Engländern beobachtet, aber der Schuljunge bildete eine Klasse für sich, und sie mißtraute ihm: sie hielt ihn für gefährlich, trotz seines beharrlichen Charms. Heute ließen sich diese früheren Mängel auf die Spleenigkeit eines adeligen englischen Schriftstellers zurückführen, aber seinerzeit hatte die Postmeiste-

rin ihm keine mildernden Umstände zugebilligt. »Wartet bis zum Sommer«, hatte sie ihre Kunden brummig gewarnt, schon bald nachdem er zum erstenmal in ihren Laden gelatscht war – pasta, Brot, Fliegentöter. »Im Sommer wird ihm aufgehen, was er da gekauft hat, der Schwachkopf.« Im Sommer würden Francos Mäuse das Schlafzimmer stürmen, Francos Flöhe würden ihn bei lebendigem Leib auffressen und Francos schwule Hornissen würden ihn im Garten herumjagen, und der Höllenwind würde ihm den Schwanz zu Klumpen schmoren. Es würde kein Wasser mehr geben, er würde seine Notdurft auf den Feldern verrichten müssen wie ein Tier. Und wenn es dann wieder Winter würde, könnte der parfümierte Schweinekerl von einem Major das Haus dem nächsten Narren andrehen, ein Verlustgeschäft für jeden, außer ihm selbst.

Von hoher Abkunft verriet der Schuljunge in den ersten Wochen nicht die Bohne. Er feilschte nie, hatte nie etwas von Preisnachlässen gehört, es machte nicht einmal Spaß, ihn auszunehmen. Und wenn sie im Laden dafür sorgte, daß ihm sein armseliges bißchen Küchenitalienisch ausging, dann fing er nicht an, auf sie einzubrüllen, wie es bei richtigen Engländern Usus ist, sondern zuckte nur vergnügt die Achseln und bediente sich selbst. Er *schreibe*, hieß es. Na und?, wer tat das heutzutage nicht? Schön, er kaufte ihr Stöße von Kanzleipapier ab. Sie bestellte mehr, er kaufte es. Bravo. Er besaß Bücher: stockfleckige Schmöker allem Anschein nach, die er in einem grauen Jutesack – wie ein Wilderer – herumschleppte, und ehe die Waise ankam, konnte man ihn häufig querfeldein marschieren sehen, den Büchersack über der Schulter, um sich irgendwo zum Lesen niederzulassen. Guido war im Wald der Contessa auf ihn gestoßen, wo er wie eine Kröte auf einem Holzstoß hockte und die Bücher eines nach dem anderen durchblätterte, als wären sie ein einziger Band und als wüßte er nicht mehr, wo er stehengeblieben war. Außerdem besaß er eine Schreibmaschine, deren schäbige Hülle ein Flickwerk aus abgeschabten Kofferetiketten war: Bravo auch hierfür. So wie jeder Langmähnige, der einen Topf Farbe gekauft hat, sich Künstler schilt: *das* war seine Schreiberei. Im Frühling kam die Waise an, und die Postmeisterin haßte sie gleichfalls.

Eine Rothaarige, was sie schon von Anfang an als halbe Hure kennzeichnete. Nicht genug Busen, um ein Kaninchen zu stillen, und, schlimmer noch, eine flinke Kopfrechnerin. Es hieß, er habe sie in der Stadt aufgegabelt: klar, eine Hure. Vom ersten Tag an hatte sie ihn nicht mehr aus den Augen gelassen. Klebte an ihm wie ein Kind. Aß mit ihm und schmollte; trank mit ihm und schmollte; ging mit ihm einkaufen, stahl sich die Sprache zusammen wie ein Dieb, bis die beiden zu den Sehenswürdigkeiten der Gegend gehörten: der englische Riese und seine schmollende sauertöpfische Hure, wie sie mit ihrem Binsenkorb den Hügel hinabzogen, der alles und jedes angrinsende Schuljunge in seinen zerrissenen Shorts, die verbiesterte Waise in ihrer Hurenkutte mit nichts darunter, so daß die Männer ihr, obwohl sie spindeldürr war, nachstarrten, um ihre harten Hüften unter dem Stoff schaukeln zu sehen. Im Gehen hatte sie alle Finger um seinen Arm gekrallt und die Wange an seiner Schulter, und sie ließ nur locker, während er knickerig aus der Börse bezahlte, für die jetzt sie zuständig war. Wenn sie einem bekannten Gesicht begegneten, grüßte er es für beide, indem er wie ein Faschist den langen freien Arm hochwarf. Und Gott sei dem Manne gnädig, der, wenn sie ausnahmsweise allein ging, ein anzügliches Wort oder einen bewundernden Pfiff riskierte: sie fuhr herum und fauchte wie eine Wildkatze, und in ihren Augen brannte ein höllisches Feuer.

»Und jetzt wissen wir, warum!« rief die Postmeisterin laut, als sie bei ihrem Aufstieg einen Kamm erklettert hatte. »Die Waise ist hinter seiner Erbschaft her. Warum sollte eine Hure sonst treu sein?«

Der Besuch Signora Sanders' veranlaßte Mamma Stefano zu einer dramatischen Kehrtwendung in der Einschätzung des Schuljungen und zur Aufdeckung der Motive der Waise. Die Sanders war reich und züchtete Pferde weiter draußen im Tal, wo sie mit einer Freundin hauste, genannt die Knäbin, weil sie kurzgeschorenes Haar und Kettengürtel trug. Ihre Pferde gewannen überall Preise. Die Sanders war gerieben und gescheit und genügsam auf eine Art, die den Italienern zusagte, und sie kannte jeden der wenigen über die Hügel verstreuten bemoosten Engländer, die des Kennens wert waren. Sie war vor etwa einem Monat in den Laden gekommen, vorgeblich um Schinken zu kaufen, aber ihr wirkliches Anliegen war der Schuljunge. Stimme es, fragte sie, »Signor *Gerald* Westerby, und er wohnt im Dorf? Ein großer, sportlich gebauter Mann, graumeliert, voll Energie, Aristokrat, schüchtern?« Ihr Vater, der General, habe die Familie in England gekannt, sagte sie; eine Zeitlang waren sie auf dem Land Nachbarn gewesen, der Vater des Schuljungen und der ihre. Die Sanders überlegte, ob sie ihm einen Besuch machen solle: sie erkundigte sich nach den genaueren Umständen. Die Postmeisterin murmelte etwas über die Waise, aber die Sanders war nicht zu erschüttern: »Ach, die Westerbys haben schon *immer* ihre Frauen gewechselt«, sagte sie lachend und wandte sich zur Tür.

Verblüfft hielt die Postmeisterin sie zurück und überschüttete sie mit Fagen.

Wer er denn sei? Was er in seiner Jugend gemacht habe? Er sei Journalist, sagte die Sanders, und berichtete, was sie über die Familie wußte; der Vater, ein Prachtmensch, hellhaarig wie der Sohn, hielt Rennpferde, sie hatte ihn noch kurz vor seinem Tod gesehen, und er war noch immer ein Mann. Wie der Sohn kannte er keine Ruhe: Frauen und Häuser, und beide wechselte er ständig; brüllte immerzu jemanden an, wenn nicht seinen Sohn, dann irgendwen auf der anderen Straßenseite. Die Postmeisterin bohrte weiter. Aber, was ihn selbst betraf: hatte der Schuljunge sich auch schon ausgezeichnet? Nun, er hatte für ein paar ausgezeichnete Zeitungen gearbeitet, sagen wir mal so, sagte die Sanders, und ihr Lächeln strahlte geheimnisvoll auf:

»In England ist es im allgemeinen nicht üblich, Journalisten besonders auszuzeichnen«, erklärte sie in ihrer klassischen römischen Sprechweise.

Aber die Postmeisterin wollte mehr, viel mehr. Sein Schreiben, sein Buch, was hatte es *damit* auf sich? So lange Zeit! So vieles weggeworfen! Körbevoll, hatte der Müllmann ihr berichtet – denn kein vernünftiger Mensch würde dort droben im Sommer ein Feuer anzünden. Beth Sanders verstand die Hartnäckigkeit isoliert lebender Menschen und wußte, daß ihre Intelligenz sich an uninteressanten Orten auf Kleinigkeiten konzentrieren mußte. Also versuchte sie, versuchte sie wirklich, gefällig zu sein. Nun, er sei die ganze Zeit *gereist*, sagte sie, kam an die Theke zurück und legte ihr Paket wieder ab. Heutzutage seien natürlich alle Journalisten viel auf Reisen, Frühstück in London, Mittagessen in Rom, Abendbrot in Delhi, aber Signor Westerby sei selbst nach diesen Maßstäben eine Ausnahme gewesen. Also schrieb er vielleicht ein Reisebuch.

Aber *warum* war er gereist? bohrte die Postmeisterin weiter, denn

für sie gab es keine Reise ohne Ziel: *warum?*
Wegen der Kriege, erwiderte die Sanders geduldig: der Kriege, der Seuchen und Hungersnöte: »Was hat ein Journalist heutzutage schließlich anderes zu tun als über die Drangsale des Lebens zu berichten?« fragte sie.
Die Postmeisterin schüttelte weise den Kopf, alle ihre Sinne waren auf die Enthüllung gerichtet: Der Sohn eines blonden Pferdelords, der herumbellte; reist wie ein Irrer, schreibt für ausgezeichnete Zeitungen! Und gab es einen besonderen *Schauplatz* –, irgendeinen Winkel der Erde –, auf den er sich spezialisiert hatte? Er sei die meiste Zeit im Fernen Osten, meinte die Sanders nach kurzem Nachdenken. Er sei schon überall gewesen, aber es gebe eine Sorte von Engländern, die sich nur im Fernen Osten wirklich zu Hause fühlten. Bestimmt war das auch der Grund, warum er nach Italien kam: Manche Männer werden trübsinnig ohne Sonne.
Und manche Frauen auch, kreischte die Postmeisterin, und sie lachten beide herzhaft.
Ach der Ferne Osten, sagte die Postmeisterin mit tragischem Kopfneigen – ein Krieg nach dem anderen, warum griff der Papst nicht ein? Während Mamma Stefano in dieser Tonart fortfuhr, schien der Sanders etwas einzufallen. Zuerst lächelte sie nur ein wenig, dann immer mehr. Das Lächeln der Verbannten, dachte die Postmeisterin, die sie nicht aus den Augen ließ: wie ein Matrose, der ans Meer denkt.
»Er hat früher immer einen Sack voller Bücher mit sich herumgeschleppt«, sagte die Sanders. »Wir sagten damals, er hat sie aus den besten Häusern geklaut.«
»Er trägt ihn immer noch rum!« rief die Postmeisterin, und sie erzählte, wie Guido im Wald der Contessa auf den Schuljungen gestoßen war, der lesend auf einem Holzstoß saß.
»Ich glaube, er wollte eigentlich einmal *Romane* schreiben«, fuhr die Sanders im gleichen Ton privater Erinnerungen fort: »Ich erinnere mich, daß sein Vater es uns sagte. Er war *furchtbar* wütend. Brüllte durch das ganze Haus.«
»Der Schuljunge? Der *Schuljunge* war wütend?« rief Mamma Stefano ungläubig.
»Nein, nein. Der Vater.« Die Sanders lachte laut. In der englischen Gesellschaftsordnung, erklärte sie, rangierten die Romanschreiber sogar noch unter den Journalisten. »Malt er auch noch immer?«

»Malen? Er ist Maler?« staunte die Postmeisterin.
Er hat's versucht, sagte die Sanders, aber der Vater hat auch das verboten. Maler seien die *aller*niedrigsten Geschöpfe, sagte sie unter erneutem Lachen: nur die erfolgreichen wurden widerstrebend geduldet.
Kurz nach diesem Mehrfachzünder berichtete der Dorfschmied – der gleiche Dorfschmied, den die Waise als Ziel für ihren Krug ausersehen hatte –, er habe Jerry und das Mädchen im Gestüt der Sanders gesehen, zuerst zweimal in einer Woche, dann dreimal, sie hätten auch dort gegessen. Und daß der Schuljunge großen Pferdeverstand gezeigt habe, die Tiere hätten sich von ihm ohne weiteres führen und longieren lassen, auch die wildesten. Die Waise beteiligte sich nicht, sagte der Dorfschmied. Sie saß mit der Knäbin im Schatten und las entweder etwas aus dem Büchersack oder beobachtete ihn mit ihren eifersüchtigen, starren Augen; sie wartete, wie jedermann wußte, auf den Tod des Vormunds. Und heute das Telegramm!

Jerry hatte Mamma Stefano schon von weitem gesehen. Es war sein Instinkt, etwas in ihm schien immer zu beobachten: eine schwarze Gestalt, die unerbittlich den staubigen Pfad hinaufhumpelte wie ein lahmer Käfer; durch das exakte Streifenmuster aus Sonne und Schatten, das die Zedernreihen warfen; das ausgetrocknete Bachbett von Francos Olivenhainen hinan, querbeet durch Jerrys Klein-Italien, wie er es nannte, ganze zweihundert Quadratmeter, aber groß genug, um an kühlen Abenden, wenn er und die Waise sportliche Anwandlungen hatten, einen zerfledderten Tennisball an einer Schnur um einen Pfahl zu treiben. Er hatte sehr bald schon den blauen Umschlag gesehen, den sie schwenkte, und er hatte sogar das Miauen gehört, das sie ausstieß und das sich gegen die übrigen Geräusche aus dem Tal durchsetzte: die Lambrettas und die Kreissägen. Und, ohne im Tippen innezuhalten, warf er zunächst einen verstohlenen Blick auf das Haus, um sich zu versichern, daß das Mädchen das Küchenfenster als Schutz vor Hitze und Insekten geschlossen hatte. Dann lief er, genau wie die Postmeisterin es später beschrieb, mit einem Glas Wein in der Hand die Stufen herunter auf sie zu, um sie nicht zu nah herankommen zu lassen.
Er las das Telegramm langsam, einmal, beugte sich darüber, damit die Schrift im Schatten liege, und sein Gesicht, das von Mamma

Stefano genau beobachtet wurde, nahm einen finsteren, verschlossenen Ausdruck an, und seine Stimme wurde noch rauher, als er ihr die riesige fleischige Hand auf den Arm legte.
»*La sera*«, brachte er zustande, während er sie wieder zum Weg zurückgeleitete. Er wollte die Antwort heute Abend absenden, meinte er. »*Molto grazie,* Mamma. Super. Bin Ihnen sehr dankbar. Ganz schrecklich.«
Noch beim Verabschieden schnatterte sie wie wild, bot ihm jede nur denkbare Hilfe an, Taxis, Gepäckträger, Telefonanrufe beim Flugplatz, und Jerry tastete zerstreut seine Hosentaschen nach kleinen oder großen Münzen ab: er hatte offenbar vorübergehend vergessen, daß die Waise jetzt das Geld verwaltete.
Der Schuljunge habe die Nachricht mit Fassung entgegengenommen, berichtete die Postmeisterin dem Dorf. Leutselig, er habe sie sogar ein Stück Wegs zurückbegleitet; tapfer, so daß nur eine welterfahrene Frau – eine Frau, die überdies die Engländer kannte – den verborgenen nagenden Kummer gewahren konnte: so verwirrt, daß er versäumt habe, ihr ein Trinkgeld zu geben. Oder fing er bereits an, sich in der hochgradigen Knickrigkeit der Superreichen zu üben?
»Aber wie hat sich die *Waise* verhalten?« fragten sie. Habe sie nicht geschluchzt und die Heilige Jungfrau angerufen, um zum Schein seinen Gram zu teilen?
»Er muß es ihr erst noch sagen«, flüsterte die Postmeisterin und entsann sich des einzigen kurzen Blicks, den sie auf das Mädchen erhascht hatte, während es auf das Fleisch einschlug: »Er muß erst über ihre Position nachdenken.«
Das Dorf beruhigte sich, wartete auf den Abend, und Jerry saß in seinem Hornissenfeld, blickte aufs Meer und drehte den Büchersack so lange rundum, bis es nicht mehr ging und der Sack sich wieder zurückdrallte.

Zuerst kam das Tal und darüber ragten im Halbkreis die fünf Hügel und über den Hügeln sah man das Meer, das um diese Tageszeit nur ein flacher brauner Fleck am Himmel war. Das Hornissenfeld, in dem er saß, war ein langer, von Steinen gesäumter Erdstreifen mit einer verfallenen Scheune an der einen Ecke, die ihnen zum Picknicken und Sonnenbaden Schutz gewährte, bis die Hornissen in der Wand nisteten. Sie hatte sie gesehen, als sie Wäsche aufhing, und war hineingerannt, um es

Jerry zu sagen, und Jerry hatte ohne weiteres Nachdenken einen Eimer voll Mörtel bei Franco geholt und alle Schlupflöcher vermauert. Dann hatte er die Waise gerufen, damit sie sein Werk bewundern könne: der Mann an meiner Seite, er beschützt mich allerwege. In der Erinnerung sah er sie deutlich vor sich: wie sie zitternd neben ihm stand, die Arme um sich geschlagen, und auf den frischen Zement starrte, den wild rasenden Hornissen drinnen lauschte und »Jesus, Jesus« flüsterte, starr vor Entsetzen.

Vielleicht wartet sie auf mich, dachte er.

Er erinnerte sich an den Tag, an dem er sie kennengelernt hatte. Er erzählte sich diese Geschichte häufig, denn Jerry hatte selten in seinem Leben Glück bei Frauen gehabt, und wenn es dann einmal der Fall war, ließ er es gern auf der Zunge zergehen, wie er sich ausdrückte. Es war an einem Donnerstag. Er hatte seine übliche Tour in die Stadt gemacht, um einzukaufen oder vielleicht auch nur um ein paar neue Gesichter zu sehen und eine Weile von seinem Roman wegzukommen; oder vielleicht nur um der schrillen Eintönigkeit dieser leeren Landschaft zu entfliehen, in der er sich immer wie inhaftiert vorkam, und wie in Einzelhaft noch dazu; vielleicht auch mit dem Hintergedanken, daß er sich eine Frau angeln könnte, was ihm zuweilen gelang, wenn er an der Bar des Touristenhotels herumlungerte. Er saß also lesend in der Trattoria am Stadtplatz – eine Karaffe Wein, einen Teller Schinken, Oliven –, als er plötzlich dieses magere langbeinige Kind erblickte, das rote Haar, das verdrossene Gesicht, ein braunes Kleid wie eine Mönchskutte und eine Schultertasche aus Teppichgewebe.

»Sieht nackt aus ohne Gitarre«, hatte er gedacht.

Sie erinnerte ihn vage an seine Tochter Cat, die Abkürzung für Catherine, aber nur vage, denn er hatte Cat seit zehn Jahren nicht mehr gesehen, seit dem Scheitern seiner ersten Ehe. Warum er sie nie mehr gesehen hatte, konnte er auch jetzt noch nicht genau sagen. Unter dem ersten Schock der Trennung sagte ihm ein wirres Gefühl der Ritterlichkeit, daß es für Cat besser sei, wenn sie ihn vergäße. »Am besten, sie schreibt mich ab. Läßt ihr Herz, wo alles übrige wohnt.« Als ihre Mutter wieder heiratete, schien solche Selbstverleugnung noch mehr angeraten. Aber manchmal hatte er große Sehnsucht nach ihr, und höchstwahrscheinlich war dies der Grund, warum das Mädchen, nachdem es ihm einmal aufgefallen war, ihn nicht wieder losließ. Ging Cat auch so herum, allein und wie gedopt vor Müdigkeit? Hatte Cat noch immer ihre Sommersprossen und das feste kleine Kinn? Später erzählte ihm das Mädchen, sie sei ausgerissen. Sie war als Gouvernante bei einer reichen Familie in Florenz gewesen. Die Mutter war zu sehr mit ihren Liebhabern beschäftigt, um sich um die Kinder zu kümmern, aber der Herr Papa hatte jede Menge Zeit für die Gouvernante. Sie hatte alles Bargeld genommen, das sie finden konnte, über die Mauer gesetzt, und da war sie nun: ohne Gepäck, die Polizei auf den Fersen und einen letzten schmierigen Geldschein, um sich noch einmal richtig sattzuessen vor der Katastrophe.

Am Stadtplatz war nicht viel los an jenem Tag – es war nie viel los –, und das Mädchen hatte sich kaum hingesetzt, als ihr auch schon so ziemlich jeder normal gebaute Mann der Stadt seine Aufmerksamkeiten zollte, angefangen beim Kellner, der »beautiful missus« säuselte, bis zu weit derberen Bemerkungen, deren genauer Sinn Jerry entging, die jedoch das allgemeine Gelächter auf sie zogen. Dann versuchte einer, sie in die Brust zu kneifen, worauf Jerry aufstand und zu ihrem Tisch hinüberging. Er war kein großer Held, er selbst hielt sich eher für das Gegenteil, aber im Moment gingen ihm eine Menge Gedanken im Kopf herum und es hätte genausogut Cat sein können, die da belästigt wurde. Sagen wir also: Ärger. Er ließ die eine Hand auf die Schulter des kleinen Kellners fallen, der ihr hatte zu nahe treten wollen, und die andere auf die Schulter des großen Burschen, der diese Mannestat mit Beifall belohnte, und er erklärte ihnen in schlechtem Italienisch, aber durchaus einleuchtend, daß sie jetzt Schluß machen müßten mit ihren Belästigungen und die beautiful missus in Ruhe essen lassen. Andernfalls würde er ihnen die dreckigen Hälse umdrehen. Die Atmosphäre war danach nicht allzu herzlich, und der Kleine schien es auf eine Keilerei anzulegen, denn seine Hand wanderte immer wieder zur hinteren Hosentasche und zerrte am Jackett, bis ihn ein letzter Blick auf Jerry eines Besseren belehrte. Jerry warf Geld auf den Tisch, nahm ihre Tasche auf, holte seinen Büchersack und führte sie, trug sie beinah, über den Platz zum Apoll.

»Sind Sie Engländer?« fragte sie im Gehen.

»Vom Scheitel bis zur Sohle, Ma'am!« schnaubte Jerry wütend, und in diesem Augenblick sah er sie zum erstenmal lächeln. Ein Lächeln, das entschieden einige Mühe wert war: das knochige Gesichtchen strahlte unter dem Schmutz zu einem breiten, ansteckenden Gassenbubengrinsen auf.

Nachdem Jerry nun ein wenig Dampf abgelassen hatte, fütterte er sie, und mit zunehmender Beruhigung begann er, die Geschichte weiter auszuspinnen, denn nach so vielen Wochen im luftleeren Raum war es nur natürlich, daß er etwas bieten wollte. Er erklärte, er sei abgehalfterter Zeitungsreporter und schreibe jetzt einen Roman, es sei sein erster Versuch, er erfülle sich damit einen alten Traum und er habe einen rasch dahinschmelzenden Haufen Geld von einem Blatt gekriegt, das ihn im Überfluß bezahlte, was ein Witz sei, denn er sei sein ganzes Leben lang überflüssig gewesen. »Art goldener Händedruck«, sagte er. Einen Teil habe er für das Haus angelegt, habe eine Weile gefaulenzt, und jetzt sei nur noch wenig von dem goldenen Segen übrig. Hier lächelte sie zum zweitenmal. Ermutigt kam er auf die Einsamkeit des schöpferischen Menschen zu sprechen. »Mein Gott, nicht zu glauben, wieviel Mühe es kostet, bis man's wirklich, ich meine *wirklich* rausgeschwitzt hat, fast wie . . . «

»Ehefrauen?«, fiel sie ihm ins Wort. Im ersten Moment hatte er angenommen, sie beziehe sich auf den Roman. Dann sah er ihre wartenden argwöhnischen Augen und antwortete vorsichtig: »Keine aktiven«, als wären Ehefrauen Vulkane, was sie in Jerrys Leben auch gewesen waren. Als sie nach dem Mittagessen leicht angesäuselt über den leeren Platz zockelten, wo die Sonne ihnen direkt auf die Köpfe knallte, gab sie ihre einzige Absichtserklärung von sich:

»Alles, was ich besitze, ist in dieser Tasche, *capito*?« sagte sie. Es war die Schultertasche aus Teppichstoff. »Und dabei will ich auch bleiben. Soll mir also keiner irgendwas geben, was ich nicht tragen kann. *Capito*?«

Als sie die Bushaltestelle erreichten, blieb sie auch stehen, und als der Bus kam, stieg sie hinter ihm ein und ließ Jerry ihre Fahrkarte bezahlen, und als sie im Dorf ausstiegen, kletterte sie mit ihm den Hügel hinauf, Jerry trug seinen Büchersack und das Mädchen die Schultertasche, und damit hatte sich's. Drei Nächte und den größten Teil der Tage verschlief sie, in der vierten Nacht kam sie zu ihm. Er war so wenig auf sie gefaßt, daß er wie immer seine Schlafzimmertür verschlossen hatte: er war ein bißchen eigen mit Türen und Fenstern, zumal bei Nacht. So daß sie an die Tür hämmern und schreien mußte: »Ich will in deine verdammte Falle, Herrgottnochmal!«, bis er endlich aufmachte.

»Lüg mich bloß nie an«, warnte sie ihn, als sie in sein Bett kletterte, als feierten sie ein Fest im Schlafsaal. »Kein Gefasel, keine Lügen. *Capito?*«
Als Geliebte glich sie einem Schmetterling: hätte Chinesin sein können, dachte er. Schwerelos, niemals in Ruhe, so schutzlos – es war zum Verzweifeln. Als die Leuchtkäfer flogen, knieten sie beide auf dem Fenstersims und beobachteten sie, und Jerry dachte an den Fernen Osten. Die Zikaden schrillten und die Frösche rülpsten und die Leuchtkäfer schwirrten unermüdlich rings um eine schwarze Kernzone, und die beiden knieten nackt eine Stunde und mehr, schauten und lauschten, während der heiße Mond in die Hügelkämme sank. Sie sprachen dabei niemals, trafen auch keine Entscheidungen, jedenfalls er nicht. Aber er schloß seine Tür jetzt nie mehr ab.

Die Musik und das Hämmern hatten aufgehört, dafür setzte lärmender Glockenklang ein, das Vesperläuten, wie er vermutete. Das Tal war niemals still, aber wegen des Taus hörte man die Glocken lauter. Er schlenderte hinüber zum angebundenen Ball, nestelte die Schnur von dem Eisenpfahl, dann mähte er mit seinem alten Wildlederstiefel das Gras ringsum und dachte an ihren geschmeidigen kleinen Körper, der bei jedem Schlag mitflog, und an die Mönchskutte, die sich im Wind blähte.
»*Guardian* ist das große Wort«, hatten sie ihm gesagt. »*Guardian* bedeutet den Weg zurück«, hatten sie gesagt. Jerry verhielt noch eine Weile und blickte hinunter auf die blaue Ebene, wo der wirkliche Weg, kein bildlicher, glänzend und schnurgerade wie ein Kanal zur Stadt und zum Flugplatz führte.
Jerry war keineswegs das, was er einen Denker genannt hätte. Das Gebrüll des Vaters hatte seine ganze Kindheit begleitet und ihn beizeiten gelehrt, was von großen Ideen und von großen Worten zu halten war. Vielleicht hatte das ihn zuerst mit dem Mädchen verbunden, dachte er. Darum ging es ihr: »Ich will nichts, was ich nicht tragen kann.«
Vielleicht. Vielleicht auch nicht. Sie wird einen anderen finden. Sie finden immer einen anderen.
*Es ist Zeit*, dachte er. Geld verbraucht, Roman Fehlanzeige, Mädchen zu jung: mach schon. Es ist *Zeit*.
Zeit wofür?
*Zeit*! Zeit, daß sie sich einen jungen Bullen suchte, anstatt einen

alten auszupowern. Zeit, daß die Wanderlust sich regte. Lager abbrechen. Die Kamele wecken. Weiter. Jerry hatte es weiß Gott schon ein paarmal getan. Das alte Zelt aufgeschlagen, eine Weile geblieben, weitergezogen: tut mir leid, altes Haus.

Es ist ein Befehl, sagte er sich. Mein ist das Denken, spricht der Herr. Signal ertönt. Sprung auf, marsch, marsch. Keine Widerrede. *Guardian.*

Trotzdem, komisch, er hatte es kommen sehen, dachte er und starrte noch immer hinaus auf die dunstverhüllte Ebene. Keine großartige Ahnung oder dergleichen Humbug: einfach, ja, ein Gefühl, daß es Zeit sei. Fällig. Reif. Aber anstatt einer fröhlichen Aufwallung von Tatendrang überkam seinen ganzen Körper tiefe Lethargie. Er fühlte sich plötzlich zu müde, zu fett, zu schläfrig, um sich jemals wieder vom Fleck zu bewegen. Er hätte sich am liebsten hingelegt, wo er stand. Er hätte auf dem harten Gras schlafen können, bis sie ihn geweckt hätte oder bis die Nacht gekommen wäre.

Humbug, schalt er sich. Schierer Humbug. Er zog das Telegramm aus der Tasche, schritt energisch ins Haus und rief ihren Namen. »Heh! Altes Haus! Wo steckst du? Schlechte Nachrichten.« Er reichte ihr das Telegramm. »Aus der Traum«, sagte er und ging zum Fenster, damit er ihr nicht beim Lesen zusehen mußte.

Er wartete, bis er das Papier flattern und auf dem Tisch landen hörte. Dann drehte er sich um, denn es erfolgte nichts weiter. Sie hatte nichts gesagt, aber sie hatte die Hände unter die Achselhöhlen geklemmt und ihre Körpersprache konnte manchmal ohrenbetäubend sein. Er sah die Finger blindlings herumfuchteln auf der Suche nach einem Halt.

»Geh doch auf eine Weile zu Beth rüber«, schlug er vor. »Beth nimmt dich sofort. Hat dich schrecklich gern. Bei Beth kannst du bleiben, so lang du willst.«

Sie blieb mit gekreuzten Armen stehen, bis er hinunterging, um sein Telegramm abzuschicken. Als er wiederkam, hatte sie seinen Anzug hergerichtet, den blauen, über den sie immer gelacht hatten – seine Gefängniskluft nannte sie ihn –, aber sie zitterte und ihr Gesicht sah weiß und krank aus, wie damals bei der Sache mit den Hornissen. Als er sie küssen wollte, war sie kalt wie Marmor, also gab er es auf. In der Nacht schliefen sie zusammen, und es war schlimmer als Alleinsein.

Am nächsten Mittag verkündete Mamma Stefano atemlos die

Neuigkeit. Der adelige Schuljunge sei weggefahren, sagte sie. Er habe seinen Anzug angehabt. Er trug eine Reisetasche, seine Schreibmaschine und den Büchersack. Franco habe ihn mit dem Lieferwagen zum Flugplatz gebracht. Die Waise sei mitgefahren, aber nur bis an die Zufahrt zur *autostrada*. Als sie ausstieg, habe sie nicht einmal auf Wiedersehen gesagt: habe sich einfach an den Straßenrand gelagert wie der Abfall, der sie ja war. Nachdem sie sie abgesetzt hatten, sei der Schuljunge eine Weile ganz still und in sich gekehrt gewesen. Habe kaum auf Francos geschickte und gezielte Fragen geachtet und nur ständig an seiner graugelben Haarsträhne gezerrt, wie er es oft tat, wenn er sich langweilte oder nachdachte. Am Flugplatz hatten sie noch eine Stunde totzuschlagen, ehe sein Flug aufgerufen wurde, also tranken sie eine Flasche zusammen und spielten Domino, aber als Franco ihn mit dem Fahrpreis übers Ohr hauen wollte, habe der Schuljunge ungewöhnlichen Widerstand geleistet und endlich geschachert wie die wirklich Reichen.

Franco habe es ihr erzählt, sagte sie: ihr Busenfreund. Franco, der als Päderast verschrien war. Hatte sie ihn nicht immer verteidigt, den eleganten Franco, den Vater ihres schwachsinnigen Sohnes? Sie hatten ihre Meinungsverschiedenheiten gehabt – wer hätte die nicht?–, aber es möge doch einmal einer kommen und ihr, wenn er das könne, im ganzen Tal einen aufrechteren, fleißigeren, höflicheren, besser gekleideten Mann nennen als Franco, ihren Freund und Liebhaber!

Der Schuljunge sei nach Hause gereist, um seine Erbschaft zu kassieren, sagte sie.

## 3 Mister George Smileys bestes Pferd

Nur George Smiley, sagte Roddy Martindale, ein feister Witzbold aus dem Foreign Office, konnte sich zum Kapitän eines havarierten Schiffes ernennen lassen. Nur Smiley, fügte er hinzu, konnte die Miseren einer solchen Ernennung noch verkomplizieren, indem er sich gleichzeitig von seiner schönen, wenn auch ein wenig unsteten Ehefrau trennte.
Auf den ersten und auch noch auf den zweiten Blick paßte George Smiley für keine der beiden Rollen, wie Martindale sogleich feststellte. Er war kugelrund und in Kleinigkeiten hoffnungslos nachgiebig. Aus angeborener Schüchternheit wurde er gelegentlich bombastisch, und auf Männer von Martindales Temperament wirkte seine Bescheidenheit wie ein stetiger Vorwurf. Außerdem war er kurzsichtig, und wer ihn an jenen ersten Tagen nach dem Debakel sah, mit seinen runden Brillengläsern und im Beamtenzivil, wie er, begleitet von seinem schlanken, schweigsamen Schildknappen Peter Guillam, leise auf den besonders morastigen Pfaden des Whitehall-Dschungels dahinwatschelte; oder zu den unmöglichsten Tag- und Nachtstunden in seinem schäbigen Thronsaal auf der fünften Etage des edwardianischen Mausoleums am Cambridge Circus, das er jetzt leitete, über einen Stoß Akten gebeugt saß, der mochte dafürhalten, daß Smiley, und nicht der tote Haydon, der weiland russische Spion, den Beinamen »Maulwurf« verdiente. Nach diesen langen Arbeitsstunden in dem höhlenartigen und halb verlassenen Bau wurden die Säcke unter seinen Augen zu Geschwülsten, er lächelte selten, obwohl er keineswegs humorlos war, und manchmal schien ihm von der bloßen Mühe des Aufstehens der Atem zu stocken. Stand er dann glücklich aufrecht, so verhielt er eine Weile mit leicht geöffnetem Mund und stieß ein leises schnarchendes »Ah« aus, ehe er sich in Bewegung setzte. Wenn er nach alter Angewohnheit seine Brille zerstreut mit dem breiten Krawattenende polierte, wirkte sein

Gesicht so bestürzend nackt, daß eine sehr altgediente Sekretärin – eine der Damen, die im Hausjargon »die Mütter« hießen – mehr als einmal von einem kaum noch zu bändigenden Drang gepackt wurde, aus dem die Psychiater alles mögliche hergemacht hätten: aufzuspringen und ihn vor der unmöglichen Aufgabe zu beschützen, die er sich vorgenommen zu haben schien.

»George Smiley mistet nicht nur den Stall aus«, bemerkte der obengenannte Roddy Martindale beim Lunch im Garrick, »er trägt auch noch sein Pferd selber durchs Ziel. Hah, hah.«

Andere Gerüchte, hauptsächlich von Abteilungen verbreitet, die selbst an einer Übernahme der angeschlagenen Dienststelle interessiert waren, äußerten sich weniger respektvoll über seine Arbeit.

»George zehrt von seinem Ruf«, sagten sie, nachdem ein paar Monate verstrichen waren. »Daß er Bill Haydon erwischte, war ein glücklicher Zufall.«

Und überhaupt, sagten sie, sei es ein amerikanischer Tip gewesen und keineswegs Georges großer *Coup*: der Ruhm gebühre den Vettern, aber die hatten aus diplomatischen Gründen auf ihn verzichtet. Nein, nein, wollten andere wissen, es waren die Holländer. Die Holländer hatten Moskaus Code geknackt und den Fang über die Verbindungsstelle weitergegeben, man frage nur Roddy Martindale – Martindale, den professionellen Verbreiter von Falschmeldungen über den Circus. Und so ging es hin und her, während Smiley, der von alledem keine Ahnung zu haben schien, seine Meinung für sich behielt und seine Frau verließ.

Sie konnten es kaum glauben.

Sie waren perplex.

Martindale, der nie im Leben eine Frau geliebt hatte, war besonders empört. Er machte im Garrick eine regelrechte *Sache* daraus:

»Unverschämtheit! Er ein kompletter Niemand, und sie eine halbe Sawley! Ich sage nur: Pawlow. Typisch pawlowsche Grausamkeit. Anders kann man's nicht nennen. Nachdem er jahrelang ihre durchaus gesunden kleinen Fehltritte akzeptiert hat – ich sage, er hat sie sogar dazu getrieben –, was tut dieser Knirps? Macht Front und versetzt ihr mit *napoleonischer* Brutalität einen Schlag mitten ins Gesicht! Ein Skandal! Das werde ich jedem sagen. Ein Skandal ist das! Ich bin ein ziemlich toleranter Mensch, nicht engstirnig, wie ich meine, aber Smiley ist zu weit gegangen. Jawohl.«

In diesem Fall hatte Martindale, was zuweilen auch vorkam, eine zutreffende Darstellung geliefert. Die Fakten waren allen zugänglich. Nachdem Haydon tot und die Vergangenheit begraben war, hatten die Smileys ihre Differenzen beigelegt, und das neugeeinte Paar war feierlich in das kleine Haus an der Bywater Street in Chelsea zurückgekehrt. Sie hatten es sogar mit Geselligkeit versucht. Sie waren ausgegangen, sie hatten in dem Stil, der Georges neuer Stellung entsprach, Gäste empfangen; die Vettern, dann und wann einen Minister, verschiedene Whitehall-Barone, und alle ließen sich's wohl sein und gingen fröhlich und satt nach Hause; die beiden hatten sogar ein paar Wochen lang eine kleine Sehenswürdigkeit in höheren bürokratischen Kreisen gebildet. Bis George Smiley sich über Nacht und zum unverkennbaren Mißbehagen seiner Frau aus ihrem Gesichtskreis zurückgezogen und sein Lager in den ärmlichen Mansarden hinter seinem Thronsaal im Circus aufgeschlagen hatte. Bald schien die Trübseligkeit dieser Stätte sich auf seinem Gesicht festzusetzen wie der Staub auf der Haut eines Gefangenen, während sich Ann Smiley in Chelsea härmte und sehr unter ihrer Rolle als verlassene Ehefrau zu leiden schien.

Hingabe, sagten die Wissenden. Mönchische Entsagung. George ist ein Heiliger. Und in *seinem* Alter.

Quatsch, konterte die Martindale-Fraktion. Hingabe an *was*? Was gab es denn noch in diesem verödeten Ziegelschuppen, das einen solchen Akt der Selbstopferung irgend fordern konnte? Was war denn überhaupt noch *irgendwo*, in diesem verfluchten Whitehall oder, Gott sei uns gnädig, in diesem verfluchten *England*, das heute noch eine solche Forderung stellen konnte?

Die Arbeit, sagten die Wissenden.

Aber *was für eine* Arbeit?, fistelten die selbsternannten Circus-Spezialisten im Chor und ließen das Wenige, das sie vom Hörensagen wußten, die Runde machen. Was macht er dort oben, nachdem ihm die Planstellen von drei Vierteln seiner Mitarbeiter gestrichen wurden – bis auf die ein paar alter Hennen, die ihm Tee brauten – und seine Netze beim Teufel waren, seine ausländischen Residenturen, sein Reptilienfonds – sie meinten seine Einsatzkonten – vom Schatzamt dauerhaft eingefroren waren, und er keinen Menschen in Whitehall oder Washington seinen Freund nennen konnte? Es sei denn, man betrachte diesen affektierten Parvenü Lacon im Ministerium als seinen Freund, der immer so entschlos-

sen war, sich bei jeder nur denkbaren Gelegenheit für ihn in die Nesseln zu setzen. Und natürlich würde *Lacon* um ihn kämpfen: was hatte er denn sonst? Der Circus war Lacons Hausmacht. Ohne ihn wäre er – nun ja, was er auch jetzt schon war – ein Eunuch. Natürlich würde *Lacon* sich ins Getümmel stürzen.
»Ein Skandal«, verkündete Martindale idigniert, während er seinen geräucherten Aal wegputzte und die Steak-and-kidney-Pastete und den Rotspon, die Hausmarke des Clubs, die schon wieder um zwanzig Pence pro Karaffe gestiegen war. »Ich werde es jedem sagen.«
Zwischen den Dörflern von Whitehall und den Dörflern der Toskana war der Unterschied manchmal erstaunlich gering.

Die Zeit machte den Gerüchten nicht den Garaus. Im Gegenteil, sie wurden immer mehr, bezogen neue Nahrung aus seinem Einsiedlerdasein und nannten es Besessenheit.
Man erinnerte sich, daß Bill Haydon nicht nur George Smileys Kollege gewesen war, sondern auch Anns Cousin und noch einiges mehr daneben. Smileys Zorn auf ihn, so hieß es, sei nicht mit Haydons Tod erloschen: er tanze buchstäblich auf Bills Grab. Zum Beispiel habe George persönlich das Ausräumen von Haydons berühmtem Dienstzimmer, dem Maschinengewehrstand hoch über der Charing Cross Road, und die Vernichtung auch der geringsten seiner Spuren überwacht, von den mittelmäßigen selbstgemalten Ölbildern bis zu dem Krimskrams in seinen Schreibtischladen; sogar der Schreibtisch selbst mußte auf sein Geheiß zersägt und verbrannt werden. Und als auch das vollbracht war, hieß es, habe er die Arbeiter des Circus kommen lassen, damit sie die Trennwände einrissen. Jawohl, sagte Martindale.
Oder, um ein weiteres und wirklich sehr beschämendes Beispiel zu nennen, nehmen wir das Foto, das an der Wand von Smileys armseligem Thronsaal hing, offensichtlich ein Paßfoto, aber weit über dessen Format vergrößert, so daß es körnig und irgendwie gespenstisch wirkte. Einer der Jungens aus dem Schatzamt hatte es während einer Sondersitzung über die Beschneidung der Einsatzkonten entdeckt.
»Soll das Controls Porträt sein?« hatte er Peter Guillam gefragt, einfach um etwas zu sagen. Keinerlei finstere Absichten dahinter. Man durfte doch wohl noch *fragen*, wie? Control, dessen sonstige Namen noch immer unbekannt waren, war der legendäre Geist

des Hauses. Er war dreißig Jahre hindurch Smileys Führer und Mentor gewesen. Smiley hatte ihn sogar in aller Stille begraben, hieß es: denn die sehr Geheimen wie die sehr Reichen teilen das Schicksal, unbetrauert zu sterben.

»Nein, das ist verdammt *nicht* Control«, hatte Guillam, der Schildknappe, ihn in seiner hochnäsigen Art abgefertigt. »Das ist Karla.«

Und wer bitte sei Karla, wenn man fragen dürfe?

Karla, mein Lieber, sei der Deckname des sowjetischen Einsatzleiters, der Bill Haydon zuerst angeworben und dann geführt hatte:

»Eine *gänzlich* andere Lesart, um es milde auszudrücken«, sagte Martindale, vor Entrüstung bebend. »Wirklich die reinste Vendetta, die wir da auf dem Hals haben. Ich frage mich nur, wie kindisch kann ein Mensch werden?«

Sogar Lacon war von diesem Bild leicht beunruhigt.

»Also ehrlich, George, warum hängen Sie ihn hier aus?« fragte er mit seiner kräftigen Oberlehrerstimme, als er eines Abends auf dem Heimweg vom Ministerium einen Überraschungsbesuch bei Smiley machte. »Was bedeutet er bloß für Sie? Schon mal darüber nachgedacht? Finden Sie das nicht selber ein bißchen makaber? Der siegreiche Feind? Ich hätte eher gedacht, es würde Sie ganz fertigmachen, wenn er so den ganzen Tag auf Sie runterfeixt?«

»Nun, Bill ist *tot*, sagte Smiley in seiner elliptischen Art. Zuweilen lieferte er nur den Hinweis auf ein Argument, nicht das Argument selbst.

»Und Karla lebt, wollen Sie sagen?« hakte Lacon ein. »Und ein lebender Gegner ist Ihnen lieber als ein toter? Ist es so gemeint?«

Aber es gab Fragen, die an George Smiley abglitten; die sogar, so sagten seine Kollegen, an ihn gerichtet, geschmacklos erschienen.

Ein Zwischenfall, der den Whitehall-Garküchen kernigere Kost lieferte, betraf die Frettchen, auch Wanzentöter genannt. An einen übleren Fall von Bevorzugung konnte man sich nirgends erinnern. Mein *Gott*, diese Geheimen hatten manchmal Nerven! Martindale, der ein Jahr gewartet hatte, bis *sein* Büro drankam, schickte eine Beschwerde an seinen Unterstaatssekretär. Handschriftlich. Nur persönlich zu öffnen. Desgleichen tat sein Bruder in Christo vom Verteidigungsministerium und beinah auch Hammer vom Schatzamt, aber entweder vergaß Hammer, seine Beschwerde in den Briefkasten zu werfen, oder er hatte es sich im letzten Augenblick anders überlegt. Es ging hier nicht nur um die Rangfolge. Nicht einmal ums Prinzip. Hier ging es um *Geld*. Um Geld der *Steuerzahler*. Das Schatzamt hatte bereits auf Georges Drängen im halben Circus neue Leitungen gelegt. Sein Verfolgungswahn in puncto Lauschangriffe kannte offenbar keine Grenzen. Hinzu kam, daß die Frettchen ohnehin knapp an Personal waren, es hatte Auseinandersetzungen mit der Industrie über unsoziale Arbeitsstunden gegeben – einfach jede Menge Ärger! Dynamit, das ganze Thema.

Was aber war in der ganzen Sache eigentlich passiert? Martindale zählte die Einzelheiten an den wohlmanikürten Fingern auf. George war an einem Donnerstag zu Lacon gegangen – während dieser irren Hitzewelle, Sie erinnern sich, als alle Welt praktisch *verschmachtete*, sogar im Garrick –, und bereits am Sonnabend – an einem Sonnabend, man stelle sich diese Überstunden vor! – waren diese Ungeheuer im Circus eingefallen, hatten die Anwohner mit ihrem Krach zum Wahnsinn getrieben und das ganze Haus auseinandergenommen. Ein *eklatanterer* Fall von blinder Bevorzugung war nicht mehr dagewesen, seit , ja, seit sie Smiley erlaubten, seine räudige alte Rußland-Tante zurückzuholen, Sachs, Connie Sachs, diese Professorin aus Oxford, wider jede Vernunft, und sie als eine der Mütter führten, obwohl sie das gar nicht war.

Diskret, jedenfalls so diskret, wie es ihm möglich war, setzte Martindale alle Hebel in Bewegung, um herauszubekommen, ob die Frettchen tatsächlich etwas entdeckt hatten, stieß jedoch auf Granit. In der Geheimwelt ist Information gleich Geld, und zumindest nach diesem Maßstab war Roddy Martindale, vielleicht ohne es zu wissen, bettelarm, denn die insides dieser inside-story kannten nur die wenigsten. Es stimmte, daß Smiley am Donnerstag Lacon in seinem getäfelten Büro mit Blick auf den St. James' Park aufsuchte und daß dieser Tag ungewöhnlich heiß für einen Herbsttag war. Breite Sonnenströme ergossen sich auf den repräsentativen Teppich, und die Staubteilchen tummelten sich darin wie winzige exotische Fische. Lacon hatte sogar das Jackett abgelegt, die Krawatte natürlich nicht.

»Connie Sachs hat ein paar Rechenkunststücke mit Karlas Handschrift in vergleichbaren Fällen angestellt«, verkündete Smiley.

»*Handschrift?*« echote Lacon, als wäre Handschrift etwas ausge-

sprochen Reglementwidriges.
»Technik. Karlas übliches Vorgehen. Es scheint, daß er, wo es irgend anging, Maulwürfe und Lauscher als Tandem führte.«
»Das Ganze nochmals im Klartext, George, wenn ich bitten darf.«
Wo die Umstände es erlaubten, sagte Smiley, habe Karla seine Agenteneinsätze durch Mikrophone unterstützt. Obwohl Smiley zu seiner Genugtuung feststellte, daß innerhalb des Hauses nichts gesagt worden war, was das »gegenwärtige Vorhaben«, wie er sich ausdrückte, beeinträchtigen konnte, war allein schon die Möglichkeit beunruhigend.
Lacon sollte auch Smileys Handschrift kennenlernen.
»Irgendeinen Anhaltspunkt für diese ziemlich akademische Theorie?« wollte er wissen und prüfte Smileys ausdruckslose Züge über die Spitze des Bleistifts hinweg, den er wie ein Lineal zwischen beiden Zeigefingern hielt.
»Wir haben in unserem eigenen Tonbandarchiv Inventur gemacht«, gestand Smiley stirnrunzelnd. »Es fehlt einiges vom hauseigenen Material. Eine Menge scheint während der Veränderungen von anno sechsundsechzig verschwunden zu sein.« Lacon wartete, holte jedes Wort einzeln aus ihm heraus. »Haydon gehörte dem dafür zuständigen Bau-Ausschuß an«, endete Smiley als letzten Seufzer. »Er war sogar die treibende Kraft. Es ist nur – also, ich meine, wenn die Vettern jemals davon erführen, dann wäre es der letzte Nagel zu unserem Sarg.«
Lacon war kein Narr, und die Vettern auf die Palme zu bringen, genau in dem Augenblick, da alles versucht wurde, um ihr Gefieder wieder zu glätten, mußte um jeden Preis vermieden werden. Wäre es nach ihm gegangen, er hätte die Frettchen noch am gleichen Tag geschickt. Der Sonnabend war ein Kompromiß, und ohne jemanden zu fragen, schickte er das ganze Team los, alle zwölf Mann, in zwei grauen Lieferwagen mit der Aufschrift »Umweltschutz-Meßwagen.« Und sie nahmen wirklich das ganze Haus auseinander, daher das alberne Gerücht über die Zerstörung von Bill Haydons Büro. Sie waren wütend wegen des verpatzten Wochenendes und vielleicht deshalb so unnötig grob: die Überstunden wurden schrecklich hoch besteuert. Aber ihre Stimmung schlug jäh um, als sie auf einen Streich acht Abhörmikrophone ausbuddelten, sämtlich Standard-Geräte des Circus aus den Audio-Lagern. Haydons Verteilung war klassisch gewesen, wie Lacon zugab, als er zur Inspektion auftauchte. Eines

in einer Schublade eines nicht mehr benutzten Schreibtisches, als wäre es in allller Unschuld dort liegengeblieben und in Vergessenheit geraten. Nur daß der Schreibtisch ausgerechnet im Codierraum stand. Eines verstaubte auf einem alten Stahlschrank im Konferenzzimmer auf der fünften Etage – im Haus die Rumpelkammer genannt. Und eines war, mit typisch Haydonschem Flair, hinter den Wasserkasten in der Toilette der höheren Dienstgrade gleich nebenan geklemmt. Ein zweiter Durchgang, bei dem auch die Tragmauern drankamen, förderte weitere drei zutage, die während der Bauarbeiten eingefügt worden waren. Sonden, mit Plastik-Schnorchelhälsen zum Transportieren der Töne. Die Frettchen legten sie aus wie eine Jagdstrecke. Tot, selbstverständlich, wie sämtliche Apparate, aber dennoch von Haydon hier angebracht und auf Frequenzen eingestellt, die der Circus nicht benutzte.

»Und auf Kosten des Schatzamtes unterhalten, wohlgemerkt«, sagte Lacon mit dem allerdünnsten Lächeln und spielte mit den Leitungen, die einstmals die Abhörmikrophone mit dem Stromversorgungsnetz verbunden hatten. »Oder jedenfalls früher, denn George ließ im ganzen Haus neue Leitungen legen. Das muß ich unbedingt Bruder Hammer erzählen. Er wird begeistert sein.«

Hammer, gebürtiger Waliser, war Lacons Erzfeind.

Auf Lacons Anraten inszenierte Smiley nun eine kleine Komödie. Er ließ die Frettchen die Radiomikrophone im Konferenzzimmer wieder in Betrieb setzen und den Empfänger auf einen der wenigen, dem Circus verbliebenen Observierungswagen einstellen. Dann bat er drei der bockigsten Schreibtischhengste von Whitehall, unter ihnen den Waliser Hammer, in einem Radius von einer halben Meile um das Gebäude zu fahren und einer gestellten Diskussion zwischen zwei von Smileys schattenhaften Gehilfen zu lauschen, die in der Rumpelkammer saßen. Sie hörten jedes Wort. Keine Silbe ausgelassen.

Worauf Smiley persönlich sie absolutes Stillschweigen schwören und zum Überfluß eine Erklärung unterschreiben ließ, die eigens von den Housekeepers zwecks Abschreckung aufgesetzt worden war. Peter Guillam schätzte, daß sie daraufhin für etwa einen Monat lang den Mund halten würden.

»Oder auch nicht so lange, falls es regnet«, fügte er mit jäher Gehässigkeit hinzu.

Aber nicht nur Martindale und seine Kollegen im Vorfeld von Whitehall lebten im Stande paradiesischer Unschuld, was die Realität von Smileys Welt betraf, auch jene, die dem Thron näher standen, fühlten sich von Smiley auf Distanz gehalten. Die Kreise um ihn wurden je näher, desto kleiner, und nur verflixt wenige drangen bis zum Mittelpunkt vor. Auch hinter dem braunen häßlichen Portal des Circus und seinen behelfsmäßigen, mit wachsamen Pförtnern bemannten Barrieren gab Smiley keine seiner gewohnten Abschirmungsmaßnahmen auf. Bei Tag wie bei Nacht blieb die Tür zu seiner winzigen Bürosuite verschlossen, und seine einzige Gesellschaft bestand aus Peter Guillam und einem allgegenwärtigen finsterblickenden Faktotum namens Fawn, dem Mann, der sich mit Guillam den Job als Smileys Babysitter geteilt hatte, während sie Haydon ausräucherten. Manchmal verschwand Smiley nur mit einem Nicken durch den Hinterausgang, begleitet von Fawn, einem kleinen geschmeidigen Mann, während Guillam zurückbleiben mußte, um die Telefonanrufe entgegenzunehmen und in dringenden Fällen Smiley zu benachrichtigen. Die Mütter verglichen sein Benehmen mit den letzten Tagen Controls, der dank Haydon an gebrochenem Herzen in den Sielen gestorben war. Im Zug der Gesetzmäßigkeiten in einer geschlossenen Gesellschaft wurde der Hausjargon um ein neues Wort bereichert. Haydons Entlarvung hieß jetzt nur noch der *Sündenfall*, und die Geschichte des Circus zerfiel in die Zeiträume *vor dem Sündenfall* und *danach*. Der materielle Verfall des Gebäudes, das zu drei Viertel leer stand und seit dem Besuch der Frettchen eher einer Ruine glich, verlieh Smileys An- und Abwesenheiten etwas von Untergangsstimmung, die für alle, die damit leben mußten, symbolisch wurde. Was die Frettchen einreißen, wird nicht wieder aufgerichtet: und das gleiche galt vielleicht für Karla, dessen verstaubte Züge von dort, wo der meist unsichtbare Chef sie plaziert hatte, aus dem Dämmer seines spartanischen Büros nun auf sie herabblickte.

Das wenige, was sie wußten, war schauderhaft. Belangloses, wie zum Beispiel die Personalfrage, nahm erschreckende Dimensionen an. Smiley mußte aufgeflogene Agenten entlassen und aufgeflogene Residenturen auflösen; die des armen Tufty Thesinger in Hongkong war, da Hongkong ziemlich weit vom antisowjetischen Schauplatz entfernt liegt, eine der letzten, die daran glauben mußten. In der Umgebung Whitehalls, ein Gelände, das sie wie Smiley mit tiefem Mißtrauen betrachteten, hörten sie, daß Thesinger in bizarre und erbitterte Auseinandersetzungen über die Bedingungen einer Abfindung oder Neubestallung verwickelt sei. Es war anscheinend vorgekommen – und wiederum lieferte der arme Tufty Thesinger in Hongkong das nächstliegende Beispiel –, daß Bill Haydon mit voller Absicht die Überbewertung lahmliegender Residenten betrieben hatte, solcher, die zuverlässig keine eigene Initiative entwickeln würden. Sollten sie nun nach ihrem wirklichen Wert entlohnt werden oder nach dem künstlich hochgetriebenen, den Haydon ihnen zum Schaden der Sache verliehen hatte? In anderen Fällen wiederum hatte Haydon zu seiner eigenen Sicherheit Entlassungsgründe gedrechselt. Sollten solche Leute die volle Pension erhalten? Hatten sie Anspruch auf Wiedereinstellung? Ratlose junge Minister, die seit den Wahlen neu ins Amt gekommen waren, trafen tapfere und widersprüchliche Entscheidungen. Die Folge war, daß ein trauriger Zug von getäuschten Circus-Außenleuten, Männern und Frauen, von Smiley abgefertigt werden mußte und die Housekeepers angewiesen wurden, aus einschlägigen Gründen – und vielleicht auch um der Ästhetik willen – auf keinen Fall einen dieser Heimkehrer aus ausländischen Stützpunkten einen Fuß ins Innere des Hauptgebäudes setzen zu lassen. Auch duldete Smiley keinerlei Kontakt zwischen den Verdammten und den noch einmal Davongekommenen. Also eröffneten die Housekeepers, mit widerwilligem Einverständnis des Walisers Hammer, in einem gemieteten Haus in Bloomsbury eine Meldestelle, die sie als Sprachenschule tarnten (Besuch nur nach vorheriger Vereinbarung) und mit einem Quartett aus Beamten der Zahl- und Personalstelle bemannten. Aus dieser Einrichtung wurde alsbald die Bloomsbury Group, und man hörte, daß Smiley es sich nicht nehmen ließ, manchmal auf ein abgezwacktes Stündchen oder so hinüberzuhuschen und, wie bei einem Trauerbesuch, verschiedenen, ihm häufig unbekannten Gesichtern sein Beileid auszusprechen. Dann wieder, je nach Stimmung, sprach er kein Wort, sondern thronte nur geheimnisvoll und buddhagleich in einer Ecke des staubigen Vernehmungsraums. Was trieb ihn dorthin? Was suchte er? Wenn der Grund Zorn war, dann war es ein Zorn, der ihnen in jenen Tagen allen gemeinsam war. Sie konnten nach einem langen Tagewerk in der Rumpelkammer unterm Dach sitzen, scherzend und schwatzend; aber wenn jemand den Namen Karla oder seines

Maulwurfs Haydon verlauten ließ, senkte sich eisiges Schweigen über den Raum, und nicht einmal die gerissene alte Connie Sachs, die Moskau-Tante, vermochte den Bann zu brechen.
Sogar noch ergreifender waren in den Augen seiner Untergebenen Smileys Bemühungen, wenigstens einen Teil der Agentennetze aus dem Schiffbruch zu retten. Innerhalb eines Tages nach Haydons Festnahme waren alle neun Netze des Circus in Rußland und Osteuropa tot gewesen. Die Funkverbindung abgerissen, der Kurierverkehr eingestellt, und man durfte mit gutem Grund annehmen, daß etwaige echte Circus-Agenten, die sich dort befunden hatten, über Nacht aufgerollt worden waren. Aber Smiley widersetzte sich leidenschaftlich dieser billigen Ansicht, genau wie er es nicht hinnehmen wollte, daß Karla und die Moskauer Zentrale im Verbund unschlagbar tüchtig seien, oder tadellos, oder logisch. Er entnervte Lacon, er entnervte die Vettern in ihren weitläufigen Anbauten am Grosvenor Square, er bestand darauf, daß die Funkfrequenzen der Agenten weiterhin abgehört würden, und trotz erbitterter Proteste des *Foreign Office* – Roddy Martindale wie immer an vorderster Stelle – ließ er durch die Auslandsdienste von BBC unverschlüsselte Meldungen ausstrahlen, wonach jeder lebende Agent, der sie zufällig hörte und das Codewort kannte, sich unverzüglich auf die Socken machen solle. Und, ganz allmählich und zu ihrem großen Erstaunen, trafen winzigkleine Lebenszeichen ein, wie verstümmelte Botschaften von einem anderen Stern.
Zuerst meldeten die Vettern in der Person ihres verdächtig offenherzigen Londoner Dienststellenleiters Martello vom Grosvenor Square, daß ein amerikanischer Fluchtkanal zwei britische Agenten durchschleuse, einen Mann und eine Frau. Sie würden zu dem alten Badeort Sochi am Schwarzen Meer gebracht, wo ein kleines Boot für den, wie Martellos schweigsame Leute es hartnäckig nannten, »Exfiltrationsauftrag« bereitlag. Der Beschreibung nach handelte es sich um die Tschurajews, Knotenpunkte des Netzes *Contemplate*, das für Georgien und die Ukraine zuständig war. Ohne die Genehmigung des Schatzamtes abzuwarten, holte Smiley einen gewissen Roy Bland aus der Versenkung hervor, einen stämmigen ex-marxistischen Dialektiker und zeitweiligen Außenagenten, der die Einsätze dieses Netzes geleitet hatte. Diesem Bland, den es beim Sündenfall ebenfalls erwischt hatte, vertraute er das russische Gespann de Silsky und Kaspar an,

die auch eingemottet, auch zwei ehemalige Haydon-Protegés waren, damit sie zu dritt den Ankömmlingen Hilfestellung geben könnten. Sie saßen noch in ihrem Transportflugzeug der Royal Air Force, als die Meldung durchkam, daß das Paar beim Verlassen des Hafens erschossen worden sei. Der Exfiltrationsauftrag sei danebengegangen, sagten die Vettern. In aufrichtigem Mitgefühl telefonierte Martello Smiley die Nachricht persönlich durch. Er war nach seiner eigenen Ansicht ein freundlicher Mensch und wie Smiley ein Mann der alten Schule. Es war Nacht, und es regnete in Strömen.

»Nehmen Sie's bloß nicht so schwer, George«, ermahnte er ihn in seinem onkelhaften Tonfall. »Hören Sie? Die einen sind draußen, und die anderen sitzen am Schreibtisch, und Sie und ich müssen dafür sorgen, daß die Unterscheidung gewahrt bleibt. Sonst werden wir alle verrückt. Man kann sich nicht für jeden einzelnen umbringen. Das ist Feldherrnlos. Also denken Sie daran.«

Peter Guillam, der, als der Anruf kam, dicht neben Smiley saß, schwor später, Smiley habe keine besondere Reaktion gezeigt: und Guillam kannte ihn gut. Dennoch war Smiley zehn Minuten später von allen unbemerkt verschwunden, und sein geräumiger Regenmantel hing nicht mehr am Haken. Er kam nach Einbruch der Dämmerung zurück, naß bis auf die Haut, den Regenmantel trug er noch immer über dem Arm. Er zog sich um und setzte sich wieder an den Schreibtisch, aber als Guillam auf Zehenspitzen hereinkam und ihm unaufgefordert Tee brachte, sah er zu seiner größten Verlegenheit seinen Herrn stocksteif vor einem alten Band deutscher Lyrik sitzen, die geballten Fäuste auf der Tischplatte, und lautlos weinen.

Bland, de Silsky und Kaspar bewarben sich um Wiedereinstellung. Sie beriefen sich darauf, daß der kleine Toby Esterhase, der Ungar, habe zurückkommen dürfen, und verlangten die gleiche Behandlung, aber vergebens. Sie wurden abschlägig beschieden und nie wieder erwähnt. Unrecht zu Unrecht. Wenn sie auch leicht lädiert waren, so hätten sie doch nützlich sein können, aber Smiley wollte ihre Namen nicht mehr hören; nicht damals, nicht später, nie mehr. Das war der absolute Tiefpunkt dieser Zeit unmittelbar nach dem Sündenfall. Ein paar Leute – sowohl innerhalb wie außerhalb des Circus – glaubten aufrichtig, den letzten Schlag des geheimen Herzens Englands gehört zu haben.

Doch ein paar Tage nach dieser Katastrophe bescherte das Glück

Smiley einen kleinen Trost. In Warschau fing ein flüchtiger Spitzenagent des Circus am hellichten Tag das BBC-Signal auf und marschierte schnurstracks in die britische Botschaft. Dank vereinten und beharrlichen Antichambrierens sowohl Lacons wie Smileys wurde er trotz Martindales Widerstand noch in der gleichen Nacht, als diplomatischer Kurier getarnt, nach London heimgeflogen. Da Smiley seiner Tarngeschichte mißtraute, reichte er den Mann an die Inquisitoren des Circus weiter, die ihn, mangels anderer Opfer, fast zu Tode brachten, ihn danach jedoch als sauber bezeichneten. Er wurde in Australien aufs neue eingesetzt.

Anschließend war Smiley, dessen Herrschaft noch immer im Anfangsstadium steckte, gezwungen, sich die verbrannten Stützpunkte des Circus innerhalb des Landes vorzunehmen. Am liebsten hätte er alles abgeschrieben: die sicheren Häuser, die jetzt total unsicher waren; die Nursery in Sarratt, wo traditionsgemäß die Instruktion und Ausbildung von Agenten und Neulingen stattfand; die Audio-Versuchslabors in Harlow, die Bombenbastler- und Knallerschule in Argyll; die Matrosenschule in der Bucht von Helford, wo abgemusterte Seeleute die schwarzen Künste der Kleinstfahrzeug-Schiffahrt zelebrierten wie das Ritual einer untergegangenen Religion; und die Funkstelle für Fernverkehr in Canterbury. Er hätte sogar das Hauptquartier der Stöpsler in Bath aufgelöst, wo nach wie vor die Codes geknackt wurden.

»Weg mit dem Ganzen«, sagte er zu Lacon, den er in seinem Büro aufgesucht hatte.

»Und was dann?« fragte Lacon, verwundert über Smileys Heftigkeit, die seit dem Sochi-Fehlschlag an ihm auffiel.

»Neu anfangen.«

»Verstehe«, sagte Lacon, was natürlich bedeutete, daß er nicht verstand. Lacon hatte Zahlenaufstellungen des Schatzamtes vor sich liegen und studierte sie, während er sprach.

»Die Nursery in Sarratt wird aus irgendeinem mir nicht zugänglichen Grund im *Militär*haushalt geführt«, bemerkte er nachdenklich. »Nicht etwa in Ihrem Reptilienfonds. Das Foreign Office kommt für Harlow auf – und hat das bestimmt längst vergessen –, Argyll ist unter den Fittichen des Verteidigungsministeriums, das höchstwahrscheinlich nicht von der Existenz dieser Einrichtung weiß, das Postministerium hat Canterbury, und die Navy hat Helford. Bath wird, wie ich mich freue sagen zu können,

gleichfalls aus Geldern des Foreign Office unterhalten, laut eigenhändiger Unterschrift von Martindale, es kam vor sechs Jahren dazu und ist inzwischen auch in Vergessenheit geraten. Also tut uns das alles nicht weh, oder?«
»Es sind nutzlose Anhängsel«, sagte Smiley eigensinnig. »Und solange diese Einrichtungen bestehen, können wir sie nicht durch neue ersetzen. Sarratt ist schon lange zum Teufel, Helford liegt in den letzten Zügen, Argyll ist nur noch ein Witz. Und was die Stöpsler angeht, so haben sie die letzten fünf Jahre praktisch hauptamtlich für Karla gearbeitet.«
»Mit Karla meinen Sie die Moskauer Zentrale?«
»Ich meine die Abteilung, die zuständig war für Haydon und ein halbes Dutzend –«
»Ich weiß, was Sie meinen. Aber ich finde es sicherer, wenn wir bei den Einrichtungen bleiben, Sie nicht auch? Dadurch ersparen wir uns die Peinlichkeit, Namen zu nennen. Dazu sind Einrichtungen schließlich da, wie?« Lacon stieß das Bleistiftende rhythmisch auf den Schreibtisch. Endlich blickte er auf und sah Smiley neckisch an. »Schön, schön, Sie sind im Moment der große Neuerer, George. Ich darf gar nicht daran denken, was passierte, wenn Sie jemals die Säge an *meinen* Ast ansetzen würden. Diese Außenstellen sind mündelsichere Aktien. Wenn Sie sich jetzt davon trennen, sehen Sie keine einzige mehr wieder. Später, wenn alles wieder läuft, können Sie sie abstoßen und sich etwas Besseres kaufen. Man soll nie verkaufen, wenn die Börse schlecht steht. Man wartet, bis man Gewinn mitnehmen kann.«
Widerstrebend fügte Smiley sich seinem Rat.
Als wären's der Schwierigkeiten noch nicht genug, kam der schwarze Montag, an dem eine Rechnungsprüfung im Schatzamt auf erhebliche Diskrepanzen in der Verwaltung des Reptilienfonds des Circus während der fünf Jahre stieß, ehe der Fonds nach dem Sündenfall eingefroren wurde. Smiley war gezwungen, ein Femegericht abzuhalten, bei dem ein älterer Buchhalter der Finanzabteilung, den man aus dem Ruhestand aufgescheucht hatte, zusammenbrach und eine schändliche Leidenschaft für ein Mädchen aus der Registratur gestand, das ihn an der Nase herumgeführt hatte. In einem grausigen Anfall von Reue ging der alte Mann heim und erhängte sich. Gegen Guillams dringendes Zureden ließ Smiley es sich nicht nehmen, der Bestattung beizuwohnen.

Dennoch ist es verbürgte Tatsache, daß George Smiley bereits in der Zeit dieser betrüblichen Anfänge, in seinen allerersten Wochen im Amt zum Angriff überging.

Die Basis, von der aus dieser Angriff geführt wurde, war zuvörderst philosophischer, zum zweiten theoretischer und erst in letzter Linie und dank dem dramatischen Auftreten des unschlagbaren Glücksspielers Sam Collins menschlicher Natur.

Die Philosophie war einfach. Die Aufgabe eines Geheimdienstes, verkündete Smiley energisch, bestehe nicht darin, Haschen zu spielen, sondern seinen Kunden geheime Informationen zu liefern. Versäumte er diese Aufgabe, so würden sich seine Kunden an andere, weniger korrekte Verkäufer wenden oder, was noch schlimmer sei, zu amateurhafter Selbsthilfe greifen. Und der Geheimdienst würde an Schwindsucht eingehen. Nicht auf den Whitehall-Märkten vertreten sein hieß nicht gefragt sein, fuhr er fort. Schlimmer: wenn der Circus nichts produzierte, würde er auch keine Waren für den Tauschhandel mit den Vettern oder anderen Schwesterorganisationen in der Hand haben, mit denen von alters her solche Geschäfte getätigt wurden. Wer nicht produzierte, konnte nicht handeln, und wer nicht handeln konnte, war tot.

Amen, sagten sie.

Seine Theorie – er nannte sie seine *Prämisse* – über die Produktion von Geheimnachrichten ohne Nachrichtenquellen war Gegenstand einer zwanglosen Zusammenkunft in der Rumpelkammer, keine zwei Monate nach seinem Amtsantritt, zwischen ihm und dem winzigen inneren Kreis, der bis zu einem gewissen Punkt sein Vertrauen genoß. Insgesamt waren sie fünf: Smiley selbst, Peter Guillam, sein Schildknappe; die dicke wallende Moskau-Tante Connie Sachs; Fawn, das finsterblickende Faktotum in schwarzen Turnschuhen, das den russischen Kupfersamowar betreute und Kekse ausgab; und schließlich Doc di Salis, genannt der Tolle Jesuit, oberster China-Onkel des Circus. Als es Gott gelungen war, Connie Sachs zu erschaffen, so sagten die Lästerzungen, habe er eine Pause nötig gehabt, also pfuschte er aus den Resten rasch Doc di Salis zusammen. Der Doc war ein struppiges schmuddeliges Männchen, eher eine Karikatur Connies als ihr Pendent, er wirkte tatsächlich von dem borstigen Silberhaar, das ihm über den unsauberen Kragen hing, bis zu den feuchten mißgestalteten

Fingerspitzen, die wie Hühnerschnäbel nach allem hackten, ganz eindeutig verformt. Hätte Beardsley ihn gezeichnet, er hätte ihn zottig und in Ketten dargestellt, wie er hinter Connies gewaltigem Kaftan hervorlugte. Trotzdem war di Sallis ein Orientalist von Graden, ein Gelehrter und sogar so etwas wie ein Held, denn er hatte einen Teil des Krieges in China verbracht, wo er für Gott und den Circus warb, und einen weiteren Teil im Gefängnis von Tschangi, um den Japanern eine Freude zu machen. Das also war das Team: der Fünfer-Club. Mit der Zeit vergrößerte er sich, aber diese ersten fünf bildeten den berühmten Kern, und einer von ihnen gewesen zu sein war, wie di Salis sagte, »als hätte man einen K.P.-Parteiausweis mit einer einstelligen Mitgliedsnummer«.

Zunächst inspizierte Smiley das Wrack, und das nahm einige Zeit in Anspruch, genau wie das Plündern einer Stadt oder die Liquidierung zahlreicher Personen einige Zeit in Anspruch nimmt. Er fuhr einfach durch jede obskure Hintergasse, die dem Circus gehörte, und machte schonungslos deutlich, wie, durch welche Methode und oft auch genau wann Haydon ihre Geheimnisse seinen sowjetischen Herren und Meistern offenbart hatte. Natürlich kam ihm dabei sein Verhör Haydons zustatten sowie die Recherchen, die ihn ursprünglich auf Haydons Fährte geführt hatten. Er kannte den Parcours. Dennoch war die Zusammenfassung seiner Rede ein *tour de force* destruktiver Analyse.

»Also, keine Illusionen«, endete er bündig. »Diese Dienststelle wird nie wieder das gleiche sein wie vordem. Sie kann besser werden, auf jeden Fall aber wird sie anders.«

Amen, sagten sie wiederum und nutzten die Pause, um betrübt die Beine zu strecken.

Es war seltsam, erinnerte Guillam sich später, daß alle wichtigen Szenen dieser frühen Monate sich bei Nacht abzuspielen schienen. Die Rumpelkammer war ein langgestreckter Raum mit freiliegenden Dachbalken und hohen Fenstern, die keine andere Aussicht boten als den orangefarbenen Nachthimmel und ein Gestrüpp von rostigen Funkantennen, Überbleibsel aus dem Krieg, die zu entfernen sich niemand veranlaßt sah.

Die *Prämisse*, sagte Smiley, als sie sich wieder zusammengesetzt hatten, sei, daß Haydon nichts gegen den Circus unternahm, wozu er nicht angewiesen wurde, und daß diese Anweisung von einem ganz bestimmten Mann ausgegangen sei: von Karla.

Seine Prämisse sei, daß Karla durch seine Anweisungen an

Haydon die Informationslücken der Moskauer Zentrale aufgezeigt habe: daß Karla, indem er Haydon die Unterdrückung bestimmter, dem Circus zugedachter Geheiminformationen befohlen, ihn angewiesen habe, dieses Material herunterzuspielen oder zu entstellen, zu bagatellisieren oder glatt zu leugnen, verraten habe, welche Geheimnisse er nicht entdeckt wissen wollte.

»Wir können demnach zur Rückpeilung schreiten, nicht wahr, *darling*?« murmelte die umfangreiche Connie Sachs, die dank ihrer schnellen Auffassungsgabe dem übrigen Feld wie immer weit voraus war.

»Stimmt, Con. Genau das können wir tun«, sagte Smiley ernst. »Wir können rückpeilen.« Er nahm seinen Vortrag wieder auf, und Guillam tappte mehr denn je im dunkeln.

Wenn man Haydons zerstörerische Schritte – seine Raubtierfährte, wie Smiley sie nannte – bis ins Kleinste zurückverfolge, indem man seine Aktenauswahl erschöpfend registriere; wenn man, und wenn nötig nach wochenlanger mühsamer Suche, das von den Außenstellen des Circus im guten Glauben zusammengetragene Material neu sichte und es in jedem Detail mit dem Material vergleiche, das Haydon an die Kunden des Circus in Whitehall verteilte, so würde es möglich sein, die Rückpeilung, wie Connie das so richtig nannte, vorzunehmen und Haydons und damit auch Karlas Ausgangspunkt festzustellen, sagte Smiley.

Sobald eine korrekte Rückpeilung gemacht sei, würden sich die überraschendsten Möglichkeiten eröffnen und der Circus wider alle äußere Wahrscheinlichkeit in der Lage sein, zur Initiative überzugehen, oder, wie Smiley sich ausdrückte, »zu agieren und nicht bloß zu reagieren«.

Die Prämisse besagte, um Connie Sachs' launige Beschreibung aufzugreifen, »nach einem zweiten verdammten Tut-ench-Amun zu buddeln, während George Smiley die Laterne hält und wir armen Hunde das Graben besorgen«.

Zu jener Zeit war von Jerry Westerby natürlich nicht einmal andeutungsweise die Rede.

Anderntags zogen sie in die Schlacht, Connie in die eine Ecke, der griesgrämige di Salis in die andere. Wie di Salis in näselndem, mißbilligendem Tonfall, der grimmige Entschlossenheit ausdrückte, sagte: »Wenigstens wissen wir endlich, warum wir hier sind.« Ihr Anhang aus bläßlichen Wühlmäusen zerlegte das Archiv in zwei Teile. An Connie und »meine Bolschies«, wie sie sagte, fielen Rußland und die Satellitenstaaten. An di Salis und seine »gelben Gefahren« China und die Dritte Welt. Was dazwischenlag – zum Beispiel Quellenberichte über die theoretischen Verbündeten der Nation – wurde einem besonderen Aufbewahrungs-Fach zu späterer Auswertung anvertraut. Sie arbeiteten, wie Smiley selber, zu den unmöglichsten Stunden. Die Kantine beklagte sich, die Portiers drohten mit dem Ausstand, aber nach und nach wurden sogar die dienstbaren Geister von der Energie der Wühlmäuse angesteckt, und sie schwiegen. Spielerische Rivalität machte sich breit. Unter Connies Einfluß lernte das junge Volk aus der Recherchenabteilung, das man bislang kaum jemals hatte lächeln sehen, sich plötzlich gegenseitig in der Sprache ihrer großen Bekannten außerhalb des Circus aufzuziehen. Zaristisch imperialistische Opportunisten tranken mit aufspalterisch-abweichlerisch-stalinistischen Chauvinisten schalen Kaffee und waren stolz darauf. Die erstaunlichste Veränderung vollzog sich eindeutig mit di Salis, der sein nächtliches Mühen durch kurze, aber energische Zwischenspiele am Ping-Pong-Tisch unterbrach, wo er jeden Hinzukommenden zu einem Match aufforderte und herumsprang wie ein Schmetterlingssammler auf der Jagd nach einem seltenen Exemplar. Bald zeigten sich die ersten Früchte und gaben ihnen neuen Schwung. Innerhalb eines Monats waren drei Berichte bangen Herzens und unter äußerst beschränktem Zugang verteilt worden und hatten sogar vor den skeptischen Vettern Gnade gefunden. Einen Monat später erntete eine zusammenfassende Broschüre, umschweifig betitelt *Zwischenbericht über Informationslücken im sowjetischen Geheimdienst betreffs See-Luft-Kapazität der Nato*, widerwilligen Beifall seitens Martellos Stammhaus in Langley, Virginia, und einen begeisterten Anruf von Martello persönlich.

»George, ich hab's den Burschen ja *gesagt*, schrie er so laut, daß das Telefon der reine Luxus zu sein schien. »Ich hab's ihnen gesagt: ›Der Circus wird liefern.‹ Und haben sie mir geglaubt? Den Teufel haben sie!«

Inzwischen unternahm Smiley, manchmal in Begleitung Guillams, manchmal mit dem schweigenden Fawn als Babysitter, seine eigenen dunklen Streifzüge und marschierte, bis er halbtot war vor Müdigkeit. Der Mühe Lohn blieb aus, aber er marschierte weiter. Bei Tag und oft auch bei Nacht klapperte er die nähere und fernere Umgebung ab, befragte ehemalige Angestellte des Circus und abgehalfterte Agenten. Als er in Chiswick demütig in einer Agentur für Discount-Reisen hockte und murmelnd mit einem ehemaligen polnischen Kavallerieobersten sprach, der hier als Angestellter eingesetzt war, glaubte er, einen flüchtigen Schimmer erhascht zu haben; doch gleich einer Fata Morgana schwand das Bild, als er sich ihm näherte. In einem Gebrauchtladen für Radios in Sevenoaks weckte ein Sudetentscheche die gleiche Hoffnung in ihm, aber als er und Guillam zurückeilten, um die Geschichte anhand der Circus-Unterlagen nachzuprüfen, stellte sich heraus, daß die Akteure tot waren und ihm niemand mehr weiterhelfen konnte. In einem Privatgestüt in Newmarket mußte er sich, zu Fawns um ein Haar handgreiflichem Zorn, von einem tweedbedeckten und eigenbildeten Schotten, einem Protegé von Smileys Vorgänger Alleline, beleidigen lassen, alles in dieser gleichen ungreifbaren Sache. In seinem Büro ließ er sich die Akten bringen, und stellte fest, daß der schwache Lichtschein wiederum erlosch.

Denn dies war die letzte und unausgesprochene jener Prämissen, die Smiley in der Rumpelkammer umrissen hatte: daß die Schlinge, in der Haydon sich gefangen hatte, nicht die einzige gewesen war. Daß es letzten Endes nicht Haydons schriftliches Material war, das ihn zu Fall gebracht hatte, auch nicht seine Manipulation von Berichten oder das »Verlieren« unliebsamer Aufzeichnungen. Es war Haydons Panik gewesen. Haydons spontanes Eingreifen bei einem Auslandseinsatz, als die Gefahr für ihn selber oder für einen anderen Agenten Karlas plötzlich so drohend wurde, daß ihm nichts anderes übrigblieb als ihn, trotz des Risikos, mit allen Mitteln abzuwürgen. Smiley hoffte inständig, daß diese Masche sich wieder finden würde. Und so stellten Smiley und seine Helfer in der Meldestelle in Bloomsbury nie direkt, immer auf Umwegen, die gleiche Frage:

»Können Sie sich an irgendeine Gelegenheit während Ihres Außendienstes erinnern, bei der Sie ohne ersichtlichen Grund von der weiteren Verfolgung eines Operationsziels abgehalten wurden?«

Ausgerechnet der adrette Sam Collins im Smoking mit seiner braunen Zigarette und dem gepflegten Schnurrbart und dem Lächeln eines Mississippi-Dandy, der eines Abends zu einem gemütlichen kleinen Schwatz geladen war, segelte herein und sagte: »Wenn ich mir's recht überlege, ja, alter Junge, das kann ich.«

Aber hinter Smileys neuerlicher Frage und Sams entscheidender Antwort lauerte die furchteinflößende Gestalt von Miss Connie Sachs auf der Pirsch nach russischem Gold.

Und hinter Connie wiederum, wie eh und je, die unscharfe Fotografie Karlas.

*»Connie hat einen erwischt, Peter«,* flüsterte sie eines Nachts Guillam über das Haustelefon zu. *»Sie hat einen erwischt, klar wie Kloßbrühe.«*

Es war keineswegs ihr erster Fund, auch nicht ihr zehnter, aber ihr untrüglicher Instinkt sagte ihr sofort, dies sei »der wahre Jakob, *darling*, glaub's der alten Connie«. Also sagte Guillam es Smiley, und Smiley schloß seine Akten weg, räumte den Schreibtisch ab und sagte: »*All right*, rein mit ihr.«

Connie war eine gewaltige, verkrüppelte, gerissene Frau, Tochter eines Universitätsprofessors, Schwester eines Universitätsprofessors, selber Akademikerin und bei den älteren Mitarbeitern bekannt als Mütterchen Rußland. Es ging die Sage, Control habe sie, als sie noch eine junge Dame war, beim Bridgespiel angeworben, in der Nacht, in der Neville Chamberlain »Frieden, solange wir leben« versprach. Als Haydon auf den Gleitspuren seines Protektors Alleline zur Macht schlitterte, war einer seiner ersten und umsichtigsten Schachzüge, daß er Connie abhalfterte. Denn Connie wußte mehr über die Wege und Stege der Moskauer Zentrale als die meisten der, wie sie sie nannte, erbärmlichen Kerle, die sich dort abrackerten, und Karlas Privatarmee von Maulwürfen und Anwerbern war schon immer ihre ganz besondere Wonne gewesen. Es gab in jenen alten Tagen keinen einzigen sowjetischen Überläufer, dessen Vernehmungsprotokoll nicht durch Mütterchen Rußlands gichtige Finger gegangen wäre; keinen einzigen Provokateur, der sich an einen identifizierten Talentsucher Karlas herangemacht hatte, den Connie nicht gierig bis in die kleinste Kleinigkeit in seinem Tanz um das Opfer nachgespielt hätte; kein Quentchen Hörensagen in den nahezu vierzig Jahren beim Bau, das nicht ihrem schmerzgequälten Körper einverleibt wurde und dort unter dem Trödel ihres umfassenden Gedächtnisses lagerte, um sofort wieder aufzutauchen, wenn sie danach kramte. Connies Hirn, hatte Control einmal in einer Art Verzweiflung gesagt, sei ein einziger riesiger Aktendeckel. Nach ihrer Entlassung ging sie zurück nach Oxford und vor die Hunde. Bis Smiley sie wieder anforderte, bestand ihr einziger Zeitvertreib darin, das Kreuzworträtsel der *Times* zu lösen, und sie brachte es gut und gerne auf ihre zwei Flaschen pro Tag. Aber in jener Nacht, in jener fast könnte man sagen historischen Nacht, als sie ihre Massen durch den Korridor des fünften Stockwerks und in Smileys Allerheiligstes schob, hatte sie sich in einen sauberen grauen Kaftan geworfen, ein Paar rosige Lippen, nicht unfern ihren eigenen, aufgemalt, sich den ganzen Tag nichts Stärkeres genehmigt als einen gräßlichen Pfefferminzlikör, dessen Fahne sie hinter sich herzog, und ihre Züge, darin waren sich später alle einig, trugen den Stempel des großen Ereignisses. Sie schleppte eine voluminöse Einkaufstasche aus Plastik, denn sie mochte kein Leder. In ihrer Höhle auf einem unteren Stockwerk wimmerte der Bastardhund Trot, den sie in einer Anwandlung von schlechtem Gewissen gegenüber seinem verstorbenen Vorgänger ins Haus genommen hatte, untröstlich unter ihrem Schreibtisch, zur höchsten Erbitterung des Zimmergenossen di Salis, der häufig insgeheim nach dem Tier ausschlug; oder in jovialeren Augenblicken sich damit begnügte, Connie die zahlreichen schmackhaften Arten aufzuzählen, in denen die Chinesen ihre Hunde für die Tafel zubereiteten. Vor den hohen edwardianischen Fenstern, an denen sie vorüberschritt, prasselte nach langer Trockenheit endlich der Spätsommerregen, und sie betrachtete ihn – wie sie später den anderen berichtete – als symbolisch, wenn nicht gar biblisch. Die Tropfen knallten wie Schüsse auf das Schieferdach und klebten die welken Blätter fest, die sich dort angesammelt hatten. Im Vorzimmer setzten die Mütter unbeirrt ihre Arbeit fort; sie waren an Connies Pilgerfahrten gewöhnt, ohne ihnen deshalb Sympathie entgegenzubringen. »*Darlings*«, murmelte Connie und winkte ihnen mit der verschwollenen Hand zu wie eine Königin. »So treue Seelen. So *treue* Seelen.«

In den Thronsaal führte eine Stufe nach abwärts – Uneingeweihte stolperten trotz des verblichenen Warnschilds meist hinunter –, und Connie mit ihrer Arthritis stieg rücklings ab wie über eine Leiter, während Guillam sie am Ellbogen festhielt. Smiley hatte die fleischigen Hände auf dem Schreibtisch gefaltet und sah ihr zu, wie sie ihre Opfergaben feierlich aus dem Behälter nahm: nicht das Auge eines Wassermolchs, nicht der Finger eines bei der Geburt erstickten Säuglings – dies Guillams Ausspruch –, sondern Akten, eine ganze Reihe mit Aufklebern und Anmerkungen versehen, die Ausbeute der jüngsten ihrer leidenschaftlichen Expeditionen durch das Archiv der Moskauer Zentrale, die bis vor ihrer Rückkehr aus dem Totenreich vor ein paar Monaten dank Haydon drei lange Jahre nur herumgelegen und Staub angesammelt hatten. Während sie sie herauszog und die Zettel glättete, die sie ihnen auf ihrer Schnitzeljagd wie Wegmarkierungen angesteckt hatte, lächelte sie ihr randvolles Lächeln – wiederum laut Guillam, den die Neugier gezwungen hatte, Feierabend zu machen und herüberzukommen –, und sie brabbelte »Aha, du kleiner Satan« und »Wo steckst du denn, du Stück Malheur?«, womit natürlich weder Smiley noch Guillam gemeint waren, sondern die Dokumente, denn Connie gefiel sich darin, so zu tun, als wäre alles lebendig und zeigte sich wenn irgend möglich widerspenstig, ob es nun ihr Hund Trot war oder ein Stuhl, der ihr im Weg stand oder die Moskauer Zentrale oder schließlich Karla selbst.

»Eine richtige Rundreise, *darlings*«, verkündete sie, »hat Connie machen dürfen. Superspaß. Erinnert mich an Ostern, als Mutter rings ums Haus bunte Eier versteckte, und wir Mädels mußten sie suchen.«

Danach bemühte Guillam sich ungefähr drei Stunden lang, nur unterbrochen von Kaffee, Sandwiches und anderen unverlangten Köstlichkeiten, die der finstere Fawn ihnen aufnötigte, den verschlungenen Pfaden von Connies wunderbarer Reise zu folgen, deren solide Unterlagen sie inzwischen erfolgreich zusammengesucht hatte. Sie teilte Smiley Schriftstücke zu, als wären es Spielkarten, klatschte sie hin und scharrte sie mit den verkrümmten Händen schon wieder zusammen, fast ehe er sie hatte lesen können. Die ganze Prozedur übergoß sie mit ihrem, laut Guillam, »fünftrangigen Rotwelsch«, dem Abrakadabra der verfolgungswahnsinnigen Wühlmaus. Im Kern ihrer Entdeckung lag, soweit Guillam ausmachen konnte, eine Moskauer *Goldader*; eine sowjetische Manipulation, die geheime Gelder in offene Kanäle leiten sollte. Das Lagebild sei noch nicht vollständig. Die Israelis hatten einen Teil geliefert, einen weiteren die Vettern, Steve Mackelvore, Oberresident in Paris, jetzt tot, den dritten. Von Paris aus wandte die Spur sich nach Osten, auf dem Weg über die

Banque de l'Indochine. In dieser Phase wurden zudem die Dokumente Haydons London Station, wie die Einsatzzentrale hieß, angeboten, zusammen mit einer Empfehlung der entvölkerten Rußland-Abteilung, daß der Fall für umfassende Recherchen vor Ort freigegeben werde. London Station würgte den Vorschlag glatt ab.

»Potentiell schädlich für eine hochempfindliche Quelle«, schrieb einer von Haydons Günstlingen, und damit hatte sich's.

»Ablegen und vergessen«, murmelte Smiley, während er zerstreut die Seiten umwandte. »Ablegen und vergessen. Wir haben immer gute Gründe, nichts zu unternehmen.«

Draußen lag die Welt in tiefem Schlaf.

»*Genau*, mein Lieber«, sagte Connie sehr leise, als fürchtete sie, ihn zu wecken.

Jetzt waren Akten und Hefter über den ganzen Thronsaal verstreut. Die Szenerie glich weit eher einer Katastrophe als einem Triumph. Eine weitere Stunde hindurch blickten Guillam und Connie schweigend ins Leere oder auf Karlas Fotografie, während Smiley gewissenhaft Connies Schritte zurückverfolgte. Sein aufmerksames Gesicht war dicht über die Leselampe gebeugt, die schwammigen Züge wurden vom Lichtstrahl schärfer hervorgehoben, die Hände fuhren übers Papier und hoben sich dann und wann zum Mund, damit er den Daumen ablecken konnte. Ein paarmal machte er Miene, sie anzublicken oder den Mund zum Sprechen zu öffnen, aber Connie hatte die Antwort schon bereit, ehe er die Frage stellen konnte. Sie ging im Geist ständig neben ihm her. Als er fertig war, lehnte er sich zurück, nahm die Brille ab und putzte sie, ausnahmsweise nicht mit dem breiten Ende seiner Krawatte, sondern mit einem neuen Seidentuch aus der Brusttasche seines schwarzen Rocks, denn er hatte den Tag größtenteils in Klausur mit den Vettern behufs Durchsetzung seiner Interessen verbracht. Während er dies tat, strahlte Connie Guillam an und knautschte affektiert: »Ist er nicht ge-*liebt*?« – ein geflügeltes Wort, wenn sie von ihrem obersten Chef sprach, das Guillam fast zur Raserei trieb.

Smileys nächste Verlautbarung kam im Ton eines milden Einwands.

»Trotzdem, Con, London hat *wirklich* ein formelles Ansuchen um Aufklärung an unseren Residenten in Vientiane geschickt.«

»War, ehe Bill Zeit gehabt hat, seinen Huf draufzusetzen«,

erwiderte sie.
Smiley schien sie nicht gehört zu haben, er nahm eine aufgeschlagene Akte und hielt sie ihr über den Schreibtisch weg vor die Nase: »Und Vientiane hat *wirklich* ausführlich geantwortet. Alles im Index vermerkt. Das Schreiben scheint aber nicht dabei zu sein. Wo ist es?«
Connie hatte sich nicht die Mühe gemacht, die dargebotene Akte entgegenzunehmen.
»In der Häckselmaschine, *darling*«, sagte sie und strahlte Guillam triumphierend an.
Der Tag war angebrochen. Guillam ging überall herum und knipste die Lampen aus.

Am gleichen Nachmittag suchte Guillam den ruhigen Spielclub im West End auf, wo Sam Collins in der ewigen Nacht seines freiwilligen Exils die Leiden des Ruhestands genoß. Zu seiner Überraschung wurde Guillam, der ihn bei der Beaufsichtigung des üblichen nachmittäglichen *chemin-de-fer*-Spielchens vermutete, in ein prächtiges Gemach mit der Aufschrift »Geschäftsleitung« geführt. Sam ruhte hinter einem imposanten Schreibtisch und grinste wohlig durch den Rauch seiner üblichen braunen Zigarette.
»Was zum Teufel haben Sie angestellt, Sam?« flüsterte Guillam wie ein Bühnenschurke und tat, als blickte er sich nervös um. »Die Mafia übernommen? Herrjeh!«
»Ach, das war nicht nötig«, sagte Sam mit dem gleichen Schmierengrinsen. Er warf einen Regenmantel über den Smoking, führte Guillam durch einen Korridor und den Notausgang auf die Straße, und sie sprangen in Guillams wartendes Taxi, während Guillam sich insgeheim noch immer über Sams nagelneue Vornehmheit wunderte.

Außenleute haben verschiedene Arten, ihre Gefühle nicht zu zeigen. Sam zum Beispiel tat es, indem er grinste, langsamer rauchte und einen dunklen Glanz besonderer Nachsicht in die Augen bekam, die er fest auf seinen Gesprächspartner richtete. Sam war Asienmann gewesen, ein alter Circus-Hase mit einer Menge Erfahrung im Außendienst: fünf Jahre in Borneo, sechs in Birma, weitere fünf im nördlichen Thailand und zuletzt drei in der laotischen Hauptstadt Vientiane, alles unter der naheliegenden

Legende als Export-Import-Kaufmann. Die Thais hatten ihn zweimal im Schwitzkasten gehabt, aber wieder laufen lassen. Er hatte Hals über Kopf aus Sarawak abzischen müssen. Wenn er in Stimmung war, konnte er allerhand über seine Abenteuer bei den Bergstämmen Nordbirmas und in den Shan-Staaten erzählen, aber er war nur selten in Stimmung. Sam war auch eines der Haydon-Opfer. Vor nunmehr fünf Jahren hatte Sams mühelose Meisterschaft ihn einen Augenblick lang zum ernsthaften Kandidaten für eine Beförderung in die fünfte Etage gemacht – ja, so hieß es, sogar für den Chefposten selbst, wenn Haydon sich nicht mit seinem ganzen Gewicht hinter den lächerlichen Percy Alleline gestellt hätte. Anstatt in Amt und Würden grau zu werden, konnte Sam nun im Außendienst verschimmeln, bis Haydon eine Gelegenheit fand, ihn zurückzupfeifen und wegen angeblich schuldhaften Fehlverhaltens an die Luft setzen zu lassen.

»Sam! Wie nett von Ihnen! Bitte Platz zu nehmen!« sagte Smiley in ausnahmsweise überströmender Gastlichkeit. »Etwas zu trinken? Wie spät ist es nach Ihrer Zeitrechnung? Vielleicht sollten wir Ihnen ein Frühstück anbieten?«

In Cambridge hatte Sam mit Auszeichnung abgeschlossen, zum ratlosen Erstaunen seiner Lehrer, die ihn bis dato als Halbidioten eingestuft hatten. Er hatte es, wie die Herren Professoren einander tröstend versicherten, ausschließlich dank seinem phänomenalen Gedächtnis geschafft. Weniger weltfremde Zungen erzählten allerdings eine andere Geschichte. Nach ihrer Version habe Sam eine Liebschaft mit einem häßlichen Mädchen aus dem Büro der Prüfungskommission auf sich genommen und von seiner Herzdame, neben anderen Gunstbeweisen, ein Vorausexemplar der Examensthemen erhalten.

# 4 *Das Schloß erwacht*

Smiley tastete zunächst einmal bei Sam das Gelände ab und Sam, selbst ein alter Pokerspieler, tastete das Gelände bei Smiley ab. Manche Außenagenten, und besonders die klügsten, setzen einen perversen Ehrgeiz darein, nicht das ganze Bild zu kennen. Ihre Kunst besteht in der geschickten Handhabung der Details. Sie weigern sich hartnäckig, weiterzugehen. Sam war so veranlagt. Nachdem Smiley ein bißchen in Sams Dossier gestöbert hatte, testete er ihn anhand verschiedener alter Vorfälle, die nichts Bedrohliches an sich hatten, aber auf Sams gegenwärtige Disposition schließen ließen und sein präzises Erinnerungsvermögen bestätigten. Er empfing Sam allein, denn in Anwesenheit weiterer Personen wäre es ein anderes Spiel gewesen: intensiver oder weniger intensiv, auf jeden Fall anders. Später, als die Geschichte klar ans Licht gekommen war und nur noch Nachstoßfragen zu stellen waren, ließ er allerdings Connie und Doc di Salis aus den Niederungen heraufholen und auch Guillam dabeisitzen. Aber das war später, und fürs erste testete Smiley Sams Gedächtnis allein, wobei er ihm verschwieg, daß alle einschlägigen Unterlagen vernichtet waren und daß Sam nun, nach Mackelvores Tod, der einzige Zeuge gewisser entscheidender Vorkommnisse war.

»Also, Sam, erinnern Sie sich noch«, fragte Smiley, als ihm endlich der rechte Augenblick gekommen schien, »an eine Anfrage aus London, die Sie einmal in Vientiane erreichte betreffs gewisser Geldüberweisungen aus Paris? Es müßte ein ganz normales Ansuchen um ›anonyme Nachforschungen‹ gewesen sein, ›bitten um Bestätigung oder Fehlanzeige‹ – so in dieser Art? Fällt Ihnen da zufällig etwas ein?«

Er hatte ein ganzes Blatt voll Notizen vor sich liegen, so daß diese Frage nur eine von vielen in einer langsamen Abfolge war. Er schrieb sich sogar während des Sprechens etwas mit Bleistift auf und sah Sam überhaupt nicht an. Aber so, wie man mit geschlossenen Augen besser hört, fühlte er, daß Sams Aufmerksamkeit sich steigerte: was heißen will, daß Sam die Beine ein wenig streckte und kreuzte und seine Bewegungen fast bis zum Stillstand verlangsamte.

»Monatliche Überweisungen an die Banque de l'Indochine«, sagte Sam nach angemessener Pause. »Saftige. Stammten aus einem kanadischen Überseekonto bei der Pariser Filiale.« Er nannte die Kontonummer. »Zahlungen am letzten Freitag eines jeden Monats. Fing an im Januar dreiundsiebzig oder so. Klar fällt mir da etwas ein.«

Smiley entdeckte sofort, daß Sam sich auf ein langes Spiel einrichtete. Sein Gedächtnis war klar, aber seine Information mager: mehr ein Erstangebot als eine unumwundene Antwort.

Smiley, noch immer über seine Papiere gebeugt, sagte: »Wir sollten das vielleicht ein bißchen genauer durchgehen, Sam. Einiges in den Akten ist hier widersprüchlich, und ich möchte gern Ihre Version klarstellen.«

»Klar«, sagte Sam wiederum und zog gelassen an seiner braunen Zigarette. Er beobachtete Smileys Hände und gelegentlich mit forcierter Unabsichtlichkeit auch seine Augen – aber nie zu lange. Während Smiley seinerseits sich ausschließlich bemühte, Ohr und Geist für die verschlungenen Lebenspfade eines Außenagenten offenzuhalten. Es war leicht möglich, daß Sam irgend etwas ganz Unwichtiges verbergen wollte. Er hatte zum Beispiel ein bißchen an seinen Ausgaben gedreht und fürchtete, aufgekommen zu sein. Er hatte seinen Bericht erfunden, anstatt hinauszugehen und Hals und Kragen zu riskieren: Sam war schließlich in einem Alter, in dem ein Außenagent zuerst seine eigene Haut rettet. Oder es war genau umgekehrt: Sam hatte seine Nachforschungen ein wenig weiter ausgedehnt als die Hauptstelle genehmigte. Unter Druck war er lieber zu den Hausierern gegangen, als Fehlanzeige einzureichen. Er hatte ein wenig mit den Vettern am Ort gemauschelt. Oder die örtlichen Sicherheitskräfte, die Engel, wie sie im Sarratt-Jargon hießen, hatten ihm die Daumenschrauben angelegt, und er hatte die Geschichte nach beiden Seiten ausgespielt, um zu überleben und zu lächeln und seine Pension vom Circus zu behalten. Smiley wußte, wenn er Sams Bewegungen richtig deuten wollte, so mußte er diesen und zahlreichen anderen Möglichkeiten wache Aufmerksamkeit schenken. Ein Schreibtisch ist ein gefährlicher Ausguck.

Also gingen sie es durch, wie Smiley vorgeschlagen hatte. Londons Ansuchen um Nachforschungen vor Ort, sagte Sam, erreichte ihn in der normalen Form, ganz wie Smiley es beschrieb. Es wurde ihm vom alten Mac vorgelegt, der bis zu seiner Versetzung nach Paris Verbindungsmann des Circus in der Botschaft von Vientiane war. Eine Abendsitzung in ihrem sicheren Haus. Eine Routinesache, obwohl der Zusammenhang mit den Russen sofort augenfällig war, und Sam erinnerte sich sogar, daß er schon damals zu Mac gesagt habe: »London muß glauben, es handle sich um Geld aus dem Reptilienfonds der Moskauer Zentrale«, denn er hatte die Tarnbezeichnung der Sowjetabteilung des Circus bei der Absenderangabe des Telegramms erspäht. (Smiley notierte, daß Mac keine Veranlassung hatte, Sam das Telegramm zu zeigen.) Sam erinnerte sich auch an Macs Antwort auf seine Bemerkung: »Sie hätten die alte Connie Sachs nie und nimmer absägen dürfen«, hatte er gesagt. Sam stimmte ihm aus vollem Herzen zu.

Zufällig, sagte Sam, sei das Ansuchen unschwer zu erfüllen gewesen. Sam hatte bereits einen Kontakt in der *Indochine*, einen guten, nennen wir ihn Johnny.

»Aktenkundig, Sam?« fragte Smiley höflich.

Sam vermied es, die Frage direkt zu beantworten, und Smiley respektierte seine Hemmung. Der Außenagent, der alle seine Kontakte bei seiner Dienststelle aktenkundig macht oder sie auch nur auf Sicherheit überprüft, ist noch nicht geboren. So wie Zauberkünstler ihre Geheimnisse hüten, so sind Außenagenten, wenn auch aus anderen Gründen, von Haus aus verschwiegen, was ihre Quellen betrifft.

Johnny sei zuverlässig, sagte Sam mit Wärme. Er habe bei verschiedenen Waffen- und Rauschgiftgeschäften ausgezeichnete Arbeit geleistet und überhaupt, Sam würde für ihn die Hand ins Feuer legen.

»Ach, mit solchen Sachen beschäftigten Sie sich auch, Sam?« fragte Smiley respektvoll.

Sam hatte also für das dortige Rauschgiftdezernat Schwarzarbeit geleistet, notierte sich Smiley. Das taten viele Außenagenten, einige sogar mit Wissen ihrer Dienststelle: für sie war das, als verkauften sie Abfallprodukte. Es war ein Nebenverdienst. Folglich nichts Weltbewegendes, aber Smiley speicherte die Information dennoch.

»Johnny war okay«, wiederholte Sam mit drohendem Unterton.
»Davon bin ich überzeugt«, sagte Smiley unbeirrt höflich.
Sam fuhr in seiner Erzählung fort. Er hatte Johnny in der *Indochine* aufgesucht und ihm ein Tarnmärchen aufgebunden, um ihn zu beruhigen, und ein paar Tage später hatte Johnny, der nur ein bescheidener Schalterbeamter war, die Bücher durchgesehen und die Belegzettel ausgegraben, und Sam hatte den ersten Anhaltspunkt in der Hand. Die Routine sei folgendermaßen abgelaufen, sagte Sam:
»Am letzten Freitag eines jeden Monats traf aus Paris eine telegrafische Geldanweisung zugunsten eines Monsieur Delassus ein, wohnhaft zur Zeit im Hotel Condor, Vientiane, zahlbar gegen Vorlage des Reisepasses. Folgte die Nummer«. Wiederum sagte Sam mühelos die Zahlen her. »Die Bank ließ das Aviso hinausgehen, Delassus stellte sich am Montag frühstmöglich ein, hob das Geld in bar ab, stopfte es in eine Aktentasche und marschierte damit hinaus. Ende des Fahnenmastes«, sagte Sam.
»Wieviel?«
»Fing klein an und wuchs rasch. Wuchs immer weiter, wuchs dann kräftiger.«
»Bis wohin?«
»Fünfundzwanzigtausend US in großen Lappen«, sagte Sam prompt.
Smileys Brauen hoben sich leicht. »Im Monat?« sagte er mit komischem Erstaunen.
»Der große Tisch«, pflichtete Sam ihm bei und verfiel in gemütliches Schweigen. Gescheite Leute, deren Gehirn unterbeansprucht ist, haben eine besondere Spannung in sich, und manchmal können sie deren Ausstrahlungen einfach nicht unter Kontrolle halten. Insofern sind sie, im Scheinwerferlicht, weit mehr gefährdet als ihre dümmeren Kollegen. »Sie bringen mich mit der Akte zur Deckung, alter Junge?« fragte Sam.
»Ich bringe Sie mit gar nichts zur Deckung, Sam. Sie wissen doch, wie es ist in einer solchen Lage. Man klammert sich an jeden Strohhalm, horcht auf jeden Wind.«
»Klar«, sagte Sam mitfühlend, und nachdem sie weitere vertrauensvolle Blicke getauscht hatten, fuhr er mit seiner Erzählung fort.
Sam erkundigte sich also im Hotel Condor sagte er. Der Portier war eine feste Informationsquelle, jedem zugänglich. Kein

Delassus hier abgestiegen, aber der Mann am Empfang gestand vergnügt, daß er eine Kleinigkeit dafür bekommen habe, diesem Herrn eine Gelegenheitsadresse zu verschaffen. Gleich am nächsten Montag – es war zufällig der Montag nach dem letzten Freitag des Monats, sagte Sam – trieb Sam sich mit Hilfe seines Kontakts Johnny pflichtschuldigst in der Bank herum, »kassierte Reiseschecks und so weiter«, und genoß eine großartige Aussicht auf obengenannten Monsieur Delassus, der hereinstapfte, seinen französischen Paß vorzeigte, das Geld in eine Aktenmappe stopfte und den Rückmarsch zu einem wartenden Taxi antrat.
Taxis, erklärte Sam, seien in Vientiane seltene Tiere. Wer überhaupt jemand war, hatte Wagen und Chauffeur, also durfte angenommen werden, daß Delassus keinen Wert darauf legte, jemand zu sein.
»So weit, so gut«, schloß Sam und sah interessiert zu, wie Smiley schrieb.
»So weit, so *sehr* gut«, verbesserte Smiley. Wie sein Vorgänger Control benutzte Smiley niemals Schreibblocks: nur einzelne Blätter, eines nach dem anderen, und als Unterlage eine Glasplatte, die Fawn zweimal am Tag polierte.
»Haut's hin mit der Akte oder liege ich daneben?« fragte Sam.
»Ich würde sagen, Sie liegen richtig, Sam«, sagte Smiley. »Die *Details* sind mir besonders wichtig. Sie wissen, wie das mit Akten ist.«

Am gleichen Abend, sagte Sam, nochmals mit seinem Verbindungsmann Mac im Dunkeln gemunkelt. Er warf einen langen kühlen Blick auf das Verbrecheralbum der dort ansässigen Russen und konnte die uneinnehmenden Züge eines Zweiten Sekretärs (Handel) an der Sowjetischen Botschaft in Vientiane identifizieren, Mittfünfziger, militärisches Aussehen, keine Vorstrafen, vollständiger Name bekannt, aber unaussprechbar und daher in Diplomatenkreisen nur »Handels-Boris« genannt.
Aber Sam hatte selbstverständlich die unaussprechbaren Namen im Kopf parat und buchstabierte sie Smiley langsam genug vor, daß er sie in Blockbuchstaben aufschreiben konnte.
»Mitgekriegt?« erkundigte er sich hilfsbereit.
»Ja, vielen Dank.«
»Irgendwer hat die Kartei im Autobus liegenlassen, wie, alter Junge?« fragte Sam.

»Stimmt«, bestätigte Smiley lachend.
Als der kritische Montag nach Ablauf eines Monats wieder kam, sagte Sam weiter, beschloß er, behutsam vorzugehen. Anstatt also selbst hinter Handels-Boris herzuschleichen, blieb er zu Hause und setzte ein Paar am Ort stationierte Spürhunde an, die auf Beschattung spezialisiert waren.
»Bloß observieren«, sagte Sam. »Keine Bäume schütteln, keine Nebenarbeiten, kein gar nichts. Lao-Jungs.«
»Unsere?«
»Drei Jahre beim Bau«, sagte Sam. »Und *gut*«, fügte der Außenagent in ihm hinzu, für den alle seine Gänse Schwäne sind.
Besagte Spürhunde beobachteten die Aktenmappe bei ihrer nächsten Fahrt. Das Taxi, ein anderes als im letzten Monat, fuhr Boris eine Weile durch die Stadt und setzte ihn nach einer halben Stunde wieder in der Nähe des Hauptplatzes ab, nicht weit von der *Indochine* entfernt. Handels-Boris ging ein kleines Stück zu Fuß, flitzte in eine andere Bank, eine Lokalbank, und zahlte die ganze Summe auf den Tisch des Hauses zugunsten eines anderen Kontos wieder ein.
»Aus dein treuer Vater«, sagte Sam, zündete sich eine neue Zigarette an und tat nichts, um sein belustigtes Staunen darüber zu verbergen, daß Smiley einen so umfassend dokumentierten Fall Wort für Wort wiederkäute.
»Ja, aus dein treuer Vater«, murmelte Smiley und schrieb mit Volldampf.
Danach, sagte Sam, verhielt er sich ein paar Wochen still, bis der Staub sich gelegt hatte, dann setzte er seine Assistentin für den Entscheidungsschlag ein.
»Name?«
Sam nannte ihn. Eine bewährte Mitarbeiterin des Circus, in Sarrat ausgebildet, ebenfalls unter kaufmännischer Tarnung. Diese bewährte Mitarbeiterin wartete in der Lokalbank vor Boris, ließ ihn seine Einzahlungsformulare ausfüllen und machte dann eine kleine Szene.
»Wie hat sie das gemacht, Sam?« wollte Smiley wissen.
»Verlangte, zuerst abgefertigt zu werden«, sagte Sam feixend. »Bruder Boris, dieser chauvinistische Schweinehund, erachtete sich für gleichberechtigt und protestierte. Ein Wort gab das andere.«
Der Einzahlungsschein lag auf dem Tresen, sagte Sam, und

während die bewährte Mitarbeiterin ihre Schau abzog, las sie ihn verkehrtherum: fünfundzwanzigtausend amerikanische Dollar zugunsten des Überseekontos einer Schmalspur-Luftfahrtgesellschaft namens Indocharter S.A.: »Betriebskapital: eine Handvoll klapprige DC 3s, eine Blechhütte, ein Stapel Luxus-Briefpapier, eine törichte Blondine für das Besucherbüro und einen tollkühnen mexikanischen Piloten, in der Stadt bekannt als Tiny Ricardo, wegen seiner beachtlichen Größe«, sagte Sam. Er ergänzte noch: »Und die übliche anonyme Horde bienenfleißiger Chinesen im Hintergrund, versteht sich.«

Smileys Ohren waren in diesem Moment so geschärft, daß er ein Blatt hätte vom Baum fallen hören: was er aber hörte, waren, bildlich gesprochen, niedergehende Schranken, und er wußte sofort – er erkannte es an der angespannteren Stimme, an den winzigen Veränderungen in Gesicht und Haltung, die eine übertriebene Bagatellisierung ausdrückten, daß er ins Zentrum von Sams Verteidigungsstellung vorgestoßen war.

Also legte er an dieser Stelle im Geist ein Lesezeichen ein und beschloß, noch ein wenig bei der Schmalspur-Luftfahrtgesellschaft zu verweilen:

»Ah«, sagte er leichthin, »Sie wollen sagen, daß Sie die Firma bereits kannten?«

Sam spielte eine niedrige Karte aus. »Vientiane ist nicht ganz Ihre gewaltige Metropole, alter Junge.«

»Aber Sie kannten sie? Das ist wichtig.«

»Jedermann in der Stadt kannte Tiny Ricardo«, sagte Sam und grinste breiter denn je, und Smiley wußte sofort, daß Sam ihm Sand in die Augen streute. Aber er drillte Sam unverdrossen weiter.

»Erzählen Sie mir von Ricardo«, schlug er vor.

»Einer der Ex-Clowns von Air America. Vientiane wimmelte von ihnen. Trugen den heimlichen Krieg in Laos aus.«

»Und verloren ihn«, sagte Smiley, der jetzt wieder schrieb.

»Mühelos«, pflichtete Sam ihm bei und sah zu, wie Smiley ein Blatt beiseitelegte und ein neues aus der Schublade nahm. »Ricardo gehörte zur Ortslegende. Flog mit Captain Rocky und dieser Bande. Hat angeblich für die Vettern ein paar Spritztouren in die Provinz Yünnan geflogen. Nach Kriegsende ist er ein bißchen rumgekreuzt und hat sich dann mit den Chinesen eingelassen. Wir nannten diese Sorte Air Opium. Um die Zeit, als

Bill mich zurückpfiff, hat ihr Weizen in voller Pracht geblüht.«
Smiley ließ Sam noch immer weitermachen. Solange Sam glaubte, er locke Smiley von der Witterung weg, würde er ihm Löcher in den Bauch reden; sobald er jedoch glaubte, Smiley komme der Sache zu nah, würde er augenblicklich den Rolladen herunterlassen.
»Sehr schön«, sagte Smiley daher, nachdem er wiederum sorgfältig Notizen gemacht hatte. »Jetzt wollen wir zurückgehen zu Sams nächstem Schritt, ja? Wir haben das Geld, wir wissen, an wen es bezahlt wird, wir wissen, wer es besorgt. Was ist Ihr nächster Schritt, Sam?«
Also, wenn Sam sich recht erinnere, überlegte er ein paar Tage. Es waren da einige überstehende *Kanten*, erklärte Sam, der wieder Zuversicht gefaßt hatte: Kleinigkeiten, die auffielen. Erstens der seltsame Fall des Handels-Boris, wie man sagen könnte. Boris galt, wie Sam bereits angedeutet hatte, als Diplomat mit weißer Weste, falls es das überhaupt gab: keine bekannte Verbindung mit irgendeiner anderen Firma. Trotzdem kutschierte er allein herum, hatte alleinige Zeichnungsvollmacht für einen Haufen Geld, und nach Sams beschränkter Erfahrung schrie jeder dieser beiden Umstände für sich allein schon lauthals *Spion*.
»Nicht bloß ein Spion, ein verdammt hohes Tier, alter Stabsoffizier, irgendwas vom Oberst aufwärts, stimmt's?«
»Was sonst noch für *Kanten*, Sam?« fragte Smiley, der Sam weiterhin am langen Zügel laufen ließ und noch immer keine Anstrengungen unternahm in Richtung auf das, was Sam als das Herz der Dinge betrachtete.
»Das Geld war nicht regulär«, sagte Sam. »Es war außer der Reihe. Mac sagte das. Ich sagte das. Wir alle sagten das.«
Smileys Kopf hob sich sogar noch langsamer als bisher.
»Warum?« fragte er und blickte Sam direkt in die Augen.
»Die offizielle Sowjet-Residentur in Vientiane hielt drei Bankkonten, über die Stadt verteilt. Die Vettern hatten alle drei angezapft. Schon seit Jahren. Sie wußten über jeden Cent Bescheid, den die Residentur abhob und sogar, je nach der Kontonummer, ob es für beigebrachtes Nachrichtenmaterial oder subversive Aktivitäten war. Die Sowjet-Residentur hatte ihre eigenen Geldboten und für jede Abhebung über tausend Eier waren drei Unterschriften nötig. Herrgott, George, das steht doch alles in den Akten!«
»Sam, ich möchte, daß Sie sich vorstellen, diese Akte existierte

nicht«, sagte Smiley ernst und schrieb noch immer. »Zur rechten Zeit sollen Sie alles erfahren. Bis dahin müssen Sie Geduld mit uns haben.«

»Ganz wie Sie wünschen«, sagte Sam und atmete bedeutend leichter, wie Smiley feststellte: er schien sich jetzt auf festerem Boden zu fühlen.

An dieser Stelle machte Smiley den Vorschlag, sie sollten Connie heraufkommen und zuhören lassen und vielleicht auch Doc di Salis, denn schließlich war Südostasien Docs Revier. Aus taktischen Gründen war er durchaus willens, sich mit Sams kleinem Geheimnis Zeit zu lassen; und strategisch war der Inhalt von Sams Geschichte bereits von brennendem Interesse. Also wurde Guillam ausgeschickt, die beiden anzuschleppen, während Smiley eine Pause einlegte und Sam und er ein wenig die Beine ausstreckten.

»Wie geht's Geschäft?« fragte Sam höflich.

»Ein *bißchen* schleppend«, gab Smiley zu. »Vermissen Sie es?«

»Das ist Karla, wie?« fragte Sam und studierte das Foto.

Smileys Tonfall wurde sofort steif und ausweichend.

»Wer? Ah ja, ja, gewiß. Leider nicht sehr ähnlich, aber das Beste, das wir haben.«

Sie hätten ein frühes Aquarell bewundern können.

»Sie haben irgend etwas persönlich gegen ihn, wie?« sagte Sam grübelnd.

In diesem Moment kamen Connie, di Salis und Guillam im Gänsemarsch herein, Guillam an der Spitze, und der kleine Fawn hielt gänzlich überflüssigerweise die Tür auf.

Das Rätsel wurde vorübergehend ausgespart und die Sitzung glich einem Kriegsrat: die Jagd war eröffnet. Zuerst rekapitulierte Smiley, was Sam berichtet hatte, wobei er *en passant* einflocht, sie hätten sich *vorgestellt*, es existierten keine Akten – eine verschleierte Warnung an die Neuankömmlinge. Dann nahm Sam seinen Bericht dort auf, wo er stehengeblieben war: bei den *Kanten*, den auffälligen Kleinigkeiten; obwohl es, wie er betonte, wirklich nicht mehr viel zu sagen gab. Die Fährte führte bis zu Indocharter, Vientiane S. A. und brach dort ab.

»Indocharter war eine chinesische Überseegesellschaft«, sagte Sam mit einem flüchtigen Blick auf di Salis. »Vorwiegend swatonesisch.«

Bei dem Wort »swatonesisch« stieß di Salis einen Laut aus, halb

Lachen, halb Klage: »Oh, die sind die *Aller*schlimmsten«, erklärte er: sollte heißen, am schwierigsten zu knacken.
»Es war eine chinesische Überseefirma«, wiederholte Sam für die übrige Gesellschaft, »und die Klapsmühlen von Südostasien sind randvoll mit ehrlichen Außenagenten, die versucht haben, den weiteren Lebenslauf heißer Gelder aufzudröseln, nachdem sie einmal im Rachen der Übersee-Chinesen gelandet waren.« Ganz besonders, fügte er hinzu, im Rachen der Swatonesen oder der Chiu Chow, die ein Volk für sich seien und das Reis-Monopol in Thailand, Laos und noch verschiedenen anderen Orten innehatten. Für diese Sippschaft, sagte Sam, sei Indocharter, Vientiane S. A. klassisch gewesen. Seine Tarnung als Kaufmann hatte ihm anscheinend erlaubt, der Sache weiter nachzugehen.
»Erstens war die *société anonyme* in Paris eingetragen«, sagte er. »Zweitens gehörte die *société* nach zuverlässiger Information einer ebenso diskreten wie vielseitigen schanghainesischen Übersee-Handelsgesellschaft mit Sitz in Manila, die ihrerseits im Besitz einer Chiu-Chow-Gesellschaft, eingetragen in Bangkok, war, welche hinwiederum ihre Gewinne an ein total undurchsichtiges Unternehmen in Hongkong abführte, das sich China Airsea nannte und an der dortigen Aktienbörse notiert war; ihm gehörte alles mögliche, von ganzen Dschunken-Flotten über Zementfabriken und Rennpferden bis zu Restaurants. Nach Hongkonger Maßstäben war China Airsea ein hochseriöses Handelshaus, alteingesessen und sehr angesehen«, sagte Sam, »und die einzige Verbindung zwischen Indocharter und China Airsea bestand vermutlich darin, daß irgend jemandes fünftältester Bruder eine Tante hatte, die mit einem der Aktionäre zur Schule gegangen war und ihm eine Gefälligkeit schuldete.«
di Salis nickte flüchtig Zustimmung, verschränkte die ungeschickten Hände, schlang sie mühsam über ein angewinkeltes Knie, und zog es bis zum Kinn hoch.
Smiley hatte die Augen geschlossen und schien entschlummert zu sein. Aber in Wirklichkeit hörte er genau, was er zu hören erwartet hatte: als die Rede auf das Personal der Firma Indocharter kam, umging Sam Collins leichtfüßig eine bestimmte Person.
»Aber ich glaube, Sie erwähnten auch zwei Nicht-Chinesen in der Firma, Sam«, erinnerte Smiley ihn. »Eine törichte Blondine, sagten Sie, und ein Pilot: Ricardo.«
Sam wischte den Einwand lässig vom Tisch.

»Ricardo war verrückt wie ein Märzhase« sagte er. »Die Chinesen hätten ihm nicht einmal die Portokasse anvertraut. Die wirkliche Arbeit wurde im Hinterzimmer erledigt. Wenn Bargeld hereinkam, dann ging es dorthin und dann verschwand es dort. Ob Russengeld, Opiumgeld oder sonstwas.«
Di Salis riß sich ungestüm an einem Ohrläppchen und pflichtete prompt bei: »Um nach Gutdünken in Vancouver, Amsterdam oder Hongkong wieder aufzutauchen, wo immer es jemand in seinen sehr chinesischen Kram paßte«, erklärte er und wand sich vor Vergnügen über seine eigene Bemerkung.
Sam hat sich auch diesmal wieder vom Haken losgemacht, dachte Smiley. »Nun gut«, sagte er. »Und wie ging es danach weiter, Sam, nach Ihrer autorisierten Lesart?«
»London hat die Sache abgeblasen.«
An der Totenstille mußte Sam blitzschnell erkannt haben, daß er an einen wichtigen Nerv gerührt hatte. Was sich allerdings nur aus gewissen Anzeichen entnehmen ließ: er blickte weder in die Runde, um ihre Gesichter zu sehen, noch ließ er irgendeine Neugier erkennen. Statt dessen betrachtete er in einer Art theatralischer Bescheidenheit angelegentlich seine glänzenden Abendschuhe und die eleganten Seidensocken, und zog nachdenklich an seiner braunen Zigarette.
»Und wann ist das passiert, Sam?«
Sam nannte das Datum.
»Gehen Sie ein Stück zurück. Immer noch, als gäbe es keine Akten, ja? Wieviel wußte London von Ihren Nachforschungen, während Sie am Ball waren? Sagen Sie uns das. Schickten Sie tägliche Lageberichte? Schickte Mac welche?«
Hätten die Mütter nebenan eine Bombe losgelassen, sagte Guillam später, keiner von ihnen hätte den Blick von Sam gewendet.
Nun, sagte Sam unbefangen, als ginge er zum Spaß auf Smileys Grillen ein, er sei ein alter Hase. Sein Grundsatz bei der Außenarbeit sei immer gewesen: erst handeln, dann fragen. Auch Mac habe es so gemacht. Wer den umgekehrten Weg einschlage, der sei bald so weit, daß London ihn nicht mehr über die Straße gehen lasse, ohne ihm zuerst die Windeln zu wechseln, sagte Sam.
»Also?« sagte Smiley geduldig.
Also war die erste Mitteilung, die sie über die Sache nach London machten, sozusagen auch ihre letzte. Mac bestätigte die Anfrage, berichtete über die Hauptpunkte von Sams Entdeckungen und bat

London um weitere Instruktionen.
»Und London? Was hat London getan, Sam?«
»Hat an Mac einen eilig-dringend-wichtigen Aufschrei gejagt, daß wir beide von der Sache abgezogen seien und er umgehend die Bestätigung zurückkabeln solle, ich hätte den Befehl verstanden und befolgt. Sicherheitshalber knallten sie uns noch eins auf den Deckel: wir sollten nie wieder solo fliegen.«
Guillam malte auf das vor ihm liegende Blatt Papier eine Blume, dann Blütenblätter, dann Regen, der auf die Blume fiel. Connie strahlte Sam an, als wäre es sein Hochzeitstag, und in ihren Babyaugen standen Tränen der Erregung. di Salis ruckte und zuckte seiner Gewohnheit gemäß wie ein alter Motor, aber sein Blick war, wenn überhaupt irgendwohin, auf Sam gerichtet.
»Sie müssen ziemlich wütend gewesen sein«, sagte Smiley schließlich.
»Eigentlich nicht.«
»Wollten Sie die Sache denn nicht zu Ende führen? Sie hatten schließlich einen großartigen Treffer gemacht.«
»Geärgert hat es mich schon, klar.«
»Aber Sie hielten sich an die Anweisungen aus London?«
»Ich bin Soldat, George. Wir stehen alle im Feld.«
»Sehr lobenswert«, sagte Smiley und betrachtete wieder Sam, der sich so nett und charmant im Smoking rekelte.
»Befehl ist Befehl«, sagte Sam lächelnd.
»Jawohl. Und als Sie dann schließlich nach London zurückkamen«, fuhr Smiley beherrscht und zwanglos fort, »und ihre ›Willkommen-zuhause-gut-gemacht‹-Sitzung mit Bill hatten, ob Sie da wohl, so ganz nebenbei, zufällig die Sache Bill gegenüber erwähnten?«
»Hab' ihn gefragt, was zum Teufel er sich dabei gedacht hat«, gab Sam ebenso lässig zurück.
»Und was hatte Bill darauf zu antworten, Sam?«
»Hat's auf die Vettern geschoben. Sagte, sie hätten es schon vor uns im Programm gehabt. Sagte, es sei ihr Fall und ihr Sprengel.«
»Hatten Sie irgendeinen Grund, ihm das zu glauben?«
»Klar. Ricardo.«
»Sie nahmen an, er gehörte den Vettern?«
»Er ist für sie geflogen. Stand schon in ihren Büchern. Genau der Richtige. Sie mußten nur dafür sorgen, daß er bei der Stange blieb.«

»Ich dachte, wir wären uns einig, daß ein Mann wie Ricardo keinen Zugang zu den wirklichen Geschäften der Gesellschaft haben würde.«
»Hätte sie nicht abgehalten, ihn zu benutzen. Nicht die Vettern. Würde immer noch ihr Fall sein, auch wenn Ricardo eine Null wäre. Das Hände-Weg-Abkommen würde unter allen Umständen gelten.«
»Gehen wir nochmals zurück bis dorthin, als London Sie von der Sache abzog. Sie erhielten den Befehl ›alles einstellen‹. Sie gehorchten. Aber es dauerte doch noch eine ganze Weile, ehe Sie nach London zurückkehrten, nicht wahr? Hat's noch irgendeine Nachlese gegeben?«
»Kann Ihnen nicht ganz folgen, alter Junge.«
Wiederum machte Smiley sich im stillen eine gewissenhafte Notiz über Sams Ausweichen.
»Zum Beispiel Ihr freundschaftlicher Kontakt zur Banque de l'Indochine. Johnny. Sie hielten die Beziehung zu ihm aufrecht, versteht sich.«
»Klar«, sagte Sam.
»Und erwähnte Johnny Ihnen gegenüber zufällig, rein als geschichtliche Tatsache, was aus der Goldader wurde, nachdem Sie Ihr Hände-Weg-Telegramm erhielten? Floß sie auch weiterhin Monat für Monat, so wie vorher?«
»Knall auf Fall aufgehört. Paris hat den Hahn zugedreht. Kein Indocharter, kein gar nichts.«
»Und Handels-Boris, der Mann ohne Vorstrafen? Lebt er noch heute bis an sein seliges Ende?«
»Ging nach Hause.«
»War er dran?«
»Hat drei Jahre voll gehabt.«
»Im allgemeinen machen sie mehr.«
»Besonders die Geheimen«, pflichtete Sam grinsend bei.
»Und Ricardo, der verrückte mexikanische Flieger, den Sie als Agenten der Vettern verdächtigen: was ist aus ihm geworden?«
»Tot«, sagte Sam und ließ Smiley nicht aus den Augen. »Abgestürzt droben an der Grenze von Thailand. Die Jungens schoben es auf eine Überdosis Heroin.«
Unter Druck förderte Sam auch dieses Datum zutage.
»Herrschte große Trauer darüber in der Gemeinde, sozusagen?«
»Nicht viel. Allgemein schien man der Ansicht zu sein, Vientiane

würde sicherer sein ohne Ricardo, der gern seine Pistole in den Plafond des White Rose oder bei Madame Lulu abfeuerte.«
»Wo wurde dieser Ansicht Ausdruck verliehen, Sam?«
»Oh, bei Maurice.«
»Maurice?«
»Hotel Constellation. Maurice ist der Besitzer.«
»Aha. Danke.«
Hier klaffte entschieden eine Lücke, aber Smiley zeigte keine Neigung, sie auszufüllen. Während Sam und seine drei Assistenten und Fawn das Faktotum ihn beobachteten, rückte Smiley an seiner Brille, kippte sie nach vorn, setzte sie wieder zurecht und legte die Hände auf die gläserne Schreibplatte zurück. Dann ließ er Sam die ganze Geschichte noch einmal herbeten, verglich Daten und Namen und Orte sehr eingehend, wie das alle gelernten Vernehmer in der ganzen Welt tun, lauschte aus alter Gewohnheit auf die winzigen Abweichungen und die zufälligen Widersprüche und die Auslassungen und die Akzentverschiebungen, und schien keine zu finden. Und Sam ließ es geschehen, wiegte sich in falscher Sicherheit und zeigte das gleiche ausdruckslose Lächeln, mit dem er Spielkarten über die Tuchbespannung gleiten sah oder das Rouletterad beobachtete, wie es die weiße Kugel von einer Vertiefung in die andere hüpfen ließ.
»Sam, ob Sie es wohl einrichten könnten, die Nacht über bei uns zu bleiben?« sagte Smiley, als die beiden wieder allein waren. »Fawn wird Ihnen ein Bett zurechtmachen und so weiter. Glauben Sie, daß Sie es mit Ihrem Club hinkriegen?«
»Mein lieber Freund«, sagte Sam großmütig.
Dann tat Smiley etwas ausgesprochen Beunruhigendes. Nachdem er Sam einen Packen Zeitschriften gegeben hatte, telefonierte er nach Sams Personalakte, sämtliche Bände, und während Sam vor ihm saß, las er sie schweigend durch, einen Band nach dem anderen.
»Wie ich sehe, sind Sie ein Damenfreund«, bemerkte er schließlich, als vor den Fenstern die Dämmerung herabsank.
»Dann und wann«, gab Sam zu und lächelte noch immer. »Dann und wann.« Aber seiner Stimme war die Nervosität deutlich anzuhören.
Als es Abend wurde, schickte Smiley die Mütter nach Hause und ließ durch die Housekeepers Befehl ergehen, daß bis spätestens acht Uhr die Archive von allen Wühlmäusen geräumt sein

müßten. Er gab keine Gründe an. Er ließ sie denken, was sie wollten. Sam sollte sich in der Rumpelkammer hinlegen, um jederzeit zur Hand zu sein, und Fawn sollte ihm Gesellschaft leisten und ihn nicht herumgeistern lassen. Fawn führte diesen Befehl buchstäblich aus. Selbst als die Stunden sich hinzogen und Sam zu dösen schien, blieb Fawn zusammengekauert wie eine Katze auf der Türschwelle hocken, aber die Augen hielt er offen.
Dann verschanzten sich die vier in der Registratur – Connie, di Salis, Smiley und Guillam – und machten sich auf die lange, vorsichtige Schnitzeljagd. Zuerst suchten sie nach den Unterlagen zu dem betreffenden Einsatz, die von Rechts wegen bei Südostasien abgelegt sein sollten, unter den von Sam angegebenen Daten. In der Kartei fand sich keine Karte, und es fanden sich auch keine Einsatzpapiere, aber das mußte noch nichts zu bedeuten haben. In Haydons London Station waren operative Akten häufig abgefangen und seinem eigenen Geheimarchiv einverleibt worden. Also tappten sie durch das Souterrain, wo ihre Tritte auf den braunen Linoleumfliesen klapperten, bis sie zu einem vergitterten Alkoven kamen, einer Art Seitenkapelle, in der die Überreste des einstigen Archivs von London Station zur Ruhe gebettet waren. Wieder fanden sie keine Karteikarte und keine Papiere.
»Sehen wir bei den Telegrammen nach«, befahl Smiley, also gingen sie die Telegrammbücher durch, Eingang und Ausgang, und für einen Augenblick war zumindest Guillam drauf und dran, Sam der Lüge zu verdächtigen, bis Connie sie darauf aufmerksam machte, daß die entscheidenden Seiten auf einer anderen Schreibmaschine getippt worden waren: einer Maschine, die, wie sich später herausstellte, erst sechs Monate nach dem Datum auf der Seite angeschafft worden war.
»Die Laufzettel«, befahl Smiley.
Die Laufzettel des Circus waren zweifache Kopien der Ausleihlisten, die von der Registratur ausgegeben wurden, wenn Einsatzunterlagen in ständiger Bewegung zu sein drohten. Sie wurden in Lose-Blatt-Heftern verwahrt wie alte Zeitschriften, und alle sechs Wochen wurde eine Kartei anglegt. Nach langem Graben wurde Connie mit Hilfe des Südostasienbandes fündig, der die sechs Wochenperioden unmittelbar nach Collins' Suchanforderung enthielt. Es fand sich darin kein Hinweis auf eine vermutete sowjetische Goldader, und auch keiner auf Indocharter, Vientiane, S. A.

»Probieren Sie's mit den PAs«, sagte Smiley unter Benutzung der ansonsten von ihm verabscheuten Abkürzung. Also zogen sie in eine andere Ecke der Registratur und arbeiteten sich durch Schubkästen voller Karteikarten. Zuerst suchten sie nach persönlichen Unterlagen über Handels-Boris, dann über Ricardo, dann unter angenommenen Namen für Tiny, mutmaßlich tot, die Sam anscheinend in seinem ursprünglichen, vom Unglück verfolgten Bericht an London Station erwähnt hatte. In Abständen wurde Guillam nach oben geschickt, um Sam eine Kleinigkeit zu fragen, fand ihn bei der Lektüre von *Field* und an einem großen Glas Whisky nippen, unerbittlich bewacht von Fawn, der zur Abwechslung – wie Guillam später erfuhr – gelegentlich Liegestütze machte, zuerst auf zwei Knöcheln einer jeden Hand, dann auf den Fingerspitzen. Für Ricardo entwickelten sie phonetische Varianten und suchten im Personenregister auch nach ihnen.

»Wo sind die Organisationen abgelegt?« fragte Smiley.

Aber von der als Indocharter, Vientiane, bekannten *société anonyme* fand sich auch in der Kartei der Organisationen nichts.

»Sehen Sie das Material der Verbindungsstelle nach.«

Verhandlungen mit den Vettern wurden zu Haydons Zeit ausschließlich über das Sekretariat der Londoner Verbindungsstelle abgewickelt, über das er aus naheliegenden Gründen persönliche Befehlsgewalt hatte und das von der gesamten Korrespondenz zwischen den beiden Büros seine eigenen Kopien verwahrte. Sie kehrten wieder in die Seitenkapelle zurück und zogen abermals eine Niete. Für Peter Guillam nahm die Nacht unwirkliche Dimensionen an. Smiley war fast völlig verstummt. Das volle Gesicht wurde zu Stein. Connie hatte in der Erregung ihre arthritischen Schmerzen und Beschwerden vergessen und hüpfte herum wie ein Teenager beim Ball. Guillam, der alles andere als ein geborener Papiermensch war, mühte sich hinter ihr her, tat, als hielte er mit der Meute Schritt und war insgeheim dankbar für seine Ausflüge hinauf zu Sam.

»Wir *haben* ihn, George, *darling*«, sagte Connie immer wieder flüsternd. »Klar wie Kloßbrühe, daß wir die verdammte Kröte *hierhaben.*«

Doc di Salis war abgetänzelt, um die chinesischen Direktoren von Indocharter herauszusuchen – Sam hatte erstaunlicherweise noch immer zwei Namen im Kopf – und schlug sich zunächst mit der chinesischen Form der Namen herum, dann mit der Umschrift in lateinischen Buchstaben und schließlich im chinesischen Handelscode. Smiley saß auf einem Stuhl und las die Akten, die er auf den Knie liegen hatte wie ein Mann in der Eisenbahn, der die übrigen Fahrgäste beharrlich ignoriert. Von Zeit zu Zeit hob er den Kopf, aber die Töne, die er vernahm, kamen nicht aus diesem Raum. Connie hatte sich aus eigenem Antrieb in die Suche nach Querverbindungen zu Akten gestürzt, mit denen die Einsatzpapiere theoretisch in Bezug stehen sollten. Es fanden sich persönliche Unterlagen über Söldner und über freiberufliche Piloten. Es fanden sich Verfahrensunterlagen über die Techniken der Zentrale für das Durchschleusen von Agentenentlohnungen und sogar eine von ihr selbst vor Jahren verfaßte Abhandlung über das Thema: Anonyme Zahlmeister für Karlas illegale Netze, die ohne Wissen der regulären Residenten betrieben werden. Handels-Boris' unaussprechliche Familiennamen waren dem Anhang nicht beigefügt. Es fanden sich Background-Unterlagen über die Banque de l'Indochine und ihre Verbindungen zur Moskauer Narodny Bank und Statistiken über die wachsenden Aktivitäten Moskaus in Südostasien und Arbeitspapiere über die Residentur in Vientiane. Aber die Fehlanzeigen wurden nur immer mehr, und je mehr sie wurden, desto mehr bestätigten sie die positive Annahme. Nirgendwo waren sie bei ihrer Jagd nach Haydon auf eine so systematische und umfassende Verwischung aller Spuren gestoßen. Es war die Rückpeilung aller Zeiten.

Und die Fährte wies unleugbar nach Fernost.

In dieser Nacht fand sich nur ein einziger Hinweis auf den Schuldigen. Sie entdeckten ihn irgendwann zwischen Dämmerung und Tag, während Guillam im Stehen schlief. Connie hatte den Fingerzeig ausgegraben, Smiley legte ihn schweigend auf den Tisch, und zu dreien beäugten sie ihn unter der Leselampe, als wäre er der Schlüssel zu einem vergrabenen Schatz: ein Packen Anweisungen zur Vernichtung von Dokumenten, insgesamt ein Dutzend, abgezeichnet mit einem in schwarzem Filzstift hingekritzelten Codesigel quer durch die Mitte, fast wie eine hübsche Kohlezeichnung. Die todgeweihten Dokumente bezogen sich auf: »streng geheime Korrespondenz mit H/Annex« – was heißen sollte mit dem Londoner Chef der Vettern, damals wie heute Smileys Bruder in Christo, Martello. Der Grund für die Vernichtung war der gleiche, den Haydon Sam Collins für das Einstellen der Nachforschungen in Vientiane genannt hatte: *»Gefahr,* *schwierige amerikanische Operation zu stören.«* Unterzeichnet war das Papier, das die Dokumente zum Feuertod verurteilte, mit Haydons Codenamen.

Smiley begab sich wieder nach oben und bat Sam nochmals in sein Büro. Sam hatte die Smokingschleife abgenommen, und die Stoppeln um sein Kinn und das offene weiße Hemd machten ihn bedeutend weniger elegant.

Als erstes schickte Smiley Fawn um Kaffee. Er wartete, bis der Kaffee kam und bis Fawn wieder hinausgeflitzt war, ehe er zwei Tassen eingoß, beide schwarz, Zucker für Sam, Süßstoff für Smiley wegen seiner Figurprobleme. Dann ließ er sich in einem weichen Polstersessel neben Sam nieder, nicht hinter dem Schreibtisch, um mit Sam auf gleicher Ebene zu verhandeln.

»Sam, ich glaube, ich sollte noch einiges über das Mädchen erfahren«, sagte er sanft, als überbrächte er eine schlechte Nachricht. »Haben Sie sie aus Ritterlichkeit aus dem Spiel gelassen?«

Sam wirkte recht belustigt: »Die Unterlagen verloren, was, alter Junge?« erkundigte er sich mit der gleichen augenzwinkernden Vertraulichkeit.

Manchmal muß man, um ein Geheimnis zu erfahren, ein eigenes preisgeben.

»*Bill* hat sie verloren«, erwiderte Smiley freundlich.

Sam verfiel demonstrativ in tiefes Sinnen. Er rollte eine seiner Kartenspielerhände ein und inspizierte die Fingerspitzen; beklagte deren unsauberen Zustand.

»Mein Club da läuft heutzutage praktisch von alleine«, grübelte er. »Langweilt mich allmählich, offen gesagt. Geld, Geld. Zeit, daß ich mich verändere, etwas aus mir mache.«

Smiley verstand, aber er mußte fest bleiben.

»Ich habe keine Mittel, Sam. Ich kann kaum die Münder füttern, die ich bis jetzt engagiert habe.«

Sam schlürfte gedankenvoll seinen schwarzen Kaffee und lächelte durch den Dampf.

»Wer ist sie, Sam? Was hat's damit auf sich. Niemand wird sich darüber aufregen, und wenn's noch so schlimm ist. Vergessen und vergeben.«

Sam stand auf, schob die Hände in die Taschen, schüttelte den Kopf und fing an, ähnlich wie Jerry Westerby es gemacht hätte, im Zimmer umherzuwandern und die deprimierenden Relikte zu betrachten, die an den Wänden herumhingen: Gruppenfotos von Oxfordleuten in Uniform, aus der Kriegszeit; ein gerahmter handgeschriebener Brief eines toten Premierministers und wiederum Karlas Porträt, das er ganz in der Nähe studierte, lange Zeit hindurch.

»›Wirf niemals deine Chips weg‹«, bemerkte er so dicht vor Karla, daß sein Atem das Glas beschlug. »Das hat meine alte Mutter mir ständig eingetrichtert. ›Verschleudere niemals deine Trümpfe. Wir bekommen nur sehr wenige im Leben. Mußt sie sparsam herausrücken.‹ Nicht als ob das Spiel nicht rollte, wie?« erkundigte er sich. Mit dem Ärmel wischte er das Glas ab. »In Ihrem Haus hier herrscht ein gesunder Appetit. Hab' ich sofort gespürt, als ich reinkam. Der große Tisch, sagte ich mir. Fällt für Klein Sammy auch was ab.«

Er war wieder bei Smileys Schreibtisch angelangt und setzte sich auf den Stuhl, als wolle er ausprobieren, ob er bequem sei. Der Stuhl war nicht nur drehbar, er schaukelte auch. Sam probierte beide Bewegungen aus. »Ich brauche eine Suchanforderung«, sagte er.

»In Ordnung«, sagte Smiley und beobachtete Sam, während er die Schublade aufzog, ein gelbes Formular herauszog und es auf die gläserne Schreibplatte legte.

Ein paar Minuten lang war Sam wortlos mit dem Ausfüllen beschäftigt, hielt von Zeit zu Zeit zwecks künstlerischer Überlegung inne und schrieb wieder weiter.

»Rufen Sie mich an, wenn sie auftaucht«, sagte er, winkte Karla scherzhaft zu und empfahl sich.

Als er fort war, nahm Smiley das Formblatt vom Schreibtisch, ließ Guillam kommen und händigte es ihm wortlos aus. Auf der Treppe machte Guillam halt, um den Text zu lesen.

»Worthington Elizabeth alias Lizzie, alias Ricardo Lizzie.« Das war die erste Zeile. Dann die Einzelheiten: »Alter etwa siebenundzwanzig. Staatsangehörigkeit britisch. Familienstand verheiratet, Näheres über den Ehemann nicht bekannt, Mädchenname gleichfalls nicht bekannt. 1972/73 Ehe nach dem Common Law mit Ricardo Tiny, inzwischen verstorben. Letzter bekannter Wohnort Vientiane, Laos. Letzte bekannte Beschäftigung: Empfangssekretärin bei Indocharter, Vientiane S. A. Frühere Beschäftigungen: Nachtclub-Hostess, Whiskyvertreterin, Edelnutte.«

Zur Ausübung ihrer wie immer glanzlosen Rolle benötigte die

Registratur in jenen Tagen ungefähr drei Minuten, um zu bedauern: »Keine Hinweise wiederholen keine Hinweise auf Zielperson.« Darüber hinaus griff die Bienenkönigin den Ausdruck »edel« auf. Sie bestand darauf, »bessere« sei die korrekte Bezeichnung für eine solche Nutte.
Seltsamerweise ließ Smiley sich durch Sams Widerspenstigkeit nicht stören. Er schien sie klaglos als wesentlichen Bestandteil des Metiers hinzunehmen. Hingegen forderte er Kopien aller Quellenberichte an, die Sam während der letzten rund zehn Jahre aus Vientiane oder anderswo beigebracht hatte und die Haydons geschicktem Messer entgangen waren. Und dann begann er sie in seinen Mußestunden, soweit vorhanden, durchzuackern und gestattete seiner rastlosen Phantasie, sich Bilder von Sams privater trüber Welt zu machen.

In diesem Stadium, als die ganze Sache in der Schwebe hing, bewies Smiley höchst lobenswertes Taktgefühl, wie später alle zugaben. Ein geringerer Mann wäre vielleicht zu den Vettern hinübergestürmt und hätte als eine Sache von höchster Dringlichkeit verlangt, daß Martello die amerikanische Seite des vernichteten Schriftwechsels heraussuche und ihm Einblick gewähre, aber Smiley wollte nichts aufrühren, nichts andeuten. Also wählte er statt dessen seinen bescheidensten Boten. Molly Meakin war eine artige hübsche junge Dame mit Hochschulexamen, vielleicht ein bißchen blaustrümpfig, ein bißchen vergeistigt, aber sie hatte sich bereits einen bescheidenen Namen als fähige Kraft gemacht und war dem Circus von Vaters- und Brudersseite seit langem verbunden. Zur Zeit des Sündenfalls war sie noch auf Probe angestellt und verdiente sich ihre Sporen in der Registratur. Danach wurde sie dem Stammpersonal einverleibt und bekam eine Beförderung, wenn dies das richtige Wort ist, in die »Fleischbeschau«, von wannen, wie die Sage behauptet, noch niemals ein Mann, geschweige eine Frau, lebend wiedergekehrt war. Aber Molly hatte – vielleicht durch Vererbung – das, was man beim Bau als natürliches Auge bezeichnet. Während ihre Umgebung noch darüber palaverte, wo genau jeder gewesen sei und was jede getragen habe, als die Nachricht von Haydons Festnahme bei ihnen eintraf, baute Molly in aller Stille einen unauffälligen und inoffiziellen Kanal zu ihrer Partnerstelle im Annex am Grosvenor Square, der sich an den von den Vettern seit dem Sündenfall eingeführten Dienstwegen vorbeischlängelte. Ihr wichtigster Verbündeter war die Routine. Mollys Besuchstag war Freitag. Jeden Freitag trank sie Kaffee mit Ed, der den Computer bediente; sie sprach über Musik mit Marge, die Ed ablöste, und manchmal blieb sie auf ein Tänzchen oder eine Partie Shuffleboard oder Kegeln im Twilight Club im Souterrain des Annex. Freitag war auch der Tag, an dem sie so ganz nebenbei ihre kleine Einkaufsliste von Suchanforderungen mitnahm. Auch wenn nichts anstand, so erfand Molly vorsorglich irgend etwas, um den Kanal offen zu halten. An diesem speziellen Freitag nahm Molly Meakin auf Smileys Geheiß den Namen Tiny Ricardo in ihre Liste auf.

»Aber ich will nicht, daß er irgendwie auffällt, Molly«, sagte Smiley besorgt.

»Natürlich nicht«, sagte Molly.

Als Rauch, wie Molly es nannte, wählte sie ein Dutzend weitere Rs, und als sie zu Ricardo kam, schrieb sie auf »Richards, siehe auch Rickard, siehe auch Ricardo, Beruf Lehrer, siehe auch Fluglehrer«, so daß der echte Ricardo nur als eine mögliche Identifizierung auftauchen würde. Staatsangehörigkeit mexikanisch siehe auch arabisch, fügte sie hinzu: und sie streute als zusätzliche Information hinein, daß er ohnehin bereits tot sein könne.

Es war wieder einmal später Abend, als Molly in den Circus zurückkehrte. Guillam war erschöpft. Vierzig ist ein schwieriges Alter zum Wachbleiben, fand er. Mit zwanzig oder mit sechzig weiß der Körper, woran er ist, aber vierzig ist eine Entwicklungsstufe, in der man schläft, um erwachsen zu werden oder jung zu bleiben. Molly war dreiundzwanzig. Sie ging direkt in Smileys Zimmer, setzte sich artig mit zusammengepreßten Knien hin und packte ihre Tasche aus, genau beobachtet von Connie Sachs und noch genauer von Peter Guillam, wenn auch aus unterschiedlichen Gründen. Es tue ihr leid, daß sie so spät komme, sagte sie ernsthaft, aber Ed habe darauf bestanden, sie in eine Wiederaufführung von *True Grit* mitzunehmen, einem Knüller im Twilight Club, und anschließend habe sie ihn abwimmeln müssen, wollte ihn jedoch nicht kränken, am allerwenigsten heute Abend. Sie reichte Smiley einen Umschlag, und er öffnete ihn und zog eine lange gelbbraune Computerkarte heraus. Hat sie ihn nun abgewimmelt oder nicht?, hätte Guillam gern gewußt.

»Wie ist es gelaufen?« war Smileys erste Frage.

»Wie am Schnürchen«, antwortete sie.
»Was für ein seltsames Schriftstück«, rief Smiley zunächst aus. Aber als er weiterlas, wechselte sein Gesichtsausdruck langsam zu einem ungewohnten wölfischen Grinsen.
Connie war weniger beherrscht. Als sie die Karte schließlich an Guillam weiterreichte, lachte sie lauthals:
»O *Bill!* O du böser lieber Junge! Wie er alle in die falsche Richtung geschickt hat! O dieser Satan!«
Um die Vettern zu beschwichtigen, hatte Haydon seine ursprüngliche Lüge umgekehrt. Im Klartext erzählte das ziemlich lange Computerblatt die folgende berückende Geschichte:
Um zu verhindern, daß die Vettern parallel zum Circus Recherchen über die Firma Indocharter anstellten, hatte Bill Haydon in seiner Eigenschaft als Leiter von London Station pro forma ein Hände-Weg-Schreiben an den Annex geschickt, entsprechend der gültigen bilateralen Vereinbarung zwischen den beiden Dienststellen. Darin wurde den Amerikanern zur Kenntnis gebracht, daß Indocharter, Vientiane S. A. zur Zeit von London überprüft werde und daß der Circus einen Agenten am Ort habe. Die Amerikaner erklärten sich einverstanden, alle eventuellen Interessen an der Sache ruhen zu lassen, gegen Beteiligung am eventuellen Resultat. Um der britischen Operation behilflich zu sein, erwähnten die Vettern jedoch, daß ihre Verbindung zu dem Piloten Tiny Ricardo erloschen sei.
Kurzum, ein einmalig schönes Beispiel dafür, wie man ein doppeltes Spiel treibt.
»Danke, Molly«, sagte Smiley höflich, als alle ihrer Bewunderung Ausdruck verliehen hatten. »Vielen Dank.«
»Nichts zu danken«, sagte Molly artig wie ein Kindermädchen. »Und Ricardo ist wirklich tot, Mister Smiley«, fügte sie abschließend hinzu und nannte das gleiche Sterbedatum, das auch Sam Collins angegeben hatte. Damit ließ sie ihre Taschenbügel zuschnappen, zog den Rock über die bewundernswerten Knie und ging anmutig aus dem Zimmer, auch hierbei wieder genau beobachtet von Peter Guillam.

Jetzt herrschte eine andere Gangart, eine völlig andere Stimmung im Circus. Die fieberhafte Suche nach einer Spur, irgendeiner Spur, war vorüber. Sie konnten, anstatt in alle Richtungen zu galoppieren, auf ein Ziel zuschreiten. Die trennenden Schranken

zwischen den beiden Familien fielen weitgehend: die Bolschies und die Gelben Gefahren wurden eine einzige Mannschaft unter der vereinten Führung Connies und des Doc, auch wenn jede ihre spezielle Domäne bewahrte. Danach kamen die freudigen Ereignisse für die Wühlmäuse in weiten Abständen, wie Wasserlöcher auf einem langen und staubigen Treck, und manchmal wären sie beinah am Wegrand zusammengebrochen. Connie brauchte nur eine Woche, um den sowjetischen Zahlmeister in Vientiane zu identifizieren, der die Überweisung von Geldern an Indocharter, Vientiane S. A. tätigte – Handels-Boris. Es handelte sich um den ehemaligen Soldaten Zimin, Ex-Absolvent von Karlas privatem Ausbildungslager in der Nähe von Moskau. Unter dem früheren Decknamen Smirnow war dieser Zimin bereits aktenkundig als einstiger Zahlmeister für einen ostdeutschen *Apparat* in der Schweiz vor sechs Jahren. Davor war er unter dem Namen Kursky in Wien aufgetaucht. Er hatte sich auch als Lauscher und Fallensteller hervorgetan, und man wollte wissen, daß er der gleiche Zimin sei, der in West-Berlin die großartige Liebesfalle für eben jenen französischen Senator aufgestellt habe, der dann später die Hälfte aller Geheimnisse seines Landes an die andere Seite verkauft hatte. Er hatte Vientiane genau einen Monat nach dem Eintreffen von Sams Bericht in London verlassen.
Nach diesem kleinen Sieg nahm Connie sich die scheinbar unmögliche Aufgabe vor, herauszufinden, welche Anordnungen Karla oder sein Zahlmeister Zimin getroffen haben mochten, um die stillgelegte Goldader zu ersetzen. Verschiedene Ansätze standen ihr zur Verfügung. Erstens der bekannte Konservativismus riesiger Nachrichtenapparate und deren Festhalten an bewährten Handelswegen. Zweitens die Annahme, daß die Zentrale, da es sich um bedeutende Zahlungen handelte, das alte System baldmöglichst durch ein neues ersetzen müßte. Drittens Karlas Genugtuung sowohl vor dem Sündenfall, als er den Circus manövrierunfähig machte wie auch danach, als der Circus ihm zahnlos und in den letzten Zügen zu Füßen lag. Und schließlich verließ sie sich ganz einfach auf ihre eigene umfassende Kenntnis der Materie. Connies Team suchte zunächst die Unmengen nicht verarbeiteten Rohmaterials zusammen, das in den Jahren ihres Exils absichtlich vernachlässigt herumgelegen hatte, und unternahm gewaltige Streifzüge durch die Unterlagen, sichtete, verglich, fertigte Karten und Diagramme an, verfolgte die individuel-

le Handschrift bekannter Spezialisten, litt an Migränen, zankte sich, spielte Ping-Pong; und unternahm dann und wann mit nervtötender Behutsamkeit und mit Smileys ausdrücklicher Genehmigung schüchterne Erkundungsvorstöße in die Außenwelt. Eine freundschaftliche Beziehung in der City wurde überredet, einen alten Bekannten aufzusuchen, der sich mit Firmen auf dem Festland von Hongkong auskannte. Ein Devisenhändler in Cheapside gewährte Toby Esterhase, dem scharfäugigen ungarischen Überlebenden des frühen Circus – er war alles, was von der ruhmreichen riesigen Schar von Kurieren und Observanten noch übrig war –, Einsicht in seine Bücher. So ging es weiter, im Schneckentempo: aber wenigstens wußte die Schnecke, wohin sie wollte. Doc di Salis schlug in seiner distanzierten Art den überseeischen Chinapfad ein, arbeitete sich durch die verschlungenen Zusammenhänge zwischen Indocharter, Vientiane S. A. und dessen schwer zu fassenden Abfolgen von Stammfirmen. Seine Gehilfen waren so ungewöhnlich wie er selbst, entweder Sprachstudenten oder ältere reaktivierte Chinaexperten. Mit der Zeit nahmen sie eine einheitliche Blässe an, wie die Insassen des gleichen feuchtkalten Alumnats.

Inzwischen schob Smiley sich nicht weniger behutsam voran, womöglich durch noch gewundenere Straßen und durch eine noch größere Anzahl von Türen.

Wieder einmal verschwand er von der Bildfläche. Es war eine Zeit des Wartens, und er nutzte sie, um sich den hundert anderen Dingen zu widmen, die seine dringende Aufmerksamkeit erheischten. Nach seinem kurzen Ausflug ins Teamwork zog er sich in die inneren Regionen seiner einsamen Welt zurück. Whitehall bekam ihn zu sehen, auch noch Bloomsbury und die Vettern, dann aber blieb die Tür zum Thronsaal ganze Tage hindurch verschlossen, und nur der finstere Fawn, das Faktotum, durfte auf seinen Turnschuhen hinein- und heraushuschen, mit Tassen dampfenden Kaffees, Tellern mit Keksen und gelegentlich schriftlichen Memoranden an oder von seinem Herrn. Smiley hatte das Telefon schon immer gehaßt, jetzt nahm er überhaupt keine Gespräche mehr entgegen, es sei denn, sie beträfen nach Guillams Ansicht Dinge von äußerster Wichtigkeit, und das war nicht der Fall. Der einzige Apparat, den Smiley nicht abstellen konnte, war die direkte Verbindung mit Guillams Schreibtisch, aber wenn er in überreizter Verfassung war, ging er so weit, einen Teewärmer darüber zu stülpen, um das Klingeln zu dämpfen. Guillam hatte ein für allemal Anweisung, jedem mitzuteilen, Smiley sei außer Haus oder in einer Besprechung und würde in einer Stunde zurückrufen. Er machte dann eine Notiz, händigte sie Fawn aus, und da nun die Initiative auf seiner Seite war, rief Smiley manchmal tatsächlich zurück. Er konferierte mit Connie, dann und wann mit di Salis, gelegentlich auch mit beiden, aber Guillam wurde nicht benötigt. Die Karla-Akte wurde endgültig von Connies Recherchenabteilung in Smileys Privatsafe überführt, alle sieben Bände. Guillam unterschrieb für sie und brachte sie Smiley, und als Smiley den Blick vom Schreibtisch hob und sie sah, kam die Ruhe des Wiedererkennens über ihn, und er streckte die Hände nach ihnen aus wie nach einem alten Freund. Die Tür schloß sich wieder, und weitere Tage vergingen.

»Was gehört?« erkundigte Smiley sich in Abständen bei Guillam. Er meinte: »Hat Connie angerufen?«

Die Residentur in Hongkong wurde etwa um diese Zeit geräumt, und Smiley erfuhr zu spät von den gigantischen Bemühungen der Housekeepers, die High-Haven-Story zu unterdrücken. Er holte sich sofort Craws Dossier und ließ wiederum Connie zu sich rufen. Ein paar Tage später tauchte Craw persönlich zu einem achtundvierzigstündigen Besuch in London auf. Guillam hatte Vorträge von ihm in Sarratt gehört und haßte ihn. Etliche Wochen danach erblickte der berühmte Artikel des Alten endlich das Licht der Welt. Smiley las ihn aufmerksam, gab ihn dann an Guillam weiter und lieferte ausnahmsweise sogar eine Erklärung für sein Vorgehen: Karla würde sehr genau wissen, worauf der Circus aus war, sagte er. Rückpeilungen seien ein altehrwürdiger Zeitvertreib. Indessen würde Karla kein menschliches Wesen sein, wenn er nach einem so großen Fang nicht eine Weile schliefe.

»Er soll von allen Seiten zu hören kriegen, wie mausetot wir sind«, erklärte er.

Bald wurde diese Scheintot-Masche auch auf andere Sphären ausgedehnt, und es war eine von Guillams ergötzlicheren Aufgaben, dafür zu sorgen, daß Roddy Martindale reichlich mit Geschichten über die trostlose Lage des Circus eingedeckt wurde.

Und die Wühlmäuse werkelten weiter. Sie nannten es später den Scheinfrieden. Sie hatten die Landkarte, sagte Connie, und sie hatten die Richtungen, aber noch waren löffelweise ganze Berge zu versetzen. Während der Wartezeit führte Guillam Molly Meakin zu ausgedehnten und kostspieligen Dinners aus, die indes erfolglos endeten. Er spielte Squash mit ihr und bewunderte ihr Auge, er schwamm mit ihr und bewunderte ihren Körper, aber jeden engeren Kontakt wehrte sie mit geheimnisvollem, verhaltenem Lächeln ab, drehte den Kopf zur Seite und nach unten, während sie ihn fest an der Leine hielt.

Unter dem ständigen Druck des Müßiggangs nahm Fawn, das Faktotum, seltsame Gewohnheiten an. Wenn Smiley verschwand und ihn zurückließ, schmachtete er buchstäblich nach der Rückkehr seines Herrn. Eines Abends überraschte ihn Guillam in seiner kleinen Höhle und war zutiefst betroffen, ihn zusammengekauert wie einen Fötus vorzufinden; er wand sich ein Taschentuch wie eine Abbindungsschnur um den Daumen, bis es ihm wehtat.

»Um Gottes willen, es ist doch nicht persönlich gemeint, Mensch!« rief Guillam aus. »George braucht Sie ausnahmsweise mal nicht, das ist alles. Nehmen Sie ein paar Tage Urlaub oder so. Dampf ablassen.«

Aber für Fawn war Smiley der Chef, und er blickte jeden scheel an, der ihn George nannte.

Gegen Ende dieser unfruchtbaren Phase erschien ein neues und wunderschönes Spielzeug auf der fünften Etage. Es wurde von zwei bürstenköpfigen Technikern in Koffern angebracht und in dreitägiger Arbeit installiert: ein grünes Telefon, das trotz Smileys Vorurteilen für seinen Schreibtisch bestimmt war und ihn direkt mit dem Annex verband. Es lief über Guillams Büro und war mit allen möglichen rätselhaften grauen Boxen verbunden, die ohne Warnung lossummten. Sein Vorhandensein vergrößerte noch die allgemeine Nervosität: was sollte eine solche Maschine, fragten sie einander, wenn sie ihr nichts einzufüttern hatten?

Aber sie hatten etwas.

Plötzlich war die Katze aus dem Sack. Connie sagte nicht, was sie gefunden hatte, aber die Nachricht von ihrer Entdeckung verbreitete sich wie ein Lauffeuer durch das ganze Haus: »Connie hat einen *Treffer* gemacht! Die Wühlmäuse haben einen *Treffer* gemacht! Sie haben die neue Goldader gefunden! Sie haben sie von A bis Z aufgespürt!«

Wo aufgespürt? Wo war A? Wo war Z? Connie und di Salis sagten nichts. Einen Tag und eine Nacht hindurch schleppten sie Akten in den Thronsaal und wieder heraus, zweifellos wieder einmal, um Smiley ihre Werke vorzuführen.

Dann verschwand Smiley auf drei Tage, und Guillam erfuhr erst lang danach, daß er, »um alles wasserdicht zu machen«, wie er sagte, Hamburg und Amsterdam aufgesucht und mit bedeutenden Bankiers aus seinem Bekanntenkreis gesprochen hatte. Diese Herren ließen es sich viel Zeit kosten, ihm zu erklären, der Krieg sei vorbei und sie könnten unter keinen Umständen gegen ihren Ehrencodex verstoßen, und am Ende gaben sie ihm die Auskunft, die er so dringend brauchte: obwohl sie nur die letzte Bestätigung alles dessen war, was die Wühlmäuse errechnet hatten. Smiley kehrte zurück, aber Peter Guillam blieb weiterhin ausgeschlossen und wäre womöglich auf unabsehbare Zeit in seiner privaten Vorhölle isoliert geblieben, hätte nicht das Dinner bei den Lacons stattgefunden.

Daß er einbezogen wurde, war reiner Zufall. Desgleichen das Dinner. Smiley hatte Lacon um eine Nachmittagsaudienz in dessen Ministerium gebeten und zur Vorbereitung mehrere Stunden in Gesellschaft Connies und di Salis' zugebracht. Im letzten Moment wurde Lacon von seinen Vorgesetzten im Parlament mit Beschlag belegt und schlug Smiley als Ersatz ein improvisiertes Essen in seiner scheußlichen Burg in Ascot vor. Smiley haßte das Chauffieren, und es gab keinen Dienstwagen. Schließlich bot Guillam an, ihn in seinem zugigen alten Porsche hinzufahren. Er breitete eine Decke über Smiley, die immer in seinem Wagen lag, für den Fall, daß Molly Meakin sich zu einem Picknick bereitfände. Auf der Fahrt versuchte Smiley, Konversation zu machen, was ihn hart ankam, aber er war nervös. Sie kamen bei Regen an, und an der Tür gab es einige Verwirrung darüber, was mit dem unerwarteten Gefolgsmann zu tun sei. Smiley beteuerte, Guillam könne inzwischen freinehmen und um halb elf wiederkommen; die Lacons, daß er bleiben *müsse*, es sei *massenhaft* zu essen da.

»Wie Sie wünschen«, sagte Guillam zu Smiley.

»Oh, natürlich. Nein, ich meine natürlich, wenn es den Lacons recht ist, selbstverständlich«, sagte Smiley mißmutig, und sie gingen hinein.

Es wurde also ein viertes Gedeck aufgelegt und das verbratene Steak in so kleine Stücke geschnitten, daß es wie vertrocknetes Stew aussah; eine Tochter wurde mit einem Pfund per Fahrrad ausgeschickt, um eine zweite Flasche Wein aus der Kneipe an der Landstraße zu holen. Mrs. Lacon war das scheue Reh, blond und errötend, eine Kindbraut, aus der eine Kindmutter geworden war. Der Tisch war zu lang für vier Personen. Sie setzte Smiley und ihren Mann ans eine Ende und Guillam neben sich. Im Anschluß an die Frage, ob er Madrigale liebe, stürzte sie sich in eine endlose Schilderung eines Konzerts an der Privatschule ihrer Tochter. Sie sagte, die Schule werde einfach *kaputtgemacht* von den reichen Ausländern, die dort aufgenommen würden, bloß damit die Kasse stimmte. Die Hälfte von ihnen könne überhaupt nicht nach europäischer Art singen:

»Ich meine, wer läßt sein Kind gern mit einem Haufen Perserinnen aufwachsen, wo dort jeder sechs Ehefrauen hat?«

Guillam ermunterte sie zum Weiterplappern und spitzte die Ohren, um etwas von dem Gespräch am anderen Tischende mitzubekommen. Lacon schien gleichzeitig alle Register zu ziehen:

»Zuerst ein Gesuch an *mich*«, trompetete er, »machen Sie das sofort und sehr korrekt. In diesem Stadium sollten Sie höchstens einen vorläufigen Überblick geben. Minister haben bekanntermaßen eine Abneigung gegen alles, was nicht auf einer Postkarte Platz hat. Am besten auf einer *Ansichts*karte«, sagte er und nahm einen beherzten Schluck von dem gräßlichen Rotwein.

Mrs. Lacon, deren Intoleranz etwas von strahlender Unschuld an sich hatte, jammerte nun über die Juden:

»Ich meine, sie essen nicht einmal die gleichen *Speisen* wie wir«, sagte sie. »Penny sagt, sie kriegen zum Lunch besondere Heringsgerichte.«

Guillam verlor wiederum den Faden, bis Lacon warnend die Stimme hob:

»Versuchen Sie, *Karla* hier rauszuhalten, George. Ich bat Sie bereits darum. Gewöhnen Sie sich an, statt dessen *Moskau* zu sagen, ja? Die Leute mögen nichts Persönliches – so leidenschaftslos Ihr Haß gegen ihn auch sein mag. Ich auch nicht.«

»Gut, Moskau«, sagte Smiley.

»Nicht daß man etwas gegen sie *hätte*«, sagte Mrs. Lacon. »Sie sind nur so anders.«

Lacon kam wieder auf einen früheren Punkt zu sprechen: »Wenn Sie sagen, eine *große* Summe, wie groß ist dann groß?«

»Wir sind noch nicht in der Lage, das anzugeben«, erwiderte

Smiley.
»Gut. Um so verlockender. Haben Sie keinen Panik-Faktor?«
Smiley konnte dieser Frage sowenig folgen wie Guillam.
»Was regt Sie an Ihrer Entdeckung am meisten auf, George? Worum fürchten Sie, hier, in Ihrer Rolle als Wachhund?«
»Um die Sicherheit einer britischen Kronkolonie?« schlug Smiley nach einigem Überlegen vor.
»Sie sprechen über Hongkong«, erklärte Mrs. Lacon Guillam. »Mein Onkel war Staatssekretär. Väterlicherseits«, fügte sie hinzu. »Mamas Brüder haben nie etwas Gescheites getan.«
Sie sagte, Hongkong sei nett, aber es *rieche*.
Lacon war jetzt rosig angehaucht und schweifte ein bißchen ab. »Kolonie, mein Gott, hast du das gehört, Val?« rief er über den Tisch, um ihr bei dieser Gelegenheit ein bißchen Bildung zu vermitteln. »Doppelt so reich wie wir, denke ich, und von meiner Warte aus gesehen auch beneidenswert sicherer. Volle zwanzig Jahre muß der Vertrag noch laufen, auch wenn die Chinesen die Pacht hochtreiben. In dieser Preislage sollten sie uns in Frieden aussterben lassen.«
»Oliver glaubt, wir seien *verloren*«, erklärte Mrs. Lacon Guillam so erregt, als vertraute sie ihm ein Familiengeheimnis an, und warf ihrem Mann ein engelhaftes Lächeln zu.
Lacon nahm seinen früheren freundschaftlichen Tonfall wieder auf, aber er sprach sehr sonor, so daß Guillam vermutete, er wolle vor seiner Squaw eine Schau abziehen.
»Sie würden mich außerdem darauf hinweisen, ja? – gewissermaßen als Hintergrund der Ansichtskarte –, daß bedeutendere nachrichtendienstliche Aktivitäten der Sowjets in Hongkong für die Kolonialregierung eine verheerende Erschwernis in ihren Beziehungen zu Peking darstellen würde?«
»Ehe ich so weit gehen würde . . . «
»Von dessen Wohlwollen«, fuhr Lacon fort, »ihr Überleben von Stunde zu Stunde abhängt, stimmt's?«
»Es geht darum, daß allein solche möglichen Weiterungen . . . «, sagte Smiley.
»Oh, Penny, du bist *nackt*«, rief Mrs. Lacon nachsichtig.
Zu Guillams unendlicher Erleichterung sprang sie auf, um eine ungebärdige kleine Tochter zu beruhigen, die unter der Tür erschienen war. Lacon hatte inzwischen zu einer Arie Luft geholt.
»Daher beschützen wir Hongkong nicht nur vor den *Russen* – was

schon schwierig genug ist, das garantiere ich Ihnen, aber vielleicht nicht schwierig genug für einige unserer feinsinnigen Minister –, wir beschützen Hongkong auch vor dem Zorn Pekings,nder weltweit als schrecklich gilt, stimmt's, Guillam? *Indessen*«, fuhr Lacon fort, und ging, um dem *volte face* Nachdruck zu verleihen, so weit, Smileys Arm mit seiner langen Hand festzuhalten, so daß er das Glas absetzen mußte –, »indessen«, warnte er, und seine unberechenbare Stimme fiel und hob sich wieder, »ob unsere Herrn und Meister das alles schlucken werden, ist eine ganz andere Frage.«
»Ich habe nicht vor, sie darum zu bitten, ehe ich nicht Erhärtung unserer Daten erhalten habe«, sagte Smiley scharf.
»Ah, aber das können Sie nicht, oder?« protestierte Lacon, der das Rollenfach wechselte. »Sie können nicht über Inlandsuntersuchungen hinausgehen. Sie haben keine Befugnis.«
»Ohne eingehende Prüfung der Information . . . «
»Ah, was wollen Sie damit sagen, George?«
»Daß ein Agent angesetzt werden muß.«
Lacon hob die Brauen und wandte den Kopf ab, wodurch er Guillam unwillkürlich an Molly Meakin erinnerte.
»Weder die Verfahrensart noch Details sind meine Angelegenheit. Klar ist, daß Sie nichts Unliebsames unternehmen können. Schließlich haben Sie kein Geld und keine Hilfsmittel.« Er goß sich Wein nach und verschüttete kräftig. »Val!« schrie er. »Lappen!«
»Ich habe *einiges* Geld.«
»Aber nicht für diesen Zweck.« Der Wein hatte Flecke auf dem Tischtuch hinterlassen. Guillam streute Salz darüber, während Lacon das Tuch anhob und seinen Serviettenring darunterschob, um die Politur zu schützen.
Die nun folgende, lange Stille wurde vom Ticken des auf den Boden tropfenden Weins ausgefüllt. Schließlich sagte Lacon: »Es liegt ausschließlich bei Ihnen zu bestimmen, was im Rahmen Ihres Mandats gerechtfertigt ist.«
»Kann ich das schriftlich haben?«
»Nein.«
»Würden Sie mich ermächtigen, alle nötigen Schritte zur Erhärtung der Information zu unternehmen?«
»Nein.«
»Aber Sie werden mich nicht daran hindern?«

»Da ich nichts von Verfahrensweisen verstehe und dies auch nicht von mir verlangt wird, fällt es kaum mir zu, Ihnen Vorschriften zu machen.«

»Aber wenn ich in aller Form an Sie herantrete . . . « begann Smiley.

»Val, *bitte* einen Lappen. Sobald Sie in aller Form an mich herantreten, werde ich jede Verantwortung ablehnen. Ihr Handlungsspielraum wird vom Lenkungsausschuß für den Geheimen Nachrichtendienst abgesteckt, nicht von mir. Dort lassen Sie Ihren Schmonzes los. Der Ausschuß wird Sie bis zum Schluß anhören. Danach ist die Sache zwischen Ihnen und dem Ausschuß auszufechten. Ich bin nur die Hebamme. Val, bring einen Lappen, es schwimmt schon alles!«

»Oh, mein Kopf liegt auf dem Block, nicht der Ihre«, sagte Smiley wie zu sich selbst. »Sie sind neutral. Das weiß ich alles.«

»*Oliver* ist nicht neutral«, sagte Mrs. Lacon fröhlich, als sie mit dem Mädchen auf dem Arm, das frisch gebürstet war und ein Nachthemd anhatte, wieder hereinkam. »Er hat *unheimlich* viel für Sie übrig, nicht wahr, Olly?« Sie reichte Lacon einen Lappen, und er fing an, aufzuwischen. »Er ist in letzter Zeit ein richtiger *Falke* geworden. Mehr noch als die Amerikaner. Jetzt sag allen gute Nacht, Penny, los.« Sie reichte das Kind herum. »Mister Smiley zuerst . . . Mister Guillam . . . jetzt Daddy . . . Wie geht's Ann, George, doch nicht schon wieder auf dem Lande will ich hoffen?«

»Oh, bestens, vielen Dank.«

»Sie müssen Oliver herumkriegen. Er wird *schrecklich* bombastisch. Nicht wahr, Olly?«

Sie tanzte hinaus und sang dem Kind selbstverfaßte Ritualweisen vor:

»Hitti-Pitti an der Wand
Hitti-Pitti im ganzen Land
Und bums, da macht es Plumps!«

Lacon sah ihr voll Stolz nach.

»Wollen Sie die Amerikaner nicht mit ins Spiel bringen, George?« fragte er munter. »Wären ein phantastischer Köder, wissen Sie? Rücken Sie mit den Vettern an, und Sie haben den Ausschuß in der Tasche, ohne einen Schuß abzufeuern. Das Foreign Office würde Ihnen aus der Hand fressen.«

»Ich würde diese Sache lieber in der Hand behalten.«

Als hätte es, dachte Guillam, nie ein grünes Telefon gegeben. Lacon spielte mit seinem Glas und überlegte.
»Schade«, verkündete er schließlich. »Schade. Keine Vettern, keinen Panik-Faktor . . . «. Er blickte auf die pummelige, wenig eindrucksvolle Gestalt vor ihm. Smiley saß mit gefalteten Händen und geschlossenen Augen da und schien nah am Einschlafen.
»Und auch keine Glaubwürdigkeit«, fuhr Lacon fort, offenbar als direkten Kommentar zu Smileys Erscheinung. »Das Verteidigungsministerium wird keinen Finger für Sie rühren, das will ich Ihnen gleich sagen. Und das Innenministerium ebensowenig. Das Schatzamt ist ein Glücksspiel, und das Außenministerium? – Kommt darauf an, wen sie zu der Besprechung entsenden und was es zum Frühstück gegeben hat.« Wieder dachte er nach. »George.«
»Ja?«
»Lassen Sie mich Ihnen einen Vertreter schicken. Jemanden, der Ihre Sache verfechten, der für Sie auf die Barrikaden gehen kann.«
»Oh, ich glaube, ich werde es schaffen, vielen Dank!«
»Sorgen Sie dafür, daß er mehr ausruht«, riet Lacon Guillam in ohrenbetäubendem Flüstern, als sie zum Wagen gingen. »Und versuchen Sie ihn zu bewegen, daß er diese schwarzen Jacketts und so weiter ablegt. Sind zusammen mit Reifröcken aus der Mode gekommen. Wiedersehen, George! Läuten Sie mich morgen an, wenn Sie sich's anders überlegen sollten und Hilfe möchten. Fahren Sie vorsichtig, Guillam. Sie haben Alkohol getrunken, denken Sie daran!«
Als sie durchs Tor fuhren, tat Guillam einen wirklich sehr starken Ausspruch, aber Smiley steckte zu tief in der Decke, um ihn zu hören.

»Es geht also nach Hongkong?« sagte Guillam.
Keine Antwort: aber auch kein Dementi.
»Und wer ist der glückliche Außenmann?« fragte Guillam ein wenig später, ohne eigentliche Hoffnung auf eine Antwort. »Oder hat das Ganze nur den Zweck, die Vettern auszutricksen?«
»Wir tricksen die Vettern keineswegs aus«, brauste Smiley auf, gereizt wie selten. »Wenn wir sie mittun lassen, buttern sie uns unter. Wenn nicht, dann haben wir keine Mittel. Will einfach genau austariert werden.«
Smiley tauchte wieder unter die Decke.

Doch schon am folgenden Tag, siehe da, war es soweit.

Um zehn berief Smiley ein Einsatzdirektorium ein. Smiley redete, Connie redete, di Salis zappelte herum und kratzte sich wie ein verlauster Dorfschullehrer in einer Bauernkomödie, bis die Reihe zum Sprechen an ihm war und er sich mit seiner rauhen, klugen Stimme äußerte. Noch am gleichen Abend schickte Smiley sein Telegramm nach Italien: ein richtiges Telegramm, nicht nur einen Funkspruch, Codewort *guardian*, Kopie in die rasch anwachsende Akte. Smiley schrieb es aus, Guillam übergab es Fawn, und der raste triumphierend damit zum Nachtpostamt Charing Cross. Er zog so feierlich damit ab, daß man hätte meinen können, das bräunliche kleine Formular bilde den bisherigen Höhepunkt seines behüteten Daseins. Dem war nicht so. Vor dem Sündenfall hatte Fawn unter Guillam bei den in Brixton stationierten Skalpjägern gearbeitet. Sein erlernter Beruf indessen war der eines lautlosen Killers.

## 5 *Spaziergang im Park*

Diese ganze sonnige Woche hindurch trugen Jerry Westerbys Reisevorbereitungen das Gepräge festlicher Betriebsamkeit, die nicht einen Augenblick nachließ. Wie London einen späten Sommer feierte, so auch, mochte man denken, Jerry Westerby. Stiefmütter, Impfungen, Reisetips, literarische Agenturen und Fleet-Street-Redakteure; Jerry, der London sonst haßte wie die Pest, stiefelte frisch und fröhlich vom einen zum andern. Er hatte für London sogar ein eigenes Kostüm zu seinen Wildlederstiefeln: einen Anzug, nicht direkt aus der Savile Row, aber unleugbar einen Anzug. Seine Gefängnismontur, wie die Waise gesagt hatte, war ein waschbares, verschossen-blaues Etwas, die Kreation eines Rund-um-die-Uhr-Schneiders namens Pontschak Happy House in Bangkok, der es in glänzenden Seidenlettern auf dem Etikett als *knitterfrei* garantierte. In den milden Mittagsbrisen blähte es sich am Brighton Pier so schwerelos wie eine Soutane. Sein aus gleicher Quelle stammendes Seidenhemd war vergilbt, als hätte es lange in einer Mannschaftsgarderobe von Wimbledon oder Henley gehangen. Seine Sonnenbräune war, obgleich toskanischen Ursprungs, genauso englisch wie die berühmte Kricket-Krawatte, die gleich einer Landesfahne an ihm flatterte. Nur sein Gesichtsausdruck hatte für die sehr Scharfäugigen eine gewisse Wachsamkeit, die auch Mamma Stefano, die Postmeisterin, festgestellt hatte und die man instinktiv als »berufsbedingt« empfindet und damit abtut. Manchmal, wenn er sich auf Wartezeiten gefaßt machte, schleppte er den Büchersack mit sich, so daß er wie ein Hinterwäldler aussah.

Er logierte, wenn überhaupt irgendwo fest, am Thurloe Square bei seiner Stiefmutter, der dritten Lady Westerby, in einer winzigen Wohnung voller Schnickschnack und riesiger Antiquitäten, geborgenem Gut aus aufgegebenen Häusern. Sie war eine bemalte, hennenartige Frau, zänkisch, wie das gealterte Schönheiten zuweilen sind, und beschimpfte ihn häufig wegen wirklicher oder eingebildeter Delikte wie zum Beispiel wegen Rauchens ihrer letzten Zigarette oder Einschleppens von Schmutz nach seinen bemessenen Streifzügen im Park. Jerry nahm alles geduldig hin. Manchmal, wenn er erst um drei oder vier Uhr morgens heimkam, aber noch immer nicht schläfrig war, hämmerte er an ihre Tür, um sie zu wecken, obwohl sie meist ohnehin schon wach war; und wenn sie ihr Make-up aufgelegt hatte, setzte er sie in ihrem rüschenraschelnden Morgenrock auf sein Bett, drückte ihr eine Riesenportion *crême de menthe frappée* in die winzigen Klauen, streckte sich in ganzer Länge auf der freien Fläche des Fußbodens inmitten eines Zauberbergs von Gerümpel und fuhr mit dem, was er als Einpacken bezeichnete, fort. Der Berg bestand aus allem möglichen unnützen Zeug: alten Zeitungsausschnitten, Haufen vergilbter Zeitungen, Dokumenten, mit grünem Band umwunden, und sogar ein Paar maßgearbeitete Reitstiefel war darunter, auf Leisten gespannt und grün vor Schimmel. Theoretisch traf Jerry eine Auswahl alles dessen, was er für seine Reise benötigen würde, aber er kam selten über die Bergung von Souvenirs hinaus, die in beiden von ihnen eine Kette von Erinnerungen auslösten. Eines Nachts zum Beispiel grub er einen Band seiner frühesten Erzählungen aus.

»Heh, Pet! Hier ist eine gute! Hier reißt Westerby einem die Maske ab! Läßt dein Herz schneller schlagen, wie, altes Haus? Treibt das träge Blut durch die Adern?«

»Du hättest ins Geschäft deines Onkels eintreten sollen«, erwiderte sie, während sie mit großer Genugtuung die Seiten umblätterte. Besagter Onkel war ein Kieskönig, den Pet gern ins Treffen führte, um Old Sambos mangelnde Geschäftstüchtigkeit herauszustreichen.

Ein andermal fanden sie das jahrealte Testament des alten Herrn – »Ich, Samuel, auch bekannt als Sambo Westerby« – zusammen mit einem Packen Rechnungen und Anwaltskorrespondenz an die Adresse Jerrys in seiner Eigenschaft als Testamentsvollstrecker irgendwo hineingestopft, alles voller Whisky- oder Chininflecken und stets beginnend mit: »Zu unserem Bedauern.«

»Hartes Schlägchen, das«, murmelte Jerry verlegen, als es zu spät war, den Umschlag wieder unter dem Gerümpel verschwinden zu lassen. »Könnten wir eigentlich ins Na-du-weißt-schon schmeißen, was, altes Haus?«

Ihre Knopfaugen funkelten ihn wütend an.
»Laut«, befahl sie mit rauher Bühnenstimme, und schon durchstreiften sie gemeinsam die unentwirrbaren Knäuel von Treuhänderschaften, die Enkelkinder versorgten, Neffen und Nichten auf Schulen schickten, Apanagen für eine Ehefrau auf Lebenszeit sicherten, Kapital an Soundso bei Tod oder Verheiratung; quälten sich durch Nachsätze, die Wohlverhalten belohnten, andere, die Verstöße rächten.
»Heh, weißt du, wer das war? Vetter Aldred, das schwarze Schaf, der im Kittchen war! Herrjeh, warum wollte er ausgerechnet *dem* Geld hinterlassen? Hätt's in einer einzigen Nacht verputzt!«
Und Nachsätze zwecks Versorgung der Rennpferde, die andernfalls womöglich unters Beil kämen: »Mein Pferd Rosalie in Maison Lafitte, zusammen mit zweitausend Pfund pro Jahr für Stallgeld ... Mein Pferd Intruder, zur Zeit zum Training in Dublin, gehen an meinen Sohn Gerald, mit der Auflage, daß er bis zu ihrem natürlichen Tod für sie sorgen wird ...«
Old Sambo konnte, genau wie Jerry, ein Pferd über alles lieben. Auch für Jerry: Aktien. Ausschließlich für Jerry: das Aktienkapital der Gesellschaft in Millionenhöhe. Mantel, Macht, Verantwortung; eine ganze großartige Welt zum Erben und Sich-Tummeln – eine Welt, die dargeboten, sogar versprochen und dann wieder entzogen wurde: »... meinen Sohn, sämtliche Zeitungen der Gruppe entsprechend den zu meinen Lebzeiten üblichen Gepflogenheiten und Regeln zu übernehmen.« Sogar ein Bastard wurde bedacht: ein Betrag von zwanzigtausend, »frei von allen Steuern und anderen Zahlungsverpflichtungen, zahlbar an Miß Mary Soundso in Chobham, nachweislich Mutter meines Sohnes Adam«. Der einzige Haken: die Kasse war leer. Als das Imperium des großen Mannes dem Konkurs entgegentaumelte, schrumpften die Konten unaufhaltsam. Dann wuchsen die roten Zahlen zu langen blutsaugenden Insekten heran, schwollen jedes Jahr um eine Null.
»Ach ja, Pet«, sagte Jerry in der unirdischen Stille der ersten Morgendämmerung, als er den Umschlag wieder auf den Zauberberg warf. »Fix und fertig mit ihm, wie, altes Haus?« Er rollte sich auf die Seite, zog sich den Stapel vergilbter Zeitungen heran – letzte Nummern der väterlichen Geisteskinder – und wühlte sich, wie es nur alte Zeitungsleute können, durch den ganzen Haufen zugleich. »Kann nicht hinter den munteren Vöglein

herjagen, dort, wo er *jetzt* ist, wie?« – gewaltiges Blätterrascheln –, »zwar, zuzutrauen wär's ihm, wie? Versuchen wird er's immer noch, wenn du mich fragst.« Und mit ruhigerer Stimme, während er sich umdrehte und die stumme kleine Puppe ansah, die auf seiner Bettkante saß und mit ihren Füßen kaum bis zum Boden reichte: »Du warst immer seine *thai-thai,* altes Haus, seine Nummer eins. Immer dein Lob gesungen. Hat's mir gesagt. ›Pet ist das schönste Mädel auf der Welt‹. Hat's mir gesagt. Seine eignen Worte. Hat's mir einmal über die ganze Fleet Street zugebrüllt. ›Beste Ehefrau meines Lebens‹.«

»Verdammter Satan«, sagte seine Stiefmutter mit leisem, jähem Ausbruch reinsten Nordengland-Dialekts, und die Fältchen reihten sich wie Operationsnadeln rings um den roten Saum ihrer Lippen. »Niederträchtiger Satan, ich hasse jeden Zoll an ihm.«

Und eine ganze Weile verblieben sie so, keiner von ihnen sprach, Jerry lag auf dem Boden, kramte in seinem Gerümpel herum und riß an einer Haarsträhne, die ihm in die Stirn fiel, Pet saß auf dem Bett, und beide waren in einer Art Liebe zu Jerrys Vater vereint.

»Du hättest für deinen Onkel Paul Schotter verkaufen sollen«, seufzte sie mit der Klugheit einer vielenttäuschten Frau.

An ihrem letzten Abend führte Jerry sie zum Essen aus, und danach, als sie wieder in Thurloe Square waren, servierte sie ihm Kaffee in dem erhalten gebliebenen Sèvres-Service. Die noble Geste hatte eine Katastrophe zur Folge. Als Jerry gedankenlos den dicken Zeigefinger in den Henkel seiner Tasse zwängte, brach der Henkel mit einem leisen *ptt,* das gnädigerweise ihrer Aufmerksamkeit entging. Er hielt die Tasse geschickt in der hohlen Hand, um das Malheur vor ihr zu verbergen, bis er in die Küche entwischen und sie gegen eine andere austauschen konnte. Doch vor Gottes Zorn gibt es kein Entrinnen. Als Jerrys Flugzeug in Taschkent zwischenlandete – er hatte sich unterderhand eine Flugerlaubnis auf der transsibirischen Route verschafft –, stellte er zu seiner Überraschung fest, daß die russischen Behörden an einem Ende der Wartehalle eine Bar eröffnet hatten: nach Jerrys Ansicht ein schlagender Beweis für die liberale Tendenz des Landes. Als er in seiner Jackentasche nach Hartgeld suchte, um sich einen großen Wodka zu genehmigen, zog er statt dessen das niedliche Porzellanfragezeichen mit den angebrochenen Enden heraus. Er verzichtete auf den Wodka.

In geschäftlichen Dingen zeigte er sich gleichbleibend verträglich, gleichbleibend nachgiebig. Sein literarischer Agent war eine alte Kricket-Bekanntschaft, ein Snob ungewisser Herkunft namens Mencken, bekannt als Ming, einer jener echten Narren, für die sich in der englischen Gesellschaft und besonders im Verlagswesen allemal ein bequemes Plätzchen findet. Mencken war dreist und ungestüm und schmückte sich mit einem Pfeffer-und-Salz-Vollbart, vielleicht um den Eindruck zu erwecken, er schriebe die Bücher, die er verhökerte. Sie lunchten in Jerrys Club, einem würdigen, heruntergekommenen Haus, das sein Überleben nur der Fusion mit bescheideneren Clubs und wiederholter Postwerbung verdankte. In einer Ecke des Speisesaals, unter den Marmoraugen einstiger Bildner des Empire, beklagten sie den Mangel schneller Ballmänner bei Lancashire. Jerry wünschte, Kent würde »den verdammten Ball schlagen, nicht daran rumstochern.« Middlesex, darin waren sich beide einig, hatte ein paar gute junge Nachwuchsspieler, aber: »Herr im Himmel, sehen Sie doch bloß, wie man sie aussucht«, sagte Ming kopfschüttelnd und schnitt sich das Essen auf dem Teller zurecht.
»Schade, daß Ihnen die Puste ausging«, verkündete er Jerry und allen, die es hören wollten. »Niemand hat in jüngster Zeit einen Fernost-Roman geschrieben, soviel ich sehe. Greene hat es fertiggebracht, wenn Sie Greene ausstehen können, was ich persönlich nicht kann – zu viel Papisterei. Malraux, wenn Sie Philosophie mögen, ich persönlich mag sie nicht. Maugham *geht* noch, und davor ist es erst wieder Conrad. Wohlsein. Darf ich mal was sagen?« Jerry füllte Mings Glas. »Vorsicht mit der Hemingway-Masche. Diese gute Miene zum bösen Spiel, Liebe mit kaputten Eiern. Mag kein Mensch mehr, soviel ich sehe. War alles schon da.«
Jerry begleitete Ming ans Taxi.
»Darf ich mal was sagen?« fragte Mencken. »Längere Sätze. Wenn ihr alten Journalisten auf Romane umsteigt, schreibt ihr immer zu kurz. Kurze Absätze, kurze Sätze, kurze Kapitel. Ihr seht das Ganze in schmalen Kolumnen, anstatt quer über die Seite. Hemingway war genauso. Immer versucht, Romane auf die Rückseite einer Streichholzschachtel zu schreiben. In die Breite gehen, sage ich.«
»Cheero, Ming. Vielen Dank.«
»Cheero, Westerby. Empfehlung an Ihren alten Herrn, ja? Muß

jetzt wohl auch nicht mehr der Jüngste sein. Jaja, das bleibt keinem erspart.«

Sogar Stubbs gegenüber bewahrte Jerry fast genau die gleiche sonnige Laune; obwohl Stubbs, wie Connie Sachs gesagt haben würde, eine widerliche Kröte war.

Zeitungsleute richten, wie alle, die viel reisen, überall das gleiche Durcheinander an, und Stubbs, der Chefredakteur der Gruppe, bildete keine Ausnahme. Sein Schreibtisch war übersät mit teefleckigen Druckfahnen, tintenfleckigen Tassen und den Resten eines Schinkenbrötchens, das an Altersschwäche eingegangen war. Stubbs selbst thronte mittendrin und blickte Jerry so finster entgegen, als sei Jerry gekommen, um ihm seine Schätze zu rauben.

»Stubbsi. Stolz der Gilde«, murmelte Jerry, stieß die Tür auf und lehnte sich an die Wand, die Hände hinter den Rücken geklemmt, wie um sie in Schach zu halten.

Stubbs biß auf etwas Hartes und Ekliges an seiner Zungenspitze, ehe er sich wieder dem Studium der Akte zuwandte, die zuoberst auf seinem Müllhaufen von Schreibtisch lag. Stubbs war die Bestätigung aller müden Witze über Zeitungsredakteure. Ein grämlicher Mensch mit schweren grauen Backen und schweren Lidern, die aussahen, als wären sie mit Ruß eingerieben. Er würde beim *Daily* bleiben, bis er Magengeschwüre hätte, dann würde er zum *Sunday* versetzt. Noch ein Jahr, und sie würden ihn zu den Frauenzeitschriften abschieben, wo er sich bis zu seiner Pensionierung von Kindern herumkommandieren lassen müßte. Derzeit war er ein falscher Hund, der die hereinkommenden Telefonate der Korrespondenten mithörte, ohne ihnen zu sagen, daß er in der Leitung hing.

»Saigon«, grollte Stubbs und machte mit einem zerkauten Kugelschreiber eine Randnotiz. Sein Londoner Akzent wurde durch einen leisen Stich ins Kanadische verfremdet, wie es früher eine Zeitlang in der Fleet Street Mode gewesen war. »Weihnachten vor drei Jahren. Klingelt's bei Ihnen?«

»Was soll da klingeln, alter Junge?« fragte Jerry, noch immer an die Wand gedrückt.

»Eine *festliche* Glocke«, sagte Stubbs mit einem Henkerlächeln. »Jubel und Trubel im Büro, als die Gruppe noch blöd genug war, da drüben eines zu unterhalten. Eine Weihnachtsparty. Haben Sie gegeben.« Er las aus einer Akte vor. »›Weihnachtsessen im Hotel

Continental. Saigon.‹ Dann die Gästeliste, die wir von Ihnen angefordert hatten. Taglöhner, Fotografen, Fahrer, Sekretärinnen, Botenjungen, weiß ich's oder weiß ich's nicht? Blanke siebzig Pfund ausgegeben im Dienste von Public-Relations und Jubelstimmung. Erinnern Sie sich?« Er fuhr unbeirrt fort. »Unter den Gästen haben Sie Smoothie Stallwood aufgeführt. Er war mit von der Partie, was? Stallwood? Seine übliche Nummer? Wanzt sich an die häßlichsten Mädchen ran und flötet ihnen, was sie hören wollen!«
Stubbs wartete und knabberte wieder an dem Etwas auf seiner Zungenspitze herum. Aber Jerry blieb hart an die Wand gepreßt und hätte notfalls auch den ganzen Tag so gewartet.
»Wir sind eine linksorientierte Gruppe«, betete Stubbs seinen Leib-und-Lieblingsspruch her. »Das bedeutet, wir sind Antikapitalisten, und unsere ganze Existenz hängt von der Großmut eines analphabetischen Millionärs ab. Aus den Akten geht hervor, daß Stallwood seinen Weihnachtslunch in Phnom Penh verzehrte, wo er seine Gastfreundschaft einigen Würdenträgern der kambodschanischen Regierung aufdrängte, Gott sei ihm gnädig. Ich habe mit Stallwood gesprochen, er scheint der Meinung zu sein, daß er dort war. In Phnom Penh.«
Jerry schlurfte zum Fenster hinüber und lehnte sich an einen alten schwarzen Heizkörper. Draußen, keine sechs Fuß von ihm entfernt, hing über dem vielgetretenen Pflaster eine verdreckte Uhr, ein Geschenk des Gründers an die Fleet Street. Es war Vormittag, aber die Zeiger standen auf fünf vor sechs. In einer Einfahrt jenseits der Straße standen zwei Männer und lasen Zeitung. Sie trugen Hüte, und die Zeitung verbarg ihre Gesichter, und Jerry dachte bei sich, wie angenehm das Leben sein würde, wenn Observanten in Wirklichkeit auch so aussähen.
»Jeder schröpft dieses Comic, Stubbsi«, sagte er nach weiterem längerem Schweigen nachdenklich. »Sie inklusive. Sie sprechen von einer drei Jahre alten Sache. Lassen Sie's gut sein, altes Haus. Mein Rat. Stopfen Sie sich's sonstwo rein. Da gehört's hin.«
»Das ist kein Comic, das ist ein Schmierblatt. Comic ist eine Farbbeilage.«
»Für mich ist es ein Comic, altes Haus. War's immer, wird's immer sein.«
»Willkommen«, stimmte Stubbs seufzend an. »Willkommen im Spitzenmanagement.« Er nahm ein Vertragsformular zur Hand.

»Name: Westerby, Clive Gerald«, deklamierte er, als läse er ab, »Beruf: Aristokrat. Willkommen, Sohn von Old Sambo!« Er warf das Formular auf den Schreibtisch. »Sie übernehmen beide. Den Sunday und den Daily. Berichterstattung sieben Tage pro Woche, von Krieg bis Tittenschau. Kein Kündigungsschutz, keine Pension. Spesen auf der schäbigstmöglichen Ebene, nur die Arbeitswindeln dürfen abgerechnet werden, nicht die ganze Wäsche. Sie bekommen eine Telegrammkarte, aber vor Benützung wird gewarnt. Story per Luftfracht schicken und Nummer des Frachtbriefs über Telex durchgeben, wir legen sie sofort bei Ankunft unter »nicht veröffentlicht« ab. Weitere Bezahlung nach Leistung. Auch BBC ist gnädigst geneigt, Tonbandinterviews von Ihnen zum üblichen Schandhonorar anzunehmen. Direktor sagt, es ist gut fürs Prestige, was immer das bedeutet. Und was die Zusammenarbeit mit einer Presseagentur angeht . . . «

»Halleluja«, sagte Jerry und atmete lange aus.

Er schlenderte zum Schreibtisch, nahm den zerkauten Kugelschreiber, der noch feucht war von Stubbs' Zunge, und kritzelte ohne einen Blick auf den Besitzer des Stifts oder den Wortlaut des Vertrages zu werfen, seine Unterschrift in langsamem Zickzack und mit breitem Grinsen an den unteren Rand der letzten Seite. Im gleichen Augenblick trat, wie gerufen, um diesen heiligen Akt zu unterbrechen, ein Mädchen in Jeans höchst unzeremoniös die Tür mit dem Fuß auf und knallte einen frischen Packen Fahnenabzüge auf den Schreibtisch. Die Telefone klingelten – vielleicht hatten sie schon eine ganze Weile geklingelt –, das Mädchen entfernte sich lächerlich schwankend auf ihren riesigen Plateausohlen, ein unbekannter Kopf schob sich durch die Tür und schrie: »Der Alte sammelt zum Gebet, Stubbsi«, ein Sklave erschien, und wenig später wurde Jerry auf die Ochsentour geschickt: Verwaltung, Ausland, Chefredaktion, Kasse, Vermischtes, Sport, Reisen, die schauderhaften Frauenzeitschriften. Sein Führer war ein zwanzigjähriger vollbärtiger Abiturient, und Jerry nannte ihn während des ganzen Rituals »Cedric«. Auf der Straße blieb er eine Weile stehen, wippte leicht von der Ferse auf die Spitze und zurück, als wäre er angesäuselt oder angeschlagen. »Super«, brummte er, laut genug, daß ein paar Mädchen sich im Vorbeigehen umdrehten und ihn anglotzten. »Ausgezeichnet. Wunderbar. Einmalig. Perfekt.« Damit tauchte er in die nächste Kneipe, wo eine Rotte alter Hasen die Bar umlagerten, zumeist aus den Sparten Industrie und Politik, und Sprüche klopften, wie sie um ein Haar einen Aufmacher auf Seite fünf gekriegt hätten.

»Westerby! Da kommt der Herr Graf persönlich! Da kommt der *Anzug*! Der gleiche Anzug! Und hol's der Kuckuck, Graf Westerby steckt drin!«

Jerry blieb, bis der Wirt »Sperrstunde« rief. Aber er trank sparsam, denn er wollte einen klaren Kopf behalten für seine Spaziergänge im Park mit George Smiley.

Jede geschlossene Gesellschaft hat ihre Innen- und ihre Außenseite, und Jerry war an der Außenseite. Um in jenen Tagen mit George Smiley einen Spaziergang im Park zu machen oder – nicht in der Fachsprache ausgedrückt – ein heimliches Treffen mit ihm abzuhalten; oder, wie Jerry selber wohl gesagt hätte, wenn er, Gott behüte!, jemals den bedeutenderen Umständen seines Daseins einen Namen gegeben hätte, »um einen Sprung in sein anderes, besseres Leben zu tun«, mußte er im Zickzackkurs von einem bestimmten Ausgangspunkt starten, gewöhnlich einer ziemlich unterbevölkerten Gegend wie dem unlängst stillgelegten Covent Garden, und, immer noch zu Fuß, an einem festgesetzten Ziel anlangen, kurz vor sechs, so daß inzwischen, wie er vermutete, das schüttere Team der Circus-Pflasterkünstler seinen Rücken begutachten und für sauber befinden konnte. Am ersten Abend war sein Ziel die Embankment-Seite der U-Bahn-Station Charing Cross, wie sie in jenem Jahr noch hieß, eine belebte, chaotische Stelle, wo der Verkehr ständig durch irgendeine Panne behindert zu sein scheint. Am letzten Abend war der Treff eine Doppelhaltestelle für Autobusse am südlichen Gehsteig von Piccadilly am Rand des Green Park. Im Ganzen waren es vier Termine, zwei in London und zwei in der Nursery. Die beiden in Sarratt waren operativer Natur – das obligatorische Nachschleifen in Verfahrenstechnik, dem sich jeder Außenagent von Zeit zu Zeit unterziehen muß –, und er hatte viel Gedächtnisarbeit leisten müssen, zum Beispiel sich Telefonnummern merken, Wort-Code und Kontaktverfahren; Klartext-Wendungen, die in normale Telex-Mitteilungen an das Comic eingebaut werden konnten, Ausweichtreffs und Notfallverhalten für gewisse hoffentlich entfernte Möglichkeiten. Wie viele Sportler hatte Jerry ein klares, müheloses Erinnerungsvermögen für Fakten, und als die Inquisitoren ihn testeten, waren sie zufrieden. Er wurde auch im

Nahkampf aufgefrischt, mit dem Ergebnis, daß sein Rücken vom allzu häufigen Aufprall auf die abgewetzte Matte blutete.
Die Sitzungen in London bestanden aus einer sehr kurzen Instruktion und einem sehr kurzen Lebewohl.
Die Transporte kamen auf verschiedene Art zustande. Am Green Park trug er als Erkennungszeichen eine Tragetasche von Fortnum & Mason und brachte es trotz der immer länger werdenden Warteschlange an der Bushaltestelle durch beharrliches Grinsen und Wegrücken fertig, immer hübsch am Schwanzende zu bleiben. Als er sich am Embankment herumdrückte, hatte er eine ältere Nummer von *Time* in der Hand, zufällig mit den wohlgenährten Zügen des Vorsitzenden Mao auf der Titelseite, deren rote Beschriftung und Umrahmung auf weißem Feld im schrägen Sonnenlicht seltsam auffielen. Big Ben schlug sechs, und Jerry zählte die Glockenschläge, aber das Gesetz solcher Zusammenkünfte will, daß sie nicht zur vollen Stunde, auch nicht zur Viertelstunde stattfinden, sondern in den vageren Zeiträumen dazwischen, die als weniger verdächtig gelten. Sechs Uhr war die herbstliche Geisterstunde, wenn die Gerüche aller feuchten laubbestreuten Kricketplätze in ganz England mit den Dunstschwaden der Dämmerung flußauf treiben, und Jerry verbrachte die Zeit in einer angenehmen Halbtrance, atmete gedankenlos den Duft ein und hielt das linke Auge aus irgendeinem Grund fest geschlossen. Der Lieferwagen, der endlich herangerumpelt kam, war ein verbeulter grüner Bedford mit einer Leiter auf dem Dach und der Aufschrift »Harris Builder«, die zwar übermalt, aber an den Seiten noch immer lesbar war: ein altes abgehalftertes Observierungspferd mit Stahlklappen über den Fenstern. Als er den Wagen an die Bordkante fahren sah, lief Jerry hin, im gleichen Augenblick, als der Fahrer, ein mürrischer Junge mit Hasenscharte, den Stoppelkopf durch das offene Fenster schob.
»Wo ist denn Wilf?« fragte der Junge unfreundlich. »Hat geheißen, Sie bringen Wilf mit.«
»Müssen mit mir vorlieb nehmen«, erwiderte Jerry launig. »Wilf ist auf Montage.« Und er öffnete die Hecktür, kletterte hinein und schlug sie wieder zu: denn der Beifahrersitz war absichtlich mit Sperrholzbrettern verstellt, so daß dort kein Platz für ihn war.
Das war die einzige Unterhaltung, die sie jemals führten.
In den alten Zeiten, als der Circus noch einen ungezwungenen Stil pflegte, hätte Jerry sich auf einen kleinen Schwatz gefreut. Aus

damit. Wenn er nach Sarratt mußte, ging es in etwa genauso zu, nur daß sie fünfzehn Meilen weit dahinrumpelten und der Junge, falls Jerry Glück hatte, ein Kissen hineingeworfen hatte, damit Jerry nicht mit völlig gebrochenem Rückgrat ankomme. Die Fahrerkabine war vom Inneren des Lieferwagens, wo Jerry kauerte, hermetisch abgetrennt, und er konnte, während er auf der Holzbank hin- und herrutschte und sich an die Handgriffe klammerte, allenfalls durch die Ritzen an den Kanten der stählernen Fensterblenden schauen, was bestenfalls ein durchlöchertes Bild der Außenwelt vermittelte, aber Jerry war flink genug, um die Landmarken zu lesen.

Die Strecke nach Sarratt führte an deprimierenden Resten ehemaliger Fabriken vorüber, die schäbig getünchten Kinos aus den zwanziger Jahren glichen, und an einer Raststätte aus Ziegeln, auf der in roten Leuchtbuchstaben stand »Lieferant von Hochzeits-Buffets«. Aber am ersten und am letzten Abend, auf der Fahrt zum Circus fühlte er sich besonders erregt. Als am ersten Abend die sagenumwobenen Türmchen in Sicht kamen, empfand er wie immer – darauf konnte er sich verlassen – eine Art verworrener Frömmigkeit: »Ja, ja, so ist der Dienst am Vaterland.« Etwas Ziegelrotes, dann die schwärzlichen Stämme von Platanen, dann ein Gewirr bunter Lichter, dann flog eine Toreinfahrt an ihm vorbei, und der Lieferwagen hielt mit einem Ruck an. Die Türen wurden von außen aufgerissen, gleichzeitig hörte er die Torflügel zuschlagen und eine Feldwebelstimme brüllen: »Na los, Mann, *Beeilung*, Herrgottnochmal«, und das war Guillam, der sich einen Spaß leistete.

»Hallo, Peter, mein Junge, was macht's Geschäft. Herrjeh, ist das kalt!«

Statt einer Antwort versetzte Guillam Jerry einen tüchtigen Klaps auf die Schulter, als schickte er ihn auf die Rennbahn, schloß die Tür fest, versperrte sie oben und unten, steckte die Schlüssel in die Tasche und führte ihn im Trab einen Korridor entlang, den die Frettchen im Zorn aufgerissen haben mußten. Verputz war in Klumpen weggehackt worden, die Armierung lag frei, Türen waren aus den Angeln gerissen, Schwellen und Pfosten hingen lose, Abdecktücher, Leitern und Abfall lagen überall.

»Die Iren dagehabt, wie?« schrie Jerry. »Oder nur einen Ringelpietz?«

Seine Fragen gingen in dem Krach unter. Die beiden Männer

stiegen rasch wie um die Wette hinauf, Guillam voran und Jerry ihm auf den Fersen, sie lachten atemlos, ihre Füße donnerten und scharrten auf den bloßen hölzernen Stufen. Eine Tür gebot ihnen Einhalt, und Jerry wartete, während Guillam sich mit den Schlössern abmühte. Dann wartete er auf der anderen Seite wiederum, während Guillam aufs neue abschloß.

»Willkommen an Bord«, sagte Guillam jetzt ruhiger.

Sie waren in der fünften Etage angelangt. Jetzt bewegten sie sich gemessener, nicht mehr ausgelassen, sondern wie Subalterne, die zur Ordnung gerufen wurden. Der Korridor machte eine Biegung nach links, dann wieder nach rechts, dann ging es ein paar enge Stufen hinauf. Ein halbblinder Spiegel, wieder Stufen, zwei hinauf, drei hinunter, bis sie zu einem Portierspult kamen, das unbesetzt war. Zu ihrer Linken lag die Rumpelkammer, leer, die Clubsessel waren in einem unvollkommenen Kreis aufgestellt, und im Kamin brannte ein ordentliches Feuer. Von dort führte der Weg durch einen langgestreckten teppichbelegten Raum, beschriftet »Sekretariat«, in Wahrheit jedoch das Vorzimmer, wo drei Mütter in Twinsets und Perlen beim Schein von Leselampen ruhig tippten. Am Ende dieses Raums eine weitere Tür, geschlossen, unlackiert und rings um die Klinke sehr schmierig. Kein Türschoner, keine Schloßblende. Nur die Schraubenlöcher, stellte er fest, und der Ring, in dem früher eine gewesen war. Guillam stieß die Tür auf ohne anzuklopfen, steckte den Kopf durch den Spalt und sagte etwas leise hinein. Dann trat er beiseite und ließ Jerry rasch ein: Jerry Westerby meldet sich zur Stelle.

»Super, George, hallo.«

»Und fragen Sie ihn nicht nach seiner Frau«, warnte Guillam ihn mit hastigem leisen Raunen, das noch eine gute Weile in Jerrys Ohr nachsummte.

Vater und Sohn? Diese Art von Beziehung? Kraft zu Klugheit? Genauer würde vielleicht sein: Sohn zu Adoptivvater, was im Metier als das stärkste aller Bande gilt.

»Altes Haus«, brabbelte Jerry und lachte heiser.

Englische Freunde haben keine eigentliche Begrüßungsformel, und schon gar nicht in einer trübseligen Amtsstube mit nichts Gemütlicherem darin als einem Schreibtisch aus grobem Holz. Den Bruchteil einer Sekunde lang legte Jerry seine Pranke in Smileys weiche, zögernde Handfläche, dann tappte er in einigem

Abstand hinter ihm zum offenen Kamin, wo zwei Armsessel ihrer harrten: altes, rissiges Leder und durchgesessen. Wieder einmal brannte in dieser unberechenbaren Jahreszeit ein Feuer auf dem viktorianischen Rost, aber es war sehr klein im Vergleich zu dem Feuer in der Rumpelkammer.

»Und wie war's in Lucca?« erkundigte sich Smiley und füllte zwei Gläser aus einer Karaffe.

»Lucca war prima«, erwiderte Jerry.

»O je. Dann dürfte der Abschied schwergefallen sein.«

»Ach Gott, nein. Super. Cheers.«

»Cheers.«

Sie setzten sich.

»Warum dann *super*, Jerry?« fragte Smiley, als sei *super* für ihn ein Fremdwort. Auf dem Schreibtisch lagen keine Papiere, und das ganze Zimmer war kahl, glich eher einem unbenutzten Raum als seinem Büro.

»Ich dachte, mit mir wär's aus!« erklärte Jerry. »Endgültig beim alten Eisen. Telegramm hat mir glatt die Puste verschlagen. Dachte, na ja, Bill hat mich himmelhochgehenlassen. Hat er schließlich jeden, also warum nicht auch mich?«

»Ja«, pflichtete Smiley ihm bei, als teilte er Jerrys Zweifel, und linste ihn eine Weile unverhüllt prüfend an. »Ja, ja, stimmt. Aber per saldo scheint es, daß er die Gelegentlichen nie völlig hochgehen lassen konnte. Wir haben seine Spuren so ziemlich in jedem anderen Winkel des Archivs entdeckt, aber die Gelegentlichen waren unter den Reservisten in der Sparte ›freundschaftliche Kontakte‹ abgelegt, in einem völlig getrennten Archiv, einem, zu dem er nicht ohne weiteres Zugriff hatte. Nicht etwa, daß er Sie für nicht wichtig genug gehalten hätte« – fügte er hastig hinzu –, »nur hatten andere Erfordernisse eben Vorrang für ihn.«

»Werd's verwinden«, sagte Jerry und grinste.

»Freut mich«, sagte Smiley, dem die Ironie entgangen war. Er stand auf, füllte die Gläser von neuem, trat dann zum Kamin, nahm einen Schürhaken aus Messing und begann, nachdenklich in den Kohlen zu stochern. »Lucca. Ja. Ann und ich waren einmal dort. Oh, es muß schon elf oder zwölf Jahre her sein. Es hatte geregnet.« Er lachte leise. In einem engen Alkoven am Ende des Raums konnte Jerry ein schmales knochenhart wirkendes Feldbett sehen und am Kopfende eine Reihe von Telefonen. »Ich weiß noch, daß wir das *bagno* besichtigten. Es war damals die Modekur.

Gott allein weiß, was wir kurierten.« Wieder attackierte er das Feuer, und diesmal schossen die Flammen hoch auf, überzogen die rundlichen Konturen seines Gesichts mit orangeroten Streifen und machten goldene Pfützen aus den dicken Brillengläsern. »Wußten Sie, daß der Dichter Heine dort ein großes Abenteuer erlebte? Eine Romanze? Ich glaube fast, das war überhaupt der Grund, warum wir hinreisten, ja, so war's wohl. Wir glaubten, es würde vielleicht abfärben.«

Jerry grunzte irgend etwas, er wußte im Moment nicht so ganz genau, wer Heine war.

»Er besuchte das *bagno*, gebrauchte die Kur und begegnete bei dieser Gelegenheit einer Dame, deren Name allein ihn so beeindruckte, daß er später auch seine Frau so nannte.« Smiley beschäftigte sich immer noch mit dem Feuer. »Und Sie hatten dort auch ein Abenteuer, nicht wahr?«

»Zufallsbekanntschaft. Nichts Weltbewegendes.«

Beth Sanders, dachte Jerry automatisch, als seine Welt einen Stoß erhielt und dann wieder ins Lot kam. Beth war dafür wie geschaffen. Vater pensionierter General, High Sheriff der Grafschaft. Die liebe Beth mußte in jeder geheimen Dienststelle in Whitehall eine Tante sitzen haben.

Smiley bückte sich abermals, stellte den Schürhaken in eine Ecke, so behutsam, als legte er einen Kranz nieder. »Wir sind nicht grundsätzlich gegen Gefühle. Wir wissen nur gern, wo sie liegen.«

Jerry sagte nichts. Smiley warf über die Schulter hinweg Jerry einen Blick zu, und Jerry rang sich ihm zuliebe ein Grinsen ab. »Der Name von Heines Herzensdame war, wie ich hier vielleicht einflechten darf, *Mathilde*«, fuhr Smiley fort, und aus Jerrys Grinsen wurde linkisches Lachen. »Nun ja, ich gestehe, auf deutsch klingt es besser. Und der Roman, wie wird's ihm ergehen? Es wäre mir unangenehm, wenn wir Ihre Muse verscheucht hätten. Ja, das könnte ich mir wohl nie verzeihen.«

»Kein Problem«, sagte Jerry.

»Beendet?«

»Nun ja, Sie wissen ja.«

Eine Weile war kein anderes Geräusch zu hören als das Tippen der Mütter und das Brausen des Verkehrs drunten auf der Straße.

»Wir werden Sie entschädigen, wenn diese Sache vorbei ist«, sagte Smiley. »Doch, doch. Wie ist es bei Stubbs gelaufen?«

»Kein Problem«, sagte Jerry wieder.

»Nichts mehr, was wir für Sie tun können, um Ihnen die Wege zu ebnen?«
»Glaube nicht.«
Von draußen, vom Vorzimmer, hörte man ein Gewirr von Schritten, die alle in eine Richtung strebten. Es ist ein Kriegsrat, dachte Jerry, die Clans sammeln sich.
»Und Sie sind entschlossen und so weiter?« fragte Smiley. »Sie sind, ähem, *bereit*? Willens?«
»Kein Problem.« Warum kann ich nicht etwas anderes sagen? fragte er sich. Verdammte Grammophonnadel ist steckengeblieben.
»Eine Menge Leute sind das heutzutage nicht, ich meine willens. Besonders in England. Eine Menge Leute betrachten den *Zweifel* als legitime philosophische Haltung. Sie glauben sich in der Mitte, während sie natürlich nirgendwo sind. Keine Schlacht ist je von den Zuschauern gewonnen worden, nicht wahr? Wir in dieser Dienststelle wissen das. Wir haben Glück. Unser gegenwärtiger Krieg begann neunzehnhundertsiebzehn mit der bolschewistischen Revolution. Er hat sich bis heute nicht geändert.«
Smiley hatte einen neuen Standort bezogen, auf der anderen Seite des Raums, nicht weit vom Bett entfernt. Hinter ihm glänzte eine unscharfe Fotografie im Licht des auflodernden Feuers. Jerry hatte sie beim Hereinkommen gesehen. Jetzt, in der augenblicklichen Hochspannung, fühlte er sich doppelt gemustert: von Smiley und von den verschwommenen Augen des Porträts, die hinter dem Glas im Flammenschein tanzten. Die vorbereitenden Geräusche vervielfachten sich. Sie hörten Stimmen und kurzes Auflachen und das Knarzen von Stühlen.
»Ich las einmal«, sagte Smiley, »bei einem Historiker, wenn ich mich recht erinnere – auf jeden Fall einem Amerikaner –, eine Stelle über Generationen, die in Schuldgefängnissen zur Welt kommen und sich ihr ganzes Leben lang mühen, sich den Weg in die Freiheit zu erkaufen. Ich glaube, unsere Generation gehört dazu. Glauben Sie nicht? Ich habe noch immer das entschiedene Gefühl, in Schuld zu sein. Sie nicht? Ich war diesem Amt immer dankbar, daß es mir Gelegenheit gibt, abzuzahlen. Haben Sie dieses Gefühl auch? Ich glaube nicht, daß wir uns davor fürchten sollten, uns aufzuopfern. Ist das altmodisch von mir?«
Jerrys Miene erstarrte. Er vergaß diese Seite Smileys immer wieder, wenn er weit weg war, und entsann sich ihrer zu spät,

wenn sie zusammen kamen. Es war etwas von einem Priester an Old George verlorgengegangen, und je älter er wurde, desto deutlicher kam es zum Vorschein. Er schien anzunehmen, daß die ganze verflixte westliche Welt seine Besorgnisse teilte und zur rechten Denkungsart überredet werden müßte.

»In diesem Sinne glaube ich, daß wir uns zu Recht beglückwünschen dürfen, ein bißchen altmodisch zu sein.«

Jerry reichte es.

»Altes Haus«, wies er ihn mit unbeholfenem Lachen zurecht, und die Röte stieg ihm ins Gesicht. »Um Himmels willen. Sie deuten in die Richtung, und ich zieh los. Okay? Sie sind die Eule, nicht ich. Sie geben mir die Schläge an, ich führe sie aus. Die Welt ist randvoll mit zimperlichen Intellektuellen, die fünfzehn verschiedene Gründe dafür anführen, ob sie sich die Nase putzen sollen oder nicht. Die haben mich nicht nötig. Okay? Ich meine, Herrjeh.«

Ein scharfes Klopfen an der Tür verkündete das Wiedererscheinen Peter Guillams.

»Friedenspfeifen alle angezündet, Chef.«

Zu seiner Überraschung glaubte Jerry über alle Geräusche dieser Unterbrechung hinweg den Ausdruck »Damenfreund« gehört zu haben, aber ob er sich auf ihn oder auf den Dichter Heine bezog, konnte er nicht sagen, und es war ihm auch ziemlich egal. Smiley zögerte, runzelte die Stirn und schien erst dann seine Umgebung wieder wahrzunehmen. Er blickte Guillam an, dann nochmals Jerry, dann richteten sich seine Augen auf jene mittlere Distanz, die das Privatgehege englischer Akademiker zu sein scheint.

»Also, ja, dann wollen wir anfangen, die Uhr aufzuziehen«, sagte er, und es klang wie von weither.

Als sie hinausmarschierten, blieb Jerry vor dem Foto an der Wand stehen, die Hände in den Taschen, grinste es bewundernd an und hoffte, Guillam möge ebenfalls zurückbleiben, was er auch tat.

»Sieht aus, als hätte er seinen letzten Nickel verschluckt«, sagte Jerry. »Wer ist das?«

»Karla«, sagte Guillam. »Hat Bill Haydon angeworben. Russischer Spion.«

»Klingt mehr wie ein Mädchenname. Wie geht's immer?«

»Ist der Codename seines ersten Netzes. Eine andere Lesart will wissen, daß es auch der Name seiner einzigen Liebe ist.«

»Hoch soll er leben«, sagte Jerry gleichgültig und schlenderte

neben Guillam noch immer grinsend in Richtung Rumpelkammer. Smiley war, vielleicht absichtlich, vorausgegangen, außer Hörweite ihrer Unterhaltung. »Immer noch mit der Verrückten zusammen, dieser Flötenspielerin, wie?« fragte Jerry.
»Sie ist inzwischen weniger verrückt«, sagte Guillam. Sie machten noch ein paar Schritte.
»Ausgerückt?« erkundigte Jerry sich mitfühlend.
»So ähnlich.«
»Und bei *ihm* ist alles in Ordnung, oder?« fragte Jerry ungemein beiläufig und wies mit dem Kopf nach der einsamen Gestalt vor ihnen. »Ißt ordentlich, zieht sich warm an und so weiter?«
»Besser denn je. Warum?«
»Nur so gefragt«, sagte Jerry sehr erleichtert.

Vom Flugplatz aus rief Jerry seine Tochter Cat an, was er selten tat, aber diesmal mußte es sein. Noch ehe er das Geld einwarf, wußte er, daß es ein Fehler war, aber er machte weiter und nicht einmal die schrecklich vertraute Stimme der verflossenen Ehefrau konnte ihn abbringen.
»Hallo! Ja, ich bin's. Super. Hör zu: wie geht's Phillie?«
Phillie war ihr jetziger Mann, Beamter, schon fast pensionsreif und doch um etwa dreißig bewegte Leben jünger als Jerry.
»Ausgezeichnet, danke«, erwiderte sie in dem frostigen Tonfall, in dem einstige Ehefrauen neue Ehemänner verteidigen. »Ist das der Grund deines Anrufs?«
»Ach, ich hab' nur gedacht, ich könnte vielleicht ein bißchen mit Cat schwatzen. Geh 'ne Weile nach Fernost, wieder ins Geschirr«, sagte er. Er glaubte sich rechtfertigen zu müssen. »Das Comic braucht da drüben einen Lohnschreiber«, sagte er und hörte wie der Hörer klappernd auf die Kommode in der Diele fiel. Eiche, erinnerte er sich. Barleytwist-Beine. Auch eine von Old Sambos Hinterlassenschaften.
»Daddy?«
»Hei!« schrie er, als wäre die Verbindung schlecht, als hätte sie ihn furchtbar überrascht. »Cat? Hallo, heh, hör zu, altes Haus, hast du meine Briefe und so gekriegt?« Er wußte es, sie hatte sich regelmäßig in ihren wöchentlichen Briefen an ihn bedankt.
Als er nur wiederum »Daddy«, diesmal mit fragendem Tonfall hörte, fragte Jerry jovial: »Du sammelst doch noch immer Briefmarken, wie? Nur weil ich wieder rüberfahre, weißt du. Wo

ich schon öfter war. Fernost.«
Flüge wurden aufgerufen, Landungen gemeldet, ganze Welten tauschten die Plätze, aber Jerry Westerby, der mit seiner Tochter sprach, blieb regungslos inmitten der Bewegung.
»Du warst doch immer so scharf auf Briefmarken«, erinnerte er sie.
»Ich bin siebzehn.«
»Klar, klar, und was sammelst du jetzt? Sag nichts. Jungens!« In strahlendster Laune führte er das Gespräch fort, während er von einem Wildlederstiefel auf den anderen tanzte, seine Scherze ganz allein machte und ganz allein darüber lachte. »Paß auf, ich schicke dir Geld, Blatt and Rodney erledigen das, für Geburtstag und Weihnachten zusammen, frag lieber Mammy, ehe du's ausgibst. Oder vielleicht Phillie, wie? Ist ein vernünftiger Bursche, was? Schick Phillie los, für sowas ist er zu haben.« Er öffnete die Tür der Telefonzelle, um künstlichen Trubel zu erzeugen. »Glaube, sie rufen schon meinen Flug aus, Cat«, bellte er über das Stimmengewirr hinweg. »Also, benimm dich, hörst du? Paß auf dich auf. Mach's ihnen nicht zu leicht. Verstehst du, was ich meine?«
Eine Weile stand er Schlange an der Bar, aber im letzten Moment erwachte der alte Fernostmann in ihm, und er ging hinüber zur Cafeteria. Es konnte eine Weile dauern, ehe er das nächste Glas frischer Kuhmilch bekommen würde. Während des Anstehens hatte Jerry das Gefühl, beobachtet zu werden. War nichts Besonderes: in einer Flughalle beobachtet jeder jeden, also was soll's? Er dachte an die Waise und wünschte, er hätte Zeit gehabt, sich ein Mädchen zu suchen, ehe er wegmußte, und wäre es nur, um die unerfreuliche Erinnerung an die notwendige Trennung loszuwerden.

Smiley ging dahin, ein rundlicher kleiner Mann im Regenmantel. Gesellschaftsjournalisten, qualifizierter als Jerry, die seinen Wandel durch die Umgebung von Charing Cross kennerisch verfolgt hätten, würden den Typus sofort erkannt haben: Provinzonkel, wie er im Buch steht, leichte Beute der gemischten Massagesalons und der Sex-Shops. Diese langen Märsche waren ihm zur Gewohnheit geworden. Mit seiner wiedergefundenen Energie konnte er halb London durchqueren, ohne es zu bemerken. Vom Cambridge Circus konnte er, jetzt, da er alle Schleichwege kannte, zwanzig verschiedene Routen wählen, ohne zweimal die gleiche Straße zu überqueren. Nachdem er einen Start gewählt hatte, ließ er sich von Glück und Instinkt leiten, während die andere Hälfte seines Geistes entlegenere Gegenden seiner Seele plünderte. Aber an diesem Abend zog es ihn in eine bestimmte Richtung, nach Süden und Westen, und Smiley gab dem Drängen nach. Die Luft war feucht und kalt, voll rauhen Nebels, der nie die Sonne gesehen hatte. Im Dahinwandern trug er seine eigene Insel mit sich, und sie war dicht bevölkert von Bildern, nicht von Menschen. Wie ein zweiter Mantel hüllten die weißen Mauern ihn in seine Gedanken ein. In einer Türnische flüsterten zwei Mörder in Lederkluft; unter einer Straßenlaterne hielt ein dunkelhaariger Junge zornig einen Geigenkasten umklammert. Vor einem Theater brannte eine wartende Menge in den Flammen der bunten Lichter über dem Vordach, und der Nebel wirbelte um sie wie Feuerrauch. Nie war Smiley mit so geringem Wissen und so vielen Erwartungen in den Kampf gezogen. Er fühlte sich verlockt und verfolgt. Doch wenn er müde wurde und den Schritt verhielt und über die Logik seines Vorhabens nachdachte, fand er sich kaum zurecht. Er blickte zurück und sah den Rachen des Scheiterns auf sich warten. Er spähte nach vorn, und sah durch die beschlagene Brille die Schemen großer Hoffnungen im Nebel tanzen. Er blinzelte um sich und wußte, daß es hier, wo er stand, nichts für ihn zu sehen gab. Noch schritt er ohne letzte Überzeugung vorwärts. Es führte zu nichts, die Schritte zu wiederholen, die ihn bis hierher geführt hatten – die russische Goldader, die Fußstapfen von Karlas Privatarmee, die Gründlichkeit von Haydons Bemühungen, jede Kenntnis von deren Vorhandensein zu tilgen. Jenseits der Grenzen solcher äußerlichen Gründe entdeckte Smiley in sich selbst das Vorhandensein eines dunkleren, unendlich geheimnisvolleren Motivs, eines Motivs, das seine ratio beharrlich verwarf. Er nannte es Karla. Und es stimmte, daß irgendwo in ihm wie eine uralte Sage die Glut eines Hasses auf jenen Mann brannte, der ausgezogen war, die Tempel seines innersten Glaubens zu zerstören, was immer von ihnen übriggeblieben sein mochte: den Circus, den er liebte, seine Freunde, sein Land, seine Auffassung von einem vernünftigen Gleichgewicht menschlicher Beziehungen. Es stimmte auch, daß die beiden Männer einander vor einem Lebensalter oder vor zweien in einem glutheißen indischen Gefängnis Auge in Auge gegenübersaßen, Smiley und Karla, jeder auf einer Seite eines eisernen Tisches: obgleich Smiley damals keinen Grund zu der Annahme hatte, daß er seinem Schicksal gegenübersaß. Karlas Kopf lag in Moskau schon auf dem Block, Smiley hatte versucht, ihn in den Westen zu locken, und Karla hatte geschwiegen und den Tod oder Schlimmeres dem bequemen Überlaufen vorgezogen. Und es stimmte, daß dann und wann die Erinnerung an diese Begegnung, an Karlas unrasiertes Gesicht und den wachsamen, nach innen gerichteten Blick aus dem Dämmerlicht seines kleinen Zimmers wie ein anklagendes Gespenst auf ihn zukam, während er unruhig auf seinem Feldbett schlief.

Doch Haß war kein Gefühl, das er beliebig lange nähren konnte, es sei denn, er wäre die andere Seite der Liebe.

Er näherte sich der King's Road in Chelsea. Der Nebel war hier in der Nähe des Flusses noch dichter. Über ihm hingen die Kugeln der Straßenlaternen wie chinesische Lampions in den kahlen Ästen der Bäume. Der Verkehr war spärlich und zögernd. Smiley überquerte die Fahrbahn und folgte dem Gehsteig, bis er zur Bywater Street kam, in die er einbog: eine Sackgasse mit sauberen, flachbrüstigen Reihenhäusern. Jetzt trat er behutsamer auf, hielt sich auf der Westseite und im Schatten der geparkten Autos. Es war die Cocktailstunde, und hinter Fenstern erkannte er sprechende Köpfe und auf und zu klappende Münder. Einige kannte er, für einige hatte sie sogar Namen: Felix die Katze, Lady Macbeth, Der Ausrufer. Er war auf der Höhe seines eigenen Hauses angekommen. Zur Feier ihrer Rückkehr hatte sie die Läden des Hauses blau lackieren lassen, und blau waren sie noch immer. Die Vorhänge waren offen, denn sie haßte es, eingeschlossen zu sein. Sie saß allein an ihrem Sekretär, und sie hätte das Bild eigens für ihn gestellt haben können: die schöne und gewissenhafte Ehefrau beschließt ihren Tag, widmet sich verwalterischen Aufgaben. Sie hörte Musik, und er fing das Echo auf, das der Nebel herübertrug. Sibelius. Er verstand nicht viel von Musik, aber er kannte alle ihre Schallplatten und hatte sich mehrmals aus Höflichkeit lobend über Sibelius geäußert. Er konnte den Plattenspieler nicht sehen, aber er wußte, daß er auf dem Boden stand, wo er auch für Bill Haydon gestanden hatte, als ihre Affäre mit Bill Haydon im Gang war. Er überlegte, ob wohl das deutsche Wörterbuch danebenlag und ihre Anthologie deutscher Dichtung. Sie hatte mehrmals in den letzten zehn oder zwanzig Jahren, meist in den Perioden ihrer Versöhnung, demonstrativ Deutsch gelernt, damit Smiley ihr vorlesen könne.

Während er sie beobachtete, stand sie auf, durchquerte das Zimmer, blieb vor dem hübschen vergoldeten Spiegel stehen und richtete ihr Haar. Die Merkzettel, die sie sich zum eigenen Gebrauch schrieb, steckten im Rahmen. Was mochte es diesmal sein? dachte er. *Garage sprengen. Lunch Madeleine absagen. Fleischer kleinhacken.* Manchmal, wenn es Spitz auf Knopf stand, hatte sie ihm auf diesem Wege Botschaften zukommen lassen: *George zum Lächeln bringen, unaufrichtiges Bedauern wegen faux pas aussprechen.* In schlimmen Zeiten schrieb sie ihm ganze Briefe und deponierte sie hier für ihn.

Zu seiner Überraschung löschte sie das Licht. Dann hörte er die Riegel an der Haustür vorgleiten. Kette einhaken, dachte er automatisch. Banham-Schloß, zwei Umdrehungen. Wie oft muß ich dir noch sagen, jeder Riegel ist so schwach wie die Schrauben, die ihn halten? Trotzdem sonderbar: irgendwie hatte er angenommen, sie würde die Riegel offenlassen, falls er zurückkäme. Dann ging das Licht im Schlafzimmer an, und er sah ihre Gestalt wie einen Scherenschnitt im Fensterrahmen, als sie engelsgleich die Arme nach den Vorhängen ausstreckte. Sie zog sie fast zu, hielt inne, und einen Augenblick fürchtete er, sie habe ihn gesehen, bis ihm ihre Kurzsichtigkeit und ihre Abneigung gegen eine Brille einfielen. Sie geht aus, dachte er. Sie macht sich schön. Er sah, wie sie halb den Kopf wandte, als hätte jemand sie angesprochen. Er sah, wie ihre Lippen sich bewegten und zu einem koboldhaften Lächeln schürzten, als ihre Arme sich wiederum hoben, diesmal zu ihrem Nacken, und sie den obersten Knopf ihres Hauskleids zu öffnen begann. Im gleichen Moment wurde der Spalt zwischen den beiden Vorhängen mit einem Ruck von anderen, ungeduldigen Händen geschlossen.

O *nein,* dachte Smiley verzweifelt. Bitte! Wartet, bis ich weg bin. Eine Minute lang, vielleicht länger stand er auf dem Gehsteig und starrte ungläubig auf das dunkel gewordene Fenster, bis ihn Zorn, Scham und schließlich Ekel vor sich selbst wie körperliche Qualen überfielen und er blindlings zurück zur King's Road hastete. Wer war es diesmal? Wieder ein bartloser Ballettänzer, der ein narzißtisches Ritual vollzog? Ihr gräßlicher Cousin Miles, der Karrierepolitiker? Oder ein Adonis für eine Nacht, den sie in der nächstbesten Kneipe aufgegabelt hatte?

Als das Außentelefon klingelte, saß Peter Guillam allein in der Rumpelkammer, leicht angesäuselt und sehnte sich nach Molly Meakins Körper und nach George Smileys Rückkehr. Er nahm den Hörer sofort ab und hörte Fawn außer Atem und voll Zorn:
»Ich hab' ihn verloren!« schrie er. »Er hat mich abgehängt!«
»Dann sind Sie ein verdammter Idiot!« erwiderte Guillam voll Genugtuung.
»Von wegen Idiot! Er steuert Richtung Heimat, ja? Unser übliches Ritual. Ich warte auf ihn, ich halt mich im Hintergrund, er kommt zurück auf die Hauptstraße, schaut mich an. Als wär ich Dreck. Bloß Dreck. Im nächsten Moment bin ich allein auf weiter Flur. Wie macht er das? Wohin geht er? Ich bin sein Freund, oder? Für wen zum Teufel hält er sich? Fette kleine Mißgeburt. Ich bring ihn um!«
Guillam lachte noch immer, als er auflegte.

## 6 *Frost muß brennen*

In Hongkong war wiederum Sonnabend, aber die Taifune waren vergessen, und der Tag brannte heiß und klar und atemlos. Im Hongkong Club verkündete eine unbeirrbar christliche Uhr die elfte Morgenstunde, und die Schläge klirrten in der getäfelten Stille wie Löffel, die auf einen weit entfernten Küchenboden fallen. Die besseren Sessel waren bereits mit Lesern des *Telegraph* vom vergangenen Donnerstag besetzt, der ein recht deprimierendes Bild der moralischen und wirtschaftlichen Misere ihres Heimatlands malte.

»Pfund ist wieder im Keller«, grollte eine grämliche Stimme hinter der Pfeife hervor. »Metallarbeiter im Ausstand. Eisenbahner im Ausstand. Piloten im Ausstand.«

»Wer ist noch im *Einstand*? Wäre die bessere Frage«, sagte eine andere Stimme ebenso grämlich.

»Wenn ich der Kreml wäre, würde ich sagen, wir leisteten einen erstklassigen *Job*«, sagte der erste Sprecher und bellte das letzte Wort, um ihm einen Ton militärischer Entrüstung zu verleihen, dann bestellte er seufzend ein paar trockene Martinis. Keiner der Männer war über fünfundzwanzig, aber Exilpatrioten auf der Suche nach schnellem Profit können sehr rasch altern.

Der Auslandskorrespondenten-Club hatte einen seiner frommen Tage: die Zahl der braven Bürger überwog die der Journalisten bei weitem. Seit der alte Craw sie nicht mehr zusammenhielt, hatten die Shanghai Bowlers sich verlaufen, und einige waren überhaupt aus der Kolonie verschwunden. Die Fotografen hatte es nach Phnom Penh gezogen, wo man sich nun, da die Regenzeit vorüber war, neuerliche heftige Kämpfe versprach. Der Cowboy war in Bangkok, in Erwartung neuer Studentenunruhen, Luke saß im Büro, und sein Boß, der Zwerg, hing verdrossen an der Bar, umgeben von volltönenden britischen Vorstädtern in dunklen Hosen und weißen Hemden, die sich über die Vorzüge und

Nachteile der Kupplung des Elfhunderters unterhielten.
»Aber *kalt* diesmal. Verstanden? *Sehl* kalt, und *luck zuck*!«
Sogar der Rocker war zahm. Er war in Begleitung seiner Ehefrau, einer ehemaligen Bibelschullehrerin aus Borneo, einer vertrockneten Xanthippe mit Bubikopf und Söckchen, die eine Sünde schon riechen konnte, noch ehe sie begangen war.
Und ein paar Meilen weiter östlich, in der Cloudview Road, eine Dreißig-Cent-Fahrt mit dem Einheitspreis-Stadtbus entfernt, in der angeblich volkreichsten Ecke unseres Planeten, am North Point, dort, wo die Stadt zum Peak ansteigt, im sechzehnten Stock eines Hochhausblocks genannt 7A, lag Jerry Westerby nach einem kurzen, aber traumlosen Schlaf auf einer Matratze, sang seinen eigenen Text zur Melodie von »Miami Sunrise« und sah einem schönen Mädchen beim Auskleiden zu. Die Matratze war über zwei Meter lang und dafür gedacht, in der Querrichtung einer ganzen chinesischen Familie als Lager zu dienen, und so ungefähr zum erstenmal in Jerrys Leben hingen seine Füße nicht über den unteren Rand. Die Matratze war um eine Meile länger als Pets Gästebett, länger sogar als das Bett in der Toskana, obwohl es in der Toskana keine Rolle spielte, denn dort hatte er ein wirkliches Mädchen zum Entlangkringeln, und mit einem Mädchen liegt man ohnehin nicht so gerade. Wohingegen das Mädchen, dem er zusah, hinter einem Fenster stand, dem seinigen gegenüber, zehn Meter oder Meilen außerhalb seiner Reichweite, und an jedem der neun Tage, an denen er hier erwacht war, hatte sie sich dort entkleidet und gewaschen, was ihn zu beträchtlicher Begeisterung hinriß, sogar zu Applaus. Wenn er Glück hatte, konnte er die ganze Zeremonie verfolgen, von dem Augenblick an, da sie den Kopf zur Seite legte, um das schwarze Haar lose bis zur Taille fallen zu lassen, bis zum Finale, wenn sie sich keusch in ein Laken wickelte und zurück zu ihrer zehnköpfigen Familie in den angrenzenden Raum ging, wo sie alle lebten. Er kannte die Familie aufs Innigste; ihre Waschgewohnheiten, ihren Geschmack in puncto Musik, Küche und Liebe, ihre Feiern und ihre jäh aufflammenden gefährlichen Zwistigkeiten. Nur über eines war er sich nicht klar: ob sie *ein* Mädchen war oder zwei.
Sie verschwand, aber er sang weiter. Er verspürte Ungeduld, so fing es bei ihm jedesmal an, ob er eine finstere Hintergasse in Prag entlangschlich, um mit einem angstbibbernden Burschen kleine Päckchen zu tauschen oder – Höhepunkt seines Daseins und für

einen »Gelegentlichen« etwas nie Dagewesenes –, drei Meilen in einem kleinen schwarzbemalten Boot ruderte, um an einer Uferstelle des Kaspischen Meers einen Funker abzuholen. Als der kritische Moment nahte, entdeckte Jerry die gleiche überraschende Selbstbeherrschung, die gleiche Fröhlichkeit und die gleiche Wachheit. Und den gleichen Bammel, was nicht unbedingt ein Widerspruch ist. Heute ist es soweit, dachte er. Heute wird's ernst.
Es waren drei winzige Räume, und in allen dreien lag Parkett. Das stellte er allmorgendlich als erstes fest, denn es gab keinerlei Mobiliar, ausgenommen die Matratze und den Küchenstuhl und den Tisch mit seiner Schreibmaschine, dem einzigen Teller, der als Aschenbecher diente, und dem Häschen-Kalender Jahrgang 1960 mit einem Rotschopf darauf, dessen Reize inzwischen längst ihre Blüte hinter sich hatten. Er kannte den Typus genau: grüne Augen, heißes Blut und eine Haut, die so empfindlich war, daß sie wie ein Schlachtfeld aussah, wenn man nur einen Finger darauflegte. Ferner ein Telefon, einen uralten Plattenspieler nur für Achtundsiebziger und zwei richtiggehende Opiumpfeifen, die an höchst nüchternen Nägeln von der Wand baumelten: dies war das komplette Inventar der Besitztümer und Interessen von Deathwish dem Hunnen, zur Zeit in Kambodscha, von dem Jerry die Wohnung gemietet hatte. Und dann war der Büchersack, sein eigener, neben der Matratze.
Der Plattenspieler war abgelaufen. Jerry rappelte sich vergnügt auf die Füße und schlang den improvisierten Sarong um den Magen. In diesem Augenblick klingelte das Telefon, also setzte er sich wieder, grabschte nach der Telefonschnur und zog den Apparat über den Fußboden zu sich heran. Es war wieder Luke, der wie gewöhnlich ein Spielchen machen wollte.
»Tut mir leid, altes Haus. Bin an einer Story. Versuch's mit Solo-Whist.«
Jerry wählte die Zeitansage, hörte ein chinesisches Quäken, dann ein englisches Quäken und richtete seine Armbanduhr auf die Sekunde genau. Dann ging er zum Plattenspieler und ließ wiederum »Miami Sunrise« laufen, so laut es ging. Es war seine einzige Platte, aber sie übertönte das Gegurgel der nutzlosen Klimaanlage. Vor sich hinsummend, öffnete er den einzigen Schrank und nahm aus einer alten ledernen Reisetasche das vergilbte Tennisrackett seines Vaters, Jahrgang neunzehnhundertdreißig, die Initialen S. W. mit Wäschetinte am Griff

aufgemalt. Er schraubte den Schaft ab und fischte aus dem Hohlraum vier Kapseln Mikrofilm, einen grauen Wattewurm und eine verbeulte Mikrokamera mit Meßkette; sein konservatives Ich zog dieses Modell den Spitzenprodukten vor, die ihm die Sarratt-Kanonen hatten aufdrängen wollen. Er legte eine Kassette in die Kamera ein, regulierte die Laufgeschwindigkeit und machte drei Belichtungsproben vom Busen der Rothaarigen, ehe er in seinen Sandalen in die Küche schlappte, wo er sich wie ein Beter vor dem Kühlschrank auf die Knie niederließ und die Free Foresters' Krawatte lockerte, mit der die Tür festgebunden war. Er fuhr mit dem rechten Daumennagel an den brüchigen Gummistreifen entlang, was ein scheußlich reißendes Geräusch verursachte, nahm drei Eier heraus und band die Krawatte wieder fest. Während er wartete, bis die Eier kochten, lehnte er sich ins Fenster, stützte die Ellbogen auf und linste wohlgefällig durch das Schutzgitter auf seine geliebten Hausdächer, die wie Riesenstufen zum Meer abfielen.

Die Dachaltane waren eine Zivilisation für sich, ein atemraubendes Schauspiel des Überlebens vor dem wütenden Anbranden der Stadt. In ihrem Stacheldrahtgehege wurden unter unmenschlichen Bedingungen Anoraks angefertigt, Gottesdienste abgehalten, Mahjong gespielt, und Wahrsager verbrannten Räucherkerzen und konsultierten riesige braune Bücher. Gerade vor ihm lag ein regelrechter Garten, aus geschmuggelter Erde angelegt. Darunter mästeten drei alte Frauen Chowchow-Hündchen für den Kochtopf. Es gab Tanzschulen, Leseschulen, Ballettschulen, Kampf- und Sportschulen, Schulen, in denen Bildung und die Wunder Maos gelehrt wurden, und an diesem Morgen, während Jerrys Frühstückseier kochten, beendete ein alter Mann sein Pensum absurder gymnastischer Übungen, ehe er den winzigen Faltstuhl aufstellte, um sich an die tägliche Lektüre der Gedanken des Großen Mannes zu machen. Die reicheren Armen bauten sich, wenn sie kein Dach hatten, schwindelerregende Mastkörbe, zwei zu acht Fuß, auf selbstgebastelten Stützen, die sie in den Boden ihres Wohnraums rammten. Deathwish behauptete, es ereigneten sich ständig Selbstmorde. Das lasse ihn an dieser Gegend nicht los, sagte er. Wenn er nicht gerade vögelte, hing er zumeist mit seiner Nikon aus dem Fenster, in der Hoffnung, einen Selbstmörder vor die Linse zu kriegen, was ihm nie gelang. Rechts unten lag der Friedhof, was Deathwish als unglückbringend bezeichnete und

daher ein paar Dollar von der Miete abgeknapst hatte.
Während Jerry aß, klingelte das Telefon aufs neue.
»Was für eine Story?« sagte Luke.
»Wanchai-Huren haben Big Moo gekidnappt«, sagte Jerry, »nach Stonecutters' Island verschleppt und verlangen jetzt Lösegeld.«
Wenn es nicht Luke war, dann riefen meist Deathwishs Weiber an, aber sie wollten Jerry nicht als Ersatzmann. Vor der Dusche war kein Vorhang, so daß Jerry sich wie ein Boxer in die gekachelte Ecke ducken mußte, um das Badezimmer nicht zu überschwemmen. Er ging zurück ins Schlafzimmer, zog den Anzug an, packte ein Brotmesser und zählte von der Zimmerecke an zwölf Holzgevierte ab. Das dreizehnte hob er mit der Messerklinge heraus. In einem Versteck, das in den teerartigen Unterbelag geschnitten war, lag ein Plastikbeutel, der eine Rolle amerikanischer Banknoten größeren und kleineren Nennwerts enthielt; einen Fluchtpaß, Führerschein und Flugnetzkarte auf den Namen Worrell, Bauunternehmer; und eine Handfeuerwaffe, die Jerry sich wider die eisernen Regeln des Circus von Deathwish verschafft hatte, der keinen Wert darauf legte, sie auf Reisen mitzunehmen. Diesem Schatzkästchen entnahm er fünf Einhundertdollar-Noten, alles andere ließ er unberührt und setzte das Holzgeviert wieder ein. Er steckte die Kamera und zwei Reservekassetten in die Taschen und trat pfeifend auf den winzigen Vorplatz hinaus. Seine Wohnungstür wurde durch ein weißlakkiertes Gitter gesichert, das einen gewandten Einbrecher neunzig Sekunden lang aufgehalten hätte. Jerry hatte das Schloß erbrochen, als er einmal nichts Besseres zu tun hatte, und genauso lange hatte es gedauert. Er drückte auf den Liftknopf, und die Kabine kam vollbesetzt mit Chinesen an, die alle ausstiegen. So ging es jedesmal: Jerry war einfach zu groß für sie, zu häßlich und zu fremdartig.
Nach Szenen wie dieser, dachte Jerry mit erzwungener Heiterkeit, als er ins Pechdunkel des stadteinwärts fahrenden Busses stieg, ziehen Sankt Georgs Kinder aus, das Empire zu retten.
*»Sorgfältige Vorbereitung ist niemals verlorene Zeit«*, lautet die mühselige Maxime der Nursery betreffs Gegen-Observierung.
Manchmal wurde Jerry der Sarratt-Mann und sonst nichts. Nach der gewöhnlichen Logik der Dinge hätte er geradenwegs zu seinem Ziel gehen können: es war sein gutes Recht. Nach der gewöhnlichen Logik der Dinge gab es keinen Grund der Welt,

schon gar nicht nach dem gestrigen Gelage, warum Jerry nicht mit dem Taxi am Haupteingang vorfahren, vergnügt hineinschwanken, vor seinen neugewonnenen Busenfreund hintreten und es hinter sich bringen sollte. Aber das hier war nicht die gewöhnliche Logik der Dinge, und nach der Sarratt-Sage näherte Jerry sich jetzt dem operativen Augenblick der Wahrheit: dem Augenblick, in dem die Hintertür sich mit einem Knall hinter ihm schließen und es nur noch einen Ausweg geben würde, den nach vorn. Dem Augenblick, in dem jedes einzelne seiner zwanzig Jahre Berufserfahrung sich in ihm zu Wort meldete und »Vorsicht« rief. Wenn er in eine Falle tappen sollte, dann war sie hier aufgestellt. Auch wenn sie seine Marschroute bereits genau kannten, würden doch die statischen Posten vor ihm ausgestellt sein, in Autos, hinter Fenstern, und die Observanten-Teams ihm auf den Fersen folgen, für den Fall eines Schnitzers oder eines Abstechers. Wenn es je eine letzte Möglichkeit gab, das Wasser auszuloten, ehe er sprang, dann jetzt. Letzte Nacht beim Puff-Bummel hätten ihn hundert gelbe Engel beobachten können, ohne daß er gewußt hätte, ob er ihr Wild sei. Hier dagegen konnte er Haken schlagen und die Schatten zählen: hier hatte er, zumindest theoretisch, eine Chance zu erfahren, woran er war.
Er schaute auf die Uhr. Noch genau zwanzig Minuten Zeit, und selbst in chinesischer, geschweige in europäischer Gangart, brauchte er nur sieben. Also ging er gemächlich, aber er verhielt den Schritt nie. In anderen Ländern, in fast jedem anderen Ort der Welt, ausgenommen Hongkong, hätte er viel mehr Zeit angesetzt. Hinter dem Eisernen Vorhang, sagten sie in Sarratt, einen halben Tag, lieber noch mehr. Er hätte einen Brief an sich selber geschrieben, so daß er ein Stück die Straße entlanggehen, am Briefkasten haltmachen und wieder umkehren könnte, feststellen, ob Füße stockten, Köpfe wegduckten; nach den klassischen Formationen Ausschau halten, einem Zweigespann auf dieser Straßenseite, drei auf der anderen, einer Vorausabteilung ein Stück weiter vorn.
Doch während er an diesem Vormittag das alles eifrig durchexerzierte, wußte paradoxerweise sein anderes Ich, daß er nur seine Zeit verplemperte; wußte, daß in Fernost ein Europäer sein ganzes Leben lang im gleichen Häuserblock wohnen und nie die blasseste Ahnung von dem geheimnisvollen Tick-tack an seiner Schwelle zu haben braucht. An jeder Ecke einer jeden von Menschen

wimmelnden Zweigstraße, in die er einbog, warteten Männer, lungerten herum und beobachteten, waren mit angestrengtem Nichtstun beschäftigt. Der Bettler, der plötzlich die Arme reckte und gähnte, der verkrüppelte Schuhputzer, der nach seinen fliehenden Füßen grabschte, und als er sie nicht mehr erwischen konnte, die Rückseiten seiner Schuhbürsten mit einem Peitschenknall zusammenschlug; die alte Hexe, die beidrassige Pornographie feilbot, die Hand vor den Mund hielt und in den Bambusverschlag über ihr ein einziges Wort gellte: obwohl Jerry sie alle im Geist registrierte, waren sie für ihn noch heute so unverständlich wie bei seinem ersten Aufenthalt in Fernost vor – zwanzig? –, du lieber Gott, vor fünfundzwanzig Jahren. Zuhälter? Strichjungen? Drogenhändler, die ihm farbige Röllchen Schokoladenpapier unter die Nase hielten – »gelb zwei Dollar, blau fünf Dollar? Sie wollen Drachen, möchten Spritze«? Oder bestellten sie eine Schale Reis aus den Garküchen über der Straße? Im Fernen Osten, altes Haus, heißt überleben: wissen, daß man nichts weiß.

Er benutzte die Spiegelung in den Marmorfassaden der Läden: Regale voll Bernstein, Regale voll Jade, Kreditkartenschilder, elektrische Artikel und Pyramiden schwarzer Gepäckstücke, die kein Mensch jemals zu tragen schien. Bei Cartier dekorierte ein schönes Mädchen Perlen auf ein Samtkissen, legte sie für den Tag zu Bett. Als sie seine Gegenwart fühlte, hob sie den Blick zu ihm; und in Jerry regte sich trotz aller Sorgen der alte Adam. Aber ein Blick auf sein unsicheres Grinsen und seinen zerknitterten Anzug und die Wildlederstiefel sagte ihr alles, was sie wissen mußte: Jerry Westerby war kein potentieller Kunde. Die Schlagzeilen kündeten von neuen Kämpfen, stellte Jerry fest, als er an einem Zeitungsstand vorbeikam. Die chinesischsprachigen Blätter brachten auf der Titelseite Fotos von getöteten Kindern, schreienden Müttern und Soldaten mit Helmen, wie die Amerikaner sie trugen. Ob Vietnam oder Kambodscha oder Korea oder die Philippinen, konnte Jerry nicht sagen. Die roten Schriftzeichen der Schlagzeile sahen aus wie vergossenes Blut. Vielleicht hatte Deathwish Glück.

Jerry war durstig nach der Besäufnis der vergangenen Nacht, durchquerte das Mandarin und tauchte in das Dämmerlicht der Captain's Bar, aber er trank nur Wasser drüben bei »Herren«. Dann kehrte er wieder zurück in die Halle und kaufte ein Exemplar von *Time*, aber es gefiel ihm nicht, wie die feinen Pinkels ihn anstarrten, und er ging. Er mischte sich wieder unter die Menge, bummelte bis zum Postamt, erbaut anno 1911, inzwischen abgerissen, damals jedoch ein selten scheußliches Relikt, das neben den klobigen Betonkästen ringsum schön wirkte, dann ging er durch die Arkaden zurück zur Peddlar Street und unter einer grünen gerippten Brücke hindurch, von der Postsäcke wie Truthähne am Galgen hingen. Er machte wiederum kehrt, benutzte den Fußgängersteg zum Connaught Centre, um das Feld zu lichten.

In der stählern funkelnden Eingangshalle schrubbte eine Bauersfrau die Zähne einer stillstehenden Rolltreppe mit einer Drahtbürste, und im Wandelgang bewunderte eine Gruppe chinesischer Studenten in respektvollem Schweigen Henry Moores *Oval with Points*. Im Zurückblicken sah Jerry die braune Kuppel der alten Justizgebäude, die durch den Bienenstock des Hilton-Baus zu Zwergen schrumpften: *Regina versus Westerby*, dachte er, »und die Anklage gegen den Gefangenen lautet auf Erpressung, Korruption, vorgetäuschte Zuneigung und ein paar weitere Delikte, die wir uns noch ausdenken werden, ehe der Tag zu Ende geht«. Der Hafen wimmelte von Schiffen, zumeist kleinen. Dahinter versuchten die New Territories, pockennarbig von Baugruben, schiefergraue Smogwolken wegzuschieben. Zu ihren Füßen erstreckten sich neue Lagerhäuser, und Fabrikschlote spien braunen Qualm aus.

Er machte aufs neue kehrt und kam an den großen schottischen Geschäftshäusern vorbei: Jardines, Swire, und bemerkte, daß ihre Türen versperrt waren. Mußte ein Feiertag sein, dachte er. Von uns oder von ihnen? Am Status Square fand ein gesitteter Karneval statt, mit Springbrunnen, Strandschirmen, Coca-Cola-Verkäufern und ungefähr einer halben Million Chinesen, die in Gruppen herumstanden oder wie eine barfüßige Armee hinter ihm herschlurften und verstohlene Blicke auf seine Größe warfen. Lautsprecher, Preßluftbohrer, wimmernde Musik. Er überquerte die Jackson Road und der Lärmpegel fiel ein wenig. Vor ihm waren auf einem vollendeten englischen Rasen fünfzehn weißgekleidete Gestalten hingelagert. Das tägliche Kricket-Match hatte soeben begonnen. Am Torende fummelte eine schlacksige arrogante Gestalt, die eine Kappe von anno dazumal aufhatte, mit den Schlaghandschuhen herum. Jerry legte eine Pause ein, sah eine Weile zu und grinste in wohlwollender Kennerschaft. Der

Werfer warf. Der Schläger führte einen eleganten Schlag aus, fehlte und lief in Zeitlupe los. Jerry sah ein langes, langweiliges und glanzloses Spiel voraus. Er fragte sich, wer wohl gegen wen spiele, und kam zu dem Schluß, daß die übliche Peak-Mafia gegen sich selbst spiele. Jenseits des Spielfelds auf der anderen Straßenseite erhob sich die Bank of China, ein weitläufiges goldgekehltes Ehrenmal mit scharlachroten Slogans gesäumt, die von der Liebe zu Mao kündeten. An seinem Sockel starrten Granitlöwen blicklos vor sich hin, während Herden weißhemdiger Chinesen einander, an deren Flanken lehnend, fotografierten.

Die Bank, die Jerry im Auge hatte, stand direkt hinter dem Arm des Werfers. Ein Union Jack hoch auf schwankem Mast, unten auf dem sicheren Pflaster ein gepanzerter Geldtransportwagen. Die Türen standen offen, und die polierten Innenflächen glänzten wie falsches Gold. Während Jerry im weiten Bogen darauf zuschlenderte, tauchte ein Trupp behelmter Wachleute, eskortiert von hochgewachsenen Indern mit Elefantenflinten, plötzlich aus dem dunklen Inneren auf und zelebrierten drei schwarze Geldkästen die breiten Stufen hinunter, als enthielten sie geweihte Hostien. Der gepanzerte Wagen fuhr weg, und einen beklemmenden Augenblick lang sah Jerry im Geist die Tore der Bank sich nach seiner Abfahrt schließen.

Es waren keine logischen Visionen. Auch keine nervösen Visionen. Nur daß Jerry einen Moment lang Verdruß gewärtigte, mit dem gleichen Berufspessimismus, mit dem ein Gärtner eine Dürreperiode vorhersieht oder ein Sportler irgendeine alberne Knöchel-Verstauchung am Vorabend eines großen Kampfs; oder ein Außenmann mit zwanzig Jahren auf dem Buckel einen weiteren unvorhersehbaren Fehlschlag argwöhnt. Aber die Tore blieben geöffnet, und Jerry machte linksum. Den Wachen Zeit lassen zum Abreagieren, dachte er. Dieses Geldverladen muß sie nervös gemacht haben. Sie werden zu genau hinsehen, sie werden sich zu genau erinnern.

Er schwenkte langsam, gedankenversunken in Richtung auf den Hong Kong Club ein: Wedgwood-Portale, gestreifte Markisen und schon am Eingang der Geruch nach fadem englischem Essen. Legende ist keine Lüge, wird einem gesagt. Legende ist das, an was du glaubst. Legende ist der, der du bist. *Am Vormittag des Sonnabend begibt sich Mr. Gerald Westerby, der nicht sehr bekannte Journalist, zu einer gern besuchten Tränke . . .* Auf den

Stufen des Clubs blieb Jerry stehen, beklopfte seine Taschen, wendete und eilte zielstrebig von dannen, ging die beiden Längsseiten des Platzes aus und achtete ein letztesmal auf die schlurfenden Schritte und die abgewandten Blicke. *Mr. Gerald Westerby stellt fest, daß seine Barschaft für das Wochenende nicht ausreicht, und beschließt einen kurzen Besuch in der Bank.* Die indischen Wachen hatten die Elefantentöter lässig über die Schultern geschlungen und musterten ihn uninteressiert.

*Nur, daß Mr. Westerby das nicht tut!*

Jerry schalt sich selbst einen verdammten Narren, als ihm einfiel, daß es schon zwölf Uhr vorbei war und daß die Schalterhalle Punkt zwölf schloß. Nach zwölf war nur noch droben geöffnet, und genau dorthin hatte er gewollt.

Ruhig, dachte er. Du denkst zu viel. Nicht denken: handeln. *Im Anfang war die Tat.* Wer hatte das einmal zu ihm gesagt? Old George, du meine Güte, er hatte Goethe zitiert. Ausgerechnet der! Als er zum Sturm ansetzte, überfiel ihn eine Woge des Widerwillens, und er wußte, daß es Furcht war. Er war hungrig. Er war müde. Warum hatte George ihn so alleingelassen? Warum mußte er alles ganz auf sich gestellt erledigen? Vor dem Sündenfall hätten sie Babysitter vor ihm postiert – ein paar sogar innerhalb der Bank –, nur für alle Fälle. Ein Empfangskomitee wäre dagewesen, um die Beute abzufangen, fast schon, ehe er das Gebäude verlassen hätte, und ein Fluchtauto, wenn er Hals über Kopf hätte untertauchen müssen. Und in London – dachte er ironisch, nur um sich selbst zu beschwichtigen – hätten sie den lieben alten Bill Haydon gehabt, nicht wahr? –, der die ganze Chose postwendend an die Russen weitergegeben hätte, hol ihn der Teufel. Bei diesem Gedanken zwang Jerry sich selbst eine phantastische Halluzination auf, jäh wie ein Blitzlicht und genauso langsam erlöschend. Gott hatte sein Gebet erhört, dachte er. Die alten Tage waren doch wieder zurückgekommen, und die Straße wurde von einer erstklassigen Hilfsmannschaft belebt. Hinter ihm war ein blauer Peugeot an die Bordkante gefahren, und zwei bullige Europäer saßen darin und studierten eine Rennkarte von Happy Valley. Funkantennen, alle Schikanen. Zu seiner Linken schlenderten amerikanische Matronen daher, beladen mit Fotoapparaten und Reiseführern und der ausdrücklichen Verpflichtung, alles zu beobachten. Und aus der Bank selbst, auf deren Portal er zügig zuschritt, tauchte ein Paar feierlicher Geldleute

auf, und sie zeigten das gleiche grimmige Glotzen, dessen Observanten sich manchmal bedienen, um forschende Blicke zu entmutigen.
Vergreisung, schalt Jerry sich. Du hast deine besten Jahre hinter dir, altes Haus, keine Frage. Das Alter und der Schiß haben dich knieweich gemacht. Er sprang die Stufen hinauf, munter wie ein Rotkehlchen an einem heißen Frühlingstag.

Die Halle war so groß wie ein Bahnhof, die Kassettenmusik ebenso martialisch. Der Zugang zu den Schaltern war vergittert, und er sah niemanden im Hintergrund lauern, nicht einmal die Illusion eines Flankenschutzes. Der Lift war ein goldener Käfig mit einem sandgefüllten Spucknapf für Zigaretten, aber im neunten Stock war es vorbei mit der Großzügigkeit der unteren Geschosse. Platz war Geld. Ein schmaler cremefarbener Korridor führte zu einem leeren Empfangspult. Jerry wanderte gemächlich dahin, merkte sich den Notausgang und den Personalaufzug, den ihm die Bärentreiber bereits aufgezeichnet hatten, falls er schleunigst verschwinden müßte. Komisch, daß sie soviel wissen, dachte er, bei so wenigen Quellen; müssen irgendwo einen Bauplan ausgegraben haben. Auf dem Tresen ein Teakholzschild mit der Aufschrift »Trustee Department Enquiries«. Daneben eine schmuddelige Broschüre über Astrologie, aufgeschlagen und mit zahlreichen Anmerkungen versehen. Aber keine Empfangsdame, denn am Sonnabend war alles anders. Am Sonnabend geht's am besten, hatten sie gesagt. Er blickte vergnügt, reinen Gewissens um sich. Ein zweiter Korridor lief die Breitseite des Gebäudes entlang, links Bürotüren, rechts trübselige kunststoffbeschichtete Wände. Dahinter waren das langsame Tappen einer elektrischen Schreibmaschine – jemand tippte einen Schriftsatz – und der langsame Singsang chinesischer Stenotypistinnen zu hören, die am Sonnabend wenig anderes zu tun hatten, als auf den Lunch und den freien Nachmittag zu warten. Vier der Türen waren lasiert und hatten pfenniggroße Gucklöcher, durch die man hinaus- und hineinsehen konnte. Jerry spazierte den Korridor entlang und spähte durch ein jedes, als wäre Spähen sein Lieblingssport, Hände in den Taschen, ein albernes Grinsen im Gesicht. Das vierte links, hatten sie gesagt, eine Tür, ein Fenster. Ein Angestellter ging an ihm vorbei, dann eine Sekretärin auf modischen, klappernden Absätzen, aber Jerry war bei aller Schlampigkeit immerhin

Europäer und trug einen Anzug, und keiner von beiden hielt ihn an.
»Morgen, zusammen«, brabbelte er, und sie wünschten ihm dafür »Guten Tag, Sir«.
Am Ende des Korridors waren Eisengitter, und Eisengitter waren auch vor den Fenstern. An der Decke war ein blaues Nachtlicht angebracht, aus Sicherheitsgründen, nahm er an, aber genau wußte er es nicht: Feuerschutz, Raumschutz, er wußte es nicht, die Bärentreiber hatten es nicht erwähnt, und Brand und Einbruch waren nicht sein Fach. Der erste Raum war ein Büro, leer bis auf ein paar verstaubte Sporttrophäen auf dem Fensterbrett und ein gesticktes Wappen des Sportclubs der Bank an der Wand bei der Kleiderablage. Er ging an einem Stapel Apfelkisten mit der Aufschrift »Trustee« vorbei. Sie schienen mit Überschreibungen und Testamenten vollgestopft zu sein. Die traditionelle Knauserigkeit der alten chinesischen Handelsfirmen starb offenbar schwer. Auf einem Schild an der Wand stand »Privat«, und auf einem zweiten »Nur nach vorheriger Anmeldung«.
Die zweite Tür führte in einen Korridor und ein kleines Archiv, das gleichfalls leer war, die dritte in die Toilette, »Nur für Direktoren«, neben der vierten hing ein schwarzes Brett, an den Türpfosten war eine rote Glühlampe montiert, und auf einem imposanten Namensschild in Letraset die Aufschrift: »J. FROST, DEPUTY CHIEF TRUSTEE, Nur nach Anmeldung, bitte NICHT eintreten, wenn rotes Licht BRENNT.« Aber das Licht brannte nicht, und das pfenniggroße Guckloch gab den Blick auf einen Mann allein an seinem Schreibtisch frei. Seine einzige Gesellschaft bestand aus einem Haufen Akten und Rollen teurer, nach dem Muster englischer Dokumente in grüner Seide gebundener Papiere, aus den beiden abgeschalteten Kabel-Fernsehgeräten für die Börsenkurse und dem Blick auf den Hafen: obligatorisch für das Image einer höheren Verwaltungsebene, und von den ebenso obligatorischen Lattenjalousien in bleistiftgraue Streifen geschnitten. Ein properer, rundlicher, blühender kleiner Mann im Robin-Hood-grünen Leinenanzug, allein und viel zu gewissenhaft arbeitend für einen Sonnabend. Schweiß auf der Stirn; schwarze Halbmonde unter den Armen und – für Jerrys wissendes Auge – die bleierne Bewegungslosigkeit eines Mannes, der nach ausgedehntem Zechgelage sehr langsam wieder auf den Damm kommt.

Ein Eckzimmer, dachte Jerry. Nur eine Tür, diese da. Bloß ein Schubs, und du bist draußen. Er warf einen letzten Blick nach beiden Seiten des leeren Korridors. Jerry Westerbys Auftritt, dachte er. Wenn du den Text nicht kannst, dann tanze. Die Tür gab sofort nach. Er trat vergnügt hindurch und setzte sein bewährtes schüchternes Lächeln auf.
»Hallo Frosti, super. Komm ich zu spät oder zu früh? Altes Haus – sagen Sie mal –, das ist ja ganz *ungewöhnlich* da draußen. Im Korridor – wäre beinah darüber gestolpert – ein Haufen Apfelkisten voller Aktenkram. ›Wer mag Frostis Kunde sein?‹ frag ich mich. ›Cox Orange, Pippinäpfel? Oder Beauty of Bath?‹ Wie ich Sie kenne, ist es Beauty of Bath. Fand's richtig komisch, nach den gastlichen Stätten, die wir letzte Nacht abgegrast haben.«
Dieses Gefasel, so schwach es für den erstaunten Frost auch klingen mochte, gab Jerry Zeit, das Büro zu betreten, flugs die Tür zu schließen und sich mit dem breiten Rücken vor das einzige Guckloch zu stellen, während er Dankgebete für seine weiche Landung nach Sarratt schickte und Stoßgebete zu seinem Schöpfer.

Jerrys Auftritt folgte ein Augenblick voll dramatischer Spannung. Frost hob langsam den Kopf, hielt dabei die Augen halb geschlossen, als schmerzte ihn das Licht, was vermutlich auch der Fall war. Bei Jerrys Anblick blinzelte er und blickte weg, dann sah er ihn wieder an, um sich zu vergewissern, daß er keinen Geist vor sich hatte. Dann wischte er sich mit dem Taschentuch die Stirn.
»Herrje«, sagte er. »Der hohe Herr persönlich! Was zum Teufel haben Sie hier zu suchen, Sie widerlicher Aristokrat?«
Worauf Jerry, der noch immer an der Tür stand, mit einem weiteren breiten Grinsen antwortete und die Hand zum Indianergruß hob, während er sich die Schwachstellen genau einprägte: die beiden Telefone, die graue Box der Wechselsprechanlage und den Stahlschrank, der ein Schlüsselloch hatte, aber keine Zahlenkombination.
»Wie sind Sie überhaupt reingekommen? Haben ihnen wohl Ihren Honourable an den Kopf geworfen. Was soll das, hier so einfach reinzuplatzen?« Frost, der nicht halb so ungehalten war, wie seine Worte das nahegelegt hätten, war vom Schreibtisch aufgestanden und watschelte durch das Büro. »Das hier ist kein Puff, verstanden. Das hier ist eine achtbare Bank. Eine mehr oder

weniger achtbare Bank, sagen wir.«
Als er vor Jerrys beachtlicher Masse angelangt war, stemmte er die Hände in die Seiten, glotzte ihn an und schüttelte verdutzt den Kopf. Worauf er Jerry auf den Arm schlug, ihn in den Magen boxte und wieder mit dem Kopf wackelte.
»Sie versoffener, liederlicher, geiler, ausschweifender . . . «
»Zeitungsschmierer«, ergänzte Jerry.
Frost war noch nicht über vierzig, aber das Leben hatte ihm bereits die grausamen Male der Durchschnittlichkeit aufgeprägt, als da waren ein wichtigtuerisches Herumfummeln mit Manschetten und Fingern, ein Benetzen und zugleich Schürzen der Lippen. Zu seinen Gunsten hingegen sprach ein offenkundiger Sinn für Humor, der auf den feuchten Backen strahlte wie Sonnenlicht.
»Da«, sagte Jerry. »Vergiften Sie sich«, und bot ihm eine Zigarette an.
»Herrje«, sagte Frost nochmals, und mit einem Schlüssel vom Bund öffnete er ein altmodisches Walnußbüffet, voll von Spiegeln und Reihen von Cocktailsticks mit künstlichen Kirschen, von Juxbechern mit Pin-ups und rosa Elefanten.
»Bloody Mary gefällig?«
»Bloody Mary tut der Kehle immer gut, altes Haus«, versicherte ihm Jerry.
An der Schlüsselkette hing ein einzelner Messingschlüssel zu einem Chubb-Schloß. Der Safe war also ein Chubb-Safe, erste Ware, mit einem abgenutzten goldenen Medaillon, das sich kaum noch von der grünen Farbe abhob.
»Eines muß man euch blaublütigen Wüstlingen ja lassen«, rief Frost, während er den Cocktail mixte und schüttelte wie ein Chemiker. »In Bumslokalen kennt ihr euch aus. Wenn ihr mitten in Salisbury Plain vom Himmel fallt, dauert's keine dreißig Sekunden, und schon habt ihr 'n' Puff aufgerissen. Mein jungfräuliches Gemüt hat gestern nacht wieder mal Schaden genommen. Erschüttert bis auf seine zarten kleinen Grundfesten – sagen Sie halt! Gelegentlich müssen Sie mir ein paar Adressen geben, wenn's mir wieder besser geht. Falls es je soweit kommt, woran ich zweifle.«
Jerry war zu Frosts Schreibtisch hinübergeschlendert und blätterte müßig die Korrespondenz durch, dann fing er an, auf den Tasten der Sprechanlage herumzuspielen, ließ eine nach der anderen mit dem dicken Zeigefinger auf und ab schnippen, aber es tat sich

nichts. Ein einzelner Knopf trug die Aufschrift »beschäftigt«. Jerry drückte ihn und sah einen rosigen Schimmer im Guckloch, als das Warnlicht im Korridor aufflammte.
»Und diese Puppen«, sagte Frost, der Jerry noch immer den Rücken kehrte, während er die Saucenflasche schüttelte. »Waren ganz Schlimme. Skandalös.« Mit entzücktem Lachen durchschritt Frost das Büro und hielt die Gläser in den ausgestreckten Händen. »Wie hießen die doch gleich? Ach du liebe Güte!«
»Sieben und Vierundzwanzig«, sagte Jerry zerstreut.
Im Sprechen bückte er sich und suchte den Alarmknopf, der, wie er wußte, irgendwo am Schreibtisch montiert sein mußte.
»Sieben und Vierundzwanzig!« wiederholte Frost hingerissen. »Wie poetisch! Was für ein Gedächtnis!«
In Kniehöhe hatte Jerry ein graues Kästchen entdeckt, das an die Schubladenstütze geschraubt war. Der Schlüssel steckte in der Waagerechten, in Aus-Position. Er zog ihn heraus und ließ ihn in die Tasche gleiten.
»Ich habe gesagt, was für ein fabelhaftes Gedächtnis«, wiederholte Frost ziemlich ratlos.
»Sie kennen doch Zeitungsschmierer, altes Haus«, sagte Jerry und richtete sich auf. »Schlimmer als Ehefrauen, was das Gedächtnis betrifft.«
»Hier rüber. Gehen Sie weg dort. Geheiligter Boden.«
Jerry hatte Frosts riesigen Terminkalender vom Schreibtisch genommen und studierte die Verabredungen des Tages.
»Mein Gott«, sagte er. »Bienenfleißig, wie? Wer ist N., altes Haus? N., acht bis zwölf? Doch nicht Ihre Schwiegermama?«
Frost neigte den Mund zum Glas, trank gierig, schluckte und tat dann, als hätte er's in die falsche Kehle bekommen, krümmte sich, fing sich wieder. »Hören Sie gefälligst mit meiner Schwiegermutter auf, ja? Hätte um ein Haar einen Herzanfall gekriegt. Prosit.«
»N. für närrisch? N. für Napoleon? Wer ist N.?«
»Natalie. Meine Sekretärin. Sehr nett. Beine kerzengerade bis obenhin, heißt es allgemein. War nie selber dort, also weiß ich's nicht. Meine einzige Regel. Erinnern Sie mich, daß ich sie gelegentlich breche. Prosit«, sagte er nochmals.
»Ist sie da?«
»Ich glaube, ihren leichtfüßigen Schritt vernommen zu haben, ja. Soll ich sie kommen lassen? Angeblich hat sie ein besonderes Faible für die gehobenen Klassen.«

»Nein, danke«, sagte Jerry, legte den Terminkalender hin und blickte Frost stracks an, von Mann zu Mann, obwohl der Kampf ungleich war, denn Jerry war einen ganzen Kopf größer als Frost und bedeutend breiter.
»Unglaublich«, erklärte Frost ehrfürchtig und strahlte Jerry noch immer an. »Unglaublich war das gestern.« Sein Gehabe war hingebungsvoll bis besitzergreifend. »Unglaubliche Puppen, unglaubliche Gesellschaft. Ich meine, warum sollte ein Kerl wie ich sich überhaupt mit einem Kerl wie Ihnen abgeben? Einem kleinen Honourable! Für mich sind Herzöge gerade gut genug. Herzöge und Huren. Machen wir's doch heute nacht gleich noch mal. Los.«
Jerry lachte.
»Im Ernst. Zeigen wir mal, was wir können. Besser dran eingehen, bevor wir zu alt dazu sind. Heute geht's auf meine Rechnung, der ganze Rummel.« Vom Korridor erklangen schwere Schritte, kamen näher. »Wissen Sie, was *ich* tun werde? Mich testen. Ich geh wieder ins Meteor mit Ihnen, und ich laß Madame Dingsbums kommen, und dann verlange ich, daß – was ist denn mit Ihnen los?« fragte er, als er Jerrys Miene gewahrte.
Die Schritte verlangsamten sich, blieben stehen. Ein schwarzer Schatten erfüllte das Guckloch und verweilte.
»Wer ist das?« fragte Jerry ruhig.
»Milkie.«
»Wer ist Milkie?«
»Milkie Way, mein Boß«, sagte Frost, als die Schritte sich entfernten, schloß die Augen und bekreuzte sich fromm. »Geht nach Hause zu seiner reizenden Eheliebsten, der vortrefflichen Mrs. Way alias Moby Dick. Sechs Fuß acht Zoll und Dragonerschnurrbart. Nicht er. Sie«. Frost kicherte.
»Warum ist er nicht reingekommen?«
»Dachte wohl, ich hätte einen Klienten hier«, sagte Frost achtlos und wunderte sich aufs neue über Jerrys Wachsamkeit und über seine Ruhe. »Abgesehen davon, daß Moby Dick ihm den Schädel einschlagen würde, wenn er sich um diese Tageszeit mit einer Alkoholfahne um die gottlosen Lippen erwischen ließe. Keine Bange, Sie haben ja mich. Trinken Sie aus. Sie gucken heute so gottesfürchtig drein. Kriege direkt 'ne Gänsehaut.«
*Wenn Sie drin sind, dann los,* hatten die Bärentreiber gesagt. *Nicht zu lange maßnehmen, ihn gar nicht erst warm werden lassen.*

»Heh, Frosti«, rief Jerry, als die Schritte völlig verklungen waren. »Wie geht's der Missus?« Frost hatte die Hand nach Jerrys Glas ausgestreckt. »Ihrer Missus. Wie geht's ihr?«
»Immer noch erfreulich leidend, danke«, sagte Frost unbehaglich.
»Schon im Krankenhaus angerufen, wie?«
»Heute morgen? Sind Sie verrückt? Konnte bis elf Uhr keinen vernünftigen Satz zustande bringen. Und selbst wenn. Sie hätte den Schnaps gerochen.«
»Wann besuchen Sie sie wieder?«
»Also bitte. Hören Sie auf, hören Sie auf mit ihr, ja?«
Unter Frosts starrem Blick schlenderte Jerry zum Safe hinüber. Er probierte die große Klinke, aber die Safetüre war verschlossen. Auf dem Safe lag staubbedeckt ein schwerer Gummiknüppel. Jerry packte ihn mit beiden Händen, führte zerstreut ein paar Kricketschläge aus und legte ihn wieder zurück, während Frosts ratloser Blick ihm beunruhigt folgte.
»Ich möchte ein Konto eröffnen, Frosti«, sagte Jerry noch immer vom Safe her.
»Sie?«
»Ich.«
»Nach allem, was Sie gestern nacht erzählten, haben Sie nicht mal genug, um ein Sparschwein zu eröffnen. Außer Ihr feiner Herr Papa hat noch einiges in der Matratze versteckt, was ich leicht bezweifle.« Frosts Welt stürzte ein wie ein Kartenhaus, trotzdem versuchte er verzweifelt, sich daran zu klammern. »Los, kippen Sie noch einen und hören Sie auf, Boris Karloff zu spielen, ja? Gehen wir zu den Hottehüs. Happy Valley, wir kommen. Ich lade Sie zum Lunch ein.«
»Ich meinte nicht eigentlich, daß wir *mein* Konto eröffnen sollten, altes Haus. Ich meinte, eins von jemand anderem«, erklärte Jerry.
Wie bei einem langsamen, traurigen Possenspiel erlosch der Humor in Frosts kleinem Gesicht, und er flüsterte atemlos »O nein, o Jerry«, ganz leise, als wäre er Zeuge eines Unfalls, bei dem Jerry das Opfer war, nicht Frost. Zum zweitenmal näherten sich Schritte auf dem Korridor. Mädchenschritte, kurz und rasch. Dann ein scharfes Klopfen. Dann Stille.
»Natalie?« sagte Jerry ruhig. Frost nickte. »Wenn ich ein Kunde wäre, würden Sie mich dann vorstellen?« Frost schüttelte den Kopf. »Lassen Sie sie rein.«
Frosts Zunge schob sich wie eine erschreckte rosige Schlange

zwischen den Lippen hervor, sicherte nach allen Seiten und verschwand wieder.
»Herein!« rief er heiser, und ein großes Chinesenmädchen mit dicken Brillengläsern holte ein paar Briefe aus seinem Auslaufkorb ab.
»Schönes Wochenende, Mister Frost«, sagte sie.
»Bis Montag dann«, sagte Frost.
Die Tür schloß sich wieder.
Jerry durchquerte das Büro, legte den Arm um Frosts Schultern und führte ihn, der keinen Widerstand leistete, rasch zum Fenster.
»Ein Treuhand-Konto, Frosti. Ihren unbestechlichen Händen anheimgegeben. Große Sache.«
Drunten auf dem Platz ging der Karneval weiter. Auf dem Kricketplatz war jemand im Aus. Der schlacksige Schläger mit der Kappe von anno dazumal reparierte geduldig den Raum zwischen den Dreistäben. Die Spieler lagen herum und plauderten.
»Sie regen mich auf«, sagte Frost schlicht und versuchte, sich an die Lage zu gewöhnen. »Ich glaubte, ich hätte endlich einen Freund gefunden, und jetzt wollen Sie mir die Daumenschrauben ansetzen. Und sowas will ein Lord sein.«
»Man soll sich nie mit Zeitungsleuten abgeben, Frosti. Rauhes Volk. Keinen Sportsgeist. Hätten nicht aus der Schule plaudern sollen. Wo bewahren Sie die Unterlagen auf?«
»Freunde plaudern aus der Schule!« protestierte Frost, »dazu sind Freunde da! Daß sie einander *alles* sagen!«
»Dann sagen Sie mir alles.«
Frost schüttelte den Kopf. »Ich bin ein Christ«, sagte er dümmlich. »Ich gehe jeden Sonntag in die Messe. Tut mir leid, aber das kommt gar nicht in Frage. Lieber würde ich meinen Platz in der Gesellschaft verlieren, als einen Vertrauensbruch begehen. Dafür bin ich bekannt, wie? Nichts zu machen. Bedaure.«
Jerry schob sich am Fenstersims näher heran, bis sich ihre Ellbogen fast berührten. Die große Scheibe zitterte vom Verkehrslärm. Die Jalousien waren rot von Ziegelstaub, Frost grimassierte erbärmlich, während er versuchte, die Nachricht von seiner Vernichtung zu fassen.
»Der Handel ist folgender, altes Haus«, sagte Jerry sehr ruhig. »Hören Sie gut zu. Ja? Es heißt: entweder Zuckerbrot oder Peitsche. Wenn Sie nicht spuren, hängt mein Blatt alles an die große Glocke. Porträt auf der Titelseite, Schlagzeilen über die

volle Breite, Fortsetzung letzte Seite, Spalte 6, mit allen Schikanen. ›Würden Sie von diesem Mann einen Gebrauchtwagen kaufen?‹ Hongkong, die Brutstätte der Korruption, und Frosti, das geifernde Ungeheuer. So in dieser Art. Wir sagen allen, wie Sie im ›Young Banker's Club‹ Bettpolonaise spielen, genau wie Sie's mir erzählt haben, und wie Sie bis vor kurzem ein sündhaftes Liebesnest drüben in Kaulun unterhielten, nur daß sie sauer wurde, weil sie mehr Futter wollte. Ehe wir das alles bringen, prüfen wir natürlich die Geschichte mit Ihrem Direktor nach und vielleicht auch mit Ihrer Missus, wenn es ihr gut genug geht.«
Auf Frosts Gesicht war ohne jede Warnung eine Sturmflut von Schweiß ausgebrochen. Die fahlen Züge hatten nur ganz kurz öligen Glanz angenommen, dann waren sie auch schon klitschnaß, und der Schweiß rann ungehindert über das feiste Kinn und fiel auf den Robin-Hood-Anzug.
»Kommt vom Saufen«, sagte er töricht und versuchte, die Flut mit seinem Taschentuch einzudämmen. »Ich kriege das immer, wenn ich trinke. Verfluchtes Klima. Ich sollte ihm nicht ausgesetzt sein. Sollte niemand. Hier geht man vor die Hunde. Ich hasse dieses Land.«
»Das ist die *schlechte* Nachricht«, fuhr Jerry fort. Sie standen noch immer am Fenster, Seite an Seite, wie zwei Männer, die den Ausblick genießen. »Die gute Nachricht lautet fünfhundert US in Ihr heißes Händchen, beste Empfehlungen von Grub Street, keiner erfährt was, und Frosti soll Direktor werden. Warum also entspannen Sie sich nicht und genießen es! Gewissermaßen.«
»Und darf ich *erfahren*«, japste Frost schließlich mit einem verzweifelten Versuch zur Ironie, »zu welchem Zweck Sie diese Unterlagen überhaupt einzusehen wünschen?«
»Verbrechen und Korruption, altes Haus. Die Hongkong Connection. Grub Street benennt die Schuldigen. Konto-Nummer vier vier zwei. Haben Sie es hier?« fragte Jerry und deutete auf den Safe.
Frosts Lippen formten ein »Nein«, aber aus seinem Mund kam kein Ton.
»Zweimal vier, dann die Zwei. Wo ist es?«
»Hören Sie«, murmelte Frost. Sein Gesicht war ein hoffnungsloses Durcheinander von Angst und Enttäuschung. »Tun Sie mir einen Gefallen, ja! Lassen Sie mich aus dem Spiel. Bestechen Sie einen meiner chinesischen Angestellten, okay? Das ist die richtige

Methode. Ich meine, ich habe hier eine Position.«
»Sie kennen die Redensart, Frosti. In Hongkong plaudern sogar die Gänseblümchen. Ich will *Sie*. Sie sind hier, und Sie sind besser qualifiziert. Ist es im Tresorraum?«
*Sie müssen die Sache in Gang halten*, sagten sie, *die Schraube ständig noch fester anziehen. Verlieren Sie die Initiative ein einziges Mal, und Sie haben sie für immer verloren.*
Da Frost noch immer verdattert dastand, tat Jerry, als verlöre er die Geduld. Mit einer sehr großen Hand packte er Frost an der Schulter, wirbelte ihn herum und schob ihn rückwärts, bis seine kleinen Schultern flach an den Safe gepreßt waren.
»Ist es im Tresorraum?«
»Wieso soll ich das wissen?«
»Ich sag Ihnen gleich, wieso«, versprach Jerry und nickte so nachdrücklich, daß seine Haarsträhne auf- und abflog. »Ich sag Ihnen wieso, altes Haus«, wiederholte er und versetzte Frost mit der freien Hand einen leichten Schlag auf die Schulter. »Weil Sie nämlich sonst vierzig sind und auf der Straße liegen, mit einer kranken Frau am Hals und hungrigen Bambinos; und das Schulgeld und die ganze Katastrophe! Es gibt nur ein Entweder-oder, und die Entscheidung fällt jetzt. Nicht in fünf Minuten, sondern jetzt. Es ist mir egal, wie Sie's machen, aber sorgen Sie dafür, daß es unverdächtig klingt, und lassen Sie Natalie aus dem Spiel.«
Jerry führte ihn wieder in die Mitte des Büros zurück, zum Schreibtisch mit dem Telefon. Es gibt Rollen im Leben, die man unmöglich mit Würde spielen kann. Eine solche war Frost an diesem Tag zugeteilt. Er hob den Hörer ab und wählte eine einzige Zahl.
»Natalie? Oh, Sie sind noch nicht weg. Hören Sie zu, ich muß noch ungefähr eine Stunde hierbleiben, hatte gerade einen Kunden am Telefon. Sagen Sie Syd, er soll den Tresorraum offen lassen, ich verschließe ihn, sobald ich gehe, ja?«
Er ließ sich in seinen Sessel fallen.
»Bringen Sie Ihr Haar in Ordnung«, sagte Jerry und trat wieder ans Fenster, während sie warteten.
»Von wegen Verbrechen und Korruption!« murrte Frost. »Na schön, und wenn er wirklich eine krumme Tour dreht: nennen Sie mir einen Chinesen, der das nicht tut. Nennen Sie mir einen Briten, der's nicht tut. Glauben Sie, das bringt die Insel wieder auf

die Füße?«
»Er ist also Chinese?« sagte Jerry sehr scharf.
Jerry trat wieder an den Schreibtisch und wählte selbst Natalies Nummer. Keine Antwort. Er hievte Frost behutsam aus dem Sessel und führte ihn zur Tür.
»Und schließen Sie ja nicht ab«, warnte er. »Wir müssen alles wieder reinlegen, ehe Sie gehen.«

Frost war zurückgekommen. Er saß düster am Schreibtisch, vor ihm auf der Schreibunterlage lagen drei Aktenhefter. Jerry goß ihm einen Wodka ein. Er blieb neben seiner Schulter stehen, während Frost trank, und erklärte, wie eine Zusammenarbeit dieser Art funktionierte. Frosti werde nicht das geringste spüren, sagte er. Er müsse nur alles dort liegenlassen, wo es lag, dann in den Korridor hinausgehen und die Tür sorgfältig hinter sich schließen. Neben der Tür hing ein Schwarzes Brett: Frosti habe es bestimmt schon oft angesehen, er solle sich vor dieses Schwarze Brett stellen und die Anschläge gewissenhaft studieren, einen nach dem anderen, bis er Jerry innen zweimal klopfen höre, dann könne er wieder hereinkommen. Während er lese, solle er sich so vor dem Guckloch aufstellen, daß Jerry sich seiner Gegenwart vergewissern könne und Vorüberkommenden die Einsicht versperrt bleibe. Frost könne sich überdies mit dem Gedanken trösten, daß er niemandens Vertrauen mißbraucht habe. Schlimmstenfalls könne ihm höheren Orts – oder auch von Kundenseite – vorgeworfen werden, daß er Jerry im Büro alleingelassen und damit einen technischen Verstoß gegen die Sicherheitsbestimmungen der Bank begangen habe.
»Wie viele Auszüge sind in diesen Akten?«
»Woher soll ich das wissen?« fragte Frost. Die ihm bescheinigte Unschuld hatte ihn wieder ein wenig kühner gemacht.
»Dann zähl' sie, altes Haus, ja? Braver Junge.«
Es waren genau fünfzig, eine ganze Menge mehr, als Jerry erwartet hatte. Blieben noch Vorkehrungen zu treffen für den Fall, daß Jerry wider alle Wahrscheinlichkeit gestört werden sollte.
»Ich brauche Antragsformulare«, sagte er.
»Was denn für verdammte Antragsformulare? Ich habe hier keine Formulare«, erwiderte Frost. »Ich habe *Mädchen*, die mir die Dinger bringen. Nein, die hab' ich auch nicht. Die sind heute

schon nach Hause gegangen.«

»Um mein Treuhandkonto in Ihrem würdigen Haus zu eröffnen, Frosti. Hier auf dem Tisch ausgebreitet, zusammen mit Ihrer vergoldeten Füllfeder für Vorzugskunden. Sie schnappen ein bißchen Luft, während ich die Formulare ausfülle. Und das ist die erste Einlage«, sagte er, zog ein kleines Bündel amerikanischer Banknoten aus der Hüfttasche und ließ sie mit einem satten Klatsch auf den Tisch fallen. Frost schielte auf das Geld, nahm es aber nicht.

Sobald Jerry allein war, ging er rasch zu Werke. Er löste die Blätter aus den Klammern und legte sie paarweise nebeneinander, so daß er zwei auf einmal fotografieren konnte. Er hielt die großen Ellbogen dicht am Körper, um eine ruhige Hand, die großen Füße leicht gegrätscht, um einen besseren Stand zu haben, wie ein Eckmannfänger beim Krickett, und die Meßkette berührte gerade noch die Papiere, um die Tiefenschärfe zu bestimmen. Wenn er nicht zufrieden war, machte er die Aufnahme nochmals. Manchmal regulierte er die Belichtungszeit. Häufig wandte er den Kopf und warf einen Blick auf den Robin-Hood-grünen Kreis im Guckloch, um sich zu vergewissern, daß Frost auf seinem Posten verharrte und nicht etwa die bewaffnete Garde herbeirief. Einmal wurde Frost ungeduldig und klopfte an das Glas, und Jerry knurrte ihn an, er solle sich still verhalten. Dann und wann hörte er Schritte näherkommen, dann ließ er alles auf dem Tisch stehen und liegen, einschließlich Geld und Antragsformulare, steckte die Kamera in die Tasche und spazierte zum Fenster, blickte auf den Hafen und fuhr sich durchs Haar, wie jemand, der vor der großen Entscheidung seines Lebens steht. Und einmal wechselte er die Kassette, eine knifflige Sache, wenn man dicke Finger hat und unter Hochspannung steht. Er wünschte sich, die alte Kamera würde dabei ein bißchen weniger Geräusch verursachen. Als er Frost hereinrief, lagen die Aktenhefter wieder auf dem Schreibtisch, die Geldscheine neben den Heftern, und Jerry fror und empfand leise Mordgelüste.

»Sie sind ein gottverdammter Narr«, verkündete Frost und stopfte die fünfhundert Dollar in die zuknöpfbare Tasche seines Jacketts.

»Klar«, sagte er. Er sah sich im ganzen Büro um, verwischte seine letzten Spuren.

»Sie müssen Ihr dreckiges bißchen Verstand verloren haben«, eröffnete ihm Frost. Seine Miene war sonderbar entschlossen.

»Glauben Sie denn, Sie können einen Mann wie ihn aufs Kreuz legen? Genausogut könnten Sie versuchen, Fort Knox mit einem Brecheisen und einer Schachtel Knallfrösche beizukommen, als dieser Bande das Handwerk zu legen.«
»Mister Big persönlich. Das hab' ich gern.«
»Nein, das werden Sie bald ganz und gar nicht gern haben.«
»Sie kennen ihn, wie?«
»Wir sind wie Schinken und Ei«, sagte Frost säuerlich. »Ich gehe alle Tage bei ihm aus und ein. Sie kennen ja meine Vorliebe für die Großen und Mächtigen.«
»Wer hat dieses Konto für ihn eröffnet?«
»Mein Vorgänger.«
»Er war selbst hier, oder?«
»Nicht zu meiner Zeit.«
»Haben Sie ihn jemals gesehen?«
»Canidrome in Macao.«
»*Wo?*«
»Hunderennen in Macao. Hat sein letztes Hemd verwettet. Sich unters niedrige Volk gemischt. Ich war mit meinem Chinesenpüppchen dort, der vorletzten. Sie hat ihn mir gezeigt. ›Der?‹ sagte ich. ›Der? Ach ja, ein Kunde von mir.‹ Sie war zutiefst beeindruckt.« Ein Abglanz seines früheren Ichs erschien auf Frosts bedrücktem Gesicht. »Und eins kann ich Ihnen sagen: *er* hat sich auch nicht schlecht gebettet. Hatte eine sehr hübsche Blonde bei sich. Europäerin. Filmstar, dem Aussehen nach. Schwedisch. Sehr gewissenhafte Künstlerin auf der Leinwand. Hier – «
Frost brachte ein gespenstisches Grinsen zustande.
»Beeilung, altes Haus. Was ist?«
»Vertragen wir uns wieder. Los. Gehen wir in die Stadt. Hauen meine fünfhundert Eier in die Pfanne. In Wirklichkeit sind Sie ja gar nicht so, stimmt's? Sie tun es bloß, um sich Ihren Lebensunterhalt zu verdienen.«
Jerry kramte in seiner Tasche, fischte den Alarmschlüssel heraus und ließ ihn in Frosts leblose Hand fallen.
»Den werden Sie brauchen.«
Als er das Gebäude verließ, stand ein schlanker, gutgekleideter junger Mann in tiefangesetzten amerikanischen Slacks auf den breiten Stufen. Er las ein seriös aussehendes Buch, eine gebundene Ausgabe. Den Titel konnte Jerry nicht erkennen. Der junge Mann war noch nicht sehr weit gekommen, las jedoch mit größter

Konzentration, wie nur jemand, der fest entschlossen ist, sich zu bilden.

Er war wieder der Sarratt-Mann, alles übrige wich in den Hintergrund.
Immer kreuz und quer, sagten die Bärentreiber. Nie den direkten Weg nehmen. Wenn man den Fang nicht gleich verstecken kann, wenigstens die Hundenasen täuschen. Er nahm verschiedene Taxis, aber immer zu bestimmten Zielen. Zur Queen's Pier, wo er das Beladen der Fähren beobachtete und die braunen Dschunken, die zwischen den großen Schiffen dahinglitten. Nach Aberdeen, wo er mit den Touristen bummelte und mit ihnen Bauklötze staunte über diese komischen Menschen, die auf Booten hausten, und über die schwimmenden Restaurants. Nach Stanley Village und am öffentlichen Strand entlang, wo chinesische Badegäste, die bleichen Körper leicht gebeugt, als laste die Stadt noch immer auf ihren Schultern, keusch mit ihren Kindern dahinwateten. *Chinesen schwimmen nicht mehr, wenn das Mondfest vorüber ist,* erinnerte er sich automatisch, aber es fiel ihm im Moment einfach nicht ein, wann dieses Mondfest war. Er hatte auch daran gedacht, die Kamera an der Garderobe des Hilton-Hotels abzugeben. Er hatte daran gedacht, einen Nachttresor zu benutzen oder ein Päckchen an seine eigene Adresse aufzugeben; sich als Journalist einen speziellen Boten zu nehmen. Aber das alles war ihm nicht sicher genug – genauer gesagt, es war den Bärentreibern nicht sicher genug. Es ist ein Solo, hatten sie gesagt; im Do-it-yourself-Verfahren oder gar nicht. Also kaufte er einen Behälter: eine Tragetasche aus Plastik und ein paar Baumwollhemden zum Ausstopfen. Wenn sie deine Spur haben, dann sorge für eine Ablenkung. Sogar die ältesten Beschatter fallen drauf rein. Und wenn sie dich stellen, dann laß es fallen. Wer weiß? Vielleicht kannst du dir die Hunde lang genug vom Halse halten, um dich in die Büsche zu schlagen. Trotzdem hielt er sich von der Menge fern. Er hatte eine Heidenangst vor einem zufälligen Taschendiebstahl. In der Mietgarage drüben in Kaulun stand ein Wagen für ihn bereit. Er war ruhig – die Spannung legte sich –, aber seine Wachsamkeit ließ keine Sekunde nach. Er fühlte sich siegesgewiß, und wie er sich sonst noch fühlte, zählte nicht. Manche Arbeiten sind eben einfach dreckig.
Während der Fahrt hielt er besonders nach Hondas Ausschau, die

in Hongkong das niedere Fußvolk des Beschattungsgewerbes bilden. Ehe er Kaulun verließ, unternahm er ein paar Abstecher durch Seitenstraßen. Nichts. An der Junction Road reihte er sich in den Picknick-Konvoi ein und fuhr eine weitere Stunde lang in Richtung Clear Water Bay, dankbar über den wirklich katastrophalen Verkehr, denn nichts ist schwieriger als eine gut funktionierende Ablösung innerhalb eines Honda-Trios in einem fünfzehn Meilen langen Stau zu bewerkstelligen. Jetzt galt es, die Spiegel im Auge zu behalten, zu fahren, anzukommen und alles im Alleingang. Die Nachmittagshitze blieb mörderisch. Jerry hatte die Klimaanlage auf vollen Touren laufen, spürte aber nichts davon. Er passierte Felder voll eingetopfter Pflanzen, Seiko-Schilder, dann Karos von Reispflanzungen und Parzellen mit jungen Pfirsichbäumchen, die für den Neujahrsmarkt herangezogen wurden. Dann folgte zu seiner Linken ein schmaler Sandweg, er schwenkte scharf ein und ließ dabei den Rückspiegel nicht aus den Augen, stoppte, blieb eine Weile stehen und öffnete dann die Heckhaube, als wolle er den Motor abkühlen lassen. Ein erbsengrüner Mercedes glitt an ihm vorbei, getönte Fenster, ein Chauffeur, ein Fahrgast auf dem Vordersitz. Er war schon eine ganze Weile hinter ihm gewesen. Aber er blieb auf der Hauptstraße. Jerry überquerte die Straße, betrat ein Café, ging ans Telefon, wählte eine Nummer, ließ es viermal klingeln und legte auf. Er wählte die gleiche Nummer nochmals, ließ es sechsmal klingeln, und als der Hörer abgenommen wurde, legte er wieder auf. Er fuhr weiter, rumpelte durch die Überreste von Fischerdörfern bis zu einem See, wo das Schilf sich bis weit ins Wasser vorgearbeitet hatte und durch sein kerzengerades Spiegelbild verdoppelt wurde. Ochsenfrösche lärmten, und leichte Vergnügungsjachten tauchten aus dem Hitzedunst und verschwanden wieder. Der Himmel war totenblaß und senkte sich ins Wasser. Er stieg aus. In diesem Augenblick hoppelte ein alter Citroën-Lieferwagen daher, an Bord eine chinesische Familie: Coca-Cola-Hüte, Angelzeug, Kinder; aber zwei Männer, keine Frauen, und die Männer beachteten ihn nicht. Er hielt auf eine Zeile Schindelhäuser mit Balkonen zu, sehr verwahrlost und mit durchbrochenen Betoneinfriedungen davor, wie Häuser an der englischen Küste, nur daß die Bemalung von der Sonne verblichener war. Die Namen waren auf Stücken von Schiffsholz in plumpen Lettern eingebrannt: Driftwood, Susy May, Dun-romin. Am Ende des Wegs war eine Bootswerft, aber sie war geschlossen, und die Jachten ankerten jetzt anderswo. Während er sich den Häusern näherte, blickte Jerry beiläufig zu den oberen Fenstern auf. Im zweiten von links stand eine grellbunte Vase voll getrockneter Blumen, deren Stengel in Silberpapier gewickelt waren. Alles klar, sagte sie. Komm rein. Er stieß das kleine Tor auf und drückte auf den Klingelknopf. Der Citroën hatte am Seeufer angehalten. Er hörte die Wagentüren zuschlagen und gleichzeitig die mißhandelte Elektronik aus der Torsprechanlage.

»Was ist denn das für ein blöder Hund?« fragte eine rollende Stimme, deren voller australischer Tonfall durch die Störgeräusche donnerte, aber der Türsummer wurde bereits betätigt, und als Jerry gegen die Tür drückte, sah er Old Craws gewaltige Gestalt im Kimono oben an der Treppe aufgepflanzt. Der Alte freute sich riesig, nannte Jerry »Monsignore« und einen »diebischen Straßenköter« und lud ihn ein, er möge seinen häßlichen Grafenarsch raufbewegen und sich einen verdammten Drink unter die Weste jubeln.

Das ganze Haus stank nach brennendem Räucherwerk. Aus den Schatten einer Tür im Erdgeschoß grinste ihn eine zahnlose Amah an, das gleiche seltsame kleine Wesen, das Luke ausgefragt hatte, als Craw in London war. Der Wohnraum befand sich im ersten Stock. Über die schmierige Täfelung verstreut waren wellige Fotos von Craws alten Kameraden, Journalisten, mit denen er sich durch fünfzig Jahre chaotischer orientalischer Geschichte gearbeitet hatte. In der Mitte stand ein Tisch mit einer altersschwachen Remington, auf der Craw angeblich jetzt seine Memoiren hackte. Im übrigen war der Raum kaum möbliert. Wie Jerry hatte Craw Nachkommen und Ehefrauen aus einem halben Dutzend Leben, und nach Bestreitung des unmittelbar Notwendigen blieb nicht mehr viel Geld für Ausstattung übrig.

Das Badezimmer hatte kein Fenster.

Neben dem Waschbecken ein Entwicklertank und braune Flaschen mit Fixativ und Entwickler. Auch eine kleine Leuchtplatte mit Mattglasscheibe zum Prüfen der Negative. Craw knipste das Licht aus und werkelte zahllose Jahre hindurch in der völligen Finsternis, grunzte, fluchte und rief den Papst an. Jerry hockte schwitzend neben ihm und versuchte, die Arbeitsphasen des Alten nach dessen Flüchen zu ermitteln. Jetzt, riet er, spulte Craw den schmalen Streifen aus der Kassette um. Jerry stellte sich vor, daß er ihn allzu behutsam hielt, um die Beschichtung nicht zu beschädigen. Im nächsten Moment wird er überhaupt nicht mehr wissen, ob er ihn hält oder nicht, dachte Jerry. Er wird seine Fingerspitzen zwingen müssen, nicht loszulassen. Übelkeit befiel ihn. Im Dunkeln wurde Old Craws Fluchen viel lauter, aber nicht laut genug, um das Kreischen der Wasservögel auf dem See zu übertönen. Er ist geschickt, dachte Jerry beruhigt. Er kann es im Schlaf. Er hörte das Knirschen von Bakelit, als Craw den Deckel zuschraubte und ein »Schön ins Bettchen, du kleiner Heidenbastard« brummelte. Dann das seltsam trockene Rasseln, als er behutsam die Luftblasen aus dem Entwickler schüttelte. Dann ging die Kontrollampe mit einem Knacks an, der so laut war wie ein Pistolenschuß, und Old Craw war wieder sichtbar, rot wie ein Papagei vom Dunkelkammerlicht, über den hermetisch verschlossenen Tank gebeugt. Zuerst goß er rasch das Fixiermittel ein, dann stellte er den Tank seelenruhig auf den Kopf und richtete ihn wieder gerade, während er auf den alten Küchenwecker lauschte, der die Sekunden herunterstotterte.

Halb gelähmt von Nervosität und Hitze ging Jerry allein zurück in den Wohnraum, goß sich ein Bier ein und plumpste in einen Rohrsessel. Sein Blick war ziellos, während er auf das stetige Tropfen des Wasserhahns horchte. Durchs Fenster drang das Plappern chinesischer Stimmen. Die beiden Angler hatten ihr Gerät am Seeufer aufgestellt. Die Kinder saßen im Staub und sahen ihnen zu. Aus dem Badezimmer kam wiederum das Kratzen des Deckels, und Jerry sprang auf, aber Craw mußte ihn gehört haben, denn er knurrte »Warten« und schloß die Tür.

*Linienpiloten, Journalisten, Spione,* warnte die Sarratt-Doktrin. *Der gleiche Schlauch. Verdammte Warterei, und dann zwischendurch ein irrer Rummel.*

Er will's erst sehen, dachte Jerry: falls sie verpatzt sind. Nach der Hackordnung mußte Craw seinen Frieden mit London machen, nicht Jerry. Craw, der ihn im äußersten Notfall zu einer zweiten Runde mit Frost ausschicken würde.

»Was machen Sie denn da drinnen, um Himmels willen?« brüllte Jerry. »Was ist los?«

Vielleicht pinkelt er nur, dachte er töricht.

Langsam öffnete sich die Tür. Craws Feierlichkeit war erschreckend.

»Sie sind nichts geworden«, keuchte Jerry.

Er hatte das Gefühl, sich Craw nicht verständlich machen zu können. Er wollte es nochmals sagen, laut. Er wollte schon herumtanzen und eine blödsinnige Szene machen. So daß Craws Antwort, als sie endlich erfolgte, gerade noch zur rechten Zeit kam.

»Im Gegenteil, mein Sohn.« Der alte Knabe trat einen Schritt vor, und Jerry konnte jetzt die Filme sehen, die wie schwarze nasse Würmer an Craws kleiner Wäscheleine baumelten, von rosa Klammern festgehalten. »Im Gegenteil, Sir«, sagte er. »Jedes einzelne ist ein kühnes und erregendes Meisterstück.«

## 7 *Noch mehr über Pferde*

Die ersten Meldungen über Jerrys Erfolge tröpfelten frühmorgens im Circus ein, wo bisher tödliche Stille geherrscht hatte, und sie machten das Wochenende zu einem einzigen Wirbel. Guillam, der wußte, was ihn erwartete, hatte sich um zehn zu Bett begeben und einen unruhigen Schlaf getan, unterbrochen von Besorgnisanfällen um Jerry und unverhüllt sündigen Visionen von Molly Meakin mit und ohne ihren braven Badeanzug. Jerry sollte sich kurz nach vier Uhr morgens Londoner Zeit bei Frost einfinden, und um drei Uhr dreißig knatterte Guillam in seinem alten Porsche durch neblige Straßen zum Circus. Es hätte Morgengrauen oder Abenddämmerung sein können. Als er die Rumpelkammer betrat, sah er Connie die letzten leeren Felder des Kreuzworträtsels der *Times* ausfüllen und Doc di Salis über den Meditationen Thomas Trahernes sitzen, sich am Ohr zupfen und gleichzeitig mit dem Fuß wippen, wie ein Ein-Mann-Schlagorchester. Ruhelos wie immer flitzte Fawn zwischen ihnen hin und her, wischte Staub und räumte auf wie ein Kellner, der ungeduldig auf die nächste Gästeschicht wartet. Dann und wann saugte er an den Zähnen und ließ in kaum noch beherrschter Frustration ein fauchendes »Pff« hören. Eine Schwade von Tabaksqualm hing wie eine Regenwolke im Raum, vereint mit dem üblichen Gestank nach abgestandenem Tee aus dem Samowar. Smileys Tür war geschlossen, und Guillam sah keinen Grund, ihn zu stören. Er schlug eine Nummer von *Country Life* auf. Wie wenn man bei einem Scheiß-Zahnarzt wartet, dachte er, saß da und glotzte gedankenlos auf die Fotos großartiger Häuser, bis Connie leise ihr Kreuzworträtsel weglegte, sich kerzengerade aufsetzte und sagte: »Horcht«. Dann hörte er das grüne Telefon der Vettern kurz schnarren, bis Smiley abhob. Durch die offene Tür zu seinem eigenen Büro blickte Guillam auf die Reihe elektronischer Boxen. An einer von ihnen brannte ein grünes Warnlicht während der ganzen Dauer des

Gesprächs. Dann klingelte der Anschluß in der Rumpelkammer, und diesmal war Guillam schneller als Fawn.
»Er hat die Bank betreten«, verkündete Smiley kryptisch über die Nebenstellenanlage.
Guillam gab die Nachricht an die Versammlung weiter: »Er ist in die Bank reingegangen«, sagte er, aber er hätte ebensogut zu den Toten sprechen können. Niemand gab das kleinste Zeichen, daß er ihn gehört hatte.
Um fünf hatte Jerry die Bank wieder verlassen. Nervös erwog Guillam die weiteren Möglichkeiten. Er fühlte sich physisch übel. Verbrennen war ein gefährliches Spiel, und wie die meisten Profis war Guillam dagegen, wenn auch nicht aus Gewissensgründen. Da war zuerst einmal die verfolgte Beute, oder, noch schlimmer, die Schar der Engel von der Ortspolizei. Zweitens das Verbrennen selbst: nicht jeder reagiert logisch auf Erpressung. Es gibt Helden, es gibt Lügner, es gibt hysterische Jungfrauen, die den Kopf in den Nacken werfen und Zeter und Mordio schreien, auch wenn es ihnen Spaß macht. Aber die größte Gefahr kam jetzt, nachdem der Brand gelegt war und Jerry der rauchenden Bombe den Rücken kehren und losrennen mußte. Nach welcher Seite würde Frost sich stürzen? Würde er die Polizei anrufen? Seine Mutter? Seinen Boß? Seine Frau? »*Darling*, ich gestehe alles, rette mich, und wir wollen ein neues Leben beginnen.« Guillam schloß nicht einmal die grauenhafte Möglichkeit aus, daß Frost direkt zu seinem Kunden gehen könnte: »Sir, ich habe mich für einen groblichen Bruch des Bankgeheimnisses zu verantworten.«
Guillam schauderte in der Unheimlichkeit der frühen Morgenstunde und konzentrierte seine Gedanken energisch auf Molly.
Als das grüne Telefon wiederum ertönte, hörte Guillam es nicht. George mußte praktisch auf dem Ding gesessen haben. Plötzlich glomm das Lämpchen in Guillams Büro auf, und es glomm fünfzehn Minuten lang weiter. Es erlosch, und sie warteten, aller Augen auf Smileys Tür geheftet, als wollten sie ihn aus seiner Klause hypnotisieren. Fawn war mitten in der Bewegung erstarrt, einen Teller mit braunen Marmeladebroten in der Hand, die niemand je essen würde. Dann bewegte sich die Klinke und Smiley erschien mit einem Wald-und-Wiesen-Suchantrag in der Hand, den er bereits in seiner sauberen Schrift ausgefüllt und mit »Stripe« gekennzeichnet hatte, was »Eilige Chefsache« bedeutete und die höchste Dringlichkeitsstufe darstellte. Er gab es Guillam

und bat ihn, es sofort der Bienenkönigin in der Registratur zu bringen und bei ihr stehenzubleiben, während sie den Namen heraussuchte. Als Guillam es entgegennahm, fiel ihm eine frühere Gelegenheit ein, bei der er mit einem ähnlichen Formular zu tun gehabt hatte, das mit Worthington Elizabeth alias Lizzie begonnen und mit »Edelnutte« geendet hatte. Und im Hinausgehen hörte er, wie Smiley ruhig an Connie und di Salis die Aufforderung richtete, mit ihm in den Thronsaal zu kommen, während Fawn zur allgemeinen Bibliothek abzischte, um von dort die letzte Ausgabe von »Who's Who in Hong Kong« zu holen.

Die Bienenkönigin war eigens für die Frühschicht eingeteilt worden, und als Guillam zu ihr hereinkam, glich ihre Höhle einem Gemälde aus der Reihe »Die Nacht, in der London brannte«, komplett mit eisernem Feldbett und Spirituskocher, obwohl im Korridor eine Kaffeemaschine stand. Alles, was sie braucht, ist eine Garnitur Kochtöpfe und ein Porträt Winston Churchills, dachte er. Die einzelnen Angaben auf dem Formular lauteten: »Ko, Vorname Drake, andere Namen unbekannt, geboren 1925 in Schanghai, wohnhaft zur Zeit Seven Gates, Headland Road, Hongkong, Beruf Vorsitzender und geschäftsführender Direktor von ›China Airsea Ltd., Hong Kong‹.« Die Bienenkönigin stürzte sich in eine eindrucksvolle Schnitzeljagd, aber alles, was sie schließlich zutage förderte, war die Information, daß Ko im Jahr 1966 (Hongkong-Liste) »wegen besonderer Verdienste um das Wohlfahrts- und Sozialwesen der Kolonie« für den O. B. E., den Order of the British Empire, vorgeschlagen wurde und daß der Circus damals auf das Ansuchen des Gouverneurs um kritische Nachprüfung die Auskunft erteilt habe, »laut Akten keine Hinderungsgründe«, ehe die Auszeichnung nach oben zur Bestätigung weitergeleitet wurde. Während er mit dieser frohen Botschaft treppauf eilte, war Guillam wach genug, um sich zu erinnern, daß »China Airsea Ltd., Hong Kong« von Sam Collins als letztendlicher Eigner jener Schmalspur-Fluggesellschaft in Vientiane genannt worden war, die als Empfängerin von Handels-Boris' milden Gaben fungierte; was Guillam als höchst logische Verbindung ansah. Zufrieden mit sich selber kehrte er in den Thronsaal zurück, um dort von Grabesschweigen empfangen zu werden. Über den Fußboden verstreut lag nicht nur die letzte Ausgabe von »Who's Who«, sondern auch eine ganze Anzahl älterer Bände: Fawn war wieder einmal übers Ziel hinausgeschossen. Smiley saß an seinem Schreibtisch und starrte auf ein Blatt mit Notizen in seiner eigenen Handschrift, Connie und di Salis starrten auf Smiley, Fawn hingegen war wieder abwesend, vermutlich auf einem weiteren Botengang. Guillam reichte Smiley das Formular, in dessen Mitte die Bienenkönigin ihre Entdeckungen in gestochener Schrift niedergelegt hatte. Im gleichen Augenblick surrte das grüne Telefon wieder. Smiley nahm den Hörer auf und begann, auf das Blatt Papier, das vor ihm lag, zu kritzeln.

»Ja. Danke, habe ich. Bitte weiter. Ja, habe ich auch.« Und so weiter, zehn Minuten lang, bis er sagte: »Gut. Dann bis heute Abend«, und auflegte.

Draußen auf der Straße proklamierte ein irischer Milchmann enthusiastisch, daß er nie wieder der wilde Vagabund sein werde.

»Westerby hat die komplette Akte an Land gezogen«, sagte Smiley endlich – wobei er, wie alle anderen, ihn nur mit seinem Arbeitsnamen bezeichnete. »Sämtliche Zahlen.« Er nickte, als stimmte er sich selber zu und studierte weiterhin das Blatt Papier. »Der Film wird nicht vor heute abend hier sein, aber das Muster ist bereits klar. Alles, was ursprünglich über Vientiane bezahlt wurde, ist auf dem Konto in Hongkong gelandet. Von allem Anfang an war Hongkong die Endstation der Goldader. Für alles. Bis zum letzten Cent. Keine Abzüge, nicht einmal für Bankspesen. Es war anfangs eine bescheidene Zahl, dann stieg sie steil an, warum, das können wir nur ahnen. Alles, wie Collins gesagt hat. Bis die Summe bei 25 000 pro Monat angelangt war und dort blieb. Als die Verbindung über Vientiane endete, ließ die Zentrale nicht einen einzigen Monat aus. Die Umstellung auf die andere Route erfolgte augenblicklich. Sie haben recht, Con. Karla unternimmt nie etwas ohne eine Ausweichmöglichkeit.«

»Er ist ein Profi, *darling*«, murmelte Connie Sachs. »Wie Sie.«

»Nicht wie ich.« Er las in seinen Notizen weiter. »Es ist ein Anderkonto«, erklärte er im gleichen natürlichen Ton. »Nur ein Name ist angegeben, und zwar der des Trustgründers. Ko. ›Verfügungsberechtigter unbekannt‹, heißt es. Vielleicht erfahren wir heute abend, warum. Nicht ein Penny wurde bis jetzt abgehoben«, sagte er, ausschließlich an Connie Sachs gewandt. Er wiederholte es: »Seit die Einzahlungen vor drei Jahren begannen, wurde kein einziger Penny von dem Konto abgehoben. Der Saldo beläuft sich auf etwa eine halbe Million amerikanischer Dollar.

Mit Zins und Zinseszins wächst es natürlich rasch.«
Für Guillam war diese letztere Information glatter Wahnsinn. Was zum Teufel sollte eine Goldader von einer halben Million, wenn das Geld am anderen Ende nicht benutzt wurde? Für Connie Sachs und di Salis hingegen war dieser Punkt offensichtlich von enormer Bedeutung. Ein Krokodilslächeln breitete sich langsam über Connies Züge, und ihre Babyaugen hefteten sich in lautloser Ekstase auf Smiley.
»Oh, *George*«, hauchte sie schließlich, als die Enthüllung in sie eingesickert war. »*Darling*. Anderkonto! Ja, das ist ein anderes Paar Stiefel. Natürlich, mußte es ja sein, nicht wahr. Alle Anzeichen waren vorhanden. Vom *aller*ersten Tag an. Und wenn die fette, blöde Connie nicht so alt und tatterich und unnütz wäre und nicht ein Brett vor dem Hirn hätte, denn wäre ihr *längst* alles klar. Fassen Sie mich nicht an, Peter Guillam, Sie junger Sittenstrolch.« Sie umklammerte mit den verkrüppelten Händen die Armlehnen und stemmte sich mühsam hoch. »Aber wer kann soviel wert sein? Vielleicht ein Agentennetz? Nein, nein, für ein *Netz* würden sie das nie und nimmer tun. Kein Präzedenzfall. Keine ungezielte Sache, war noch nie da. Also wer kann es sein? Was mag er zu liefern haben, was so viel wert wäre?« Sie humpelte zur Tür, zerrte den Schal über ihre Schultern und glitt bereits hinüber in ihre eigene Welt: »Karla wirft nicht so mit dem Geld herum.« Sie hörten sie noch eine ganze Weile murmeln. Im Büro der Mütter durchschritt Connie das Spalier der zugedeckten Schreibmaschinen, vermummte Schildwachen im Schummerlicht. »Karla ist ein solcher Geizkragen, daß er findet, seine Agenten sollten *gratis* für ihn arbeiten! Genau. Bezahlt sie pfennigweise. Taschengeld. Inflation hin oder her, aber eine halbe Million Dollar für einen einzigen kleinen Maulwurf! Nie von sowas gehört!«
di Salis war auf seine schrullige Art nicht weniger beeindruckt als Connie. Er saß da, hatte den oberen Teil seines verdrehten, unproportionierten Körpers nach vorn gekippt und stocherte so ungestüm mit einem silbernen Messer im Pfeifenkopf, als wäre es ein angebrannter Kochtopf. Das silberne Haar am Hinterkopf starrte wie ein Hahnenkamm über dem schuppenbedeckten Kragen seines zerknitterten schwarzen Jacketts.
»Nun, *well*, kein Wunder, daß Karla die Leichen verschwinden lassen wollte«, platzte er plötzlich heraus, als hätte so viel

Aktivität die Worte aus ihm herauskatapultiert. »Kein Wunder. Karla ist auch ein alter Chinahase, müssen Sie wissen. Beglaubigte Tatsache. Ich weiß es von Connie.« Er rappelte sich hoch und raffte viel zu viele Gegenstände mit den kleinen Händen an sich: Pfeife, Tabaksdose, sein Federmesser und seinen Thomas Traherne. »Natürlich keine Intelligenzbestie. Erwartet man auch nicht. Karla ist kein Gelehrter, er ist Soldat. Aber auch nicht blind, kein Gedanke, sagte sie mir. *Ko.*« Er wiederholte den Namen in verschiedenen Lautqualitäten. »Kó. *Kô.* Ich muß die Ideogramme sehen. Alles hängt von den Ideogrammen ab. Höhe . . . Baum- . . . sogar, ja, Baum wäre möglich . . . oder nicht? . . . oh, und noch mehrere weitere Bedeutungen. ›Drake‹ ist natürlich Missionsschule. Missionsschüler in Schanghai. Mhm, *well,* allererste Parteizelle war in Schanghai. Warum habe ich das gesagt? *Drake Ko.* Frage mich, wie er wirklich heißen mag. Aber das werden wir bestimmt alles bald herausbekommen. Ja. Gut. Also, dann begebe ich mich auch wieder an meine Lektüre. Smiley, glauben Sie, daß ich einen Kohlenschütter in mein Zimmer kriegen kann? Ohne Heizung erfriert man einfach. Ich habe die Housekeepers schon ein Dutzendmal gebeten und nur impertinente Bemerkungen einstecken müssen. Anno domini wahrscheinlich, aber der Winter steht wohl schon vor der Tür. Sie zeigen uns doch das Rohmaterial, sobald es eintrifft? Man arbeitet nicht gern allzu lang an konstruierten Versionen. Ich werde einen Lebenslauf zusammenstellen. Soll meine erste Arbeit sein. Ko. Ah, vielen Dank, Guillam.«

Er hatte seinen Thomas Traherne fallenlassen. Als er ihn entgegennahm, entglitt ihm die Tabaksdose, also hob Guillam auch sie auf. »Drake Ko. Schanghainese bedeutet natürlich überhaupt nichts. Schanghai war der wahre Schmelztiegel. Die Lösung lautet Chiu Chow, nach allem, was wir wissen. Trotzdem, keine voreiligen Schlüsse. Baptist. Nun ja, das sind die Christen in Chiu Chow größtenteils, nicht wahr! Swatonese: wo kam das vor? Ja, die zwischengeschaltete Gesellschaft in Bangkok. Ja, das paßt ganz gut. Oder Hakka. Was sich gegenseitig nicht ausschließt, ganz und gar nicht.« Er stelzte hinter Connie her in den Korridor hinaus und ließ Guillam allein mit Smiley, der aufstand, zu einem Lehnstuhl hinüberging, sich hineinfallen ließ und blicklos ins Feuer starrte.

»Komisch«, bemerkte er endlich. »Man fühlt keinen Schock.

Warum nicht, Peter. Sie kennen mich. Warum denn nicht?«
Guillam war klug genug, zu schweigen.
»Ein großer Fisch. In Karlas Sold. Anderkonten, die Gefahr, daß russische Spione mitten im Herzen der Kolonie am Werk sind. Also, warum fühlt man keinen Schock?«
Wieder bellte das grüne Telefon, diesmal nahm Guillam den Anruf entgegen. Während er am Apparat stand, sah er zu seinem Erstaunen einen neuen Band von Sam Collins' Fernost-Berichten offen auf dem Schreibtisch liegen.

Das war das Wochenende. Connie und di Salis verschwanden spurlos; Smiley machte sich daran, seine Eingabe an Whitehall auszuarbeiten. Guillam glättete sein Gefieder, trommelte die Mütter zusammen und teilte sie zur Schichtarbeit ein. Am Montag rief er nach eingehender Vergatterung durch Smiley Lacons Privatsekretär an. Er machte es sehr gut. »Kein Tamtam«, hatte Smiley ihn gewarnt. »Ganz lässig.« Und genauso tat Guillam. Neulich abends beim Dinner sei die Rede gewesen – so sagte er – von einem *prima facie* Fall, der möglicherweise vor den Lenkungsausschuß gehöre.
»Die Sache hat ein bißchen Gestalt angenommen, es wäre daher vielleicht am Platz, einen Termin zu bestimmen. Geben Sie uns die Schlagfolge, und wir lassen die Unterlagen vorher herumgehen.«
»Eine *Schlagfolge?*«
Lacons Privatsekretär war eine fette Stimme namens Pym. Guillam war ihm nie begegnet, haßte ihn jedoch ganz unsinnig.
»Ich kann es ihm nur sagen«, gab Pym zu bedenken. »Ich kann es ihm sagen und dann zusehen, was er antwortet, und rufe dann zurück. Seine Tanzkarte für diesen Monat ist fast voll.«
»Es wäre nur ein ganz kleiner Walzer, wenn er's möglich machen könnte«, sagte Guillam und legte zornbebend auf.
Warte nur, du Blödmann, dann wirst du schon sehen, was dir blüht, dachte er.

Wenn in London ein freudiges Ereignis fällig ist, sagt der Volksmund, dann kann der Außenagent nur im Wartezimmer auf und ab traben. Linienpiloten, Journalisten, Spione: die verfluchte Warterei hatte Jerry wieder am Wickel.
»Wir sind eingemottet«, verkündete Craw. »Jetzt heißt's abwar-

ten, und achten Sie auf alles, was Sie tun.«
Sie sprachen mindestens jeden zweiten Tag miteinander, Kassiber-Anrufe zwischen zwei neutralen Telefonen, meist von einer Hotelhalle zur anderen. Sie maskierten ihre Unterhaltung durch eine Mischung aus Sarratt-Wortcode und Journalisten-Kauderwelsch.
»Ihr Artikel muß noch höheren Orts abgesegnet werden«, sagte Craw. »Wenn unsere Redakteure auf Zack sind, bringen sie ihn beizeiten. Inzwischen Finger in die Nase und drinlassen. Das ist ein Befehl.«
Jerry hatte keine Ahnung, wie Craw mit London sprach, und er wollte es auch nicht wissen, solange es nur sicher war. Er vermutete über einen Vertrauensmann aus der riesigen unberührbaren regulären Nachrichtendienst-Bruderschaft, aber er wußte es nicht.
»Ihr Job ist es, Futter für das Comic zu sammeln, und stecken Sie sich eine Kopie unters Hemd, damit Sie sie Bruder Stubbs vor den Latz knallen können, wenn die nächste Krise kommt«, hatte Craw zu ihm gesagt. »Und sonst nichts, verstanden?«
Jerry griff auf seine Spritztouren mit Frost zurück und verzapfte einen Artikel über die Auswirkung des amerikanischen Truppenabzugs auf das Nachtleben von Wanchai: »Was ist aus Susi Wong geworden, seit keine kriegsmüden GIs mit dicken Brieftaschen mehr zu Spiel und Spaß anrücken?« Er tippte ein »Interview im Morgengrauen« mit einer ebenso unglücklichen wie frei erfundenen Barfrau, die bereits so runter war, daß sie japanische Kunden annahm, schickte es per Luftfracht ab und überredete Lukes Büro, die Nummer des Frachtbriefs per Telex durchzugeben, alles genau wie Stubbs angeordnet hatte. Jerry war durchaus kein unfähiger Reporter, aber so wie er unter Druck sein Bestes leisten konnte, war Müßiggang das Schlechteste für ihn. Doch zu seinem Erstaunen bestätigte Stubbs die Annahme umgehend und sogar gnädigst – ein »Herogramm« nannte Luke es, als er den Text von seinem Büro aus durchtelefonierte –, und Jerry sah sich nach weiteren würdigen Objekten um. Ein paar sensationelle Korruptionsprozesse, bei denen die übliche Clique mißverstandener Polizisten im Mittelpunkt stand, interessierten gute Blätter, aber nach genauerem Hinsehen fand Jerry, daß sie keine Exportchancen hätten. England war mit diesem Artikel zur Zeit selber bedient. Eine »Kontaktpostille« beauftragte ihn, einem Gerücht

über die angebliche Schwangerschaft der Miss Hong Kong nachzugehen, das ein Konkurrenzblatt in Umlauf gebracht hatte, aber eine Verleumdungsklage kam ihm zuvor. Er besuchte eine unergiebige Pressekonferenz der Regierung, die Shallow Throat abhielt, selbst ein humorloser Ausgestoßener einer nordirischen Tageszeitung, vertrödelte einen Vormittag mit dem Aufstöbern einstmals erfolgreicher Stories, die man wieder aufwärmen könnte; und da eine Beschneidung des Armee-Etats im Gespräch war, ließ er sich einen Nachmittag lang von einem Public-Relations-Major, der aussah wie achtzehn, in der Gurkha-Garnison herumführen. Und, nein, der Herr Major wußte *nicht*, vielen Dank, so die Antwort auf Jerrys unbekümmerte Frage, wie seine Männer ihr Sexualleben gestalten würden, wenn ihre Familien nach Nepal zurückmüßten. Sie würden ungefähr alle drei Jahre ihre Heimatdörfer besuchen dürfen; meinte er und schien dies in jedem Fall für ausreichend zu halten. Jerry trieb die Fakten aus, bis sie den Eindruck vermittelten, die Gurkhas wären bereits eine Brigade von Strohwitwern, »Kalte Duschen in Heißem Klima für Britanniens Söldner«, und sicherte sich damit triumphierend einen Vorsprung in der Berichterstattung. Er hortete noch ein paar Stories für Notzeiten, lungerte an den Abenden im Club herum und zerquälte sich das Hirn, während er darauf wartete, daß das Circuskind das Licht der Welt erblickte.

»Herrgottnochmal«, beklagte er sich bei Craw, »der verdammte Kerl liegt doch praktisch auf dem Präsentierteller.«

»Trotzdem«, sagte Craw unerbittlich.

Also sagte Jerry »Yes, Sir«, und fing ein paar Tage danach aus schierer Langeweile an, seine gänzlich inoffiziellen Nachforschungen über Leben und Lieben von Mr. Drake Ko, O. B. E., »Steward« des »Royal Hong Kong Jockey Club«, Millionär und über jeden Verdacht erhabener Bürger, zu betreiben. Nichts Aufsehenerregendes; nichts was nach Jerrys Auffassung verbotswidrig gewesen wäre; denn der Außenagent müßte erst geboren werden, der sich nicht irgendwann einmal über die Grenzen seines Auftrags hinausverirrte. Er begann mit versuchsweisen Vorstößen: wie Angriffe auf eine verbotene Keksdose. Zufällig hatte er bereits erwogen, Stubbs eine dreiteilige Serie über die »Reichen und die Superreichen von Hongkong« vorzuschlagen. Als er eines Tages vor dem Lunch unter den Nachschlagewerken im Auslandskorrespondenten-Club herumsuchte, tat er es unwissentlich

Smiley gleich und schlug in der letzten Ausgabe von »Who's Who in Hong Kong« den Passus Ko, Drake auf: verheiratet, ein Sohn, der 1968 starb, seinerzeit Jurastudent am Grey's Inn, London, aber offenbar nicht erfolgreich, da sich kein Vermerk über eine Aufnahme in die Anwaltskammer fand. Dann eine Aufzählung seiner über zwanzig Direktorenposten. Hobbies: Pferderennen, Segeln und Jade. Für wen galt das nicht? Dann die wohltätigen Einrichtungen, die er unterstützte, einschließlich einer Baptistenkirche, eines Chiu Chow Spirit Tempel und des Drake-Ko-Kinderspitals. Nach allen Seiten abgesichert, dachte Jerry erheitert. Das Foto zeigte die übliche sanftäugige, zwanzigjährige schöne Seele, reich an Verdiensten und irdischen Gütern, und war im übrigen unerkennbar. Der Name des toten Sohnes war Nelson, stellte Jerry fest: Drake und Nelson, britische Admirale. Es wollte ihm nicht aus dem Kopf, daß der Vater nach dem ersten britischen Seemann getauft sein sollte, der in die chinesischen Meere vorstieß, und der Sohn nach dem Helden von Trafalgar.

Jerry hatte viel weniger Schwierigkeiten als Peter Guillam, die Verbindung zwischen »China Airsea« in Hongkong und »Indocharter, Vientiane S. A.« herzustellen, und es belustigte ihn, als er im Firmenprospekt von »China Airsea« las, die Gesellschaft betreibe »weitgestreute Handels- und Transportgeschäfte in ganz Südostasien« – zum Beispiel Reis, Fisch, Elektroartikel, Teak, Immobilien und Spedition.

Als er wieder einmal Lukes Büro heimsuchte, ging er einen kühnen Schritt weiter: ein bloßer Zufall schob ihm den Namen Drake Ko unter die Nase. Zugegeben, er hatte unter Ko in der Ablagekartei nachgeschlagen. Genau so, wie er ein Dutzend oder zwanzig andere reiche Chinesen der Kolonie nachgeschlagen hatte; genau so, wie er die chinesische Bürodame in aller Unschuld gefragt hatte, wer *ihrer* Meinung nach die für seine Zwecke am besten geeigneten und exotischsten Millionäre seien. Und wenn Drake vielleicht auch nicht zu ihren absoluten Favoriten zählen mochte, so bedurfte es wenig Mühe, ihr den Namen und folglich auch die dazugehörigen Unterlagen zu entlocken. Wie er Craw bereits geklagt hatte, war es tatsächlich deprimierend, um nicht zu sagen traumatisierend, einem derart im Licht der Öffentlichkeit stehenden Mann auf Schleichpfaden nachzuspüren. Sowjetische Geheimdienstagenten traten, nach Jerrys beschränkter Erfahrung mit dieser Spezies, normalerweise in bescheidener Gestalt auf. Ko

wirkte vergleichsweise überdimensional.
Erinnert mich an Old Sambo, dachte Jerry. Zum erstenmal drängte sich ihm ein solcher Vergleich auf.
Die detaillierteste Ausbeute bot eine auf Glanzpapier gedruckte Illustrierte namens *Goldener Orient*, die inzwischen ihr Erscheinen eingestellt hatte. In einer der letzten Nummern befaßte sich eine achtseitige Bildreportage, betitelt »Die Roten Ritter von Nangyang«, mit der wachsenden Zahl von Übersee-Chinesen, die einträgliche Handelsbeziehungen zu Rotchina unterhielten, gemeinhin als die fetten Fische bekannt. Nangyang bedeutete, wie Jerry wußte, die Meere südlich von China; und erweckte in den Chinesen die Vorstellung eines Eldorado des Friedens und Wohlstands. Jedem der auserwählten Honoratioren widmete der Artikel eine Seite Text und ein Foto, das den Betreffenden meist vor dem Hintergrund seines Besitztums zeigte. Der Held des Hongkong-Interviews – andere spielten in Bangkok, Manila, Singapur – war der »allgemein beliebte Sportsmann und Steward des ›Jockey Club‹, Mr. Drake Ko, Präsident, Vorsitzender, geschäftsführender Direktor und Hauptaktionär von ›China Airsea‹«, und das Foto zeigte ihn mit seinem Pferd Lucky Nelson am Ende einer erfolgreichen Rennsaison in Happy Valley. Der Name des Pferdes machte den Europäer Jerry stutzig. Er fand es makaber, daß ein Vater einem Pferd den Namen seines toten Sohnes geben sollte.
Das dazugehörige Bild enthüllte weit mehr als die nichtssagenden Schnappschüsse in »Who's Who«. Ko wirkte fröhlich, ja sogar übermütig, und obwohl er eine Kopfbedeckung trug, hatte man den Eindruck, er sei kahl. Die Kopfbedeckung war im Moment das Interessanteste an Ko, denn es handelte sich um eine, die man, soweit Jerry das beurteilen konnte, noch nie an einem Chinesen gesehen hatte. Es war eine Baskenmütze, schräg aufgesetzt, und sie reihte Ko irgendwo zwischen einem britischen Soldaten und einem französischen Zwiebelhändler ein: aber vor allem verriet sie die für einen Chinesen allerseltenste Eigenschaft: Selbstironie. Er war offensichtlich hochgewachsen, er trug einen Burberry-Mantel, und seine langen Hände ragten wie Äste aus den Ärmeln hervor. Er schien das Pferd wirklich sehr gern zu haben, ein Arm ruhte leicht auf dem Rücken des Tieres. Auf die Frage, warum er noch immer eine Dschunkenflotte unterhielte, was doch allgemein als unrentabel galt, erwiderte er: »Meine Leute sind Hakkas

aus Chiu Chow. Wir atmeten das Wasser ein, bebauten das Wasser, schliefen auf dem Wasser. Boote sind mein Element.« Gern schilderte er auch seine Reise von Schanghai nach Hongkong im Jahre 1951. Damals war die Grenze noch offen, und es bestanden keine wirksamen Einwanderungsbeschränkungen. Dennoch hatte Ko es vorgezogen, die Reise auf einem Fischerboot zu machen, Piraten, Blockaden und Unbilden der Witterung zum Trotz: was man, gelinde ausgedrückt, als exzentrisch bezeichnen konnte.

»Ich bin ein großer Faulpelz«, soll er gesagt haben. »Wenn der Wind mich umsonst treibt, warum dann zu Fuß gehen? Jetzt besitze ich eine Jacht von sechzig Fuß Länge, aber ich liebe das Meer noch immer.«

Berühmt für seinen Humor, sagte der Artikel.

Ein guter Agent muß Unterhaltungswert haben, sagen die Bärentreiber von Sarratt: das hatte auch die Moskauer Zentrale begriffen.

Da er unbeobachtet war, schlenderte Jerry hinüber zur Ablage und hatte sich ein paar Minuten später einen dicken Band mit Presseausschnitten angeeignet, vorwiegend über einen Aktienskandal von 1965, bei dem Ko und eine Gruppe Swatonesen eine undurchsichtige Rolle gespielt hatten. Die Ermittlungen der Börsenaufsicht erwiesen sich, wie kaum überraschte, als nicht schlüssig und wurden ad acta gelegt. Im folgenden Jahr bekam Ko seinen O. B. E.: »Wenn du jemanden kaufst«, pflegte Old Sambo zu sagen, »dann kauf ihn gründlich.«

In Lukes Büro arbeitete ein Stab von chinesischen Rechercheuren, unter ihnen ein geselliger Kantonese namens Jimmy, der häufig im Club auftauchte und gegen chinesische Entlohnung das Orakel für Chinafragen spielte. Jimmy sagte, die Swatonesen seien ein Volk für sich, »wie die Schotten oder die Juden«, unternehmend, stammesverbunden und notorisch geizig und siedelten am Meer, so daß sie dort Zuflucht finden konnten, wenn sie verfolgt wurden, am Verhungern oder tief verschuldet waren. Er sagte, ihre Frauen seien sehr begehrt, denn sie seien schön, fleißig, genügsam und wollüstig.

»Sind Sie wieder einen Roman am Schreiben, Westerby?« fragte der Zwerg honigsüß, als er aus seinem Büro kam, um nachzusehen, was Jerry trieb. Jerry hatte fragen wollen, warum ein Swatonese in Schanghai erzogen sein sollte, aber er fand es klüger,

auf ein weniger delikates Thema umzuschwenken.
Am nächsten Tag lieh Jerry sich Lukes klappriges Auto aus. Mit einer gewöhnlichen Fünfunddreißigmillimeter-Kamera ausgerüstet fuhr er zur Headland Road, einem Millionärs-Getto zwischen Repulse Bay und Stanley, wo er demonstrativ vor den Villen hielt und sich den Hals verrenkte, wie es viele müßige Touristen tun. Seine Tarngeschichte war noch immer diese Reportage für Stubbs über die »Reichen und die Superreichen von Hongkong«: auch jetzt noch hätte er nicht einmal sich selber eingestanden, daß er wegen Drake Ko hierherkam.
»Er macht Krach in Taipeh«, hatte Craw ihm bei einem ihrer Telefongespräche beiläufig erzählt. »Wird nicht vor Donnerstag zurück sein.« Wieder einmal akzeptierte Jerry fraglos Craws Nachrichtenverbindungen.
Er fotografierte das Haus namens Seven Gates nicht, aber er musterte es wiederholt mit langen, dämlichen Blicken. Er sah eine niedrige ziegelgedeckte Villa, ein gutes Stück von der Straße zurückgesetzt, mit einer großen Veranda auf der Meerseite und einer Pergola aus weißgetünchten Säulen, die sich vor dem blauen Horizont abhoben. Craw hatte ihm erzählt, daß Drake den Namen gewählt haben mußte, weil in Schanghai die alte Stadtmauer von sieben Toren durchbrochen wurde. »Gefühle, mein Sohn. Unterschätzen Sie niemals die Macht der Gefühle über ein Schlitzauge, und zählen Sie niemals darauf. Amen.« Er sah Rasenflächen, darunter zu seiner Belustigung auch einen Krocketrasen. Er sah eine schöne Sammlung von Azaleen und Hibiskus. Er sah das Modell einer Dschunke, etwa zehn Fuß lang, auf einem Zementmeer, und er sah eine Gartenbar, rund wie ein Musikpavillon, mit einer blau-weiß gestreiften Markise darüber, und einen Kreis leerer weißer Stühle, beaufsichtigt von einem Boy in weißer Tunika, weißen Hosen und weißen Schuhen. Die Kos erwarteten offenbar Gäste. Er sah weitere Hausboys eine tabakfarbene Rolls-Royce-Phantom-Limousine waschen. Die lange Garage war offen, und er zählte einen kombiartigen Chrysler und einen schwarzen Mercedes, dessen Nummernschild entfernt war, vermutlich im Zuge irgendeiner Reparaturarbeit. Aber er achtete sorgfältig darauf, den anderen Häusern an der Headland Road die gleiche Aufmerksamkeit zu schenken, und er fotografierte drei davon.
Dann fuhr er weiter nach Deep Water Bay, stand am Strand und blickte auf die kleine Armada der Dschunken und Motorboote im

Besitz der Börsianer, konnte aber die »Admiral Nelson«, Kos berühmte Hochseejacht, nicht entdecken – die Allgegenwart des Namens Nelson wurde nachgerade drückend. Als er schon aufgeben wollte, hörte er einen Ruf von drunten, ging einen wackeligen Fußsteig hinab und sah eine alte Frau in einem Sampan, die zu ihm hinaufgrinste und mit einem gelben Hühnerbein, an dem sie mit ihrem zahnlosen Gaumen genuckelt hatte, auf sich selbst wies. Er kletterte an Bord und wies auf die Boote, und sie fuhr ihn einmal rundum, lachte und sang, während sie skullte, und behielt das Hühnerbein im Mund. Die »Admiral Nelson« war elegant und schnittig. Drei Boys in weißen Segeltuchanzügen schrubbten emsig die Verdecke. Jerry versuchte zu berechnen, wie hoch sich Kos monatliche Haushaltsausgaben, allein für Personalkosten, belaufen mochten.

Auf der Rückfahrt legte er einen Halt ein, um sich das Drake-Ko-Kinderspital anzusehen, und stellte fest, was immer diese Information wert sein mochte, daß auch hier alles in erstklassigem baulichen Zustand war. Am folgenden frühen Vormittag nahm Jerry in der Halle eines vielstöckigen Büropalasts in der Central Street Aufstellung und studierte die Messingschilder der hier residierenden Firmen. »China Airsea« nebst Tochtergesellschaften hatten die drei obersten Stockwerke inne, aber, wie beinah vorauszusehen, fand sich keine Erwähnung von »Indocharter, Vientiane S. A.«, jenem Unternehmen, das einst jeden letzten Freitag des Monats fünfundzwanzigtausend US-Dollar in Empfang nahm.

In der Mappe mit den Zeitungsausschnitten in Lukes Büro war auch ein Verweis auf die Archive des US-Konsulats aufgetaucht. Jerry sprach anderntags dort vor, angeblich um seine Reportage über die amerikanischen Truppen in Wanchai noch genau nachzuprüfen. Unter der Aufsicht eines extrem hübschen Mädchens suchte Jerry eine Weile herum, fischte einiges heraus und entschloß sich dann zu einigen der ältesten Stücke, Material aus den frühen fünfziger Jahren, als Truman ein Handelsembargo über China und Nordkorea verhängt hatte. Das Konsulat in Hongkong hatte Anweisung erhalten, Übertretungen zu melden, und dies war der Bericht über die Resultate. Die bevorzugte Handelsware war, neben Medikamenten und Elektroartikeln, Öl gewesen, und die »United States Agencies«, wie sie hier genannt wurden, waren im großen Stil dahinter hergewesen, hatten Fallen gestellt, Kanonenboote ausgeschickt, Überläufer und Gefangene verhört und schließlich den Unterausschüssen von Kongreß und Senat gewaltige Dossiers vorgelegt.

Das bewußte Jahr war 1951, zwei Jahre nach der kommunistischen Machtergreifung in China und ein Jahr nachdem Ko, ohne einen Cent sein eigen zu nennen, von Schanghai nach Hongkong gesegelt war. Die Operation, auf die der Vermerk des Archivs ihn hinwies, war von Schanghai ausgegangen, und dies war zunächst das einzige, was sie mit Ko gemeinsam hatte. Damals lebten viele schanghainesische Einwanderer in einem überfüllten unhygienischen Hotel an der Des Voeux Road. Die Einleitung besagte, daß sie wie eine einzige riesige Familie gewesen seien, durch geteilte Leiden und geteiltes Elend zusammengeschweißt. Einige waren schon gemeinsam vor den Japanern geflüchtet, ehe sie vor den Kommunisten flüchteten.

»Nachdem wir von den Kommunisten so viel zu erdulden hatten«, eröffnete ein Angeklagter seinen Befragern, »wollten wir doch wenigstens ein bißchen Geld an ihnen verdienen.«

Ein anderer war aggressiver. »Die fetten Fische von Hongkong verdienen Millionen an diesem Krieg. Wer verkauft den Roten ihr elektronisches Gerät, ihr Penicillin, ihren Reis?«

Anno 51 hatten sie zwei Methoden zur Verfügung, sagte der Bericht. Sie konnten die Grenzposten bestechen und das Öl in Lastwagen durch die New Territories und über die Grenze befördern; oder sie konnten es auf dem Seeweg transportieren, was bedeutete, daß sie die Hafenbehörden bestechen mußten.

Wiederum ein Informant: »Uns Hakka kennen Meer. Wir finden Schiff, dreihundert Tonnen, wir mieten. Wir füllen mit Fässer voll Öl, machen falsche Erklärung und falsches Ziel. Wir kommen in internationale Gewässer, rasen wie Teufel nach Amoy. Rote nennen uns Bruder, Profit hundert Prozent. Nach ein paar Fahrten wir kaufen Schiff.«

»Woher stammte das erste Geld?« wollten die Befrager wissen.

»Ritz Ballroom«, lautete die verwirrende Antwort. Das Ritz war ein hochnobler Nuttenbunker Ecke Kings Road und Hafen, erklärte eine Fußnote. Die meisten Mädchen waren Schanghainesinnen. Die gleiche Fußnote zählte Mitglieder der Bande auf. Drake gehörte dazu.

»Drake Ko war sehr harter Junge«, lautete eine kleingedruckte Zeugenaussage im Anhang. »Drake Ko erzählt man kein Märchengeschichte nicht. Er mag keine Politischen überhaupt nicht. Tschiang Kai-schek. Mao. Er sagt, sind alles eine Person. Er sagt, er ist für Tschiang Mao-schek. Einmal führt Mr. Ko unsere Bande.«

Über das organisierte Verbrechen erzielten die Recherchen keine Informationen. Es ist eine geschichtliche Tatsache, daß Schanghai, als es 1949 an Mao fiel, bereits drei Viertel seiner Unterwelt nach Hongkong verlagert hatte; daß die Rote Bande und die Grüne Bande sich wegen der Schutz-Racketts für Hongkong so viele Schlachten geliefert hatten, daß daneben das Chicago der zwanziger Jahre wie ein Kinderspielplatz wirkte. Aber es konnte kein einziger Zeuge gefunden werden, der zugegeben hätte, irgend etwas über Banden, Triaden oder andere kriminelle Organisationen zu wissen.

Es kann nun nicht überraschen, daß Jerry, als er sich am folgenden Samstag zu den Pferderennen nach Happy Valley begab, ein recht detailliertes Porträt seiner Jagdbeute im Besitz hatte.

Das Taxi kostete den doppelten Preis, weil Renntag war, und Jerry bezahlte, weil er wußte, daß es so üblich war. Er hatte Craw gesagt, daß er hingehe, und Craw hatte keinen Einwand erhoben. Er hatte Luke auf die Fahrt mitgenommen, denn er wußte, daß zwei manchmal weniger verdächtig sind als einer. Er war ein bißchen ängstlich, daß er Frost begegnen könnte, denn das Hongkong der Europäer ist eine sehr kleine Stadt. Am Haupteingang rief er die Veranstaltungsleitung an, um ein bißchen Eindruck zu schinden, und nach angemessener Zeit erschien ein Captain Grant, ein junger Angestellter, dem Jerry den Grund seiner Anwesenheit erklärte: er schreibe für das Comic eine Reportage über Happy Valley. Grant war ein witziger, eleganter Mann, der türkische Zigaretten in einer Spitze rauchte, und alles, was Jerry sagte, schien ihn auf eine freundschaftliche, wenn auch sehr zurückhaltende Art zu amüsieren.

»Sie sind also der Sohn«, sagte er schließlich.

»Kannten Sie ihn?« sagte Jerry grinsend.

»Nur von ihm gehört«, erwiderte Captain Grant, aber was er gehört hatte, schien ihm zu gefallen.

Er gab beiden Männern Abzeichen und bot ihnen später Drinks an. Das zweite Rennen war soeben gelaufen. Während sie sich unterhielten, hörten sie das Gebrüll der erregten Menge wie eine

Lawine andonnern, dann ersterben. Als sie auf den Lift warteten, sah Jerry auf dem Schwarzen Brett nach, wer die Privatlogen gemietet hatte. Die eiserne Garde stellte die Peak-Mafia: die Bank – wie die Hong Kong and Shanghai Bank sich zu nennen beliebte –, Jardine Matheson, der Gouverneur, der Kommandeur der britischen Streitkräfte. Mr. Drake Ko, O. B. E. war, obgleich Steward des Clubs, nicht unter ihnen.

»Westerby! Lieber Gott, Mann, wer zum Teufel hat denn Sie hier reingelassen? Hören Sie, stimmt es, daß Ihr alter Herr noch Pleite machte, ehe er starb?«

Jerry zögerte, grinste, dann zog er mit einiger Verspätung die Karte aus seinem Gedächtnis: Clive Soundso, Society-Anwalt, Haus in Repulse Bay, penetrant schottisch, ganz gespielte Leutseligkeit und für seine krummen Touren bekannt. Jerry hatte von ihm einmal Hintergrund-Material über einen maconesischen Goldschwindel bekommen und schloß daraus, daß Clive damals eine Scheibe vom Kuchen abbekommen hatte.

»Clive, super, wunderbar.«

Sie tauschten Banalitäten aus, der Lift war immer noch nicht da.

»Los. Geben Sie uns Ihre Karte. Ich verschaffe Ihnen ein Vermögen.« *Porton*, dachte Jerry: Clive Porton. Porton entriß Jerry die Rennkarte, leckte sich den großen Daumen, blätterte etwa bis zur Mitte und zog mit dem Kugelschreiber einen Kreis um einen Pferdenamen. »Nummer sieben im dritten, kann gar nichts schiefgehen«, flüsterte er. »Setzen Sie Ihr Hemd darauf, okay? Wissen Sie, ich schenke nicht alle Tage Geld her.«

»Was hat Ihnen dieser Dreckskerl verkauft?« erkundigte sich Luke, als Porton außer Hörweite war.

»Nennt sich Open Space.«

Ihre Wege trennten sich. Luke ging, um Wetten zu plazieren und sich in den American Club im oberen Stockwerk einzumogeln. Jerry setzte spontan hundert Dollar auf Lucky Nelson und steuerte dann eilends den Speisesaal des Hong Kong Club an. »Wenn ich verliere«, dachte er kaltlächelnd, »setz' ich's George auf die Rechnung.« Die Doppeltüren waren offen, und er marschierte stracks hinein. Alles atmete ordinären Reichtum: ein Golfclub in Surrey an einem regnerischen Wochenende, nur daß diejenigen, die den Taschendieben trotzten, echte Juwelen trugen. Eine Gruppe von Ehefrauen saß abseits, wie unbenutztes Gerät, starrte finster in die Mattscheibe und jammerte über Dienstboten und unverschämte Fotoreporter. Der Geruch von Zigarrenrauch und Schweiß und abserviertem Essen lag in der Luft. Als sie ihn hereinschlendern sahen – den gräßlichen Anzug, die Wildlederstiefel, »Presse« vom Scheitel bis zur Zehe – wurde ihr Starren noch finsterer. Das Unangenehme für uns Prominente in Hongkong, sagten ihre Mienen, ist, daß nicht genügend Leute hinausgeworfen werden. An der Bar hatte sich ein Schwarm ernsthafter Trinker versammelt, zumeist Glücksritter von den Londoner Handelsbanken mit penetrantem Akzent, verfrühten Bierbäuchen und Specknacken. Neben ihnen die Nachwuchsstars von Jardine Matheson, die für die Firmenloge noch nicht groß genug waren: geschniegelte Jünglinge, für die der Himmel in Geld und Beförderung bestand. Jerry blickte sich besorgt nach Frosti um, aber entweder hatten die Hottehühs ihn heute nicht locken können oder er steckte bei irgendeinem anderen Haufen. Mit einem Grinsen und einem vagen Winken in die Runde lotste er den zweiten Geschäftsführer aus seiner Ecke, begrüßte ihn wie einen verlorengeglaubten Freund, erwähnte nebenhin Captain Grant, steckte ihm zwanzig Dollar zu, erhielt in Umgehung sämtlicher Vorschriften eine Tageskarte und trat, noch achtzehn Minuten vor dem nächsten Start, dankbar hinaus auf den Balkon: Sonne, Düngerduft, das wilde Geschiebe einer chinesischen Menschenmenge, und sein eigener immer schneller werdender Herzschlag, der flüsterte: »Pferde«.

Eine Weile lehnte Jerry grinsend da und betrachtete das Bild, denn so oft er es sah, war es für ihn das erstemal.

Der Rasen der Rennstrecke von Happy Valley mußte die kostbarste Anpflanzung der Welt sein. Es gab nur sehr wenig. Ein schmaler Ring umzog eine Art Londoner Vorstadtstadion, das Sonne und viele Füße zu Dreck zerwühlt hatten. Acht zertrampelte Fußball-Torräume, ein Rugby-Torraum und ein Hockey-Torraum, alles sah städtisch-vernachlässigt aus. Das dünne grüne Band jedoch, das diese schmutzige Masse umzog, hatte allein in diesem Jahr vermutlich eine schlanke Million Pfund Sterling in legalen Wetten eingebracht und die gleiche Summe nochmals unter der Hand. Die Anlage ist weniger ein Tal als eine Feuerpfanne: das gleißend weiße Stadion auf der einen Seite, braune Hügel auf der anderen, während vor Jerry und zu seiner Linken das andere Hongkong lauerte: ein Kartenhaus-Manhattan

aus grauen Wolkenkratzer-Slums, die so dicht gepfercht sind, daß sie sich in der Hitze aneinanderzulehnen scheinen. Von jedem der winzigen Balkone ragte ein Bambusstab, als hätte man den Bau mit Stecknadeln abgestützt; von jedem Stab hingen unzählige Wimpel schwarzer Kleidungsstücke, als hätte etwas Riesiges gegen das Gebäude gewischt und in seinem Sog diese Fetzen zurückgelassen. Sofortige Errettung aus Behausungen wie diesen – das war der Traum, mit dem Happy Valley den Wettlustigen, mit Ausnahme der verschwindendsten Minderheit, heute winkte.
Rechter Hand, von Jerry aus gesehen, glänzten neuere, stolzere Bauten. Dort, so erinnerte er sich, schlugen illegale Buchmacher ihre Büros auf und hielten durch ein Dutzend geheimnisvoller Methoden: Ticker, Walkie-Talkie, Lichtsignale – Sarratt wäre hingerissen gewesen – den Dialog mit ihren Zuträgern aufrecht. Noch weiter oben verliefen die Grate kahlgeschorener Hügel, zerfleischt von Steinbrüchen und entstellt vom Eisenschrott elektronischer Horchanlagen. Jerry hatte irgendwo gehört, die Radargeräte seien hier für die Vettern installiert worden, damit sie die Überflüge taiwanischer U-2-Maschinen verfolgen könnten. Über den Hügeln Ballen weißer Wolken, die keine Witterung jemals zu zerstreuen schien. Und über den Wolken schmachtete heute der gebleichte chinesische Himmel in der Sonne, und ein Falke zog langsam seine Kreise. Das alles nahm Jerry in einem einzigen dankbaren Zug in sich auf.
Für die Menge war ziellose Wartezeit. Brennpunkt der Aufmerksamkeit, wenn es überhaupt einen gab, waren die vier fetten Chinesenfrauen mit fransigen Hakka-Hüten und schwarzen Pyjamas, die mit Rechen die Rennbahn entlanggingen und das kostbare Gras neu frisierten, wo die galoppierenden Hufe es verwuschelt hatten. Sie bewegten sich mit der Würde totaler Gleichgültigkeit: Es war, als drückte der ganze chinesische Bauernstand sich in ihren Bewegungen aus. Eine Sekunde lang galt ihnen, wie es die Art der Menschenmengen ist, eine Woge kollektiver Solidarität, dann waren sie vergessen.
Nach dem Wettstand war Clive Portons Open Space dritter Favorit. Drake Kos Lucky Nelson war unter ferner liefen mit vierzig zu eins, also gleich Null. Jerry drückte sich an einer Gruppe festlich gestimmter Australier bis zur Ecke des Balkons, reckte den Hals und äugte scharf nach unten, über die Kopfreihen hinweg zur Box der Pferdebesitzer, die vom gewöhnlichen Volk durch ein

grünes Eisentor und einen Wachposten getrennt war. Er hielt die Hand über die Augen, wünschte sich, daß er ein Glas mitgebracht hätte, und sichtete einen fetten, hart aussehenden Mann mit Anzug und dunkler Brille, begleitet von einem jungen und sehr hübschen Mädchen. Der Mann sah halb chinesisch, halb südamerikanisch aus, und Jerry ordnete ihn als Philippino ein. Das Mädchen war das Beste, was man für Geld bekommen konnte.

Muß bei seinem Pferd sein, dachte Jerry und erinnerte sich an Old Sambo. Höchstwahrscheinlich am Sattelplatz, letzte Besprechung mit Trainer und Jockey.

Er wanderte zurück durch den Speisesaal zur Haupthalle, gelangte zu einer breiten Hintertreppe, stieg zwei Etagen hinunter und durchquerte einen Vorplatz zur Zuschauergalerie, die mit einer beträchtlichen und nachdenklichen Chinesenschar gefüllt war, alles Männer. Sie starrten in ehrfürchtigem Schweigen hinunter auf eine überdachte Sandgrube, in der sich lärmende Spatzen und drei Pferde befanden, jedes von seinem ständigen Reitknecht, dem Mafu, geführt. Die Mafus hielten ihre Schützlinge miserabel, als wären sie krank vor Angst. Der elegante Captain Grant sah zu, desgleichen ein alter weißrussischer Trainer namens Sacha, den Jerry gern mochte. Sacha saß auf einem winzigen Klappstuhl, leicht vorgebeugt, wie beim Angeln. Sacha hatte während der Vertragszeit in Schanghai mongolische Ponies trainiert, und Jerry konnte ihm nächtelang zuhören: wie Schanghai damals drei Rennplätze hatte, einen britischen, einen internationalen, einen chinesischen; wie die britischen Handelsfürsten jeder seine sechzig, ja hundert Pferde hielten und sie an der Küste auf und ab transportierten, von einem Hafen zum anderen wie die Irren miteinander in Konkurrenz lagen. Sacha war ein sanfter philosophischer Bursche mit träumerischen blauen Augen und einem eingedrückten Kiefer wie ein Ringer. Er war auch der Trainer von Lucky Nelson. Er saß allein und beobachtete, wie Jerry vermutete, eine Tür, die er selbst von seinem Standort aus nicht sehen konnte.

Ein jähes Getümmel von den Tribünen her veranlaßte Jerry, mit einem Ruck gegen die Sonne zu blicken. Gebrüll erscholl, dann ein schriller, erstickter Aufschrei, als die Menge auf einem Rang ins Schwanken geriet und ein Stoßtrupp grauer und schwarzer Uniformen sich rücksichtslos Bahn brach. Eine Sekunde später, und ein Schwarm von Polizisten zerrte irgendeinen armseligen Taschendieb, blutend und hustend, in den Tunneldurchgang zwecks Ablegung eines freiwilligen Geständnisses. Geblendet wandte Jerry den Blick wieder dem dunklen Inneren des Sattelplatzes zu, und es dauerte ein wenig, ehe er die verschwommene Gestalt von Mr. Drake Ko unterscheiden konnte.

Die Identifizierung war keineswegs direkt. Der erste Mensch, den Jerry sehen konnte, war nicht etwa Ko, sondern der junge chinesische Jockey, der neben dem alten Sacha stand, ein hochgewachsener Junge, spindeldürr, wo die seidene Jacke in die Breeches gestopft war. Er schlug mit der Reitgerte gegen seine Stiefel, als hätte er das einem englischen Reiterbild abgeguckt, und er trug Kos Farben (»himmelblau und meergrau geviertelt« besagte der Artikel im *Goldenen Orient*), und der kleine Sacha starrte auf etwas, das Jerry nicht sehen konnte. Als nächstes kam, unterhalb der Galerie, auf der Jerry stand, ein brauner Junghengst, den ein kichernder fetter Mafu im dreckigen grauen Overall führte. Die Startnummer war unter einer Decke verborgen, aber Jerry kannte das Pferd bereits vom Foto, und jetzt kannte er es noch weit besser: er kannte es sogar sehr gut. Es gibt Pferde, die einfach besser sind als ihre Klasse, und in Jerrys Augen war Lucky Nelson ein solches Pferd. Nicht ohne, dachte er, gute Kopfhaltung, ein feuriges Auge. Keiner von diesen halbgaren Braunen mit heller Mähne und hellem Schweif, denen bei jedem Rennen die Stimmen der Damen gehören: wenn man die hier übliche Form bedenkt, die durch das Klima schwer reduziert ist, war Lucky Nelson ebenso in Ordnung wie jedes andere Pferd am Platz. Davon war Jerry überzeugt. Einen mißlichen Augenblick lang hatte er für die Kondition des Pferdes gefürchtet: es schwitzte, zu glänzend an Flanken und Kruppe. Dann sah er sich nochmals das feurige Auge an und die ein wenig unnatürlich verlaufenden Schweißstreifen, und seine gute Laune kehrte zurück: dieser schlaue Teufel hat es mit dem Schlauch abspritzen lassen, damit es mies aussieht, dachte er in heiterem Angedenken an Old Sambo.

So kam es, daß Jerry erst zu diesem späten Zeitpunkt den Blick von dem Pferd zu seinem Besitzer wandte.

Mr. Drake Ko, O. B. E., Empfänger bis dato einer schlanken halben Million russischer US-Dollar, eingestandenermaßen Anhänger von Tschiang Mao-schek, stand von allen anderen abseits, im Schatten einer weißen Betonsäule von zehn Fuß Durchmesser: eine häßliche, aber harmlose Erscheinung auf den ersten Blick, groß, leicht gebeugt, was berufsbedingt sein konnte: Zahnarzt oder Flickschuster. Er war nach englischer Art gekleidet, formlose graue Flanellhose und schwarzer doppelreihiger Blazer, der in der Taille zu lang war, wodurch die unproportionierten Beine noch betont wurden und der magere Körper verschrumpfelt wirkte. Gesicht und Nacken waren glänzend wie altes Leder und ebenso haarlos, und die vielen Falten sahen aus wie scharf plissiert. Sein Teint war dunkler, als Jerry erwartet hatte: sah fast nach einem Schuß Araber- oder Inderblut aus. Er trug die gleiche unpassende Kopfbedeckung wie auf dem Foto, eine dunkelblaue Baskenmütze, und die Ohren standen darunter hervor wie Marzipanrosen. Seine sehr schmalen Augen wurden durch den Druck der Mütze noch mehr in die Länge gezogen. Braune italienische Schuhe, weißes Hemd, am Kragen offen. Keine Requisiten, nicht einmal einen Feldstecher: aber ein wundervolles Halb-Millionen-Dollar-Lächeln, von einem Ohr zum anderen, zum Teil in Gold, offensichtlich erfreut über jedermanns Glück und Wohlstand, einschließlich seines eigenen.

Nur: da war ein gewisses Etwas – manche Menschen haben es, es ist wie eine elektrische Spannung: Oberkellner, Portiers, Journalisten erkennen es auf den ersten Blick; Old Sambo hatte es *beinah* gehabt –, ein Etwas, das sofort verfügbare Mittel verriet. Sollte irgend etwas benötigt werden, so würden unsichtbare Geister es im Handumdrehen herbeischaffen.

Das Gemälde erwachte zum Leben. Über den Lautsprecher erhielten die Jockeys den Befehl zum Aufsitzen. Der kichernde Mafu zog die Decke weg, und Jerry stellte mit Vergnügen fest, daß Ko das Fell des Braunen gegen den Strich hatte striegeln lassen, um seine vorgeblich schlechte Verfassung zu unterstreichen. Der dürre Jockey machte die lange und linkische Reise in den Sattel und rief mit nervöser Freundlichkeit etwas zu Ko, der auf der anderen Seite stand, hinunter. Ko, der schon am Weggehen war, fuhr herum und bellte etwas zurück, nur eine einzige hörbare Silbe, ohne sich darum zu kümmern, wohin er sprach und wer das Wort auffing. Ein Tadel? Eine Ermutigung? Ein Befehl an einen Bediensteten? Das Lächeln hatte nichts von seinem Strahlen eingebüßt, aber die Stimme war hart wie ein Peitschenschlag. Pferd und Reiter entfernten sich, Ko desgleichen, und Jerry raste wieder treppauf durch den Speisesaal zum Balkon, arbeitete sich bis zur Ecke vor und sah hinab.

Inzwischen war Ko nicht mehr allein, er war jetzt verheiratet. Ob beide gemeinsam zur Tribüne gekommen waren, ob sie ihm in Sekundenabstand gefolgt war, das erfuhr Jerry nie. Sie war so klein. Er sah einen glänzenden Fleck schwarzer Seide und eine Bewegung ringsherum, als Männer ihr Platz machten – die Tribüne füllte sich –, aber zuerst setzte er den Blick zu hoch an und verfehlte sie. Ihr Kopf war in Brusthöhe der Männer. Dann sah er sie wieder an Kos Seite, eine winzige, untadelige chinesische Ehefrau, souverän, ältlich, blaß, so gepflegt, daß man sich nicht vorstellen konnte, sie hätte je ein anderes Alter gehabt oder andere Kleidung getragen als dieses schwarzseidene Pariser Modell, verschnürt und brokatbetreßt wie eine Husarenuniform. *Frau ist bloß eine Handvoll,* hatte Craw gesagt, und, während sie verwirrt vor dem winzigen Projektor gesessen hatten, weiter extemporiert: *Klaut in den großen Geschäften. Kos Leute müssen vor ihr hineingehen und versprechen, daß alles bezahlt wird, was sie mitgehen läßt.*

Der Artikel im *Goldenen Orient* hatte sie als »anfängliche Geschäftspartnerin« bezeichnet. Jerry glaubte, zwischen den Zeilen lesen zu dürfen, daß sie eines der Mädchen im Ritz Ballroom gewesen war.

Das Gebrüll der Menge schwoll an.

»Haben Sie auf ihn gesetzt, Westerby? Haben Sie, Mann?« Schotte Clive Porton segelte auf ihn zu, schweißbedeckt vom Trinken. »Open Space, Herrgott! Sogar bei den jetzigen Odds verdienen Sie immer noch ein paar Dollar! Los Mann, das ist todsicher!«

Das »Ab« ersparte ihm eine Antwort. Das Gebrüll stockte, erhob sich wieder und schwoll weiter an. Rings um ihn plätscherte ein Durcheinander von Namen und Zahlen auf den Tribünen, die Pferde schossen aus den Startboxen, von ohrenbetäubendem Lärm angefeuert. Die erste geruhsame Achtelmeile hatte begonnen. Warten: Raserei folgt dem Müßiggang. Wenn sie im ersten Morgengrauen trainierten, erinnerte Jerry sich, sind ihre Hufe umwickelt, damit die Anwohner nicht im Schlaf gestört wurden. Manchmal, in den alten Tagen, wenn Jerry zwischen Kriegsberichten der Stoff ausging, stand er früh auf und kam hier herunter, nur um ihnen zuzusehen, und wenn er Glück hatte und einen einflußreichen Freund fand, ging er mit den Tieren zu den klimatisierten vielgeschossigen Stallungen, in denen sie lebten, um zuzusehen, wie sie versorgt und verwöhnt wurden. Tagsüber indessen übertönte das Brausen des Straßenlärms ihr Donnern vollständig, und die glänzende Traube, die so langsam näherkam, machte überhaupt kein Geräusch, sondern schwamm auf dem dünnen smaragdenen Fluß.

»Open Space allerwege«, verkündete Clive Porton unsicher, als er durch das Glas blickte. »Der Favorit hat's geschafft. O ja. Open Space, gut gemacht, Junge.« Sie bogen in die lange Kurve vor der Zielgeraden ein. »Komm schon, Open Space, reiß dich zusammen, Mann, *reite*! Nimm doch die Peitsche, du Trottel!« schrie Porton, denn jetzt war auch dem bloßen Auge klar, daß die himmelblauen und meergrauen Farben von Lucky Nelson sich nach vorn schoben und daß seine Konkurrenten ihm höflich Platz machten. Ein zweites Pferd setzte zu einer kurzen Herausforderung an, fiel dann zurück, aber Open Space lag bereits drei Längen hinten, während sein Jockey wütend mit der Peitsche auf die Luft rings um die Kruppe seines Pferdes einschlug.

»Schiebung!« brüllte Porton. »Wo ist die Rennleitung, verdammt nochmal? Dieses Pferd wurde gepullt! Ich habe im ganzen Leben noch nie gesehen, daß ein Pferd so offenkundig gepullt wurde!«

Als Lucky Nelson elegant am Zielpfosten vorbeizog, wandte Jerry den Blick rasch wieder nach rechts und nach unten. Ko schien ungerührt. Es war nicht orientalische Unergründlichkeit: von diesem Mythos hatte Jerry nie etwas gehalten. Bestimmt war es nicht Gleichgültigkeit. Er wohnte einfach der zufriedenstellenden Abwicklung einer Zeremonie bei: Mr. Drake Ko nimmt einen Vorbeimarsch seiner Truppen ab. Seine kleine verrückte Frau stand mit steifem Rücken neben ihm, als würde endlich, nach all den Kämpfen ihres Lebens, ihre Siegerhymne gespielt. Einen Augenblick mußte Jerry an Old Pet in ihren besten Jahren denken. Genau wie Pet, dachte Jerry, wenn Sambos Stolz auf einen guten achtzehnten Platz kam. Genauso hatte sie dagestanden und die Niederlage mit Fassung getragen.

Die Siegerehrung war wie aus dem Bilderbuch.

Man vermißte vielleicht ein Kuchenbuffet, aber der Sonnenschein übertraf gewiß alle Erwartungen auch des optimistischsten Organisators einer englischen Dorffête; und die Silberpokale waren weit großzügiger als der verkratzte kleine Becher, den der Squire dem Sieger im Dreibeinwettlauf überreichte. Die sechzig uniformierten Polizisten waren ebenfalls vielleicht eine Spur angeberisch. Aber die huldvolle Dame mit dem Turban à la dreißiger Jahre, die der langen weißen Tafel vorsaß, war so gräßlich und arrogant, daß sie den Anforderungen auch des anspruchsvollsten Patrioten Genüge getan hätte. Sie kannte das Protokoll genau. Der Vorsitzende der Rennleitung reichte ihr den Pokal, und sie hielt ihn sofort weit von sich ab, als wäre er zu heiß für ihre Hände. Drake Ko und seine Frau, beide gewaltig grinsend, Ko noch immer mit der Baskenmütze, tauchten aus einer Traube entzückter Supporters auf und schnappten sich den Pokal, aber sie trippelten so rasch und fröhlich über den abgesperrten Grasfleck hin und zurück, daß der Fotograf nicht vorbereitet war und die Akteure bitten mußte, den Augenblick der Krönung noch einmal zu spielen. Der huldvollen Dame war dies ungemein lästig, und Jerry fing über das Geplapper der Zuschauer hinweg ein affektiertes »verdammter Schwachkopf« auf. Dann war der Pokal Ko endgültig zu eigen, die huldvolle Dame trennte sich mißmutig von Gardenien im Wert von sechshundert Dollar. Ost und West kehrten erleichtert in ihre getrennten Quartiere zurück.

»Auf ihn gesetzt?« erkundigte sich Captain Grant liebenswürdig. Sie schlenderten zu den Tribünen zurück.

»Hm, ja, hab' ich«, gestand Jerry feixend. »Freudige Überraschung sozusagen, wie?«

»Oh, es war Kos Rennen, *all right*«, sagte Grant nur. Sie spazierten eine Weile dahin. »Eine gute Nase haben Sie. Besser als wir. Möchten Sie mit ihm sprechen?«

»Mit wem sprechen?«

»Ko. Solange er noch siegestrunken ist. Vielleicht kriegen Sie ausnahmsweise etwas aus ihm raus«, sagte Grant mit seinem wohlwollenden Lächeln. »Kommen Sie, ich stelle Sie ihm vor.«

Jerry zögerte nicht. Als Reporter hatte er allen Grund, »ja« zu sagen. Als Spion – nun ja, in Sarratt sagen sie manchmal, nichts sei an sich gefährlich, erst das Denken mache es dazu. Sie schlenderten zu der Gruppe zurück. Die Ko-Lobby hatten einen unvollkommenen Kreis um den Pokal gebildet, und das Gelächter war sehr laut. Im Mittelpunkt, direkt neben Ko, stand der fette Philippino mit seinem schönen Mädchen, und Ko alberte mit dem Mädchen herum, küßte es auf beide Wangen, küßte es dann nochmals, während alle lachten, ausgenommen Kos Frau, die sich demonstrativ an den Rand zurückgezogen hatte, um mit einer Chinesin

ihres eigenen Alters zu plaudern.
»Das ist Arpego«, sagte Grant Jerry ins Ohr und wies auf den fetten Philippino. »Ihm gehören Manila und das Großteil der umliegenden Inseln.«
Arpegos Wanst thronte stramm über seinem Gürtel, wie ein kleiner Felsen, den er sich unters Hemd gestopft hatte.
Grant hielt nicht direkt auf Ko zu, sondern wandte sich an einen vierzigjährigen, stämmigen Chinesen mit sanften Zügen, der einen stratoblauen Anzug trug und eine Art Adjutant zu sein schien. Jerry hielt sich wartend abseits. Der rundliche Chinese kam zu ihm herüber, Grant an seiner Seite.
»Das ist Mr. Tiu«, sagte Grant ruhig. »Mr. Tiu, das ist Mr. Westerby, Sohn des Großen.«
»Sie möchten mit Mr. Ko sprechen, Mr. Wessby?«
»Wenn es möglich ist.«
»Natürlich ist es möglich«, sagte Tiu begeistert. Die pummeligen Hände wedelten ruhelos vor seinem Magen herum. Am rechten Handgelenk trug er eine goldene Uhr, die Finger waren gekrümmt, als wollten sie Wasser schöpfen. Er war glatt und glänzend und hätte ebensogut dreißig wie sechzig sein können. »Mr. Ko gewinnt Rennen. Ich bringe ihn herüber. Bleiben Sie hier. Wie heißt Ihr Vater?«
»Samuel«, sagte Jerry.
»*Lord* Samuel«, sagte Grant ebenso energisch wie unrichtig.
»Wer ist er?« wandte sich Jerry an Grant, nachdem der rundliche Tiu zu der lärmenden Chinesengruppe zurückgekehrt war.
»Kos Majordomo, Manager, Obergepäckträger, Flaschenwäscher, Makler. War von Anfang an bei ihm. Im Krieg sind sie gemeinsam vor den Japanern getürmt.«
»Und sein Obergorilla ist er auch«, dachte Jerry, als er Tiu mit seinem Herrn wieder heranwatscheln sah.
Grant fing erneut mit den Vorstellungen an.
»Sir«, sagte er, »das ist Westerby, dessen berühmter Vater, der Lord, eine ganze Menge sehr langsamer Pferde besaß. Er hat außerdem verschiedene Rennplätze für die Buchmacher aufgekauft.«
»Welche Zeitung?« fragte Ko. Seine Stimme war rauh und kräftig und tief, doch Jerry hätte geschworen, zu seiner Überraschung die Spur eines nordenglischen Akzents aufgeschnappt zu haben, der ihn an Old Pets Akzent erinnerte.

Jerry sagte ihm, welche Zeitung.
»Das ist das Blatt mit den Mädels«, krähte Ko vergnügt. »Ich hab das Blatt immer gelesen, wenn ich in London war, während meines Aufenthaltes zwecks Rechtswissenschaften am berühmten Gray's Inn of Court. Wissen Sie, warum ich Ihr Blatt las, Mr. Westerby? Weil nämlich, wenn mehr Zeitungen hübsche Mädels lieber drucken als Politik, haben wir jede Menge begründete Aussicht und erleben noch eine bessere Welt, Mr. Westerby«, erklärte Ko in einer kräftigen Mischung aus falscher Idiomatik und Behörden-Englisch. »Bitte sagen Sie das Ihrer Zeitung von mir, Mr. Westerby. Diesen Rat geb ich Ihnen gratis.«
Lachend schlug Jerry sein Notizbuch auf.
»Ich habe auf Ihr Pferd gesetzt, Mr. Ko. Wie fühlt man sich als Gewinner?«
»Besser, als wenn man verliert.«
»Nutzt sich das Gefühl nie ab?«
»Mir gefällt es von Mal zu Mal besser.«
»Gilt das auch für Geschäfte?«
»Natürlich.«
»Kann ich mit Mrs. Ko sprechen?«
»Sie ist beschäftigt.«
Während er kritzelte, stieg Jerry ein vertrauter Geruch in die Nase. Moschushaltige, sehr intensiv duftende französische Seife, eine Mischung aus Mandeln und Rosenwasser, Lieblingsseife einer früheren Ehefrau: aber offenbar auch des gelackten Mr. Tiu, um seinen Reiz zu erhöhen.
»Wie lautet Ihre Erfolgsformel, Mr. Ko?«
»Harte Arbeit. Keine Politik. Viel Schlaf.«
»Sind Sie jetzt sehr viel reicher als noch vor zehn Minuten?«
»Ich war vor zehn Minuten auch hübsch reich. Sie können Ihrer Zeitung noch sagen, daß ich den britischen Lebensstil sehr bewundere.«
»Obwohl wir nicht hart arbeiten? Und viel Politik betreiben?«
»Sagen Sie's ihnen«, sagte Ko stracks an ihn gewandt, und das war ein Befehl.
»Wieso haben Sie soviel Glück, Mr. Ko?«
Ko schien diese Frage nicht gehört zu haben, doch sein Lächeln erlosch ganz allmählich. Er starrte Jerry geradewegs ins Gesicht, maß ihn mit seinen sehr schmalen Augen, und seine Züge hatten sich beträchtlich verhärtet.

»Wieso haben Sie soviel Glück, Sir?« wiederholte Jerry.
Langes Schweigen.
»Kein Kommentar«, sagte Ko, wiederum direkt Jerry ins Gesicht. Die Versuchung, auf der Frage zu beharren, war unwiderstehlich geworden: »Fair play, Mr. Ko«, drängte Jerry und feixte kräftig. »Die Welt ist voll von Menschen, die davon träumen, so reich zu sein wie Sie. Geben Sie ihnen doch einen Tip, ja? Wieso haben Sie soviel Glück?«
»Das geht Sie verdammt gar nichts an«, erklärte Ko, und ohne viel Federlesens wandte er Jerry den Rücken und ging weg. Im gleichen Augenblick tat Tiu lässig einen halben Schritt vorwärts, so daß er Jerry den Weg abschnitt, und legte ihm eine weiche Hand auf den Oberarm.
»Werden Sie das nächstemal auch wieder gewinnen, Mr. Ko?« rief Jerry dem sich entfernenden Rücken über Tius Schulter hinweg nach.
»Das sollten Sie das Pferd fragen, Mr. Wessby«, meinte Tiu mit pausbäckigem Lächeln. Seine Hand lag noch immer auf Jerrys Arm.
Er hätte den Rat ebensogut annehmen können, denn Ko stand bereits wieder bei seinem Freund Mr. Arpego, und sie lachten und schwatzten wie zuvor. *Drake Ko war sehr harter Junge*, erinnerte sich Jerry. *Drake Ko erzählt man kein Märchengeschichte*. Tiu ist aber auch nicht ohne, dachte er.
Als sie zur Haupttribüne zurückgingen, lachte Grant lautlos in sich hinein.
»Als Ko das letztemal gewann, wollte er nach dem Rennen nicht einmal das Pferd zum Sattelplatz führen«, entsann er sich. »Hat abgewinkt. Wollte nicht.«
»Warum zum Teufel denn nicht?«
»War nicht darauf gefaßt, daß es gewinnen würde, darum nicht. Hatte es seinen Chiu-Chow-Freunden nicht vorhergesagt – schlecht fürs Gesicht. Vielleicht hat er das auch gefürchtet, als Sie ihn nach seinem Glück fragten.«
»Wieso wurde er zum Steward des Clubs gewählt?«
»Oh, hat durch Tiu die Stimmen kaufen lassen, nehme ich an. Das Übliche. Cheers. Vergessen Sie Ihren Gewinn nicht.«
Dann passierte es: As Westerby zieht eine Erstmeldung an Land. Das letzte Rennen war vorüber, Jerry hatte viertausend Dollar auf der Habenseite, und Luke war verschwunden. Jerry probierte es

im American Club, im Club Lusitano und einigen weiteren, aber man hatte ihn entweder nicht gesehen oder bereits hsnausgeworfen. In der Umzäunung war nur ein einziges Tor, also schloß Jerry sich dem Exodus an. Der Verkehr war chaotisch. Rolls-Royces und Mercedes suchten Plätze zum Anhalten, und die Menge schob und drängte von hinten. Jerry beschloß, sich nicht in den Kampf um ein Taxi einzulassen, begann, den schmalen Gehsteig entlangzuwandern und sah zu seiner Überraschung Drake Ko ganz allein aus einem Tor auf der anderen Straßenseite treten, und zum erstenmal, seit Jerry seiner ansichtig geworden war, lächelte er nicht. Als er den Bordstein erreicht hatte, schien er unentschlossen, ob er hinübergehen solle, blieb dann, wo er war und blickte auf den heranbrausenden Verkehr. Er wartet auf den Rolls-Royce Phantom, dachte Jerry und erinnerte sich an den Wagenpark in der Headland Road. Oder auf den Mercedes oder auf den Chrysler. Plötzlich sah Jerry, wie Ko die Baskenmütze vom Kopf riß und wie zum Spaß in den Autostrom hielt, als wollte er das Gewehrfeuer auf sie ziehen. Um Augen und Mund sprangen die Fältchen auf, die Goldzähne funkelten grüßend, und anstatt eines Rolls-Royce oder eines Mercedes oder eines Chryslers hielt ein langer roter Jaguar E mit zurückgeklapptem Faltverdeck kreischend und ohne Rücksicht auf die übrigen Wagen vor ihm an. Jerry hätte ihn beim besten Willen nicht übersehen können. Allein das Geräusch der Reifen ließ alle Köpfe auf dem Gehsteig herumfahren. Seine Augen lasen die Nummer, sein Gedächtnis registrierte sie. Ko kletterte hinein, so aufgeregt wie jemand, der noch nie in seinem Leben in einem offenen Wagen gefahren war, und er schwatzte und lachte bereits, ehe sie wieder anfuhren. Aber nicht, ehe Jerry gesehen hatte, wer am Steuer saß, ihr flatterndes blaues Kopftuch, die dunkle Brille, das lange blonde Haar und genügend von ihrer Figur, als sie sich über Ko beugte, um die Tür auf seiner Seite zu schließen, zeigten ihm, daß sie ein Prachtstück von Frau war. Drakes Hand ruhte auf ihrem nackten Rücken, die Finger waren gespreizt, die freie Hand fuchtelte herum, während er ihr zweifellos eine Zug-um-Zug-Schilderung seines Sieges gab, und als sie gemeinsam abfuhren, pflanzte er ihr einen sehr unchinesischen Kuß auf die Wange, und dann, als Zugabe, noch zwei, und zwar mit weit mehr Überzeugung, als er für das Küssen von Mr. Arpegos Begleiterin aufgebracht hatte.

Jenseits der Fahrbahn war der Eingang, aus dem Ko soeben

herausgekommen war, und das Eisentor stand noch offen. In Jerrys Hirn rasten die Gedanken, er duckte sich und rannte durch den Verkehrsstrom. Er gelangte in den alten Friedhof der Kolonie, eine üppige Anlage, blumenduftend und von gewaltigen überhängenden Bäumen beschattet. Jerry war noch nie hier gewesen und betrat diese Abgeschlossenheit voll Scheu. Der Friedhof war an einem Hügelrund um eine alte Kapelle angelegt, die still und unbenutzt verfiel. Die sprüngigen Mauern schimmerten im fleckigen Abendlicht. Daneben lag ein umzäunter Zwinger, aus dem ihn ein abgemagerter Schäferhund wütend anheulte.

Jerry blickte sich um, er wußte nicht recht, warum er hier war und was er hier suchte. Die Gräber gehörten verschiedenen Epochen, Rassen und Sekten an. Es gab weißrussische Gräber, deren orthodoxe Grabsteine reich gemeißelt waren und von zaristischer Grandeur zeugten. Jerry stellte sich dicken Schnee darüber vor, der gerade noch ihre Form erkennen ließ. Ein anderer Stein beschrieb die ruhelose Pilgerschaft einer russischen Fürstin, und Jerry blieb stehen und las: von Tallin nach Peking, mit Daten, von Peking nach Schanghai, wieder die Daten, nach Hongkong neunundvierzig, um hier zu sterben. »Und Güter in Swerdlowsk«, schloß die Inschrift trotzig. War Schanghai die Verbindung?

Er gesellte sich wieder zu den Lebenden: drei alte Männer in Pyjamas saßen schweigend auf einer Bank im Schatten. Sie hatten ihre Vogelkäfige über sich in die Zweige gehängt, nahe genug, daß sie einander über das Lärmen des Verkehrs und der Zikaden singen hören konnten. Zwei Totengräber mit Stahlhelmen schütteten ein frisches Grab zu. Keine Trauergäste standen dabei. Als er an den Stufen der Kapelle anlangte, wußte er noch immer nicht, was er eigentlich wollte. Er lugte durch die Tür. Drinnen war es nach der Sonnenhelle stockdunkel. Eine alte Frau starrte ihn an. Er zog sich zurück. Der Schäferhund heulte noch lauter. Er war sehr jung. Ein Hinweisschild besagte »Friedhofswärter«. Jerry folgte ihm. Das Schrillen der Zikaden war ohrenbetäubend, es übertönte sogar das Hundegebell. Der Blumenduft war feucht und ein bißchen modrig. Jerry war eine Idee gekommen, fast eine Ahnung. Er war entschlossen, ihr zu folgen.

Der Friedhofswärter war ein freundlicher zurückhaltender Mann und sprach nicht englisch. Die Totenbücher waren sehr alt, die Eintragungen glichen denen in alten Kontobüchern. Jerry setzte sich an einen Holztisch und wandte langsam die schweren Seiten um, las die Namen und Geburtstage, die Daten des Todes und der Beerdigung; zuletzt die Lage der Gräber: die Sektion und die Nummer. Nachdem er gefunden hatte, was er suchte, trat er wieder hinaus ins Freie und schritt nun einen anderen Pfad entlang, durch eine Wolke von Schmetterlingen hügelan nach den Klippen zu. Von einem Steg aus beobachtete ihn eine Gruppe kichernder Schulmädchen. Er zog die Jacke aus und hängte sie über die Achsel. Er ging zwischen hohem Gestrüpp hindurch und betrat eine abschüssige Wildnis gelber Gräser, wo die Grabsteine sehr klein waren, die Hügel nur einen oder zwei Fuß lang. Während er sich zwischen ihnen durchschlängelte, las er die Nummern, bis er vor einem niedrigen Eisengitter stand, das die Nummer sieben zwei acht trug. Es umfriedete ein rechteckiges Areal, und als Jerry den Blick hob, sah er die Statue eines kleinen Jungen vor sich, in viktorianischen Kniehosen und einem Eton-Jackett, in Lebensgröße, mit zerzausten steinernen Locken und knospenden steinernen Lippen, aus einem aufgeschlagenen steinernen Buch lesend oder absingend, während lebendige Schmetterlinge wie trunken um seinen Kopf flatterten. Der Junge war ein durch und durch englisches Kind, und die Inschrift lautete *Nelson Ko in liebendem Angedenken*. Eine Menge Zahlen folgten, und Jerry brauchte eine Weile, ehe er ihre Bedeutung begriff: zehn aufeinanderfolgende Jahre, keines ausgelassen, und das letzte war 1968. Dann war ihm klar, daß dies die zehn Lebensjahre des Jungen waren, deren jedes einzeln gewürdigt werden sollte. Auf der untersten Stufe des Sockels lag ein großer Orchideenstrauß, noch im Papier.

Ko dankte Nelson für seinen Sieg. Jetzt verstand Jerry wenigstens, warum er nicht mit Fragen nach seinem Glück belästigt werden wollte.

Es gibt eine Art gelegentlich auftretender Ermüdung, die nur Außenagenten kennen: eine Versuchung zur Milde, die der Kuß des Todes sein kann. Jerry verharrte noch eine Weile, betrachtete die Orchideen und den steinernen Jungen und fügte sie im Geist all dem hinzu, was er bisher von Ko gesehen und über ihn erfahren hatte. Und er hatte ein überwältigendes Gefühl – nur eine Sekunde lang, aber es ist allemal gefährlich – der Erfüllung, als wäre er einer Familie begegnet, nur um zu entdecken, daß es seine eigene war. Er hatte ein Gefühl, angelangt zu sein.

Hier war ein Mann, der dieses Haus besaß, mit jener Frau

verheiratet war, strebte und spielte auf eine Art, die Jerry mühelos verstand. Kein besonders einprägsamer Mann, und doch sah Jerry ihn in diesem Augenblick deutlicher, als er sich selber je gesehen hatte. Ein armer Chiu-Chow-Junge, der Steward eines Jockey Clubs wird und Träger des O.B.E. und vor einem Rennen sein Pferd mit dem Schlauch abspritzt. Ein Hakka-Wasserzigeuner, der seinem Kind ein baptistisches Begräbnis und ein englisches Standbild gibt. Ein Kapitalist, der Politik haßt. Ein gescheiterter Jurist, Bandenboß, Erbauer von Krankenhäusern, der Opiumflüge befehligt, Stifter von Geistertempeln, der Krocket spielt und in einem Rolls-Royce herumfährt. Eine amerikanische Bar in seinem chinesischen Garten, und russisches Gold auf seinem Treuhandkonto. Alle diese umfassenden und widersprüchlichen Einblicke alarmierten Jerry damals nicht im geringsten; sie waren nicht Vorboten schlimmer oder paradoxer Ereignisse. Er sah sie vielmehr durch Kos rücksichtsloses Bemühen zusammengeschweißt zu einem einzigen, aber vielseitigen Mann, nicht unähnlich Old Sambo. Und noch nachdrücklicher hatte er – in den wenigen Sekunden, die es andauerte – das unabweisbare Gefühl, in guter Gesellschaft zu sein, etwas, das er schon immer geschätzt hatte. In stiller Hochstimmung kehrte er zum Friedhofstor zurück, als hätte Jerry, nicht Ko, das Rennen gewonnen. Erst als er wieder auf der Straße stand, fand er in die Wirklichkeit zurück.

Der Verkehr war lockerer geworden, und er fand sofort ein Taxi. Sie waren etwa hundert Yards gefahren, als er Luke auf dem Bordstein einsame Pirouetten drehen sah. Jerry lotste ihn in den Wagen und setzte ihn vor dem Auslandskorrespondenten-Club wieder ab. Im Furama-Hotel rief er Craws Privatnummer an, ließ es zweimal klingeln, läutete nochmals an und hörte Craws Stimme fragen: »Wer zum Teufel ist denn dort?« Er fragte nach einem Mr. Savage, erntete ein gemeines Schimpfwort und die Auskunft, er habe die falsche Nummer gewählt, ließ Craw eine halbe Stunde Zeit, ein anderes Telefon aufzusuchen und ging dann hinüber zum Hilton, um auf den Rückruf zu warten.

Unser Freund sei in persona aufgetaucht, berichtete Jerry ihm. Mittelpunkt der Aufmerksamkeit, wegen eines gewaltigen Gewinns. Als es vorbei gewesen sei, habe ihn eine sehr hübsche Blonde in ihrem Sportwagen mitgenommen. Jerry nannte die Zulassungsnummer. Die beiden waren eindeutig befreundet, sagte er. Sehr auffallend und höchst unchinesisch. *Mindestens*

befreundet, würde er sagen.
»Rundauge?«
»Natürlich war sie ein Rundauge, und ob! Wer zum Teufel hat schon je gehört, daß . . .«
»Herrje«, sagte Craw leise und legte auf, ehe Jerry Gelegenheit hatte, ihm von Klein Nelsons Grabmal zu berichten.

# 8 Die Barone tagen

Der Warteraum im hübschen Tagungshaus des Foreign Office in Carlton Gardens füllte sich langsam. Leute kamen zu zweien und dreien herein, ohne einander zur Kenntnis zu nehmen, wie Trauergäste vor einem Begräbnis. An der Wand hing ein Schild mit der Warnung: »Besprechen Sie keine vertraulichen Angelegenheiten«. Smiley und Guillam hatten sich verzagt direkt darunter auf einer mit lachsfarbenem Samt bezogenen Bank niedergelassen. Der Raum war oval und im Rokoko-Stil des Arbeitsministeriums gehalten. Am bemalten Plafond machte Bacchus Jagd auf ein paar Nymphen, die bedeutend williger waren, sich fangen zu lassen, als Molly Meakin. An den Wänden standen leere Löscheimer, und zwei Regierungs-Cerberusse bewachten den Zugang zu den inneren Räumlichkeiten. Vor den geschwungenen Schiebefenstern erfüllte Herbstsonne den Park und hob jedes einzelne Blatt scharf ab. Saul Enderby führte strammen Schritts das Kontingent des Foreign Office herein. Guillam kannte ihn nur dem Namen nach. Er war früher Gesandter in Indonesien gewesen, jetzt Ober-Pundit der Südostasien-Abteilung und galt als entschiedener Verfechter des amerikanischen harten Kurses. Im Schlepptau ein ergebener parlamentarischer Unterstaatssekretär, ein Gewerkschafts-Protegé und eine blühende, schmucke Gestalt, die sich auf Zehenspitzen Smiley näherte, die Hände waagerecht ausgestreckt, als überraschte sie ihn bei einem Nickerchen.

»Kann das wahr sein?« flüsterte er strahlend. »Wirklich? Wirklich! George Smiley in voller Pracht. Mein Lieber, Sie haben ja Pfunde verloren. Wer ist Ihr netter Junge. Nichts sagen. Peter Guillam. Ich weiß alles von ihm. *Gänzlich* unverdorben vom Mißerfolg, heißt es.«

»O *nein*!« rief Smiley unwillkürlich. »O Himmel, *Roddy*.«

»Was meinen Sie mit: ›O nein. O Himmel, Roddy‹,« fragte

Martindale völlig ungerührt im gleichen leisen Vibrato. »O *ja*, meinen Sie wohl! ›Ja, Roddy. Gottvoll, Sie zu sehen, Roddy!‹ Hören Sie zu. Ehe das Pack anrückt. Was macht die hinreißende Ann? Nur für meine Ohren. Kann ich für Sie beide ein Dinner geben? Sie sollen die Gäste wählen. Wie wäre das? Und, *ja*, ich stehe auf der Liste, falls das Ihr kleines Rattenhirn beunruhigen sollte, junger Peter Guillam, ich bin aufgerückt, ich bin eine große Nummer, unsere neuen Herren beten mich an. Sollten sie auch, nach all dem Wirbel, den ich um sie gemacht habe.«

Die Innentüren flogen mit einem Knall auf. Einer der Wachtposten rief »Gentlemen!«, und die Kenner des Protokolls traten zurück, um den Damen den Vortritt zu lassen. Es waren zwei. Die Männer folgten, Guillam bildete den Schluß. Ein paar Meter weit hätte es der Circus sein können: ein eigens angelegter Engpaß, wo jedes einzelne Gesicht von Kontrolleuren geprüft wurde, dann ein provisorischer Korridor, der zu einer Art Bauhütte inmitten eines ausgehöhlten Treppenschachts führte: nur daß die Bauhütte keine Fenster hatte und an Drähten hing und mit Seilen gesichert war. Guillam hatte Smiley völlig aus den Augen verloren, und als er die Stufen aus Hartfaserplatten hinaufstieg und den streng gesicherten Sitzungssaal betrat, sah er nur Schatten unter einem blauen Nachtlicht geistern.

»So *tu* doch wer was«, grollte Enderby wie ein ungeduldiger Gast, der sich über die Bedienung beklagt. »Licht, Herrgottnochmal. *Verdammtes* Volk.«

Die Tür schlug hinter Guillams Rücken zu, ein Schlüssel drehte sich im Schloß, ein elektrisches Summen klomm die Tonleiter hinauf und verschwand wimmernd aus dem Hörbereich, drei Neonröhren wurden stotternd hell und tauchten die Anwesenden in kränkliche Blässe.

»Hurrah«, sagte Enderby und setzte sich. Später überlegte Guillam, wieso er so sicher war, daß Enderby im Dunkeln gerufen hatte, aber es gibt Stimmen, die man hört, noch ehe sie sprechen. Der Konferenztisch war mit schadhaftem grünem Filz bezogen, wie die Billardtische in einem Jugendclub. Das Foreign Office saß am einen Ende, das Colonial Office am anderen. Die Trennung war eher biologisch als gesetzlich bedingt. Seit sechs Jahren lebten die beiden Ministerien als offiziell vermähltes Paar unter dem großartigen Dach des Diplomatic Service, aber kein vernünftiger Mensch nahm die Verbindung ernst. Guillam und Smiley saßen in der Mitte, Schulter an Schulter, flankiert von leeren Stühlen. Als Guillam die Besetzung musterte, fiel ihm absurderweise vor allem die Kleidung auf. Das Foreign Office war kategorisch in anthrazitgrauen Anzügen und den diskreten Attributen der Bevorzugten erschienen: sowohl Enderby wie Martindale trugen Alt-Eton-Krawatten. Die Colonialists boten den handgewebten Eindruck von Landbewohnern, die in die Stadt kamen, und das Beste, was sie in puncto Krawatten vorzuzeigen hatten, war ein einziger Royal-Artillery-Mann: der redliche Wilbraham, ihr Anführer, ein rüstiger, schlanker schulmeisterlicher Herr mit hochroten Äderchen auf den wettergegerbten Wangen. Eine stille Frau in Orgelbraun saß ihm zur Seite und auf der anderen Seite ein frischgebackener junger Mitarbeiter mit Sommersprossen und einem rötlichen Haarschopf. Die übrigen Sitzungsteilnehmer sahen aus wie Sekundanten bei einem Duell, das sie zutiefst mißbilligten, und sie waren vorsichtshalber immer paarweise gekommen: der finstere Pretorius vom Staats-Sicherheitsdienst mit einem namenlosen weiblichen Aktentaschenträger; zwei blasse Krieger vom Verteidigungsministerium; zwei Schatzamt-Bankiers, einer davon der Waliser namens Hammer. Oliver Lacon war allein und hatte sich abseits von allen anderen gesetzt, für aller Augen derjenige, den die Sache am wenigsten anging. Vor jedem Händepaar lag Smileys Eingabe in einem Hefter mit der Aufschrift »Streng geheim, nur für Dienstgebrauch«, rot und rosa wie ein Souvenirprogramm. Das »Nur für Dienstgebrauch« bedeutete, laßt die Vettern nicht dran. Smiley hatte die Eingabe aufgesetzt, die Mütter hatten sie getippt, Guillam hatte daneben gestanden, als sie vervielfältigt wurde und die vierundzwanzig Abzüge von Hand zusammengeheftet wurden. Nun lag das Werk ihrer aller Hände auf diesem großen Tisch herum, zwischen den Wassergläsern und den Aschenbechern. Enderby hob einen Hefter sechs Zoll vom Tisch hoch und ließ ihn klatschend wieder fallen.

»Jeder gelesen?« fragte er. Jeder hatte gelesen.

»Dann fangen wir an«, sagte Enderby und blickte mit blutunterlaufenen arroganten Augen in die Runde. »Wer macht den ersten Wurf? Oliver? Sie haben uns hierhergeholt. Also los.«

Guillam fand, daß Martindale, die Gottesgeißel des Circus und seiner Tätigkeit, heute seltsam kleinlaut war. Die Augen hatte er pflichtschuldig auf Saul Enderby gerichtet, die Mundwinkel

ergeben gesenkt.
Lacon setzte sofort zur Verteidigung an: »Darf ich zunächst bemerken, daß dies für mich ebenso überraschend kam wie für alle anderen«, sagte er. »Ein regelrechter Tiefschlag, George. Es wäre eine Hilfe gewesen, ein bißchen vorbereitet zu sein. Es ist einigermaßen heikel für *mich*, muß ich sagen, die Verbindung zu einer Dienststelle zu bilden, die in letzter Zeit so ziemlich jede Verbindung abgebrochen hat.«
Wilbraham sagte: »Hört, hört.« Smiley verhielt sich schweigend wie ein Mandarin. Pretorius von der Konkurrenz runzelte billigend die Stirn.
»Auch kommt es zu einem ungeschickten Zeitpunkt«, fügte Lacon unheilverkündend hinzu. »Ich meine, die These, Ihre These *allein*, ist – wie soll ich sagen,– gewaltig. Nicht leicht zu schlucken. Nicht leicht zu verkraften, George.«
Nachdem er sich so den Rückzug gesichert hatte, tat Lacon, als wolle er behaupten, es liege vielleicht überhaupt keine Bombe unterm Bett.
»Ich will versuchen, die Zusammenfassung zusammenzufassen. Darf ich? In dürren Worten, George. Ein prominenter chinesischer Bürger von Hongkong wird verdächtigt, russischer Spion zu sein. Das ist doch der Kern der Sache?«
»Es steht fest, daß er sehr beträchtliche russische Zuwendungen erhält«, korrigierte Smiley ihn, redete jedoch zu seinen Händen.
»Aus einem Geheimfonds, der dazu dient, Tiefenagenten zu finanzieren?«
»Ja.«
»*Ausschließlich* zu deren Finanzierung? Oder hat dieser Fonds noch andere Verwendungszwecke?«
»Soviel wir wissen, hat er keinerlei anderen Verwendungszweck«, sagte Smiley im gleichen lapidaren Ton wie vorher.
»Zum Beispiel – Propaganda, die Verkaufsförderung unter der Hand, Rabatte – diese Art Zahlungen? Nein?«
»Soviel wir wissen nein«, wiederholte Smiley.
»Ah, aber wieviel wissen Sie?« rief Wilbraham vom unteren Tischende. »War in der Vergangenheit nicht gerade besonders viel, wie?«
»Sie sehen, worauf ich hinauswill?« fragte Lacon.
»Wir würden *weit* mehr Beweise benötigen«, sagte die Kolonialdame in Braun mit herzerquickendem Lächeln.

»Wir auch«, pflichtete Smiley milde bei. Ein paar Köpfe hoben sich überrascht. »Eben um weiteres Beweismaterial zu erhalten, bitten wir um Rechte und Genehmigungen.«
Lacon ergriff erneut die Initiative.
»Nehmen wir Ihre These einmal als gegeben an. Ein geheimdienstlicher Fonds, alles so, wie Sie sagen.«
Smiley nickte vage.
»Gibt es Anhaltspunkte dafür, daß Ko in der Kolonie Wühlarbeit leistet?«
»Nein.«
Lacon warf einen Blick auf seine Notizen. Guillam fand, daß er fleißig Hausaufgaben gemacht haben mußte.
»Er predigt zum Beispiel nicht den Rückzug ihrer Sterlingreserven aus London? Was uns weitere neunhundert Millionen Pfund in die roten Zahlen bringen würde?«
»Meines Wissens: nein.«
»Er sagt nicht, daß wir die Insel räumen sollen. Er zettelt keine Aufstände an oder drängt auf Verschmelzung mit dem Festland oder hält uns den elenden Vertrag unter die Nase?«
»Nicht daß wir wüßten.«
»Er ist kein Gleichmacher. Er fordert keine einflußreichen Gewerkschaften, oder freies Wahlrecht, oder Mindestlöhne, oder allgemeine Schulpflicht, oder Rassengleichheit, oder ein eigenes Parlament für die Chinesen anstelle ihrer zahmen Körperschaften oder wie immer sie heißen?«
»Legco und Exco«, schnappte Wilbraham. »Und sie sind nicht zahm.«
»Nein, das tut er nicht«, sagte Smiley.
»Was tut er *dann*?« unterbrach Wilbraham erregt. »Nichts. Das ist die Antwort. Sie sind völlig auf dem Holzweg. Jagen Hirngespinsten nach.«
»Ich darf noch bemerken«, fuhr Lacon fort, als hätte er nichts gehört, »daß er vermutlich ebensoviel zum Wohle der Kolonie tut wie jeder andere reiche und angesehene chinesische Geschäftsmann. Oder ebensowenig. Er diniert mit dem Gouverneur, aber ich glaube nicht, daß er schon einmal den Safe geplündert hat. Er ist in der Tat nach außen hin so etwas wie ein Prototyp in Hongkong: Steward des Jockey Club, unterstützt karitative Einrichtungen, ist eine Säule der integrierten Gesellschaft, erfolgreich, wohltätig, besitzt den Reichtum eines Krösus und die

Geschäftsmoral eines Bordells.«
»Hören Sie, das ist ein bißchen stark!« protestierte Wilbraham.
»Langsam Oliver. Denken Sie doch an die neuen Sozialbauten.«
Wiederum schenkte Lacon ihm keine Beachtung:
»Abgesehen vom Victoriakreuz, einer Kriegsinvalidenrente und dem Baronstitel ist es daher schwer vorstellbar, wie er ein noch weniger geeignetes Ziel für die Verfolgung durch einen britischen oder die Anwerbung durch einen russischen Geheimdienst sein könnte.«
»In meiner Welt nennen wir das gute Legende«, sagte Smiley.
»*Touché*, Oliver«, sagte Enderby voll Genugtuung.
»Ach, heutzutage ist alles Legende«, sagte Wilbraham düster, aber das zog Lacon auch nicht aus der Affäre.
Runde eins an Smiley, dachte Guillam hocherfreut und erinnerte sich an das gräßliche Dinner in Ascot: *Hitti-pitti an der Wand, und bums, da macht es Plumps,* trällerte er im stillen mit gebührender Anerkennung für seine Gastgeberin.

»Hammer?« sagte Enderby, und das Schatzamt durfte sich kurz Luft machen und Smiley wegen seiner Abrechnungen die Leviten lesen, aber niemand außer dem Schatzamt schien Smileys Verfehlungen wichtig zu nehmen.
»Das entspricht nicht dem Zweck, für den Ihnen ein Überbrükkungsfonds zugestanden wurde«, beharrte Hammer in zunehmender Entrüstung. »Das waren ausschließlich Post-mortem-Zahlungen –.«
»Schön, schön, Georgie ist also ein ganz böser Junge«, unterbrach Enderby schließlich und stopfte Hammer den Mund. »Hat er sein Geld ins Klo gespült oder hat er's beiseite geschafft? Das ist die Frage. Chris, höchste Zeit, daß das Empire mal wieder was zu sagen hat.«
Auf diese direkte Aufforderung hin ergriff Wilbraham in aller Form das Wort, moralisch unterstützt von seiner Dame in Braun und seinem rothaarigen Assistenten, dessen junges Gesicht bereits grimmige Entschlossenheit ausdrückte, seinen Gebieter zu beschützen.
Wilbraham gehörte zu den Leuten, die gar nicht bemerken, wie lange sie zum Denken brauchen. »Ja«, begann er nach einer Ewigkeit. »Ja. Ja, *well,* ich möchte zunächst noch bei dem Geld bleiben, wenn Sie gestatten, so wie Lacon.« Es war bereits klar, daß

er die Eingabe als einen Übergriff auf sein Terrain betrachtete. »Schließlich ist dieses Geld alles, woran wir uns halten können«, bemerkte er treffend und blätterte eine Seite in seinem Hefter zurück. »Ja.« Worauf eine weitere endlose Unterbrechung folgte. »Sie schreiben hier, das Geld sei ursprünglich aus Paris über Vientiane gekommen.« Pause. »Dann schalteten die Russen auf ein anderes System um, sozusagen, und es wurde durch einen völlig anderen Kanal geleitet. Eine Hamburg-Wien-Hongkong-Route. Endlose Verwicklungen, Winkelzüge und so weiter – wir setzen voraus, daß Ihre Version stimmt, – ja? Gleiches Karnickel, anderer Zylinder, sozusagen. Gut. Und warum, glauben Sie, haben sie das getan, sozusagen?«

*Sozusagen*, registrierte Guillam, der ein sehr scharfes Gehör für sprachliche Eigenarten hatte.

»Es ist eine wohldurchdachte Praxis, die Routine von Zeit zu Zeit zu wechseln«, erwiderte Smiley und wiederholte damit die Erklärung, die er bereits in der Eingabe geliefert hatte.

»*Verfahrenstechnik*, Chris«, warf Enderby ein, der immer gern sein bißchen Fachjargon leuchten ließ, und Martindale, noch immer *piano*, warf ihm eine bewundernden Blick zu.

Wiederum brachte sich Wilbraham langsam in Gang.

»Wir müssen uns davon leiten lassen, was Ko *tut*«, erklärte Wilbraham in verständnislosem Eifer und ließ die Fingerknöchel auf dem Filzbelag trommeln. »Nicht von dem, was er *bekommt*. Dabei bleibe ich. Schließlich, ich meine, zum Donnerwetter, das Geld gehört doch nicht Ko, oder? Dem Gesetz nach hat es nichts mit ihm zu tun.« Das Argument verursachte kurzes verwirrtes Schweigen. »Seite zwei, oben. Das ganze Geld ist auf einem Treuhandkonto.« Großes Geraschel, als alle, mit Ausnahme von Smiley und Guillam, nach ihren Heftern griffen. »Ich meine, es wird nicht nur nichts davon *ausgegeben* – was an sich schon reichlich sonderbar ist, ich komme gleich darauf –, es ist einfach *nicht Kos Geld*. Es wird treuhänderisch verwaltet, und wenn der Verfügungsberechtigte sich einstellt, wer immer er oder sie sein mag, dann gehört es dem Verfügungsberechtigten. Bis dahin bleibt es auf dem Konto. Sozusagen. Also, ich meine, *was hat Ko Unrechtes getan?* Ein Treuhandkonto eröffnet? Gibt kein Gesetz dagegen. Wird alle Tage gemacht. Besonders in Hongkong. Der *Verfügungsberechtigte* – oh, der könnte überall sein! In Moskau, in Timbuktu oder . . . « Es schien ihm kein dritter Ort mehr einzufallen, also gab er es auf, zum Mißbehagen seines feuerköpfigen Assistenten, der Guillam finster anstarrte, als wolle er ihn herausfordern. »Sache ist die: was liegt gegen *Ko* vor?«

Enderby hatte ein Streichholz in den Mund gesteckt und rollte es zwischen den Vorderzähnen. Vielleicht im Bewußtsein dessen, daß sein Gegenspieler ein gutes Argument schlecht vorgebracht hatte – während seine eigene Spezialität im umgekehrten Verfahren lag –, nahm er das Streichholz heraus und betrachtete das angesabberte Ende.

»Was zum Teufel soll dieser ganze Schiet über *Daumenabdrücke*, George?« fragte er, vielleicht in dem Bestreben, Wilbrahams Erfolg zu schmälern. »Klingt wie aus Phillips Oppenheim.«

*Belgravia Cockney*, dachte Guillam: das letzte Stadium sprachlichen Niedergangs.

Smileys Antwort klang ungefähr so leidenschaftlich wie die Zeitansage:

»Der Gebrauch von Daumenabdrücken ist bei den Banken an der chinesischen Küste eine altehrwürdige Praxis. Sie stammt aus den Tagen des weit verbreiteten Analphabetentums. Viele Überseechinesen bedienen sich lieber britischer Banken als ihrer eigenen, und die Struktur dieses Kontos ist keineswegs ungewöhnlich. Der Verfügungsberechtigte weist sich durch visuelle Mittel aus, zum Beispiel durch die Hälfte einer durchgerissenen Banknote, oder in diesem Fall durch den Abdruck seines Daumens, des linken, da angenommen wird, er sei weniger durch schwere Arbeit abgenutzt als der rechte. Die Bank wird kaum mit der Wimper zucken, vorausgesetzt, daß der Eröffner des Treuhandkontos sie von jeder Verantwortung im Fall einer irrtümlichen oder widerrechtlichen Auszahlung entbunden hat.«

»Vielen Dank«, sagte Enderby, und das Streichholz verschwand wieder zwischen seinen Zähnen. »Könnte zum Beispiel auch Kos *eigener* Daumenabdruck sein«, gab er zu bedenken. »Gibt nichts, was ihn hindern könnte, oder? *Dann* würde es eindeutig sein Geld sein. Wenn er Treuhänder und Verfügungsberechtigter in einer Person ist, dann ist es *natürlich* sein eigenes verdammtes Geld.«

Für Guillam hatte die Diskussion bereits eine lächerlich falsche Wendung genommen.

»Das ist bloße Annahme«, sagte Wilbraham nach dem üblichen zweiminütigen Schweigen. »Angenommen, Ko tut einem alten Freund einen Gefallen. Nur mal angenommen. Und dieser alte

Freund hat eine krumme Tour gedreht oder macht von Zeit zu Zeit Geschäfte mit den Russen. Eure Chinesen *lieben* Verschwörungen. Sind mit *allen* Wassern gewaschen, auch die nettesten. Ko ist keine Ausnahme, da möchte ich wetten.«
Zum erstenmal meldete sich der rothaarige Junge zu Wort und unternahm einen Entlastungsangriff.
»Die Eingabe fußt auf einem Trugschluß«, erklärte er unverblümt und wandte sich zunächst mehr an Guillam als an Smiley. Puritanischer Primaner, dachte Guillam: ist überzeugt, daß Sex entkräftend wirkt und Spionieren unmoralisch ist. »*Sie* sagen, Ko steht auf der russischen Gehaltsliste. *Wir* sagen, das ist nicht bewiesen. Wir sagen, das Konto *kann* russisches Geld enthalten, aber Ko und das Konto sind völlig getrennte Faktoren.« In seiner Entrüstung redete er viel zu lange weiter: »*Sie* sprechen von Vergehen. Während *wir* sagen, Ko hat sich nicht gegen das in Hongkong geltende Gesetz vergangen und sollte der ihm als Bürger einer Kolonie zustehenden Rechte teilhaftig sein.«
Mehrere Stimmen donnerten gleichzeitig los. Lacon gewann. »Niemand spricht hier von Vergehen«, konterte er. »Von Vergehen ist überhaupt nicht die Rede. Wir sprechen über Sicherheit. Ausschließlich. Sicherheit, und die Frage, ob es wünschbar ist oder nicht, wegen einer augenscheinlichen Gefahr Untersuchungen anzustellen.«
Hammers Kollege vom Schatzamt war, wie sich herausstellte, ein eiskalter Schotte, mit einem ebenso schmucklosen Stil wie der Primaner.
»Kein Mensch macht sich hier stark, Kos Rechte als Bürger der Kolonie zu beschneiden«, fauchte er. »Er hat keine. In den Gesetzen von Hongkong steht *kein Wort*, daß der Gouverneur nicht Mr. Kos Post öffnen oder Mr. Kos Telefon abhören darf oder sein Zimmermädchen bestechen oder in seinem Haus bis Ultimo Meisen kleben. Kein einziges Wort. Und es gibt noch einiges mehr, was der Gouverneur tun kann, wenn er es für richtig hält.«
»Auch rein spekulativ«, sagte Enderby mit einem Blick zu Smiley. »Der Circus verfügt dort nicht über den nötigen Apparat für solche Späße, und unter den gegebenen Umständen wäre es auf jeden Fall unsicher.«
»Es wäre skandalös«, sagte der rothaarige Junge vorwitzig, und Enderbys Schlemmerauge, gelb von allen Mahlzeiten seines Lebens, hob sich zu ihm und merkte ihn vor zu späterer

Behandlung.
So verlief das zweite erfolglose Scharmützel. Sie kabbelten sich herum bis zur Kaffeepause, kein Sieger, keine Leichen. Zweite Runde unentschieden, lautete Guillams Spruch. Er fragte sich bänglich, wie viele Runden es wohl geben werde.
»Was ist denn los?« fragte er Smiley tuschelnd: »Sie können es doch nicht aus der Welt reden.«
»Sie müssen es auf ihr eigenes Format reduzieren«, erklärte Smiley ohne jede Kritik. Im übrigen schien er sich auf orientalische Selbstvergessenheit verlegt zu haben, und Guillams Sticheln würde ihn nicht daraus aufscheuchen. Enderby bestellte frische Aschenbecher. Der Parlamentarische Unterstaatssekretär sagte, man solle versuchen, weiterzukommen.
»Bedenken Sie, was es den Steuerzahler kostet, nur daß wir hier sitzen«, drängte er voll Stolz. Bis zum Lunch waren es noch zwei Stunden.

Enderby eröffnete die dritte Runde mit der kitzligen Frage, ob das Gouvernement in Hongkong von dem über Ko vorliegenden Nachrichtenmaterial in Kenntnis zu setzen sei. Was ziemlich hinterhältig von ihm war, fand Guillam, denn das Schattenkabinett des Colonial Office (wie Enderby seine handgewebten *confrères* zu nennen pflegte) stellte sich nach wie vor auf den Standpunkt, es gebe keine Krise und folglich auch nichts, wovon irgendwer in Kenntnis gesetzt werden könne. Doch der redliche Wilbraham, der die Falle nicht sah, tappte prompt hinein und sagte:
»Natürlich sollten wir Hongkong benachrichtigen. Sie haben Selbstverwaltung. Es gibt für uns keine Alternative.«
»Oliver?« sagte Enderby mit der Ruhe eines Mannes, der ein gutes Blatt in der Hand hat. Lacon blickte hoch, deutlich irritiert über diese direkte Einbeziehung. »Oliver?« wiederholte Enderby.
»Ich bin *versucht* zu antworten, dies sei Smileys Fall und Wilbrahams Kolonie, und wir sollten es die beiden unter sich ausfechten lassen«, sagte er und hielt sich eisern draußen.
Blieb also Smiley: »Oh, *well*, wenn es nur der Gouverneur wäre und sonst niemand, so könnte ich kaum dagegen sein«, sagte er. »Das heißt, wenn Sie der Ansicht sind, daß es nicht zuviel von ihm verlangt ist«, fügte er dunkel hinzu, und Guillam sah, wie der Rotkopf sich abermals zum Eingreifen anschickte.

»Warum zum Kuckuck sollte es vom Gouverneur zuviel verlangt sein?« fragte Wilbraham aufrichtig verblüfft. »Erfahrener Verwaltungsbeamter, gerissener Verhandlungspartner. Kommt mit allem zurecht. Warum ist es zuviel?«

Diesmal ließ Smiley erst eine Pause eintreten. »Er würde seine Telegramme natürlich eigenhändig codieren und decodieren müssen«, überlegte er laut, als setzte er sich in seiner Zerstreutheit erst jetzt mit allen unausbleiblichen Folgen auseinander. »Wir könnten selbstverständlich nicht zulassen, daß er seine Mitarbeiter einweihte. Es wäre von jedem Menschen zuviel verlangt. Persönliche Codebücher – nun ja, die könnten wir ihm allerdings zukommen lassen. Könnten seine Geschicklichkeit im Codieren aufpolieren, wenn nötig. Ich persönlich sehe noch das Problem, daß der Gouverneur praktisch in die Rolle des *agent provocateur* gezwungen wird, wenn er Ko auch weiterhin in seinem Haus empfängt – was er fraglos tun muß. Wir dürfen das Wild in diesem Stadium nicht kopfscheu machen. Würde ihm das unangenehm sein? Vielleicht nicht. Manche Menschen sind von Hause aus dazu veranlagt.« Er blickte zu Enderby hinüber.

Wilbraham war bereits dabei, seiner Empörung Luft zu machen: »Aber du lieber Himmel, Mann, wenn Ko ein russischer Spion ist – was wir ohnehin verneinen –, und der Gouverneur lädt ihn zum Dinner ein und begeht im vertraulichen Gespräch, wie es nur natürlich wäre, irgendeine geringfügige Indiskretion – also, das ist verdammt unfair. Es könnte die Karriere des Mannes ruinieren. Ganz zu schweigen von dem, was es der Kolonie schaden könnte! Er *muß* informiert werden!«

Smiley wirkte schläfriger denn je.

»Ja, natürlich, wenn er zu Indiskretionen neigt,« brabbelte er demütig, »dann könnte man allerdings ins Treffen führen, daß er ohnehin nicht der rechte Mann ist, dem man Informationen zukommen lassen sollte.«

In dem eisigen Schweigen nahm Enderby wiederum bedauernd das Streichholz aus dem Mund.

»Verdammt komisch wär's schon, oder, Chris«, rief er fröhlich über den Tisch Wilbraham zu, »wenn Peking eines Morgens auf dem Nachtkästchen die frohe Botschaft vorfände, der Gouverneur von Hongkong, Stellvertreter der Königin und was sonst noch, Oberster Befehlshaber der Truppen et cetera, habe es sich nicht nehmen lassen, Moskaus Superspion einmal monatlich bei sich zu

Tisch zu sehen und ihm für seine Mühe einen Orden verliehen. Was hat er bis jetzt? Doch keinen Ritterschlag, oder? Von und zu?«
»Den O.B.E.«, sagte jemand *sotto voce.*
»Armer Kerl. Aber er wird's schon noch dazu bringen, nehme ich an. Wird sich hinaufarbeiten, wie wir alle.«
Enderby hatte zufällig schon seinen Ritterschlag, während Wilbraham, wegen der zunehmenden Knappheit an Kolonien, in den unteren Rängen steckengeblieben war.
»Es liegt kein konkreter Fall vor«, sagte Wilbraham standhaft und legte eine behaarte Hand flach auf den farbenfrohen Hefter vor ihm.

Es folgte eine allgemeine Aussprache, für Guillams Ohr ein Intermezzo, bei dem in stillschweigender Übereinkunft auch die minderen Stimmen gelegentlich mit belanglosen Fragen einfallen durften, um im Sitzungsprotokoll Erwähnung zu finden. Der Waliser Hammer wünschte *hier und jetzt* festgestellt zu wissen, was mit der halben Million Dollar aus dem Reptilienfonds der Moskauer Zentrale geschehen würde, wenn sie zum Beispiel in britische Hände fiele. Es könne nicht in Frage kommen, daß sie einfach durch den Circus wieder in Umlauf gesetzt würde, warnte er. Die Alleinrechte müßten beim Schatzamt liegen. Ob das klar sei?
Es sei klar, sagte Smiley.
Guillam erkannte, daß sich eine Spaltung anbahnte. Zwischen denen, die, wenn auch widerstrebend, akzeptierten, daß die Untersuchung ein *fait accompli* war, und denen, die ihr Nachhutgefecht gegen deren Abhaltung weiterführten. Hammer schien sich, wie Guillam überrascht feststellte, mit einer Untersuchung abgefunden zu haben.
Eine lange Reihe von Fragen über »legale« und »illegale« Residenturen war zwar ermüdend, diente indes dazu, die Furcht vor einer Roten Gefahr zu verankern. Luff, der Parlamentarier, verlangte, man solle ihm den Unterschied genau erklären. Smiley tat es geduldig. Ein »legaler« oder »oberirdischer« Resident, sagte er, sei ein Geheimdienstbeamter, der unter offiziellem oder halboffiziellem Schutz in dem betreffenden Land lebe. Da es das Gouvernement in Hongkong mit Rücksicht auf Pekings Animosität gegenüber Rußland für gut befunden habe, jede Art sowjeti-

scher Repräsentation aus der Kolonie zu verbannen – Botschaft, Konsulat, TASS, Radio Moskau, Novosti, Aeroflot, Intourist und sämtliche sonstigen dienlichen Flaggen, unter denen die »Legalen« traditionsgemäß zu segeln pflegten –, sei es unvermeidlich, daß jede sowjetische Aktivität in der Kolonie durch einen illegalen oder unterirdischen Apparat erfolgen müsse.

Eben diese Voraussetzung habe die Recherchen des Circus in jene Richtung gelenkt, die dazu führte, daß die Ersatz-Route für das Geld entdeckt wurde, sagte er, und vermied den Fachausdruck »Goldader«.

»Aha, dann haben wir also die Russen dazu gezwungen«, sagte Luff voll Genugtuung. »Wir haben es nur uns selbst zu verdanken. Wir schikanieren die Russen, sie beißen zurück. Wen kann das überraschen? Wir baden hier die Fehler der *letzten* Regierung aus, nicht unserer jetzigen. Wer die Russen reizt, bekommt, was er verdient. Klar. Wir ernten wieder einmal den Sturm, wie üblich.«

»Was hatten die Russen *vordem* in Hongkong gehabt?« fragte ein cleverer Jüngling aus dem Home Office.

Mit einem Schlag kam Leben in die Kolonialisten. Wilbraham begann, fieberhaft eine Akte zu durchblättern, aber als er sah, wie sein rothaariger Assistent an der Leine zerrte, brummte er:

»Sie übernehmen das, John, ja? Gut«, lehnte sich zurück und blickte grimmig drein. Die braune Dame lächelte wehmütig auf die Tischbespannung, als gedächte sie der Zeiten, da der grüne Filz noch heil war. Also unternahm der Primaner seinen zweiten unseligen Ausbruchsversuch:

»Es gibt hierfür unseres Erachtens in der Tat höchst lichtvolle Exempel«, begann er aggressiv. »Die früheren Versuche der Moskauer Zentrale, in der Kolonie Fuß zu fassen, waren sämtlich ohne Ausnahme fruchtlos und unergiebig.« Er leierte eine Anzahl langweiliger Beispiele herunter.

Vor fünf Jahren, sagte er, sei ein falscher russisch-orthodoxer Archimandrit aus Paris eingeflogen worden, der Verbindung mit der weißrussischen Gemeinde aufnehmen sollte:

»Dieser Herr versuchte, einen älteren Restaurantbesitzer in die Dienste der Moskauer Zentrale zu nötigen und wurde prompt festgenommen. In jüngerer Zeit kam es vor, daß Besatzungsmitglieder russischer Frachter, die Hongkong zu Reparaturzwecken anliefen, dort an Land gingen. Sie unternahmen plumpe Versu-

che, Hafenarbeiter und Docker, die sie für linksgerichtet hielten, zu bestechen. Sie wurden arretiert, verhört, in der Presse lächerlich gemacht und durften, wie nur recht und billig, das Schiff für den Rest der Liegezeit nicht mehr verlassen.« Er lieferte noch weitere nichtige Beispiele, und alle wurden schläfrig und warteten auf den letzten Gang: »Wir verfahren jedesmal in *genau* der gleichen Weise. Sobald sie erwischt werden, auf der Stelle, werden die Schuldigen öffentlich bloßgestellt. Pressofotos? So viele Sie wollen, Gentlemen. Fernsehen? Kamera läuft. Ergebnis? Peking klopft uns freundschaftlich auf den Rücken, weil wir sowjetische Expansionisten abwehren.« In seiner maßlosen Übererregtheit hatte er den Nerv, sich direkt an Smiley zu wenden. »Sie sehen also, was Ihre illegalen Netze betrifft, so ziehen wir sie offen gestanden stark in Zweifel. Legal, illegal, ober- oder unterirdisch. Unsere Ansicht lautet, der Circus drückt hier ein bißchen auf die Tube, um wieder ins Spiel zu kommen!«
Guillam öffnete bereits den Mund zu einem entsprechenden Rüffel, als er eine warnende Berührung am Ellbogen spürte, und schloß ihn wieder.
Es folgte ein langes Schweigen, während dessen Wilbraham noch verlegener aussah als alle anderen.
»Klingt mir eher nach blauem Dunst, Chris«, sagte Enderby nüchtern.
»Was soll das heißen?« fragte Wilbraham nervös.
»Antworte nur auf das Argument, das Ihr Prachtjunge für Sie vorgebracht hat, Chris. Blauer Dunst. Täuschung. Die Russen rasseln mit dem Säbel, dort, wo ihr sie sehen könnt, und während ihr alle brav dorthin schaut, machen sie in aller Ruhe ihre dreckige Arbeit auf der anderen Seite der Insel. Siehe Bruder Ko. Stimmt's, George?«
»Nun, dieser Ansicht sind wir, ja«, räumte Smiley ein. »Und ich sollte Sie wohl daran erinnern – es steht übrigens in der Eingabe –, daß Haydon seinerzeit immer besonders eifrig betonte, die Russen hätten in Hongkong nichts laufen.«
»Lunch« verkündete Martindale ohne viel Optimismus. Sie aßen droben, ein freudloses Mahl, das per Lieferwagen in Menagetellern aus Plastik gekommen war. Die einzelnen Vertiefungen waren zu flach, und Guillams Eiercreme schwappte in das Fleischgericht.

Also gestärkt nutzte Smiley die allgemeine nachmittägliche Trägheit, um das ins Spiel zu bringen, was Lacon als den Panik-Faktor bezeichnet hatte. Genauer gesagt, er versuchte, der Versammlung das Gefühl einzuflößen, daß eine sowjetische Präsenz in Hongkong eigentlich nur logisch sei, auch falls, wie er es formulierte, Ko nicht das Beispiel dafür lieferte:

Hongkong als der größte Hafen Festland-Chinas, über den vierzig Prozent seines Außenhandels abgewickelt werden.

Wie schätzungsweise jeder fünfte Einwohner Hongkongs alljährlich legal in China ein- und ausreise, wobei die Mehrfach-Reisen diesen Durchschnitt zweifellos noch anhöben.

Wie China in Hongkong, *sub rosa*, aber mit voller Billigung der Behörden, Teams erstklassiger Unterhändler, Wirtschaftler und Techniker unterhalte, die über Pekings Interessen in Handel, Verkehr und Entwicklung wachten, und wie jeder einzelne dieser Männer ein natürliches Ziel für Geheimdienste zwecks »Verleitung oder anderer Formen einer geheimen Überredung«, wie er sich ausdrückte, darstelle.

Wie Hongkongs Fischerei- und Dschunkenflotte sich eines doppelten Heimatrechts erfreute, in Hongkong und entlang der chinesischen Küste, und ungehindert in chinesischen Gewässern ein- und auslaufe –.

Enderby unterbrach ihn mit einer hilfreichen Frage:

»Und Ko besitzt eine eigene Dschunkenflotte. Sagten Sie nicht, er sei einer der letzten Wackeren der Gilde?«

»Ja, ja, das stimmt.«

»Aber er sucht das Festland nicht persönlich auf?«

»Nein, nie. Das tut sein Assistent, aber nach unseren Ermittlungen Ko selbst niemals.«

»Assistent?«

»Er hat einen Freund und Manager namens Tiu. Die beiden sind schon seit zwanzig Jahren beisammen. Länger. Sie kommen aus dem gleichen Stall: Hakka, Schanghai und so weiter. Tiu ist in mehreren Firmen sein Strohmann.«

»Und Tiu sucht regelmäßig das Festland auf?«

»Mindest einmal im Jahr.«

»Größere Reisen?«

»Kanton, Peking und Schanghai sind aktenkundig. Aber die Akte ist nicht notwendigerweise vollständig.«

»Aber Ko bleibt zu Hause. Komisch.«

Da keine weiteren Fragen oder Kommentare hierzu kamen, fuhr Smiley in seiner Anpreisung der Reize Hongkongs als Spionagebasis fort. Hongkong sei einmalig, stellte er schlicht fest. Kein anderer Ort der Welt biete auch nur ein Zehntel der Voraussetzungen für ein Fußfassen in China.

»*Voraussetzungen?*« echote Wilbraham. »Versuchungen sollten Sie sagen.«

Smiley zuckte die Achseln. »Versuchungen, wenn Sie so wollen«, stimmte er zu. »Der sowjetische Geheimdienst ist nicht gerade berühmt für seine Widerstandskraft in dieser Hinsicht.« Und unter einigem wissenden Gelächter setzte er die Aufzählung dessen fort, was bisher an Vorstößen der Zentrale auf das chinesische Ziel als Ganzes bekannt war: ein kombinierter Abriß aus Connie und di Salis. Er schilderte die Bemühungen der Zentrale, einen Angriff von Norden her zu führen, mittels einer Groß-Anwerbung und Infiltration der eigenen Leute chinesischer Volkszugehörigkeit. Erfolglos, sagte er. Er schilderte ein gewaltiges Netz von Lauschposten entlang der viereinhalbtausend Meilen chinesisch-russischer Landgrenze: unproduktiv, sagte er, denn die Ausbeute sei militärischer Art, während die Gefahr politischer Natur sei. Er kolportierte die Gerüchte sowjetischer Annäherungsversuche an Taiwan, den Vorschlag, gemeinsame Sache gegen die chinesische Bedrohung zu machen durch kombinierte Operationen und geteilten Profit: abgelehnt, sagte er, und wahrscheinlich überhaupt nur als Störung geplant, um Peking zu ärgern, nicht zum vorgegebenen Zweck. Er gab Beispiele dafür, wie die Russen ihre Talentsucher auf Chinesengemeinden in London, Amsterdam, Vancouver und San Francisco ansetzten und streifte die verhüllten Vorschläge der Zentrale an die Vettern vor einigen Jahren, man solle einen »Nachrichten-Pool« schaffen, der den gemeinsamen Feinden Chinas zugänglich wäre. Fruchtlos, sagte er. Die Vettern zogen nicht. Und schließlich kam er noch auf die lange Geschichte wilder Verbrennungs- und Bestechungsoperationen der Zentrale gegen Amtsträger Pekings auf überseeischen Posten: Produkt unbestimmt, sagte er.

Nachdem das gesagt war, lehnte er sich zurück und stellte nochmals die These auf, die an diesem ganzen Hin und Her schuld war.

»Früher oder später«, wiederholte er, »muß die Moskauer Zentrale in Hongkong auftauchen.«

Womit wiederum Ko an der Reihe war, und Roddy Martindale, der unter Enderbys Adlerauge den nächsten wirklichen Waffengang einleitete:
»*Well*, was glauben *Sie*, wofür das Geld ist, George? Ich meine, wir haben jetzt alles gehört, wofür es *nicht* ist, und wir haben gehört, daß es nicht ausgegeben wird. Aber wir sind keinen Schritt *weiter*, oder?, verdammt nochmal. Sieht nicht aus, als *wüßten* wir etwas. Es ist die gleiche alte Frage: wie wird das Geld verdient, wie wird es ausgegeben, was sollen wir *tun*?«
»Das sind drei Fragen«, sagte Enderby leise, aber hart.
»Eben *weil* wir nichts wissen«, sagte Smiley störrisch, »ersuchen wir um die Genehmigung, es festzustellen.«
Von den Schatzamtbänken her sagte jemand: »Ist eine halbe Million viel Geld?«
»Nach meiner Erfahrung beispiellos«, sagte Smiley. »Die Moskauer Zentrale« – er vermied pflichtschuldig den Namen Karla –»hat es schon immer gehaßt, Loyalität zu kaufen. Und ein Kaufpreis in dieser Höhe ist bei ihnen etwas Unerhörtes.«
»Aber *wessen* Loyalität wollen sie kaufen?« wehklagte jemand.
Martindale der Gladiator warf sich erneut ins Getümmel: »Sie sagen uns nicht alles, George. Das weiß ich. Sie haben irgendeinen Tip, ganz klar. Also rücken Sie schon raus damit. Seien Sie nicht so spröde.«
»Ja, könnten Sie nicht doch ein paar Karten aufdecken?« lamentierte auch Lacon.
»Bestimmt können Sie doch ein *bißchen* mehr auspacken«, flehte Hammer.
Selbst unter diesem Dreifrontendruck wankte Smiley noch immer nicht. Der Panik-Faktor tat endlich seine Wirkung. Smiley selbst hatte ihn ausgelöst. Wie ängstliche Patienten bestürmten sie ihn um eine Diagnose. Und Smiley weigerte sich, eine solche zu stellen, mit der Begründung, daß ihm die Daten fehlten.
»Glauben Sie mir, ich kann nichts weiter tun, als Ihnen die Fakten mitteilen, soweit sie feststehen. Wenn ich in diesem Stadium laute Spekulationen anstellte, wäre niemandem gedient.«
Zum erstenmal seit Beginn der Sitzung tat die Kolonialdame den Mund auf und stellte eine Frage. Ihre Stimme war wohlklingend und intelligent.
»Um auf den Punkt Präzedenzfälle zurückzukommen, Mr. Smiley –« Smiley zog den Kopf ein und machte eine altmodische

kleine Verbeugung –. »Gibt es Präzedenzfälle dafür, daß geheime russische Gelder an einen Treuhänder gezahlt wurden? Auf anderen Schauplätzen, zum Beispiel?«
Smiley antwortete nicht sofort. Guillam, der nur ein paar Zentimeter von ihm entfernt saß, hätte geschworen, eine plötzliche Spannung zu spüren, als hätte seinen Nachbarn ein jäher Energiestoß durchzuckt. Aber als er einen Blick auf das ungerührte Profil warf, konnte er an seinem Herrn und Meister nur zunehmende Schläfrigkeit und ein leichtes Absacken der müden Lider konstatieren.
»Es gab ein paar Fälle von dem, was wir als *Alimente* bezeichnen«, räumte er schließlich ein.
»*Alimente,* Mr. Smiley?« echote die Kolonialdame, während ihr rothaariger Gefährte noch fürchterlicher die Stirn runzelte, als gehörten auch Ehescheidungen zu den Dingen, die er mißbilligte.
Smiley setzte die Schritte mit äußerster Behutsamkeit: »Es gibt selbstverständlich Agenten, die in feindlichen Ländern arbeiten – feindlich vom sowjetischen Standpunkt aus – und aus Gründen der Tarnung ihren Sold nicht nutzen können, solange sie im Einsatz sind.« Die braungewandete Dame nickte leicht, zum Zeichen, daß sie verstanden habe. »In derlei Fällen ist es üblich, das Geld in Moskau zu deponieren und dem Agenten zugänglich zu machen, sobald er in der Lage ist, es auszugeben. Ihm oder seinen Angehörigen, falls –«
»– falls es ihn erwischt hat«, ergänzte Martindale genießerisch.
»Aber Hongkong ist nicht Moskau«, erinnerte ihn die Kolonialdame lächelnd.
Smiley hatte seine Ausführungen beinah abgeschlossen: »In seltenen Fällen, wenn das Motiv Geld ist und der Agent vielleicht keine spätere Rückkehr nach Rußland anstrebt, kam es vor, daß die Moskauer Zentrale, als Notlösung, sich zu einem ähnlichen Arrangement in, sagen wir, der Schweiz entschloß.«
»Aber nicht in Hongkong?« bohrte sie.
»Nein, das nicht. Und nach aller Erfahrung ist es unvorstellbar, daß Moskau sich zu einer Alimentenzahlung in dieser Größenordnung entschließen könnte. Allein schon, weil dies für den Agenten einen Anreiz böte, sich von seiner Tätigkeit zurückzuziehen.«
Gelächter wurde laut, aber als es sich gelegt hatte, war die Dame in Braun schon mit ihren nächsten Fragen zur Hand.
»Aber die Zahlungen fingen bescheiden an«, meinte sie mit

höflicher Hartnäckigkeit. »Das steile Ansteigen ist erst verhältnismäßig neuen Datums?«

»Stimmt«, sagte Smiley.

Stimmt zu verdammt genau, dachte Guillam und fing an, sich ernsthaft zu beunruhigen.

»Mr. Smiley, wenn das betreffende Aufklärungsmaterial für die Russen entsprechend wertvoll wäre, glauben Sie, daß sie sich *bereit finden* würden, ihre Vorbehalte über Bord zu werfen und einen solchen Preis zu zahlen? Schließlich ist, absolut gesprochen, das Geld an und für sich unerheblich, verglichen mit dem Wert eines großen Informationsvorsprungs.«

Smiley hatte einfach aufgehört zu sprechen. Er drückte sich auch nicht durch bestimmte Gebärden aus. Er blieb höflich, rang sich sogar ein kleines Lächeln ab, aber er hatte eindeutig genug von Mutmaßungen. Enderby mußte mit seinem blasierten Näseln einspringen, um die Frage wegzuwischen.

»Kinder, wenn wir nicht aufpassen, vertun wir den ganzen Tag mit Theoretisieren«, rief er mit einem Blick auf die Uhr. »Chris, wie ist das, lassen wir die Amerikaner mitspielen? Wenn wir dem Gouverneur nicht Mitteilung machen, wie steht's dann mit einer Mitteilung an unsere tapferen Alliierten?«

Der Gong hat George gerettet, dachte Guillam.

Bei der Erwähnung der Vettern legte Colo Wilbraham los wie ein gereizter Stier. Guillam vermutete, daß er diese Frage hatte kommen sehen und entschlossen war, sie abzuschießen, sobald sie nur den Kopf herausstreckte.

»Veto, bedaure«, schnappte er ohne eine Spur seiner sonstigen Anlauffrist. »Absolut. Jede Menge Gründe. Erstens Abgrenzung. Hongkong ist unser Revier. Die Amerikaner haben dort keine Fangrechte. Gar nichts. Zweitens ist Ko britischer Untertan und hat einigen Anspruch auf unseren Schutz. Ist vermutlich altmodisch von mir. Mir aber egal, offen gesagt. Die Amerikaner würden sofort loslegen. War schon mal da. Gott weiß, wo es enden würde. Drittens: kleiner Protokollpunkt.« Er meinte es ironisch. Er appellierte an den Instinkt eines Ex-Botschafters und versuchte, dessen Sympathie zu gewinnen. »Nur ein kleiner Punkt, Enderby. Die Amerikaner in Kenntnis setzen und den Gouverneur nicht – also, wenn *ich* der Gouverneur wäre und in diese Lage käme, ich würde meinen Hut nehmen. Mehr kann ich nicht sagen. Das würden Sie auch tun. Ich weiß es. Sie würden es tun. Ich auch.«

»Vorausgesetzt, daß Sie dahinterkämen«, korrigierte ihn Enderby.
»Keine Sorge. Ich würde dahinterkommen. Erstens würden sie, zehn Mann hoch, im ganzen Haus mit Mikrophonen herumkrauchen. Haben es schon ein paarmal in Afrika getan, wo wir sie reinließen. Katastrophe. Komplett.« Er warf die gekreuzten Unterarme auf den Tisch und starrte wütend auf sie nieder.
Ein heftiges Tuckern wie von einem Außenbordmotor meldete eine Panne in einem der elektronischen Abschirmgeräte, stockte, erholte sich wieder und surrte im Senkrechtstart außer Hörbereich.
»Müßte ein mutiger Mann sein, der's hinter Ihrem Rücken wagen würde«, murmelte Enderby mit breitem bewunderndem Grinsen in das gespannte Schweigen.
»Richtig«, bellte Lacon aus heiterem Himmel.
Sie wissen es, dachte Guillam nur. George hat sie geködert. Sie wissen, daß er mit Martello einen Handel geschlossen hat, und sie wissen, daß er es nicht sagen wird, weil er entschlossen ist, sich tot zu stellen. Aber Guillam sah an jenem Tag nichts klar. Während Schatzamt und Verteidigung vorsichtig in dem offenbar logischen Argument übereinstimmten – »Haltet die Amerikaner hier raus« –, schien Smiley seltsamerweise gar keine Neigung zu verspüren, diese Frage anzutippen.
»Aber es bleibt nach wie vor das Problem, was mit dem Rohmaterial geschehen soll«, sagte er. »Ich meine, falls Sie beschließen sollten, daß meine Dienststelle die Sache nicht weiter verfolgen darf«, fügte er, zur allgemeinen Verwirrung, nachdenklich hinzu.
Guillam war erleichtert, auch Enderby völlig verblüfft zu sehen.
»Soll 'n das heißen?« fragte Enderby und schloß sich damit kurz der übrigen Meute an.
»Ko hat finanzielle Interessen in ganz Südostasien«, erinnerte Smiley sie. »Seite eins meiner Eingabe.« Geschäftigkeit, Geblätter. »Wie uns zum Beispiel bekannt ist, besitzt er auf dem Umweg über Mittelsleute und Strohmänner alles mögliche, zum Beispiel eine Nachtclubkette in Saigon, eine Fluggesellschaft mit Sitz in Vientiane, eine Tankerflotte in Thailand. Es wäre durchaus vorstellbar, daß einige dieser Unternehmen politische Obertöne hätten, die tief in die amerikanische Einflußsphäre hineinreichen. Ich würde natürlich Ihre schriftliche Anweisung in Händen haben

müssen, wenn ich unsere Seite der bestehenden bilateralen Abkommen außer acht lassen sollte.«

»Sprechen Sie weiter«, befahl Enderby und fischte aus der vor ihm liegenden Schachtel ein frisches Zündholz.

»Oh, ich glaube, ich habe alles gesagt, vielen Dank«, sagte Smiley höflich. »Die Sache ist in der Tat höchst einfach. Angenommen, wir machen nicht weiter, was, wie Lacon mir sagte, das Resultat der heutigen Sitzung sein dürfte, was habe ich dann zu tun? Das Material auf den Müll werfen? Oder es im Rahmen der bestehenden Austauschabmachung an unsere Alliierten weitergeben?«

»Alliierte«, rief Wilbraham erbittert. »Alliierte? Sie setzen uns die Pistole auf die Brust, Mann!«

Smileys eiserne Erwiderung war nach seiner bisherigen Lethargie um so bestürzender.

»Ich habe von diesem Ausschuß strikte Anweisung erhalten, unsere Verbindung mit den Amerikanern zu reparieren. In dem Vertrag, der mir von Ihnen ausgestellt wurde, heißt es wörtlich, daß ich alles nur Mögliche zu tun hätte, um diese besondere Beziehung zu pflegen und den Geist gegenseitigen Vertrauens wiederzuerwecken, der vor – vor Haydon existierte. ›Um uns wieder an den Führungstisch zurückzubringen‹, sagten Sie . . . « Er blickte Enderby direkt an.

»*Führungstisch*«, echote jemand – eine ganz neue Stimme. »Opferaltar, wenn Sie mich fragen. Wir haben bereits den Nahen Osten und halb Afrika darauf verbrannt. Alles der besonderen Beziehung zuliebe.«

Aber Smiley schien nicht zu hören. Er war erneut in die Haltung bekümmerter Widerborstigkeit zurückgefallen. Manchmal, so sagte seine traurige Miene, waren die Bürden seines Amts einfach zu schwer für ihn.

Ein neuerlicher Anfall von Nachtisch-Grämlichkeit setzte ein. Jemand beklagte sich über den Tabaksqualm. Ein Bote wurde herbeizitiert.

»Was zum Teufel ist mit der Entlüftung los?« fragte Enderby mürrisch. »Wir ersticken.«

»Die Ersatzteile«, sagte der Bote. »Wir haben sie schon vor Monaten bestellt, Sir. Vor Weihnachten war das, Sir, also fast ein Jahr her. Trotzdem, gegen solche Verzögerungen kann man nichts machen, stimmt doch, Sir?«

»Herrje«, sagte Enderby.
Es wurde Tee bestellt. Er kam in Pappbechern an, die auf den Tischbelag leckten. Guillam ließ seine Gedanken zu Molly Meakins unvergleichlicher Figur schweifen.
Es war fast vier Uhr, als Lacon sich herbeiließ, die Spitze der Armeen zu übernehmen, und Smiley aufforderte, er möge jetzt »genau sagen, was Sie, praktisch gesehen, von uns haben wollen, George, raus damit auf den Tisch des Hauses, und dann wollen wir versuchen, eine Antwort auszuhecken«.
Freudenbezeigung wäre tödlich gewesen. Smiley schien das zu begreifen.
»Erstens, wir benötigen Rechte und Genehmigung, um auf dem Südostasien-Schauplatz zu operieren – inoffiziell, so daß der Gouverneur seine Hände in Unschuld waschen kann« – ein Blick hinüber zum Unterstaatssekretär – »und unsere Herren hier ebenfalls; zweitens, um gewisse Recherchen im Inland durchzuführen.«
Köpfe fuhren in die Höhe. Das Innenministerium wurde plötzlich unruhig. Warum? Wer? Wie? *Welche* Recherchen? Wenn es sich um das Inland handle, müsse die Konkurrenz damit befaßt werden. Pretorius vom Staatssicherheitsdienst befand sich bereits in Gärung.
»Ko hat in London Jura studiert«, beharrte Smiley. »Er hat hier Verbindungen, gesellschaftlicher und geschäftlicher Art. Wir müßten sie selbstverständlich unter die Lupe nehmen.« Er blickte Pretorius an. »Wir würden der Konkurrenz unsere sämtlichen Ergebnisse zugänglich machen«, versprach er und fuhr in seinem Ansuchen fort.
»Nun zum Geld: meine Eingabe enthält eine vollständige Aufschlüsselung der Summe, die wir sofort benötigen, plus zusätzlicher Kostenvoranschläge für verschiedene Eventualitäten. Schließlich bitten wir, sowohl auf lokaler als auch auf Whitehall-Ebene, unsere Residentur in Hongkong wieder öffnen zu dürfen, um eine vorgeschobene Basis für die Operation zu haben.«
Betroffenes Schweigen quittierte diesen letzten Punkt, und Guillam schloß sich dem allgemeinen Erstaunen an. Nirgendwo, weder bei einer der vorbereitenden Diskussionen im Circus noch bei Lacon hatte irgend jemand, auch Smiley nicht, die Frage angeschnitten, ob High Haven wieder eröffnet oder eine Nachfolgeeinrichtung geschaffen werden solle. Wiederum erhob sich

großer Tumult.
»Andernfalls«, endete Smiley ungeachtet der Proteste, »das heißt, wenn wir unsere Residentur nicht bekommen, so fordern wir zumindest Blankovollmacht, um unsere eigenen unterirdischen Agenten in der Kolonie anzusetzen. Kein Einverständnis der dortigen Stellen, sondern die Billigung und den Schutz Londons. Alle existierenden Quellen sind nachträglich zu legitimieren. Schriftlich«, fügte er mit einem harten Blick auf Lacon hinzu und erhob sich.
Trübsinnig nahmen Guillam und Smiley erneut im Warteraum auf der gleichen lachsroten Bank Platz, auf der sie schon vor Beginn gesessen hatten, Seite an Seite, wie Reisende, die das gleiche Ziel haben.
»*Warum*?« murmelte Guillam einmal, aber George Smiley Fragen zu stellen, war an jenem Tag nicht nur ein Verstoß gegen den guten Geschmack, sondern ausdrücklich durch das Warnschild verboten, das über ihnen an der Wand hing.
Noch dümmer hätte man nicht ausreizen können, dachte Guillam bedrückt. Du hast die Vorstellung geschmissen, dachte er. Armes altes Wrack: eben doch aus mit dir. Die einzige Operation, die uns wieder ins Spiel bringen könnte. Habgier, das war's. Die Habgier eines alten Spions, der's eilig hat. Ich halte zu ihm, dachte Guillam. Ich will mit dem sinkenden Schiff untergehn. Wir machen zusammen eine Hühnerfarm auf. Molly kann die Buchhaltung übernehmen, und Ann sich bukolischen Verquikkungen mit den Landarbeitern überlassen.
»Wie fühlen Sie sich?« fragte er.
»Es handelt sich nicht ums Fühlen«, erwiderte Smiley.
Besten Dank, dachte Guillam.
Zwanzig Minuten vergingen. Smiley hatte sich nicht bewegt. Sein Kinn war auf die Brust gesunken, die Augen hielt er geschlossen, er hätte in ein Gebet vertieft sein können.
»Vielleicht sollten Sie einen Abend ausspannen«, sagte Guillam.
Smiley runzelte nur die Stirn.
Ein Bote erschien und forderte sie auf, in den Saal zurückzukehren. Lacon nahm jetzt das Präsidium ein, sein Gebaren war das einer Aufsichtsperson. Enderby saß auf dem übernächsten Platz und unterhielt sich flüsternd mit dem Waliser Hammer. Pretorius blickte drohend wie eine Gewitterwolke, und seine namenlose Dame schürzte die Lippen zu einem unbewußten Feindeskuß.

Lacon raschelte ruheheischend mit seinen Notizen und begann, wie ein pedantischer Richter den detaillierten Wahrspruch des Ausschusses vorzulesen, ehe er das Urteil verkündete. Das Schatzamt hatte energischen Protest eingelegt, zu Protokoll genommen, wegen mißbräuchlicher Handhabung von Smileys Geschäftskonto. Smiley solle zudem eingedenk sein, daß alle Anträge auf Rechte und Genehmigungen im Inland im vorhinein mit dem Staatssicherheitsdienst abzusprechen seien und nicht »mitten in einer offiziellen Ausschußsitzung wie Kaninchen aus dem Hut zu zaubern«. Von einer Wiedereröffnung der Residentur Hongkong könne keinesfalls die Rede sein. Ein solcher Schritt sei allein schon aus zeitlichen Gründen unmöglich. Er ließ durchblikken, daß es sich in der Tat um einen schamlosen Vorschlag gehandelt habe. Hier gehe es um Prinzipielles, Konsultationen auf höchster Ebene würden vonnöten sein, und da Smiley sich bereits ausdrücklich gegen eine Weitergabe seines Materials an den Gouverneur ausgesprochen habe – womit Lacon Wilbraham seine Reverenz erwies –, würde sich die Wiedereinrichtung einer Residentur in vorhersehbarer Zukunft schwerlich verfechten lassen, zumal in Anbetracht der unglückseligen Publicity, die sich mit der Räumung von High Haven verbunden habe.
»Ich muß diese Ansicht mit größtem Bedauern akzeptieren«, sagte Smiley ernst.
Um Himmels willen, dachte Guillam: wir wollen doch wenigstens kämpfend untergehen!
»Akzeptieren Sie sie, wie immer Sie wollen«, sagte Enderby – und Guillam hätte schwören können, sowohl in Enderbys Augen wie in denen des Waliser Hammers einen Schimmer von Triumph gesehen zu haben.
Dreckskerle, dachte er schlicht. Für euch gibt's keine Gratishühner. Im Geist sagte er bereits dieser ganzen Meute Adieu.
»Alles übrige«, sagte Lacon, legte ein Blatt Papier beiseite und nahm ein anderes auf, »ist, unter gewissen einschränkenden Bedingungen und Sicherheitsbestimmungen bezüglich Zweckdienlichkeit, Finanzierung und Geltungsdauer der Sonderbefugnis, bewilligt.«

Der Park war menschenleer. Die unbedeutenderen Besucher hatten das Feld für die Profis geräumt. Einige Liebespaare lagen auf dem feuchten Gras wie Krieger nach der Schlacht. Ein paar

Flamingos dösten. Neben Guillam, der euphorisch in Smileys Kielwasser dahinschlenderte, sang Roddy Martindale Smileys Lob: »Ich finde George einfach wundervoll. Nicht umzubringen. Und ein Durchsetzungsvermögen! Bewundernswert. Ist die menschliche Fähigkeit, die ich am meisten bewundere. George hat sie in rauhen Mengen. Diese Dinge sehen sich ganz anders an, wenn man aufgerückt ist. Man wächst erst in ihr Format hinein, unter uns gesagt. War Ihr Vater nicht Arabist?«

»Ja«, sagte Guillam, der sich in Gedanken schon wieder mit Molly und mit der Frage beschäftigte, ob wohl ein gemeinsames Dinner noch möglich sei.

»Und schrecklich *Almanach de Gotha*: War er eigentlich Spezialist für *ante* oder *post*?«

Guillam, der bereits zu einer hochgradig obszönen Erwiderung ansetzte, wurde gerade noch rechtzeitig gewahr, daß Martindale sich nach nichts Gewagterem als den wissenschaftlichen Neigungen seines Vaters erkundigte.

»Oh, *ante, ante* war das Panier. Am liebsten wäre er bis Adam und Eva zurückgegangen.«

»Kommen Sie zum Dinner.«

»Vielen Dank.«

»Den Tag sprechen wir noch ab. Wer ist ausnahmsweise mal *amüsant*? Wen mögen Sie?«

Von weiter vorn trug die taufeuchte Luft die affektierte Stimme Enderbys zu ihnen, der Smileys Sieg bejubelte.

»*Nette* kleine Sitzung. Eine Menge geschafft. Nichts verschenkt. Blatt *sehr* nett ausgespielt. Ziehen Sie diesen Fisch an Land, und Sie können anbauen, meine ich. Und die Vettern werden spuren, wie?« bellte er, als befänden sie sich noch immer im abhörsicheren Konferenzraum. »Sie haben dort das Gelände sondiert? Die Vettern werden die Balljungen spielen und nicht versuchen, das Match an sich zu reißen? Bißchen riskant, das Ganze, aber Sie werden's schaffen. Und sagen Sie Martello, er soll Kreppsohlen tragen, wenn er welche hat, oder wir kriegen die größten Scherereien mit den Colonials, eh wir bis drei zählen. Schade um den alten Wilbraham. Hätte Indien ordentlich verwaltet.«

Noch ein Stück weiter vorn, beinah schon außer Sicht unter den Bäumen, gestikulierte der kleine Hammer energisch auf Lacon ein, der sich arrogant zu ihm niederbeugte, um seine Worte zu verstehen.

Auch eine nette kleine Verschwörung, dachte Guillam. Er blickte zurück und sah zu seiner Überraschung Fawn, den Babysitter, herbeirennen. Zuerst schien er noch eine ganze Strecke entfernt, Nebelfetzen verhüllten seine Beine. Nur die obere Hälfte ragte über den Dunstspiegel. Dann war er plötzlich viel näher, und Guillam vernahm das vertraute klagende Röhren, »Sir, Sir«, womit er Smileys Aufmerksamkeit erregen wollte. Guillam schob Martindale schleunigst außer Hörweite und marschierte auf Fawn zu.
»Was zum Teufel ist denn los? Warum blöken Sie denn so?«
»Sie haben ein Mädchen gefunden. Miss Sachs, Sir, sie schickt mich, damit ich es ihm eigens sage.« Seine Augen glänzten hell und ein bißchen irre. »›Sagen Sie dem Chef, das Mädchen ist gefunden.‹ Ihre eigenen Worte, persönlich an den Chef.«
»Wollen Sie sagen, daß Miß Sachs Sie hierhergeschickt hat?«
»Persönlich für den Chef, unverzüglich«, erwiderte Fawn ausweichend.
»Ich frage: ›Hat sie Sie hierhergeschickt?‹« Guillam kochte. »Antwort: ›Nein, Sir, das hat sie nicht.‹ Sie verdammte Schmierentante, in Turnlatschen durch ganz London rennen! Total übergeschnappt.« Er entriß Fawn den zerknüllten Zettel und las ihn flüchtig. »Es ist nicht mal der gleiche Name. Verdammter hysterischer Blödsinn. Marsch zurück in Ihren Stall, verstanden? Der Chef wird sich um die Sache kümmern, sobald er zurück ist. Und Schluß mit dem Wirbelmachen, ein für allemal!«
»Wer war denn *das*?« erkundigte sich Martindale ganz atemlos vor Aufregung, als Guillam wieder bei ihm war. »Was für ein entzückendes Geschöpfchen! Sind alle Spione so niedlich? Nein, wie *venezianisch*. Ich werde mich sofort freiwillig melden.«

Noch am gleichen Abend wurde in der Rumpelkammer eine improvisierte Besprechung abgehalten, und die Euphorie – in Connies Fall alkoholischer Natur –, ausgelöst durch Smileys Triumph bei der Ausschußsitzung, trug noch zu ihrem ungewöhnlichen Charakter bei. Nach den Zwängen und Spannungen der letzten Monate war Connie nun außer Rand und Band. Das Mädchen! Das Mädchen war der Schlüssel! Connie hatte ihre sämtlichen intellektuellen Hemmungen abgeworfen. Schickt Toby Esterhase nach Hongkong, stellt sie, fotografiert sie, beschattet sie, durchsucht ihr Zimmer! Zieht *sofort* Sam Collins hinzu! di Salis zappelte, kicherte albern, sückelte an seiner Pfeife und schlenkerte mit den Füßen, war jedoch an diesem Abend völlig in Connies Bann. Einmal sprach er sogar von »einem natürlichen Zugang zum Herzen der Dinge« – womit er wiederum das geheimnisvolle Mädchen meinte. Kein Wunder, daß der kleine Fawn von ihrem Eifer angesteckt worden war. Guillam schämte sich fast wegen seines Ausbruchs im Park. Tatsächlich wäre an jenem Abend, wenn Smiley und Guillam nicht gebremst hätten, eine kollektive Wahnsinnstat möglich gewesen, und Gott weiß, wohin sie geführt hätte. In der Geheimwelt gibt es eine Fülle von Beispielen dafür, daß vernünftige Leute plötzlich aushaken. Guillam erlebte diese Krankheit hier zum erstenmal aus erster Hand.

Es wurde zehn Uhr oder noch später, bis eine kurze Instruktion für Craw verfaßt war, und halb elf, als Guillam völlig benommen auf dem Weg zum Lift mit Molly Meakin zusammenstieß. Als Folge dieses glücklichen Zufalls – oder hatte Molly das Zusammentreffen geplant?, er sollte es nie erfahren – erstrahlte in Guillams Leben ein Leuchtfeuer, das von Stund an nie mehr erlöschen sollte. Milde wie immer willigte Molly ein, von ihm nach Hause gefahren zu werden, obwohl sie in Highgate wohnte, ein meilenweiter Umweg, und als sie vor der Tür standen, lud sie ihn wie üblich noch rasch zu einem Täßchen Kaffee ein. In Voraussicht der vertrauten Abfuhr – »Nein-Peter-bitte-Peter-*Lieber*-tut-mir-leid« – war Guillam schon drauf und dran, dankend abzulehnen, als irgend etwas in ihrem Blick – eine gewisse ruhige Entschlossenheit, wie ihm schien – ihn zu einem Sinneswandel bewog. In der Wohnung schloß Molly hinter ihnen die Tür ab und legte die Kette vor. Dann führte sie Guillam mit niedergeschlagenen Augen in ihr Schlafzimmer, wo sie ihn mit einer fröhlichen und gepflegten Sinnlichkeit in Erstaunen versetzte.

# 9 *Craws kleines Schiff*

In Hongkong, achtundvierzig Stunden später. Sonntag abend. Craw schritt wachsam durch das schmale Gäßchen. Mit der frühen Dämmerung war der Nebel eingefallen, aber die Häuser standen zu nah aneinandergepfercht, um ihn einzulassen, und er hing vor den oberen Stockwerken mit der Wäsche und den Leitungskabeln und spuckte heiße verschmutzte Regentropfen, die Orangendüfte von den Obstständen aufsteigen ließen und auf der Krempe von Craws Strohhut tickten. Hier war er in China, auf Meereshöhe, in dem China, das er am meisten liebte, und China erwachte zum Festival der Nacht: singend, hupend, klagend, gongschlagend, feilschend, kochend, zwanzig verschiedenen Instrumenten ein Aufgebot blecherner Klänge entlockend: oder regungslos aus Türnischen beobachtend, wie vorsichtig sich der bizarr aufgeputzte fremde Teufel seinen Weg durch dieses China bahnte. Craw liebte das alles, aber seine zärtlichste Liebe galt seinen *kleinen Schiffen*, wie die Chinesen ihre geheimen Zwischenträger nennen, und von diesen wiederum war Miss Phoebe Wayfarer, zu der er nun unterwegs war, ein klassisches, wenn auch bescheidenes Exemplar.

Er atmete tief ein, genoß die vertrauten Wonnen. Der Ferne Osten hatte ihn nie enttäuscht: »Wir kolonisieren sie, Ehrwürdens, wir korrumpieren sie, wie beuten sie aus, wir bombardieren sie, plündern ihre Städte, verachten ihre Kultur und verwirren sie mit der unendlichen Vielfalt unserer religiösen Sekten. Wir sind scheußlich, nicht nur für ihre Augen, Monsignores, sondern auch für ihre Nasen – der Gestank des Rundauges ist ihnen ein Greuel, und wir sind zu dickfellig, um es zu bemerken. Und doch, wenn wir unser Schlimmstes getan haben, und mehr als unser Schlimmstes, geliebte Söhne, so haben wir das asiatische Lächeln kaum ein kleines bißchen angekratzt.«

Andere Rundaugen wären vielleicht nicht so ohne weiteres allein hierhergekommen. Die Peak-Mafia hätte nicht einmal gewußt, daß es diese Gegend gab. Die britischen Ehefrauen, die in ihren regierungseigenen Gettos in Happy Valley verschanzt lebten, hätten hier all das gefunden, was ihnen ihre Stationierung so verhaßt machte. Es war kein schlechter Stadtteil, aber er war auch nicht europäisch: das Europa der Central und Peddar Street, der elektrischen Türen, die den Seufzer mitliefern, wenn sie den Zugang zur klimatisierten Zone freigeben, war eine halbe Meile entfernt. Andere Rundaugen hätten in ihrer Ängstlichkeit vielleicht unwillkürlich deutliche Blicke um sich geworfen, und das war gefährlich. In Schanghai hatte Craw mehr als einen Mann gekannt, der an einem zufälligen falschen Blick starb. Während Craws Blick allezeit freundlich war. Er gab sich gefällig, trat bescheiden auf, und wenn er halt machte, um etwas einzukaufen, entbot er dem Händler respektvolle Grüße in schlechtem, derbem Kantonesisch. Und er bezahlte, ohne über den Aufschlag zu nörgeln, wie es seiner inferioren Rasse zukam.

Er kaufte wie jeden Sonntag Orchideen und Lammleber, verteilte seine Käufergunst gerecht unter den rivalisierenden Händlern und verfiel – wenn ihm das Kantonesische ausging – in sein verschnörkeltes Privatenglisch.

Er drückte auf die Klingel. Phoebe hatte, wie Craw auch, eine Sprechanlage. Laut Anweisung des Head Office gehörte das zur Standardausrüstung. Sie hatte einen Strauß glückbringendes Heidekraut in ihren Briefkasten gestopft, als Signal, daß die Luft rein war.

»Hei«, quäkte eine Mädchenstimme aus dem Lautsprecher. Es konnte Amerikanisch oder Kantonesisch sein, dann folgte ein fragendes »*Ja?*«

»Larry nennt mich Pete«, sagte Craw.

»Kommen Sie rauf, Larry ist gerade hier.«

Das Treppenhaus war stockdunkel und stank nach Erbrochenem, und Craws Absätze klapperten auf den Steinstufen wie auf Blech. Er drückte auf den Knopf der Treppenhausbeleuchtung, aber es blieb dunkel, und er mußte sich drei Stockwerke hinauftasten. Es waren Bestrebungen im Gang gewesen, sie besser unterzubringen, aber mit Thesingers Verschwinden waren sie gestorben, und jetzt gab es keine Hoffnung mehr, und, in gewisser Hinsicht, auch keine Phoebe.

»Bill«, flüsterte sie, als sie die Tür hinter ihm schloß, und küßte ihn auf beide fleckige Wangen, wie hübsche Mädchen einen netten Onkel küssen mögen, nur daß Phoebe nicht hübsch war. Craw gab ihr die Orchideen. Sein Benehmen war liebenswürdig und besorgt.

»Meine Liebe«, sagte er. »Meine *Liebe.*«

Sie zitterte. Das Apartment bestand aus einem Wohnschlafzimmer mit Kocher und Ausguß, dazu einem Waschraum mit Dusche. Das war alles. Er ging an ihr vorbei zum Ausguß, wickelte die Leber aus und gab sie der Katze.

»Oh, Sie verwöhnen sie, Bill«, sagte Phoebe und lächelte die Blumen an. Er hatte einen braunen Umschlag auf das Bett gelegt, aber keiner von beiden erwähnte ihn.

»Wie geht's *William?*«, fragte sie und flirtete mit dem Klang seines Namens.

Craw hatte Hut und Stock an die Tür gehängt und goß jetzt Whisky ein: pur für Phoebe, mit Soda für ihn.

»Wie geht's Pheeb? Das ist viel wichtiger. Wie ging's hier draußen, die ganze kalte Woche lang? He, Pheeb?«

Sie hatte das Bett zerwühlt und ein frivoles Nachthemd auf den Boden geworfen. Für den ganzen Wohnblock war Phoebe das *kweilo*-Halbblut, das mit dem fetten fremden Teufel schlief. Über den zerdrückten Kissen hing ein Bild der Schweizer Alpen, ein Bild, das anscheinend jedes Chinesenmädchen besaß, und auf der Truhe neben dem Bett thronte die Fotografie ihres englischen Vaters, das einzige Bild, das sie jemals von ihm gesehen hatte: ein Handlungsgehilfe aus Dorking in Surrey, kurz nach seiner Ankunft auf der Insel: runder Kragen, Schnurrbart und starre, fast irre Augen. Craw fragte sich zuweilen, ob das Foto entstand, nachdem sie ihn erschossen hatten.

»*Jetzt* ist alles in Ordnung«, sagte Phoebe. »*Jetzt* geht es mir gut, Bill.«

Sie stand neben ihm, goß Wasser in die Vase, wobei ihre Hände stark zitterten, wie gewöhnlich an Sonntagen. Sie trug Peking zu Ehren eine graue Tunika und das goldene Halskettchen, das sie zum Andenken an ihr erstes Dienstjahrzehnt vom Circus bekommen hatte. In einer lächerlichen Anwandlung von Ritterlichkeit hatte das Head Office beschlossen, es bei Asprey anfertigen und im Diplomatengepäck befördern zu lassen, zusammen mit einem persönlichen Brief an sie, unterzeichnet von Percy Alleline, George Smileys glücklosem Vorgänger. Den Brief hatte

sie lesen, aber nicht behalten dürfen.
Nachdem sie die Vase gefüllt hatte, wollte sie sie zum Tisch balancieren, aber das Wasser schwappte über, und Craw nahm sie ihr ab:
»Hoppla. Immer mit der Ruhe.«
Eine Weile blieb sie stehen und lächelte ihn an, dann sank sie mit einem gedehnten, erlösenden Schluchzen auf einen Stuhl. Manchmal weinte sie, manchmal nieste sie oder benahm sich zu laut oder redete zu viel, aber immer hob sie ihre Gefühlsausbrüche für Craw auf.
»Bill, manchmal bekomme ich solche Angst.«
»Ich weiß, Liebes, ich weiß.« Er setzte sich neben sie und hielt ihre Hand.
»Dieser neue Junge im Feuilleton. Er *starrt* mich an, Bill, er beobachtet alles, was ich tue. Ich bin sicher, er arbeitet für jemanden. Bill, für wen arbeitet er?«
»Vielleicht ist er ein bißchen verliebt?« sagte Craw im sanftesten Ton, während er rhythmisch ihre Schulter tätschelte. »Sie sind eine attraktive Frau, Phoebe. Vergessen Sie das nicht, meine Liebe. Sie können faszinieren, ohne es selbst zu wissen.« Er heuchelte väterliche Strenge: »Haben Sie vielleicht mit ihm geflirtet? Auch so eine Sache. Eine Frau wie Sie kann flirten, ohne sich dessen bewußt zu sein. Ein Weltmann erkennt das. Er hat es schnell herausgefunden.«
Vergangene Woche war es der Pförtner im Erdgeschoß gewesen. Sie sagte, er notiere sich alles, wann sie komme und gehe. Letzte Woche fiel ihr ein Auto immer wieder auf, ein grüner Opel. Er mußte darauf bedacht sein, ihre Ängste auszuräumen, ohne daß ihre Wachsamkeit dadurch nachließe; denn – das durfte Craw nie vergessen – irgendwann würde sie recht haben. Sie förderte ein Bündel handgeschriebener Notizen vom Bett her zutage und begann mit ihrer Berichterstattung so übergangslos, daß Craw sich überrannt fühlte. Sie hatte ein blasses längliches Gesicht, das bei keiner Rasse als schön gegolten hätte. Ihr Oberkörper war lang, die Beine waren zu kurz und die Hände angelsächsisch-häßlich und kräftig. Als sie so auf der Bettkante saß, wirkte sie plötzlich matronenhaft. Zum Lesen hatte sie eine dicke Brille aufgesetzt. Kanton schicke am Dienstag einen Studentensprecher zum Führungskader, sagte sie, daher sei die Donnerstagsversammlung ausgefallen, und Ellen Tuo habe wieder einmal ihre

Chance verpaßt, für einen Abend Schriftführerin zu sein.
»Nun mal langsam«, rief Craw lachend. »Es brennt doch nicht, um Himmels willen!«
Er öffnete ein Notizbuch, legte es auf seine Knie und versuchte ihr zu folgen. Aber Phoebe war nicht zu bremsen, auch nicht von Bill Craw, von dem man ihr gesagt hatte, er sei in Wirklichkeit Oberst oder sogar ein noch höheres Tier. Sie wollte die ganze Beichte hinter sich bringen. Zu ihren Routineobjekten gehörte eine linksintellektuelle Gruppe von Universitätsstudenten und kommunistischen Journalisten, die Phoebe ein wenig am Rande geduldet hatten. Sie erstattete allwöchentlich Bericht, allerdings ohne nennenswerten Fortschritt. Jetzt war die Gruppe aus irgendeinem Grund jäh aktiv geworden. Billy Chan sei zu einer Sondersitzung nach Kuala Lumpur berufen worden, sagte sie, Johnny und Belinda Fong hätten Order erhalten, einen gut getarnten Unterschlupf ausfindig zu machen, in dem sich eine Druckpresse aufstellen läßt. Schnell rückte der Abend näher. Während Phoebe weiterlas, stand Craw leise auf und knipste die Lampen an, damit das grelle Licht sie nicht erschrecke, wenn der Tag vollends verdämmert sein würde.
Es sei die Rede von einem Zusammengehen mit den Fukienesen in North Point gewesen, sagte sie, aber die akademischen Genossen hätten wie üblich dagegen opponiert: »Sie opponieren gegen *alles*«, sagte Phoebe erbittert, »diese Snobs. Und überhaupt ist dieses dumme Stück Belinda mit ihren Beiträgen Monate im Rückstand; und wir sollten sie aus der Partei ausschließen, wenn sie nicht mit dem Glücksspiel aufhört.«
»Wäre nur recht und billig, meine Liebe«, sagte Craw beschwichtigend.
»Johnny Fong sagt, Belinda sei schwanger, aber nicht von ihm. Also ich hoffe, es stimmt. Dann wird sie die Klappe halten«, sagte Phoebe, und Craw dachte: dieses Problem hatten wir ein paarmal auch mit *dir*, wenn ich mich recht erinnere, aber du hast deshalb nicht die Klappe gehalten, oder?
Craw schrieb brav mit, obwohl er wußte, daß weder London noch irgend jemand sonst je ein Wort davon lesen würde. In den Tagen seines Wohlstands hatte der Circus Dutzende solcher Gruppen infiltrieren lassen, in der Hoffnung, beizeiten in den Kreis der idiotischerweise so genannten Peking-Hongkong-Pendler einzubrechen, und auf diese Weise auf dem Festland Fuß zu fassen. Die

Sache verlief im Sand, und der Circus hatte keinen Auftrag, für die Sicherheit der Kolonie den Wachhund zu spielen; eine Rolle, die Special Branch sich eifersüchtig vorbehielt. Aber kleine Schiffe können nicht so leicht ihren Kurs ändern wie die Winde, die sie treiben, das wußte Craw sehr gut. Er ließ sie also weitermachen, warf die entsprechenden Fragen auf, prüfte Haupt- und Nebenquellen. Haben Sie das vom Hörensagen, Pheeb? Und woher hatte Billy Lee die Geschichte? War es möglich, daß Billy Lee, um sich mehr Gesicht zu geben, die ganze Story ein bißchen aufgezappelt hatte? Er bediente sich des Journalistenausdrucks, denn wie Jerry und Craw selber, war Phoebe nebenberuflich Journalistin, freie Mitarbeiterin, die die englischsprachigen Lokalblätter mit kleinen Leckerbissen über die Lebensgewohnheiten der örtlichen chinesischen Aristokratie belieferte.

Während er zuhörte, während er aufs Stichwort wartete, erzählte sich Craw im Geiste nochmals Phoebes Geschichte, so, wie er sie bei der Reserveübung in Sarratt vor fünf Jahren erzählt hatte, als er dort in den schwarzen Künsten den letzten Schliff erhielt. Er war der Höhepunkt des vierzehntätigen Kurses, hatten sie ihm später gesagt. Man hatte in weiser Voraussicht eine Plenarsitzung anberaumt. Sogar der Führungsstab hatte die Arbeit ruhen lassen und war erschienen, um ihm zuzuhören. Die Dienstfreien hatten um einen Sonderbus gebeten, der sie rechtzeitig vom Anwesen in Watford herbringen könnte, und das alles nur, um Old Craw zu hören, den alten Fernostfachmann, der in der zweckentfremdeten Bibliothek unter den Hirschgeweihen saß und über sein langes Leben in der Branche resümierte. Titel: *Agenten, die sich selbst anwerben.* Das Rednerpult auf dem Podium benutzte er nicht, statt dessen hockte er auf einem simplen Stuhl, ohne Jacke, mit hervorquellendem Bauch, gespreizten Knien und dunklen Schweißflecken auf dem Hemd, und er erzählte es ihnen, wie er es den Shanghai Bowlers an einem Taifun-Sonnabend in Hongkong erzählt hätte, wenn die Umstände danach gewesen wären.

*Agenten, die sich selbst anwerben, Ehrwürdens.*

Niemand kenne den Job besser, sagten sie zu ihm – und er glaubte es ihnen. Wenn der Ferne Osten Craws Heim war, dann waren die kleinen Schiffe seine Familie, und er verschwendete an sie alle Zärtlichkeit, für die ihm die offene Welt niemals ein Ventil geboten hatte. Er zog sie groß und unterwies sie mit einer Liebe, die einem Vater alle Ehre gemacht hätte; und es war der schlimmste Augenblick im Leben eines alten Mannes, als Tufty Thesinger bei Nacht und Nebel ohne Vorwarnung verschwand und Craws Leben zeitweise jeden Sinn verloren zu haben schien. Manche Menschen sind geborene Agenten, Monsignores, sagte er zu ihnen, zu dieser Arbeit bestimmt vom Lauf der Geschichte, vom Standort, von ihren natürlichen Veranlagungen. In derlei Fällen besteht nur die Frage, wer zuerst an sie herankommt, Eminenzen:

»Ob wir's sind; ob's die Konkurrenz ist, oder ob's diese gottverdammten Missionare sind.«

Gelächter.

Es folgten die Fallstudien mit geänderten Namen und Standorten und darunter war kein anderer als der Codename Susan, ein kleines Schiff der weiblichen Spezies, Monsignores, Schauplatz Südostasien, geboren im Jahr des Unheils 1941 als Mischblut. Er sprach von Phoebe Wayfarer.

»Vater ein mittelloser Handlungsgehilfe aus Dorking, Ehrwürdens. Trat drüben in einer der schottischen Firmen ein, die sechs Tage in der Woche die Küste plünderten und am siebenten zu Calvin beteten. Zu abgebrannt, um sich eine europäische Ehefrau zu leisten, Jungens, also nimmt er ein verbotenes Chinesenmädel und mietet sie für ein paar Pence ein, und das Resultat ist Codename Susan. Im gleichen Jahr betreten die Japaner die Bühne. Nennen Sie's Singapur, Hongkong oder Malaya, die Geschichte ist überall die gleiche, Monsignores. Sie erscheinen über Nacht. Um zu bleiben. In diesem Chaos tut Codenamen Susans Vater etwas sehr Edles: ›Hol der Teufel die Vorsicht, Eminenzen‹, sagt er. ›Jetzt muß ein echter Mann Farbe bekennen.‹ Also heiratet er die Dame, Ehrwürdens, ein Vorgehen, zu dem ich normalerweise nicht raten würde, aber er tut's, und nachdem er sie geheiratet hat, tauft er seine Tochter Codenamen Susan und tritt bei den Freiwilligen ein, einer erlesenen Streitmacht heroischer Narren, die eine Art Heimwehr zur Verteidigung der Stadt vor den Horden Nippons gebildet hatten. Aber er war nicht zum Kriegsmann geboren, Ehrwürdens, und so kriegt er gleich am nächsten Tag von den Japsen eins auf den Pelz gebrannt und haucht prompt sein Leben aus. Amen. Möge der Held aus Dorking in Frieden ruhen, Ehrwürdens.«

Als Old Craw sich bekreuzt, bricht da und dort Gelächter aus. Craw lacht nicht mit, er spielt das schlichte Gemüt. In den beiden vorderen Reihen sind lauter neue Gesichter, ungeformte, unbeschriebene Fernsehgesichter; Craw vermutet, daß es Novizen sind, die zusammengetrommelt wurden, damit sie den Großen Alten Mann hören. Ihre Anwesenheit schärft seine Darbietung: von nun an hat er ein besonderes Auge auf die vorderen Reihen.

»Codename Susan steckt noch in den Windeln, als ihr guter Vater von hinnen scheidet. Jungens, aber sie soll sich ihr ganzes Leben lang erinnern: wenn die Aktien fallen, stehen die Briten zu ihren unveräußerlichen Werten. Mit jedem Jahr, das vergeht, liebt sie den toten Helden ein bißchen mehr. Nach dem Krieg erinnert sich die Firma ihres Vaters ein paar Jahre lang an sie, vergißt sie dann aber bequemerweise. Egal. Mit fünfzehn hat sie es satt, ihre kranke Mutter zu ernähren und in den Tanzbars arbeiten zu müssen, um sich ihr Schulgeld zu verdienen. Egal. Ein Sozialarbeiter nimmt sich ihrer an, glücklicherweise ein Mitglied unserer ehrenwerten Bruderschaft, Hochwürdens, und er geleitet sie in unsere Richtung.« Craw wischt sich die Stirn. »Codenamen Susans Aufstieg zu Wohlstand und Gottgefälligkeit hat begonnen, Ehrwürdens«, erklärt er. »Als Journalistin getarnt bringen wir sie ins Spiel, geben ihr chinesische Zeitungen zu übersetzen, lassen sie kleine Besorgungen machen, binden sie an uns, vervollständigen ihre Ausbildung und trainieren sie in Nachtarbeit. Ein bißchen Geld, ein bißchen Schutz, ein bißchen Liebe, ein bißchen Geduld, und es dauert nicht lang, und unsere Susan kann sieben legale Reisen nach dem chinesischen Festland auf ihrem Konto verbuchen, darunter ein paar ausgesprochen haarige Sachen. Geschickt durchgeführt, Ehrwürdens. Sie hat Kurier gespielt und einen Überraschungsbesuch bei einem Onkel in Peking gemacht, der sich auszahlte. Das alles, Jungens, obwohl sie ein halber *kweilo* ist und die Chinesen ihr nicht über den Weg trauen.«

»Und was glaubte sie, wer der Circus war, diese ganze Zeit hindurch?« bellte Craw seine hypnotisierten Zuhörer an – »was glaubte sie, wer wir waren, Jungens?« Der alte Zauberer senkt die Stimme und hebt einen fetten Zeigefinger. »Ihr Vater«, sagt er in das Schweigen. »Wir sind der tote Buchhalter aus Dorking. Der heilige Georg sind wir. Säubern die überseeischen Chinesengemeinden von *schädlichen Elementen*, was zum Teufel sie auch sein mögen. Machen Schluß mit den Triaden, den Reiskartellen und den Opiumbanden und der Kinderprostitution. Sie sah in uns sogar, wenn es sein mußte, die geheimen Verbündeten Pekings,

weil uns, dem Circus, das Interesse aller *guten* Chinesen am Herzen lag.« Craw ließ ein loderndes Auge über die Reihen der Kindergesichter schweifen, die so gern hart sein wollten.
»Sehe ich jemanden lächeln, Ehrwürdens?« fragte er mit Donnerstimme. Er sah niemanden.
»Wohlgemerkt, Junkers«, schloß Craw, »ein Teil ihrer Person wußte verdammt genau, daß das ganze kalter Kaffee war. Und hier beginnt *Ihre* Aufgabe. Hier muß der Außenmann immer auf dem Sprung sein. Ja! Wir sind die Hüter des Glaubens, Jungens. Wenn er wankt, wir stärken ihn. Wenn er strauchelt, unsere Arme sind ausgestreckt, ihn zu halten.« Er hatte den Zenith erreicht. Als Antiklimax ließ er die Stimme zu einem weichen Flüstern abfallen. »Sei der Glaube noch so hirnrissig, Euer Ehrwürdens, verachten Sie ihn nicht. Wir haben heutzutage weiß Gott wenig anderes zu bieten. Amen.«
Sein ganzes Leben lang sollte sich Old Craw in seiner ungenierten Sentimentalität an den Applaus erinnern.

Phoebe hatte ihren Bericht beendet und kauerte nun vorgebeugt da, die Unterarme auf den Knien, die Knöchel der großen Hände wie ein ermattetes Liebespaar lose Rücken an Rücken liegend. Craw erhob sich feierlich, nahm Phoebes Notizen vom Tisch und verbrannte sie auf dem Gasbrenner.
»Bravo, meine Liebe«, sagte er ruhig. »Eine prima Woche, wenn ich so sagen darf. Sonst noch etwas?«
Sie schüttelte den Kopf.
»Ich meine, zu verbrennen«, sagte er.
Sie schüttelte wieder den Kopf.
Craw musterte sie aufmerksam. »Pheeb, mein Herz«, verkündete er dann, als sei er zu einem plötzlichen Entschluß gelangt. »Lüpfen Sie Ihre vier Buchstaben. Zeit, daß ich Sie zum Essen ausführe.«
Verwirrt blickte sie zu ihm auf. Der Alkohol war ihr rasch zu Kopf gestiegen, wie immer. »Ein freundschaftliches Dinner unter Kollegen von der Schreiberzunft, so dann und wann, ist nicht unvereinbar mit Ihrer Legende, wie ich zu behaupten wage. Wie wär's damit?«
Er mußte sich zur Wand drehen, während sie sich schön machte. Früher hatte sie einen Kolibri gehabt, aber er war gestorben. Craw brachte ihr einen neuen, aber der starb auch, und so entschieden beide, die Wohnung sei schlecht für Kolibris und ließen es dabei

bewenden.
»Eines Tags nehme ich Sie zum Skifahren mit«, sagte er, als sie hinter ihnen die Wohnungstür abschloß. Es war ein alter Scherz zwischen den beiden, er hatte mit der Schneelandschaft über ihrem Bett zu tun.
»Nur für einen Tag?« erwiderte sie. Was gleichfalls ein Scherz war und die übliche Replik bildete.
In jenem Jahr des Unheils, wie Craw sagen würde, war es noch lohnend, auf einem Sampan in der Causeway Bay zu essen. Die Schickeria hatte den Ort noch nicht entdeckt, die Gerichte waren preiswert und unvergleichlich. Craw riskierte es also, und als sie zum Meer kamen, hatte der Nebel sich gelichtet, der Himmel war klar. Er wählte den Sampan, der am weitesten draußen lag, eingekeilt in eine Traube kleiner Dschunken. Der Koch hockte am Holzkohlenöfchen, und seine Frau bediente. Über ihnen ragten drohend Rümpfe von Dschunken auf und verwischten die Sterne vom Himmel. Auf den Booten krabbelten Kinder von einem Deck zum andern, während ihre Eltern einen langsamen, sonderbaren katechetischen Singsang über das schwarze Wasser schickten. Craw und Phoebe kauerten auf hölzernen Hockern unter dem gerefften Baldachin zwei Fuß über dem Meeresspiegel und aßen Seebarben beim Lampenlicht. Jenseits der Wellenbrecher glitten Schiffe wie hellerleuchtete wandelnde Gebäude an ihnen vorüber, und in ihrem Kielwasser hoppelten die Dschunken. Landwärts wimmerte, lärmte und pulsierte die Insel, und die riesigen Slums glitzerten wie Schmuckschatullen, die sich der trügerischen Schönheit der Nacht geöffnet hatten. Hoch über ihnen konnten sie sekundenlang zwischen den wippenden Fingern der Masten den schwarzen Peak thronen sehen, Victoria, ihr gedunsenes Gesicht, von mondlichten Strähnen verhüllt: die Göttin, die Freiheit, der Köder, dem alles wilde Streben im Tal galt.
Sie sprachen über Kunst. Phoebe zieht ihre Kulturnummer ab, dachte Craw. Es war sehr langweilig. Eines Tages, sagte sie schläfrig, werde sie einen Film, vielleicht sogar zwei Filme über das *wahre*, das *echte* China drehen. Sie hatte unlängst eine historische Schnulze von Run Run Shaw gesehen, alles über die Palastintrigen. Sie fand das Ganze ausgezeichnet, wenn auch ein wenig zu – nun ja –, zu *heroisch*. Und jetzt zum Theater. Ob Craw schon die frohe Botschaft vernommen habe, daß die ›Cambridge Players‹ im Dezember vielleicht eine neue Revue in die Kolonie

bringen wollten? Zur Zeit sei es nur ein Gerücht, aber sie hoffte, es werde sich nächste Woche bestätigen.
»Das wäre aber ein Spaß, Pheeb«, sagte Craw herzlich.
»Es wird ganz und gar *kein* Spaß«, gab Phoebe streng zurück. »Die ›Players‹ sind auf beißende Gesellschaftssatire spezialisiert.«
Craw lächelte im Dunkeln und goß Phoebe Bier nach. Man lernt nie aus, sagte er sich, Monsignores, man lernt nie aus.
Bis Phoebe, ohne eine Ermunterung, die ihr aufgefallen wäre, über ihre chinesischen Millionäre zu sprechen begann, genau das, worauf Craw den ganzen Abend gewartet hatte. In Phoebes Welt waren die Reichen Hongkongs königliche Hoheiten. Ihre Schwächen und Exzesse waren Allgemeingut, so wie anderswo die Lebensgeschichten von Schauspielerinnen oder Fußballstars. Phoebe kannte sie auswendig.
»Wer ist also diesmal das Schwein der Woche, Phoebe?« fragte Craw heiter.
Phoebe war nicht sicher. »Wen sollen wir erwählen?« sagte sie mit gespielter koketter Unentschlossenheit. Da war natürlich das Schwein P.K., achtundsechzigster Geburtstag am Dienstag, eine dritte Ehefrau, halb so alt wie er, und wie feiert P.K.? Geht in der Stadt aus, mit einer zwanzigjährigen Nutte.
Ekelhaft, pflichtete Craw bei. »P.K.«, wiederholte er. »P.K., das war doch der mit den Türpfosten, wie?«
Einhunderttausend Hongkong-Dollar, sagte Phoebe. Drachen, neun Fuß hoch, aus Glasfaser und Plexiglas so gegossen, daß man sie von innen beleuchten konnte. Es käme aber auch das Schwein Y.Y. in Frage, überlegte sie sodann sachverständig. Y.Y. war zweifellos ein Titelanwärter. Y.Y. hatte vor genau einem Monat geheiratet, diese reizende Tochter von J.J. Haw, Firma Haw und Chan, die Tankerkönige, tausend Hummer auf der Hochzeitstafel. Vorgestern abend tauchte er bei einem Empfang mit einer brandneuen Mätresse auf, gekauft mit dem Geld seiner Frau, einer Null, abgesehen davon, daß er sie bei Saint-Laurent eingekleidet und mit einer vierreihigen Kette aus Mikimotot-Perlen herausgeputzt hatte, gemietet natürlich, nicht geschenkt. Unwillkürlich bebte Phoebes Stimme und wurde weich.
»Bill«, hauchte sie, »die Kleine sah einfach phantastisch aus neben dem alten Frosch. Sie hätten sie sehen sollen.«
Oder vielleicht Harold Tan, grübelte sie verträumt. Harold war besonders garstig gewesen. Harold hatte seine Kinder für das

Festival aus ihren Schweizer Nobelinternaten heimgeholt, Erster-Klasse-Flug ab Genf. Um vier Uhr morgens tummelten sie sich alle nackt um den Swimming-pool, die Kinder und ihre Freunde, gossen Champagner ins Wasser, während Harold versuchte, die Szene zu filmen.

Craw wartete. In Gedanken hielt er die Tür weit für sie auf, aber sie zeigte noch immer keine Neigung, hindurchzugehen, und Craw war ein viel zu alter Hase, als daß er sie gedrängt hätte. Die Chiu Chow seien die Besten, sagte er launig. »Chiu Chow würden sich auf diesen ganzen Unsinn nicht einlassen. Was, Pheeb? Haben sehr tiefe Taschen, die Chiu Chow, und sehr kurze Arme«, belehrte er sie. »Ein Schotte müßte sich schämen vor diesen Chiu Chow, was Pheeb?«

Phoebe hatte keinen Sinn für Ironie: »Glauben Sie das nicht«, erwiderte sie ernsthaft. »Viele Chiu Chow sind sowohl großzügig wie edel.«

Er suggerierte ihr den Mann, wie ein Zauberkünstler jemandem eine Karte suggeriert, aber sie schwankte noch immer, wich aus, griff nach Alternativen. Sie erwähnte diesen und jenen, verlor den Faden, verlangte noch mehr Bier, und als er schon beinah aufgegeben hatte, bemerkte sie wie im Traum:

»Und was Drake Ko angeht, der ist das reinste *Lämmchen. Kein* böses Wort über Drake Ko, wenn ich bitten darf.«

Jetzt war Craw mit dem Ausweichen an der Reihe. Was Phoebe von der Scheidung des alten Andrew Kwok halte, fragte er. Herrje, das mußte einen Batzen gekostet haben! Es heißt, sie hätte ihm schon längst den Laufpaß geben aber warten wollen, bis er einen Haufen beisammen hatte und eine Scheidung sich wirklich lohnen würde. Ist da etwas Wahres dran, Pheeb? Und so weiter, drei, fünf Namen, ehe er sich gestattete, anzubeißen.

»Haben Sie irgendwas gehört, daß der gute Drake Ko sich irgendwann eine europäische Mätresse hielt? Im Hong Kong Club wurde davon gesprochen, erst vor kurzem. Blondes Gift, angeblich ein Leckerbissen.«

Phoebe stellte sich Craw gern im Hong Kong Club vor. Es befriedigte alle ihre kolonialen Sehnsüchte.

»Oh, *jeder* hat das gehört«, sagte sie müde, als wäre Craw wie üblich wieder einmal Lichtjahre hinter der Meute zurück. »Es gab mal eine Zeit, als *alle* die Jungens eine hatten – wußten Sie das nicht? P.K. hatte natürlich zwei. Harold Tan hatte eine, bis Eustace

Chow sie ihm wegschnappte, und Charlie Wu versuchte sogar, die Seine zum Dinner beim Gouverneur mitzunehmen, aber seine *tai tai* ließ nicht zu, daß der Chauffeur sie abholte.«

»Wo kriegen sie diese Bienen bloß her, Herrgottnochmal?« fragte Craw lachend. »Von Lane Crawford?«

»Von den Fluggesellschaften, was dachten Sie?« erwiderte Phoebe schwerst mißbilligend. »Flug-Hostessen, die bei ihren Zwischenlandungen anschaffen gehen, fünfhundert US pro Nacht für eine weiße Hure. *Und* einschließlich der englischen Linien. Täuschen Sie sich bloß nicht, die Engländerinnen waren bei weitem die Schlimmsten. Dann fand Harold Tan an der Seinen so viel Gefallen, daß er ein festes Abkommen mit ihr traf, und im Handumdrehen zogen sie alle in Apartments und stolzierten durch die Läden wie Herzoginnen, so oft sie für vier Tage nach Hongkong kamen, es war zum *Erbrechen*. Aber Liese, wohlgemerkt, ist etwas ganz anderes. *Liese* ist klasse. Sie ist ausgesprochen aristokratisch, ihre Eltern besitzen sagenhafte Landsitze in Südfrankreich und sogar eine Randinsel der Bahamas, und sie weigert sich nur aus Gründen der moralischen Unabhängigkeit, ihren Reichtum zu teilen. Man muß bloß ihren Knochenbau ansehen.«

»*Liese*«, wiederholte Craw. »Liese? Kraut, wie? Hab's nicht mit den Krauts. Keine Rassenvorurteile, aber ich mach mir einfach nichts aus Krauts. Und ich frage mich, wie kommt ein netter Chiu-Chow-Junge wie Drake Ko zu einer hassenswerten Hunnin als Konkubine? Aber, das wissen Sie bestimmt besser, Pheeb. Sie sind die Expertin, es ist Ihre Domäne, meine Liebe, wer bin ich, daß ich mir ein Urteil erlauben dürfte.«

Sie hatten sich ins Heck des Sampan zurückgezogen und lagen nebeneinander in den Kissen.

»Machen Sie sich doch nicht lächerlich«, fuhr Phoebe ihn an. »Liese ist eine englische Aristokratin.«

»Tralala«, machte Craw und blickte eine Weile zu den Sternen auf.

»Sie hat einen sehr positiven und veredelnden Einfluß auf ihn.«

»Wer?« sagte Craw, als hätte er den Faden verloren.

Phoebe knirschte durch die Zähne. »*Liese* hat einen veredelnden Einfluß auf *Drake Ko*. Hören Sie, Bill. Schlafen Sie? Bill, ich glaube, Sie bringen mich jetzt besser nach Hause. Bringen Sie mich nach Hause, bitte.«

Craw stieß einen langgezogenen Seufzer aus. Diese kleinen

Mißverständnisse unter Liebenden waren mindestens jedes halbe Jahr fällig und übten eine reinigende Wirkung auf ihre Beziehung aus.

»Meine Liebe. Phoebe. Hören Sie mir mal zu, ja? Bloß einen Augenblick, bitte? Keine junge Engländerin, hochgeboren, feinknochig oder mit Knubbelknien kann den Namen *Liese* bekommen haben, wenn da nicht irgendwo ein Kraut dazwischen steckt. So geht's schon mal an. Wie heißt sie sonst noch?«

»Worth.«

»Woolworth? Schon gut, war nur ein Witz. Schwamm drüber. Elizabeth, so heißt sie nämlich. Abgekürzt Lizzie. Oder Liza. Liza of Lambeth. Sie haben sich verhört. Das klingt nach Familie, wenn Sie so wollen: *Miss Elizabeth Worth*. Da kann ich den Knochenbau sehen. Aber nicht Liese, mein Herz. Lizzie.«

Phoebe wurde unverblümt wütend.

»Sie brauchen mich nicht zu lehren, wie man irgend etwas ausspricht!« schleuderte sie ihm entgegen. »Sie heißt Liese, geschrieben L-i-e-s-e, weil ich sie gefragt und es mir aufgeschrieben habe, und ich habe diesen Namen gedruckt – Bill.« Ihre Stirn sank auf seine Schulter. »O Bill. Bringen Sie mich nach Hause.« Sie fing an zu weinen. Craw zog sie eng an sich und tätschelte sanft ihre Schulter.

»Na, na, Kopf hoch, Liebes, es war mein Fehler, nicht der Ihre. Ich hätte wissen müssen, daß sie mit Ihnen befreundet ist. Eine Dame der Gesellschaft wie Liese, eine schöne und begüterte Frau, die in Liebesbanden zu einem der neuen Ritter unserer Insel gefesselt liegt: wie könnte eine fleißige Reporterin wie Phoebe es da versäumen, mit ihr Freundschaft zu schließen? Ich muß blind gewesen sein. Verzeihen Sie mir.« Er ließ eine dezente Pause eintreten. »Was ist passiert?« fragte er nachsichtig. »Sie haben Liese interviewt, nicht wahr?«

Zum zweitenmal in dieser Nacht trocknete Phoebe sich die Augen mit Craws Taschentuch.

»Sie hat mich darum gebeten. Sie ist nicht meine Freundin. Sie ist viel zu großartig, um meine Freundin zu sein. Wie wäre das möglich? Sie bat mich, ihren Namen nicht zu schreiben. Sie ist inkognito hier. Ihr Leben hängt davon ab. Wenn ihre Eltern erführen, daß sie hier ist, würden sie sie auf der Stelle holen lassen. Sie sind sagenhaft einflußreich. Sie haben Privatflugzeuge, alles. Sobald sie erführen, daß Liese mit einem Chinesen lebt, würden sie die sagenhaftesten Druckmittel anwenden, nur um sie zurückzuholen. ›Phoebe‹, sagte sie, ›von allen Menschen in Hongkong werden Sie am besten verstehen, was es bedeutet, unter dem Fluch der Intoleranz zu leben.‹ Sie bat mich darum. Ich habe es ihr versprochen.«

»Sehr richtig«, sagte Craw ungerührt. »Und brechen Sie Ihr Wort niemals, Pheeb. Ein Versprechen ist heilig.« Er ließ einen bewundernden Seufzer hören. »Die Seitengassen des Lebens, sage ich immer, sind uns stets fremder als des Lebens breite Wege. Wenn man das in die Zeitung setzen würde, bekäme man vom Chefredakteur zu hören, man hätte nicht alle Tassen im Schrank, wetten? Und doch stimmt es. Ein leuchtendes wundervolles Beispiel menschlicher Integrität um ihrer selbst willen.« Ihre Augen waren zugefallen, und er rüttelte sie, um sie wachzuhalten. »Jetzt frage ich mich bloß, wie kommt eine solche Verbindung zustande? Welcher gute Stern, welcher glückliche Zufall konnte zwei so dürstende Seelen zueinanderführen? Und noch dazu in Hongkong, Herrgottnochmal.«

»Es war Schicksal. Sie lebte nicht einmal hier. Sie hatte sich nach einer unglücklichen Liebesgeschichte völlig von der Welt zurückgezogen und beschlossen, den Rest ihres Lebens mit der Anfertigung erlesenen Schmucks zu verbringen, um der Welt in all ihren Leiden etwas Schönes zu schenken. Sie war nur für ein paar Tage hergeflogen, um Gold einzukaufen, und rein zufällig begegnete ihr, bei einem von Sally Cales sagenhaften Empfängen, Drake Ko, und das war's.«

»Und von Stund an nahm die wahre Liebe ihren süßen Lauf, wie?«

»Keineswegs. Sie begegnete ihm. Sie liebte ihn. Aber sie war entschlossen, keine Bindung einzugehen, und kehrte nach Hause zurück.«

»Nach Hause?« echote Craw blöde. »Wo ist eine Frau von ihrer Integrität zu Hause?«

Phoebe lachte. »Nicht nach Südfrankreich, Dummer. Nach Vientiane. In eine Stadt, die kein Mensch je aufsucht. Eine Stadt ohne Highlife, ohne eine Spur jenes Luxus, an den sie von Kind auf gewöhnt war. Das war der Ort ihrer Wahl. Ihre Insel. Sie hatte Freunde dort, sie interessierte sich für Buddhismus und Kunst und Antiquitäten.«

»Und wo haust sie jetzt? Immer noch in einer schlichten Kate, ja, getreu ihrem Ideal vom einfachen Leben? Oder hat Bruder Ko sie

zu weniger frugalen Pfaden verleitet?«
»Sparen Sie sich Ihren Hohn. Drake hat ihr natürlich eine sehr schöne Wohnung eingerichtet.«
Hier war für Craw die Grenze: er wußte es sofort. Er überdeckte die Karte mit anderen, erzählte ihr Geschichten aus dem alten Schanghai. Aber er versuchte mit keinem Schritt, die entgleitende Liese Worth einzuholen, obgleich Phoebe ihm eine Menge Laufereien hätte ersparen können.
»Hinter jedem Maler«, sagte er gern, »und hinter jedem Außenagenten, Jungens, sollte ein Kollege mit einem Holzhammer in der Hand stehen und ihm eines über den Schädel hauen, wenn er weit genug gegangen ist.«
Im Taxi zu ihrer Wohnung war sie wieder ruhig, aber sie zitterte. Er brachte sie ritterlich zur Tür. Er hatte ihr alles verziehen. Auf der Schwelle wollte er sie küssen, aber sie schob ihn weg.
»Bill. Bin ich wirklich zu etwas nutz? Sagen Sie's mir. Wenn ich zu nichts nutz bin, müssen Sie mich rauswerfen, ich verlange es. Heute abend war es nichts. Sie sind süß, Sie tun als ob. Ich versuche ja alles. Aber es war trotzdem nichts. Wenn es andere Arbeit für mich gibt, dann mach ich sie. Sonst müssen Sie mich abstoßen. Rücksichtslos.«
»Es ist nicht aller Nächte Abend«, beruhigte er sie, und erst dann ließ sie sich von ihm küssen.
»Danke, Bill«, sagte sie.
»Ja, so war das, Ehrwürdens«, sann Craw glücklich, als er mit dem Taxi zum Hilton weiterfuhr. »Codename Susan spann und werkelte, und sie wurde mit jedem Tag ein bißchen weniger wert, denn jeder Agent kann immer nur so gut sein wie das Ziel, auf das er angesetzt ist, und das ist die reine Wahrheit. Und das eine Mal, als sie uns Gold lieferte, pures Gold, Monsignores« – im Geist hielt er wieder den fetten Zeigefinger hoch, eine Botschaft an die ungeprägten Jungen, die gebannt in den vorderen Reihen saßen –, »das *eine Mal,* da wußte sie nicht einmal, daß sie das getan hatte, und *sie erfuhr es nie*!«

Über die besten Witze in Hongkong, hatte Craw einmal geschrieben, wird selten gelacht, weil sie viel zu ernst sind. In diesem Jahr zum Beispiel ging man in das Pub im Tudorstil in dem unfertigen Hochhaus, wo echte, säuerlich blickende englische Landmädchen im Dekolleté der Zeit echtes englisches Bier, zwanzig Grad unter der englischen Temperatur, servierten, während draußen in der Halle schwitzende Kulis mit gelben Helmen rund um die Uhr schufteten, um die Aufzüge betriebsfertig zu machen. Oder man kann in die italienische *taverna* gehen, wo eine gußeiserne Wendeltreppe zu Julias Balkon zu führen scheint und statt dessen in einem weißen Gipsplafond endet; oder in den schottischen Gasthof mit chinesischen Schotten im Kilt, die gelegentlich rebellierten, wenn die Hitze zu groß war oder die Fahrpreise auf der Star Ferry erhöht wurden. Craw hatte sogar einen Opiumsalon besucht, mit Klimaanlage und einer Musikbox, die Greensleeves orgelte. Aber das Ausgefallenste, das Widersinnigste, was für Craws Geld zu haben war, war diese Dachgartenbar hoch über dem Hafen mit ihrer chinesischen Vier-Mann-Kapelle, die Noël Coward spielte, und ihren glattgesichtigen chinesischen Barmännern mit Frack und Perücke, die aus dem Dunkel auftauchten und ihn in gutem Amerikanesisch fragten, was zu trinken beliebe.

»Ein Bier«, knurrte Craws Gast und bediente sich mit einer Handvoll Salzmandeln. »Aber *kalt*. Verstanden? *Sehl* kalt. Und *luck-zuck*.«

»Lächelt Euer Eminenz das Leben?« erkundigte sich Craw.

»Hören Sie auf mit dem Krampf, ja? Geht mir auf den Wecker.«

Das Eisenfressergesicht des Superintendent verfügte nur über einen einzigen Ausdruck: den des bodenlosen Zynismus. Wenn der Mensch die Wahl hätte zwischen gut und böse, besagte sein verbiestertes Glotzen, würde er jederzeit das Böse wählen: und die Welt war mitten durchgeschnitten, geteilt in solche, die das wußten und hinnahmen, und diese langhaarigen Bubis in Whitehall, die an den Weihnachtsmann glaubten.

»Die Akte des Mädchens schon gefunden?«

»Nein.«

»Nennt sich Worth. Hat ein paar Silben abgelegt.«

»Ich weiß verdammt, wie sie sich nennt. Meinetwegen kann sie sich Mata Hari nennen, mir scheißegal. Es ist trotzdem keine Akte über sie da.«

»Aber es war eine da?«

»Richtig, Dicker, *war*« griente der Rocker wütend und ahmte Craws Akzent nach. » ›Das *war* einmal, das ist nicht mehr‹. Drücke ich mich klar genug aus, oder soll ich es für Sie mit unsichtbarer Tinte einer Brieftaube auf den Arsch malen, Sie gottverdammter Buschmann.«

Craw saß eine Weile nur still da und nippte mäßig, aber regelmäßig an seinem Drink.
»Könnte Ko das getan haben?«
»Was getan?« fragte der Rocker absichtlich begriffsstutzig.
»Ihre Akte verschwinden lassen.«
»Könnte er.«
»Die Aktenschwindsucht scheint sich auszubreiten«, kommentierte Craw nach einer weiteren Erfrischungspause. »London niest und Hongkong kriegt den Schnupfen. Mein kollegiales Mitgefühl, Monsignore. Mein brüderliches Beileid.« Er senkte die Stimme zu einem tonlosen Flüstern. »Sagt mir, Ehrwürden: ist der Name Sally Cale Musik für Eure Ohren?«
»Nie von ihr gehört.«
»Was für Geschäfte betreibt sie?«
»Tineff Antik GmbH Kaulun. Geplünderte Kunstschätze, erstklassige Fälschungen, Abbilder von Lord Buddha.«
»Woher?«
»Das echte Zeug kommt aus Burma, über Vientiane. Fälschungen sind einheimisches Produkt. Sechzig, altes Mannweib«, fügte er säuerlich hinzu und nahm vorsichtig ein weiteres Bier in Angriff. »Hält deutsche Schäferhunde und Schimpansen. Gleich in Ihrer Straße.«
»Vorstrafen?«
»Sie machen Witze.«
»Die Cale hat das Mädchen angeblich mit Ko bekannt gemacht.«
»Na und? Die Cale verkuppelt die Euronutten. Die Chinesen mögen sie deshalb, und ich auch. Hab' mal gesagt, sie soll mir eine besorgen. Sagte, sie hätte nichts, was klein genug wäre, die freche Sau.«
»Unsere zarte Schöne war angeblich auf einen Sprung hier zum Goldkaufen. Paßt das ins Bild?«
Der Rocker blickte Craw mit neuem Abscheu an, und Craw fixierte den Rocker, und es war ein Zusammenstoß zweier unbeweglicher Objekte.
»Klar paßt es ins Scheißbild«, sagte der Rocker verächtlich. »Die Cale war Aufkäuferin von Schmuggelgold aus Macao, oder?«
»Und wo kommt Ko ins Spiel?«
»Ach, schleichen Sie doch nicht um den heißen Brei. Die Cale war der Strohmann. Das Ganze war Kos Geschäft. Und sein fetter Bulldog da hat ihren Partner gemimt.«

»Tiu?«

Der Rocker war wieder in seinen Biertran verfallen, aber Craw ließ nicht locker. Er neigte den scheckigen Kopf ganz nah an das Blumenkohlohr des Rockers.

»Mein Onkel George wird jede nur mögliche Auskunft über besagte Cale sehr zu schätzen wissen. Klar? Er wird sie reich belohnen. Er interessiert sich besonders für die Cale jenes entscheidenden Augenblicks, als sie meine kleine Lady ihrem chinesischen Beschützer zuführte, und danach alles bis zum heutigen Tag. Namen, Daten, Lebenslauf, was immer Sie auf Eis liegen haben. Hören Sie?«

»Sagen Sie Ihrem Onkel George, er wird mir fünf verdammte Jahre im Knast von Stanley verschaffen.«

»Wo Sie sich in bester Gesellschaft befinden würden, was, Junker?« sagte Craw anzüglich.

Es war eine unzarte Anspielung auf jüngste traurige Ereignisse in der Welt des Rockers. Zwei seiner vorgesetzten Kollegen waren für jeweils mehrere Jahre dorthin geschickt worden, und weitere warteten trübselig darauf, ihnen nachzufolgen.

»Korruption«, brummte der Rocker angeekelt. »Als nächstes entdecken sie noch, daß die Erde rund ist. Kotzen mich an, diese Pfadfinder.«

Craw hatte das alles schon gehört, aber jetzt hörte er es sich nochmals an, denn er hatte die goldene Gabe des Zuhörens, die in Sarratt weit höher veranschlagt wird als Mitteilsamkeit.

»Dreißigtausend verdammte Europäer und vier Millionen verdammte Gelbe, zweierlei verdammte Moral, ein paar der bestorganisierten verdammten Verbrechersyndikate der Welt. Was erwartet man von mir? Abstellen können wir das Verbrechen nicht, also, wie halten wir's im Zaum? Wir knöpfen uns die großen Fische vor und schließen einen Handel mit ihnen, klar tun wir das: ›Herhören, Jungens. Kein unkontrolliertes Verbrechen, keine Gebietsverletzungen, alles sauber und dezent, meine Tocher muß zu jeder Tages- und Nachtzeit auf der Straße sicher sein. Ich möchte haufenweise Verhaftungen, damit die Richter zufrieden sind und ich mir meine armselige Pension verdiene, und Gott sei jedem gnädig, der die Regeln bricht oder die Obrigkeit mißachtet.‹ Ja, ja, sie schwitzen ein paar Kröten aus. Nennen Sie mir einen Menschen auf dieser ganzen finsteren Insel, der nicht so oder so ein paar Kröten ausschwitzt. Wenn es Leute gibt, die *zahlen*, dann

gibt es auch Leute, die *kassieren*. Klarer Fall. Und wenn es Leute gibt, die kassieren ... Außerdem«, sagte der Rocker, der plötzlich von seinen eigenen Reden genug hatte, »Ihr Onkel George weiß das längst.«
Craws Löwenkopf hob sich langsam, bis sein furchtbares Auge fest auf das abgewandte Gesicht des Rockers geheftet war.
»George weiß *was*, wenn ich fragen darf?«
»Diese Sally Scheiß-Cale. Wir haben sie für euch doch schon vor Jahren um-und-umgedreht. Hat geplant, das verdammte Pfund Sterling zu ruinieren oder irgend sowas Blödes. Dumping der Goldpreise in Zürich, hat man noch Worte. Ein Haufen alter Flickschuster, wie üblich, wenn Sie mich fragen.«
Es verging nochmals eine halbe Stunde, ehe sich der alte Australier müde aufrappelte und dem Rocker ein langes Leben und zehntausendfaches Glück wünschte.
»Und halten Sie Ihren Arsch fleißig gen Sonnenuntergang«, knurrte der Rocker.

Craw ging in dieser Nacht nicht nach Hause. Er hatte Freunde, einen Anwalt aus Yale und dessen Frau, denen eines der zweihundert alten Privathäuser Hongkongs gehörte, ein älteres unregelmäßig angelegtes Bauwerk am Pollock's Path hoch droben auf dem Peak, und sie hatten ihm einen Schlüssel gegeben. Ein Konsulatswagen stand in der Auffahrt, aber Craws Freunde waren bekannt dafür, daß sie sich gern in Diplomatenkreisen bewegten. Als Craw sein Zimmer betrat, schien er keineswegs überrascht, dort einen höflichen jungen Amerikaner vorzufinden, der im Korbsessel saß und einen dickleibigen Roman las: ein blonder adretter Junge mit einem korrekten Anzug im Diplomatenstil. Craw begrüßte ihn nicht, nahm auch sonst keinerlei Notiz von der Anwesenheit seines Besuchers, sondern setzte sich an den Schreibtisch mit Glasplatte und fing an, nach bester Tradition seines päpstlichen Mentors Smiley, eine Botschaft in Blockschrift zu verfassen, an Seine Heiligkeit persönlich, Ketzer Hände weg. Danach schrieb er auf ein zweites Blatt den dazugehörigen Schlüssel. Als er fertig war, übergab er beides dem Jungen, der die Blätter ehrfürchtig in die Tasche steckte und rasch und wortlos verschwand. Als er wieder allein war, wartete Craw, bis er die Limousine wegschnurren hörte, dann erst öffnete und las er die Mitteilung, die der Junge ihm hinterlassen hatte. Anschließend verbrannte er den Zettel und spülte die Asche ins Waschbecken, ehe er sich dankbar auf dem Bett ausstreckte.

Der Tag war hart, aber ich kann sie doch noch überraschen, dachte er. Er war müde. Mein Gott, war er müde. Er sah die dicht gedrängten Gesichter der Sarratt-Kinder vor sich. Aber wir kommen weiter, Ehrwürdens. Wir kommen unaufhaltsam weiter. Wenn auch im Blindenschritt, tapp-tapp im Dunkeln. Zeit, daß ich ein bißchen Opium rauche, dachte er. Zeit, daß ich ein nettes kleines Mädel zum Aufheitern hätte. Mein Gott, war er müde.

Smiley war vielleicht genauso müde, aber Craws Botschaft, die er eine Stunde später in Händen hielt, machte ihn bemerkenswert munter: um so mehr, als die Akte über Miss Cale, Sally, letzte bekannte Adresse Hongkong, Kunstfälscherin, Goldschieberin und gelegentlich Heroinhändlerin, sich ausnahmsweise lebendig und gesund und wohlbehalten in den Archiven des Circus fand. Nicht nur das. Der Deckname, den Sam Collins in seiner Eigenschaft als unterirdischer Resident des Circus in Vientiane getragen hatte, flammte ihm daraus entgegen, wie das Fanal eines lang ersehnten Sieges.

## 10 *Tee und Sympathie*

Seitdem der Vorhang über dem Unternehmen Delphin gefallen war, hatte Smiley mehr als einmal den Vorwurf hören müssen, dies wäre für George der Augenblick gewesen, auf Sam Collins zurückzugreifen und ihm einen harten und direkten Schlag zu verpassen, genau dorthin, wo es am wehesten tat. George hätte damit das Verfahren beträchtlich abkürzen können, sagen die Wissenden; er hätte lebenswichtige Zeit einsparen können.
Sie schwatzten einfach Unsinn.
Erstens spielte Zeit keine Rolle. Die russische Goldader und die Operation, die damit finanziert wurde, was immer es sein mochte, waren seit Jahren im Fluß und wären es vermutlich, hätte es keine Störung gegeben, noch lange geblieben. Die einzigen, die nach Taten lechzten, waren die Whitehall-Barone, der Circus selber und, indirekt, Jerry Westerby, der sich noch ein paar Wochen länger fast zu Tode langweilen mußte, während Smiley pedantisch seinen nächsten Schachzug vorbereitete. Zudem rückte Weihnachten näher, was alle Welt ungeduldig macht. Ko und die große Sache, deren Fäden er möglicherweise in der Hand hielt, zeigten keinerlei Anzeichen irgendeiner Entwicklung. »Ko und sein russisches Geld standen wie ein Gebirge vor uns«, schrieb Smiley später über das Unternehmen Delphin in seinem Abschlußbericht. »Wir konnten in den Fall hineinleuchten, wann immer wir das wünschten, aber wir konnten ihn nicht von der Stelle bewegen. Es ging nicht darum, daß wir selbst tätig wurden, sondern wie wir Ko dazu bewegen konnten, dort tätig zu werden, wo wir an ihn herankonnten.«
Woraus klar hervorgeht: lang vor allen anderen, ausgenommen vielleicht Connie Sachs, hatte Smiley das Mädchen als potentiellen Hebel und somit als die wichtigste Einzelfigur im ganzen Ensemble erkannt – weit wichtiger zum Beispiel als Jerry Westerby, der jederzeit zu ersetzen war. Dies war nur einer von

vielen triftigen Gründen, die Smiley bewogen, so nah an sie heranzukommen, wie es die Wahrung der Sicherheit irgend zuließ.

Ein weiterer Grund war, daß die ganze Art der Beziehung zwischen Sam Collins und dem Mädchen noch immer im ungewissen schwebte. Es ist so einfach, sich heute hinzustellen und zu sagen »sonnenklar«, aber damals war die Frage alles andere als erledigt und abgetan. Die Akte Cale lieferte einen Hinweis. Smileys intuitives Erfühlen von Sams Schrittmuster half, ein paar Lücken auszufüllen; hastige Rückpeilungen seitens der Registratur lieferten Anhaltspunkte und den üblichen Stoß analoger Fälle; die Sammlung von Sams Einsatzberichten war erhellend. Bleibt noch zu erwähnen, daß Smiley, je länger er Sam fernhielt, desto näher einem objektiven Verständnis der Beziehungen zwischen dem Mädchen und Ko, zwischen dem Mädchen und Sam kam: daß er eine entsprechend stärkere Verhandlungsposition hatte, als er und Sam einander wieder gegenübersaßen.

Und wer konnte wirklich wissen, wie Sam unter Druck reagiert hätte? Die Inquisitoren konnten viele Erfolge verbuchen, gewiß, aber auch Fehlschläge. Sam war eine sehr harte Nuß.

Für Smiley zählte noch eine weitere Überlegung, auch wenn er zu zurückhaltend ist, um sie in seinem Schreiben zu erwähnen. In jenen Tagen nach dem Sündenfall gingen eine Menge Gespenster um, und eines davon war die Angst, es könne irgendwo im Circus Bill Haydons erwählter Nachfolger vergraben liegen: Bill hätte ihn ausgesucht, angeworben und auf den Tag hin getrimmt, an dem er selber, auf die eine oder andere Art, von der Bühne abtreten würde. Sam war ursprünglich einer von Haydons Kandidaten gewesen. Seine spätere Preisgabe durch Haydon konnte leicht ein abgekartetes Spiel gewesen sein. Wer vermochte in dieser Periode allgemeiner Nervosität sicher zu sein, daß nicht Sam Collins, der alle Hebel für seine Reaktivierung in Bewegung setzte, der Kronprinz des Verräters Haydon war?

Diese Gedanken spukten in George Smiley herum, als er seinen Regenmantel überzog und sich auf den Weg machte. Nicht einmal ungern, denn im Herzen war er noch immer ein Frontkämpfer. Sogar seine Widersacher geben das zu.

In der Gegend des alten Barnsbury, im Londoner Stadtteil Islington, machte der Regen an jenem Tag, als Smiley dort endlich einen diskreten Besuch abstattete, eine Vormittagspause. Auf den Schieferdächern viktorianischer Cottages hockten die triefenden Schornsteine wie durchnäßte Vögel zwischen den Fernsehantennen. Dahinter ragte, von einem Gerüst zusammengehalten, das Gerippe eines Wohnblocks, dessen Bau wegen fehlender Mittel eingestellt wurde.

»Mister –?«

»Standfast«, erwiderte Smiley höflich unter seinem Regenschirm hervor.

Ehrenmänner erkennen einander instinktiv. Mr. Peter Worthington brauchte nur seine Wohnungstür zu öffnen, einen Blick auf die rundliche, regentriefende Gestalt auf seiner Schwelle zu werfen – die schwarze Aktentasche, auf deren ausgebeultem Deckel die Buchstaben E II R eingeprägt waren, die schüchterne und ein wenig schäbige Erscheinung –, und schon erhellte ein Ausdruck gastlichen Willkommens sein freundliches Gesicht.

»Ja, stimmt. Riesig nett, daß Sie kommen. Das Foreign Office ist doch zur Zeit in der Downing Street, wie? Was haben Sie gemacht? U-Bahn ab Charing Cross genommen, vermutlich. Kommen Sie rein, trinken sie ein Täßchen.«

Er kam von einer Public School, unterrichtete aber jetzt an einer staatlichen Schule, weil es mehr einbrachte. Seine Stimme war milde, tröstend und loyal. Sogar seine Kleidung sprach von Treue, wie Smiley feststellte, als er ihm durch den engen Korridor folgte. Mochte Peter Worthington auch erst vierunddreißig sein, der schwere Tweedanzug würde so lange modern – oder unmodern – bleiben, wie sein Besitzer es für richtig hielt. Es gab keinen Garten. Das nach hinten gelegene Arbeitszimmer ging direkt auf einen betonierten Spielplatz. Ein derbes Gitter schützte das Fenster, und der Spielplatz wurde durch einen hohen Drahtzaun abgeteilt. Dahinter stand das Schulhaus, ein verschnörkelter edwardianischer Bau, nicht unähnlich dem Circus, nur daß man hineinsehen konnte. Im Erdgeschoß sah Smiley Kindermalereien an den Wänden hängen. Weiter oben standen Reagenzgläser in Gestellen. Es war Spielstunde, und auf ihrer Hälfte des Platzes rannten Mädchen in Turnanzügen hinter einem Handball her. Auf der anderen Seite des Drahtzaunes dagegen standen die Buben in schweigenden Gruppen, wie Streikposten vor einem Fabriktor, Schwarze und Weiße getrennt. Auf dem Boden des Arbeitszimmers lagen Schulhefte bis in Kniehöhe. Eine illustrierte Übersichtstafel über die englischen Könige und Königinnen baumelte am Kaminvorsprung. Dunkle Wolken hingen am Himmel und verliehen der Schule ein rostiges Aussehen.

»Hoffentlich stört Sie der Lärm nicht«, rief Peter Worthington aus der Küche. »Ich höre ihn nämlich schon nicht mehr. Zucker?«

»Nein, nein. Keinen Zucker, danke«, sagte Smiley mit bekennendem Grinsen.

»Kalorien sparen?«

»Na ja, ein bißchen, ein bißchen.« Er spielte sich selber, aber besser als sonst, wie sie in Sarratt sagen. Ein bißchen hausbackener, ein bißchen resignierter: der brave treue Beamte, der mit vierzig seine Steighöhe erreicht hatte und seitdem dort verharrte.

»Zitrone ist auch da, wenn Sie wollen!« rief Peter Worthington aus der Küche, wo er ungeschickt mit Tassen und Tellern herumklapperte.

»O nein, vielen Dank. Nur Milch.«

Auf dem abgetretenen Boden des Arbeitszimmers türmten sich die Indizien eines anderen, kleineren Kindes: Bauklötze und ein Schreibheft mit endlosen hingekrakelten As und Ds. Von der Lampe baumelte ein Weihnachtsstern aus Pappe. An den Wänden sah man die Heiligen Drei Könige und Schlitten und weiße Watte. Peter Worthington kam mit einem Tablett herein. Er war groß und robust, mit drahtigem, früh angegrautem braunem Haar. Die Tassen waren trotz allen Herumklapperns noch immer nicht sehr sauber.

»Gut gemacht, daß Sie in meiner Freizeit kommen«, sagte er und wies mit dem Kopf auf die Schulhefte. »Wenn man von Freizeit sprechen kann bei diesem Haufen Korrekturen.«

»Ich finde immer, Ihr Beruf wird sehr unterschätzt«, sagte Smiley und schüttelte milde den Kopf. »Ich habe selbst Freunde im Lehrfach. Sie sitzen halbe Nächte über den Korrekturen, wie sie mir versichern, und ich habe keinen Grund, an ihrem Wort zu zweifeln.«

»Dann gehören sie zu den Gewissenhaften.«

»Ich darf Sie bestimmt auch zu dieser Kategorie zählen.«

Peter Worthington lächelte, er war sehr geschmeichelt. »Leider ja. Was überhaupt lohnt, das lohnt auch die Mühe«, sagte er und half Smiley aus dem Regenmantel.

»Offen gestanden wünsche ich mir häufig, diese Ansicht wäre ein bißchen weiter verbreitet.«

»An Ihnen ist auch ein Lehrer verlorengegangen«, sagte Peter Worthington, und sie lachten beide.
»Was machen Sie mit Ihrem kleinen Jungen?« sagte Smiley und setzte sich.
»Ian? Oh, der geht zu den Großeltern. Meinen Eltern, nicht ihren«, fügte er hinzu, während er Tee eingoß. Er reichte Smiley eine Tasse. »Sind Sie verheiratet?« fragte er.
»Ja, ja, bin ich, und sehr glücklich noch dazu, wenn ich das sagen darf.«
»Kinder?«
Smiley schüttelte den Kopf und gestattete sich eine kleine enttäuschte Grimasse. »Leider«, sagte er.
»Dort tut's am wehesten«, sagte Peter Worthington sehr nüchtern.
»Das glaube ich Ihnen. Trotzdem, wir hätten gern gewußt, wie's ist. In unserem Alter empfindet man es mehr.«
»Sie sagten am Telefon, es gebe Nachricht über Elizabeth«, sagte Peter Worthington. »Ich wäre Ihnen schrecklich dankbar, wenn Sie mir's erzählten.«
»Es ist aber nichts Aufregendes«, sagte Smiley vorsichtig.
»Aber es macht Hoffnung. Ohne Hoffnung geht es nicht.«
Smiley bückte sich zu der amtlichen schwarzen Plastikmappe und öffnete den billigen Verschluß.
»Zuerst muß ich Sie um einen Gefallen bitten«, sagte er. »Nicht daß ich nicht offen sein wollte, aber wir gehen immer gern ganz sicher. Ich bin selber sehr gründlich, das gebe ich ohne weiteres zu. Bei Todesfällen von Ausländern machen wir's genauso. Legen uns nie fest, ehe wir *absolut* sicher sind. Vornamen, Familienname, genaue Adresse, Geburtsdatum wenn wir es feststellen können, keine Mühe ist uns zuviel. Nur um uns abzusichern. Nicht *rechtsgültig,* natürlich, wir geben keine *rechtsgültigen* Bestätigungen ab, das ist Sache der zuständigen Behörden.«
»Schießen Sie los«, sagte Peter Worthington munter. Smiley, der die Übertreibung in seinem Tonfall bemerkte, blickte schnell auf, aber Peter Worthingtons ehrliches Gesicht war zur Seite gewandt, er schien einen Stapel alter Notenhalter zu betrachten, der in der Ecke lag.
Smiley leckte sich den Daumen, schlug umständlich eine Akte auf seinen Knien auf und blätterte darin. Es war die Akte des Foreign Office mit der Aufschrift »Vermißte Personen« und durch Lacon

unter einem Vorwand von Enderby entliehen. »Wäre es zu viel verlangt, wenn ich die Einzelheiten von Anfang an mit Ihnen durchginge? Natürlich nur die hervorstechenden, und nur, was Sie mir gern sagen, das muß ich nicht eigens betonen, wie? Der Haken für mich ist, müssen Sie wissen, ich bin eigentlich mit dieser Arbeit normalerweise nicht befaßt. Mein Kollege Wendover, den Sie kennen, ist krank, und – na ja, man will nicht unbedingt immer *alles* zu Papier bringen, nicht wahr. Er ist ein fabelhafter Bursche, aber in puncto Berichteschreiben finde ich ihn ein bißchen *bündig*. Nicht nachlässig, weit entfernt, aber manchmal ein bißchen dürftig, was den menschlichen Aspekt angeht.«

»Ich bin immer vollständig aufrichtig. Immer«, sagte Peter Worthington ziemlich ungeduldig zu den Notenständern. »Ich glaube an Aufrichtigkeit.«

»Und was *uns* betrifft, so kann ich Ihnen versichern, wir im Foreign Office respektieren eine vertrauliche Mitteilung.«

Irgend etwas fehlte plötzlich. Smiley hatte bis zu diesem Augenblick nicht gewußt, daß Kindergeschrei die Nerven beruhigen konnte; als es jedoch aufhörte und der Spielplatz sich leerte, hatte er ein Gefühl der Verstörtheit, und es dauerte ein paar Sekunden, ehe er es überwand.

»Pausenschluß«, sagte Peter Worthington lächelnd.

»Wie bitte?«

»Pause. Milch und Brötchen. Wofür Sie Ihre Steuern bezahlen.«

»Also, erstens ist nicht davon die Rede, entsprechend der Notizen meines Kollegen Wendover – dem ich um Gottes willen nichts am Zeug flicken möchte –, daß Mrs. Worthington Sie unter irgendeiner Art von Zwang verließ . . . Moment noch. Lassen Sie mich erst erklären, was ich damit sagen will. Bitte. Sie ging freiwillig. Sie ging allein fort. Sie wurde nicht in unzulässiger Weise dazu genötigt, verlockt oder auf irgendeine Art Opfer einer gesetzwidrigen Pression. Einer Pression zum Beispiel, die, sagen wir einmal, früher oder später Gegenstand einer gerichtlichen Klage, angestrengt von Ihnen selbst oder von anderen gegen eine dritte, bisher noch nicht genannte Partei sein könnte?«

Langatmigkeit erzeugt, wie Smiley wußte, bei den Betroffenen einen fast unerträglichen Drang zum Sprechen. Wenn sie nicht direkt unterbrechen, so kontern sie zumindest mit aufgestauter Energie: und als Schulmeister war Peter Worthington ohnehin nicht gerade der geborene Zuhörer.

»Sie ging allein fort, ganz allein, und ich stehe und stand immer auf dem Standpunkt, daß es ihr gutes Recht war. Wenn sie *nicht* allein fortgegangen wäre, wenn noch jemand im Spiel gewesen wäre, Männer – wir sind weiß Gott alle nur Menschen –, so hätte das keinen Unterschied gemacht. Beantwortet das Ihre Frage? Kinder haben ein Recht auf beide Eltern«, schloß er lehrhaft.

Smiley schrieb fleißig, aber sehr langsam. Peter Worthington trommelte mit den Fingern auf die Knie, dann ließ er sie in den Gelenken knacken, einen nach dem anderen, eine rasche, ungeduldige Salve.

»Und in der Zwischenzeit, Mr. Worthington, können Sie mir bitte sagen, wurde jemals eine polizeiliche Suche beantragt in bezug auf –«

»Wir wußten immer, daß sie nicht seßhaft bleiben würde. Das war ausgemachte Sache. Sie nannte mich ›Mein Anker‹. Entweder das oder ›Schulmeister‹. Hatte nichts dagegen. Es war nicht bös gemeint. Es war nur, sie konnte einfach nicht *Peter* sagen. Sie liebte mich als *Idee*. Nicht als ein bestimmtes Lebewesen, einen Körper, einen Geist, eine Persönlichkeit, nicht einmal als Partner. Als Idee, als notwendige Zutat zu ihrer persönlichen, menschlichen Vollständigkeit. Sie hatte das Bedürfnis, zu gefallen, ich verstehe das, es entsprang ihrer Unsicherheit, sie sehnte sich nach Bewunderung. Wenn sie ein Kompliment machte, dann nur, weil sie als Gegengabe auch eines wollte.«

»Verstehe«, sagte Smiley und schrieb wieder, als wolle er diese Ansicht buchstäblich unterschreiben.

»Ich meine, niemand kann ein Mädchen wie Elizabeth heiraten und erwarten, sie für sich allein zu haben. Es war nicht natürlich. Damit habe ich mich jetzt abgefunden. Sogar unser kleiner Ian mußte Elizabeth zu ihr sagen. Auch das verstehe ich. Die Ketten einer »Mammi« waren ihr zu schwer. Ein Kind, das hinter ihr herläuft und »Mammi« ruft. Zu viel für sie. Geht in Ordnung, ich verstehe das auch. Ich kann mir vorstellen, daß es für Sie als kinderlosen Mann schwer verständlich ist, wie eine Frau, egal welchen Schlags, eine Mutter, geachtet, geliebt und behütet, die nicht einmal Geld verdienen mußte, ihren eigenen Sohn buchstäblich sitzenlassen und ihm bis heute nicht einmal eine Postkarte schreiben kann. Sie finden es vielleicht unfaßbar oder sogar abscheulich. Ich bin da anderer Ansicht. Als es passierte, glauben

Sie mir, ja, da war es schwer.« Er blickte hinaus auf den eingezäunten Spielplatz. Er sprach ruhig, ohne eine Spur von Selbstmitleid. Er hätte zu einem Schüler sprechen können. »Wir versuchen hier, die Menschen Freiheit zu lehren. Freiheit innerhalb bürgerlicher Ordnung. Sie sollen ihre Individualität entwickeln. Wie konnte *ich* denn *ihr* vorschreiben, wer *sie* war? Ich wollte nur da sein, sonst nichts. Elizabeths Freund sein. Ihr Schlußmann. So nannte sie mich unter anderem auch. Ihren Schlußmann. Worauf ich hinauswill: sie *mußte* nicht fortgehen. Sie hätte auch hier tun können, was sie wollte. Bei mir. Frauen brauchen eine Stütze, wissen Sie. Ohne einen festen Halt –«
»Und Sie haben bis heute keine direkte Nachricht von ihr?« erkundigte sich Smiley sanft. »Keinen Brief, nicht einmal die Postkarte an Ian, gar nichts?«
»Nicht die Bohne.«
Smiley schrieb. »Mr. Worthington, hat Ihre Frau Ihres Wissens jemals einen anderen Namen benutzt?« Aus irgendeinem Grund drohte diese Frage Peter Worthington in Harnisch zu bringen. Er fuhr hoch, als hätte seine Schulklasse sich eine Frechheit erlaubt, und seine Hand schoß vor, um Schweigen zu gebieten. Aber Smiley redete schon weiter: »Zum Beispiel ihren Mädchennamen? Oder vielleicht eine Abkürzung des Ehenamens, der in einem nicht englisch sprechenden Land bei den Einheimischen auf Schwierigkeiten stoßen könnte –«
»Nie. Nie, *nie*. Man muß etwas von den Anfangsgründen der menschlichen Verhaltenspsychologie verstehen. Elizabeth war hier ein Schulbeispiel. Sie konnte es gar nicht erwarten, ihren Vaternamen abzulegen. Einer der sehr guten Gründe, warum sie mich heiratete, war der, weil sie einen neuen Vater und einen neuen Namen wollte. Sie hat ihn bekommen, warum sollte sie ihn wieder aufgeben? Genauso war es mit ihrem Drang zu romantisieren, ihrem wilden, wilden Fabulieren. Sie wollte ihrer Umgebung entfliehen. Nachdem ihr das gelungen war, nachdem sie mich gefunden hatte und die Beständigkeit, die ich repräsentiere, sehnte sie sich natürlich nicht mehr danach, jemand anderer zu *sein*. Sie *war* jemand anderer. Sie hatte Erfüllung gefunden. Also *warum* ging sie *fort*?«
Wieder ließ Smiley sich Zeit. Er sah Peter Worthington scheinbar unsicher an, blickte in seine Akte, blätterte bis zur letzten Eintragung, rückte die Brille auf die Nasenspitze und las den

Eintrag, offensichtlich keineswegs zum erstenmal.

»Mr. Worthington, wenn unsere Information korrekt ist, und wir haben guten Grund, das anzunehmen – ich würde sagen, vorsichtig geschätzt dürfen wir zu achtzig Prozent sicher sein –, so benutzt Ihre Frau zur Zeit den Namen *Worth*. Und sie benutzt einen Vornamen deutscher Schreibweise, sehr seltsam, nämlich L-i-e-s-e. Es würde mich interessieren, ob Sie diese Information in irgendeiner Weise bestätigen oder entkräften können, desgleichen die Information, wonach sie aktiv an einem Juwelengeschäft im Fernen Osten mit Verbindungen bis nach Hongkong und anderen Zentren beteiligt ist. Sie scheint einen luxuriösen Lebensstil und gehobenen gesellschaftlichen Status zu genießen, sich in ziemlich exklusiven Kreisen zu bewegen.«

Peter Worthington begriff von alledem offenbar nur wenig. Er hatte sich auf dem Boden niedergelassen und die Knie hochgezogen. Er ließ abermals die Fingergelenke knacken, starrte ungehalten die Notenständer an, die wie Skelette in die Zimmerecke gepfercht waren, und konnte es kaum erwarten, bis Smiley zu Ende war.

»Hören Sie. Ich verlange nur eins. Daß jeder, der mit ihr in Verbindung tritt, das kapiert. Ich will keine leidenschaftlichen Appelle, keine Appelle an das Gewissen. Das kommt nicht in Frage. Nur eine nüchterne Erklärung, was geboten wird, und daß sie willkommen ist. Sonst nichts.«

Smiley flüchtete sich wieder in die Akte.

»Nun, bevor wir zu *diesem* Punkt kommen, könnten wir vielleicht doch noch die Fakten vollends durchgehen, Mr. Worthington –«

»Es *gibt* keine Fakten«, sagte Peter Worthington, aufs neue höchlichst gereizt. »Es gibt nur zwei Menschen. Drei, mit Ian. In einer solchen Sache gibt es keine Fakten. In *keiner* Ehe. Das lehrt uns das Leben. Menschliche Beziehungen sind *völlig* subjektiv. Ich sitze auf dem Fußboden. *Das* ist ein Faktum. Sie schreiben. *Das* ist ein Faktum. Elizabeths Mutter steckte dahinter. *Das* ist ein Faktum. Verstehen Sie? Elizabeths Vater ist ein größenwahnsinniger, krimineller Irrer. *Das* ist ein Faktum. Lizzie ist *nicht* die Tochter der Königin von Saba und *nicht* die natürliche Enkelin von Lloyd George. Was immer sie auch behaupten mag. Sie hat *nicht* in Sanskrit promoviert, wie sie der Direktorin vorzumachen beliebte, die es noch heute glaubt. ›Wann werden wir Ihre reizende Orientalistengattin wiedersehen?‹ Elizabeth versteht von Juwelen nicht mehr als ich. *Das* ist ein Faktum.«

»Daten und Ortsangaben«, murmelte Smiley in die Akte. »Wenn ich das zunächst einmal nachprüfen dürfte.«

»Durchaus«, sagte Peter Worthington gefällig und füllte Smileys Tasse aus der grünen Blechkanne nach. Tafelkreide hatte sich an den breiten Fingerkuppen abgesetzt. Sie war wie das Grau in seinem Haar.

»Die Mutter war tatsächlich ihr Unglück, ja«, fuhr er im gleichen völlig sachlichen Ton fort: »Das ganze Getue, daß sie zur Bühne sollte, dann zum Ballett, dann ein Versuch, sie ins Fernsehen zu lancieren. Die Mutter wollte, daß Elizabeth bewundert würde. Als Ersatz für sich selber natürlich. Psychologisch völlig klar. Lesen Sie Berne. Lesen Sie, wen Sie wollen. Das ist eben *ihre* Art, *ihr* Selbstverständnis zu definieren. Durch ihre Tochter. Man muß hinnehmen, daß es solche Dinge gibt. Ich verstehe das jetzt. Sie ist okay, ich bin okay, die Welt ist okay, Ian ist okay, und dann ist sie plötzlich weg.«

»Wissen Sie zufällig, ob sie sich gelegentlich mit ihrer Mutter in Verbindung setzt?«

Peter Worthington schüttelte den Kopf.

»Bestimmt nicht. Als Elizabeth fortging, war sie mit ihrer Mutter fertig. Hatte völlig mit ihr gebrochen. Über diese Hürde habe ich ihr hinweggeholfen, das darf ich mit Sicherheit behaupten. Mein einziger Beitrag zu ihrem Glück –«

»Ich glaube nicht, daß wir die Adresse der Mutter hier haben«, sagte Smiley und blätterte verbissen in der Akte. »Sie haben nicht –«

Peter Worthington gab ihm die Adresse mit lauter Stimme im Diktiertempo zum Mitschreiben an.

»Und jetzt die Daten und Ortsangaben«, wiederholte Smiley. »*Bitte.*«

Sie hatte ihn vor zwei Jahren verlassen. Peter Worthington gab nicht nur den Tag an, sondern die Stunde. Es war keine Szene vorausgegangen – Peter Worthington hielt nichts von Szenen, Elizabeth hatte zu viele mit ihrer Mutter gehabt –, sie hatten einen glücklichen Abend verbracht, einen *besonders* glücklichen sogar. Er hatte sie zur Abwechslung in das Kebab-Restaurant geführt.

»Haben Sie vielleicht gesehen, als Sie herkamen? – Heißt das Knossos, gleich neben dem Express-Dairy.«

Sie hatten Wein getrunken und tüchtig geschmaust, und Andrew

Wiltshire, der neue Englischlehrer, war als Dritter im Bunde mitgekommen. Elizabeth hatte diesen Andrew erst vor ein paar Wochen in die Yoga-Lehre eingeführt. Sie waren gemeinsam zum Unterricht ins Sobell Centre gegangen und dicke Freunde geworden.

»Sie ist vom Yoga *tief* durchdrungen«, sagte er und nickte billigend mit dem graugesprenkelten Kopf.

»Hatte echtes Interesse. Andrew war genau die Sorte Mann, um sie anzuregen. Extrovertiert, unreflektiert, körperbetont . . . genau das Richtige für sie«, sagte er entschieden.

Sie waren alle drei um zehn Uhr heimgegangen, wegen des Babysitters, sagte er: er selber, Andrew und Elizabeth. Er hatte Kaffee gekocht, sie hörten Musik, und so um elf herum gab Elizabeth jedem einen Kuß und sagte, sie wolle noch hinübergehen und nach ihrer Mutter sehen.

»Ich dachte, sie hätte mit ihrer Mutter gebrochen«, wandte Smiley milde ein, aber Peter Worthington tat, als hörte er nicht.

»Natürlich bedeuten *Küsse* nichts bei ihr«, erläuterte Peter Worthington rein informativ. »Sie küßt jeden, die Schüler, ihre Freundinnen – sie würde den Müllmann küssen, irgendwen. Sie ist *sehr* spontan. Sie kann eben keinen in Ruhe lassen. Ich meine, jede Beziehung muß eine Eroberung sein. Ob es ihr Kind ist oder der Kellner im Restaurant . . . und wenn sie sie erobert hat, langweilen sie sie. Natürlich. Sie ging nach oben, sah nach Ian und hat sicherlich diesen Augenblick genutzt, um ihren Paß und das Haushaltsgeld aus dem Schlafzimmer zu holen. Sie hinterließ einen Zettel, auf dem ›Tut mir leid‹, draufstand, und seitdem habe ich sie nicht mehr gesehen. Und Ian auch nicht«, sagte Peter Worthington.

»Ähem, hat *Andrew* von ihr gehört?« erkundigte sich Smiley und kippte wiederum seine Brille herunter.

»Warum sollte er?«

»Sie sagten, die beiden seien Freunde gewesen, Mr. Worthington. Manchmal werden Dritte zu Mittlern bei solchen Affären.«

Bei dem Wort *Affären* sah er auf und fand sich direkt in Peter Worthingtons ehrliche, verzweifelte Augen blicken: und eine Sekunde lang glitten beide Masken gleichzeitig ab. War Smiley der Beobachter? Oder wurde er beobachtet? Vielleicht war es nur seine angeschlagene Phantasie – oder spürte er in sich und in diesem schwachen Jungen, der ihm gegenübersaß, die Regung einer verlegenen Verwandtschaft? ›Es sollte einen Verein für betrogene Ehemänner geben, die sich selber bemitleiden. Ihr habt alle die gleiche, nervtötende, gräßliche Vergebermasche!‹, hatte Ann ihm einmal ins Gesicht geschleudert. Du hast deine Elizabeth nie gekannt, dachte Smiley, während er noch immer Peter Worthington anstarrte: und ich nicht meine Ann.

»Das ist wirklich alles, woran ich mich erinnere«, sagte Peter Worthington. »Danach nur noch ein blinder Fleck.«

»Ja«, sagte Smiley. »Ja«, – und er übernahm unwillkürlich Worthingtons Lieblingswendung –, »ich verstehe.«

Er stand auf und wollte gehen. Unter der Tür stand ein kleiner Junge. Er hatte einen ausweichenden, feindselig-starren Blick. Eine mütterliche, schwere Frau stand hinter ihm und hielt seine beiden Handgelenke über seinem Kopf fest, so daß er an ihr zu hängen schien, obwohl er auf seinen eigenen Füßen stand.

»Schau, da ist Daddy«, sagte die Frau und blickte Worthington aus braunen, besitzergreifenden Augen an.

»Jenny, hei. Das ist Mr. Standfast vom Foreign Office.«

»Sehr angenehm«, sagte Smiley höflich, und nach ein paar Minuten unverbindlichen Geplauders und dem Versprechen, baldmöglichst Weiteres hören zu lassen, falls es noch Weiteres gäbe, verabschiedete er sich.

»Oh, und fröhliche Weihnachten«, rief Worthington von der Treppe.

»Ach ja. Ja, natürlich. Wünsche ich Ihnen auch. Ihnen allen recht fröhliche Weihnachten.«

In der Raststätte taten sie einem gleich Zucker hinein, wenn man nicht ausdrücklich abwinkte, und sooft die Inderin eine Tasse zubereitete, füllte sich die winzige Küche mit Dampf. Zu zweien oder dreien aßen schweigende Männer ihr Frühstück, Abendbrot oder ihren Lunch, je nachdem, wie weit sie in ihrem jeweiligen Tagesprogramm gekommen waren. Auch hier rückte Weihnachten heran. Sechs schmierige bunte Glaskugeln baumelten stimmungsvoll über der Theke, daneben ein Netzstrumpf, der um Hilfe für spastisch gelähmte Kinder bat. Smiley starrte in eine Abendzeitung, ohne sie zu lesen. In einer Ecke, keine zwölf Fuß von ihm entfernt, hatte der kleine Fawn die typische Position des Babysitters bezogen. Seine dunklen Augen lächelten freundlich die Gäste und die Tür an. Er hob die Tasse mit der linken Hand, während die rechte sich auf Brusthöhe hielt. Ob Karla wohl so dasaß, überlegte Smiley. Flüchtete Karla sich zu den Arglosen? Control hatte es getan. Control hatte sich ein komplettes zweites, drittes oder viertes Leben in einer Zweizimmer-Etagenwohnung gleich am Westlichen Ring eingerichtet, unter dem schlichten Namen Matthews, der nicht als Alias in den Akten der Housekeepers erschien. Nun, »komplettes« Leben war übertrieben. Aber er hatte Kleidung dort gehabt und eine Frau, gleichfalls namens Matthews, sogar eine Katze. Und jeden Donnerstag frühmorgens in einem Handwerkerclub Golfunterricht genommen, während er von seinem Schreibtisch im Circus aus seine Verachtung für die Großen Ungewaschenen, für Golf und für die Liebe kundtat, und für jedes andere nichtsnutzige menschliche Streben, das ihn insgeheim gelockt haben mochte. Er hatte sogar einen Schrebergarten gepachtet, erinnerte sich Smiley, drunten an einem Rangiergleis. Mrs. Matthews hatte es sich nicht nehmen lassen, Smiley in ihrem blitzenden Morris dorthinzufahren, an dem Tag, an dem er ihr die Trauerbotschaft überbrachte. Es war der gleiche Verhau, wie alle anderen Schrebergärten: Einheitsrosen, Wintergemüse, das sie nicht verwendet hatten, ein Geräteschuppen mit Gartenschlauch und einer Unmenge Samentüten.

Mrs. Matthews war Witwe, fügsam, aber tüchtig.

»Ich möchte nur eins wissen«, hatte sie gesagt, nachdem sie die Zahl auf dem Scheck gelesen hatte. »Ich möchte nur eins mit Bestimmtheit wissen, Mr. Standfast: ist er *wirklich* tot oder ist er wieder zurück zu seiner Frau?«

»Er ist wirklich tot«, versicherte ihr Smiley, und sie glaubte ihm dankbar. Er unterließ es, hinzuzufügen, daß Controls Frau schon vor elf Jahren von hinnen geschieden war, in dem festen Glauben, ihr Mann sei irgend etwas bei der Energie-Aufsichtsbehörde.

Ob Karla in Ausschüssen Hokuspokus machen mußte? Sich mit Kabalen herumschlagen, die Dummen hinters Licht führen, den Schlauen schmeicheln, sich in Zerrspiegeln à la Peter Worthington erblicken, gehörte das alles zu seinem Job?

Er blickte auf die Uhr, dann hinüber zu Fawn. Neben der WC-Tür war ein Münzfernsprecher. Aber als Smiley den Wirt um Kleingeld bat, lehnte er ab, er habe keine Zeit.

»Rück's raus, du mieser Flegel!« schrie ein ganz in Leder gekleideter Fernfahrer. Der Wirt gehorchte schleunigst.

»Glück gehabt?« fragte Guillam, der den Anruf auf dem direkten

Apparat im Circus entgegennahm.
»Nicht schlecht für den Anfang«, sagte Smiley.
»Hurra«, sagte Guillam.
Ein weiterer Vorwurf, der später gegen Smiley erhoben wurde, lautete, er habe Zeit für untergeordnete Erledigungen verschwendet, anstatt sie seinen Untergebenen zu übertragen.

In der Nähe des Town-and-Country-Golfplatzes am nördlichen Stadtrand von London gibt es Wohnblöcke, die den Aufbauten ständig im Sinken begriffener Schiffe ähneln. Sie liegen hinter langen Rasenstreifen, wo die Blüten niemals so richtig angehen, die Ehemänner stürzen jeden Morgen gegen halb neun in höchster Panik zu den Rettungsbooten, und die Frauen und Kinder halten sich den Tag hindurch über Wasser, bis ihre Mannsleute wiederkommen, zu müde, um noch irgendwohin zu segeln. Diese Häuser wurden in den dreißiger Jahren erbaut und haben seitdem ein schmutziges Weiß beibehalten. Ihre länglichen stahlgerahmten Fenster blickten auf die saftiggrünen Wellen der Golfplätze hinaus, wo wochentags Frauen mit Augenschirmen wie Schiffbrüchige umherirren. Einer der Blocks nennt sich Arcady Mansions, und die Pellings wohnten dort in Nummer sieben, von wo man unter einigem Halsverrenken das neunte Grün sehen konnte, solange die Buchen kein Laub trugen. Als Smiley geklingelt hatte, hörte er nach dem dünnen elektrischen Bimmeln nichts mehr: keine Schritte, keinen Hund, keine Musik. Die Tür ging auf, und aus dem Dunkeln sagte eine krächzende Männerstimme »Ja?«, aber die Stimme gehörte einer Frau. Sie war groß und gebückt. In der Hand hielt sie eine Zigarette.
»Mein Name ist *Oates*«, sagte Smiley und hielt ihr einen großen grünen Ausweis in einer Zellophanhülle hin. Zu einer anderen Legende gehört ein anderer Name.
»Oh, Sie sind das, wie? Kommen Sie rein. Zum Essen, zur Fernsehshow. Am Telefon haben Sie jünger geklungen« schrie sie mit schriller Stimme, die um eine feinere Tonart rang. »Er ist dort drinnen. Hält Sie für einen Spion«, sagte sie und blinzelte den grünen Ausweis an. »Aber das sind Sie nicht, oder?«
»Nein«, sagte Smiley. »Leider nicht. Bloß ein Schnüffler.«
Die Wohnung bestand vorwiegend aus Korridoren. Die Frau ging voraus und zog eine Ginfahne hinter sich her. Ein Bein schleifte sie beim Gehen nach, und ihr rechter Arm war steif. Smiley nahm an,

sie müsse einen Schlaganfall gehabt haben. Sie war gekleidet, als hätte nie jemand ihre Gestalt oder ihren Sex bewundert. Und als wäre es ihr auch egal. Sie trug flache Schuhe und einen Männerpullover mit Gürtel, der sie bullig machte.
»Er sagt, er hat nie von Ihnen gehört. Er sagt, er hat Sie im Telefonbuch nachgeschlagen und es gibt Sie gar nicht«, sagte Smiley.
»Wir wahren gern die Diskretion«, sagte Smiley.
Sie stieß eine Tür auf. »Es gibt ihn doch«, meldete sie laut, noch ehe sie das Zimmer betrat. »Und er ist kein Spion, er ist ein Schnüffler.«
Am anderen Ende des Zimmers saß ein Mann auf einem Stuhl und las den *Daily Telegraph*, den er so vors Gesicht hielt, daß Smiley nur den kahlen Schädel und den Schlafrock und die kurzen übergeschlagenen Beine, die in ledernen Hausschuhen endeten, sehen konnte, aber irgendwie wußte er sofort, daß Mr. Pelling zu jenen kleinen Männern gehörte, die unweigerlich große Frauen heirateten. Das Zimmer enthielt alles, was er zum alleinigen Überleben nötig haben könnte. Seinen Fernsehapparat, sein Gas, einen Eßtisch und eine Staffelei zum Ausmalen vorgezeichneter Bilder. An der Wand hing in schreienden Farben das Porträtfoto eines sehr schönen Mädchens, mit einer Widmung schräg in eine Ecke gekritzelt, so wie Filmstars sie den Unberühmtheiten zukommen lassen. Smiley erkannte Elizabeth Worthington. Er hatte schon eine Menge Fotos von ihr gesehen.
»Mister Oates, das ist Nunc«, sagte die Frau und schien nahe daran, zu knicksen.
Der *Daily Telegraph* senkte sich langsam wie eine Garnisonsfahne und enthüllte ein aggressives, glänzendes kleines Gesicht mit dichten Brauen und Managerbrille.
»Ja. Und wer sind Sie nun wirklich?« sagte Mr. Pelling. »Sind Sie vom Secret Service oder nicht? Keine langen Faxen, raus damit und Schwamm drüber. Für Schnüffelei hab ich nichts übrig. Was ist das?« fragte er.
»Seine Karte«, sagte Mrs. Pelling und hielt sie hoch. »Grün getönt.«
»Oh, wir tauschen unsere Karten, wie? Dann brauche *ich* auch eine, Cess, wie? Laß doch gleich welche drucken, meine Liebe. Hüpf mal runter zu Smith, ja?«
»Trinken Sie gern *Tee*?« fragte Mrs. Pelling und linste mit schräg

gehaltenem Kopf auf ihn herab.
»Wozu willst du ihm Tee geben?« fragte Mr. Pelling als er sah, daß sie sich am Kocher zu schaffen machte. »Er braucht keinen Tee. Er ist kein Gast. Er ist nicht mal vom Geheimdienst. Ich hab' ihn nicht hergebeten. Bleiben Sie die Woche über«, sagte er zu Smiley. »Ziehen Sie zu uns, wenn Sie wollen. Sie können ihr Bett haben. *Bullion Universal, Sicherheitsberatung* oder was beißt mich.«
»Er möchte über Lizzie sprechen, *darling*«, sagte Mrs. Pelling und richtete ein Tablett für ihren Mann her. »Jetzt sei ausnahmsweise einmal ein Vater.«
»In ihrem Bett würden Sie jede Menge Spaß haben, glauben Sie mir«, sagte Mr. Pelling und nahm seinen *Telegraph* wieder auf.
»Danke für die Blumen«, sagte Mrs. Pelling und lachte. Das Lachen bestand aus zwei Tönen, wie ein Vogelruf, und war nicht lustig gemeint. Ein lastendes Schweigen folgte.
Mrs. Pelling reichte Smiley eine Tasse Tee. Er nahm sie und richtete seine Worte an die Rückseite von Mr. Pellings Zeitung.
»Sir, Ihre Tochter Elizabeth wird für einen wichtigen Posten bei einer großen Überseefirma in Erwägung gezogen. Meine Organisation ist vertraulich damit beauftragt – heutzutage eine normale, aber höchst notwendige Formalität –, sich mit Bekannten und Verwandten hierorts in Verbindung zu setzen und Leumundszeugnisse einzuholen.«
»Das sind *wir*, Lieber«, erklärte Mrs. Pelling, falls ihr Mann nicht begriffen hätte.
Die Zeitung senkte sich klatschend.
»Wollen Sie andeuten, meine Tochter sei charakterlich nicht in Ordnung? Sitzen Sie deshalb hier und trinken meinen Tee, um solche Andeutungen zu machen?«
»Nein, Sir«, sagte Smiley.
»Nein, Sir«, assistierte Mrs. Pelling nutzlos.
Ein langes Schweigen folgte, um dessen Beendigung Smiley sich nicht besonders bemühte.
»Mr. Pelling«, sagte er schließlich in festem und geduldigem Ton. »Soviel ich weiß, waren Sie viele Jahre im Postdienst beschäftigt und brachten es zu einem hohen Posten.«
»Viele, *viele* Jahre«, pflichtete Mrs. Pelling bei.
»Ich habe gearbeitet«, sagte Mr. Pelling, jetzt wieder hinter seiner Zeitung hervor. »Es wird viel zuviel geschwatzt auf der Welt und

viel zu wenig gearbeitet, sage ich immer.«
»Haben Sie in ihrer Abteilung Kriminelle eingestellt?«
Die Zeitung raschelte, dann war sie wieder still.
»Oder Kommunisten?« sagte Smiley unentwegt freundlich.
»Wenn ja, dann waren sie verdammt schnell wieder draußen«, sagte Mr. Pelling, und diesmal blieb die Zeitung unten.
Mrs. Pelling schnalzte mit den Fingern. »*So*!« sagte sie.
»Mr. Pelling«, fuhr Smiley wie ein gütiger Hausarzt fort, »der Posten, für den Ihre Tochter in Frage käme, ist bei einer der bedeutenden Fernost-Firmen. Sie würde vorwiegend mit Luftspedition zu tun haben, und aufgrund ihrer Tätigkeit im voraus Kenntnis von erheblichen Goldtransporten in dieses betreffende Land und zurück haben, sowie von Sondersendungen per Post und diplomatischen Kurieren. Die Bezahlung ist außerordentlich hoch. Ich halte es nicht für übertrieben – und Sie gewiß auch nicht –, wenn Ihre Tochter den gleichen Prozeduren unterworfen wird, wie jeder andere Kandidat für eine so verantwortungsvolle – und erstrebenswerte – Stellung.«
»Wer hat *Sie* angestellt«, bellte Mr. Pelling, »das möchte ich wissen. Wer sagt, das *Sie* zuverlässig sind?«
»Nunc«, flehte Mrs. Pelling. »Wer behauptet das von irgendwem?«
»Halt die Klappe! Gib ihm noch Tee. Du bist die Hausfrau, oder?, dann tu deine Pflicht. Höchste Zeit, daß Lizzie belohnt wird, und ich bin sehr verärgert, daß es nicht früher geschehen ist, wenn man bedenkt, was sie ihr schulden.«
Mr. Pelling nahm die Lektüre von Smileys imponierender grüner Karte wieder auf: »›Agenturen in Asien, den USA und in Nahost.‹ Knastbrüder, würde ich sagen. Hauptbüro South Molton Street. Anfragen unter Telefon bla-bla-bla. Wen krieg ich dann an die Strippe? Ihren Spießgesellen vermutlich.«
»Wenn es South Molton Street ist, *muß* er in Ordnung sein«, sagte Mrs. Pelling.
»Autorität ohne Verantwortung«, sagte Mr. Pelling und wählte die Nummer. Er sprach, als hielte ihm jemand die Nase zu. »Dafür hab' ich leider gar nichts übrig.«
»*Mit* Verantwortung«, verbesserte Smiley. »Unsere Firma ist gehalten, ihre Klienten für jede Unredlichkeit einer von uns empfohlenen Kraft zu entschädigen. Wir sind entsprechend versichert.«

Am anderen Ende klingelte es fünfmal, ehe sich die Vermittlung des Circus meldete, und Smiley hoffte zu Gott, es möchte klappen.
»Geben Sie mir den Geschäftsführer«, befahl Mr. Pelling. »*Mir* macht's nichts aus, ob er in einer Sitzung ist! Hat er auch einen Namen? Und der wäre? Dann sagen Sie Mr. Andrew Forbes-Lisle, daß Mr. Humphrey Pelling ihn in einer persönlichen Angelegenheit zu sprechen wünscht. Sofort.« Lange Pause. *Gut gemacht*, dachte Smiley. *Goldrichtig*. »Hier Pelling. Bei mir in der Wohnung sitzt ein Mann, der sich Oates nennt. Kurz, fett und ängstlich. Was soll ich mit ihm anfangen?«
Im Hintergrund hörte Smiley Peter Guillams volltönendes, militärisch klingendes Organ, das Mr. Pelling geradezu nahelegte, gefälligst strammzustehen, wenn er mit Mr. Forbes-Lisle spreche. Besänftigt legte Mr. Pelling den Hörer auf.
»Weiß Lizzie, das Sie mit uns sprechen?« fragte er.
»Sie würde sich krank lachen, wenn sie es wüßte«, sagte seine Frau.
»Sie weiß vielleicht nicht einmal, daß sie für den Posten in Erwägung gezogen ist«, sagte Smiley. »Heutzutage geht die Tendenz mehr und mehr dahin, sich mit dem Betreffenden erst nach Feststellung der Unbedenklichkeit in Verbindung zu setzen.«
»Es ist doch für Lizzie, Nunc«, erinnerte ihn Mrs. Pelling. »Du liebst sie doch, auch wenn wir seit einem Jahr nichts von ihr gehört haben.«
»Korrespondieren Sie überhaupt nicht mir ihr?« fragte Smiley mitfühlend.
»Sie wünscht es nicht«, sagte Mrs. Pelling mit einem raschen Blick zu ihrem Mann.
Ein kaum hörbarer Grunzlaut entfloh Smileys Lippen. Es hätte Bedauern sein können, aber in Wirklichkeit war es Erleichterung.
»Gib ihm noch Tee«, befahl ihr Mann. »Er hat seinen Humpen schon wieder leer.«
Aber er glotzte Smiley aufs neue verschlagen an. »Ich bin noch immer nicht *überzeugt*, daß er kein Geheimdienstagent ist, auch jetzt noch nicht«, sagte er. »Ist zwar scheint's keine Leuchte, aber das könnte Absicht sein.«
Smiley hatte Formulare mitgebracht. Der Drucker im Circus hatte sie am vergangenen Abend auf bräunlichem Papier abgezogen – ein Glück, denn in Mr. Pellings Welt waren Formulare die Legitimation für alles, und bräunlich war die vertrauenerwecken-

de Farbe. Und so arbeiteten die beiden Männer mit vereinten Kräften, wie zwei Freunde, die gemeinsam ein Kreuzworträtsel lösen, Smiley hockte auf seinem Stuhl, Mr. Pelling verrichtete die Schreibarbeit, während seine Frau rauchend dasaß, durch die grauen Netzgardinen starrte und unaufhörlich ihren Ehering am Finger drehte. Sie waren bei Geburtsdatum und -ort. »Hier in unserer Straße, im Alexandra Nursing Home. Ist jetzt abgerissen worden, nicht wahr, Cess? Steht jetzt einer von diesen Eiscreme-blocks dort.« Sie kamen zu Schulbildung, und Mr. Pelling äußerte seine Meinung zu diesem Thema.

»Ich hab' sie nie zu lang in ein und derselben Schule gelassen, wie, Cess? Hält den Geist wach. Läßt keine Routine aufkommen. Eine Veränderung ist soviel wie ein Urlaub, habe ich gesagt. Stimmt's Cess?«

»Er liest Bücher über Erziehung«, sagte Mrs. Pelling.

»Wir haben spät geheiratet«, sagte er, als wolle er ihr Vorhandensein erklären.

»Wir wollten, daß sie zur Bühne geht«, sagte sie. »Er wollte ihren Manager machen, unter anderem.«

Er machte weitere Angaben. Nannte eine Schauspielschule und einen Sekretärinnenkurs.

»Schliff«, sagte Mr. Pelling. »Lebensklugheit, nicht Fachausbildung, das halte ich für das Richtige. Ihr von allem ein bißchen zukommen lassen. Damit sie Weltgewandtheit kriegt. Sicheres Auftreten.«

»Oh, das Auftreten hat sie«, stimmte Mrs. Pelling zu, schnalzte mit der Zunge und stieß eine Wolke von Zigarettenrauch aus. »*Und* die Weltgewandtheit dazu.«

»Aber sie hat die Sekretärinnenschule nie *beendet*?« fragte Smiley und wies auf das Formblatt, »oder den Schauspielkursus?«

»War nicht nötig«, sagte Mr. Pelling.

Sie kamen zu »frühere Arbeitgeber«. Mr. Pelling führte ein halbes Dutzend im Einzugsgebiet von London an, jeweils im Abstand von höchstens achtzehn Monaten.

»Lauter Stumpfsinn«, sagte Mrs. Pelling vergnügt.

»Sie hat sich umgesehen«, sagte ihr Mann leichthin. »Wollte den Puls fühlen, ehe sie sich festlegte. Hab' ich sie gelehrt, wie, Cess? Alle hätten sie gern behalten, aber ich war nicht dafür.« Er wies mit ausgestrecktem Arm auf sie. »Und sag' bloß nicht, es hätte sich schließlich nicht doch gelohnt!« keifte er. »Auch wenn wir

nicht darüber sprechen dürfen!«
»Das Ballett war ihr am liebsten«, sagte Mrs. Pelling. »Der Unterricht der Kinder. Sie hat Kinder *wahnsinnig* gern. *Wahnsinnig.*«
Was Mr. Pelling sehr erzürnte. »Sie baut sich eine Karriere auf, Cess«, schrie er und klatschte sich mit dem Formular aufs Knie. »Allmächtiger, du blöde Kuh, möchtest du vielleicht, daß sie zu ihm zurückgeht?«
»Was hat sie nun genau im Nahen Osten gemacht?« fragte Smiley.
»Kurse genommen. Handelsschulen. Arabisch gelernt«, sagte Mr. Pelling und wurde plötzlich weitherziger in seinen Ansichten. Zu Smileys Überraschung stand er sogar auf und wanderte herrisch gestikulierend durchs Zimmer. »Was sie ursprünglich dorthin trieb, war, offengesagt, eine unglückliche Ehe.«
»Mein Gott«, sagte Mrs. Pelling.
Im Stehen zeigte sich seine ganze Bulligkeit und machte ihn furchteinflößend. »Aber wir haben sie da wieder rausgeholt. O ja. Ihr Zimmer ist jederzeit für sie bereit, wenn sie heimkommen will. Neben dem meinen. Sie kann mich jederzeit hier finden. O ja. Wir haben ihr über diese Hürde geholfen, nicht wahr, Cess? Dann habe ich eines Tages zu ihr gesagt –«
»Sie hat einen reizenden Englischlehrer mit lockigem Haar mitgebracht«, unterbrach ihn seine Frau. »Andrew.«
»Schotte«, korrigierte Mr. Pelling sie automatisch.
»Andrew war ein netter Junge, aber nicht nach Nuncs Maßstäben, wie, *darling*?«
»Er war nicht gut genug für sie. Dieser ganze Yoga-Quatsch. Sich am eigenen Schwanz aufhängen, nenn ich das. Dann sag' ich eines Tages zu ihr: ›Lizzie: Araber. Dort ist deine Zukunft.‹« Er schnalzte mit den Fingern und wies auf seine imaginäre Tochter: »›Öl. Geld. Macht. Ab mit dir. Eingepackt. Kauf dein Billett. Los.‹«
»Ein Nachtclub hat ihr die Reise bezahlt«, sagte Mrs. Pelling. »Hat sie auch ordentlich reingelegt.«
»Papperlapapp!« grollte Mr. Pelling und schob die breiten Schultern vor, um sie anzubrüllen, aber Mrs. Pelling redete weiter, als wäre er gar nicht vorhanden.
»Sie hat auf diese Annonce geantwortet, wissen Sie. Eine Frau in Bradford, redete honigsüß. Kupplerin. ›Hostessen gesucht, aber nicht das, was Sie denken‹, hatte sie gesagt. Sie zahlten ihr den

Flug, und sofort nach der Landung in Bahrein mußte sie einen Vertrag unterschreiben, daß ihr ganzes Gehalt für ihre Wohnungsmiete einbehalten werde. Damit hatten sie sie, oder? Sie konnte sich nirgendwohin wenden, oder? Die Botschaft konnte ihr nicht helfen, niemand konnte ihr helfen. Sie ist sehr schön, müssen Sie wissen.«

»Du dämliche alte Hexe. Wir sprechen hier über eine *Karriere*. Liebst du sie denn nicht? Deine eigene Tochter? Du Rabenmutter! Herrgott!«

»Sie hatte ihre Karriere«, sagte Mrs. Pelling. »Die schönste auf der Welt.«

Er gab es auf und wandte sich wieder Smiley zu. »Schreiben Sie ›Arbeit als Empfangsdame und Erlernung der Sprache‹ und schreiben Sie –«

»Vielleicht könnten Sie mir sagen«, warf Smiley vorsichtig dazwischen, während er seinen Daumen ableckte und die Seite umwandte, »so kommen wir wohl am besten weiter: hat Ihre Tochter bereits Erfahrung im Transportwesen?«

»Und schreiben Sie« – Mr. Pelling ballte die Fäuste, starrte zuerst Smiley an, dann seine Frau, und schien unschlüssig, ob er weiter machen solle oder nicht –, »schreiben Sie ›qualifizierte Tätigkeit für den britischen Secret Service‹. Unter Legende. Los, schreiben Sie's hin. So. Jetzt ist es raus.« Er fuhr wieder zu seiner Frau herum. »Der da ist auch in einem Sicherheitsdienst, er hat es gesagt. Er hat ein Recht darauf, es zu wissen, und sie hat ein Recht darauf, daß man es weiß. Meine Tochter will keine *unbesungene Heldin* sein. *Auch* keine unbezahlte! Sie wird den Georgsorden kriegen, noch eh sie abdankt, das sag ich Ihnen!«

»Ach Scheiße«, sagte Mrs. Pelling müde. »Das war doch auch nur eine von ihren Geschichten. Du weißt es doch.«

»*Könnten* wir vielleicht eines nach dem anderen durchnehmen?« fragte Smiley in nachsichtigem Ton. »Wir sprachen zuletzt, glaube ich, über Erfahrung im Transportwesen.«

Mr. Pelling legte Daumen und Zeigefinger in Denkerpose ans Kinn.

»Ihre erste *kaufmännische* Erfahrung«, begann er sinnend, »als sie sich völlig auf eigene Füße stellte, verstehen Sie – als alles zusammen und zum Klappen kam und sich endlich bezahlt machte, abgesehen von der Geheimdienstsache, von der ich sprach –, und sie Angestellte unter sich hatte und mit großen Barbeträgen

umging und die Verantwortung ausübte, die ihren Fähigkeiten entspricht – das war in, wie spricht man das aus?«
»Vi-en-zi-a-ne« buchstabierte seine Frau.
»Hauptstadt von La-os«, sagte Mr. Pelling, und es reimte sich auf Chaos.
»Und wie war der Name der Firma, bitte?« erkundigte sich Smiley und hielt den Bleistift über der entsprechenden Spalte gezückt.
»Eine Großbrennerei«, sagte Mr. Pelling hochtrabend. »Meine Tochter Elizabeth besaß und leitete Brennereiunternehmen in diesem krieggeplagten Land.«
»Und der Name?«
»Sie verkaufte ungelagerten Whisky in Fässern an dort stationierte Amerikaner«, erzählte Mrs. Pelling dem Fenster. »Auf Provisionsbasis, zwanzig Prozent. Sie kauften die Fässer und ließen sie in Schottland reifen, als Investition für später.«
»*Sie*, das wären in diesem Fall . . . ?« fragte Smiley.
»Dann ist ihr Liebhaber mit dem Geld abgehauen«, sagte Mrs. Pelling. »Es war ein Schiebergeschäft. Ein ziemlich gutes.«
»Pures, haltloses Geschwätz!« schrie Mr. Pelling. »Diese Frau weiß nicht, was sie sagt. Hören Sie nicht darauf.«
»Und wie lautete ihre damalige Adresse, bitte?« fragte Smiley.
»Schreiben Sie ›Generalvertretung‹«, sagte Mr. Pelling und schüttelte den Kopf, als wäre die Sache völlig aus dem Konzept geraten. »Generalvertretung einer Großbrennerei und Geheimagentin.«
»Sie lebte mit einem Piloten zusammen«, sagte Mrs. Pelling. »Tiny nannte sie ihn. Ohne Tiny wäre sie verhungert. Er war fabelhaft, aber der Krieg hat ihn völlig aus der Bahn geworfen. War schließlich nur *natürlich!* Ging *unseren* Jungs genauso, wie? Einsätze fliegen, Nacht für Nacht, Tag für Tag.« Sie legte den Kopf zurück und kreischte lauthals: »*Alarm!*«
»Sie spinnt«, erklärte Mr. Pelling.
»Nervenbündel mit achtzehn, die Hälfte von ihnen. Aber sie haben's ausgehalten. Sie liebten Churchill, wissen Sie. Sie liebten seinen *Mumm*.«
»Spinnt komplett« wiederholte Mr. Pelling. »Durchgedreht. Total übergeschnappt.«
»Tut mir leid«, sagte Smiley und schrieb emsig. »Tiny und wie noch? Der Pilot? Wie hieß er?«
»Ricardo. Tiny Ricardo. Ein *Opferlamm*. Er starb, wie du weißt«,

sagte sie zu ihrem Mann gewandt. »Lizzie war *untröstlich*, nicht wahr, Nunc? Trotzdem, es war vielleicht besser so.«
»Lizzie lebte mit *niemandem* zusammen, du Affenweib! Es war nur ein Vorwand. Lizzie arbeitete für den britischen Geheimdienst!«
»Mein Gott!« sagte Mrs. Pelling resigniert.
»Nicht dein Gott. Mein Mellon. Schreiben Sie das hin, Oates. Ich will sehen, daß Sie es hinschreiben. *Mellon*. Der Name ihres vorgesetzten Offiziers im britischen Geheimdienst war M-e-l-l-o-n. Gab sich als schlichten Handelsmann aus. Und war auch *darin* nicht schlecht. Für einen intelligenten Menschen ganz natürlich. Aber darunter –« Mr. Pelling hieb mit der Faust in die flache Hand, was ein erstaunlich lautes Geräusch verursachte –, »aber unter dem höflichen und liebenswürdigen Äußeren eines britischen Geschäftsmanns kämpfte dieser gleiche Mellon einen geheimen und einsamen Krieg gegen die Feinde Ihrer Majestät, und meine Lizzie half ihm dabei. Drogenhändler, Chinesen, Homosexuelle, alle diese fremden Elemente, die sich zusammenrotteten, um unsere Inselheimat ins Verderben zu stürzen – meine tapfere Tochter Lizzie und ihr Freund, Colonel Mellon, fochten Seite an Seite, um diesen schnöden Machenschaften Einhalt zu gebieten! Und das ist die reine Wahrheit!«
»Jetzt *fragen* Sie mich, woher sie es hat«, sagte Mrs. Pelling, ließ die Tür hinter sich offen und schlurfte vor sich hinbrummelnd den Korridor entlang. Smiley, der ihr nachblickte, sah, wie sie stehenblieb, den Kopf wandte und ihm aus dem dämmrigen Gang zuzunicken schien. Man hörte eine weit entfernte Tür knallen.
»Es stimmt«, sagte Pelling hartnäckig, aber ruhiger. »Ja, ja und nochmals ja. Meine Tochter war eine höhere und geschätzte Kraft unseres britischen Nachrichtendienstes.«
Smiley antwortete zunächst nicht, er war viel zu sehr ins Schreiben vertieft. Eine ganze Weile hörte man nichts als das langsame Kratzen seiner Feder über das Papier, und das Rascheln, als er die Seite umwendete.
»Gut. Also, dann notiere ich diese Details auch noch, wenn Sie gestatten. Streng vertraulich, versteht sich. Bei unserer Arbeit kommt uns allerhand unter, das sage ich Ihnen ganz ehrlich.«
»*Also*«, sagte Mr. Pelling, ließ sich nachdrücklich auf einen plastikbezogenen Hocker nieder, zog ein einzelnes Blatt Papier aus der Tasche und drückte es Smiley in die Hand. Es war ein Brief,

handgeschrieben, eineinhalb Seiten lang; die Schriftzüge waren zugleich pompös und kindlich, die Ichs für die erste Person Singular schwungvoll, während die übrigen Buchstaben zurückhaltender wirkten. Der Brief begann mit »Mein lieber geliebter Pops« und endete »Deine Einzige Treue Tochter Elizabeth«, und die Botschaft dazwischen, die Smiley im wesentlichen seinem Gedächtnis anvertraute, lautete so: »Ich bin in Vientiane angekommen, das eine uninteressante Stadt ist, ein bißchen französisch und wild, aber sorg Dich nicht, ich habe wichtige Nachricht für Dich, die ich Dir sofort mitteilen muß. Es ist möglich, daß Du eine Zeitlang nichts von mir hörst, aber sorg Dich nicht, auch nicht, wenn Du Schlimme Dinge hörst. Mir gehts prima und ich bin in guten Händen und tue es für eine Gute Sache, auf die Du stolz wärst. Gleich nach meiner Ankunft habe ich mich beim britischen Handelsattaché Mister Mackervoor, einem Engländer gemeldet, und er hat mich wegen eines Postens zu Mellon geschickt. Ich darf Dir nichts sagen, Du mußt also Fertrauen zu mir haben, aber er heißt Mellon und er ist ein wohlhabender englischer Kaufmann in dieser Stadt, aber das ist nur die halbe Geschichte. Mellon beordert mich jetzt nach Hongkong und ich soll Barrengold und Drogen ermitteln, aber nach außen hin etwas anderes, und er hat überall seine Leute, die auf mich aufpassen, und er heißt in Wirklichkeit nicht Mellon. Mackervoor gehört nur heimlich dazu. Wenn mir etwas passiert, dann war es das wert, denn Du und ich wir wissen, daß es um das Vaterland geht und was ist ein Menschenleben unter sovielen in Asien, wo das Leben ohnehin nichts gilt? Es ist eine Gute Tat, Dad, etwas wovon Du und ich immer geträumt haben und besonders Du, wo Du im Krieg für Deine Familie und Deine Lieben gekämpft hast. Bete für mich und sei gut zu Mam. Ich werde Dich immer lieben, auch im Gefängnis.«

Smiley gab den Brief zurück. »Er ist nicht datiert«, bemerkte er beiläufig. »Können Sie mir das Datum angeben, Mr. Pelling? Wenigstens annähernd?«

Pelling gab es nicht annähernd an, sondern genau. Nicht umsonst hatte er sein ganzes berufliches Leben bei der Königlichen Post gearbeitet.

»Seitdem hat sie mir nie mehr geschrieben«, sagte Mr. Pelling stolz, faltete den Brief wieder und steckte ihn in die Brieftasche. »Kein Wort, keinen Pieps hab' ich seit damals bis auf den heutigen

Tag von ihr gehört. Völlig überflüssig. Wir sind eins. Es war ausgesprochen, ich machte nie eine Bemerkung darüber, sie auch nicht. Sie hat mir den Wink gegeben. Ich wußte. Sie wußte, daß ich wußte. Ein besseres Verstehen zwischen Tochter und Vater als das unsrige gibt es nicht. Alles, was danach kam: Ricardo oder wie er hieß, lebendig, tot, was tut's? Irgendein Chinese, mit dem sie was hat, egal. Freunde, Freundinnen, Geschäfte, kümmern Sie sich um nichts, was Sie hören. Das Ganze gehört zu ihrer Legende. Lizzie ist ihr Eigentum, sie haben sie völlig in der Hand. Sie arbeitet für Mellon, und sie liebt ihren Vater. Ende.«

»Sie waren sehr freundlich«, sagte Smiley und packte seine Papiere zusammen. »Bitte bemühen Sie sich nicht, ich finde den Weg schon.«

»Meinetwegen können Sie ihn auch verlieren«, sagte Mr. Pelling mit einem Anflug seiner früheren Laune.

Als Smiley die Tür schloß, hatte er wieder seinen Platz im Lehnstuhl eingenommen und suchte verbissen die Stelle im *Daily Telegraph*, wo er stehengeblieben war.

Im dunklen Korridor war der Schnapsgeruch stärker. Smiley hatte neun Schritte gezählt, ehe die Tür zugeknallt war, also mußte es die letzte Tür links sein, die am weitesten von Mr. Pelling entfernte. Es hätte die Klotür sein können, aber das Klo war durch ein Schild mit der Aufschrift »Buckingham Palace, Hintereingang« bezeichnet, also klopfte er sehr leise an und hörte sie plärren »Raus da«. Er trat ein und fand sich in ihrem Schlafzimmer und Mrs. Pelling auf dem Bett liegen, ein Glas in der Hand und einen Haufen Ansichtspostkarten vor sich, in dem sie herumsuchte. Das ganze Zimmer war, genau wie das ihres Mannes, für ein unabhängiges Leben eingerichtet, mit Kocher und Waschbecken und einem Stapel schmutzigen Geschirrs. An allen Wänden hingen Schnappschüsse eines sehr schönen Mädchens, manchmal mit einem Freund, manchmal allein, meist vor einem exotischen Hintergrund. Es roch nach Gin und Katze.

»Er läßt sie nicht in Ruh«, sagte Mrs. Pelling. »Nunc, meine ich. Hat er nie gekonnt. Hat's versucht, aber nicht gekonnt. Sie ist sehr schön, wissen Sie«, erklärte sie zum zweitenmal und rollte sich auf den Rücken, hielt eine Postkarte über ihren Kopf und las sie.

»Wird er hier hereinkommen?«

»Nicht für viel Geld, *darling*.«

Smiley schloß die Tür, setzte sich auf einen Stuhl und zückte wiederum sein Notizbuch.
»Sie hat einen lieben süßen Chinesen«, sagte sie und starrte weiter auf die verkehrt herum gehaltene Postkarte. »Sie ist zu ihm gegangen, um Ricardo zu retten, und dann hat sie sich in ihn verliebt. Er ist ein wirklicher Vater für sie, der erste, den sie hat. Alles ist am Ende doch noch gut geworden. Alle die schlimmen Dinge. Sie sind jetzt vorbei. Er nennt sie *Liese*«, sagte sie. »Er findet es hübscher für sie. Wirklich komisch. Wir mögen die Deutschen nicht. Wir sind Patrioten. Und jetzt schanzt er ihr den prima Job zu, wie?«
»Soviel ich weiß nennt sie sich jetzt Worth, nicht mehr Worthington. Wissen Sie, warum sie das tun könnte?«
»Will wohl diesem langweiligen Schulmeister den Schwanz stutzen.«
»Als Sie sagten, sie habe es getan, um Ricardo zu retten, meinten Sie natürlich . . . «
Mrs. Pelling stieß einen bühnenreifen Wehlaut aus.
»*Oh*, ihr Männer. Wann? Wer? Warum? Wie? Im Gebüsch, lieber Herr. In einer Telefonzelle, lieber Herr. Sie hat Ricardos Leben erkauft, *darling*, mit der einzigen Währung, die sie hat. Hat alles für ihn getan und ihn dann verlassen. Hol's der Teufel, war ein Nichtsnutz.« Sie nahm eine andere Postkarte zur Hand und studierte die Ansicht eines leeren Strands mit Palmen. »Meine kleine Lizzi ist mit halb Asien hinter die Hecke gegangen, eh sie ihren Drake fand. Aber sie fand ihn.« Als hätte sie ein Geräusch gehört, richtete sie sich jäh auf und starrte Smiley durchdringend an, während sie ihr Haar glättete. »Ich glaube, Sie sollten jetzt gehen, mein Lieber«, sagte sie so leise wie bisher und wandte sich zum Spiegel um. »Solange Sie da sind, krieg ich die Gänsehaut nicht los, Ehrenwort. Mit vertrauenerweckenden Gesichtern kann ich nichts anfangen. Tut mir leid, *darling*, wissen Sie, wie ich's meine?«

Im Circus verwendete Smiley ein paar Minuten auf die Nachprüfung dessen, was er bereits wußte: nämlich daß Mellon einer der in den Akten eingetragenen Decknamen von Sam Collins gewesen war.

# 11 *Schanghai-Express*

Der Sachverhalt, wie er sich jetzt im bequemen Rückblick darstellt, weist zum damaligen Zeitpunkt eine trügerische Ballung von Ereignissen auf. Für Jerry kam und verging das Weihnachtsfest in einer Abfolge zielloser Saufereien im Korrespondenten-Club und mit dem Abschicken verspäteter, unbeholfen in Weihnachtspapier gewickelter Päckchen an Cat, zu den unmöglichsten Nachtstunden. Ein überarbeiteter Suchantrag über Ricardo wurde den Vettern in aller Form vorgelegt, und Smiley brachte ihn persönlich zum Annex, um Martello noch weitere Erklärungen zu liefern. Aber der Antrag geriet mitten in den Weihnachtsrummel – ganz zu schweigen vom unmittelbar bevorstehenden Zusammenbruch Vietnams und Kambodschas – und schloß seine Rundreise bei den amerikanischen Dienststellen erst eine ganze Weile nach Neujahr ab, wie die Daten in der Akte Delphin zeigen. Und das *entscheidende* Treffen mit Martello und seinen Freunden vom Rauschgiftdezernat fand sogar erst Anfang Februar statt. Was diese weitere Verzögerung für Jerrys Nerven bedeutete, wurde im Circus durchaus richtig eingeschätzt, löste jedoch während dieser anhaltenden Krisenstimmung weder Mitgefühl noch irgendwelches Handeln aus. Auch hierfür könnte man Smiley tadeln, je nachdem, wo man steht, aber es ist schwer zu sehen, was er hätte unternehmen können, außer vielleicht Jerry zurückzubeordern: besonders da Craw sich nach wie vor enthusiastisch über Jerrys Moral äußerte. Die fünfte Etage arbeitete rund um die Uhr, Weihnachten wurde kaum zur Kenntnis genommen, nur daß am Mittag des fünfundzwanzigsten eine recht dürftige Sherry-Party stattfand und später nochmals eine Pause eingelegt wurde, während der Connie und die Mütter die Ansprache der Queen auf voller Lautstärke laufen ließen, um Ketzer wie Guillam und Molly Meakin zu beschämen, die das Ganze vergnüglich fanden und in den Korridoren schlechte Imitationen der könig‐

lichen Festrede zum besten gaben.
Die offizielle Eingliederung Sam Collins' in die gelichteten Reihen des Circus fand an einem wirklich eiskalten Januartag statt, und sie hatte eine lustige und eine traurige Seite. Die lustige Seite war Sams Einkerkerung. Er kam an einem Montagvormittag Punkt zehn Uhr an, nicht im Smoking, sondern in einem flotten grauen Überzieher mit einer Rose im Knopfloch, und sah in der Kälte wundersam jugendlich aus. Aber Smiley und Guillam waren außer Haus, in Klausur mit den Vettern, und weder die Portiers noch die Housekeepers hatten irgendeine Anweisung, ihn einzulassen, also sperrten sie ihn drei Stunden lang in ein Kellerloch, wo Sam bibberte und kochte, bis Smiley kam und die Einstellung bestätigte. Wegen Sams Büro gab es nochmals ein Theater. Smiley hatte ihn auf der vierten Etage neben Connie und di Salis untergebracht, aber Sam paßte das nicht, er wollte in die fünfte. Er fand das seinem Rang als amtierendem Koordinator angemessener. Die armen Portiers wuchteten Möbelstücke treppauf, treppab, wie Kulis.
Die traurige Seite war schwieriger zu beschreiben, obwohl mehrere Leute dies versuchten. Connie sagte, Sam sei frigide, eine verwirrende Wahl des Adjektivs. Für Guillam war er *hungrig*, für die Mütter *fragwürdig* und für die Wühlmäuse *viel* zu glatt. Eigentümlich erschien allen, die nicht über die Hintergründe orientiert waren, seine Passivität: er forderte keine Akten an, er suchte nicht um diese oder jene Genehmigung nach, er benutzte kaum das Telefon, außer um Rennpferde zu plazieren und zu überwachen, was in seinem Club vorging. Aber sein Lächeln begleitete ihn auf Schritt und Tritt. Die Tippmädchen erklärten, er schlafe darin und wasche es am Wochenende von Hand durch. Smileys Gespräche mit ihm fanden hinter verschlossenen Türen statt, und die Ergebnisse wurde dem Team nur nach und nach mitgeteilt.
Ja, das Mädchen war mit einigen Hippies in Vientiane gelandet, die den Katmandu-Treck überholt hatten. Ja, als sie von den anderen kaltgestellt wurde, hatte sie Mackelvore gebeten, ihr einen Job zu verschaffen. Und ja, Mackelvore hatte sie an Sam weitergereicht, weil er dachte, allein schon ihr Aussehen mache sie brauchbar: alles, wenn man zwischen den Zeilen lesen konnte, ziemlich genau so, wie das Mädchen es in dem Brief an den Vater beschrieben hatte. Sam hatte ein paar müde Drogengeschichten

laufen und im übrigen herrschte, dank Haydon, absolute Windstille, also dachte er, er könnte sie ja mal den Jungs vom fliegenden Personal unterjubeln und zusehen, was dabei herauskäme. Er sagte London nichts davon, denn London würgte damals alles ab. Er nahm sie einfach auf Probe und bezahlte sie aus seiner Spesenkasse. Was dabei herauskam, war Ricardo. Er ließ sie außerdem eine alte Spur verfolgen, die zu den Goldschiebern nach Hongkong führte, aber das alles noch zu einer Zeit, bevor ihm klar wurde, daß sie ein komplettes Stück Malheur war. Er sei ausgesprochen erleichtert gewesen, sagte Sam, als Ricardo sie ihm abgenommen und ihr einen Job bei Indocharter verschafft habe.
»Und was weiß er sonst noch?« fragte Guillam entrüstet. »Für diesen Spottpreis darf er die Hackordnung durcheinanderbringen und unsere Sitzungen stören?«
»Er kennt *sie*«, sagte Smiley geduldig und widmete sich wieder dem Studium von Jerry Westerbys Akte, die in letzter Zeit seine Lieblingslektüre bildete. »Wir sind selber dann und wann nicht über eine kleine Erpressung erhaben«, fügte er mit aufreizender Duldsamkeit hinzu, »und es ist nur recht und billig, daß wir's uns auch einmal gefallen lassen müssen.« Während Connie jeden durch ungewohnte Ruppigkeit erschreckte, indem sie Präsident Johnsons – angeblichen – Ausspruch über J. Edgar Hoover zitierte: »George ist es eben lieber, daß Sam Collins in unserem Zelt ist und rauspinkelt, als daß er draußen steht und reinpinkelt«, erklärte sie und kicherte über ihre Keckheit wie ein Schulmädchen.
Und vor allem dauerte es bis Mitte Januar, ehe Doc di Salis im Zuge seiner weiteren Ausflüge in die Einzelheiten von Kos Background seine phantastische Entdeckung kundtat: ein gewisser Mr. Hibbert, China-Missionar in Diensten der Baptisten, den Ko in seinem Antrag auf Zulassung zum Jura-Studium in London als Bürgen angegeben hatte, war noch am Leben.
Alles war also viel verzweigter, als es die heutige Erinnerung wohlweislich wahrhaben will: und der Druck, unter dem Jerry stand, war dementsprechend stärker.

»Es besteht die Möglichkeit, daß er geadelt wird«, sagte Connie Sachs. Sie hatten es schon am Telefon gesagt.
Es war eine sehr nüchterne Szene. Connie hatte sich die Haare schneiden lassen. Sie trug einen dunkelbraunen Hut und ein

dunkelbraunes Kostüm, dazu eine dunkelbraune Handtasche, die das Mikrophon barg. Draußen auf dem kleinen Fahrweg tat Toby Esterhase – der ungarische Pflasterkünstler, der mit einer Schirmmütze auf dem Kopf in einem blauen Taxi saß und Motor und Heizung laufen ließ –, als döste er, während er die Unterhaltung mit Hilfe der Geräte unter dem Sitz empfing und aufnahm. Connies ausgefallene Erscheinung hatte sich zu steifer Korrektheit gewandelt. Sie hielt ein Notizheft aus der Königlichen Kanzlei bereit, einen Bleistift gleicher Herkunft zwischen den Gichtfingern. Den absonderlichen di Salis ein wenig zu modernisieren, hatte einiger Kunst bedurft. Unter Protest trug er eines von Guillams gestreiften Hemden und eine dazu passende dunkle Krawatte. Das Ergebnis war überraschenderweise einigermaßen überzeugend.

»Es ist *äußerst* vertraulich«, sagte Connie zu Mr. Hibbert mit lauter und deutlicher Stimme. Auch das hatte sie bereits am Telefon gesagt.

»Enorm«, brabbelte di Salis bekräftigend und schwang die Arme, bis ein Ellbogen in einer unmöglichen Stellung auf seinem knubbeligen Knie zur Ruhe kam; eine fahrige Hand umschloß sein Kinn und kratzte es.

Der Gouverneur habe einen Mann empfohlen, sagte sie, und jetzt sei es Sache des Amts, zu entscheiden, ob die Empfehlung an den *Palast* weiterzuleiten sei. Und bei dem Wort *Palast* warf sie einen verhaltenen Blick hinüber zu di Salis, der strahlend, aber bescheiden lächelte, wie eine Berühmtheit bei einer Talkshow. Seine grauen Haarsträhnen waren mit Pomade geglättet und sahen aus (so sagte Connie später), als wären sie für den Bratofen eingefettet.

»Sie werden also *verstehen*«, sagte Connie mit der präzisen Aussprache einer weiblichen Nachrichtensprecherin, »daß sehr eingehende Erkundigungen nötig sind, um unseren allerhöchsten Stellen *Peinlichkeiten* zu ersparen.«

»Der *Palast*«, echote Mr. Hibbert und blinzelte in di Salis' Richtung. »Das darf nicht wahr sein. Der Palast, hast du das gehört, Doris?« Er war sehr alt. In den Unterlagen stand einundachtzig, aber seine Züge hatten ein Alter erreicht, das sie wieder glättete. Er trug einen runden Ornatskragen, eine dunkle Strickweste mit aufgenähtem Leder an den Ellbogen, und einen Schal um die Schultern. Die graue See im Hintergrund bildete einen Hof um sein weißes Haar. »*Sir Drake Ko*«, sagte er. »Daran hätte ich nie gedacht, nie im Leben.« Sein Nordlandakzent war so rein, daß er, wie sein schneeiges Haar, hätte aufgesetzt sein können. »*Sir Drake*«, wiederholte er. »Das darf nicht wahr sein. Was, Doris?«

Eine Tochter saß bei ihnen, blond, zwischen dreißig und fünfundvierzig. Sie trug ein gelbes Kleid und hatte Puder aufgelegt, aber keinen Lippenstift. Ihr Gesicht schien seit den Mädchentagen nichts erlebt zu haben außer dem steten Schwinden aller Hoffnungen. Beim Sprechen errötete sie. Sie sprach selten. Sie hatte Plätzchen gebacken und papierdünne Sandwiches bereitet. Auf einem Spitzendeckchen lag ein Gewürzkuchen, und als Teesieb benutzte sie ein Musselintüchlein, um dessen Rand zur Versteifung Perlen genäht waren. Von der Decke hing ein gezackter Pergamentschirm in Form eines Sterns. An einer Wand stand ein Klavier, auf dem Notenhalter war die Partitur von »Lead Kindly Light« aufgeschlagen. Eine Stickerei mit Motiven aus Kiplings »If« hing über dem leeren Kamin, und die Samtvorhänge zu beiden Seiten des Fensters, das aufs Meer hinausging, waren so schwer, daß dahinter ein unbenutztes Stück Leben verborgen sein konnte. Es waren keine Bücher zu sehen, auch keine Bibel. Ein sehr großes Farbfernsehgerät stand da, und eine lange Girlande von Weihnachtskarten hing quer durchs Zimmer. Sie baumelten von der Schnur wie getroffene Vögel auf halbem Weg zum Boden. Nichts erinnerte an die chinesische Küste, höchstens der Schatten der winterlichen See. Es war ein Tag ohne Wetter und ohne Wind. Im Garten hockten Stauden und Kakteen trübsinnig in der Kälte herum. Spaziergänger hasteten über die Promenade.

Sie würden sich gern ein paar Notizen machen, sagte Connie: denn es gehört zur Circus-Folkore, daß neben dem Abhören auch Notizen zu machen sind, für alle Fälle und zur Tarnung.

»Ja, schreiben Sie nur«, sagte Mr. Hibbert aufmunternd. »Wir sind schließlich nicht lauter Elefanten, wie, Doris? Doris hat nämlich, also sie hat ein fabelhaftes Gedächtnis, genau wie ihre Mutter.«

»Also, worauf es uns zunächst ankommt«, sagte Connie – sie achtete sorgfältig darauf, sich dem Tempo des alten Mannes anzupassen –, »wir würden gern, wie wir das bei allen Leumundsbezeugern machen, wie wir sie nennen, genau feststellen, wie lange Sie Mr. Ko kannten und welcher Art Ihre Verbindung zu

ihm ist oder gewesen ist.«
Beschreiben Sie Ihren Zugang zu »Delphin«, sagte sie, nur mit anderen Worten.

Wenn alte Menschen von anderen Menschen sprechen, dann reden sie über sich selber und betrachten ihr eigenes Bild in unsichtbaren Spiegeln.
»Ich hatte die Berufung von Kindheit an«, sagte Mr. Hibbert. »Mein Großvater hatte sie. Mein Vater hatte eine *große* Pfarrei in Macclesfield. Mein Onkel starb mit zwölf Jahren, aber er hatte sich schon damals der Berufung versprochen, nicht wahr, Doris? Ich kam mit zwanzig in die Vorbereitungsschule für Missionare. Mit vierundzwanzig nahm ich im Auftrag der ›Lord's Life Mission‹ Kurs auf Schanghai. Die ›Empire Queen‹ hat sie geheißen. Wir hatten mehr Kellner als Passagiere an Bord, soviel ich mich noch erinnere. Ach ja.«
Er habe vorgehabt, ein paar Jahre in Schanghai zu bleiben, Unterricht zu geben und die Sprache zu erlernen, sagte er, und dann, wenn er Glück hätte, zur chinesischen Binnenmission zu kommen und weit ins Innere vorzustoßen.
»Das hätte mir gefallen. Die Herausforderung hätte mir gefallen. Ich habe die Chinesen immer gemocht. Die ›Lord's Life Mission‹ war nichts Großartiges, aber sie leistete etwas. Diese römischen Schulen, also, die waren mehr wie die Klöster und mit allem, was das so mit sich bringt«, sagte Mr. Hibbert.
di Salis, der einstige Jesuit, lächelte dünn.
»*Wir* holten uns die Kinder von der Straße«, fuhr Mr. Hibbert fort. »Schanghai war ein fürchterlicher Mischmasch, kann ich Ihnen sagen. Nichts, was es nicht gab. Banden, Korruption, Prostitution die Menge, Politik, Geld und Gier und Elend. Alles Menschliche war dort beisammen, was, Doris? Nein, sie kann sich nicht daran erinnern. Nach dem Krieg fuhren wir heim, aber sie schickten uns bald wieder raus. Damals war sie auch erst elf, wie? Es war nichts mehr von früher da, also, nichts mehr wie Schanghai, und wir kamen wieder hierher zurück. Aber es gefällt uns hier, nicht wahr, Doris?« sagte Mr. Hibbert, der sehr darauf achtete, immer für sie beide zu sprechen. »Die *Luft* gefällt uns.«
»Sehr«, sagte Doris und räusperte sich laut in ihre große Faust.
»Wir behalfen uns also mit dem, was wir kriegen konnten, darauf lief's hinaus«, fuhr er fort. »Wir hatten die alte Miss Fong. Kannst

du dich an Daisy Fong erinnern, Doris? Klar – Daisy und ihre Glocke. Nein, sie kann's natürlich nicht. Mein Gott, wie die Zeit vergeht. Ein richtiger Rattenfänger war unsere Daisy, mit Ausnahme dieser Glocke statt einer Flöte und daß sie eben kein Mann war, und sie arbeitete im Dienste des Herrn, auch wenn sie später zu Fall kam. Beste Konvertitin, die ich je hatte, bis die Japsen kamen. Sie ging durch die Straßen, unsere Daisy, und schwang ihre Glocke was das Zeug hielt. Manchmal begleitete sie der alte Charlie Wan, manchmal ging ich mit ihr. Wir suchten die Docks auf und die Vergnügungsviertel hinter dem ›Bund‹ zum Beispiel – Höllengasse nannten wir die Straße, kannst du dich noch erinnern, Doris? Nein, sie kann es natürlich nicht. Und die alte Daisy bimmelte ihre Glocke, kling, kling!« Bei der Erinnerung brach er in Lachen aus: er sah sie ganz deutlich vor sich, denn seine Hand vollzog unbewußt die energischen Bewegungen der Glocke nach. di Salis und Connie lachten höflich mit, aber Doris runzelte nur die Stirn. »Rue de Jaffe, das war die übelste Gegend. Kein Wunder, daß die Häuser der Sünde unter französischer Konzession standen. Nun ja, eigentlich waren sie überall, in Schanghai wimmelte es nur so davon. Sündenstadt nannten sie es. Und sie hatten recht. Dann sammelten sich ein paar Kinder an, und Daisy fragte sie: ›Hat einer von euch seine Mutter verloren?‹ Und da kriegte man immer ein paar. Nicht alle auf einmal, hier eins, dort eins. Einige wollten es bloß probieren, aßen unsere Reismahlzeit und wurden dann mit einem Klaps heimgeschickt. Aber wir fanden immer ein *paar* richtige, wie, Doris?, und schön langsam hatten wir eine Schule beisammen, vierundvierzig waren es am Schluß, wie? Einige wohnten bei uns, nicht alle. Bibelunterricht, Lesen, Schreiben, Rechnen, ein bißchen Geographie und Geschichte. Das war wirklich alles, was wir schaffen konnten.«
Der ruhelose di Salis, der nur mit Mühe seine Ungeduld bezähmte, richtete den Blick starr auf die graue See und ließ ihn dort ruhen. Aber Connie hatte ein eisernes Lächeln der Bewunderung aufgesetzt, und ihre Augen wichen keine Sekunde lang vom Gesicht des Alten.
»Und so fand Daisy auch die Kos«, fuhr er fort – seine Abschweifung hatte er schon wieder vergessen. »Drunten bei den Docks, nicht wahr, Doris, wo sie ihre Mutter suchten. Sie waren beide von Swatow heraufgekommen. Wann war das? Ich glaube neunzehnhundertsechsunddreißig. Der kleine Drake war zehn

oder elf, und sein Bruder Nelson acht, beide zaundürr; hatten seit Wochen nichts Ordentliches im Bauch. Über Nacht wurden sie Reis-Christen, das dürfen Sie glauben! Wissen Sie, sie hatten damals keine Namen, ich meine, keine englischen. Sie stammten von den Bootsbewohnern, den Chiu Chow. Über die Mutter haben wir nie etwas rausgekriegt, wie, Doris? ›Tot von Gewehren‹, sagten sie. ›Tot von Gewehren‹. Konnten japanische Gewehre gewesen sein, konnten Kuomintang-Gewehre gewesen sein. Wir sind der Sache nie auf den Grund gekommen, warum auch? Der Herr hatte sie zu sich genommen, Amen. Konnten die ganze Fragerei genausogut bleiben lassen und weitermachen. Klein Nelsons Arm sah gräßlich aus. Ganz furchtbar. Der gebrochene Knochen stak durch den Ärmel, wahrscheinlich haben das auch die Gewehre angerichtet. Drake, der hielt Nelsons heile Hand und hätte sie zuerst weder für Geld noch für gute Worte losgelassen, nicht einmal, damit der Kleine essen konnte. Wir sagten immer, sie teilten sich in die gesunde Hand, weißt du noch, Doris? Drake saß am Tisch und hielt ihn fest gepackt und schaufelte Reis in den Kleinen, was hineinging. Wir haben den Arzt kommen lassen: er konnte sie auch nicht trennen. Wir mußten uns damit abfinden. ›Du sollst Drake heißen‹, sagte ich, ›und du Nelson, weil ihr beide tapfere Seeleute seid, was sagt ihr dazu?‹ Deine Mutter war auf diese Idee gekommen, wie, Doris? Sie hätte immer ein paar Jungen gewollt.«

Doris sah ihren Vater an, wollte etwas sagen, überlegte es sich aber anders.

»Sie haben immer ihr Haar gestreichelt«, sagte der alte Mann mit leicht erstaunter Stimme. »Das Haar deiner Mutter streicheln und Daisys Glocke schwingen, das taten sie gern. Sie hatten noch nie blondes Haar gesehen. Heh, Doris, wie wär's noch mit ein bißchen *saw*. Der meine ist schon ganz kalt, und der ihre bestimmt auch. *Saw* ist schanghainesisch und heißt Tee«, erklärte er. »In Kanton sagen sie *cha*. Wir haben ein paar von den alten Wörtern beibehalten, ich weiß nicht, warum.«

Mit einem erbitterten Zischlaut schnellte Doris aus dem Zimmer, und Connie ergriff die Gelegenheit zum Sprechen.

»Mr. Hibbert, wir wußten bis jetzt nicht, daß er einen *Bruder* hatte«, sagte sie in leicht vorwurfsvollem Ton. »Er war jünger, sagten Sie. Zwei Jahre jünger? Drei?«

»Sie wußten nichts von *Nelson*?« Der Alte wunderte sich. »Und

dabei liebte er ihn doch so sehr! Nelson war Drakes ganzes Leben. Hat alles für ihn getan. Wissen nichts von Nelson, Doris!«
Aber Doris war in der Küche und bereitete *saw*.
Connie überprüfte ihre Notizen und lächelte verlegen.
»Ich fürchte, das ist unsere Schuld, Mr. Hibbert. Ich sehe hier, daß die Gouvernementskanzlei die Spalte *Geschwister* leer gelassen hat. Das wird in Kürze einigen Herrschaften in Hongkong ziemlich peinlich sein, das sage ich Ihnen. Sie erinnern sich wohl nicht zufällig an Nelsons Geburtsdatum? Bloß um das Verfahren abzukürzen?«
»Nein, bei Gott nicht! Daisy Fong würde sich natürlich erinnern, aber sie ist längst von hinnen geschieden. Hat jedem einen Geburtstag gegeben, unsere Daisy, auch wenn sie ihn selbst nicht wußten.«
di Salis zerrte an seinem Ohrläppchen und zog seinen Kopf nach unten: »Oder seine chinesischen Vornamen?« platzte er mit seiner hohen Stimme heraus. »*Die* könnten von Nutzen sein, wenn man nachprüfen will.«
Mr. Hibbert schüttelte den Kopf. »Wissen nichts von Nelson! Du lieber Himmel! Man kann sich Drake gar nicht vorstellen ohne den kleinen Nelson an seiner Seite. Gehörten zusammen wie Brot und Käse, sagten wir immer. Weil sie Waisen waren, natürlich.«
Von der Diele her hörten sie ein Telefon klingeln und, zur heimlichen Verwunderung Connies und di Salis', ein deutliches »Zum Teufel!«, als Doris aus der Küche preschte, um abzunehmen. Sie hörten Fetzen ärgerlicher Reden neben dem Gezisch des Teekessels. »Und *warum* nicht? Wenn's die verdammten Bremsen sind, warum sagen Sie dann, es ist die Kupplung? Nein, wir wollen kein *neues* Auto. Wir wollen das *alte* repariert kriegen, Herrgottnochmal.« Mit einem lauten »Mist« legte sie auf und kehrte in die Küche zu ihrem pfeifenden Teekessel zurück.
»Nelsons chinesische Vornamen«, erinnerte Connie sanft durch ein Lächeln hindurch, aber der alte Mann schüttelte den Kopf. »Da müßten Sie die alte Daisy fragen«, sagte er. »Und die ist schon lang im Himmel, Friede sei mit ihr.« di Salis schien drauf und dran, die vorgebliche Unwissenheit des Alten zu bezweifeln, aber Connie brachte ihn mit einem Blick zum Schweigen. *Laß ihn weitermachen,* flehte ihr Blick, *wenn Sie ihn drängen, verlieren wir das ganze Spiel.*
Der alte Mann saß auf einem Drehstuhl. Unbewußt hatte er sich

im Uhrzeigersinn langsam herumgeschwenkt und redete jetzt in Richtung Meer.
»Sie waren unzertrennlich«, sagte Mr. Hibbert. »Ich habe nie zwei Brüder gesehen, die so verschieden waren, und auch nie zwei, die so zueinander hielten.«
»Verschieden *inwiefern?*« fragte Connie lockend.
»Also, der kleine Nelson fürchtete sich vor Kakerlaken. So ging's an. Wir hatten natürlich nicht die modernen sanitären Einrichtungen. Wir mußten sie rausschicken zum Häuschen, und du liebe Güte, um das Häuschen, da schwirrten die Kakerlaken nur so rum, wie Kugeln! Nelson wollte nicht mal in die Nähe gehen. Sein Arm heilte recht ordentlich, er aß wie ein Scheunendrescher, aber der Junge hielt es lieber tagelang zurück, als daß er in das Häuschen gegangen wäre. Deine Mutter versprach ihm sonstwas, wenn er ginge. Daisy Fong probierte es mit dem Rohrstock, und ich sehe seine Augen noch heute, manchmal konnte er einen ansehen und die gesunde Faust ballen, und man dachte, er würde einen zu Stein verwandeln, dieser Nelson war der geborene Rebell. Dann sahen wir eines Tages aus dem Fenster, und dort waren sie. Drake hatte den Arm um Klein Nelsons Schulter gelegt und führte ihn den Weg entlang, um ihm Gesellschaft zu leisten, während er sein Geschäft verrichtete. Haben Sie mal bemerkt, wie anders die Kinder gehen, die auf Booten leben?« fragte er strahlend, als sähe er sie in diesem Augenblick. »Krummbeinig vor Muskelkrampf.«
Die Tür krachte auf und Doris kam mit einem Tablett und frischem Tee herein und setzte es klappernd ab.
»Mit dem Singen war's genauso«, sagte er, verstummte wieder und blickte aufs Meer.
»*Hymnen* singen?« soufflierte Connie strahlend und warf einen Blick auf das polierte Klavier mit den leeren Kerzenhaltern.
»Drake, der sang drauf los, solange nur deine Mutter am Klavier saß. Kirchenlieder. *There's a Green Hill.* Hätte sich die Kehle durchgeschnitten für deine Mutter, dieser Drake. Aber der kleine Nelson, den habe ich nie eine einzige Note singen hören.«
»Später hast du ihn zur Genüge gehört«, erinnerte Doris ihn rücksichtslos, aber er geruhte nicht, davon Kenntnis zu nehmen.
»Man konnte ihm den Lunch wegnehmen, sogar das Abendessen, aber sein Tischgebet sagte er trotzdem nicht auf. Er haderte mit Gott von Anbeginn.« Mit plötzlicher Munterkeit lachte der Alte auf. »Aber das sind die wirklich Gläubigen, sage ich immer. Die

anderen sind nur höflich. Es gibt keine wahre Bekehrung ohne diesen Hader.«

»Verdammte Werkstatt«, brummte Doris, noch immer erbittert über den Telefonanruf, während sie auf den Gewürzkuchen einhackte.

»Hören Sie! Was ist mit Ihrem Fahrer?« rief Mr. Hibbert. »Soll Doris zu ihm rausgehen? Er erfriert ja da draußen! Hol ihn rein, los!« Doch noch ehe einer von ihnen antworten konnte, hatte Mr. Hibbert angefangen, von seinem Krieg zu erzählen. Nicht von Drakes oder Nelsons Krieg, sondern von seinem eigenen, in losen Bruchstücken einer bildhaften Erinnerung. »Das Komische war, eine Menge Leute glaubten, die Japse seien genau das Richtige. Würden diesen frechen chinesischen Nationalisten zeigen, wo der Zimmermann das Loch gelassen hat. Ganz zu schweigen von den Kommunisten, versteht sich. Ja, es hat eine ganze Weile gedauert, bis ihnen die Schuppen von den Augen fielen, das kann ich Ihnen sagen. Sogar noch, nachdem die Bombardierungen anfingen. Die europäischen Läden wurden geschlossen. Die Taipans evakuierten ihre Familien, der Country Club wurde Lazarett. Aber immer noch konnte man hören ›keine Sorge‹. Dann, eines schönen Tages, peng, wurden wir eingesperrt, wie, Doris? Und deine Mutter brachten sie obendrein noch um. Hatte nicht genug Widerstandskraft, nach ihrer Tuberkulose. Trotzdem kamen die Brüder Ko immer noch besser weg als die meisten.«

»Oh. Und warum?« erkundigte Connie sich höchlichst interessiert.

»Sie hatten Jesus als Trost und Führer, nicht wahr?«

»Gewiß«, sagte Connie.

»Natürlich«, pflichtete di Salis bei, flocht die Finger ineinander und zerrte an ihnen. »In der *Tat*«, sagte er salbungsvoll.

Die Japse, wie er sie nannte, schlossen also die Mission, und Daisy Fong mit ihrer Handglocke geleitete die Kinder in den Treck der Flüchtlinge, die per Karren, Bus oder Eisenbahn, meist jedoch per pedes unterwegs nach Schanghai waren und schließlich nach Tschungking, wo Tschiangs Nationalisten ihre vorläufige Hauptstadt aufgeschlagen hatten.

»Er darf nicht zu lang weitermachen«, flüsterte Doris einmal Connie zu. »Er wird plemplem.«

»O doch, ich darf und ich kann, mein Kind«, korrigierte Mr. Hibbert sie mit liebevollem Lächeln. »Ich habe mein Leben hinter mich gebracht. Ich kann tun, was ich will.«

Sie tranken den Tee und redeten über den Garten, der ihnen immer wieder zu schaffen machte, seit sie hier lebten.
»Man hat uns geraten: Nehmen Sie die mit den silbernen Blättern, die vertragen das Salz. Ich weiß nicht, wie, Doris? Sie scheinen nicht anzuwachsen, oder?«
Mit dem Tod seiner Frau, so brachte Mr. Hibbert zum Ausdruck, endete auch sein eigenes Leben: er trat nur noch auf der Stelle, bis er zu ihr könnte. Eine Weile hatte er eine Anstellung in Nordengland innegehabt, danach in London ein bißchen Bibelarbeit geleistet.
»Dann sind wir nach Süden gezogen, wie, Doris? Ich weiß nicht, weswegen.«
»Wegen der Luft«, sagte sie.
»Es wird bestimmt eine Party stattfinden, wie, im Palast?« fragte Mr. Hibbert. »Ich könnte mir vorstellen, daß Drake uns sogar auf die Gästeliste setzt. Stell dir das vor, Doris. Das würde dir Spaß machen. Eine königliche Gartenparty. Hüte.«
»Aber Sie sind doch wieder nach Schanghai gegangen«, erinnerte Connie ihn beiläufig und raschelte mit ihren Notizen, um ihn zurückzurufen. »Die Japaner waren geschlagen, Schanghai war wieder offen, und schon sind Sie auch wieder da. Ohne Ihre Frau natürlich, aber trotzdem, Sie sind wieder da.«
»O ja, wir gingen hin.«
»Dann sahen Sie die Kos wieder. Sie trafen sie, und ich bin sicher, daß die schönste Kabbelei losging. War's nicht so, Mr. Hibbert?«
Es schien schon beinah, als hätte er die Frage nicht mitbekommen, aber plötzlich fing er mit einigem Verzug herzhaft an zu lachen: »Beim Himmel, und waren sie nicht inzwischen richtige kleine Männer geworden, die beiden! Pfiffige Kerle! Und hinter den Mädchen her, mit Verlaub gesagt, Doris. Ich behaupte immer noch, Drake hätte dich geheiratet, wenn du ihm nur ein bißchen Hoffnung gemacht hättest.«
»Also *bitte*, Dad«, murmelte Doris und starrte finster zu Boden.
»Und Nelson? Du *meine* Güte, ein ausgewachsener Rebell!« Er schlürfte den Tee vom Löffel und so vorsichtig, als fütterte er einen Vogel. »Wo 's Missie?« Das wollte Drake als erstes wissen. Er hatte sein ganzes Englisch vergessen, Nelson ebenfalls. Ich mußte ihnen später Stunden geben. Also sagte ich es ihm. Er hatte

inzwischen einiges vom Tod gesehen, *das* stand fest. War nicht, als ob er es mir nicht glaubte. ›Missie tot‹, sagte ich. Mehr gab's nicht zu sagen. ›Sie ist tot, Drake, und sie ist bei Gott.‹ Ich habe ihn weder vorher noch später wieder jemals weinen sehen, aber damals weinte er, und ich liebte ihn dafür. ›Ich verliere zwei Mutter‹, sagt er zu mir. ›Mutter tot, jetzt Missie tot.‹ Wir beteten für sie, was kann man sonst machen? Aber unser kleiner Nelson, der weinte nicht und betete nicht. Der nicht. Hat nie so an ihr gehangen wie Drake. Nichts Persönliches. Sie war ein Feind. Wir alle waren Feinde.«

»*Wir*, wer ist das genau gesagt, Mr. Hibbert?« fragte di Salis gewinnend.

»Europäer, Kapitalisten, Missionare: wir Ausbeuter allesamt, die es auf ihre Seelen abgesehen hatten oder auf ihre Arbeitskraft oder auf ihr Silber. Wir alle«, wiederholte Mr. Hibbert ohne die geringste Spur von nachträglichem Groll. »Sah in uns allen bloß Ausbeuter. Hat schon was für sich.« Eine Weile stockte das Gespräch, bis Connie es behutsam wieder in Gang brachte:

»Na, sei's drum, Sie eröffneten also die Mission wieder und Sie blieben bis zum Sieg der Kommunisten neunundvierzig, ja, und während dieser vier Jahre wenigstens konnten Sie ein väterliches Auge auf Drake und Nelson haben. Stimmt das so, Mr. Hibbert?« fragte sie mit gezückter Feder.

»Oh, wir hängten die Lampe wieder über die Tür, ja. Fünfundvierzig frohlockten wir, wie alle Leute. Der Kampf war vorbei, die Japse waren geschlagen, die Flüchtlinge konnten wieder nach Hause. Umarmungen auf offener Straße, das Übliche eben. Wir hatten Geld, Wiedergutmachung glaube ich, einen Zuschuß. Daisy Fong kam zurück, aber nicht für lange. Die ersten paar Jahre ging es nach außen hin gut, aber auch nicht wirklich. Wir blieben, solange Tschiang Kai-schek sich an der Regierung halten konnte – na ja, darin war er nie besonders groß gewesen, wie? Siebenundvierzig machte sich der Kommunismus schon überall bemerkbar – und neunundvierzig war er endgültig da. Die internationale Kolonie war natürlich längst verschwunden, die Konzessionen auch, nicht schade drum. Der Rest ging langsam dahin. Wie üblich gab es Leute, die nichts sehen wollten, die sagten, das alte Schanghai werde ewig leben, genau wie sie es mit den Japsen machten. Schanghai habe die Mandschus verdorben, sagten sie; die *warlords*, die Kuomintang, die Japaner, die Briten.

Jetzt werde es die Kommunisten verderben. Natürlich hatten sie unrecht. Doris und ich – wir glaubten nicht ans Verderben, wie, nicht als Lösung für die Probleme Chinas, deine Mutter auch nicht. Also kamen wir wieder heim.«

»Und die Kos?« erinnerte Connie ihn, während Doris geräuschvoll ein Strickzeug aus einer braunen Papiertüte zog.

Der alte Mann zögerte, und diesmal hemmte vielleicht nicht die Senilität den Fluß seiner Erzählung, sondern der Zweifel. »Nun ja«, gab er schließlich nach einer verlegenen Pause zu. »Ja, seltene Abenteuer hatten sie, diese beiden, das kann ich Ihnen sagen.«

»*Abenteuer*«, echote Doris zornig und klapperte mit den Stricknadeln. »Exzesse würde ich sagen.«

Das letzte Tageslicht heftete sich noch ans Meer, im Zimmer jedoch wurde es dunkel, und das Gasfeuer tuckerte wie fernes Motorengeräusch.

Auf der Flucht aus Schanghai wurden Drake und Nelson mehrmals getrennt, sagte der alte Mann. Wenn sie einander nicht finden konnten, verzehrten sie sich vor Gram, bis sie wieder beisammen waren. Nelson, der Junge, gelangte bis nach Tschungking, überlebte Hunger, Erschöpfung und höllische Luftangriffe, denen Tausende von Zivilisten zum Opfer fielen. Aber Drake, der ältere, wurde zu Tschiangs Armee eingezogen, obwohl Tschiang nichts tat als auszukneifen, in der Hoffnung, Kommunisten und Japaner würden sich gegenseitig umbringen.

»Ist in der ganzen Landschaft rumgebraust, unser Drake, um die Front zu finden, und hat sich um Nelson halb totgesorgt. Und Nelson natürlich, der drehte in Tschungking die Daumen, ja, und büffelte in seinen ideologischen Büchern. Sie hatten dort sogar die *New China Daily*, erzählte er mir später, *mit* Tschiangs Genehmigung gedruckt! Stellen Sie sich das vor! Es waren noch ein paar von seinen Gesinnungsgenossen in der Gegend, und in Tschungking steckten sie die Köpfe zusammen und bauten eine neue Welt für die Zeit nach Kriegsende, und eines Tages kam es denn auch, Gott sei Dank.«

Neunzehnhundertfünfundvierzig, sagte Mr. Hibbert schlicht, endete die Trennung durch ein Wunder: »Eine Möglichkeit unter Tausenden, ach was, unter Millionen. Die Straße in die Heimat wimmelte von Lastwagen, Karren, Truppen, Geschützen, alles strömte zur Küste, und Drake rannte die Kolonnen auf und ab wie ein Irrer: ›Habt ihr meinen Bruder gesehen?‹«

Das Drama jenes Augenblicks weckte plötzlich den Prediger in ihm, und seine Stimme wurde lauter.
»Und ein kleiner schmutziger Bursche faßte Drakes Ellbogen. ›Da. Du. Ko.‹ Als bäte er ihn um Feuer. ›Dein Bruder ist hinten im übernächsten Lastwagen und schwatzt ein paar Hakka-Kommunisten Löcher in die Bäuche.‹ Und schon liegen sie sich in den Armen, und Drake läßt Nelson nicht mehr aus den Augen, bis sie wieder in Schanghai sind, und *danach* auch nicht!«
»Und so kamen sie und machten Ihnen einen Besuch«, fiel Connie traulich ein.
»Als Drake wieder da war, hatte er nur eins im Sinn, und sonst gar nichts. Nelson sollte eine richtige Schulbildung bekommen. Nichts auf Gottes weiter Welt interessierte Drake, nur Nelsons Ausbildung. *Nichts*. Nelson mußte zur Schule gehen.« Die Hand des alten Mannes hämmerte auf die Sessellehne. »Wenigstens einer der Brüder mußte einen Abschluß haben. Oh, Drake war eisern! *Und* er schaffte es«, sagte der alte Mann schlicht. »Drake hat es geschaukelt. Das hat er. Er war ein richtiger Starrkopf geworden. Drake war neunzehn, als er aus dem Krieg zurückkam. Nelson war fast siebzehn, und er arbeitete gleichfalls Tag und Nacht – an seinen Studien natürlich. So wie Drake, nur daß Drake mit seinen Muskeln arbeitete.«
»Er wurde kriminell«, sagte Doris leise. »Er hat sich einer Bande angeschlossen und gestohlen. Wenn er nicht um *mich* herumstrich.«
Ob Mr. Hibbert sie gehört hatte oder ob er nur einen ihrer gängigen Vorwürfe beantwortete, wurde nicht klar.
»Aber Doris, du mußt diese Triaden im Licht der Zeit sehen«, tadelte er sie. »Schanghai war ein Stadtstaat. Es wurde von einer Handvoll Wirtschaftskapitänen regiert, Hyänen und schlimmerem. Es gab keine Gewerkschaften, weder Gesetz noch Ordnung, das Leben war wenig wert und hart, und ich bezweifle, daß das Hongkong von heute sehr viel anders ist, wenn man bloß ein bißchen am Firnis kratzte. Neben einigen dieser sogenannten englischen Gentlemen wäre dieser berüchtigte Fabrikbesitzer von Lancashire ein leuchtendes Beispiel christlicher Nächstenliebe geworden.« Nachdem er diesen milden Vorwurf geäußert hatte, kehrte er zu Connie und seiner Erzählung zurück. Connie war ihm vertraut: der Archetypus der Dame auf der vordersten Kirchenbank: wuchtig, aufmerksam, mit Hut, und sie lauschte fromm

einem jeden Wort des alten Mannes.
»Sie kamen immer gegen fünf Uhr zum Tee, wissen Sie, die beiden Brüder. Ich mußte alles bereit haben, das Essen auf dem Tisch, Limonade hatten sie gern, nannten sie Soda. Drake kam von den Docks, Nelson von seinen Büchern, und sie aßen fast schweigend, und dann ging's wieder an die Arbeit, nicht wahr, Doris? Sie hatten irgendeinen legendären Helden ausgegraben, den gelehrten Che Yin. Che Yin war so arm, daß er sich selber das Lesen und Schreiben beim Licht der Leuchtkäfer beibringen mußte. Sie redeten gern darüber, wie Nelson ihm nacheifern werde. ›Los, Che Yin‹, sagte ich immer. ›Iß noch ein Brot, damit du bei Kräften bleibst.‹ Dann lachten sie ein bißchen, und schon waren sie wieder weg. ›Bye-bye, Che Yin, weiter geht's.‹ Dann und wann, wenn er nicht gerade den Mund zu voll hatte, traktierte Nelson mich mit seiner Politik. *Meine* Güte, der Junge hatte vielleicht Ideen! Und von uns hat er sie nicht gelernt, das dürfen Sie mir glauben, wir wußten nicht genug. Geld sei die Wurzel allen Übels. Nun, das will ich nicht bestreiten! Habe es selber jahrelang gepredigt! Brüderlichkeit, Kameradschaft, aber: Religion ist Opium fürs Volk, also, da kam ich nicht mehr mit, aber Klerikalismus, Hochkirchenklimbim, Papistentum, Götzendienst – also, damit hatte er so unrecht nicht, so wie ich es sah. Er hatte auch harte Worte für uns Briten, und wir haben sie verdient, würde ich sagen.«
»Hat ihn nicht gehindert, bei uns zu essen, wie?« bemerkte Doris wiederum in die Kulissen. »*Oder* seinen alten Glauben zu verleugnen. Oder die Mission kurz und klein zu schlagen.«
Aber der alte Mann lächelte nur geduldig. »Doris, mein Kind, ich habe es dir schon oft gesagt und ich sage es dir nochmals: Die Wege des Herrn sind unerforschlich. Solange gute Menschen bereit sind, hinzugehen und nach der Wahrheit zu suchen und nach der Gerechtigkeit und Brüderlichkeit, wird er nicht lange vor der Türe warten müssen.«
Doris senkte errötend den Kopf über ihr Strickzeug.
»Natürlich hat sie recht. Nelson hat *tatsächlich* die Mission zertrümmert. Und auch seinen Glauben verleugnet.« Eine Wolke des Kummers hing sekundenlang über seinem alten Gesicht, bis das Lachen plötzlich den Sieg davontrug. »Und du liebe Güte, hat Drake den Jungen ins Gebet genommen! Hat der ihm vielleicht die Leviten gelesen! Ach Gott, ach Gott! ›Politik‹, sagt Drake, ›kannst

du nicht essen, nicht verkaufen und, mit Verlaub, Doris, du kannst nicht mit ihr schlafen! Alles was du mit ihr tun kannst, ist die Tempel kaputtschlagen und die Unschuldigen töten!‹ Ich hab' ihn noch nie so zornig gesehen. *Und* er hat Nelson eine Tracht Prügel verabreicht, jawohl! Drake hat einiges gelernt, drunten in den Docks, das kann ich Ihnen sagen!«

»Und Sie *müssen* es uns sagen«, zischte di Salis wie eine Schlange ins Dämmerlicht. »Sie müssen uns *alles* sagen. Es ist Ihre Pflicht.«

»Ein Studentenaufmarsch«, fuhr Mr. Hibbert fort. »Fackelzug nach der Sperrstunde, Gruppen von Kommunisten draußen auf den Straßen, wollen Krawall machen. Anfang neunundvierzig, muß im Frühling gewesen sein, die Lage fing gerade an, brenzlig zu werden.« Im Gegensatz zu seiner früheren Weitschweifigkeit war Mr. Hibberts Erzählstil überraschend bündig geworden. »Wir saßen am Feuer, wie, Doris? Vierzehn war Doris damals, oder war's fünfzehn? Wir hatten gern ein Feuer, auch wenn's nicht nötig war, erinnerte uns an zu Hause, an Macclesfield. Und wir hören draußen den Klamauk und das Grölen. Becken, Pfeifen, Gongs, Glocken, Trommeln, ein gräßlicher Krach. Ich hatte schon eine Ahnung, daß so etwas passieren könnte. Nelson hat mich die ganze Zeit in der Englischstunde gewarnt: ›Sie gehen heim, Mr. Hibbert. Sie sind ein guter Mensch‹, sagte er, ›Sie sind ein guter Mensch, aber wenn die Dämme brechen, ertrinken die Guten und die Schlechten in den Fluten.‹ Er konnte sich so hübsch ausdrücken, wenn er wollte, dieser Nelson. Kam von seiner Überzeugung. Nicht erfunden, *emp*funden. ›Daisy‹, sagte ich, ›Daisy Fong, du und Doris, ihr geht in den Hinterhof, ich glaube, wir kriegen bald Besuch.‹ Im nächsten Moment, päng, flog ein Stein durchs Fenster. Wir hörten natürlich Stimmen, Gebrüll, und sogar hier konnte ich unseren Nelson herauskennen, nur an der Stimme. Er sprach natürlich Chiu Chow *und* schanghainesisch, aber bei diesem Haufen redete er selbstverständlich schanghainesisch. ›Tod den Imperialistenknechten!‹, brüllt er! ›Nieder mit den Tempelhyänen!‹ Ach, die Slogans, die sie sich ausgedacht haben! In Chinesisch klingen sie noch einigermaßen, aber sagen Sie's auf englisch, und es ist schierer Blödsinn. Dann geht die Tür auf, und sie kommen rein.«

»Sie haben das Kreuz zerschlagen«, sagte Doris, hörte auf zu stricken und starrte auf ihr Muster.

Diesmal erstaunte Mr. Hibbert, nicht seine Tochter, die Zuhörer durch handfeste Ausdrücke.
»Sie haben noch verflixt mehr zerschlagen, Doris!« erwiderte Mr. Hibbert fidel. »Sie haben den ganzen Laden kaputtgeschlagen. Kirchenbänke, den Altar, das Klavier, Stühle, Lampen, Gesangbücher, Bibeln. Oh, sie haben richtig losgelegt, das kann ich Ihnen sagen. Richtige kleine Schweine waren das. ›Nur zu‹, sag ich. ›Bedient euch. Was der Mensch geschaffen hat, ist vergänglich, aber das Wort Gottes werdet ihr nicht aus der Welt schaffen, und wenn ihr sein Haus zu Kleinholz schlagt.‹ Nelson, der wollte mich gar nicht ansehen, der arme Kerl. Ich hätte für ihn weinen können. Wie sie fort waren, sah ich mich um, und da stand die alte Daisy Fong unter der Tür und Doris hinter ihr. Sie hatte sich alles angesehen, unsere Daisy. Hatte es genossen. Ich hab es aus ihren Augen gelesen. Sie war im Herzen auch eine von denen. Glücklich. ›Daisy‹, sagte ich. ›Raus mit dir. Pack deine Sachen und ab. In diesem Leben kannst du mittun oder dich draushalten, ganz wie du willst. Aber du darfst dich nicht verdingen. Sonst bist du schlimmer als ein Spion.‹«
Während Connie ihn zustimmend anstrahlte, gab di Salis ein durchdringendes empörtes Krächzen von sich, aber der alte Mann genoß seine Erzählung.
»Also, wir beide setzten uns hin, ich und Doris, und wir weinten ein bißchen zusammen, das gebe ich ohne weiteres zu, wie, Doris? Ich schäme mich der Tränen nicht, hab' ich nie getan. Wir vermißten deine Mutter bitterlich. Knieten nieder und beteten. Dann machten wir uns ans Aufräumen. Wußten wahrhaftig kaum, wo wir anfangen sollten. Und dann kommt Drake herein!« Er schüttelte verwundert den Kopf. »›Guten Abend, Mr. Hibbert‹, sagt er mit seiner tiefen Stimme und einem kleinen bißchen von meinem Nordengland-Akzent, über den wir immer lachen mußten. Und hinter ihm steht der kleine Nelson mit Besen und Schaufel. Er hatte noch immer den krummen Arm, hat ihn wahrscheinlich noch, zerschossen, als er klein war, aber am Aufkehren hat er ihn nicht gehindert, kann ich Ihnen sagen. Damals ist Drake über ihn hergefallen, hat geflucht wie ein Seebär! Ich hab' ihn noch nie so gehört. Nun ja, er war ja eine Art Seebär, wie?« Er lächelte seine Tochter gelassen an. »Ein Glück, daß er Chiu Chow sprach, wie, Doris? Hab' selber nur die Hälfte davon verstanden, nicht mal das, aber, na, ich danke! Fluchte wie

ein Fuhrknecht, der Junge!«
Er hielt inne und schloß kurz die Augen, im Gebet oder vor Müdigkeit.
»Es war natürlich nicht Nelsons Schuld. Das wußten wir bereits. Er war ein Anführer. Es ging um sein Gesicht. Sie waren einfach losmarschiert, ohne besonderes Ziel, und dann sagt einer zu ihm: ›Heh! Missionskind! Zeig uns, wohin du jetzt gehörst!‹ Und er zeigt es ihnen. Muß er. Hat Drake aber nicht davon abgehalten, auf ihn einzudreschen. Sie räumten auf, wir gingen ins Bett, und die beiden schliefen in der Kapelle auf dem Boden, für den Fall, daß der Mob zurückkäme. Ich komme am nächsten Morgen runter, und da sind die Gesangbücher alle säuberlich aufgestapelt, soviel wie eben noch da waren, die Bibeln desgleichen. Sie hatten ein Kreuz aufgestellt, selber fabriziert. Sogar das Klavier zusammengeflickt, wenn auch nicht gestimmt natürlich.«
di Salis schlang sich in einen neuen Knoten und stellte eine Frage. Wie Connie hatte er ein aufgeschlagenes Notizbuch vor sich, aber noch nichts hineingeschrieben.
»Was war damals Nelsons *Disziplin?*« fragte er in seiner näselnden unwilligen Art, und hielt den Stift schreibbereit.
Mr. Hibbert runzelte ratlos die Stirn:
»Nun, die Kommunistische Partei, natürlich.«
Als Doris »O *Daddy*« in ihr Strickzeug flüsterte, übersetzte Connie hastig. »Was hat Nelson studiert, Mr. Hibbert, und wo?«
»Ah, *Disziplin. Diese* Art Disziplin!« Mr. Hibbert verfiel wieder in seinen nüchternen Stil.

Er kannte die Antwort genau. Worüber hätten er und Nelson in ihren Englischstunden sonst sprechen können – abgesehen vom kommunistischen Evangelium, fragte er –, als über Nelsons Zukunftspläne? Nelsons Leidenschaft war der Ingenieurberuf. Nelson war überzeugt, daß die Technologie, nicht die Bibel, China aus dem Feudalismus führen könnte.
»Schiffsbau, Straßen, Eisenbahnen, Fabriken: das war Nelson. Der Erzengel Gabriel mit Rechenschieber, weißem Kragen und einem akademischen Grad. Das war er, nach *seiner* Vorstellung.«
Mr. Hibbert blieb nicht lange genug in Schanghai, um Nelson diesen Glückszustand erreichen zu sehen, sagte er, denn Nelson machte sein Abschlußexamen erst im Jahr einundfünfzig –.
di Salis' Feder kratzte wild über die Seiten des Notizbuchs.

» Aber Drake, der sich sechs Jahre lang für ihn abgerackert hatte«, sagte Mr. Hibbert – über Doris' neuerliche Bezugnahme auf die Triaden hinweg –, »Drake hielt durch, und er sah sich belohnt, genau wie Nelson. Er sah, wie dieses lebenswichtige Stück Papier in Nelsons Hand gelegt wurde, und er wußte, daß seine Arbeit jetzt getan war und er seiner eigenen Wege gehen konnte, wie er es immer geplant hatte.«

di Salis wurde vor Erregung ausgesprochen hemmungslos. In seinem häßlichen Gesicht waren noch mehr Farbflecke aufgesprungen, und er rutschte verzweifelt auf seinem Stuhl herum.

»Und *nach* dem Examen – was kam *dann?*« drängte er. »Was tat er? Was wurde aus ihm? Erzählen Sie bitte weiter. *Bitte*, erzählen Sie weiter.«

Mr. Hibbert lächelte amüsiert über soviel Enthusiasmus. Also, sagte er, laut Drake habe Nelson sich zunächst als Zeichner in der Schiffswerft verdingt, an Blaupausen und Bauplänen gearbeitet und wie verrückt alles gelernt, was er den russischen Technikern abgucken konnte, die seit Maos Sieg ins Land strömten. Dann wurde Nelson, im Jahr dreiundfünfzig, wenn Mr. Hibbert sich richtig erinnerte, die Auszeichnung einer weiteren Studiengenehmigung an der Universität Leningrad in Rußland zuteil, und er blieb dort, bis, nun, auf jeden Fall bis Ende der fünfziger Jahre.

»Oh, er war glücklich wie ein Hund mit zwei Schwänzen, unser Drake, wenn man ihn hörte.« Mr. Hibbert hätte nicht stolzer aussehen können, wenn er von seinem eigenen Sohn gesprochen hätte.

di Salis beugte sich plötzlich vor und ging sogar so weit, trotz Connies mahnender Blicke, mit seinem Stift auf den alten Mann zu deuten: »Und nach Leningrad, was haben sie dann mit ihm gemacht?«

»Wieso? Er kam natürlich zurück nach Schanghai«, sagte Mr. Hibbert lachend. »*Und* er wurde befördert, klar, nach diesem langen Studium, war jetzt ein angesehener Mann: Schiffsbauer, Ausbildung in Rußland, Technologe, Manager: Ach, er war ganz begeistert von den Russen! Besonders nach Korea. Sie hatten Maschinen, Macht, Ideen, Philosophie. Rußland war sein Gelobtes Land. Er blickte zu ihm auf, wie . . . « Seine Stimme und sein Eifer erstarben gleichzeitig. »Ach ja«, murmelte er und schwieg, zum zweitenmal, seit sie ihm zuhörten, seiner selbst unsicher geworden. »Trotzdem, es konnte nicht ewig dauern, wie? Rußland

bewundern: wie lange war das modern in Maos Neuem Wunderland? Doris, Kind, hol mir einen Schal.«
»Du trägst ihn schon«, sagte Doris.
di Salis bohrte rücksichtslos, mit schriller Stimme weiter. Nichts interessierte ihn mehr, außer den Antworten. Auch das Notizbuch nicht, das aufgeschlagen auf seinen Knien lag:
»Er kam zurück«, piepste er. »Sehr schön. Er brachte es zu etwas. Er war in Rußland ausgebildet, nach Rußland hin orientiert. Sehr schön. *Was kommt dann?*«
Mr. Hibbert sah di Salis lange an. Ohne Arglist in Gesicht und Augen. Er sah ihn an, wie ihn vielleicht ein kluges Kind angesehen hätte, ohne hemmende Spitzfindigkeit. Und es wurde plötzlich klar, daß Mr. Hibbert di Salis nicht mehr traute, ja, daß er ihn nicht mochte.
»Er ist tot, junger Mann«, sagte er endlich und starrte wieder hinaus aufs Meer. Im Zimmer war es jetzt fast dunkel, das meiste Licht kam vom Gasfeuer. Der graue Strand war leer. Auf dem Weidenzaun thronte eine einzelne Möwe, schwarz und groß vor den letzten Streifen des Abendhimmels.
»Aber Sie sagten, er habe noch immer diesen krummen Arm«, fuhr di Salis auf ihn los. »Sie sagten, vermutlich habe er ihn noch immer. Und um ein Haar hätten Sie es *jetzt* nochmals gesagt, ich hörte es Ihrer Stimme an!«

»Also ich finde, daß wir Mr. Hibbert lang genug belästigt haben«, sagte Connie strahlend, warf di Salis einen scharfen Blick zu und bückte sich nach ihrer Handtasche. Aber di Salis ging nicht darauf ein.
»Ich glaube ihm nicht!« rief er mit seiner schrillen Stimme. »Wie und wann starb Nelson? Geben Sie uns genaue Daten!«
Aber der alte Mann zog nur den Schal enger um die Schultern und wandte die Augen nicht vom Meer.
»Wir waren in Durham«, sagte Doris und blickte noch immer auf ihre Strickarbeit, obwohl man bei diesem Licht nicht mehr stricken konnte. »Drake kam in seinem dicken Wagen mit Chauffeur vorgefahren und besuchte uns. Er hatte seinen Trabanten bei sich, Tiu nennt er ihn. Sie waren in Schanghai Kumpane gewesen. Wollte eine Schau abziehen. Brachte mir ein Platinfeuerzeug und tausend Pfund für Dads Kirche und hielt uns seinen O. B. E. im Etui unter die Nase; zog mich in eine Ecke und

sagte, ich solle nach Hongkong kommen und seine Mätresse werden, direkt vor Dads Augen. Krampf mit Sauce! Er wollte Dads Unterschrift für irgend etwas. Eine Bürgschaft. Sagte, er wolle in Gray's Inn Jura studieren. In seinem Alter, nun sagen Sie mal! Zweiundvierzig! Späte Berufung! Hat es natürlich nie vorgehabt. War alles nur Unverfrorenheit und Geschwätz, wie üblich. Dad sagte zu ihm: ›Was macht Nelson?‹, und –«

»Moment bitte«, unterbrach di Salis wiederum höchst unklug. »Das Datum? *Wann* hat sich das alles ereignet, bitte. Ich muß *Daten* haben.«

»Siebenundsechzig. Dad war kurz vor der Pensionierung, nicht wahr, Dad?«

Der alte Mann bewegte sich nicht.

»Gut, siebenundsechzig. In welchem Monat? Bitte ganz genaue Angaben!«

Es hätte nur noch gefehlt, daß er »Ganz genaue Angaben, *Weib*«, gesagt hätte. Er machte Connie ernstlich besorgt. Aber als sie wiederum versuchte, ihn zurückzuhalten, ignorierte er sie wie zuvor.

»April«, sagte Doris nach einigem Nachdenken. »Wir hatten kurz vorher Dads Geburtstag gefeiert. Deshalb brachte er die tausend Lappen für die Kirche. Er wußte, daß Dad sie nicht für sich annehmen würde, denn Dad hatte immer mißbilligt, auf welche Weise Drake zu seinem Geld kam.«

»In Ordnung. Gut. Sehr schön. April. Nelson starb also vor dem April siebenundsechzig. Was hat Drake über die näheren Umstände berichtet. Wissen Sie das noch?«

»Nichts. Keine Einzelheiten. Sagte ich schon. Dad fragte, und er sagte nur ›tot‹, als wäre Nelson ein Hund. Soviel für die brüderliche Liebe. Dad wußte gar nicht, wohin er sehen sollte. Es brach ihm fast das Herz, und Drake stand da und tat keinen Pieps. ›Ich habe keinen Bruder. Nelson ist tot.‹ Und Dad betete noch immer für Nelson, das stimmt doch, Dad?«

Jetzt sprach der Alte. Mit der Dunkelheit hatte seine Stimme beträchtlich an Kraft gewonnen.

»Ich betete für Nelson, und ich bete noch heute für ihn«, sagte er offen. »Solange er lebte, betete ich, er möge auf die eine oder andere Art Gottes Werk in der Welt tun. Ich glaubte daran, daß er das Zeug für große Dinge hatte. Drake würde sich immer durchschlagen. Er ist zäh. Aber das Licht über der Tür von ›Lord's

Life Mission‹ hätte nicht vergebens gebrannt, so dachte ich immer, wenn es Nelson Ko gelänge, in China die Grundlagen für eine gerechte Gesellschaft zu schaffen. Nelson mochte es Kommunismus nennen. Konnte es nennen, wie er wollte. Aber drei lange Jahre hindurch schenkten deine Mutter und ich ihm unsere christliche Liebe, und ich erlaube niemandem zu sagen, Doris, dir nicht und auch sonst niemandem, daß man das Licht der göttlichen Liebe für immer auslöschen kann. Sei es durch die Politik, sei es durch das Schwert.« Er holte tief Atem. »Und jetzt ist er tot, und ich bete für seine Seele, so wie ich für die Seele deiner Mutter bete«, sagte er, und es klang seltsamerweise weit weniger überzeugt. »Wenn das Papismus ist, ist es mir auch egal.«
Connie war jetzt tatsächlich aufgestanden. Sie kannte die Grenzen, sie hatte das Auge, und sie befürchtete das Schlimmste von di Salis' Unbeherrschtheit. Aber wenn di Salis Witterung aufgenommen hatte, war er nicht mehr zu halten.
»Es war also ein *gewaltsamer* Tod, nicht wahr? Politik und Schwert, sagten sie. *Welche* Politik? Hat Drake Ihnen das gesagt! Wirkliche *Morde* waren relativ selten, wie Sie wissen. Ich glaube, daß Sie uns etwas vorenthalten!«
di Salis hatte sich ebenfalls erhoben, stand dicht neben Mr. Hibbert und kläffte seine Fragen auf das weiße Haupt des alten Mannes hinunter, als wäre er bei einem Planspiel über Verhörtechnik in Sarratt.
»Sie waren *sehr* freundlich«, sagte Connie überschwenglich zu Doris. »Wir haben wirklich alles, was wir irgend benötigen könnten, *und* noch mehr. Ich bin überzeugt, mit der Adelsverleihung wird alles glatt gehen«, sagte sie, und ihre Stimme triefte von Warnungen zur Vorsicht an di Salis' Adresse. »Jetzt gehen wir aber, und *tausend* Dank Ihnen beiden.«
Aber diesmal machte der Alte selber ihr Bemühen zunichte:
»Und ein Jahr danach verlor er auch seinen zweiten Nelson, Gott tröste ihn, seinen kleinen Jungen«, sagte er. »Er wird ein einsamer Mann sein, unser Drake. Das war sein letzter Brief an uns, wie, Doris? ›Beten Sie für meinen kleinen Nelson, Mr. Hibbert‹, schrieb er. Und das taten wir. Wollte, daß ich rüberfliege, um das Begräbnis zu übernehmen. Aber ich konnte nicht, ich weiß nicht warum. Ehrlich gesagt, hab' ich nie viel dafür übriggehabt, daß man Geld für Begräbnisse ausgibt.«
Hier stürzte di Salis sich buchstäblich auf seine Beute, und dies mit

wahrhaft furchterregender Jagdlust. Er beugte sich über den alten Mann und war so in Fahrt, daß er mit seiner fiebrigen kleinen Hand ein Stück des Schals packte:
»Ah! *Aha!* Aber hat er Sie jemals gebeten, für Nelson *senior* zu beten? Antworten Sie.«
»Nein«, sagte der Alte nur. »Nein, hat er nicht.«
»Warum nicht? Natürlich weil er nicht wirklich tot war! In China kann man auf vielerlei Weise sterben, nicht wahr, und nicht jede ist unbedingt tödlich! *In Ungnade gefallen:* ist das nicht das bessere Wort?«
Seine Quäklaute flogen im Zimmer herum wie häßliche böse Geister.
»Doris, sie sollen gehen«, sagte der alte Mann ruhig zum Meer. »Sieh nach dem Fahrer, ja, mein Kind? Bestimmt hätten wir ihn reinholen sollen, aber es macht nichts.«
Sie standen in der Diele, um sich zu verabschieden. Der alte Mann war in seinem Lehnstuhl sitzengeblieben, und Doris hatte die Zimmertür geschlossen. Manchmal war Connies sechster Sinn erschreckend.
»Der Name *Liese* sagt Ihnen wahrscheinlich nichts, wie, Miss Hibbert?« fragte sie, während sie ihr Kostüm glattstrich. »In Mr. Kos Lebenslauf wird eine gewisse *Liese* erwähnt.«
Doris verzog ärgerlich das ungeschminkte Gesicht.
»Das ist Mutters Name«, sagte sie. »Sie war deutsch-lutherisch. Der Schuft hat sogar ihren Namen gestohlen, wie?«
Mit Toby Esterhase am Steuer rasten Connie Sachs und Doc di Salis mit ihren erstaunlichen Neuigkeiten zurück zu George. Unterwegs jedoch kabbelten sie sich zunächst über di Salis' Mangel an Zurückhaltung. Besonders Toby Esterhase war empört, und Connie fürchtete ernstlich, daß der alte Mann an Ko schreiben könnte. Aber bald siegte das Gewicht ihrer Entdeckung über alle Ängste, und sie langten triumphierend vor den Toren ihrer geheimen Stadt an.

In seiner sicheren Burg feierte nun di Salis die Stunde seines Ruhms. Wieder einmal trommelte er die bleiche Schar seiner Gelben Gefahren zusammen und setzte sie auf eine ganze Palette von Erkundigungen an, so daß sie unter dem einen oder anderen Vorwand ganz London heimsuchten und Cambridge dazu. Im Herzen war di Salis ein Einsiedler. Niemand kannte ihn, außer vielleicht Connie, und wie Connie ihn nicht mochte, so mochte ihn auch niemand sonst. Er war ein schlechter Gesellschafter und manchmal lächerlich. Aber an seiner Jagdleidenschaft hatte niemand je gezweifelt.

Er durchschnüffelte alte Berichte der »Shanghai University of Communications«, chinesisch Chiao Tung genannt, deren Studenten nach dem Krieg von neununddreißig bis fünfundvierzig als militante Kommunisten bekannt waren, und konzentrierte sein Interesse auf das »Department of Marine Studies«, das in seinem Lehrplan sowohl Verwaltung wie Schiffsbau hatte. Aus beiden Sparten sortierte er Listen von führenden Parteimitgliedern vor und nach neunundvierzig heraus und schwitzte über den spärlichen Angaben zur Person jener, die mit der Leitung großer Unternehmen betraut wurden, Projekten, die technologisches Know-how erforderten: vor allem der Werft von Kiangnan, einer großen Sache, aus der die Kuomintang-Anhänger zu wiederholten Malen hatten ausgemerzt werden müssen. Nachdem er Listen mit mehreren tausend Namen beisammen hatte, legte er Akten über alle jene an, von denen man wußte, daß sie ihre Ausbildung an der Universität von Leningrad vervollkommnet hatten und danach in höheren Positionen wieder in der Werft aufgetaucht waren. Das Studium des Schiffsbaus dauerte in Leningrad drei Jahre. Nach di Salis' Berechnungen hätte Nelson sich mutmaßlich von dreiundfünfzig bis sechsundfünfzig dort aufgehalten und war danach offiziell dem Schanghaier städtischen Marinebauamt zugewiesen worden, das ihn dann an Kiangnan zurückgab. Ausgehend von der Annahme, daß Nelson nicht nur chinesische Vornamen hatte, die noch immer unbekannt waren, sondern sich höchstwahrscheinlich obendrein noch einen neuen Familiennamen zugelegt hatte, machte di Salis seine Gehilfen darauf aufmerksam, daß Nelsons Biographie aus zwei Teilen bestehen mochte, jeder unter einem anderen Namen. Sie sollten auf Abzweigungen achten. Er verschaffte sich auf Umwegen Listen von promovierten und eingeschriebenen Studenten sowohl an der Chiao Tung wie an der Leningrader Universität und brachte sie zur Deckung. Die Chinaspezialisten sind eine Rasse für sich, und ihre gemeinsamen Interessen überwinden Protokoll und nationale Unterschiede. di Salis hatte Verbindungen nicht nur in Cambridge und zu jedem Orient-Archiv, sondern auch nach Rom, Tokio und München. Er schrieb an sie alle, versteckte jedoch sein Anliegen unter einer

Unmenge anderer Fragen. Sogar die Vettern hatten ihm, wie sich später herausstellte, unwissentlich ihre Akten zugänglich gemacht. Er stellte noch weitere und sogar noch geheimnisvollere Erkundigungen an. Er schickte Wühlmäuse zu den Baptisten, wo sie in den Berichten über ehemalige Zöglinge der Missionsschulen herumgruben, auf die geringe Chance hin, daß Nelsons chinesische Namen doch irgendwo aufgeschrieben und abgelegt sein könnten. Er ging allen Berichten über Todesfälle unter den mittleren Beamten der Schanghaier Schiffsbau-Industrie nach, deren er habhaft wurde.

Das war die erste Etappe seiner Mühen. Die zweite begann mit der, wie Connie sie nannte, Großen Barbarischen Kulturrevolution Mitte der sechziger Jahre und den Namen jener Beamten aus Schanghai, die aufgrund krimineller prorussischer Neigungen entfernt wurden, gedemütigt oder in die Schule des 7. Mai geschickt, wo sie die heilsame Wirkung der Landarbeit wiedererfahren konnten. Er konsultierte sogar die Listen der Leute, die in Umerziehungslager gesteckt worden waren – aber ohne viel Erfolg. Er prüfte, ob sich in den Ansprachen an die Roten Garden irgendwelche Anspielungen auf den verderblichen Einfluß einer baptistischen Erziehung auf diesen oder jenen in Ungnade gefallenen Beamten fänden, und er spielte komplizierte Spiele mit dem Namen *Ko*. Der Gedanke ließ ihn nicht los, daß Nelson bei seinem Namenswechsel auf ein anderes Schriftzeichen verfallen sein könnte, das den gleichen Laut- oder Bedeutungswert hatte wie das ursprüngliche. Aber als er Connie das erklären wollte, fand er kein Gehör.

Connie Sachs verfolgte eine ganz andere Linie. Sie konzentrierte ihr Interesse auf die Aktivitäten unbekannter, von Karla ausgebildeter Talentsucher, die in den fünfziger Jahren unter den ausländischen Studenten der Universität Leningrad zugange waren; und auf – nie bewiesene – Gerüchte, wonach Karla als junger Komintern-Agent nach dem Krieg an den kommunistischen Untergrund von Schanghai ausgeliehen worden sein sollte, um dort den illegalen Apparat aufbauen zu helfen.

Mitten in all das neuerliche Wühlen platzte eine kleine Bombe aus Grosvenor Square. Mr. Hibberts Enthüllungen waren noch ofenfrisch, und die Rechercheure beider Familien werkten noch wie die Rasenden, als Peter Guillam mit einer dringenden Meldung bei Smiley aufkreuzte. Smiley war wie immer in seine

eigene Lektüre vertieft, und als Guillam eintrat, schob er eine Akte in die Schreibtischlade und schloß sie.
»Die Vettern haben angerufen«, sagte Guillam sanft. »Wegen Bruder Ricardo, Ihrem Lieblingspiloten. Sie möchten Sie so bald wie möglich im Annex sehen. Ich soll spätestens gestern zurückrufen.«
»Sie möchten *was*«
»Möchten Sie sehen.«
»Ach *nein? Wirklich?* Du lieber Gott.« Und er tappte in sein Badezimmer, um sich zu rasieren.
Als Guillam in sein eigenes Büro zurückkam, sah er Sam Collins im Polstersessel sitzen, eine seiner barbarischen braunen Zigaretten rauchen und sein waschbares Lächeln lächeln.
»Irgendwas los?« fragte Sam sehr beiläufig.
»Scheren Sie sich raus hier«, fauchte Guillam.
Sam schnüffelte für Guillams Geschmack ohnehin viel zu viel herum, aber an diesem Tag hatte er einen konkreten Grund, ihm zu mißtrauen. Als Guillam zu Lacon ins Cabinet Office gegangen war, um ihm die monatliche Vorschußaufstellung des Circus zur Begutachtung vorzulegen, hatte er zu seiner Überraschung Sam Collins aus Lacons Privatbüro auftauchen und lässig mit Lacon und Saul Enderby vom Foreign Office schäkern sehen.

# 12 *Ricardos Auferstehung*

Vor dem Sündenfall hatten bemüht informelle Besprechungen zwischen den Geheimdienstpartnern im Rahmen der Besonderen Beziehungen allmonatlich stattgefunden, und anschließend hatte man sich zu einem, wie Smileys Vorgänger Alleline gern sagte, »Humpen« zusammengesetzt. Wenn die Amerikaner als Gastgeber an der Reihe waren, dann wurden Alleline und seine Kohorten, unter ihnen der allseits beliebte Bill Haydon, in eine weitläufige Dachterrassenbar gelotst, im Circus das Planetarium genannt, und mit trockenen Martinis und einer Aussicht auf West London gelabt, die sie sich sonst nie hätten leisten können. Waren die Briten dran, dann wurde in der Rumpelkammer ein Tisch aufgeschlagen, mit einem geflickten Damasttuch bedeckt und die amerikanische Abordnung durfte der letzten Bastion der Saint-James-Spione, die übrigens auch die Wiege ihrer eigenen Dienststelle gewesen war, ihre Aufwartung machen und dazu südafrikanischen Sherry schlürfen, den man diskret in geschliffenen Karaffen getarnt hatte mit der Begründung, sie merkten den Unterschied doch nicht. Für die Diskussionen gab es keine Tagesordnung, und traditionsgemäß wurden keine Notizen gemacht. Alte Freunde hatten solche Mittel nicht nötig, zumal die versteckten Mikrophone nüchtern blieben und bessere Arbeit leisteten.

Seit dem Sündenfall war es mit diesen kleinen Feinheiten für eine Weile Schluß gewesen. Auf Anweisung von Martellos Hauptquartier in Langley, Virginia, wurde die »Britische Verbindung«, als die der Circus dort bekannt war, auf die Liste derer gesetzt, die man auf Armlänge fernhielt, also zusammen mit Jugoslawien und dem Libanon, und eine Zeitlang benutzte man nicht einmal mehr die gleiche Straßenseite und hob bei einer Begegnung kaum den Blick. Die beiden Dienste glichen einem entfremdeten Ehepaar während des anhängigen Scheidungsverfahrens. Aber schließlich dämmerte jener graue Wintermorgen, an dem Smiley und Guillam sich in gelinder Eile am Vordereingang des Legal Advisor's Annex am Grosvenor Square einstellten, wo bereits deutliches Tauwetter herrschte, sogar in den starren Mienen der beiden Marineinfanteristen, die ihnen die Taschen durchsuchten. Es waren übrigens Doppeltüren, schwarze Gitter über schwarzem Eisen, und auf den Gitterstäben vergoldete Federn. Was allein sie gekostet hatten, hätte den ganzen Circus mindestens ein paar Tage lang am Leben erhalten. Drinnen überkam sie das Gefühl, als wären sie von einem Weiler in die Hauptstadt versetzt. Martellos Büro war sehr groß. Es gab keine Fenster, und es hätte ebensogut Mitternacht sein können. Über einem leeren Schreibtisch entfaltete sich, in halber Länge der Stirnwand, eine amerikanische Fahne, als wehte sie im Wind. In der Mitte des Raums war, um einen Rosenholztisch, ein Kreis aus Flugzeugsesseln arrangiert, und in einem davon saß Martello selber, ein stämmiger, fröhlich aussehender Yale-Mann im Tweedanzug, der zu keiner Jahreszeit saisongemäß wirkte. Rechts und links von ihm zwei schweigende Männer, einer so bleich und bieder wie der andere.

»George, das ist freundlich von Ihnen«, sagte Martello munter mit seiner dunklen, anheimelnden Stimme, während er ihnen rasch entgegenschritt. »Das muß ich Ihnen nicht erst sagen. Ich weiß, wie beschäftigt Sie sind. Ich weiß. Sol«, er wandte sich an zwei Unbekannte, die auf der anderen Seite des Büros saßen, der eine ebenso jung wie Martellos schweigende Männer, wenn auch weniger glatt; der andere vierschrötig und hart und sehr viel älter, mit Narben im Gesicht und Bürstenhaarschnitt, ehemaliger Teilnehmer irgendeines Krieges. »Sol«, wiederholte Martello, »ich möchte Sie mit einer der wahren Legenden unseres Metiers bekanntmachen, Sol: Mr. George Smiley. George, das ist Sol Eckland, ein großer Mann in unserem Drogenbekämpfungsdezernat, früher ›Bureau of Narcotics and Dangerous Drugs‹ genannt und jetzt umgetauft, stimmt's, Sol? Sol, und das hier ist Pete Guillam.«

Der ältere der beiden Männer streckte eine Hand aus, Smiley und Guillam schüttelten sie, und sie fühlte sich an wie trockene Baumrinde.

»So«, sagte Martello und sah so zufrieden drein wie ein erfolgreicher Heiratsvermittler. »George, äh, erinnern Sie sich an Ed Ristow, ebenfalls beim Rauschgift, George? Hat Sie vor ein paar Monaten einmal drüben telefonisch begrüßt? Nun, Sol ist Ristows Nachfolger. Zuständig für Südostasien. Und Cy hier arbeitet mit ihm.«

Niemand kann sich Namen so gut merken wie die Amerikaner, dachte Guillam.

Cy war der jüngere der beiden. Er hatte Koteletten und eine goldene Uhr und sah aus wie ein Mormonen-Missionar: fromm, aber streitbar. Er lächelte, als hätte er es in der Schule gelernt, und Guillam lächelte zurück.

»Was ist mit Ristow?« fragte Smiley, als sie sich setzten.

»Infarkt«, knurrte Sol, der Veteran, mit einer Stimme, so trocken wie seine Hand. Sein Haar war wie Stahlwolle, in schmale Streifen zerteilt. Wenn er sich am Kopf kratzte, was er häufig tat, raschelte es.

»Das tut mir leid«, sagte Smiley.

»Könnte für immer sein«, sagte Sol, sah Smiley dabei nicht an und zog an seiner Zigarette.

Hier dämmerte es Guillam zum erstenmal, daß irgend etwas Bedeutsames in der Luft lag. Er entdeckte die Spur einer regelrechten Spannung zwischen den beiden amerikanischen Lagern. Nach Guillams Kenntnis der amerikanischen Szene wurden sang- und klanglose Ämterwechsel selten durch etwas so Banales wie Krankheit verursacht. Er ging so weit, sich zu fragen, auf welche Weise Sols Vorgänger seine weiße Weste bekleckst haben mochte.

»Die Kollegen vom Rauschgift haben, äh, natürlich gewaltiges Interesse an unserem kleinen Hasch-Spielchen, George«, sagte Martello, und dieser verhaltene Fanfarenstoß verkündete indirekt, daß die Jagd auf Ricardo angeblasen war, obwohl Guillam feststellte, daß die amerikanische Seite sich offenbar noch immer seltsam gedrängt fühlte, einen anderen Grund für die Zusammenkunft vorzuschieben – wie Martellos nichtssagende Eröffnungsworte bewiesen:

»George, unsere Leute in Langley arbeiten wirklich gern sehr eng mit ihren guten Freunden vom Rauschgift zusammen«, erklärte er mit aller Wärme einer diplomatischen *note verbale*.

»Beruht auf Gegenseitigkeit«, grollte Sol, der Veteran, zustimmend und stieß weiteren Zigarettenrauch aus, während er sich in den Haaren kratzte. Er schien Guillam ein eher verschlossener Mann zu sein und sich hier keineswegs behaglich zu fühlen. Cy,

sein junger Gefährte, war bedeutend gewandter:
»Frage der Parameter, Mr. Smiley, Sir. Bei einer solchen Sache kann es vorkommen, daß die Kompetenzen sich überschneiden.«
Cys Stimme war ein bißchen zu hoch für seine Größe.
»Cy und Sol haben schon früher mit uns gejagt, George«, sagte Martello, was als weitere Beruhigungsspritze gedacht war. »Cy und Sol gehören zur Familie, dafür garantiere ich. Langley bezieht Rauschgift ein, Rauschgift bezieht Langley ein. So geht das. Stimmt's, Sol?«
»Stimmt«, sagte Sol.
Wenn sie jetzt nicht bald miteinander ins Bett gehen, dachte Guillam, dann *könnten* sie sich statt dessen gegenseitig die Augen auskratzen. Er warf einen Blick zu Smiley hinüber, der sich unsichtbar machen zu wollen schien, während diese ganzen Erklärungen ihm zuliebe vonstatten gingen.
»Vielleicht sollten wir uns erst einmal über den neuesten Stand der Dinge informieren«, schlug Martello nun vor, als forderte er die Anwesenden auf, sich zu waschen.
Ehe wir *was* tun? überlegte Guillam.
Einer der schweigenden Männer hörte auf den Arbeitsnamen Murphy. Murphy war so hell, daß er fast ein Albino hätte sein können. Murphy nahm eine Akte vom Rosenholztisch und las mit großem Respekt in der Stimme daraus vor. Er hielt jede Seite extra zwischen seinen sauberen Fingern.
»Sir, Observierter flog Montag mit ›Cathay Pacific Airlines‹ nach Bangkok, Einzelheiten des Fluges angegeben, und wurde am Flugplatz von Tan Shaw – unser Report liegt vor – in seiner Privatlimousine abgeholt. Sie fuhren direkt zur ständigen Suite von Airsea im Hotel Erawan.« Er blickte zu Sol hinüber. »Tan ist geschäftsführender Direktor von ›Asian Rice and General‹, Sir, das ist die ›Airsea‹-Tochter in Bangkok, alle Auskünfte liegen zu den Akten. Sie verbrachten drei Stunden in der Hotelsuite und –«
»Äh, Murphy«, unterbrach ihn Martello.
»Sir?«
»Das ›Report liegt vor‹ und ›Auskünfte liegen zu den Akten‹ lassen Sie dann aus, ja? Wir alle wissen, daß wir über diese Burschen Akten haben. In Ordnung?«
»In Ordnung, Sir.«
»Ko allein?« fragte Sol.
»Sir, Ko hatte seinen Manager, einen gewissen Tiu bei sich. Tiu

begleitet ihn praktisch überall hin.«

Als Guillam hier wiederum riskierte, Smiley anzusehen, fing er einen fragenden Blick Smileys an Martello auf. Guillam vermutete, daß er an das Mädchen dachte – war sie auch dabeigewesen? –, aber Martellos mildes Lächeln zeigte keine Regung, und nach einem Moment schien Smiley sich damit abgefunden zu haben und nahm seine abwartende Haltung wieder ein.

Sol hatte sich inzwischen seinem Assistenten zugewandt, es kam zu einem kurzen privaten Wortwechsel:

»Warum zum Teufel zapft nicht jemand diese verdammte Hotelsuite an, Cy? Was fürchten sie denn alle?«

»Wir schlugen das Bangkok bereits vor, Sol, aber sie haben Schwierigkeiten mit den Trennwänden, fanden keine geeigneten Vertiefungen oder so.«

»Diese Clowns in Bangkok sind arschlastige Schlafmützen. Ist das der gleiche Tan, den wir voriges Jahr wegen Heroin festnageln wollten?«

»Also das war Tan *Ha*, Sol. Dieser da ist Tan *Lee*. Es gibt unheimlich viele Tans dort drüben. Tan Lee ist nur ein Strohmann. Er besorgt den Kontakt zu Fatty Hong in Chiang Mai. Hong hinwiederum hat die Verbindungen zu den Anbauern und den Großhändlern.«

»Jemand sollte hingehen und das Schwein abknallen«, sagte Sol. Welches Schwein wurde nicht ganz klar.

Martello nickte dem bleichen Murphy zu, er solle weitermachen.

»Sir, die drei Männer fuhren dann hinunter zum Hafen – also Ko und Tan Lee und Tiu, Sir –, und sie sahen sich zwanzig oder dreißig kleine Küstenfahrzeuge an, die an der Pier entlang vertäut waren. Dann fuhren sie zurück zum Flugplatz von Bangkok, und der Observierte flog nach Manila, Philippinen, zu einer Zementkonferenz im Hotel Eden and Bali.«

»Tiu flog nicht nach Manila?« fragte Martello in hinhaltender Absicht.

»Nein, Sir. Flog nach Hause«, antwortete Murphy, und wiederum warf Smiley einen Blick zu Martello hinüber.

»Von wegen Zement«, rief Sol. »Waren das die Boote, die den Transport hinauf nach Hongkong besorgen, Murphy?«

»Ja, Sir.«

»Wir kennen diese Boote«, erklärte Sol vorwurfsvoll. »Wir sind seit Jahren hinter diesen Booten her. Stimmt's, Cy?«

»Stimmt«, bestätigte Cy prompt.
Sol war zu Martello herumgefahren, als wäre er persönlich daran schuld: »Sie verlassen den Hafen sauber. Nehmen den Stoff erst an Bord, wenn sie auf See sind. Niemand weiß, welches Boot die Fracht bekommt, auch nicht der Kapitän des betreffenden Schiffes, bis die Barkasse längsseits anlegt und ihnen den Stoff gibt. Sobald sie die Gewässer von Hongkong erreichen, werfen sie den Stoff über Bord, mit Bojen dran, und die Dschunken gabeln ihn auf.« Er sprach langsam, als tue das Sprechen ihm weh, jedes Wort quälte sich heiser heraus. »Wir liegen den Briten seit Jahren in den Ohren, daß sie diese Dschunken hopsgehen lassen, aber diese Schweine sind alle geschmiert.«
»Das ist alles, was wir haben, Sir«, sagte Murphy und legte seinen Bericht wieder auf den Tisch.

Wieder flogen Engel durch den Raum. Dann verschaffte ihnen ein hübsches Mädchen mit einem Tablett voll Kaffee und Keksen eine kurze Gnadenfrist. Aber als das Mädchen wieder draußen war, wurde das Schweigen noch peinlicher.
»Warum sagen Sie's ihm nicht einfach?« knurrte Sol endlich. »Sonst könnte sein, daß ich es tue.«
Womit sie, wie Martello gesagt haben würde, endlich zum Kern der Sache kamen.

Martello gab sich von nun an zugleich ernst und vertraulich: der Familienanwalt, der den Erben einen Letzten Willen vorliest. »George, äh, auf unsere Bitte hin hat Rauschgift nochmals einen Blick auf den Background und die Personalakte des vermißten Piloten Ricardo geworfen, und sie haben, wie wir beinah vermuteten, eine stattliche Menge Material ausgegraben, das bis dato nicht ans Licht gekommen war, aber hätte kommen sollen, dies aufgrund verschiedener Faktoren. Es führt meiner Ansicht nach zu nichts, jetzt auf irgendwen mit dem Finger zu deuten, und außerdem ist Ed Ristow ein kranker Mann. Sagen wir also, daß die Sache Ricardo, wie immer es auch passierte, in eine kleine Lücke zwischen Rauschgift und uns hineinfiel. Diese Lücke wurde inzwischen geschlossen, und wir möchten gern Ihre Informationen richtigstellen.«
»Vielen Dank, Marty«, sagte Smiley geduldig.
»Scheint, daß Ricardo doch noch lebt«, erklärte Sol. »Scheint, wir

haben da ein erstklassiges *Snafu*.«
»Ein *was?*« fragte Smiley scharf, vielleicht ehe die volle Bedeutung von Sols Äußerung eingesickert war.
Martello übersetzte flugs: »Völlige Verwirrung, George, menschliches Versagen. Passiert jedem von uns. *Snafu*. Auch Ihnen, okay?«
Guillam betrachtete Cys Schuhe, die einen gummiartigen Glanz und dicke Wülste hatten. Smileys Blick hatte sich zur Längswand gehoben, von wo Präsident Nixons wohlwollende Züge ermutigend auf den Dreibund herniederblickten. Nixon war vor einem guten halben Jahr zurückgetreten, aber Martello schien rührenderweise entschlossen zu sein, ihm die Treue zu halten. Murphy und sein stummer Begleiter saßen still wie Konfirmanden in Gegenwart des Bischofs. Nur Sol war in ständiger Bewegung, kratzte sich den krausen Skalp oder nuckelte an der Zigarette, wie eine sportliche Ausgabe von di Salis. Er lächelt nie, dachte Guillam abgelenkt: er hat vergessen, wie man das macht.
Martello fuhr fort: »Ricardos Tod wird in unseren Akten formell als am oder um den einundzwanzigsten August eingetreten verzeichnet, George. Richtig?«
»Richtig«, sagte Smiley.
Martello holte Atem und neigte den Kopf nach der anderen Seite, während er seine Notizen verlas. »Aber, im September, äh, am zweiten – etwa vierzehn Tage nach seinem Tod, richtig? –, scheint Ricardo, äh, persönlichen Kontakt mit jemandem vom Drogendezernat im asiatischen Raum aufgenommen zu haben, damals als BNDD bekannt, aber ursprünglich die gleiche Firma, okay? Sol würde, äh, lieber nicht erwähnt haben, welche Stelle es genau war, und ich respektiere das.« Die Manie mit dem *Äh*, überlegte Guillam, war Martellos Masche, im Sprachfluß zu bleiben, während er nachdachte. »Ricardo bot dieser Stelle gegen Bezahlung Informationen bezüglich eines, äh, Opiumauftrags an, den er, wie er behauptete, erhalten habe: er sollte über die Grenze fliegen, nach, äh, Rotchina.«

Eine kalte Hand schien in diesem Augenblick nach Guillams Magen zu greifen und dort zu bleiben. Die Enthüllung wirkte um so drastischer auf ihn, als sie der langweiligen Einleitung aus so vielen nebensächlichen Einzelheiten folgte. Er sagte später zu Molly, es sei gewesen, als hätten sich »alle Fäden des Falls plötzlich

zu einem einzigen Strang verflochten«. Aber das war in der Rückschau, und er übertrieb ein bißchen. Dennoch, der Schock – nach all der Geheimnistuerei und den Spekulationen und den Schnitzeljagden –, der durch nichts abgemilderte Schock, fast körperlich auf das chinesische Festland geschleudert zu werden: der war ganz bestimmt real und bedurfte keiner Übertreibung.
Martello schlüpfte wieder in die Rolle des würdigen Anwalts.
»George, ich muß hier für Sie noch einiges vom, äh, Familienbackground nachtragen. Während der Sache in Laos verwendete unsere Firma einige der nördlichen Bergstämme für kriegerische Zwecke, Sie wissen das vielleicht. Gleich droben in Burma, kennen Sie diesen Teil, die Shan-Staaten? Freiwillige, Sie verstehen? Eine Menge dieser Stämme waren Dörfer mit Ein-Frucht-Anbau, äh, Opiumdörfer, und im Interesse des dort herrschenden Krieges mußte unsere Firma – äh, *well*, ein Auge zudrücken bei etwas, das wir ohnehin nicht ändern konnten, Sie verstehen? Diese guten Leutchen mußten leben, und viele kannten gar nichts anderes und sahen auch nichts Böses darin, als diese, äh, Frucht anzubauen. Sie verstehen?«
»Herrgott«, sagte Sol leise. »Hast du gehört, Cy?«
»Hab's gehört, Sol.«
Smiley sagte, daß er verstehe.
»Dieses Verhalten der, äh, unserer Firma verursachte eine sehr kurze, sehr vorübergehende Verstimmung zwischen unserer Firma einerseits und den, äh, Rauschgiftfachleuten hier andererseits, vormals *Bureau of Narcotics* genannt. Weil, *well*, während Sols Jungens sich draußen herumschlugen, um den Drogenmißbrauch abzustellen, was absolut richtig ist, und um die Transporte, äh, abzufangen, was ihr Job ist, George, und ihre Pflicht, erforderte das Interesse unserer Firma – das heißt, das Interesse des Krieges – zu diesem Zeitpunkt, Sie verstehen, George, daß wir, *well*, äh, ein Auge zudrückten.«
»Die Firma hat für die Bergstämme den guten Onkel gespielt«, knurrte Sol. »Männer waren alle weg, kämpften im Krieg, die Leute von der Firma flogen hinauf zu den Dörfern, kassierten ihren Mohn, vögelten ihre Weiber und flogen mit ihrem Stoff davon.«
Martello war nicht so leicht aus dem Sattel zu heben: »*Well*, wir meinen, das stellt die Dinge ein bißchen zu kraß dar, Sol, aber die, äh, Verstimmung war in der Tat da, und das ist der Punkt, der

unseren Freund George betrifft. Ricardo, der ist ein harter Brocken. Er flog eine Menge Einsätze für die Firma in Laos, und als der Krieg zu Ende war, zahlte unsere Firma ihn aus, machte Winke-Winke und zog die Leiter hoch. Niemand will solche Burschen auf dem Hals haben, wenn es keinen Krieg mehr für sie gibt. So wurde, äh, vielleicht zu diesem Zeitpunkt aus dem, äh, Wildhüter Ricardo der, äh, Wilderer Ricardo, wenn Sie mich verstehen.«

»Nicht *vollständig*«, gestand Smiley zahm.

Sol hatte keine derartigen Skrupel in bezug auf bittere Wahrheiten. »Solang der Krieg dauerte, hat Ricardo die Drogenflüge für die Firma gemacht, damit oben in den Bergdörfern der Ofen nicht ausging. Nach dem Krieg flog er auf eigene Rechnung. Er hatte die Verbindungen, und er wußte, wo die Leichen im Keller lagen. Er machte sich selbständig, das ist alles.«

»Vielen Dank«, sagte Smiley, und Sol fing wieder an, seinen Bürstenkopf zu kratzen.

Zum zweitenmal ging Martello zu der Geschichte von Ricardos verdrießlicher Auferstehung über.

Sie müssen es untereinander abgesprochen haben, dachte Guillam. Martello führt das Wort. »Smiley ist unser Kontaktmann«, hatte Martello vermutlich gesagt. »Wir drillen ihn nach unserer Fasson.«

Am zweiten September dreiundsiebzig, sagte Martello, habe ein *namentlich nicht genannter Agent der Rauschgiftabteilung im südostasiatischen Raum*, wie Martello den Mann beharrlich bezeichnete, »ein junger Mensch, ganz neu in der Branche, George«, in seiner Wohnung einen nächtlichen Telefonanruf von einem, wie der Anrufer sich nannte, Captain Tiny Ricardo erhalten, einem Mann, der bis dato für tot galt, früherem Laos-Söldner unter Captain Rocky. Ricardo bot eine ansehnliche Menge Rohopium zum ortsüblichen Ankaufspreis. Neben dem Opium jedoch hatte er heiße Informationen anzubieten, wofür er einen, wie er sagte, Schleuderpreis forderte. Im Klartext: fünfzigtausend US-Dollar in kleinen Scheinen und einen westdeutschen Paß mit einmaligem Ausreisevisum. Der namentlich nicht genannte Agent traf sich noch in der gleichen Nacht mit Ricardo auf einem Parkplatz, und sie wurden wegen des Opiumverkaufs rasch handelseins.

»Wollen Sie sagen, Ihr Agent hat dieses Opium *gekauft?*« fragte

Smiley höchst erstaunt.
»Sol sagt mir, es gebe einen, äh, festen Tarif für solche Geschäfte – stimmt's Sol? –, der allen Beteiligten bekannt ist und soundsoviel Prozent des, äh, Schwarzmarktwerts der Ware beträgt, stimmt's?« Sol knurrte bestätigend. »Der, äh, namentlich nicht genannte Agent war befugt, zu diesem Tarif einzukaufen, und er machte von der Befugnis Gebrauch. Kein Problem. Der Agent erklärte sich auch, äh, einverstanden – vorbehaltlich der Genehmigung von oben –, Ricardo Papiere mit beschränkter Gültigkeitsdauer zu verschaffen, George« – er meinte, wie sich später herausstellte, einen nur für wenige Tage gültigen westdeutschen Reisepaß –, »wenn sich – was noch nicht feststeht, verstehen Sie, George – Ricardos Information als entsprechend wertvoll erweisen sollte, denn es gehört zur Arbeitsmethode, Informanten um jeden Preis zu ermutigen. Aber der Agent machte Ricardo klar, daß der ganze Handel – Paß und Bezahlung für die Information – erst der Ratifizierung durch Sols Leute zu Hause im Hauptquartier bedürfe. Er kaufte also das Opium, aber noch nicht die Information. Stimmt's, Sol?«
»Trifft's genau«, knurrte Sol.
»Sol, äh, vielleicht sollten Sie jetzt weitermachen«, sagte Martello.
Als Sol redete, hielt er ausnahmsweise völlig still. Nur der Mund bewegte sich.
»Unser Agent verlangte von Ricardo eine Kostprobe, damit der Wert der Information zu Hause festgestellt werden könnte. Ricardo erzählte nun unserem Agenten, er habe Anweisung erhalten, den Stoff über die Grenze nach Rotchina zu fliegen und als Bezahlung eine nicht näher bezeichnete Fracht zurückzubringen. Das hat er gesagt. Das war die Kostprobe. Er sagte, er kenne den Mann, der hinter dem Geschäft stecke, er sagte, er kenne den Mister Big aller Mister Bigs, das sagen sie alle. Er sagte, er kenne die ganze Geschichte, aber auch das sagen sie alle. Er sagte, er habe also das Festland angeflogen und zack wieder abgedreht, über Laos im Tiefflug, um unter den Radarschirmen wegzutauchen. Mehr hat er nicht gesagt. Sagte nicht, von wo er startete. Sagte, er stehe bei den Leuten, die ihm den Auftrag gaben, in der Schuld, und wenn sie ihn jemals fänden, würden sie ihm die Schnauze polieren. So steht es im Protokoll, Wort für Wort. Die Schnauze polieren. Er habe es also eilig, daher der Spottpreis von fünfzig

Riesen. Er sagte nicht, wer diese Leute sind, er lieferte nicht die Spur einer Zusatz-Information, außer dem Opium, aber er sagte, das Flugzeug habe er noch, er habe es versteckt, eine Beechcraft, und er bot unserem Agenten an, ihm dieses Flugzeug zu zeigen, sobald sie sich wieder träfen. Vorausgesetzt, daß höheren Orts ernsthaftes Interesse bestehe. Das ist alles, was wir haben«, sagte Sol und widmete sich wieder seiner Zigarette. »Die Opiummenge belief sich auf mehrere hundert Kilo. Gute Ware.«

Martello brachte sich geschickt wieder in Ballbesitz:

»Der namentlich nicht genannte Rauschgiftagent machte also seinen Bericht, George. Und er tat, was wir alle getan hätten. Er notierte die Kostprobe und schickte sie ins Hauptquartier und schärfte Ricardo ein, sich ganz still zu verhalten, bis von seinen Leuten Bescheid käme. Wir sehen uns dann in zehn Tagen, vielleicht vierzehn. Hier ist das Geld für's Opium. Mit dem Rest für die Information müssen Sie noch ein bißchen warten. Vorschriften. Verstehen Sie, George?«

Smiley nickte mitfühlend, und Martello nickte zurück, während er weitersprach.

»Hier also liegt der Haken. Hier haben wir das menschliche Versagen, stimmt's? Es könnte noch schlimmer sein, aber nicht viel. Bei unserem Spiel gibt es zweierlei Auffassungen: Verrat oder Versagen. Hier haben wir's mit Versagen zu tun, gar kein Zweifel. Sols Vorgänger Ed, zur Zeit erkrankt, prüfte das Material, und nach Lage der Dinge – also, Sie kennen ihn, George, Ed Ristow, ein guter, verständiger Mann –, und nach Lage der Dinge, wie sie sich ihm darstellten, beschloß Ed, was verständlich, aber verkehrt war, nicht weiterzumachen. Ricardo wollte fünfzig Riesen. Nun, für eine große Sache ist das gar nichts, soviel ich höre. Aber Ricardo wollte das Geld sofort auf den Tisch. Kassieren und abhauen. Und Ed – *well*, Ed hatte große Verantwortung zu tragen und eine Menge häusliche Schwierigkeiten, und Ed sah einfach keine Möglichkeit, eine solche Summe öffentlicher amerikanischer Gelder in eine Type wie Ricardo zu investieren, ohne daß ein großer Fang garantiert war, in Ricardo, der alle Tricks kennt, alle Schliche und sich vielleicht nur großtut, um Eds Außenagenten, der ja erst ein Anfänger ist, aufs Kreuz zu legen. Also hat Ed die Sache abgeblasen. Keine weitere Aktion. Ablegen und vergessen. Erledigt.«

Vielleicht war es wirklich ein Infarkt, überlegte Guillam unsicher.

Aber im Innersten wußte er genau, daß es ihm selber auch hätte passieren können und sogar passiert war: ein Zuträger will Die Große Sache verhökern, und man läßt sie sich durch die Lappen gehen.

Ohne Zeit mit Anschuldigungen zu verschwenden, war Smiley gelassen zu den noch verbliebenen Möglichkeiten übergegangen.

»Wo ist Ricardo jetzt, Marty?« fragte er.

»Nicht bekannt.«

Seine nächste Frage ließ viel länger auf sich warten und war weniger eine Frage, als vielmehr ein laut angestelltes Überlegen.

»Und als Bezahlung *eine nicht näher bezeichnete Fracht* zurückzubringen«, zitierte er. »Gibt es irgendwelche Theorien darüber, um welche Art Fracht es sich gehandelt haben mochte?«

»Wir nahmen an, Gold. Wir haben auch kein zweites Gesicht, so wenig wie Sie«, sagte Sol grob.

Hier stellte Smiley einfach jede Teilnahme an den Vorgängen für eine Weile ein. Seine Züge erstarrten, die Miene wurde ängstlich und für jeden, der ihn kannte, verschlossen, und plötzlich sah Guillam sich vor die Aufgabe gestellt, das Gespräch in Gang zu halten. Zu diesem Zweck wandte er sich, wie Smiley, an Martello:

»Ricardo machte keine Andeutung darüber, wo er seine Rückfracht abliefern sollte?«

»Ich hab's Ihnen gesagt, Pete: das ist alles, was wir haben.«

Smiley hielt sich weiterhin dem Kampf fern. Er saß da und starrte betrübt auf seine gefalteten Hände. Guillam ließ sich eine weitere Frage einfallen:

»Und auch keine Andeutung über das voraussichtliche *Gewicht* der Rückfracht?«

»Herrgott«, sagte Sol, und da er Smileys Haltung mißdeutete, schüttelte er verständnislos den Kopf über diese Flaschen, die man ihm da als Gesprächspartner zumutete.

»Aber Sie sind *ganz* sicher, daß der Mann, der an Ihren Agenten herantrat, Ricardo war?« fragte Guillam, der sich verzweifelt über die Runden boxte.

»Hundertprozentig«, sagte Sol.

»Sol«, schlug Martello vor und beugte sich zu ihm hinüber. »Sol, wie wäre es, wenn Sie George einfach eine blinde Kopie des originalen Agentenberichts gäben? Dann hat er alles, was wir auch haben.«

Sol zögerte, blickte seinen Gefährten an, zuckte die Achseln und

entnahm schließlich einem neben ihm auf den Tisch liegenden Hefter ein Blatt Durchschlagpapier, von dem er feierlich die Unterschrift abtrennte.
»Darf nicht ins Protokoll«, knurrte er, und in diesem Moment erwachte Smiley jäh wieder zum Leben, nahm aus Sols Hand den Bericht in Empfang und studierte eine Weile beide Seiten schweigend.
»Und wo, bitte, ist der namentlich nicht genannte Agent der Rauschgiftabteilung, der dieses Dokument abfaßte?« erkundigte er sich schließlich, wobei er zuerst Martello ansah, dann Sol.
Sol kratzte sich den Skalp, Cy schüttelte mißbilligend den Kopf, während Martellos schweigende Männer keinerlei Neugier bekundeten. Bleichgesicht Murphy las in seinen Notizen weiter, und sein Kollege starrte ausdruckslos auf den Ex-Präsidenten.
»In einer Hippie-Kommune nördlich von Katmandu untergekrochen«, knurrte Sol durch einen Schwall Zigarettenrauch. »Das Schwein ist ins andere Lager übergewechselt.«
Martellos brillantes Schlußwort war wundervoll nichtssagend: »Das ist also, äh, der Grund, George, warum *unser* Computer Ricardo als tot und begraben führt, George, während der umfassende Bericht – der bei unseren Freunden vom Rauschgift zur Wiedervorlage gelangt ist – keine Handhabe bietet für eine derartige, äh, Annahme.«

Bis hierher hatte Guillam den Eindruck gehabt, daß Martello das Heft in der Hand hatte. Sols Jungens hatten Blödsinn gemacht, sagte er, aber die Vettern sind ungemein großzügig und willens, den Versöhnungskuß zu bieten und wieder gut zu sein. In der postkoitalen Ruhe, die auf Martellos Enthüllungen folgte, konnte dieser irrige Eindruck sich noch eine Weile halten.
»Also, äh, George, ich würde sagen, daß wir in Zukunft – Sie, wir und Sol – auf uneingeschränkte Zusammenarbeit aller unserer Dienststellen zählen dürfen. Ich möchte sagen, daß die Sache eine durchaus positive Seite hatte. Stimmt's, George? Konstruktiv.«
Aber Smiley, der wiederum völlig entrückt war, hob nur die Brauen und schürzte die Lippen.
»Noch was auf dem Herzen, George?« fragte Martello. »Ich sagte: haben Sie noch was auf dem Herzen?«
»Oh, vielen Dank. *Beechcraft*«, sagte Smiley. »Ist das ein einmotoriges Flugzeug?«

»Ach du grüne Neune«, murmelte Sol.
»Zweimotorig, George, zweimotorig«, sagte Martello. »So eine Art Managervogel.«
»Und das Gewicht der Opiumladung war vierhundert Kilo, besagt der Bericht.«
»Knapp eine halbe Tonne, George«, sagte Martello gütiger denn je. »Eine *metrische* Tonne«, fügte er vorsichtshalber hinzu, als er Smileys verdüsterte Züge sah. »Natürlich nicht Ihre englische Tonne, George. Metrische Tonne.«
»Und wo sollte es befördert werden – das Opium, meine ich?«
»Kabine«, sagte Sol. »Dürften wohl die übrigen Sessel ausgebaut haben. Beechcrafts haben verschiedene Modelle. Wir wissen nicht, um welches es sich hier handelt, weil wir es nie zu sehen kriegten.«
Smiley linste wieder auf die Kopie, die er noch immer fest in seinen Patschhänden hielt. »Ja«, murmelte er. »Ja, ich nehme an, das haben sie gemacht.« Und er malte mit einem goldenen Bleistift eine kleine Hieroglyphe an den Rand, ehe er wieder in seine Träumerei verfiel.
»So«, sagte Martello strahlend. »Jetzt sollten wir Arbeitsbienen vielleicht wieder zurück in unsere Stöcke und sehen, wohin uns das bringt, stimmt's, Pete?«
Guillam war gerade am Aufstehen, als Sol sprach. Sol besaß die seltene und ziemlich schreckliche Gabe natürlicher Grobheit. Nichts an ihm hatte sich verändert. Er war keineswegs außer sich. Es war einfach seine Art zu sprechen, seine Art zu arbeiten, und jede andere Art langweilte ihn ganz offenkundig:
»Herrgott, Martello, was für ein Affentheater geht denn hier vor? Dies ist die Große Sache, ja? Wir haben den Finger auf das vielleicht bedeutendste Einzelziel in puncto Rauschgift im ganzen südostasiatischen Raum gelegt. Okay, also Gemeinschaftsarbeit. Die Firma ist endlich mit Rauschgift ins Bett gegangen, weil sie uns für die Sache mit den Bergstämmen entschädigen muß. Glauben Sie bloß nicht, daß *mich* das von Sinnen bringt. Okay, wir haben also mit den Briten ein Stillhalteabkommen betreffs Hongkong. Aber Thailand gehört uns, dito die Philippinen, dito Taiwan, dito der ganze verdammte Sektor, dito der Krieg, und die Briten sitzen auf ihren Ärschen. Vor vier Monaten tauchten die Briten auf und machten ihr Angebot. Großartig, überlassen wir's den Briten. Und was tun sie die ganze Zeit? Schlagen Schaum für

ihre rosigen Backen. Wann fangen sie endlich mit dem Rasieren an, um Gottes willen? Wir haben Geld in dieser Sache stecken. Wir haben einen ganzen Apparat Gewehr bei Fuß stehen, der bereit ist, Kos Verbindungen auf der ganzen Hemisphäre zu zerschlagen. Wir suchen seit *Jahren* nach einem Burschen wie dem da. Und wir können ihn festnageln. Wir haben genügend rechtliche Handhabe – und was haben wir für Handhaben! –, um ihm zwischen zehn und dreißig Jahren zu verschaffen und jede Menge mehr! Wir haben ihn wegen Drogen, wir haben ihn wegen Waffen, wegen Schmuggelware, wir haben die verdammt fetteste Fuhre an rotem Gold, die wir Moskau in unserem ganzen *Leben* jemals einem einzelnen Mann haben aushändigen sahen, und wir haben den allerersten Beweis – wenn dieser Ricardo eine wahre Geschichte erzählt – für ein von Moskau finanziertes Drogen-Subversionsprogramm, das in der Lage und willens ist, den Kampf nach Rotchina hineinzutragen in der Hoffnung, ihnen das gleiche anzutun, was sie bereits uns antun.«

Der Ausbruch hatte Smiley aufgeschreckt wie eine kalte Dusche. Er richtete sich an der Sesselkante auf, den Bericht des Rauschgift-Agenten in der Hand zerknüllt, und starrte entgeistert zuerst Sol an, dann Martello.

»Marty«, murmelte er. »O mein Gott. Nein.«

Guillam zeigte größere Geistesgegenwart. Zumindest machte er einen Einwand:

»Sie müßten eine halbe Tonne schon schrecklich dünn ausstreuen, wie, Sol, wenn achthundert Millionen Chinesen davon süchtig werden sollen?«

Aber Sol hatte keinen Sinn für Humor und auch keinen für Einwände, und schon gar nicht, wenn sie von einem rosigen Briten kamen.

»Und packen wir ihn an der Gurgel?« fragte er unbeirrbar. »Einen Dreck. Wir schleichen um den Brei. Wir halten uns abseits. ›Behutsam vorgehen. Es ist ein britisches Spiel. Ihr Territorium, ihr Mann, ihre Veranstaltung.‹ Wir treten also auf der Stelle, tänzeln rum. Wir taumeln wie die Schmetterlinge und stechen auch so. Herrje, wenn *wir* diese Sache gekriegt hätten, das Schwein wäre schon vor Monaten über ein Faß geschnallt worden.« Er hieb mit der flachen Hand auf den Tisch und benutzte dann den rhetorischen Trick, das Gesagte mit anderen Worten zu wiederholen. »Zum erstenmal im Leben haben wir einen hochkarätigen kommunistischen Schädling im Fadenkreuz, der mit Rauschgift schiebt und die ganze Gegend unsicher macht und russisches Geld nimmt, und wir können es *beweisen*!« Der ganze Wortschwall war an Martello gerichtet: Smiley und Guillam hätten genausogut nicht anwesend sein können. »Und bedenken Sie gefälligst noch eins«, riet er Martello abschließend: »Ein paar große Leute bei uns wollen hier Ergebnisse sehen. Ungeduldige Leute. Einflußreiche. Leute, die sehr ungehalten sind über die zweifelhafte Rolle, die Ihre Firma indirekt bei der Beschaffung von Drogen und dem Verhökern an unsere Jungens in Vietnam gespielt hat, was der Grund ist, daß Sie uns überhaupt hier mittun lassen. Sie sollten also vielleicht Ihren Luxus-Liberalen drüben in Langley, Virginia, ausrichten, es ist höchste Zeit, daß sie scheißen oder vom Topf aufstehen.«

Smiley war so blaß geworden, daß Guillam sich ernstlich um ihn Sorgen machte. Er überlegte, ob er einen Herzanfall erlitten habe oder in Ohnmacht fallen würde. Von Guillam aus gesehen waren Smileys Teint und Wangen plötzlich die eines alten Mannes, und in seinen Augen glomm, als auch er sich ausschließlich an Martello wandte, greisenhaftes Feuer.

»Dennoch, es besteht ein Abkommen. Und solange es gilt, verlasse ich mich darauf, daß Sie es einhalten. Wir haben von Ihnen die uneingeschränkte Erklärung, daß Sie sich aller Operationen im britischen Bereich enthalten, sofern nicht unsere Genehmigung ausdrücklich erteilt wurde. Wir haben ferner Ihre spezielle Zusicherung, daß Sie die gesamte Entwicklung dieses Falles uns überlassen, ohne jede Kontrolle oder Weisung irgendwelcher Art, *gleichgültig, wohin diese Entwicklung führt*. Das war der Vertrag. Völlig freie Hand und als Gegenleistung völlige Einsicht in das Ergebnis. Ich fasse das so auf: *keinerlei* Aktion von seiten Langleys und *keinerlei* Aktion von seiten irgendeiner anderen amerikanischen Dienststelle. Ich gehe davon aus, daß dies Ihr unverbrüchliches Wort ist. Und ich gehe davon aus, daß Ihr Wort noch immer gilt, und ich betrachte diese Übereinkunft als unwiderruflich.«

»Sagen Sie's ihm«, sagte Sol und marschierte hinaus, gefolgt von seinem bläßlichen Begleit-Mormonen. An der Tür drehte er sich um und deutete mit einem Finger auf Smiley.

»Sie fahren in *unserem* Wagen, und wir sagen Ihnen, wann Sie aussteigen können und wann Sie an Deck bleiben«, sagte er.

Der Mormone nickte: »Klarer Fall« und lächelte Guillam wie einladend an. Auf ein Nicken Martellos hin verließen Murphy und sein stummer Genosse hinter den beiden anderen den Raum.

Martello goß Drinks ein. Die Wände seines Büros waren auch aus Rosenholz – imitiertem Rosenholzfurnier, wie Guillam feststellte –, und als Martello an einem Griff zog, legte er einen Eis-Automaten frei, der einen ständigen Hagel von Kugeln in der Art von Rugby-Bällen ausspie. Er goß drei Whiskys ein, ohne die beiden zu fragen, was sie wollten. Smiley sah völlig fertig aus. Die pummeligen Hände umklammerten noch immer die Lehnen des Flugzeugsessels, aber er saß zurückgelehnt wie ein ausgepumpter Boxer zwischen den Runden und starrte zum Plafond, der mit blinzelnden Lichtern bestückt war. Martello stellte die Gläser auf den Tisch.

»Vielen Dank, Sir«, sagte Guillam. Martello hörte ein »Sir« immer gern.

»Aber bitte«, sagte Martello.

»Wem hat Ihr Hauptquartier sonst noch Mitteilung davon gemacht?« sagte Smiley zu den Sternen. »Der Steuer? Dem Zoll? Dem Bürgermeister von Chicago? Ihren zwölf besten Freunden? Ist Ihnen klar, daß nicht einmal meine Vorgesetzten von unserer Zusammenarbeit mit Ihnen wissen? Gott im Himmel!«

»Ach, nun kommen Sie schon, George. Wir müssen Politik machen, genau wie Sie. Wir müssen Zusagen einhalten. Stimmen kaufen. Rauschgift lechzt nach unserem Blut. Diese Drogengeschichte hat im Capitol eine Menge Sendezeit gekriegt. Senatoren, die Unterausschüsse, der ganze Quatsch. Junge kommt als toller Fixer aus dem Krieg zurück. Das erste, was sein Papa tut, ist, an den Abgeordneten schreiben. Unsere Firma reißt sich nicht um alle diese üblen Gerüchte. Sie hat ihre Freunde gern auf der eigenen Seite. Das ist Showbusiness, George.«

»Dürfte ich bitte nur erfahren, wie der *Handel* lautet?« fragte Smiley. »Könnte ich es wenigstens in klaren Worten erfahren?«

»Aber, aber, es gibt keinen *Handel*, George. Langley kann nicht mit etwas handeln, was es nicht besitzt, und dies hier ist Ihr Fall, Ihr Eigentum, Ihr . . . Wir angeln nach ihm –, Sie ebenfalls, mit einem bißchen Nachhilfe von unserer Seite, mag sein –, wir tun unser Möglichstes und dann, wenn wir, äh, keine Resultate aufweisen können, nun, dann wird Rauschgift auch ein bißchen mitmischen und, auf sehr freundschaftliche und zurückhaltende Art, sein Glück versuchen.«

»Womit die Jagd allgemein eröffnet wäre«, sagte Smiley. »Lieber Himmel, was für eine Methode, einen Fall zu verfolgen.«

Im Beschwichtigen war Martello wirklich eine Kanone:

»George, *George*. Angenommen, sie nageln Ko fest. Angenommen, sie packen ihn aus heiterem Himmel, wenn er das nächstemal die Kolonie verläßt. Wenn Ko dann in Sing-Sing schmachtet, mit zehn bis dreißig Jahren auf dem Buckel, na, dann können wir in aller Ruhe alles aus ihm rausholen. Ist das mit einemmal so furchtbar schlimm?«

Ja, das ist es, verdammt nochmal, dachte Guillam. Bis ihm plötzlich mit recht boshafter Freude einfiel, daß Martello keine Ahnung von Bruder Nelson hatte und daß George seine beste Karte im Ärmel behielt.

Smiley saß noch immer vorgebeugt da. Das Eis in seinem Whisky hatte die Außenseite des Glases beschlagen, und eine Zeitlang starrte er darauf und beobachtete, wie die Tränen bis auf den Rosenholztisch herabrannen.

»Wie lange haben wir also für unseren Alleingang Zeit?« fragte Smiley. »Wieviel Vorgabe haben wir, ehe die Rauschgiftleute hereinplatzen?«

»Wir sind nicht unbeweglich, George. Das auf keinen Fall. Es ist eine Frage der Parameter, wie Cy sagte.«

»Drei Monate?«

»Das ist reichlich, ein bißchen reichlich.«

»Weniger als drei Monate?«

»Drei Monate, innerhalb von drei Monaten, zehn bis zwölf Wochen – so in dieser *Spanne*, George. Bleiben wir elastisch. Eine Sache unter Freunden. Drei Monate höchstens, würde ich sagen.«

Smiley atmete mit einem langen Seufzer aus. »Gestern hatten wir noch endlos viel Zeit.«

Martello ließ den Schleier ein paar Zoll weit fallen. »Sol ist nicht so völlig im Verständnis, George«, sagte er, diesmal im besten Circus-Jargon, »äh, Sol hat weiße Flecken«, sagte er, wie als halbes Zugeständnis. »Wir werfen ihm einfach nicht die ganze Strecke vor, wissen Sie, was ich meine?«

Martello schwieg eine Weile und sagte dann:

»Sol reicht bis Stufe eins. Nicht weiter. Glauben Sie mir.«

»Und was bedeutet Stufe eins?«
»Er weiß, daß Ko von Moskau kassiert. Weiß, daß er Opium schiebt. Das ist alles.«
»Weiß er von dem Mädchen?«
»Also, sie ist ein typisches Beispiel, George. Das Mädchen. Dieses Mädchen flog mit ihm nach Bangkok. Erinnern Sie sich, wie Murphys Bericht die Reise nach Bangkok schilderte? Sie wohnte bei ihm in der Hotelsuite. Sie flog mit ihm weiter nach Manila. Ich sah, wie Sie mich an dieser Stelle anblickten. Fing Ihren Blick auf. Aber wir hatten Murphy angewiesen, diesen Teil des Berichts zu streichen. Sols wegen.« Ganz sachte schien Smiley aufzuatmen.
»Der Handel steht, George«, versicherte Martello ihm leutselig. »Nichts hinzugefügt, nichts abgezogen. Sie drillen den Fisch, wir helfen Ihnen, ihn aufzuessen. Und inzwischen jede Hilfe, einfach grünes Telefon abheben und ins Horn stoßen.« Er ging so weit, eine tröstende Hand auf Smileys Schulter zu legen, nahm sie aber schleunigst wieder weg, da er fühlte, daß diese Geste unwillkommen war. »Aber, falls Sie uns jemals *doch* die Ruder überlassen wollten, dann würden wir die Abmachung ganz einfach umkehren und –«
»– uns die Trümpfe aus der Hand nehmen und euch zu allem Überfluß aus der Kolonie rauswerfen lassen«, ergänzte Smiley den Satz für ihn. »Ich möchte noch eines klargestellt wissen. Ich möchte es schriftlich haben. Ich möchte, daß es Gegenstand einer Korrespondenz zwischen uns beiden ist.«
»Ihre Jagdpartie, Sie suchen das Wild aus«, sagte Martello überschwenglich.
»Meine Dienststelle wird den Fisch drillen«, beharrte Smiley in gleichbleibend direktem Ton. »Wir werden ihn auch an Land ziehen, wenn das der korrekte Anglerausdruck ist. Ich bin leider kein Sportsmann.«
»An Land ziehen, auf den Strand setzen, durchhaken, klar.«
Für Guillams argwöhnisches Auge begann Martellos guter Wille an den Kanten leicht abzustoßen.
»Ich bestehe darauf, daß es *unsere* Operation ist. Unser Mann. Ich bestehe auf weiteren Rechten. Ihn festzuhalten und zu behalten, bis uns der Zeitpunkt gekommen scheint, ihn weiterzugeben.«
»Kein Problem, George, überhaupt kein Problem. Sie nehmen ihn an Bord, er gehört Ihnen. Sobald Sie ihn teilen wollen, rufen Sie uns an. Alles ganz einfach.«

»Ich schicke morgen vormittag eine schriftliche Bestätigung herüber.«
»Ach, machen Sie sich damit keine Mühe, George. Wir haben genügend Leute. Wir lassen sie bei Ihnen abholen.«
»Ich schicke sie herüber«, sagte Smiley.
Martello stand auf:
»George, Sie haben einen guten Vertrag abgeschlossen.«
»Ich hatte schon einen«, sagte Smiley. »Langley hat ihn gebrochen.«
Sie schüttelten einander die Hände.

In der Geschichte dieses Falles kommt ein solcher Augenblick kein zweitesmal vor. Er läuft in der Branche unter verschiedenen smarten Bezeichnungen. »Der Tag, an dem George den Spieß umdrehte«, ist eine davon – obwohl es ihn gut eine Woche kostete und Martellos Termin entsprechend näherrückte. Für Guillam bedeutete der Vorgang etwas viel Imposanteres, etwas viel Schöneres als ein rein technisches Vertauschen der Vorzeichen. Während er allmählich Smileys Absicht begriff, während er fasziniert zusah, wie Smiley mit peinlichster Genauigkeit seine Angelschnüre auslegte, diesen oder jenen Mitarbeiter zu sich rief, hier einen Haken herausnahm, dort eine Klampe einsetzte, hatte Guillam das Gefühl, einem Ozeanriesen beim Wenden zuzusehen, der gelockt, gestoppt, bugsiert wird, bis er sich hundertachzig Grad um die eigene Achse gedreht hat.
Was, wie gesagt, zur Folge hatte, daß der ganze Fall auf den Kopf gestellt, der Spieß umgedreht wurde.
Sie kehrten zum Circus zurück, ohne ein Wort zu wechseln. Smiley stieg den letzten Treppenabsatz so langsam hinauf, daß Guillams Sorgen um die Gesundheit seines Chefs erneut erwachten und er bei nächster Gelegenheit den Arzt des Circus anrief, um ihm die Symptome zu schildern, wie er sie sah; nur um zu erfahren, daß Smiley den Arzt vor ein paar Tagen aus anderen Gründen konsultiert hatte und sich allem Anschein nach als unverwüstlich erwies. Die Tür des Thronsaals schloß sich, und Fawn, der Babysitter, hatte seinen geliebten Chef wieder einmal ganz für sich. Smileys Wünschen, soweit sie durchsickerten, haftete ein Ruch von Alchimie an. Beechcraft-Flugzeuge: er verlangte Pläne und Kataloge, und außerdem – vorausgesetzt, daß sie anonym zu beschaffen wären – alles über Besitzer, Käufe und

Verkäufe dieser Maschinen in ganz Südostasien. Toby Esterhase tauchte pflichtschuldigst in das finstere Dickicht des Flugzeuggeschäfts, und bald darauf wurde Molly Meakin von Fawn ein entmutigender Stapel alter Nummern einer Zeitschrift ausgehändigt, die sich *Transport World* nannte, zusammen mit handschriftlichen Anweisungen von Smiley in der traditionell grünen Tinte seines Büros, wonach sie alle Inserate von Beechcraft-Flugzeugen heraussuchen sollte, die während der sechs Monate vor dem geplatzten Opiumtransport des Piloten Ricardo nach Rotchina das Auge eines potentiellen Käufers auf sich gezogen haben mochten.
Ebenfalls auf Smileys schriftlichen Befehl hin suchte Guillam einige von di Salis' Wühlmäusen auf und stellte ohne Wissen ihres temperamentvollen Vorgesetzten fest, daß sie noch immer weit davon entfernt waren, den Finger auf Nelson Ko zu legen. Ein älterer Knabe ging so weit, anzudeuten, daß Drake Ko bei seiner letzten Begegnung mit dem alten Hibbert nichts Geringeres als die Wahrheit gesprochen habe: nämlich, daß Bruder Nelson tatsächlich tot sei. Aber als Guillam diese Nachricht Smiley vortrug, schüttelte der nur ungeduldig den Kopf und gab ihm ein Telegramm zur Weiterleitung an Craw, worin dieser ersucht wurde, bei seiner dortigen Polizeiquelle und wenn möglich unter irgendeinem Vorwand alle amtsbekannten Einzelheiten über Reisen von Kos Manager Tiu nach und von Festland-China zu erfragen.
Craws ausführliche Antwort lag achtundvierzig Stunden später auf Smileys Schreibtisch und schien ihm einen seiner seltenen freudigen Augenblicke zu bereiten. Er ließ den Dienstwagen vorfahren und sich nach Hampstead kutschieren, wo er eine Stunde lang allein im sonnenhellen Frost durch die Heide wanderte, und laut Fawn die rotbraunen Eichhörnchen anglotzte, ehe er wieder in den Thronsaal zurückkehrte.
»Aber sehen Sie denn nicht?« schalt er Guillam an diesem Abend in einer seiner ebenfalls seltenen Anwandlungen von Erregung. »Verstehen Sie denn nicht, Peter?« Und er schob ihm Craws Angaben unter die Nase und tippte sogar mit den Finger auf einen Eintrag: »Tiu ging sechs Wochen vor Ricardos Auftrag nach Schanghai. Wie lang blieb er dort? Achtundvierzig Stunden. Ach, Sie sind ein Dummkopf!«
»Ich bin nichts dergleichen«, protestierte Guillam. »Ich habe nur

zufällig keinen direkten Draht zum lieben Gott, das ist alles.«
In den Kellern spielte Smiley, in Klausur mit Millie McCraig, der Oberhorcherin, die Monologe des alten Hibbert nochmals ab und runzelte gelegentlich – sagte Millie – über di Salis' plumpes Drängen die Stirn. Im übrigen las er, schlich herum und sprach in kurzen intensiven Ausbrüchen mit Sam Collins. Diese Begegnungen kosteten Smiley, wie Guillam bemerkte, eine Menge Kraft, und seine Anwandlungen von Mißmut – die weiß Gott selten genug waren für einen Mann mit Smileys Belastungen – traten regelmäßig nach Sams Weggang auf. Und noch wenn sie abgeklungen waren, sah er angespannter und einsamer denn je aus, bis er wieder einen seiner langen nächtlichen Spaziergänge unternommen hatte.
Dann, etwa am vierten Tag, der in Guillams Leben aus irgendeinem Grund ein kritischer Tag war – wahrscheinlich wegen des Streits mit dem Schatzamt, das Craw keinen Bonus auszahlen wollte –, gelang es Toby Esterhase, durch die Netze Fawns und Guillams zu schlüpfen und unentdeckt in den Thronsaal zu gelangen, wo er Smiley ein Bündel fotokopierter Verkaufsverträge über eine brandneue viersitzige Beechcraft an die Firma Aerosuis & Co, eingetragen in Zürich, Einzelheiten anbei, vorlegte. Smiley war besonders erfreut über die Tatsache, daß die Maschine vier Sitze hatte. Die beiden rückwärtigen waren herausnehmbar, nur die Sitze des Piloten und Copiloten waren fest montiert. Das genaue Verkaufsdatum des Flugzeugs war der 20. Juli gewesen: also knapp einen Monat bevor der verrückte Ricardo zur Verletzung des rotchinesischen Luftraums gestartet war und es sich dann anders überlegt hatte.
»Sogar Peter kann hier Zusammenhänge erkennen«, erklärte Smiley mit unbeholfener Neckerei. »Jetzt mal logisch, Peter, logisch.«
»Das Flugzeug wurde zwei Wochen nach Tius Rückkehr aus Schanghai verkauft«, erwiderte Guillam zögernd.
»Und weiter?« drängte Smiley. »Und weiter? Was folgt für uns daraus?«
»Wir fragen uns, wem die Firma Aerosuis gehört«, fauchte Guillam, der jetzt ausgesprochen reizbar wurde.
»Genau. Vielen Dank«, sagte Smiley in gespielter Erleichterung. »Sie haben mir den Glauben an Ihre Fähigkeiten wiedergegeben, Peter. Und nun: was glauben Sie, wen wir an der Spitze von

Aerosuis erblicken? Den Vertreter in Bangkok, keinen Geringeren.«
Guillam linste auf die Notizen auf Smileys Schreibtisch, aber Smiley war zu schnell für ihn und klappte die Hände darüber.
»Tiu«, sagte Guillam und errötete prompt.
»Hurra! Ja. Tiu. Gut gemacht.«
Aber als Smiley an diesem Abend Sam Collins holen ließ, hatten sich die Schatten wieder über seine hängenden Züge gesenkt.

Doch die Leinen waren ausgeworfen. Nach seinem Erfolg in der Luftfahrtindustrie wurde Toby Esterhase auf den Spirituosenhandel angesetzt und flog in der Maske eines Mehrwertsteuerinspektors zu den westschottischen Inseln, wo er drei Tage mit Stichproben in den Büchern einer auf den Terminverkauf von unabgelagerten Fässern spezialisierten Whiskybrennerei zubrachte. Er kehrte feixend wie ein erfolgreicher Bigamist zurück – um Connie zu zitieren.
Der Höhepunkt, in den dies alles einmündete, war ein außerordentlich langes Telegramm an Craw im Anschluß an eine feierliche Sitzung des Einsatz-Direktoriums – der Golden Oldies, um wiederum Connie zu zitieren, unter Hinzuziehung von Sam Collins. Diese Sitzung folgte einer ausgedehnten Lagebesprechung mit den Vettern, bei der Smiley sich jeglicher Erwähnung des abgängigen Nelson Ko enthielt, dafür jedoch gewisse weitere Überwachungs- und Kommunikationsmöglichkeiten vor Ort anforderte. Seinen Mitarbeitern erklärte Smiley seine Pläne folgendermaßen.
Bisher beschränkte sich die Operation auf das Sammeln von Informationen über Ko und die Verzweigungen der sowjetischen Goldader. Es war alles getan worden, um zu verhindern, daß Ko vom Interesse des Circus an seiner Person Wind bekäme.
Dann faßte er zusammen, was sie bisher erzielt hatten: Nelson, Ricardo, Tiu, die Beechcraft, die Daten, die Verbindungslinien, die in der Schweiz eingetragene Luftfahrtgesellschaft – die, wie sich jetzt herausstellte, weder Geschäftsräume noch weitere Maschinen besaß. Er würde lieber, sagte er, auf die positive Identifizierung Nelsons warten, aber jede Operation sei ein Kompromiß, und die Zeit werde, unter anderem dank den Vettern, schon recht knapp.
Das Mädchen erwähnte er mit keinem Wort, und nicht ein

einziges Mal während seiner Ausführungen blickte er Sam Collins an.

Dann kam er zu dem, was er schlicht als die *nächste Phase* bezeichnete.

»Unsere nächste Aufgabe wird sein, aus dem Patt herauszukommen. Es gibt Unternehmen, bei denen es besser ist, wenn sie *nicht* zur Lösung gelangen. Und es gibt solche, die wertlos sind, ehe sie zu einer Lösung *gelangen,* und »Unternehmen Delphin« gehört zu diesen letzteren.« Er runzelte nachdenklich die Stirn, zwinkerte, riß dann die Brille von der Nase und begann, zu jedermanns geheimen Entzücken, sie tatsächlich mit dem breiten Ende seiner Krawatte zu putzen. »Um dieses Ziel zu erreichen, schlage ich vor, daß wir unsere Taktik radikal ändern. Mit anderen Worten, daß wir Ko unser Interesse an seinen Angelegenheiten kund und zu wissen tun.«

Wie immer war Connie diejenige, die dem verblüfften Schweigen ein Ende machte. Ihr Lächeln war auch das erste – und das wissendste.

»Er räuchert ihn aus«, flüsterte sie den anderen ekstatisch zu. »Genau wie er es mit Bill gemacht hat, dieser schlaue Jagdhund! Sie zünden vor seiner Tür ein Feuer an, wie, *darling,* und sehen zu, in welche Richtung er rennt. Oh *George,* Sie lieber, lieber Mann, Sie allerbester von allen meinen Jungens, Ehrenwort!«

Smileys Telegramm an Craw beschrieb den Plan mittels einer anderen Metapher: einer, die den Außenagenten geläufig ist. Er sprach davon, man müsse *Kos Bäumchen schütteln,* und aus dem restlichen Text ging klar hervor, daß Craw sich zu diesem Zweck, trotz der damit verbundenen beträchtlichen Risiken, Jerry Westerbys breiten Rückens bedienen sollte.

Hierzu noch eine Anmerkung: ein paar Tage später verschwand Sam Collins. Jeder freute sich darüber. Er kam nicht mehr, und Smiley erwähnte ihn mit keinem Wort. In Sams Büro fand sich, als Guillam heimlich hineinschlüpfte, um es zu inspizieren, keinerlei persönliche Habe, abgesehen von ein paar unangebrochenen Päckchen Spielkarten und einigen piekfeinen Streichholzbriefchen, die für einen Nachtclub im West End warben. Als er die Housekeepers heraustrommelte, war man dort ausnehmend entgegenkommend. Sams Lohn, sagten sie, sei ein Abschiedsbonus und das Versprechen, man wolle seine Pensionsansprüche

nochmals überprüfen. Er habe im Grunde nicht viel zu verkaufen gehabt. Eine Niete, sagten sie. Geh mit Gott, aber geh!
Trotz allem konnte Guillam sich eines gewissen Unbehagens in bezug auf Sam nicht erwehren, wie er Molly Meakin im Lauf der folgenden Wochen häufig anvertraute. Es kam nicht nur daher, daß er in Lacons Büro mit ihm zusammengetroffen war. Er machte sich Gedanken über die Sache mit Smileys Korrespondenz mit Martello, worin die mündliche Absprache bestätigt wurde. Damit die Vettern Smileys Schreiben nicht abholen ließen – was das Anrauschen einer Limousine nebst Motorradeskorte am Cambridge Circus bedeutet hätte –, hatte Smiley Guillam angewiesen, es zum Grosvenor Square zu bringen und Fawn, den Babysitter, mitzunehmen. Aber Guillam steckte bis zum Hals in Arbeit, alles kam zusammen, und Sam hatte, wie üblich, nichts zu tun. Als daher Sam sich anbot, ihm den Auftrag abzunehmen, ließ Guillam ihn den Brief befördern und wünschte danach zu Gott, er hätte es nicht getan. Er wünscht es noch immer und von ganzem Herzen. Denn anstatt Georges Brief Murphy oder dessen blassem Ersatzmann auszuhändigen, sagte Fawn, habe Sam darauf bestanden, zu Martello persönlich vorgelassen zu werden. Und er habe mehr als eine Stunde mit ihm allein in seinem Büro verbracht.

# Zweiter Teil

# Der Baum wird geschüttelt

## 13 *Liese*

Star Heights war der neueste und mächtigste Wohnblock in den Midlevels, ein Rundbau, der bei Nacht wie ein riesiger erleuchteter Bleistift ins sanfte Dunkel des Peak stach. Eine gewundene Zufahrt führte dort hinauf; der Gehsteig bestand jedoch aus einem nur sechs Zoll breiten Randstreifen zwischen der Fahrstraße und der Klippe; denn in Star Heights waren Fußgänger geächtet. Es war früher Abend, und die gesellschaftliche *rush hour* näherte sich ihrem Höhepunkt. Als Jerry am Straßenrand entlangbalancierte, fegten Mercedes und Rolls-Royces in ihrer Hast, abzuliefern und einzusammeln, dicht an ihm vorüber. Er trug einen Orchideenstrauß in Seidenpapier gehüllt: größer als der Strauß, den Craw Phoebe Wayfarer überreicht hatte, kleiner als der, den Drake Ko dem toten kleinen Nelson brachte. Diese Orchideen waren niemandem zugeeignet. »Wer so groß ist wie ich, altes Haus, der muß für alles, was er tut, einen verdammt guten Grund haben.« Er empfand Spannung, aber auch Erleichterung darüber, daß das lange, lange Warten endlich vorbei war.

*Ganz schlicht mit der Tür ins Haus fallen, Ehrwürden,* hatte Craw ihn bei der gestrigen ausgedehnten Vergatterung angewiesen. *Reindrängen und loslegen und nicht mehr aufhören, bis Sie drüben wieder rauskommen.*

Mit einem Bein, dachte Jerry.

Eine gestreifte Markise führte zur Eingangshalle, und das Parfüm der Frauen lag in der Luft wie ein Vorgeschmack seiner Aufgabe. *Und denken Sie daran, daß der ganze Schuppen Ko gehört,* hatte Craw säuerlich als Abschiedsgeschenk hinzugefügt. Die Innendekoration war noch nicht ganz fertig. Rings um die Briefkästen fehlten noch Marmorplatten. Ein gläserner Fisch sollte Wasser in einen Terrazzo-Brunnen speien, aber die Röhren waren noch nicht angeschlossen, und im Becken stapelten sich Zementsäcke. An einer Glaskabine stand »Empfang«, und der chinesische

Portier beobachtete ihn von drinnen. Jerry sah nur seine verschwommenen Umrisse. Er hatte gelesen, als Jerry hereinkam, aber jetzt starrte er ihn an, unentschlossen, ob er ihn anrufen sollte, aber halbwegs beschwichtigt durch die Orchideen. Ein paar amerikanische Matronen in voller Kriegsbemalung kamen an und nahmen neben ihm Aufstellung.

»Toller Flor«, sagten sie und stachen in das Seidenpapier.

»Super, wie? Hier, nehmen Sie. Geschenk! Los! Schöne Frau. Nackt ohne Blumen!«

Gelächter. Diese Engländer sind eine Rasse für sich. Der Portier wandte sich wieder seiner Lektüre zu. Jerry war vertrauenswürdig. Ein Lift kam. Eine Herde Diplomaten, Geschäftsleute mit ihren Squaws, mürrischen, juwelenbeladenen Wesen, schlurften in die Halle. Jerry komplimentierte die Amerikanerinnen vor sich her. Zigarrenrauch vermischte sich mit dem Parfüm, Konservenmusik summte vergessene Weisen. Die Matronen drückten auf den Knopf für die zwölfte Etage.

»Wollen Sie auch zu den Hammersteins?« fragten sie und blickten immer noch auf die Orchideen.

Auf der fünfzehnten lief Jerry zur Feuertreppe. Sie stank nach Katzen und dem Abfall aus dem Müllschlucker. Im Hinuntergehen begegnete er einer Amah mit Windeleimer. Sie glotzte ihn finster an, bis er sie grüßte, dann lachte sie brüllend. Er ging weiter bis zum achten Stock, wo er in die Üppigkeit des Herrschaftstrakts zurückkehrte. Er stand am Ende eines Korridors. Eine kleine Rotunde führte zu zwei vergoldeten Lifttüren. Hier lagen vier Wohnungen, jede ein Quadrant des kreisrunden Baus und jede mit ihrem eigenen Korridor. Er postierte sich in Korridor B, mit den Blumen als einziger Deckung. Er beobachtete die Rotunde, seine Aufmerksamkeit galt dem mit C bezeichneten Korridor. Das Seidenpapier um die Orchideen war feucht, wo er es zu fest umklammert hielt.

»Es ist eine regelmäßige wöchentliche Verabredung«, hatte Craw ihm versichert. »Jeden Montag, Blumenstecken im American Club. Regelmäßig wie ein Uhrwerk. Sie trifft sich dort mit einer Freundin, Nellie Tan, die für Airsea arbeitet. Sie machen ihr Ikebana und bleiben dann zum Dinner.«

»Und wo ist Ko inzwischen?«

»Bangkok. In Geschäften.«

»Dann können wir bloß verdammt hoffen, daß er dort bleibt.«

»Amen, Sir, Amen«, sagte Craw fromm.
Unter dem Quietschen nicht geölter neuer Angeln flog die Tür neben seinem Ohr auf, und ein schlanker junger Amerikaner im Smoking trat in den Korridor, blieb wie angewurzelt stehen und starrte Jerry und seine Orchideen an. Er hatte blaue, stetige Augen und trug eine Aktenmappe.
»Möchten Sie mit diesen Dingern da zu mir?« erkundigte er sich im Tonfall der Bostoner Society. Er sah reich und selbstsicher aus. Jerry tippte auf diplomatischen Dienst oder gehobene Banklaufbahn.
»Offen gestanden, ich glaube eigentlich nicht«, bekannte Jerry und spielte den dämlichen Engländer. »*Cavendish*«, sagte er. Über die Schulter des Amerikaners hinweg sah Jerry, wie die Tür sich lautlos vor einem vollgepackten Bücherregal schloß. »Freund hat mich gebeten, das bei einer *Miss Cavendish* in 9 D abzuliefern. Walzt hinüber nach Manila, ich stehe da mit den Orchideen, könnte man sagen.«
»Falscher Stock«, sagte der Amerikaner, während er zum Lift schlenderte. »Sie müssen eins höher. Und falscher Korridor. D ist drüben auf der anderen Seite. Dort drüben.«
Jerry stellte sich neben ihn, als wartete er auf einen Lift nach oben. Der Abwärts-Lift kam zuerst, der junge Amerikaner trat elastisch hinein, und Jerry kehrte auf seinen Posten zurück. Die Tür C ging auf, er sah sie herauskommen und sich umdrehen, um zweimal abzuschließen. Sie hatte sich nicht eigens schön gemacht. Ihr Haar war aschblond und lang, aber sie hatte es im Nacken zu einem Pferdeschwanz gebunden. Sie trug ein schlichtes rückenfreies Kleid und Sandalen, und obwohl Jerry ihr Gesicht nicht sehen konnte, wußte er sofort, daß sie schön war. Sie ging zum Lift, sah ihn noch immer nicht, und Jerry hatte den Eindruck, als spähte er von der Straße her durchs Fenster auf sie.
Es gibt Frauen, fand Jerry, die ihren Körper tragen, als sei er eine Zitadelle, die nur der Tapferste erstürmen könne, und Jerry hatte mehrere solcher Frauen geheiratet; oder vielleicht waren sie unter seinem Einfluß so geworden. Es gibt Frauen, die entschlossen scheinen, sich selber nicht zu mögen, die Schultern hochziehen und die Hüften zurückschieben. Und es gibt Frauen, die nur auf ihn zuzugehen brauchten, um ihm damit ein Geschenk zu machen. Das waren die seltenen, und in diesem Moment führte sie für Jerry die Meute an. Sie war vor den goldenen Türen

stehengeblieben und beobachtete die aufleuchtenden Zahlen. Er war neben ihr, als der Lift ankam, und noch immer hatte sie ihn nicht bemerkt. Der Lift war voll besetzt, wie er gehofft hatte. Er drückte sich rücklings hinein, besorgt um seine Orchideen, entschuldigte sich, grinste, und hielt den Strauß demonstrativ über den Kopf. Sie stand mit dem Rücken zu ihm, er dicht an ihrer Schulter. Es war eine kräftige Schulter und zu beiden Seiten der Träger nackt, und Jerry konnte kleine Sommersprossen sehen und einen Flaum winziger goldener Härchen, die sich ihr Rückgrat entlangzogen. Ihr Gesicht war im Profil und ein Stück unter ihm. Er linste sie an.

»Lizzie?« sagte er unsicher. »Heh, *Lizzie.* Ich bin's Jerry.«

Sie fuhr jäh herum und starrte zu ihm auf. Er wäre gern einen Schritt zurückgetreten, denn er wußte, daß ihre erste Reaktion körperliche Furcht vor seiner Größe sein würde, und das stimmte auch. Er sah diese Furcht kurz in ihren grauen Augen, die aufflackerten, ehe sie ihn mit ihrem Starren festhielten.

»Lizzie *Worthington!*« erklärte er nun sicherer. »Was macht der Whisky, kennen Sie mich nicht mehr? Einer Ihrer stolzen Anleger. Jerry, Kumpel von Tiny Ricardo. Ein Fünfzig-Gallonen-Faß mit meinem Namen auf dem Etikett. Alles bezahlt und eingelagert.«

Er hatte leise gesprochen, in der Annahme, er könne eine Vergangenheit aufrühren, von der sie nichts mehr wissen wollte. Er hatte so leise gesprochen, daß die übrigen Passagiere entweder »Raindrops keep falling on my head« aus dem Lautsprecher hörten oder das Murren eines ältlichen Griechen, der behauptete, jemand habe ihn gestoßen.

»Ach natürlich«, sagte sie und ließ ein strahlendes Stewardessenlächeln aufleuchten. »Jerry!« Ihre Stimme erstarb, als sie so tat, als liege der Name ihr auf der Zunge: »Jerry – ähem –«. Sie runzelte die Stirn und blickte nach oben wie eine Schauspielschülerin, die Vergeßlichkeit mimt. Der Lift hielt im sechsten Stock.

»Westerby«, kam er ihr prompt zu Hilfe. »Von der Journaille. Sie haben mich in der Constellation-Bar geangelt. Wollte ein bißchen liebevollen Trost, und alles, was ich kriegte, war ein Faß Whisky.«

Jemand neben ihm lachte.

»Natürlich! Jerry, *darling*! Wie konnte ich nur . . . Ich meine, was machen Sie in Hongkong, mein *Gott!*«

»Das übliche. Feuersbrunst und Pestilenz, Hungersnot. Und Sie?

Im Ruhestand würde ich sagen, bei Ihren Verkaufsmethoden. Bin nie im Leben so gründlich übers Ohr gehauen worden.«

Sie lachte entzückt. Die Türen hatten sich in der dritten Etage geöffnet. Eine alte Frau auf zwei Stöcken schlurfte herein.

*Lizzie Worthington verkaufte alles in allem schlanke fünfundfünfzig Fässer von diesem schändlichen Musentrank, Ehrwürden,* hatte Craw gesagt. *Jedes einzelne an einen männlichen Kunden, und eine stattliche Anzahl, wie meine Ratgeber melden, mit voller Bedienung obendrein. Verleiht dem Ausdruck »Dienst am Kunden« einen neuen Aspekt, möchte ich sagen.«*

Sie waren im Erdgeschoß angelangt. Sie stieg zuerst aus, und er ging neben ihr her. Durch die Eingangstüren sah er ihren roten Sportwagen mit zurückgeklapptem Verdeck zwischen den funkelnden Limousinen in der Parkbucht warten. Sie mußte hinuntertelefoniert und befohlen haben, ihn vorzufahren, dachte er: wenn Ko der Eigentümer dieses Hauses ist, dann wird er wohl dafür sorgen, daß sie fürstlich behandelt wird. Sie hielt auf das Fenster des Portiers zu. Während sie die Halle durchquerten, plauderte sie weiter, drehte sich im Sprechen ihm zu, einen Arm weit ausgestreckt, Handfläche nach oben, wie ein Mannequin. Er mußte sie gefragt haben, wie ihr Hongkong gefalle, obwohl er sich nicht daran erinnerte:

»Ich finde es hinreißend, Jerry, einfach *hinreißend.* Vientiane scheint, ach, *Jahrhunderte* entfernt. Wissen Sie, daß Ric tot ist?« Sie warf es heldenhaft ins Gespräch, als wären sie und der Tod einander nicht mehr fremd. »Nach Ric dachte ich, mir würde es nie mehr irgendwo gefallen. Wie habe ich mich getäuscht, Jerry! Hongkong *muß* die amüsanteste Stadt der Welt sein. Lawrence, *darling,* ich segle in meinem roten Unterseeboot. Heute ist Hennenabend im Club.«

Lawrence war der Portier, und der Schlüssel zu ihrem Wagen baumelte von einem großen silbernen Hufeisen, was Jerry an die Rennen in Happy Valley erinnerte.

»Vielen Dank, Lawrence«, sagte sie süß und schenkte ihm ein Lächeln, das ihm für die ganze Nacht reichen würde. »Die *Menschen* hier sind so wundervoll, Jerry«, vertraute sie ihm im Bühnenflüstern an, als sie sich zum Haupteingang bewegten. »Wenn ich *denke,* was wir in Laos über die Chinesen gesagt haben! Und hier sind sie einfach die wundervollsten und herzlichsten und originellsten Menschen, die man sich vorstellen

kann.« Sie war in einen staatenlosen ausländischen Akzent geschlüpft, stellte Jerry fest. Mußte ihn von Ricardo angenommen und als besonders schick beibehalten haben. »Die Leute denken immer: ›Hongkong – sagenhaft zum Einkaufen – zollfreie Kameras – Restaurants –‹, aber ehrlich, Jerry, wenn man wirklich eindringt und das *wahre* Hongkong kennenlernt und die *Menschen* – es ist alles da, was man sich im Leben irgend wünschen kann. Finden Sie meinen neuen Wagen nicht hinreißend?«
»So geben Sie also den Whiskyrebbach aus.«
Er streckte die geöffnete Hand hin, und sie ließ die Schlüssel hineinfallen, damit er ihr die Tür aufschließen konnte. In stummem Gebärdenspiel gab er ihr die Orchideen zu halten. Hinter dem schwarzen Peak glomm der noch nicht aufgegangene Vollmond wie ein Waldbrand. Sie stieg ein, er reichte ihr die Schlüssel, und diesmal fühlte er die Berührung ihrer Hand und mußte wieder an Happy Valley denken und an Kos Kuß, als sie abfuhren.
»Darf ich auf dem Rücksitz mitfahren?« fragte er.
Sie lachte und öffnete ihm die Beifahrertür: »Wohin wollen Sie überhaupt mit diesen prächtigen Orchideen?«
Sie ließ den Motor an, aber Jerry stellte ihn sanft wieder ab, so daß sie ihn erstaunt anstarrte.
»Altes Haus«, sagte er ruhig. »Ich kann nicht lügen. Ich bin eine Natter an Ihrem Busen, und ehe Sie mich irgendwohin fahren, sollten Sie sich anschnallen und die leidige Wahrheit hören.«
Er hatte den Augenblick sorgfältig gewählt, weil er nicht wollte, daß sie sich bedroht fühlte. Sie saß am Steuer ihres eigenen Wagens, unter der beleuchteten Markise ihres eigenen Wohnblocks, nur sechzig Fuß von Lawrence, dem Portier, entfernt, und er spielte den reuigen Sünder, damit sie sich um so sicherer fühlen sollte.
»Unsere zufällige Begegnung war kein reiner Zufall. Das ist Punkt eins. Punkt zwei, um es gleich ganz ehrlich zu sagen: meine Zeitung hat mich beauftragt, Sie ausfindig zu machen und Sie mit zahlreichen neugierigen Fragen über Ihren verstorbenen Kumpel Ricardo zu bestürmen.«
Sie beobachtete ihn noch immer, wartete noch immer. An der Kinnspitze hatte sie zwei kleine parallellaufende Narben wie ziemlich tiefe Krallenspuren. Er fragte sich, wer sie ihr beigebracht hatte und womit.

»Aber Ricardo ist tot«, sagte sie viel zu früh.
»Klar«, sagte Jerry beruhigend. »Unstreitig. Aber die Zeitung hat etwas, was sie gern als heißen Tip bezeichnet, daß er doch noch lebt, und es ist mein Job, ihr den Willen zu tun.«
»Aber das ist vollkommen absurd!«
»Genau. Total. Die sind verrückt geworden. Der Trostpreis sind zwei Dutzend gut durchgeknetete Orchideen und das beste Dinner in der Stadt.«
Sie wandte sich von ihm ab und blickte durch die Windschutzscheibe, so daß ihr Gesicht im vollen Strahl der Lampe war, und Jerry überlegte, wie es sein mochte, in einem so wunderschönen Körper zu wohnen, ihm vierundzwanzig Stunden am Tag Ehre zu machen. Ihre grauen Augen öffneten sich ein wenig weiter, und ihn überkam die boshafte Ahnung, er solle die aufsteigenden Tränen zur Kenntnis nehmen und die Art, wie ihre Hände sich haltsuchend an das Steuerrad klammerten.
»Entschuldigen Sie«, flüsterte sie. »Es ist nur – wenn man einen Mann liebt – alles für ihn aufgibt, und er stirbt – und dann, eines Abends, aus heiterem Himmel –«
»Klar«, sagte Jerry. »Tut mir leid.«
Sie ließ den Motor an. »Warum sollte es Ihnen leid tun? Wenn er lebt, um so besser. Wenn er tot ist, bleibt alles, wie es ist. Es steht ein Pfund zu gar nichts.« Sie lachte. »Ric sagte immer, er sei unverwüstlich.«
Es ist, als würde man einen blinden Bettler bestehlen, dachte er. Sie dürfte nicht allein herumlaufen.
Sie fuhr gut, aber verkrampft, und er schloß daraus, daß sie erst vor kurzem ihre Fahrprüfung abgelegt hatte und daß der Wagen die Belohnung dafür war. Es war die ruhigste Nacht der Welt. Als sie zur Innenstadt hinunterglitten, lag der Hafen wie ein makelloser Spiegel in der Mitte der Schmuckschatulle. Sie sprachen über Lokale. Jerry schlug das Peninsula vor, aber sie schüttelte den Kopf.
»Okay. Dann gehen wir zunächst mal auf einen Drink«, sagte er. »Los, wir wollen tüchtig auf den Zünder hauen!«
Zu seiner Überraschung faßte sie nach seiner Hand und drückte sie. Dann fiel ihm Craw ein. Das mache sie mit jedem so, hatte er gesagt.

Sie war für eine Nacht von der Kette: das war sein überwältigender Eindruck. Er erinnerte sich, wie er einmal seine Tochter Cat, als sie noch klein war, aus der Schule geholt hatte und wie sie eine ganze Menge verschiedener Dinge unternehmen mußten, um den Nachmittag zu dehnen. In einer dunklen Diskothek in Kaulun tranken sie Rémy Martin mit Eis und Soda. Er vermutete, es sei Kos Lieblingsdrink, und sie hatte ihn sich angewöhnt, um Ko Gesellschaft zu leisten. Es war noch früh, und im Lokal waren vielleicht ein Dutzend Leute, mehr nicht. Die Musik war laut und sie mußten schreien, um sich zu verständigen, aber Lizzie erwähnte Ricardo mit keinem Wort. Sie hielt sich an die Musik, der sie mit zurückgeneigtem Kopf lauschte. Manchmal hielt sie seine Hand, und einmal legte sie den Kopf an seine Schulter, und einmal küßte sie ihn flüchtig und schwebte dann zum Parkett, um einen langsamen einsamen Tanz mit geschlossenen Augen und leisem Lächeln zu zelebrieren. Die Männer vergaßen ihre eigenen Mädchen und zogen Lizzie mit ihren Blicken aus. Die chinesischen Kellner brachten alle drei Minuten frische Aschenbecher, als Vorwand, um ihr in den Ausschnitt zu linsen. Nach zwei Drinks und einer halben Stunde bekundete sie eine Leidenschaft für den Duke und den Big-Band-Sound, und sie rasten zurück zur Insel und zu einem Lokal, das Jerry kannte und wo eine lebende Philippino-Kapelle recht ordentlich Ellington spielte. Cat Andersen sei das Beste, sagte sie, was es außer geschnittenem Brot gebe. Ob er einmal Armstrong und Ellington zusammen gehört habe? Waren sie nicht einfach die Größten? Wiederum Rémy Martin, während sie ihm ›Mood Indigo‹ vorsang.

»Hat Ricardo getanzt?« fragte Jerry.

»Hat er getanzt?« sagte sie leise dagegen, während sie mit dem Fuß den Takt schlug und dazu leicht mit den Fingern schnalzte.

»Dachte, Ricardo hätte gehinkt?« warf Jerry ein.

»*Das* hat ihn nie gehindert«, sagte sie, noch immer ganz in die Musik vertieft. »Ich werde nie zu ihm zurückgehen, verstehen Sie. Niemals. Dieses Kapitel ist abgeschlossen. Und wie.«

»Wo hatte er's her?«

»Das Tanzen?«

»Das Hinken.«

Sie krümmte den Finger um einen imaginären Abzug und feuerte einen Schuß in die Luft ab.

»Es war entweder der Krieg oder ein aufgebrachter Ehemann«, sagte sie. Er ließ es sich wiederholen, und diesmal waren ihre

Lippen dicht an seinem Ohr.
Sie kannte ein neues japanisches Restaurant, wo es *phantastisches* Kobe-Beef gab.
»Sagen Sie, woher haben Sie diese Narben?«, fragte er, als sie hinfuhren. Er faßt sich an sein eigenes Kinn. »Die linke und die rechte. Wie ist das passiert?«
»Ach, bei der Hatz auf unschuldige Füchse«, sagte sie mit leisem Lächeln. »Mein lieber Papa war ein Pferdenarr. Ich fürchte, er ist es noch immer.«
»Wo lebt er?«
»Daddy? Ach, das übliche verfallene Schloßgemäuer in Shropshire. Meilen zu groß, aber sie wollen nicht weg. Kein Personal, kein Geld, drei Viertel des Jahres eiskalt. Mama kann nicht mal ein Ei kochen.«
Er hatte sich noch nicht wieder erholt, als ihr eine Bar einfiel, wo man himmlische Curry-Canapés bekam, also fuhren sie herum, bis sie das Lokal gefunden hatten, und sie küßte den Barmann. Es gab keine Musik. Er wußte selbst nicht, wie es zuging, daß er ihr plötzlich von sich und der Waise erzählte. Wie es zur Trennung kam, verschwieg er aus guten Gründen.
»Ah, aber Jerry, *darling*«, sagte sie lehrhaft: »Mit fünfundzwanzig Jahren Unterschied zwischen Ihnen und ihr, was können Sie da anderes erwarten?«
Und mit neunzehn Jahren und einer chinesischen Ehefrau zwischen dir und Drake Ko, was zum Teufel kannst *du* erwarten? dachte er beinah ärgerlich.
Sie gingen – nochmals Küßchen für den Barmann –, und Jerry war weder durch ihre Gesellschaft noch von den Cognac-Sodas so berauscht, daß ihm der Telefonanruf entgangen wäre, den sie angeblich tätigte, um eine Verabredung abzusagen, noch die ungewöhnliche Dauer dieses Telefonanrufs noch ihre ziemlich ernste Miene, als sie zurückkam. Als sie wieder im Wagen saßen, erhaschte er ihren Blick und glaubte, darin eine Spur von Mißtrauen zu lesen.
»Jerry?«
»Ja?«
Sie schüttelte den Kopf, lachte, strich ihm mit der Hand übers Gesicht, dann küßte sie ihn. »Lustig«, sagte sie.
Er nahm an, sie verstehe nicht recht, wieso sie ihn vollständig vergessen haben konnte, wenn sie ihm wirklich damals dieses Faß

ungelagerten Whisky verkauft hatte. Er nahm an, sie überlege ferner, ob sie ihm wohl, zusammen mit dem Verkauf des Whisky, weitere Dienstleistung hatte zukommen lassen, von der Art, auf die Craw so unverblümt angespielt hatte. Aber das war ihr Problem, fand er. Von Anfang an gewesen.

Im japanischen Restaurant bekamen sie, dank Lizzies Lächeln und anderer Attribute, den Ecktisch. Sie saß so, daß sie den Raum überblickte, und er saß da und blickte Lizzie an, was recht hübsch war für Jerry, aber Sarratt zum hellen Wahnsinn getrieben hätte. Im Kerzenlicht sah er ihr Gesicht sehr deutlich und nahm zum erstenmal bewußt die Zeichen der Abnutzung wahr: nicht nur die Krallenspuren an ihrem Kinn, sondern auch die Zeugnisse ihrer Reisen und Strapazen, die für Jerry eine bestimmte Qualität besaßen, wie ehrenhafte Narben aus all den Kämpfen gegen ihr Pech und ihren Unverstand. Sie trug ein entzückendes Goldarmband, neu, und eine verbeulte Blechuhr mit einem Walt-Disney-Zifferblatt und verkratzten behandschuhten Zeigern, die auf die Ziffern wiesen. Ihre Anhänglichkeit an die alte Uhr beeindruckte ihn, und er wollte wissen, wer sie ihr geschenkt habe.

»Daddy«, sagte sie zerstreut.

Über ihnen, im Plafond, war ein Spiegel eingelassen, und Jerry konnte zwischen den Skalps der Speisenden Lizzies goldenes Haar und den Ansatz ihres Busens sehen und den Goldstaub der Härchen in ihrem Nacken. Als er versucht hatte, sie mit Ricardo zu überrumpeln, war sie argwöhnisch geworden: Jerry hätte merken müssen, was er indessen nicht tat, daß ihre Haltung sich verändert hatte, seit sie diesen Telefonanruf tätigte.

»Welche Garantie habe ich, daß mein Name nicht in Ihrem Blatt erscheint?« fragte sie.

»Nur mein Versprechen.«

»Aber wenn Ihr Redakteur weiß, daß ich Ricardos Mädchen war, was könnte ihn daran hindern, ihn hineinzusetzen?«

»Ricardo hatte massenhaft Mädchen. Das wissen Sie. Er hatte sie in jeder Machart und Größe, nacheinander und gleichzeitig.«

»Aber *mich* gab es nur einmal«, sagte sie fest, und er sah sie zur Tür blicken. Aber sie hatte bekanntermaßen die Gewohnheit, wo immer sie auch sein mochte, sich dauernd nach jemandem umzusehen, der nicht anwesend war. Er überließ ihr weiterhin die Initiative.

»Sie sagten, Ihr Blatt habe einen heißen Tip«, sagte sie. »Was ist damit gemeint?«
Die Antwort hierauf hatte er mit Craw zurechtgezimmert, ja, sogar richtiggehend eingeübt. Daher gab er sie nun energisch, wenn nicht sogar überzeugt von sich.
»Rics Absturz ereignete sich vor achtzehn Monaten in den Bergen bei Peilin nahe der Grenze zwischen Thailand und Kambodscha. Niemand fand eine Leiche, niemand fand Wrackteile, und es geht das Gerücht, er habe Opium geflogen. Die Versicherung zahlte nie die Police aus, und Indocharter reichte nie eine Klage ein. Warum nicht? Weil Ricardo einen Exklusivvertrag hatte, für sie zu fliegen. A propos, warum verklagt niemand Indocharter? Zum Beispiel Sie? Sie waren seine Lebensgefährtin. Warum reichten Sie nicht Schadenersatzklage ein?«
»Das ist eine *sehr* vulgäre Bemerkung«, sagte sie mit ihrer Herzoginnenstimme.
»Außerdem heißt es auch, er sei unlängst in der einen oder anderen Spelunke gesehen worden. Er hat sich einen Bart wachsen lassen, aber das Hinken kann er nicht kaschieren, heißt es, so wenig wie seine löbliche Gepflogenheit, pro Tag einer Flasche Whisky den Hals zu brechen oder, mit Verlaub gesagt, im Umkreis von fünf Meilen oder wo er gerade geht und steht hinter allem herzulaufen, was einen Rock anhat.«
Sie rüstete sich zu einer Erwiderung, aber er wollte seinen Spruch bis zum Ende aufsagen.
»Der Chefportier im Hotel Rincome in Chiang Mai identifizierte ihn nach einem Foto, trotz des Barts. Gut, wir Europäer sehen für sie alle gleich aus. Aber er war seiner Sache wirklich ziemlich sicher. Ferner, erst im vergangenen Monat nahm ein fünfzehn Jahre altes Mädchen in Bangkok, Einzelheiten liegen vor, ihr Bündelchen mit zum mexikanischen Konsulat und benannte Ricardo als den glücklichen Vater. Ich persönlich glaube nicht an Achtzehnmonatskinder, und Sie vermutlich auch nicht. Und sehen Sie mich nicht so an, altes Haus. War nicht meine Idee, oder?«
Es war Londons Idee, hätte er hinzufügen können, eine so saubere Mischung aus Fakten und Fiktion, wie sie nur jemals zum Bäumeschütteln verwendet wurde. Aber das Mädchen sah in Wahrheit an ihm vorbei, wieder genau auf die Tür.
»Noch etwas, wonach ich Sie fragen möchte, ist dieser faule

Zauber mit den Whiskyfässern«, sagte er.
»Es war *kein* fauler Zauber, Jerry, es war ein absolut korrektes Unternehmen.«
»Altes Haus. *Sie* waren absolut in Ordnung. Keine Spur von Skandal mit Ihnen verknüpft. Etcetera. Aber wenn *Ric* ein paar faule Sachen zuviel gemacht haben sollte, so könnte das doch ein Grund sein für das altbewährte Verschwindez-vous oder?«
»Das sähe Ric nicht ähnlich«, sagte sie nach einer Weile, und es klang wenig überzeugt. »Er wollte immer der stadtbekannte große Mann sein. Davonlaufen war nicht seine Art.«
Es tat ihm aufrichtig leid, daß er sie so quälen mußte. War genau das Gegenteil dessen, was er sich normalerweise für sie gewünscht hätte. Er beobachtete sie und wußte, daß sie bei jedem Wortgefecht immer der Verlierer war; sie fühlte sich dabei hoffnungslos unterlegen und schickte sich in die Niederlage.
»Zum Beispiel«, fuhr Jerry fort – während sie besiegt den Kopf senkte –, »wenn bewiesen würde, daß Ihr Ric, wenn er *seine* Fässer losschlug, das Geld für sich behielt und, anstatt es an die Brennerei abzuführen – reine Hypothese, nicht der geringste Beweis –, dann, in diesem Fall . . . «
Sie unterbrach ihn: »Als unsere Partnerschaft endete, war *jeder* Anleger im Besitz eines beglaubigten Vertrags mit Zinsen vom Tag des Kaufs an. Jeder Penny, den wir entnahmen, wurde pünktlich beglichen.«
Bis jetzt war alles nur Anpirschen gewesen. Nun sah er sein Ziel auftauchen, und er hielt stracks darauf zu.
»Nicht *pünktlich*, altes Haus«, berichtigte er, während sie unverwandt in den vollen Teller starrte. »Diese Abrechnungen wurden ein halbes Jahr *nach* dem Fälligkeitsdatum erstellt. *Un*pünktlich. Das ist meiner Ansicht nach ein sehr aufschlußreicher Punkt. Frage: wer hat Ric freigekauft? Soviel uns bekannt ist, war so ziemlich alle Welt hinter ihm her. Die Brennerei, die Gläubiger, das Gericht, die Gemeinde. Jeder hatte schon das Messer für ihn gewetzt. Dann, eines schönen Tages: *päng!* Anklagen zurückgezogen, Schatten der Kerkerstäbe weichen. Wieso? Ric war fix und fertig. Wer ist der rettende Engel? Wer hat seine Schulden aufgekauft?«
Während er redete, hatte sie den Kopf gehoben, und zu seinem Erstaunen erhellte plötzlich ein strahlendes Lächeln ihre Züge, und schon winkte sie über seine Schulter hinweg jemandem zu,

den er nicht sehen konnte, bis er in den Deckenspiegel blickte und den Schimmer eines stratoblauen Anzugs sah und einen Kopf voller gutgeölter schwarzer Haare; und zwischen beidem saß ein plattes rundes Chinesengesicht auf mächtigen Schultern, und zwei verschlungene Hände streckten sich im Ringergruß aus, während Lizzie ihn heranflötete:

»Mr. Tiu! Was für ein herrlicher Zufall. Das ist Mr. Tiu. Kommen Sie rüber. Probieren Sie das Beef. Es ist *großartig*. Mr. Tiu, das ist Jerry von der Fleet Street. Jerry, Mr. Tiu ist ein sehr guter Freund, der ein bißchen hilft, auf mich aufzupassen. Er macht ein Interview mit mir, Mr. Tiu! Mit mir! Wahnsinnig aufregend. Alles über Vientiane und einen armen Flieger, dem ich vor hundert Jahren einmal helfen wollte. Jerry weiß alles über mich. Er ist ein Wunder!«

»Wir kennen uns bereits«, sagte Jerry und grinste breit.

»Klar«, sagte Tiu genauso begeistert, und als er das sagte, roch Jerry wiederum die vertraute Duftmischung aus Mandeln und Rosenwasser, die seine einstige Frau so sehr geliebt hatte. »Klar«, wiederholte Tiu. »Sie sind der Pferdeschreiber, okay?«

»Okay«, bestätigte Jerry und strapazierte sein Lächeln fast bis zum Reißen.

Hiermit schlug natürlich Jerrys Weltbild mehrere Purzelbäume, und er hatte nun eine ganze Menge Dinge zu beachten: zum Beispiel mußte er den Eindruck erwecken, über den ausgesprochen glücklichen Zufall von Tius Auftauchen ebenso entzückt zu sein wie alle anderen; Händedrücke tauschen, die einem gegenseitigen Versprechen künftigen Einvernehmens glichen; einen Stuhl heranziehen und Drinks bestellen, Beef, Eßstäbchen und alles übrige. Aber was ihn während aller dieser Verrichtungen wirklich beschäftigte – was in seinem Gedächtnis so ausdauernd haften blieb wie die späteren Ereignisse es irgend erlaubten –, hatte wenig mit Tiu oder dessen eiligem Erscheinen zu tun. Es war Lizzies Gesichtsausdruck, als sie den eintretenden Tiu erblickte, den Bruchteil einer Sekunde, ehe das Zusammenraffen allen Muts ihr das fröhliche Lächeln entrang. Er erklärte ihm besser als irgend etwas anderes die unvereinbaren Widersprüche, aus denen Lizzie zusammengesetzt war: ihre Gefangenenträume, ihre entliehenen Persönlichkeiten, die wie Verkleidungen waren, in denen sie für kurze Zeit ihrem Schicksal entrinnen konnte. Natürlich hatte sie

Tiu herbeigerufen: sie hatte keine Wahl. Er wunderte sich, wieso weder der Circus noch er selber das vorhergesehen hatten. Die Ricardo-Story, ob wahr oder nicht, war viel zu heiß, als daß das Mädchen alleine damit fertig werden konnte. Aber der Ausdruck der grauen Augen, als Tiu das Restaurant betrat, zeigte nicht Erleichterung, sondern Resignation: wiedereinmal waren die Türen hinter ihr zugefallen, war der Spaß vorbei. »Wir sind wie diese verdammten Leuchtkäfer«, hatte die Waise ihm einmal zugeflüstert, als sie sich wütend über ihre Kindheit ausließ, »schleppen das verdammte Feuer auf dem Buckel mit.«

Operativ gesehen war Tius Erscheinen, wie Jerry sofort erkannte, ein Geschenk des Himmel. Wenn hier Informationen an Kos Adresse gelangen sollten, so war Tiu ein unendlich geeigneterer Kanal dafür, als Lizzie Worthington jemals zu sein erhoffen durfte.

Sie war mit Tiu-Küssen fertig und reichte ihn an Jerry weiter. »Mr. Tiu, Sie sind mein Zeuge«, erklärte sie im Verschwörerton. »Sie müssen sich jedes Wort merken, das ich sage. Jerry, machen Sie einfach weiter, ganz als wäre er gar nicht hier. Ich meine, Mr. Tiu ist verschwiegen wie das Grab, nicht wahr, *darling*«, sagte sie und küßte ihn abermals. »Es ist *so* aufregend«, wiederholte sie, und dann machten sie es sich zu einem freundschaftlichen Schwatz gemütlich.

»Also, worauf sind Sie aus, Mr. Wessby?« erkundigte Tiu sich vollendet liebenswürdig, während er in sein Rindfleisch einhieb. »Sie sind Pferdeschreiber, warum hübsche Mädchen nicht in Ruhe lassen, okay?«

»Gute Frage, altes Haus! Gute Frage. Pferde viel sicherer, okay?«

Sie lachten alle drei ausgiebig, ohne einander anzusehen. Der Kellner stellte eine halbe Flasche Black Label vor ihm auf den Tisch. Tiu entkorkte sie und schnüffelte kritisch daran, ehe er eingoß.

»Er ist auf *Ricardo* aus, Mr. Tiu, verstehen Sie das? Er glaubt, Ricardo sei am *Leben*. Ist das nicht wundervoll? Ich meine, ich empfinde jetzt nicht die Spur mehr für Ric, natürlich nicht, aber es wäre doch nett, ihn wieder bei uns zu haben. Denken Sie nur an die Party, die wir geben könnten!«

»Hat Liese Ihnen das erzählt?« fragte Tiu und goß sich drei Finger hoch Whisky ein. Hat sie ihnen erzählt, es gibt Ricardo noch?«

»Wer, alter Junge, soll mir's erzählt haben? Hab' den Namen nicht mitgekriegt.«

Tiu deutete mit einem Eßstäbchen auf Lizzie. »Hat sie Ihnen erzählt, er lebt? Dieser Pilot da? Dieser Ricardo? Hat Liese das gesagt?«

»Ich gebe meine Quellen nie preis, Mr. Tiu«, sagte Jerry ebenso liebenswürdig. »Journalistentrick. So sieht's aus, als hätte man selbst was rausgefunden«, erklärte er.

Tiu lachte aufs neue, aber Lizzie lachte noch lauter. Wieder verließ sie die Besonnenheit. Vielleicht kommt es vom Alkohol, dachte Jerry, oder vielleicht hat sie's mit stärkerem Tobak, und der Alkohol hat die Wirkung noch erhöht. Und wenn er mich noch einmal Pferdeschreiber nennt, könnte es sein, daß mir der Gaul durchgeht.

Wiederum Lizzie, Salondame in einem Gesellschaftsstück:

»Mr. Tiu, Ricardo war ein *Glückspilz.* Bedenken Sie nur, was er alles hatte. Indocharter, mich, alle Welt. Ich war da und arbeitete für diese kleine Fluggesellschaft – reizende Chinesen, Bekannte von Daddy –, und Ricardo war, wie alle diese Flieger, als Geschäftsmann hoffnungslos. Geriet in *gräßliche* Schulden« – eine Handbewegung bezog Jerry in die Szene mit ein –, »mein Gott, er hat sogar versucht, *mich* in eines von seinen Projekten hineinzuziehen, können Sie sich das vorstellen! Whisky verkaufen, also bitte. Und plötzlich fanden meine reizenden närrischen chinesischen Freunde, daß sie noch einen Charter-Piloten brauchten. Sie beglichen seine Schulden, setzten ihm ein Gehalt aus, gaben ihm eine alte Kiste zu fliegen –«

Nun tat Jerry den ersten von mehreren nicht mehr rückgängig zu machenden Schritten:

»Als Ricardo verscholl, flog er keine alte Kiste. Er flog eine nagelneue Beechcraft«, berichtigte er sie mit voller Überlegung. »Indocharter hatte nie eine Beechcraft im Besitz. Auch heute nicht. Mein Redakteur hat das alles genau nachgeprüft, fragen Sie mich nicht, wie. Indocharter hat nie eine Beechcraft gemietet, nie eine gepachtet, nie eine durch Absturz verloren.«

Tiu mußte wieder schallend lachen.

*Tiu ist ein eiskalter Bischof, Eminenz,* hatte Craw gewarnt. *Hat Monsignore Kos Diözese in San Francisco fünf Jahre lang mit beispielhafter Tüchtigkeit geleitet, und das Schlimmste, was die Rauchgiftzwerge ihm anhängen konnten, war, daß er an einem*

*Feiertag seinen Rolls-Royce gewaschen hat.*
»Heh, Mr. Wessby, vielleicht hat Lizzie eine für sie geklaut!« rief Tiu mit seinem halb amerikanischen Akzent. »Vielleicht ist sie nachts losgezogen und hat Flugzeuge von anderen Gesellschaften geklaut.«
»Mr. Tiu, das ist aber sehr garstig von Ihnen!« schalt Lizzie. »Wie gefällt Ihnen das, Pferdeschreiber? Wie?«
Die Heiterkeit an ihrem Tisch hatte jetzt eine für drei Personen so ungewöhnliche Lautstärke erreicht, daß sich mehrere Köpfe neugierig nach ihnen umdrehten. Jerry sah sie in den Spiegeln, wo er schon beinah erwartete, Ko höchstpersönlich zu erblicken, wie er mit seinem krummbeinigen Seemannsgang durch die Bambustür auf sie zugewatschelt kam. Lizzie plapperte unbesonnen weiter.
»Oh, es war ein richtiges Märchen! In einem Augenblick hat Ric kaum noch genug zu essen *und* schuldete uns allen Geld, Charlies Ersparnisse, mein Nadelgeld von Daddy. Ric hat uns praktisch alle an den Bettelstab gebracht. Natürlich gehörte unser Geld ganz selbstverständlich auch ihm. Und dann, ehe wir's uns versahen, hatte Ric Arbeit, war schuldenfrei, das Leben war wieder ein Fest. Alle die anderen armen Piloten saßen auf Grund, und Ric und Charlie flogen überall herum, wie . . . «
» . . . wie die Fliegenpilze«, schlug Jerry vor, worauf Tiu sich vor Lachen so sehr krümmte, daß er sich an Jerrys Schulter klammern mußte, um nicht unter den Tisch zu fallen – während Jerry das unbehagliche Gefühl hatte, als sollte ihm für das Messer Maß genommen werden.
»Heh, das ist aber gut! Fliegenpilze! Gefällt mir. Lustiger Bursche sind Sie, Pferdeschreiber!«
Genau an dieser Stelle und unter dem Druck von Tius fröhlichen Unverschämtheiten leistete Jerry ausgezeichnete Arbeit. Die beste, sagte Craw später. Er überging Tiu völlig und griff den Namen auf, den Lizzie gerade erwähnt hatte.
»Tja, was ist übrigens aus dem guten alten Charlie geworden, Lizzie?« fragte er, obwohl er keine Ahnung hatte, wer Charlie sein mochte. »Was ist aus ihm geworden, nachdem Ric auf offener Bühne verschwand? Sagen Sie bloß nicht, er ist auch mit seinem Schiff untergegangen.«
Wiederum entschwand sie auf einer neuen Woge der Geschwätzigkeit, und Tiu genoß offensichtlich alles, was er hörte, kicherte

und nickte und gluckste, während er aß.
Er will den Spielstand feststellen, dachte Jerry. Dieser Gauner ist nicht eigens hierhergekommen, um Lizzie an die Kandare zu legen. *Ich* mache ihm Sorgen, nicht sie.
»Oh, Charlie ist unverwüstlich, *absolut* unsterblich«, erklärte Lizzie, und wiederum mußte Tiu herhalten. »Charlie *Marshall*, Mr. Tiu«, klärte sie ihn auf. »Ach, Sie sollten ihn kennen, ein phantastischer Halbchinese, nur Haut, Knochen und Opium und ein ausgesprochen fabelhafter Pilot. Sein Vater ist ein alter Kuomintang, ein schrecklicher Brigant und lebt droben in den Shan-Staaten. Seine Mutter war eine arme junge Korsin – sie wissen, daß die Korsen *scharenweise* nach Indochina kamen –, aber er ist wirklich absolut einmalig. Wissen Sie, warum er sich Marshall nennt? Sein Vater wollte ihm nicht seinen eigenen Namen geben. Also was tut unser Charlie? Legt sich statt dessen den höchsten Dienstrang in der Army zu. ›Mein Dad ist General, aber ich bin Marschall‹, sagte er immer. Ist das nicht drollig? Und *weit* besser als *Admiral*, würde ich meinen.«
»Super«, pflichtete Jerry bei. »Großartig. Charlie ist ein toller Bursche.«
»Liese ist selber ziemlich einmalig, Mr. Wessby«, bemerkte Tiu großzügig, und Jerry ließ nicht locker, bis sie darauf tranken – auf Lieses Einmaligkeit.
»Heh, was soll eigentlich immer dieses *Liese?*« fragte Jerry, als er sein Glas absetzte. »Sie heißen doch Lizzie. Wer ist diese *Liese?* Mr. Tiu, ich kenne die Dame nicht. Warum weihen Sie mich nicht ein?«
Hier wandte Lizzie sich endgültig hilfesuchend an Tiu, aber Tiu hatte sich etwas aus rohem Fisch bestellt und aß hastig und hingebungsvoll.
»Manche Pferdeschreiber fragen verdammt viel«, äußerte er mampfend.
»Neue Stadt, neues Blatt, neuer Name«, sagte Lizzie endlich mit wenig überzeugendem Lächeln. »Ich wollte Abwechslung, also habe ich mir einen neuen Namen zugelegt. Manche Frauen legen sich eine neue Frisur zu, ich lege mir einen neuen Namen zu.«
»Haben Sie sich auch einen neuen Freund zugelegt?« fragte Jerry. Sie schüttelte mit niedergeschlagenen Augen den Kopf, während Tiu eine Lachsalve losließ.
»Was ist los mit dieser Stadt, Mr. Tiu?« fragte Jerry und suchte

instinktiv, sie zu decken. »Sind die Burschen hier alle blind geworden oder was? Mein Gott, ich würde Kontinente durchqueren für sie, Sie etwa nicht? Egal, wie sie sich nennt, wie?«
»Ich gehe von Kaulun nach Hongkong, nicht weiter!« sagte Tiu, riesig belustigt über seinen eigenen Witz. »Oder ich bleibe in Kaulun und ruf sie an, sie soll für eine Stunde zu mir kommen!«
Worauf Lizzies Augen niedergeschlagen blieben, und Jerry dachte, es müßte ein Hauptspaß sein, bei einer anderen Gelegenheit, wenn sie alle mehr Zeit hätten, Tius fettes Genick an mehreren Stellen zu brechen.
Nur leider hatte ihm Craw nicht auf die Einkaufsliste geschrieben, daß er Tiu das Genick brechen solle.

*Das Geld,* hatte Craw gesagt. *Im richtigen Moment zapfen Sie ein Ende der Goldader an, das ist dann Ihr großes Finale.*
Also brachte er sie auf das Thema Indocharter. Wer waren diese Leute, hatte sie gern für die Firma gearbeitet? Sie sprang so prompt darauf an, daß er sich fragte, ob ihr am Ende dieses Leben auf des Messers Schneide mehr Spaß gemacht habe als er sich vorstellte.
»Oh, es war ein phantastisches Abenteuer, Jerry! Sie können es sich nicht im Traum vorstellen, das schwöre ich Ihnen.« Wiederum Rics multinationaler Akzent: »*Fluggesellschaft:* allein schon das Wort ist so absurd. Ich meine, Sie dürfen dabei nicht an ihre funkelnagelneuen Flugzeuge denken und ihre bezaubernden Stewardessen und Champagner und Kaviar oder dergleichen, keine Spur. Das war Arbeit. Das war Pionierarbeit, und das hat mich in allererster Linie dazu hingezogen. Ich hätte *ohne weiteres* von Daddys Geld leben können oder vom Geld meiner Tanten, ich meine, glücklicherweise bin ich absolut unabhängig, aber wer kann der Herausforderung widerstehen? Unser Grundstock waren ein paar schauderhafte alte DC 3, *buchstäblich* mit Bindfaden und Kaugummi zusammengehalten. Wir mußten sogar die Zulassungsbescheinigungen *kaufen.* Niemand wollte sie ausstellen. Danach flogen wir buchstäblich alles: Hondas, Gemüse, Schweine. Oh, die Jungens hatten solche Geschichten mit diesen armen Schweinen. Sie sind ausgebrochen, Jerry. Kamen in die Erste Klasse, sogar in die Pilotenkabine, stellen Sie sich vor!«
»Wie Passagiere«, erklärte Tiu mit vollem Mund. »Sie fliegt erstklassige Schweine, okay, Mr. Wessby?«

»Welche Routen?« fragte Jerry, nachdem sie sich von ihrem Lachen erholt hatten.
»Da sehen Sie, wie er mich ausfragt, Mr. Tiu. Ich wußte gar nicht, daß ich so berühmt bin! So geheimnisvoll! Wir flogen überall hin, Jerry. Bangkok, manchmal Kambodscha, Battambang, Phnom Penh, Kampong Cham, wenn es offen war. Überall hin. An gräßliche Orte.«
»Und wer waren Ihre Kunden? Händler, Pendler? Wer waren die Stammkunden?«
»Einfach jeder, den wir kriegen konnten. Jeder, der bezahlen konnte. Am liebsten im voraus natürlich.«
Tiu legte eine kleine Eßpause ein, um ein bißchen Konversation zu machen.
»Ihr Vater ein großer Lord, okay, Mr. Wessby?«
»Mehr oder weniger«, sagte Jerry.
»Lords sind ziemlich reiche Burschen. Warum müssen Sie Pferdeschreiber sein, okay?«
Ohne auf Tius Geschwätz zu achten, spielte Jerry seine Trumpfkarte aus und machte sich darauf gefaßt, daß der Deckenspiegel auf ihren Tisch herunterkrachen würde.
»Es wird gemunkelt, Ihre Leute hätte irgendeinen Kontakt zu der dortigen russischen Botschaft gehabt«, sagte er leichthin und ausschließlich zu Lizzie. »Ist da was Wahres dran, altes Haus? Irgendwelche Roten unterm Bett, wenn man fragen darf?«
Tiu beschäftigte sich angelegentlich mit seinem Reis; er hielt die Schale unters Kinn und schaufelte ohne Unterlaß ein. Aber diesmal warf Lizzie ihm bezeichnenderweise nicht einmal einen flüchtigen Blick zu.
»*Russen?*« echote sie verwirrt. »Warum um alles in der Welt sollten Russen zu *uns* kommen? Sie hatten ihre regelmäßigen Aeroflot-Flüge von und nach Vientiane einmal pro Woche.«
Er hätte geschworen, damals und später, daß sie die Wahrheit sprach. Aber er gab sich trotzdem nicht ganz zufrieden: »Auch keine *lokalen* Flüge?« bohrte er weiter. »Botenflüge, Kurierdienste oder irgend sonst etwas?«
»Niemals. Wie hätten wir das gekonnt? Außerdem, die Chinesen *hassen* doch die Russen, nicht wahr, Mr. Tiu?«
»Russen ziemlich schlechte Leute, Mr. Wessby«, pflichtete Tiu bei. »Sie riechen ziemlich schlecht.«
*Du auch,* dachte Jerry, dem aufs neue der Mandeln- und

Rosen-Duft der Ersten Gattin in die Nase stieg.
Jerry lachte über seine eigene Albernheit: »Ich habe Redakteure, wie andere Leute Magenweh haben«, entschuldigte er sich. »Der meine ist *überzeugt*, daß wir ein paar Rote unterm Bett hervorholen könnten. ›Ricardos sowjetische Zahlmeister‹. Hat Ricardo mal Zwischenlandung im Kreml gemacht?«
»*Zahlmeister?*« wiederholte Lizzie höchlichst verblüfft. »Ric erhielt nie auch nur einen Penny von den Russen. Wovon reden ihre Leute eigentlich?«
Wiederum Jerry: »Indocharter aber schon, nicht wahr? – Es sei denn, meine Herren und Meister wären einer Ente aufgesessen, so wird's sein, wie üblich. Indocharter habe Geld von der dortigen Botschaft erhalten und es in Form von US-Dollar hinunter nach Hongkong gepumpt: das behaupten sie in *Lo 1do1* , und davon wollen sie nicht abgehen.«
»Die sind verrückt«, sagte das Mädchen überzeugt. »Ich habe nie solchen Unsinn gehört.«
Jerry erschien sie sogar erleichtert darüber, daß die Unterhaltung eine so unwahrscheinliche Wendung genommen hatte. Ricardo noch am Leben – da bewegte sie sich auf einem Minenfeld. Ko ihr Liebhaber – es lag bei Ko oder bei Tiu, ob er dieses Geheimnis preisgeben wollte, nicht bei ihr. Aber russisches Geld? Jerry war so überzeugt, wie er es irgend sein konnte, daß sie nichts davon wußte und nichts davon befürchtete.
Er schlug vor, mit ihr nach Star Heights zurückzufahren. Aber sie sagte, Tiu müsse sowieso in diese Richtung.
»Auf recht baldiges Wiedersehen, Mr. Wessby«, versprach Tiu.
»Freu mich schon, altes Haus«, sagte Jerry.
»Sie wollen Pferdeschreiber bleiben, ja? Ich meine, so verdienen Sie mehr Geld, Mr. Wessby, okay?« In seiner Stimme lag keine Drohung, auch nicht in der freundschaftlichen Art, in der er Jerry einen Klaps auf den Oberarm versetzte. Tiu sprach nicht einmal so, als erwarte er, daß sein Wort hier mehr Gewicht haben würde als ein Wort unter Freunden.
Plötzlich war es vorbei. Sie küßte den Oberkellner, aber nicht Jerry. Sie schickte Jerry, nicht Tiu nach ihrem Mantel, so daß sie nicht mit ihm allein war. Sie sah ihn kaum an, als sie sich verabschiedeten.
*Geschäfte mit schönen Frauen, Ehrwürden*, hatte Craw gewarnt, *sind ähnlich wie Geschäfte mit bekannten Kriminellen, und die*

*Dame, an die Sie sich jetzt heranmachen werden, fällt zweifellos in diese Kategorie.* Als Jerry durch die mondhellen Straßen nach Hause wanderte – trotz des langen Wegs, der Bettler, der Augen in den Türnischen –, nahm er Craws Ausspruch genauer unter die Lupe. Über *kriminell* konnte er sich beim besten Willen nicht entscheiden; *kriminell* schien eine ziemlich variable Größe zu sein, selbst in den besten Zeiten, und weder der Circus noch seine Agenten waren berufen, ein Kirchspielkonzept von Gesetz und Ordnung zu pflegen. Craw hatte ihm erzählt, daß Ricardo sie in flauen Zeiten mit kleinen Päckchen über die Grenze geschickt habe. Große Sache. Überlaß sie den Eulen. *Bekannte* Kriminelle jedoch war etwas ganz anderes. Mit *bekannt* würde er unbedingt einverstanden sein. Als er an den gejagten Blick dachte, mit dem Elizabeth Worthington Tiu angestarrt hatte, kam er zu dem Schluß, er müsse dieses Gesicht, diesen Blick und diese Hilflosigkeit in der einen oder anderen Verkleidung schon die meiste Zeit seines bewußten Lebens gekannt haben.

Gewisse unbedeutende Kritiker George Smileys raunen gelegentlich, er hätte an diesem Wendepunkt irgendwie sehen müssen, woher bei Jerry der Wind blies und ihn unverzüglich zurückbeordern. Schließlich war Smiley im Endeffekt Jerrys Einsatzleiter. Er allein führte Jerrys Akte, betreute und instruierte ihn. Wäre er damals noch in Hochform gewesen, sagen sie, und nicht schon auf dem absteigenden Ast, so hätte er die Warnsignale zwischen den Zeilen von Craws Berichten lesen können und Jerry beizeiten abgezogen. Genausogut hätten sie beanstanden können, er sei bloß ein zweitklassiger Wahrsager. Die Fakten, so wie sie an Smiley gelangten, waren folgende:
Am Morgen nach Jerrys *Nummer* mit Lizzie Worthington – der Ausdruck hat keinen sexuellen Nebensinn – ließ Craw sich von Jerry über drei Stunden lang bei einem Autotreff berichten, und Craws Meldung beschreibt Jerrys Verfassung als, wie durchaus verständlich, »antiklimaktischen Katzenjammer«. Er fürchte anscheinend, sagte Craw, daß Tiu oder sogar Ko dem Mädchen die Schuld an ihrer »Mitwisserschaft« geben und sogar Hand an sie legen könnten. Jerry habe mehr als einmal Tius offenkundige Verachtung für das Mädchen – und für ihn selber und vermutlich für alle Europäer – erwähnt und Tius Bemerkung wiederholt, wonach er ihretwegen von Kaulun nach Hongkong reisen würde,

aber nicht weiter. Craw habe Jerry entgegengehalten, daß Tiu sie jederzeit hätte zum Schweigen bringen können und daß ihr Wissen sich, laut Jerrys eigener Aussage, nicht einmal bis zu der russischen Goldader erstrecke, ganz zu schweigen von Bruder Nelson.

Kurzum, Jerry zeigte die klassischen post-operativen Symptome eines Außenagenten. Eine Art Schuldgefühl, gepaart mit bösen Ahnungen, eine unwillkürliche Hinwendung zur Zielperson: alles so vorhersehbar wie der Tränenausbruch eines Sportlers nach dem großen Rennen.

Bei ihrer nächsten Fühlungnahme – einem ausgedehnten Kassiberverkehr per Telefon an Tag zwei, in dessen Verlauf Craw, um Jerry aufzumuntern, ihm Smileys wärmste persönliche Glückwünsche übermittelte, obwohl sie damals vom Circus noch nicht eingegangen waren – hörte Jerry sich insgesamt besser an, machte sich allerdings Sorgen um seine Tochter Cat. Er habe ihren Geburtstag verpaßt – der morgen sei, sagte er – und bitte darum, daß der Circus ihr sofort einen japanischen Kassettenrecorder schicke, dazu einen Schwung Kassetten, als Grundstock für eine Sammlung. Craws Telegramm an Smiley benennt die Kassetten und ersucht um augenblickliche Erledigung durch die Housekeepers, und bittet ferner darum, daß die Schusterwerkstatt – mit anderen Worten die Fälscher des Circus – eine Begleitkarte in Jerrys Handschrift fabrizieren möge, Text anbei: »Liebste Cat. Bat einen Freund, dieses Päckchen in London aufzugeben. Paß gut auf Dich auf, mein Liebstes, und sei herzlich gegrüßt, jetzt und immer, Pa.« Smiley genehmigte den Kauf, instruierte die Housekeepers, die Kosten direkt von Jerrys Salär abzuziehen. Er prüfte das Paket persönlich, ehe es abging, und billigte die gefälschte Karte. Er stellte ferner fest, was er und Craw bereits geargwöhnt hatten, daß Cats Geburtstag weder jetzt noch in naher Zukunft war. Jerry hatte einfach das Bedürfnis gehabt, jemandem etwas Liebes zu tun: auch dies ein normales Symptom zeitweiliger Dienstmüdigkeit. Smiley kabelte an Craw, er solle Jerry nicht aus den Augen lassen, aber die Initiative lag bei Jerry, und Jerry meldete sich erst wieder am Abend von Tag fünf, als er einen Blitztreff innerhalb der nächsten Stunde forderte und bekam. Dieser Treff fand, wie immer nach Einbruch der Dunkelheit, in einer Raststätte in den New Territories statt, die Tag und Nacht geöffnet war. Zufällige Begegnung zweier alter Kollegen. Craws

Brief mit dem Vermerk »Persönlich nur an Smiley« war die Ergänzung zu seinem Telegramm. Er gelangte durch den Kurier der Vettern zwei Tage nach der darin beschriebenen Episode in den Circus, also am Tag sieben. Craw hatte ihn, in der Annahme, daß die Vettern alles tun würden, um den Text trotz Siegel und anderer Vorrichtungen zu lesen, mit Umschreibungen, Arbeitsnamen und Deckwörtern gespickt, die hier im Klartext wiedergegeben sind:

*Westerby war sehr ärgerlich. Er wollte zum Teufel wissen, was Sam Collins in Hongkong zu suchen habe und inwiefern Collins in den Fall Ko verwickelt sei. Ich habe ihn noch nie so aufgebracht gesehen. Ich fragte ihn, wie er darauf komme, daß Collins in der Gegend sei. Er antwortete, er habe ihn an diesem Abend gesehen – genau um elf Uhr fünfzehn –, wie er in einem geparkten Auto in den Midlevels gesessen habe, auf einer ansteigenden Straße direkt unterhalb von Star Heights, unter einer Straßenlaterne, und eine Zeitung las. Von dem Standplatz, den Collins gewählt habe, sagte Westerby, habe er Lizzie Worthingtons Fenster im achten Stock direkt übersehen können, und Westerby sei der Meinung, Sam betreibe irgendeine Art von Beschattung. Westerby, der damals zu Fuß unterwegs war, versichert, er wäre »verdammt um ein Haar zu Sam hingegangen, um ihn geradeheraus zu fragen«. Aber die Sarratt-Disziplin hatte gehalten, und er marschierte weiter hügelab und blieb auf seiner Straßenseite. Aber er behauptet steif und fest, Collins habe, sobald er ihn sah, den Motor gestartet und sei bergauf davongebraust. Westerby hat die Zulassungsnummer, und sie stimmt natürlich. Das übrige bestätigt Collins.*

*Gemäß unserer diesbezüglichen Absprache (Ihr Telegramm vom 15. Febr.) gab ich Westerby folgende Antworten:*

*1) Selbst wenn es Collins gewesen sein sollte, so habe der Circus nichts damit zu tun. Collins habe den Circus vor dem Sündenfall unter nicht näher bekannten Umständen verlassen, er sei als Spieler, Vagant, Traffikant etc. bekannt, und der Ferne Osten sei schon immer sein Betätigungsfeld gewesen. Ich sagte zu Westerby, er sei ein Vollidiot, wenn er glaube, daß Collins noch immer auf der Gehaltsliste stehe oder sogar irgendwie am Fall Ko beteiligt sei.*

*2) Collins ist von der Physiognomie her ein* Typus, *sagte ich:*

*regelmäßige Züge, Schnurrbärtchen, etc., sehe aus wie fünfzig Prozent aller Zuhälter in London. Ich bezweifele, ob Westerby ihn über die Fahrbahn hinweg um ein Viertel nach elf Uhr nachts wirklich mit Sicherheit habe identifizieren können. Worauf Westerby erwiderte, sein Sehvermögen sei 1 A, und Sam habe die Zeitung auf der Rennseite aufgeschlagen gehabt.*
*3) Und überhaupt, so fragte ich, was habe Westerby selber um ein Viertel nach elf Uhr nachts in der Gegend von Star Heights herumzubummeln gehabt. Antwort: er sei von einem Gläschen mit der UPI-Bande gekommen und habe gehofft, ein Taxi zu erwischen. Hierauf tat ich empört und sagte, niemand, der bei einer UPI-Sauferei gewesen sei, könne auf fünf Schritt einen Elefanten ausmachen und schon gar nicht Sam Collins auf fünfundzwanzig, in einem Auto, in stockfinsterer Nacht. Damit wäre es ausgestanden – hoffentlich.«*

Daß Smiley über diesen Zwischenfall ernstlich beunruhigt war, versteht sich von selbst. Nur vier Leute wußten von der Collins-Sache: Smiley, Connie Sachs, Craw und Sam selber. Daß Jerry ihn zufällig entdeckt haben konnte, lieferte zusätzlichen Grund zur Besorgnis bei einer Operation, die ohnehin schon voller Unwägbarkeiten steckte. Aber Craw war geschickt, und Craw glaubte, Jerry die Grillen ausgeredet zu haben, und Craw war der Mann vor Ort. Höchstens hätte es noch die Möglichkeit gegeben, aber nur in einer absolut perfekten Welt, daß Craw es sich hätte angelegen sein lassen, nachzuprüfen, ob in jener Nacht wirklich in den Midlevels eine UPI-Party stattgefunen habe – und dann erfahren hätte, daß dies nicht der Fall war und sich daraufhin Jerry nochmals vorgenommen und ihn seine Anwesenheit in der Gegend von Star Heights hätte erklären lassen, und in diesem Fall hätte Jerry vermutlich einen Wutanfall gekriegt und irgendeine neue Geschichte aufgetischt, die nicht nachprüfbar gewesen wäre: daß er zum Beispiel mit einer Frau zusammengewesen sei und daß Craw sich um seinen eigenen Dreck kümmern solle. Woraus nichts weiter resultiert hätte als unnötig böses Blut und im übrigen die gleiche Entweder-oder-Situation wie zuvor.
Es ist gleichfalls verlockend, aber unvernünftig, von Smiley, auf dem schon so viele Probleme lasteten – die fortgesetzte und nicht endenwollende Suche nach Nelson, tägliche Sitzungen mit den Vettern, Nachhutgefechte in den Whitehall-Korridoren –, zu

erwarten, daß er die Parallele zu seiner eigenen Erfahrung der Einsamkeit hergestellt hätte: nämlich daß Jerry, dem an jenem Abend weder nach Schlaf noch nach Geselligkeit zumute war, durch die nächtlichen Straßen wanderte, bis er sich vor dem Wohnblock fand, in dem Lizzie lebte, und dort herumstrich, genau wie Smiley es bei seinen eigenen Nachtwanderungen tat, ohne genau zu wissen, was er wollte, außer der minimalen Chance, einen Blick auf sie zu erhaschen.

Der Strom der Ereignisse, auf dem Smiley dahingetrieben wurde, war viel zu mächtig, um dergleichen ausgefallene Abstraktionen zuzulassen. Nicht nur versetzte der achte Tag, als er herangekommen war, den Circus tatsächlich in den Kriegszustand: es ist auch die verzeihliche Eitelkeit der Einsamen in aller Welt, zu glauben, sie hätten keine Leidensgenossen.

# 14 Der achte Tag

Die heitere Stimmung auf der fünften Etage war eine große Erleichterung nach der Niedergeschlagenheit des letzten Meetings. Honigmond der Wühlmäuse, nannte es Guillam, und heute abend war der Höhepunkt, ein kleinerer Sternenschauer der Erfüllung, und er erfolgte, nach der Chronologie, die den Dingen später von den Historikern angekleistert wurde, genau acht Tage nachdem Jerry und Lizzie und Tiu ihren umfassenden und offenen Meinungsaustausch über die Themen Tiny Ricardo und russische Goldader gehabt hatten – zum großen Entzücken der Planer im Circus. Guillam hatte Molly listig eingeschleust. Sie hatten in allen Richtungen gegraben, diese schattenhaften Nachtgeschöpfe, waren alten und neuen Wegen und längst überwachsenen Pfaden gefolgt, die es neu zu entdecken galt; und jetzt drängten sie sich alle zwölf endlich, hinter ihren beiden Anführern Connie Sachs alias Mütterchen Rußland und dem unergründlichen di Salis, alias Doc, im Thronsaal zusammen, unter Karlas Porträt, wo sie einen untertänigen Halbkreis um ihren Chef bildeten, *Bolschis* und *Gelbe Gefahren* brüderlich vereint. Also eine Plenarsitzung; und für jeden, dem ein solches dramatisches Ereignis neu war, wirklich ein Markstein der Geschichte. Und Molly saß gesittet an Guillams Seite, das Haar lang herabhängend, um die Bißmale an ihrem Hals zu verbergen.

di Salis redet am meisten. Die anderen Ränge finden das in Ordnung. Schließlich ist Nelson Ko ausschließlich die Domäne des Doc: Chinesisch bis zu den Ärmelbündchen seines Gewands. Der Doc beherrscht sich übermenschlich – Ellbogen, Knie, Füße, fuchtelnde Finger, alles hält ausnahmsweise beinahe still, und er bringt seine Sache so unterkühlt und beinahe mißbilligend vor, daß die unerbittliche Klimax entsprechend aufregender ist. Und diese Klimax hat sogar einen Namen. Er lautet Scheng-hsiu alias Ko, Nelson, später auch bekannt als Yao Kai-scheng, unter

welchem Namen er dann während der Kulturrevolution in Ungnade fiel.
»Aber innerhalb dieser Mauern, Gentlemen«, piepst der Doc, für den das weibliche Geschlecht inexistent ist, »werden wir ihn weiterhin Nelson nennen.«
Geboren 1928 in Swatow in ärmlichen proletarischen Verhältnissen – um die offiziellen Quellen zu zitieren, sagt der Doc – und bald darauf nach Schanghai übersiedelt. Keine Erwähnung, weder in offiziellen noch in inoffiziellen Verlautbarungen, von Mr. Hibberts Missionsschule ›Lord's Life‹, nur ein betrübter Hinweis auf »Ausbeutung durch westliche Imperialisten in der Kindheit«, die ihn mit Religion vergifteten. Als die Japaner nach Schanghai kamen, schloß Nelson sich dem Flüchtlingstreck nach Tschungking an, genau wie Mr. Hibbert berichtet hatte. Von Jugend an widmete Nelson sich, dies wiederum laut offizieller Unterlagen, fährt der Doc fort, insgeheim fruchtbaren revolutionären Studien und beteiligte sich an verbotenen kommunistischen Gruppen, ungeachtet der Unterdrückung durch den hassenswerten Tschiang-Kai-scheck-Pöbel. Auf der Flucht versuchte er auch »bei mehreren Gelegenheiten, sich zu Mao abzusetzen, aber es mißlang wegen seiner großen Jugend. Nach seiner Rückkehr nach Schanghai wurde er bereits als Student ein führendes Mitglied der illegalen kommunistischen Bewegung und übernahm Sondereinsätze in den Werften von Kiangnan und Umgebung, um den verderblichen Einfluß von faschistischen Kuomintang-Elementen zu unterhöhlen. An der University of Communications erließ er einen öffentlichen Aufruf zur Schaffung einer gemeinsamen Front von Studenten und Bauern. Abschlußexamen mit Auszeichnung im Jahr 1951 . . . «
Hier unterbricht sich di Salis, wirft in jähem Nachlassen der Spannung einen Arm hoch und packt den Haarschopf in seinem Nacken.
»Das übliche schwülstige Porträt des erleuchteten Studentenhelden, Chef, der seiner Zeit voraus ist«, singt er.
»Was ist mit Leningrad?« fragt Smiley, der am Schreibtisch sitzt und sich Notizen macht.
»Neunzehnhundertdreiundfünfzig bis sechsundfünfzig.«
»Ja, Connie?«
Connie sitzt wieder in ihrem Rollstuhl. Die Schuld daran gibt sie dem Eismonat und dieser Kröte Karla.

»Wir haben einen Bruder Bretlew, *darling.* Bretlew, Iwan Iwanowitsch, Professor, Leningrad, Fakultät Schiffsbau, alter China-Mann, leistete in Schanghai Handlangerdienste für die Chinaagenten der Zentrale. Revolutions-Haudegen, in jüngerer Zeit als Talentsucher aus Karlas Schule tätig, fischt unter den Übersee-Studenten nach brauchbaren Burschen und Mädels.«
Für die Wühlmäuse auf der chinesischen Seite – die Gelben Gefahren – ist diese Information neu und aufregend und bewirkt heftiges Stühleknarzen und Papiergeraschel, bis di Salis auf Smileys Nicken hin seinen Kopf losläßt und seinen Bericht wieder aufnimmt.
»Kehrte siebenundfünfzig nach Schanghai zurück und wurde mit der Leitung einer Eisenbahn-Reparaturwerkstätte betraut –.«
Wiederum Smiley: »Aber in Leningrad war er von dreiundfünfzig bis sechsundfünfzig?«
»Richtig«, sagt di Salis.
»Dann scheint ein Jahr zu fehlen.«
Jetzt raschelten keine Papiere und kein Stuhl knarrte.
»Die offizielle Erklärung lautet Rundreise zu sowjetischen Werften«, sagt di Salis, feixt Connie an und verdreht geheimnisvoll und wissend den Hals.
»Vielen Dank«, sagt Smiley und macht sich wieder eine Notiz. »Siebenundfünfzig«, wiederholt er. »War das vor dem chinesisch-sowjetischen Zerwürfnis oder danach, Doc?«
»Vor. Das Zerwürfnis nahm neunundfünfzig ernsthafte Formen an.«
Hier fragt Smiley, ob Nelsons Bruder irgendwo erwähnt werde: oder sei Drake in Nelsons China genauso in Ungnade wie Nelson in Drakes China?
»In einer der frühesten Biographien wird Drake erwähnt, allerdings nicht namentlich. In den späteren heißt es, ein Bruder sei während der kommunistischen Machtergreifung im Jahr neunundvierzig gestorben.«
Smiley macht einen seiner seltenen Witze, der mit gedankenlosem erleichtertem Gelächter quittiert wird: »In diesem Fall wimmelt es von Leuten, die behaupten, tot zu sein«, klagt er. »Ich werde geradezu aufatmen, wenn ich irgendwo eine echte Leiche finde.« Nur wenige Stunden später entsann man sich dieses *bon mot* mit Schaudern.
»Wir haben ferner einen Vermerk, wonach Nelson in Leningrad

ein Musterstudent war«, fährt di Salis fort. »Zumindest in russischen Augen. Sie schickten ihn mit höchsten Empfehlungen nach Hause.«
Connie erlaubt sich aus ihrem Stahlsessel heraus einen weiteren Einwurf. Sie hat Trot, ihren räudigen braunen Bastardköter, mitgebracht. Er liegt verdreht auf ihrem geräumigen Schoß, stinkt und läßt dann und wann einen Seufzer fahren, aber nicht einmal Guillam, der Hunde haßt, hat den Nerv, ihn hinauszuwerfen.
»Oh, natürlich haben sie das getan, wie?« ruft sie. »Die Russen haben Nelsons Talente in den Himmel gelobt, versteht sich, besonders wenn Bruder Bretlew Iwan Iwanowitsch ihn an der Universität geschnappt und Karlas Herzenskinder ihn ins Trainingslager und so weiter gezaubert haben! Begabter kleiner Maulwurf wie Nelson, geben ihm einen anständigen Start im Leben, für seine Rückkehr nach China! Ist ihm später nicht besonders gut bekommen, wie, Doc? Nicht, als die Große Barbarische Kulturrevolution ihn am Kragen erwischt hat! Die maßlose Bewunderung der feigen sowjetisch-imperialistischen Hunde trug man *damals* besser nicht stolz zur Schau, wie?«
Über Nelsons Sturz sind nur wenige Einzelheiten zur Hand, verkündet der Doc, der nun auf Connies Ausbruch hin lauter spricht. »Es muß angenommen werden, daß es sich um einen heftigen Sturz handelte, und wie Connie bereits bemerkte: wer am höchsten in der Gunst der Russen stand, tat den schmerzlichsten Fall.« Er blickt auf das Blatt Papier, das er schief vor das fleckige Gesicht hält. »Ich lese Ihnen nicht seine sämtlichen Posten zur Zeit seines Sturzes vor, Chef, weil er sie ohnehin verlor. Aber es besteht kein Zweifel, daß er tatsächlich die technische Leitung des größten Teils der Schiffsbau-Werften in Kiangnan hatte, also maßgeblich für Chinas Flottenpotential verantwortlich war.«
»Verstehe«, sagt Smiley ruhig. Kritzelnd schürzt er die Lippen, wie tadelnd, während die Brauen sehr weit nach oben wandern.
»Sein Posten in Kiangnan verschaffte ihm auch eine Reihe von Sitzen in den Planungsausschüssen für Marineangelegenheiten und auf dem Gebiet des Nachrichtenwesens und der Langzeit-Strategie. Ab neunzehnhundertdreiundsechzig kann man seinen Namen regelmäßig in den Peking-Reports der Vettern lesen.«
»Gut gemacht, Karla«, sagt Guillam, der neben Smiley sitzt, ruhig, und Smiley, der noch immer schreibt, schließt sich dieser Meinung tatsächlich an, indem er »ja« sagt.

»Der einzige, Peter, Lieber!« kräht Connie, die plötzlich nicht mehr länger an sich halten kann. »Der einzige von allen diesen Kröten, der es kommen sah! Eine Stimme in der Wildnis war er, was, Trot? ›Gebt acht auf die gelbe Gefahr‹, hat er sie gewarnt. ›Eines Tages machen sie kehrt und beißen die Hand, die sie füttert, so sicher wie irgend etwas. Und wenn es soweit ist, dann habt ihr achthundert Millionen neue Feinde, die an eure Hintertür dreschen. Und eure Kanonen zeigen alle in die falsche Richtung. Laßt es euch gesagt sein.‹ Hat sie gewarnt«, wiederholte sie und zog in ihrer Erregung den Bastardhund heftig am Ohr. »Hat alles in einer Schrift niedergelegt, ›Aufstrebender sozialistischer Partner zeigt abweichlerische Tendenzen‹. Rannte zu jedem kleinen Lümmel im Kollegium der Moskauer Zentrale damit. Entwarf es Wort für Wort in seinem schlauen kleinen Kopf, während er seine Zeit in Sibirien für Onkelchen Joe Stalin absaß. ›Spioniere heute schon bei deinen Freunden, sie werden morgen bestimmt deine Feinde sein‹, hat er sie gewarnt. Ältester Spruch in der Branche, Karlas Lieblingsspruch. Als sie ihm seinen Job zurückgaben, hat er ihn praktisch auf dem Dschertschiniskij-Platz ans Schwarze Brett genagelt. Kein Mensch hat sich auch nur einen Deut darum geschert. Nicht die Bohne. Fiel auf unfruchtbaren Boden, mein Lieber. Fünf Jahre später erwies sich, daß er recht gehabt hatte, und das Kollegium dankte ihm auch dafür nicht, das kann ich Ihnen sagen! Er hat nach ihrem Geschmack eine Spur zu oft recht gehabt, diese Gimpel, wie, Trot! Du weißt es, *darling, du* weißt, worauf die alte Närrin hinauswill!« Worauf sie den Hund an den Vorderpfoten ein paar Zoll hochhebt und ihn wieder auf ihren Schoß plumpsen läßt.

Connie kann es nicht ertragen, daß der alte Doc das Rampenlicht für sich allein hat, finden sie in stillschweigender Übereinstimmung. Sie sieht die Logik ein, aber die Frau in ihr kann sich nicht mit der Realität abfinden.

»Sehr schön, er wurde reingewaschen, Doc« sagt Smiley gelassen und stellt damit die Ruhe wieder her. »Gehen wir nochmals zurück zum Jahr siebenundsechzig, ja?« Und er stützt wiederum das Kinn in die Hand.

Im Halbdunkel linst Karlas Porträt ausdruckslos auf die Versammlung herab, während di Salis weiterspricht. »Nun ja, die übliche unerfreuliche Geschichte, darf man annehmen, Chef«, leiert er. »Kriegte wohl die Eselsmütze auf. Auf der Straße

angespuckt. Frau und Kinder herumgestoßen und verprügelt. Umerziehungshaft, Arbeitslager ›dem Ausmaß seines Verbrechens angepaßt‹. Zwangsweise Wiederentdeckung der bäuerlichen Tugenden. Einer der Berichte vermeldet, er sei in eine ländliche Gemeinde geschickt worden, um sein Gewissen zu prüfen. Und als er wieder nach Schanghai zurückgekrochen kam, ließen sie ihn nochmals ganz von unten anfangen, Bolzen in Eisenbahnschienen treiben oder was auch immer. Was die *Russen* anging – wenn sie unser Thema sind« – spricht er hastig weiter, ehe Connie ihn wieder unterbrechen kann –, »so war er eine Enttäuschung. Kein Zugriff, keinen Einfluß, keine Freunde.«
»Wie lang hat er gebraucht, um wieder nach oben zu klettern?« fragt Smiley mit einem charakteristischen Senken der Lieder.
»Vor ungefähr drei Jahren bekam er zum erstenmal wieder eine gehobene Funktion. Auf lange Sicht hat er das, was ihnen am meisten fehlt: Verstand, technisches Know-how, Erfahrung. Aber seine *formelle* Rehabilitierung fand erst Anfang dreiundsiebzig statt.«
Während di Salis mit der Beschreibung der verschiedenen Stadien von Nelsons ritueller Wiedereinsetzung in Ämter und Würden fortfährt, zieht Smiley ruhig eine Akte heran und schlägt andere Daten nach, die für ihn aus bisher noch ungeklärten Gründen plötzlich von brennender Relevanz sind.
»Die Zahlungen an Drake setzen Mitte zweiundsiebzig ein«, murmelt er. »Sie steigen Mitte dreiundsiebzig steil an.«
»Zugleich mit Nelsons neuerlichem *Zugriff, darling*«, raunt Connie ihm zu wie eine Souffleuse. »Je mehr er weiß, desto mehr sagt er, und je mehr er sagt, desto mehr kriegt er. Karla zahlt nur für Bonbons, und auch dann noch tut es ihm höllisch weh.«
Dreiundsiebzig – sagt di Salis – sei Nelson, nachdem er sämtliche einschlägigen Geständnisse ablegte, in das Revolutionskomittee der Stadtverwaltung von Schanghai aufgenommen und zum Verantwortlichen für eine Marineeinheit der Volksarmee ernannt worden. Sechs Monate später –
»Datum?« unterbricht Smiley.
»Juli dreiundsiebzig.«
»Und wann wurde Nelson formell rehabilitiert?«
»Der Rehabilitierungsprozeß begann im Januar dreiundsiebzig.«
»Vielen Dank.«
Sechs Monate später, so berichtet di Salis weiter, sitzt Nelson in

nicht bekannter Funktion im Zentralkomittee der Chinesischen Kommunistischen Partei.«
»*Heiliger* Strohsack«, sagt Guillam leise, und Molly drückt verstohlen seine Hand.
»Und ein Bericht der Vettern«, sagt di Salis, »undatiert, wie üblich, aber gut belegt, bezeichnet Nelson als inoffiziellen Berater am Rüstungs- und Beschaffungsausschuß des Verteidigungsministeriums.«
Anstatt diese Enthüllung mit seiner gewohnten Kollektion von Ticks zu garnieren, hält di Salis wiederum eisern still, was die Wirkung erhöht.
»Was *Qualifikation* betrifft, Chef«, fährt er ruhig fort, »vom operativen Standpunkt aus gesehen würden wir von der China-Abteilung Ihres Hauses dies als eine der Schlüsselpositionen in der gesamten chinesischen Administration betrachten. Wenn es uns freistünde, ein Plätzchen für einen Agenten innerhalb des Festlands auszusuchen, so könnte unsere Wahl durchaus auf Nelsons Posten fallen.«
»Gründe?« will Smiley wissen, dessen Aufmerksamkeit noch immer abwechselnd seiner Niederschrift und dem geöffnet vor ihm liegenden Aktenband gilt.
»Die chinesische Marine ist noch immer in der Steinzeit. Natürlich haben wir formal Interesse am technologischen Wissen der Chinesen, aber unsere wahren Prioritäten liegen, wie wohl auch die Moskaus, auf strategischem und politischem Gebiet. Darüber hinaus könnte Nelson uns die Gesamtkapazität sämtlicher chinesischer Werften liefern. Und nochmals darüber hinaus könnte er uns das Potential der chinesischen U-Boot-Flotte angeben, die für die Vettern schon seit Jahren ein Schreckgespenst ist. Und für uns desgleichen, wenigstens zeitweise, wie ich vielleicht hinzufügen darf.«
»Danach kann man sich vorstellen, was sie für Moskau ist«, murmelt eine alte Wühlmaus ungefragt.
»Die Chinesen entwickeln zur Zeit vermutlich ihre eigene Ausführung des russischen U-Boots der G-2-Klasse«, erklärt di Salis. »Niemand weiß besonders viel darüber. Haben sie ihr eigenes Modell? Mit zwei oder vier Abschußrohren? Sind sie mit See-Luft- oder mit See-See-Raketen bestückt? Welcher Etat ist für sie angesetzt? Es gibt Gerüchte über eine Han-Klasse. Wir erfuhren, daß sie einundsiebzig ein solches Modell auf Stapel

legten. Bestätigung erhielten wir nie. Vierundsechzig bauten sie angeblich in Dairen ein Boot der G-Klasse, mit ballistischen Raketen ausgestattet, aber offiziell hat es noch niemand bestätigt. Und so weiter und so fort«, sagt di Salis mißbilligend, denn wie die meisten Circusleute hegt er eine tief verwurzelte Abneigung gegen militärische Angelegenheiten und würde die mehr künstlerischen Ziele vorziehen. »Für harte und rasche, detaillierte Informationen über diese Gegenstände würden die Vettern ein Vermögen zahlen. Langley könnte über Jahre hinweg Hunderte von Millionen für Nachforschung, Überflüge, Satelliten, Abhorchvorrichtungen und Gott weiß was noch ausgeben – und dennoch kein halb so gutes Resultat erzielen wie ein einziges Foto. Wenn also Nelson – « Er läßt den Satz in der Luft hängen, was weit wirkungsvoller ist, als wenn er ihn beendet hätte. Connie flüstert »*Gut* gemacht, Doc«, aber noch eine ganze Weile spricht sonst niemand; sie sind alle gebannt durch Smileys Kritzeln und sein fortgesetztes Studium der Akte.

»So gut wie Haydon«, murmelt Guillam. »Besser. China ist die letzte Grenze. Härteste Nuß in der Branche.«

Smiley lehnt sich zurück, offenbar hat er seine Berechnungen abgeschlossen.

»Ricardo flog ein paar Monate nach Nelsons formeller Rehabilitierung hinüber«, sagt er.

Niemand sieht sich veranlaßt, dies zu bezweifeln.

»Tiu reist nach Schanghai, und sechs Wochen später wird Ricardo – «

Weit im Hintergrund hört Guillam das Telefon der Vettern schnarren, das in sein Büro durchgestellt wurde, und er behauptet später hartnäckig, in diesem Augenblick sei Sam Collins' mißfälliges Bild aus seinem Unterbewußtsein aufgestiegen wie ein Geist aus der Flasche, und wieder einmal habe er sich gefragt, wie er jemals so unbedacht habe sein können, Sam Collins diesen eminent wichtigen Brief an Martello abliefern zu lassen.

»Nelson hat noch ein weiteres Eisen im Feuer, Chef«, fährt di Salis genau in dem Moment fort, als alle glauben, er sei am Ende: »Ich zögere, es als bare Münze weiterzugeben, aber andererseits wage ich unter den gegebenen Umständen auch nicht, es völlig auszulassen. Ein eingetauschter Bericht von den Westdeutschen, datiert vor ein paar Wochen. Nach *ihren* Quellen ist Nelson seit jüngster Zeit Mitglied einer Gruppe, die wir mangels Information als The Peking Tea Club bezeichnen, eine Keimzelle, die nach unserer Meinung zur Koordination der chinesischen Geheimdienstambitionen geschaffen wurde. Nelson wurde zunächst als Berater in Fragen elektronischer Überwachung zugezogen und dann als Vollmitglied gewählt. Das Ganze funktioniert, soviel wir ergründen können, etwa so wie unser Lenkungsausschuß. Aber ich muß betonen, daß es sich hier um einen Schuß ins dunkle handelt. Wir wissen nicht das Geringste über die chinesischen Geheimdienste, und die Vettern auch nicht.«

Smiley ist ausnahmsweise um Worte verlegen, er starrt di Salis an, macht den Mund auf und wieder zu, dann nimmt er die Brille ab und putzt sie.

»Und Nelsons *Motiv?*« fragt er und nimmt noch immer nicht Kenntnis vom unablässigen Schnarren des Vetterntelefons. »Nur ein Schuß ins dunkle, Doc. Wie würden Sie das sehen?«

di Salis zuckt so heftig die Achseln, daß seine fettige Mähne wie ein Bohnermop fliegt. »Ach, die Mutmaßung, die jeder anstellen würde«, sagt er gereizt. »Wer glaubt heutzutage noch an *Motive*? Es wäre völlig natürlich gewesen, wenn er auf die Anwerbungsversuche in Leningrad angesprochen hätte, selbstverständlich nur, wenn sie in der richtigen Weise erfolgten. Nichts, was er als Verrat empfinden müßte. Und nichts Doktrinäres. Rußland war Chinas großer älterer Bruder. Sie brauchten Nelson nur zu sagen, er sei als einer der Wächter über die wahren Werte ausersehen. Das betrachte ich nicht als besonderes Kunststück.«

Draußen bimmelte das grüne Telefon immer weiter. Bemerkenswert, Martello ist sonst nicht so ausdauernd. Nur Guillam und Smiley dürfen das Gespräch annehmen. Aber Smiley hat nichts gehört, und Guillam will verdammt sein, wenn er sich vom Fleck rührt, während di Salis über die Gründe extemporiert, die Nelson bewogen haben könnten, Karlas Maulwurf zu werden.

»Als die Kulturrevolution ausbrach, glaubten viele Leute in Nelsons Rang, Mao sei verrückt geworden«, erläutert di Salis, noch immer nur zögernd Theorien von sich gebend. »Sogar ein paar seiner eigenen Generale dachten so. Die Demütigungen, die Nelson erlitten hatte, machten ihn nach außen hin konform, aber innerlich blieb vielleicht Bitterkeit zurück – wer weiß –, vielleicht sogar Rachegelüst.«

»Die Alimentenzahlungen an Drake begannen zu einer Zeit, als Nelsons Rehabilitierung kaum beendet war«, wirft Smiley milde

ein. »Wie lauten hierüber die Vermutungen, Doc?«
Dies alles ist einfach zu viel für Connie, und wiederum fließt sie über.
»O George, wie können Sie so naiv sein. *Sie* können sich das doch denken, Lieber, *natürlich* können Sie's! Diese armen Chinesen können es sich nicht leisten, einen Spitzentechnologen sein halbes Leben lang auf Eis zu legen und ihn nicht zu nutzen! Karla sah, wohin die Entwicklung ging, wie, Doc? Er sah, wohin der Wind sich drehte und ging mit. Er hielt seinen armen kleinen Nelson an der Strippe, und sobald er aus der Wildnis zurückkam, schickte er ihm seine Boten: ›*Wir* sind's, weißt du noch? Deine Freunde! *Wir* lassen dich nicht fallen! *Wir* spucken dich nicht auf der Straße an! Und jetzt wieder an unsere Arbeit!‹ Das würden Sie ganz genau so anstellen, und Sie wissen es!«
»Und das Geld?« fragt Smiley. »Die halbe Million?«
»Zuckerbrot und Peitsche! Drohende Erpressung oder enorme Belohnungen. Nelson ist von beiden Seiten festgenagelt.«
Aber trotz Connies Ausbruch hat di Salis das letzte Wort:
»Er ist Chinese. Er ist Pragmatiker. Er ist Drakes Bruder. Er kann aus China nicht heraus – «
»Noch nicht«, sagt Smiley mit sanfter Stimme und blickt wieder in die Akte.
» – und er kennt seinen Marktwert für den russischen Geheimdienst sehr genau. ›Du kannst Politik nicht essen, du kannst nicht mit ihr ins Bett gehen‹ wie Drake immer sagte, also kannst du wenigstens Geld mit ihr verdienen – «
»Für den Tag, an dem du China verlassen und es ausgeben kannst«, ergänzt Smiley, schließt – als Guillam auf Zehenspitzen aus dem Büro geht –, die Akten, und nimmt sein Notizpapier wieder vor. »Drake versuchte schon einmal, ihn herauszuholen, es mißlang, also nahm Nelson das russische Geld an, bis . . . bis? Vielleicht bis Drake einmal mehr Glück hat.«
Das beharrliche Rasseln des Telefons im Hintergrund hat endlich aufgehört.
»Nelson ist Karlas Maulwurf«, bemerkt Smiley schließlich, wiederum mehr zu sich selber. »Er sitzt auf einem unbezahlbaren Topf voll chinesischen Geheimmaterials. Das allein würde uns schon reichen. Er handelt auf Karlas Befehle. Die Befehle selbst sind für uns von unschätzbarem Wert. Sie würden uns genau zeigen, wieviel die Russen über ihren chinesischen Feind wissen

und sogar, was sie gegen ihn planen. Wir könnten nach Herzenslust rückpeilen. Ja, Peter?«

Eine tragische Meldung schlägt immer wie ein Blitz aus heiterem Himmel ein. Eben noch stand ein Ideengebäude; im nächsten Moment ist es eingestürzt, und für die Betroffenen hat die Welt sich unwiderruflich verändert. Guillam hatte dennoch, als Polster sozusagen, ein Amtsformular des Circus und das geschriebene Wort verwendet. Er hatte seine Botschaft für Smiley auf ein Telegrammformular geschrieben in der Hoffnung, dessen Anblick werde ihn schonend vorbereiten. Er ging ruhig zum Schreibtisch, das Formular in der Hand, legte es auf die Glasplatte und wartete.

»Übrigens, *Charlie Marshall*, der andere Pilot«, wendete sich Smiley, der Unterbrechung nicht achtend, an die Versammlung. »Haben die Vettern ihn schon aufgestöbert, Molly?«

»Seine Geschichte ist ähnlich der Ricardos«, erwiderte Molly Meakin und blickte Guillam fragend an. Er stand noch immer neben Smiley und sah plötzlich grau und ältlich und krank aus. »Wie Ricardo flog auch er im Laos-Krieg für die Vettern, Mr. Smiley. Die beiden waren Kursgenossen an Langleys geheimer Fliegerschule in Oklahoma. Als Laos vorbei war, ließen sie ihn fallen und wissen seither nichts mehr von ihm. Bei Rauschgift heißt es, er habe Opium transportiert, aber das heißt es von allen Piloten der Vettern.«

»Ich glaube, Sie sollten das lesen«, sagte Guillam und wies entschlossen auf die Meldung.

»Marshall muß Westerbys nächster Schritt sein. Wir müssen den Druck aufrechterhalten«, sagte Smiley.

Endlich nahm Smiley das Telegrammformular zur Hand und hielt es prüfend nach links, wo das Licht am hellsten war. Er las mit hochgezogenen Brauen und gesenkten Lidern. Wie immer las er zweimal. Sein Ausdruck veränderte sich nicht, aber die Nächstsitzenden sagten, aus seinem Gesicht sei alle Bewegung gewichen.

»Vielen Dank, Peter«, sagte er ruhig und legte das Blatt nieder. »Und vielen Dank Ihnen allen. Connie und Doc, würden Sie vielleicht noch hierbleiben? Allen übrigen wünsche ich eine lange und gute Nacht.«

Das junge Volk quittierte diesen frommen Wunsch mit fröhlichem Gelächter, denn es war bereits weit über Mitternacht.

Das Mädchen von droben schlief wie eine nette braune Puppe an eines von Jerrys langen Beinen geschmiegt, drall und tadellos im orangefarbenen Nachtlicht des regentriefenden Hongkong-Himmels. Sie schnarchte wie ein Sägewerk, und Jerry starrte durchs Fenster und dachte an Lizzie Worthington. Er dachte an die beiden Krallenspuren an ihrem Kinn und fragte sich aufs neue, wer sie ihr beigebracht haben mochte. Er dachte an Tiu, den er sich als ihren Kerkermeister vorstellte, und er sagte das Wort »Pferdeschreiber« vor sich hin, bis es ihn richtig wütend machte. Er fragte sich, wieviel Warten ihm noch bevorstehe und ob er danach bei ihr eine Chance habe, was alles war, was er verlangte: eine Chance. Das Mädchen bewegte sich, aber nur, um sich zu kratzen. Von nebenan hörte Jerry ein rituelles Klicken, als die übliche Mahjong-Runde die Steine wusch, ehe sie verteilt wurden.

Das Mädchen war zunächst nicht übermäßig begeistert auf Jerrys Annäherungsversuche eingegangen – ein Schwall leidenschaftlicher Billetts, die zu allen Stunden der vorhergegangenen Tage in ihren Briefkasten fielen –, aber sie mußte unbedingt ihre Gasrechnung bezahlen. Offiziell war sie Eigentum eines Geschäftsmannes, aber in letzter Zeit waren seine Besuche seltener geworden und in allerletzter hatten sie völlig aufgehört, mit dem Ergebnis, daß sie sich weder die Wahrsagerin leisten konnte noch Mahjong, noch die eleganten Kleider, für die sie sich entschieden hatte, sobald ihr der Durchbruch in die Kung-Fu-Filme gelingen würde. Also erhörte sie ihn, aber auf streng finanzieller Basis. Sie fürchtete vor allem, ihr Verkehr mit dem häßlichen *kweilo* könne bekanntwerden, und deshalb hatte sie ihre komplette Ausgeh-Uniform angelegt, ehe sie das eine Stockwerk herunterkam; einen braunen Regenmantel mit amerikanischen Messingspangen an den Schulterstücken, gelbe Plastikstiefel und einen Plastikschirm mit roten Rosen. Jetzt lag diese ganze Ausrüstung auf dem Parkettboden herum wie Kriegsgerät nach einer Schlacht und sie schlief auch in der gleichen heldischen Erschöpfung, so daß ihre einzige Reaktion auf das Klingeln des Telefons in einem schläfrigen kantonesischen Fluch bestand.

Als Jerry den Hörer abnahm, tat er es in der idiotischen Hoffnung, es könne Lizzie sein, aber es war nicht Lizzie.

»Bewegen Sie Ihren Hintern schleunigst hierher, und Stubbsi wird Sie lieben«, versprach Luke. »Beeilung. Ich tue Ihnen den größten Gefallen unserer Karriere.«

»Wo ist hierher, wenn ich fragen darf?« fragte Jerry.
»Vor Ihrem Haus, Sie Affe.«
Er rollte das Mädchen von sich weg, aber sie wachte noch immer nicht auf.

Die Straßen glänzten vom unerwarteten Regen, und der Mond hatte einen dicken Hof. Luke fuhr, als säßen sie in einem Jeep, im höchsten Gang. An den Straßenecken dröhnte die Kupplung wie Hammerschläge. Whiskydünste füllten den Wagen.
»Was haben Sie denn, um Himmels willen?« fragte Jerry. »Was ist los?«
»Großartiges Stück Fleisch. Schnauze.«
»Ich will kein Fleisch. Ich bin bedient.«
»Das werden Sie schon mögen, *Mann*, und ob Sie das mögen werden.«
Sie hielten auf den Hafentunnel zu. Ein Schwarm Radfahrer ohne Licht kurvte aus einer Querstraße heran, und Luke mußte auf den Mittelstreifen, um ihnen auszuweichen. »Halten Sie Ausschau nach einem verdammt großen Bau«, sagte Luke. Ein Streifenwagen mit blinkenden Lichtern überholte sie. Luke, der glaubte, daß er angehalten werden sollte, kurbelte sein Fenster herunter.
»Wir sind *Presse*, ihr Idioten«, brüllte er. »Wir sind *Stars*, hört ihr?«
Im Inneren des vorbeirasenden Streifenwagens konnten sie einen chinesischen Sergeanten und dessen Fahrer ausmachen, im Fond thronte ein würdig aussehender Europäer, vielleicht ein Richter. Vor ihnen, rechter Hand vom Fahrdamm, kam der angekündigte Bau in Sicht; ein Käfig aus gelben Tragbalken und Bambusgerüsten, wimmelnd von schwitzenden Kulis. Kräne, die im Regen funkelten, hingen wie Peitschen über ihnen. Das Flutlicht kam vom Boden und wurde hoffnungslos vom Nebel verschluckt.
»Halten Sie nach einem niedrigen Gebäude Ausschau, muß ganz nah sein«, befahl Luke und verlangsamte auf sechzig. »Weiß. Schauen Sie nach einem weißen Gebäude aus.«
Jerry wies darauf hin, ein zweistöckiger Komplex aus feuchtem Stuck, weder neu noch alt, neben dem Eingang ein zwanzig Fuß hohes Bambusgestell und ein Krankenwagen. Der Krankenwagen stand offen, und die drei Fahrer lungerten rauchend darin und beobachteten die Polizisten, die im Vorhof herumschwärmten, als gälte es, einen Aufstand unter Kontrolle zu bringen.

»Er gibt uns eine Stunde Vorsprung vor dem Feld.«
»Wer?«
»Rocker. Der Rocker gibt ihn uns. Wer dachten Sie?«
»Warum?«
»Wahrscheinlich, weil er mich verprügelt hat. Er liebt mich. Er liebt Sie auch. Er hat eigens gesagt, ich soll Sie mitbringen.«
»Warum?«
Der Regen fiel unaufhörlich.
»*Warum? Warum? Warum?*« echote Luke wütend. »Los jetzt, schnell!«
Die Bambusstäbe waren überdimensional, höher als die Mauer. Ein paar orangerot gekleidete Priester suchten unter ihnen Schutz; sie schlugen auf Zimbeln. Ein dritter hielt einen Regenschirm. Ein paar Blumenstände waren da, viele Ringelblumen, und Leichenwagen, und von irgendwoher außer Sichtweite hörte man müßigen Singsang. Die Eingangshalle glich einem Dschungelsumpf und stank nach Formaldehyd.
»Big Moos Sonderkurier«, sagte Luke.
»Presse«, sagte Jerry.
Die Polizei ließ sie mit einem Kopfnicken durch, niemand wollte ihre Ausweise sehen.
»Wo ist der Superintendent?« fragte Luke.
Der Formaldehyd-Gestank war gräßlich. Ein junger Sergeant führte sie. Durch eine gläserne Schwingtür kamen sie in einen Raum, wo an die dreißig alte Männer und Frauen, die meisten in Pyjama-Anzügen, phlegmatisch warteten, wie auf einen verspäteten Zug, über sich die schattenlosen Neonleuchten und einen elektrischen Ventilator. Einer der alten Männer räusperte sich und spuckte auf den grün gefliesten Boden. Beim Anblick der riesigen *kweilos* erstarrten sie in höflichem Staunen. Das Büro des Pathologen war gelb. Gelbe Wände, gelbe Jalousien, geschlossen; eine nicht funktionierende Klimaanlage. Der gleiche grüne Fliesenboden, leicht aufzuwaschen.
»*Toller* Geruch«, sagte Luke.
»Anheimelnd«, pflichtete Jerry bei.
Jerry wünschte sich aufs Schlachtfeld. Auf dem Schlachtfeld war es leichter. Der Sergeant wies sie an, zu warten und ging weiter voraus. Sie hörten Bahren quietschen, leise Stimmen, das Zuschlagen einer Gefrierfach-Tür, das Zischeln von Gummisohlen. Ein Band von »Grey's Anatomy« lag neben dem Telefon.

Jerry blätterte darin und starrte die Bilder an. Luke hockte auf einem Stuhl. Ein Assistent mit kurzen Gummistiefeln und einem Overall brachte Tee. Weiße Tasse, grüne Ränder, und das Wappen von Hongkong nebst einer Krone.
»Könnten Sie dem Sergeant bitte sagen, er möchte sich beeilen?« sagte Luke. »Im Handumdrehen wird die ganze verdammte Stadt hier sein.«
»Warum wir?« sagte Jerry wieder.
Luke goß einen Schwall Tee auf den Fliesenboden, und während der Tee in den Gully rann, schraubte er den Verschluß seiner Whiskyflasche auf. Der Sergeant kam zurück und winkte ihnen wortlos mit seiner schlanken Hand. Sie folgten ihm wieder zurück durch den Wartesaal. Dann kam keine Tür mehr, nur ein Korridor und eine Barriere wie in einer öffentlichen Bedürfnisanstalt, und dann waren sie da. Als erstes sah Jerry die ramponierte Bahre. Nichts kann so alt und trostlos aussehen, dachte er, wie ausgediente Krankenhauseinrichtung. Die Wände waren mit grünem Schimmel überzogen, vom Plafond hingen grüne Stalagtiten, ein verbeulter Spucknapf war mit gebrauchtem Verbandzeug gefüllt. Sie putzen ihnen die Nasen aus, erinnerte er sich, ehe sie das Laken herunterziehen und sie einem zeigen. Eine Höflichkeit, damit man nicht so geschockt ist. Die Formaldehydschwaden trieben ihm die Tränen in die Augen. Ein chinesischer Pathologe saß am Fenster und notierte etwas auf einen Block. Ein paar Wärter standen herum, und noch mehr Polizisten. Etwas um Entschuldigung Bittendes schien in der Luft zu liegen. Jerry konnte es nicht definieren. Der Rocker ignorierte sie. Er stand in einer Ecke und flüsterte auf den würdig aussehenden Herrn vom Rücksitz des Streifenwagens ein, aber die Ecke war nicht weit entfernt, und Jerry hörte zweimal den Ausspruch »Makel auf unserem guten Ruf« in empörtem, nervösem Ton vorgebracht. Über die Leiche war ein weißes Tuch gebreitet, darauf ein blaues Kreuz aus zwei gleichlangen Balken. Damit sie es so und andersherum benutzen können, dachte Jerry. Es war die einzige Bahre im Raum. Das einzige Laken. Der Rest der Ausstellung befand sich im Inneren der beiden großen Kühlfächer mit den Holztüren, begehbar, so groß wie ein Fleischerladen. Luke geriet vor Ungeduld allmählich außer sich.
»Herrjeh, Rocker!« rief er durch den Raum. »Wie lang wollen Sie denn den Deckel noch hier draufhalten? Wir haben zu tun.«

Niemand kümmerte sich um ihn. Luke, der genug vom Warten hatte, schlug das Laken zurück. Jerry sah hin und sah wieder weg. Der Sezierraum war nebenan, und er konnte das Geräusch der Säge hören, wie das Knurren eines Hundes.
*Kein Wunder, daß alle glauben, sie müßten sich entschuldigen, dachte Jerry blöde. Eine Euro-Leiche hierherbringen!*
»Herrgottnochmal«, sagte Luke. »Herrgott. Wer hat das mit ihm angestellt? Wie *macht* man solche Male? Das sieht nach Triade aus. *Herrjeh.*«
Das beschlagene Fenster ging auf den Hof. Jerry konnte den Bambus im Regen schwanken sehen und die flüssigen Schatten einer weiteren Ambulanz, die einen weiteren Kunden ablieferte, aber keiner durfte wohl jemals so ausgesehen haben wie dieser hier, dachte er. Ein Polizeifotograf war erschienen, Blitzlichter flammten auf. An der Wand hing ein Telefon. Der Rocker redete hinein. Er hatte Luke noch immer nicht angesehen und Jerry auch nicht.
»Ich möchte, daß er von hier wegkommt«, sagte der würdige Herr.
»Jederzeit«, sagte der Rocker. Er ging wieder ans Telefon. »In der Ummauerten Stadt, Sir . . . Ja, Sir . . . In einer Hintergasse, Sir. Nackt. Menge Alkohol . . . Der Gerichtspathologe identifizierte ihn sofort, Sir. Ja, Sir, die Bank ist bereits hier, Sir.« Er legte auf. »Ja, Sir, Nein, Sir, jede Menge, Sir«, knurrte er. Er wählte eine Nummer.
Luke machte sich Notizen. »Herrjeh«, sagte er immer wieder schaudernd. »Herrjeh. Muß *Wochen* gedauert haben, bis er hinüber war. Monate.«
Sie haben ihn zweimal getötet, dachte Jerry. Einmal, damit er redete, und einmal, um ihn zum Schweigen zu bringen. Was sie ihm beim erstenmal angetan hatten, war an seinem ganzen Körper zu sehen, große und kleine Stellen, wie Flammen einen Teppich erfassen, Löcher hineinfressen und dann plötzlich von ihm ablassen. Und dann das Ding rings um seinen Hals, ein völlig anderer, rascherer Tod. Das hatten sie als Letztes gemacht, als sie ihn nicht mehr brauchten.
Luke rief dem Pathologen zu: »Drehen Sie ihn doch mal um, ja? Würden Sie die Güte haben, ihn umzudrehen, *Sir*?«
Der Superintendent hatte den Hörer aufgelegt.
»Wie lautet die Story?« fragte Jerry ihn. »Wer ist er?«
»Heißt Frost«, sagte der Rocker und starrte Jerry mit seinen

hängenden Augen an. »Höherer Beamter der South Asian and China. Treuhand-Abteilung.«
»Wer hat ihn getötet?« fragte Jerry.
»Tja, wer hat's getan? Das ist die Frage«, sagte Luke und schrieb eifrig.
»Die Mäuse«, sagte der Rocker.
»In Hongkong gibt es keine Triaden, keine Kommunisten und keine Kuomintang. Stimmt's Rocker?«
»Und keine Huren«, knurrte der Rocker.
Der würdige Herr ersparte dem Rocker weitere Antworten:
»Ein ganz abscheulicher Fall von Raubmord«, erklärte er über die Schulter des Polizisten hinweg. »Gemeiner, perverser Raubmord, Beweis, wie wichtig es ist, daß die Sicherheitskräfte jederzeit auf ihrem Posten sind. Er war ein treuer Diener unserer Bank.«
»Das war kein Raubmord«, sagte Luke mit einem neuerlichen Blick auf Frost. »Das war ein Kommando.«
»Er hat weiß Gott ein paar verdammt komische Freunde gehabt«, sagte der Rocker und starrte Jerry unverwandt an.
»Was soll das heißen?« sagte Jerry.
»Was weiß man bis jetzt?« sagte Luke.
»Er war bis Mitternacht in der Stadt. Feierte in Gesellschaft einiger chinesischer Herren. Ein Puff nach dem anderen. Dann verliert sich seine Spur. Bis heute nacht.«
»Die Bank setzt eine Belohnung von fünfzigtausend Dollar aus«, sagte der Würdige.
»Hongkong oder US?« sagte Luke, während er weiterschrieb.
Der Würdige sagte »Hongkong« – sehr scharf.
»Macht mal halblang, ihr Jungens«, warnte der Rocker. »Er hat eine kranke Frau im Stanley Hospital, und er hat Kinder – «
»Und die Bank hat einen Ruf zu verlieren«, sagte der Würdige.
»Das soll unsere vornehmste Sorge sein«, sagte Luke.
Eine halbe Stunde danach gingen sie, vom Feld war noch immer nichts zu sehen.
»Danke«, sagte Luke zum Superintendent.
»Keine Ursache«, sagte der Rocker. Sein hängendes Augenlid tränte, wie Jerry feststellte, sobald er müde war.
Wir haben den Baum geschüttelt, dachte Jerry, als sie wegfuhren. Junge, Junge, und wie wir ihn geschüttelt haben!

Sie saßen wieder in der gleichen Haltung da, Smiley an seinem

Schreibtisch, Connie im Rollstuhl, di Salis in die Betrachtung der trägen Rauchkringel aus seiner Pfeife vertieft. Guillam stand neben Smiley; das Krächzen von Martellos Stimme klang ihm noch in den Ohren. Smiley allerdings polierte jetzt mit leicht kreisenden Daumenbewegungen seine Brille am Krawattenzipfel.
di Salis, der Jesuit, sprach als erster. Vielleicht hatte er am meisten zu verdrängen. »Es führt keinerlei logische Verbindung von diesem Unfall zu uns. Frost war ein Libertin. Er hielt sich chinesische Frauen. Er war eindeutig korrupt. Er nahm unser Bestechungsgeld ohne weiteres an. Weiß der Himmel, was er bereits früher an Bestechungsgeldern kassierte. Mir kann man nichts vorwerfen.«
»Ach *Quatsch*«, brummte Connie. Sie saß ausdruckslos da, und der Hund lag schlafend auf ihrem Schoß. Sie wärmte sich die verkrüppelten Hände an seinem braunen Rücken. Im Hintergrund goß der dunkle Fawn Tee ein.
Smiley sprach zu dem Telegrammformular. Niemand hatte sein Gesicht gesehen, seit er sich zum erstenmal vorgebeugt hatte, um die Meldung zu lesen.
»Connie, wir müssen rechnen«, sagte er.
»Ja, Lieber.«
»Wer weiß außerhalb dieser vier Wände, daß wir Frost einschalteten?«
»Craw, Westerby, Craws Polizist. Und wenn sie ein bißchen Grütze im Kopf haben, müßten die Vettern es erraten haben.«
»Nicht Lacon, nicht Whitehall.«
»Und *nicht* Karla, Lieber«, erklärte Connie mit einem scharfen Blick hinüber zu dem trüben Porträt.
»Nein. Karla nicht. Das glaube ich.« An seiner Stimme konnten sie spüren, wie mühsam der Verstand den Gefühlen seinen Willen aufzwang. »Für Karla würde es eine weit übertriebene Reaktion sein. Wenn ein Bankkonto auffliegt, so braucht er nur irgendwo anders ein neues zu eröffnen. Er hat *so etwas* nicht nötig.« Mit den Fingerspitzen schob er das Telegrammformular genau einen Zoll weit auf der Glasplatte nach oben. »Die Aktion gelang, wie sie geplant war. Die Reaktion war einfach – « Er begann von neuem. »Die Reaktion war mehr, als wir erwarteten. Operativ gesehen ist nichts schiefgelaufen. Operativ haben wir den Fall gefördert.«
»Wir haben sie *rausgelockt*, Lieber«, sagte Connie entschieden.
di Salis ging nun vollends in die Luft. »Ich verbitte mir, daß hier

gesprochen wird, als wären wir alle Komplizen. Es besteht keine nachgewiesene Verbindung, und ich betrachte Ihre Unterstellung einer Verbindung als böswillig.«
Smileys Erwiderung blieb neutral.
»Ich würde es als Unterstellung betrachten, wenn ich etwas anderes vorbrächte. Ich habe diese Initiative angeordnet. Ich verschließe die Augen nicht vor den Folgen, nur weil sie unerfreulich sind. Schreiben Sie's auf meine Rechnung. Aber wir wollen uns nicht selber betrügen.«
»Der arme Teufel wußte nicht genug, wie?« überlegte Connie anscheinend im Selbstgespräch. Zuerst griff niemand den Gedanken auf, dann wollte Guillam wissen, was sie damit sagen wolle.
»Frost hatte nichts zu verraten, *darling*«, erklärte sie. »Das ist das Schlimmste, was einem passieren kann. Was konnte er ihnen geben? Einen übereifrigen Journalisten namens Westerby. Das hatten sie bereits, die armen Lieben. Also machten sie natürlich weiter. Und immer weiter.« Sie wandte sich Smiley zu. Er war der einzige, der soviel Historie mit ihr geteilt hatte. »Wir hatten es uns zur *Regel* gemacht, erinnern Sie sich, George, wenn die Jungens und Mädels rausgingen. Wir gaben ihnen immer etwas mit, das sie gestehen konnten, die Armen.«
Mit liebevoller Behutsamkeit setzte Fawn einen Pappbecher voll Tee, mit einer Zitronenscheibe darin, auf Smileys Schreibtisch ab. Sein Totenschädelgrinsen löste Guillams unterdrückte Wut aus: »Wenn Sie mit Austeilen fertig sind, dann raus!« zischte er Fawn ins Ohr. Immer noch feixend ging Fawn hinaus.
»Was mag jetzt in Ko vorgehen?« fragte Smiley, immer noch an das Telegrammformular gerichtet. Er hatte die Finger unterm Kinn verschränkt wie ein Betender.
»Geht der Arsch mit Grundeis«, erklärte Connie zuversichtlich. »Fleet Street auf dem Kriegspfad, Frost tot, und er selber keinen Schritt weiter.«
»Ja. Ja, er dürfte unsicher sein. ›Kann er den Damm halten? Kann er die undichten Stellen verstopfen? Wo *sind* überhaupt die undichten Stellen?‹ ... Genau das wollten wir. Wir haben es bekommen.« Er machte eine winzige Bewegung mit dem gesenkten Kopf in Richtung auf Guillam. »Peter, würden Sie die Vettern bitten, sie möchten Tius Überwachung verstärken. Aber nur statische Observierung, bitte sagen Sie ihnen das. Keine Beschattung auf der Straße, nichts von dergleichen Unfug, das Wild darf

nicht verschreckt werden. Telefon, Post, nur diese einfachen Sachen. Doc, wann reiste Tiu zum letztenmal aufs Festland?«
Mißmutig nannte di Salis ein Datum.
»Stellen Sie fest, welche Route er nahm und wo er sein Billett gekauft hat. Für den Fall, daß er es wieder macht.«
»Steht bereits in den Akten«, gab di Salis finster zurück, setzte ein höchst unschönes Hohnlächeln auf, blickte gen Himmel und verzog Lippen und Schultern.
»Dann seien Sie doch so freundlich, es für mich noch eigens herauszuschreiben«, erwiderte Smiley mit unerschütterlicher Langmut. »Westerby«, fuhr er mit der gleichen tonlosen Stimme fort, und Guillam hatte einen Moment lang das schwindelerregende Gefühl, Smiley leide an einer Art Halluzination und glaube Jerry hier im Büro, damit er wie alle anderen seine Befehle entgegennehme, »ziehe ich ab – das kann ich. Seine Zeitung ruft ihn zurück, was spricht dagegen? Was dann? Ko wartet. Er lauscht. Er hört nichts. Und er atmet auf.«
»Und auftreten unsere Rauschgifthelden«, sagte Guillam mit einem Blick auf den Kalender. »Sol Ecklands großer Tag.«
»Oder ich ziehe ihn ab und ersetze ihn, und ein anderer Außenmann übernimmt die Spur. Wäre er weniger gefährdet, als Westerby es jetzt ist?«
»Klappt nie«, murmelte Connie. »Die Pferde wechseln. Niemals. Und Sie wissen es. Instruktion, Training, andere Gangart, andere Verbindungen. Niemals.«
»Ich sehe gar nicht ein, wieso *er* gefährdet ist!« rief di Salis schrill.
Guillam fuhr zornig herum und machte Miene, ihm eine zu verpassen, aber Smileys nächste Frage kam ihm zuvor.
»Warum nicht, Doc?«
»Wenn wir Ihre Hypothese übernehmen wollen – was ich nicht tue –, so ist Ko kein Mann der Gewalt. Er ist ein erfolgreicher Geschäftsmann, und seine Maximen lauten Ansehen, Tüchtigkeit, Verdienstlichkeit und harte Arbeit. Ich dulde nicht, daß man von ihm spricht, als wäre er eine Art Raubmörder. Zugegeben, er hat seine Leute, und seine Leute sind vielleicht weniger nett als er, wenn es zum Treffen kommt. So wie wir Whitehalls Leute sind. Das macht aus Whitehall keine Schufte, möchte ich behaupten.«
*Um Gottes willen, Schluß damit*, dachte Guillam.
»Westerby ist nicht Frost«, fuhr di Salis mit dem gleichen lehrhaften Näseln fort. »Westerby ist kein ungetreuer Knecht.

Westerby hat Kos Vertrauen nicht mißbraucht, auch nicht sein Geld, er hat Kos Bruder nicht verraten. In Kos Augen repräsentiert Westerby eine große Zeitung. Und Westerby ließ durchblicken – sowohl Frost wie Tiu gegenüber, soviel ich weiß –, daß seine Zeitung über die betreffende Sache weit mehr wisse als er selber. Ko kennt die Welt. Wenn er einen Journalisten beseitigt, ist damit die Gefahr nicht gebannt. Im Gegenteil, er zieht sich die ganze Meute auf den Hals.«

»Was also bewegt ihn zur Zeit?«

»Ungewißheit. Wie Connie richtig sagte. Er kann die Gefahr nicht ermessen. Die Chinesen haben wenig Zugang zu Abstraktem und noch weniger zu abstrakten Situationen. Er wäre froh, wenn die Gefahr vorüberginge, und wenn sich nichts Konkretes ereignet, wird er annehmen, sie sei vorüber. Diese Angewohnheit ist nicht auf das Abendland beschränkt. Ich habe nur Ihre Hypothese ausgebaut.« Er stand auf. »Ich pflichte ihr nicht bei. Unter keinen Umständen. Ich distanziere mich ausdrücklich von ihr.«

Er stelzte hinaus. Auf Smileys Nicken hin folgte ihm Guillam. Nur Connie blieb.

Smiley hielt die Augen geschlossen, die Stirn hatte sich über der Nasenwurzel zusammengezogen. Lange Zeit sagte Connie kein Wort. Trot lag wie tot auf ihrem Schoß, und sie blickte auf ihn herab und kraulte ihm den Bauch.

»Karla würde sich keinen Pfifferling drum scheren, wie, Liebes?« murmelte sie. »Nicht um einen toten Frost und nicht um zehn. Ja, das ist der Unterschied. Wir können nicht gut noch deutlicher werden, wie, heutzutage nicht? Wer hat doch gleich immer gesagt ›wir kämpfen um das Überleben des vernünftigen Menschen?‹ Steed-Asprey? Oder war es Control? Hat mir gefallen. War alles dran. Hitler. Die Neue Sache. Das ist es, was wir sind: vernünftig. Nicht wahr, Trot? Wir sind nicht bloß Engländer. Wir sind vernünftig.« Ihre Stimme wurde ein wenig leiser. »*Darling*, was ist mit Sam? Haben Sie darüber nachgedacht?«

Es dauerte eine ganze Weile, ehe Smiley sprach, und dann war seine Stimme barsch, eine Stimme, die Connie auf Armeslänge fernhielt.

»Er soll in den Kulissen bleiben. Nichts tun, bis er grünes Licht bekommt. Er weiß das. Er muß auf das grüne Licht warten.« Er atmete tief ein und wieder aus. »Kann sein, daß er überhaupt nicht gebraucht wird. Kann durchaus sein, daß wir ohne ihn auskom-

men. Alles hängt davon ab, wie Ko springt.«
»George *darling*, lieber George.«
Nach stillschweigendem Ritual rollte sie sich zum Kamin, nahm den Schürhaken und begann unter großen Mühen, in den Kohlen zu stochern, während sie mit der anderen Hand den Hund festhielt.

Jerry stand am Küchenfenster und sah zu, wie die gelbe Dämmerung den Nebel des Hafens durchschnitt. Gestern abend war Sturm gewesen, erinnerte er sich. Mußte eine Stunde vor Lukes Anruf ausgebrochen sein. Er hatte auf seiner Matratze gewacht, während das Mädchen an seinem Bein schnarchte. Zuerst der Geruch nach Vegetation, dann der Wind, der verstohlen in den Palmen raschelte, als rieben sich trockene Hände aneinander. Dann das Zischen des Regens, als würden Tonnen geschmolzener Bleikugeln ins Meer geschüttet. Schließlich die Flächenblitze, die den Hafen in langen, langsamen Atemzügen erschütterten, während Donnersalven über den tanzenden Hausdächern krachten. Ich habe ihn getötet, dachte er. Wie man's auch dreht und wendet, ich habe ihm den entscheidenden Stoß versetzt. ›Es sind nicht nur die Generale, es ist jeder Mann, der ein Gewehr trägt.‹ Quelle und Kontext zitieren.
Das Telefon klingelte. Soll es klingeln, dachte er. Wahrscheinlich Craw, der sich in die Hosen macht. Er nahm den Hörer ab. Luke, der sich amerikanischer denn je anhörte.
»Hey, Mann! Großes Drama! Stubbsi kam soeben über den Draht. Persönlich für Westerby. Vor dem Lesen essen. Wollen Sie's hören?«
»Nein.«
»Rundreise durch die Kriegszonen. Die kambodschanischen Fluggesellschaften und die Wirtschaft im Belagerungszustand. Unser Mann vor Ort mitten im Geschoßhagel! Sie haben Glück, Kamerad! Das Blättchen möchte, daß Sie sich eins auf den Pelz brennen lassen!«
Und daß ich Lizzie diesem Tiu überlasse, dachte er und legte auf. Und nach allem, was ich weiß, auch diesem Schwein Collins, der hinter ihr herschleicht wie ein Mädchenhändler. Jerry hatte ein paarmal mit Sam zusammengearbeitet, als dieser noch schlicht Mister Mellon in Vientiane war, ein unheimlich erfolgreicher Händler an der Spitze der dortigen europäischen Gangster. Jerry

hielt ihn für eine der unappetitlichsten Gestalten, die er kannte. Er kehrte zu seinem Platz am Fenster zurück und dachte wieder an Lizzie dort droben auf ihrem schwindelnden Hausdach. Dachte an den kleinen Frost und wie gern er gelebt hatte. Dachte an den Geruch, der ihn bei der Rückkehr in die Wohnung begrüßt hatte. Der Geruch war überall. Er überlagerte den Geruch des Deodorants, das das Mädchen benutzte, den abgestandenen Zigarettenrauch und den Geruch nach Gas und Kochöl von den Mahjong-Spielern nebenan. Jerry hatte nach diesem Geruch den Weg verfolgen können, den Tiu bei seiner Suchaktion genommen hatte, wo er sich länger aufgehalten, wo er nur flüchtig verweilte auf seinem Streifzug durch Jerrys Kleidungsstücke, Jerrys Vorratskammer und Jerrys wenige Habseligkeiten. Dem Geruch einer Mischung aus Rosenwasser und Mandeln, Lieblingsduft einer früheren Ehefrau.

## 15 *Die belagerte Stadt*

Sobald man Hongkong verläßt, hört es auf zu existieren. Wenn man den letzten chinesischen Polizisten in britischen Kommißstiefeln und Wickelgamaschen passiert hat und den Atem anhält, während die Maschine in sechzig Fuß Höhe über die grauen Dächer der Slums hinwegbraust, wenn die umliegenden Inseln im blauen Dunst verschwunden sind, dann weiß man, daß der Vorhang gefallen ist, die Requisiten weggeräumt sind und daß alles dort Erlebte Illusion war. Diesmal jedoch konnte Jerry sich nicht zu diesem Gefühl aufschwingen. Er trug die Erinnerung an den toten Frost und an das lebende Mädchen mit sich, und sie war auch noch bei ihm, als er Bangkok erreicht hatte. Wie immer brauchte er den ganzen Tag, bis er fand, was er suchte; wie immer war er nahe daran, aufzugeben. Nach Jerrys Ansicht ging das in Bangkok allen Leuten so: ob ein Tourist nach einem *wat* Ausschau hält, ein Journalist nach einer Story – oder Jerry nach Ricardos Freund und Partner Charlie Marshall – immer befindet sich das Ziel aller Wünsche am anderen Ende irgendeiner verdammten Gasse, eingeklemmt zwischen einem verstopften *klong* und einem Haufen Betonschutt, und es kostet einen immer fünf US-Dollar mehr, als man erwartete. Jetzt war in Bangkok zwar theoretisch Trockenzeit, aber Jerry kannte die Stadt nicht anders als im Regen, der unvermittelt in Wolkenbrüchen aus der Schmutzglocke des Himmels schoß. Später sagten die Leute immer, er habe den einzigen Regentag erwischt.

Er begann seine Suche am Flugplatz, weil er ohnehin schon hier war und von der Überlegung ausging, daß im Südosten niemand lange fliegen könne, ohne Bangkok anzusteuern. Charlie sei nicht mehr in der Gegend, hieß es. Jemand versicherte ihm, Charlie habe nach Rics Tod die Fliegerei überhaupt aufgegeben. Wieder jemand sagte, er sei im Gefängnis. Und noch jemand meinte, er sei höchstwahrscheinlich »in einer der Höhlen«. Eine hinreißende

Hostesse von Air Vietnam sagte kichernd, er mache Frachtflüge nach Saigon; sie habe ihn immer nur in Saigon gesehen.
»Von woher?« fragte Jerry.
»Vielleicht Phnom Penh, vielleicht Vientiane«, sagte sie – aber Charlies Ziel, dessen war sie sicher, sei immer nur Saigon, und er komme nie nach Bangkok. Jerry blätterte im Telefonbuch, Indocharter war nicht aufgeführt. Wider alle Hoffnung suchte er auch den Namen Marshall, fand einen – sogar einen Marshall, C. – und rief ihn an, bekam jedoch nicht den Sohn eines Kuomintang-Kriegsherrn, der sich einen hohen militärischen Rang zugelegt hatte, an den Apparat, sondern einen verwirrten schottischen Geschäftsmann, der immer wieder sagte: »Hören Sie, Sie müssen mal vorbeikommen.« Er ging zum Gefängnis, wo die *farangs* eingesperrt werden, wenn sie nicht zahlen können oder gegen einen General unhöflich waren, und sah die Liste der Insassen durch. Er marschierte die Galerien entlang und linste durch Käfigtüren und sprach mit einigen übergeschnappten Hippies. Sie wußten zwar eine Menge über ihre Inhaftierung zu sagen, aber Charlie Marshall hatten sie nicht gesehen, sie hatten nie von ihm gehört und sie scherten sich auch, um es fein auszudrücken, einen feuchten Staub um ihn. In düsterer Stimmung fuhr er zu dem sogenannten Sanatorium, wo Drogenabhängige ihre Entziehungskur machten, und dort herrschte große Aufregung, weil es einem Mann trotz der Zwangsjacke gelungen war, sich mit den Fingern die Augen auszustechen, aber es war nicht Charlie Marshall, und, nein, sie hatten keine Piloten hier, auch keine Korsen oder korsischen Chinesen und *bestimmt* keinen Sohn eines Kuomintang-Generals.
Also machte Jerry sich an die Hotels, in denen Piloten bei Zwischenlandungen herumlungern mochten. Er tat es nicht gern, denn es war eine stumpfsinnige Arbeit und überdies wußte er, daß Ko hier eine große Interessenvertretung unterhielt. Er zweifelte nicht ernsthaft daran, daß Frost ihn verraten hatte; er wußte, daß die meisten reichen Überseechinesen legitimerweise mehrere Pässe benutzen, und die Swatonesen mehr als mehrere; er wußte, daß Ko einen thailändischen Paß in der Tasche hatte und wahrscheinlich auch ein paar thailändische Generale. Und er wußte, daß die Thais, wenn sie erzürnt waren, bedeutend rascher und gründlicher töteten als andere Leute, auch wenn sie bei einer Exekution durch ein Erschießungskommando den Delinquenten

durch ein ausgespanntes Laken hindurch erschossen, um die Gebote Buddhas nicht zu verletzen. Aus diesen und noch ein paar weiteren Gründen fühlte Jerry sich nicht ausgesprochen behaglich, als er Charlie Marshalls Namen in sämtlichen großen Hotels heraustrompetete.

Er probierte es mit dem Erawan, dem Hyatt, dem Miramar und dem Oriental und ungefähr dreißig weiteren, und im Erawan trat er besonders behutsam auf, weil er sich erinnerte, daß China Airsea hier eine Suite hatte und Craw gesagt hatte, Ko benutze sie häufig. Er stellte sich vor, wie die blondhaarige Lizzie für ihn Hostesse spielte oder ihre langen Glieder draußen am Swimmingpool sonnte, während die Bosse Whisky schlürften und überlegten, wieviel man für eine Stunde von Lizzies Zeit wohl anlegen müsse. Während er herumfuhr, prasselte ein jäher Regenschauer in dicken Tropfen herab, die so verschmutzt waren, daß sie das Gold der Straßentempel schwärzten. Der Taxifahrer geriet auf den überschwemmten Straßen ins Schleudern, so daß er die Wasserbüffel um Zentimeter verfehlte, die grellfarbenen Autobusse klingelten schrill und fuhren auf sie los, bluttriefende Kung-Fu-Plakate schrien auf sie ein, aber der Name Marshall – Charlie Marshall – *Captain* Marshall, sagte niemandem etwas, obwohl Jerry freigebig Trinkgelder verteilte. Er hat ein Mädchen, dachte Jerry. Er hat ein Mädchen und ist bei ihr untergekrochen, genau wie ich es auch machen würde. Im Oriental bestach er den Portier, daß er für ihn Nachrichten entgegennehme, außerdem durfte er das Telefon benutzen und erhielt, was das Beste von allem war, eine Quittung für zwei Übernachtungen, ein Schlag für Stubbs. Aber das Abklappern der Hotels hatte an seinen Nerven gezerrt, er fühlte sich ausgesetzt und gefährdet, also schlief er, für einen Dollar pro Nacht und im voraus zu bezahlen, in einem obskuren Logierhaus gleich um die Ecke, wo man auf Anmeldeformalitäten verzichtete: es bestand aus einer Reihe von Strandhütten, bei denen alle Türen sich direkt zur Straße öffneten, Marke sturmfrei, vor den offenen Garagen hingen nur Plastikvorhänge, die die Nummernschilder der Autos verhüllten. Am Abend blieben ihm nur noch die Luftfrachtspeditionen abzuklappern, und ohne große Begeisterung fragte er überall nach einer Firma namens Indocharter, und überlegte bereits ernstlich, ob er nicht doch der Hostesse von Air Vietnam Glauben schenken und die Fährte in Saigon aufnehmen solle, als ein chinesisches Mädchen in einem der Büros sagte: »Indocharter? Das ist Captain Marshalls Gesellschaft.« Sie verwies ihn an eine Buchhandlung, wo Charlie Marshall sich mit Lektüre versorgte und seine Post abholte, wenn er in der Stadt war. Auch die Buchhandlung gehörte einem Chinesen, und als Jerry den Namen Marshall erwähnte, lachte der alte Besitzer laut auf und sagte, Charlie sei seit Monaten nicht mehr hiergewesen. Der Alte war sehr klein und feixte über seine sämtlichen falschen Zähne.

»Er Ihnen Geld schulden? Charlie Marshall Ihnen Geld schulden, Ihr Flugzeug in Blüche gefahlen?« Wieder brüllte er vor Lachen, und Jerry stimmte mit ein:

»Super. Großartig. Hören Sie, was machen Sie mit seiner ganzen Post, wenn er nicht herkommt? Schicken Sie sie ihm nach?«

Charlie Marshall, er bekam keine Post nicht, sagte der Alte.

»Ah, aber, altes Haus, wenn morgen ein Brief kommt, wohin schicken Sie ihn dann?«

Nach Phnom Penh, sagte der Alte, steckte seine fünf Dollar ein und fischte einen Zettel aus seinem Schreibtisch, damit Jerry die Adresse abschreiben konnte.

»Vielleicht sollte ich ihm ein Buch kaufen«, sagte Jerry und sah sich um. »Was liest er gern?«

»Flanzösisch«, sagte der Alte automatisch, führte Jerry nach oben und zeigte ihm sein Allerheiligstes für Euro-Kultur. Für die Engländer Pornographie, in Brüssel gedruckt. Für die Franzosen reihenweise zerfledderte Klassiker: Voltaire, Montesquieu, Hugo. Jerry kaufte ein Exemplar von *Candide* und steckte es in die Tasche. Wer diesen Raum besuchte war offenbar *ex officio* eine Berühmtheit, denn der Alte brachte ein Gästebuch zum Vorschein, und Jerry trug sich ein: *J. Westerby, Presse.* In der Spalte für Anmerkungen standen zumeist Witze, also schrieb er »Ein erlesenes Etablissement«. Dann blätterte er zurück und fragte:

»Hat sich Charlie Marshall auch hier eingetragen, altes Haus?«

Der Alte zeigte ihm Charlie Marshalls Unterschrift mehrere Male – »Adresse: hier«, hatte er geschrieben.

»Und was macht sein Freund?«

»Fleund?«

»Captain Ricardo.«

Daraufhin wurde der Alte sehr ernst und nahm ihm sanft das Buch aus der Hand.

Jerry ging hinüber zum Auslandskorrespondenten-Club im Oriental und fand ihn leer bis auf eine Schar Japaner, die soeben aus Kambodscha zurückgekommen waren. Sie teilten ihm den gestrigen Spielstand mit, und er betrank sich ein bißchen. Und als er gerade weggehen wollte, tauchte zu seinem jähen Entsetzen der Zwerg auf, der zwecks Besprechungen mit dem örtlichen Büro in der Stadt war. Er hatte einen Thai-Jungen im Schlepptau und war daher besonders impertinent: »Sieh mal an, *Westerby*! Na, *wie* geht's dem Geheimdienst heute?« Diesen Witz machte er fast bei jedem, aber Jerrys Seelenfriede wurde dadurch nicht gefördert. In der Absteige trank er wiederum eine Menge Whisky, doch die Rührigkeit seiner Mitbewohner hielt ihn wach. Schließlich ging er, in Notwehr, hinaus und suchte sich ein Mädchen, ein sanftes kleines Geschöpf aus einer Bar an der Straße, aber als er wieder allein war, kehrten seine Gedanken zu Lizzie zurück. Es half alles nichts, sie war seine Bettgefährtin. Wie weit mochte sie bewußt in die Sache verwickelt sein? Wußte sie, womit sie spielte, als sie Tiu auf Jerry ansetzte? Wußte sie, was Drakes Jungens mit Frost angestellt hatten? Wußte sie, daß Jerry das gleiche passieren konnte? Es ging ihm sogar durch den Sinn, daß sie dabeigewesen sein könnte, als Frost in Behandlung war, und dieser Gedanke entsetzte ihn. Kein Zweifel: Frosts Leiche war in seiner Erinnerung noch sehr frisch. Eine seiner schlimmsten Erinnerungen.

Um zwei Uhr morgens kam er zu dem Schluß, daß er Fieber haben müsse, er schwitzte und wälzte sich dauernd herum. Einmal hörte er das Geräusch leiser Schritte im Zimmer, warf sich in eine Ecke und hielt eine Tischlampe aus Teakholz, die er aus dem Sockel gerissen hatte, schlagbereit in der Hand. Um vier Uhr weckte ihn die erstaunliche Geräuschkulisse Asiens: eine Art heiseres Schweinequieken, Glocken, Schreie alter Menschen *in extremis*, das Krähen von tausend Hähnen hallte in den Korridoren aus Beton und Kacheln. Er kämpfte mit der schadhaften Installation und machte sich an das mühsame Geschäft der Reinigung mit dünn tröpfelndem kaltem Wasser. Um fünf Uhr wurde das Radio zum Wecken auf volle Lautstärke gedreht, und wimmernde asiatische Musik verkündete, daß der Tag ernsthaft begonnen habe. Inzwischen hatte er sich rasiert, als wäre es sein Hochzeitstag, und um acht kabelte er seine Pläne an das Comic, damit der Circus sie abfangen könne. Um elf bestieg er die Maschine nach Phnom Penh. Als er an Bord der Air Cambodge

Caravelle kletterte, wandte ihm die Bodenstewardesse ihr liebliches Gesichtchen zu und wünschte ihm mit melodischem Singsang sehr korrekt einen »guten Frug«.
»Danke. Ja. Super«, sagte er und wählte den Platz über der Tragfläche, wo man die meisten Chancen hat. Als sie abhoben, sah er eine Gruppe fetter Thais auf erstklassigem Rasen direkt neben der Rollbahn lausiges Golf spielen.

Auf der Flugliste, die Jerry an der Anmeldung verkehrtherum gelesen hatte, standen acht Namen, aber außer ihm bestieg nur noch ein Passagier das Flugzeug, ein schwarzgekleideter junger Amerikaner mit einer Aktenmappe. Alles übrige war Fracht, achtern in braunen Rupfensäcken und Binsenkörben gestapelt. Eine Luftbrücke, dachte Jerry automatisch. Man fliegt die Waren ein, man fliegt die Glücklichen aus. Die Stewardeß überreichte ihm eine alte Nummer von *Jours de France* und ein Malzbonbon. Er las *Jours de France*, um ein bißchen französisch zu üben, dann fiel ihm *Candide* ein, und er nahm sich das Buch vor. Er hatte Conrad mitgenommen, weil er in Phnom Penh immer Conrad las, und es reizte ihn, sich deutlich zu machen, das er jetzt im letzten der Conradschen Flußhäfen saß.
Sie setzten hoch zum Landeanflug an und sackten dann in einer engen, unangenehmen Spirale durch die Wolken, um ziellosem Beschuß aus dem Dschungel zu entgehen. Bodenkontrolle gab es nicht, aber das hatte Jerry auch nicht erwartet. Die Stewardeß wußte nicht, wie weit die Roten Khmer sich der Stadt bereits genähert hätten, aber die Japaner hatten gesagt auf fünfzehn Kilometer an allen Fronten, wo es keine Straßen gebe, weniger. Die Japaner hatten gesagt, der Flugplatz sei unter Feuer, aber nur Raketenbeschuß und nur sporadisch. Noch keine 105er – noch nicht, aber alles hat einmal seinen Anfang, dachte Jerry. Die Wolkenschicht war noch immer da, und Jerry hoffte zu Gott, der Höhenmesser möge in Ordnung sein. Dann sprang olivenfarbener Boden auf sie zu und Jerry sah Bombenkrater wie Eispritzer ringsum, und die gelben Furchen der Lastwagenreifen der Konvois. Als sie federleicht auf der narbigen Rollbahn aufsetzten, planschten die unvermeidlichen nackten braunen Kinder vergnügt in einem schlammgefüllten Krater herum.
Die Sonne war durch die Wolken gebrochen, und Jerry hatte trotz des Gebrülls der Motoren die Illusion, in einen stillen Sommertag

hinauszutreten. In Phnom Penh fand der Krieg, anders als an irgendeinem Ort, den Jerry kannte, in einer Atmosphäre des Friedens statt. Er erinnerte sich an seinen letzten Aufenthalt hier, ehe die Bombardierungen eingestellt worden waren. Eine Gruppe von Air-France-Passagieren auf dem Flug nach Tokio war neugierig auf einer Piste herumgeschlendert, ohne die geringste Ahnung, daß sie mitten in einer Schlacht gelandet waren. Niemand sagte ihnen, daß sie Deckung nehmen sollten, niemand begleitete sie. F-4- und 111-Maschinen pfiffen über den Platz, im nahen Umkreis wurde geschossen, Hubschrauber von Air America luden die Toten in Netzen ab, wie gräßliche Fänge aus einem roten Meer, und um starten zu können, mußte die Boeing 707 im Schneckentempo über das ganze Flugfeld Spießruten laufen. Fasziniert beobachtete Jerry, wie sie aus der Feuerlinie watschelte, und die ganze Zeit über wartete er auf den Plumps, der ihm sagen würde, daß sie in den Schwanz getroffen sei. Aber sie machte weiter, als seien die Unschuldigen kugelfest, und entschwand graziös in friedliche Höhen.
Ironischerweise stellte er nun, da das Ende so nah war, fest, daß die Fracht vorwiegend dem Überleben diente. Am anderen Ende des Flugplatzes landeten und starteten riesige silberne amerikanische Charterfrachtflugzeuge, 707 und große viermotorige Turboprop C 130 mit der Aufschrift *Transworld Bird Airways* oder auch ohne jede Aufschrift, in unbeholfenem, gefährlichem Hinundher, brachten den Reis aus Thailand und Saigon und das Öl und die Munition aus Thailand. Während er zum Flughafengebäude hastete, sah Jerry zwei Landungen, und jedesmal hielt er den Atem an und wartete auf das letzte Aufbrüllen der Jets, wenn sie nach langem Manövrieren innerhalb der Verschalung aus erdegefüllten Munitionskisten am weichen Ende der Landebahn zitternd zum Stehen kamen. Noch ehe sie stillstanden, waren bereits Lastträger in Tarnjacken und Helmen wie unbewaffnete Truppen aufgetaucht, um die kostbaren Säcke aus den Laderäumen zu zerren.
Doch nicht einmal diese bösen Omina konnten seine Freude, wieder hierzusein, trüben.
»*Vous restez combien de temps, monsieur?*« fragte ihn der Einwanderungsbeamte.
»*Toujours,* altes Haus«, sagte Jerry. »So lange Sie mich behalten wollen. Länger.« Er dachte daran, sich gleich hier nach Charlie

Marshall zu erkundigen, aber der Flugplatz wimmelte von Polizisten und Spitzeln jeder Art, und solange er nicht wußte, womit er es eigentlich zu tun hatte, hielt er es für klüger, sein Interesse nicht kundzutun. Er sah ein buntes Aufgebot alter Maschinen mit neuen Abzeichen, aber keine, die Indocharter gehörte, deren eingetragene Kennzeichen, wie Craw ihm bei der letzten Instruktion, kurz ehe er Hongkong verließ, gesagt hatte, Kos Rennfarben sein sollten: Grau und Blaßblau.

Er nahm ein Taxi und setzte sich neben den Fahrer, dessen höfliche Angebote von Mädchen, Shows, Clubs und Jungens er freundlich dankend ablehnte. Die Leuchtspurgeschosse zogen orangefarbene Lichtbogen über den schiefergrauen Morgenhimmel. Er trat in ein Kurzwarenlädchen, um *au cours flexible* Geld einzutauschen. Er liebte diesen Ausdruck. Die Geldwechsler waren meist Chinesen, erinnerte er sich. Dieser war Inder. Die Chinesen rücken beizeiten ab, aber die Inder bleiben, um das Gerippe vollends abzunagen. Rechts und links der Straße lag das Elendsviertel. Flüchtlinge kauerten überall, kochten, dösten in schweigenden Gruppen. Ein Kreis kleiner Kinder ließ eine Zigarette von Mund zu Mund gehen.

»*Nous sommes un village avec une population des millions*«, sagte der Fahrer in seinem Schulfranzösisch.

Ein Militärkonvoi kam ihnen entgegen, hielt sich mit aufgeblendeten Scheinwerfern in der Mitte der Straße. Der Taxichauffeur fuhr gehorsam in den Dreck. Das Schlußlicht bildete ein Krankenwagen, dessen beide Türen offenstanden. Die Leiber waren mit den Füßen nach draußen gestapelt, die Beine glichen Schweinspfoten, voll Striemen und Quetschungen. Ob tot oder lebendig war ziemlich egal. Sie kamen an einem von Raketen zerstörten Haufen Pfahlhäuser vorüber und fuhren auf einer Platz, der aussah wie in einer französischen Provinz: ein Restaurant, eine Épicerie, ein Charcutier, Werbeplakate für Byrrh und Coca-Cola. Auf dem Bordstein hockten Kinder und hüteten Weinflaschen voll gestohlenen Benzins. Auch hieran erinnerte Jerry sich: es war während der Bombardierungen gewesen. Die Granaten trafen das Benzin, und das Resultat war ein Blutbad gewesen. Es würde auch jetzt wieder passieren. Niemand lernte je etwas dazu, nichts änderte sich, am nächsten Morgen waren die Abfälle weggefegt.

»Stopp!« sagte Jerry und übergab dem Fahrer in einem momentanen Impuls den Zettel, auf dem er in der Buchhandlung in Bangkok Charlie Marshalls Adresse notiert hatte. Er hatte sich vorgestellt, daß er sich in tiefer Nacht dort anschleichen sollte, aber im hellen Sonnenlicht schien das jeden Sinn verloren zu haben.

»*Y aller?*« fragte der Fahrer und sah ihn erstaunt an.

»Genau, altes Haus.«

»*Vous connaissez cette maison?*«

»Alter Kumpel.«

»*A vous? Un ami à vous?*«

»Presse«, sagte Jerry, was jeden Irrsinn erklärt.

Der Fahrer zuckte die Achseln und lenkte den Wagen in einen langen Boulevard, an der französischen Kathedrale vorbei und auf eine ungepflasterte Straße zwischen zurückliegenden Villen, die rasch schäbiger wurden, als sie sich dem Stadtrand näherten. Jerry fragte den Fahrer zweimal, was an der Adresse so Besonderes sei, aber der Fahrer hatte seinen Charme verloren und wies die Fragen achselzuckend von sich. Als sie hielten, forderte er unverzüglich den Fahrpreis, dann raste er unter ruppigem Gängeschalten davon. Es war eine Villa wie alle anderen, von einer Mauer umzogen, die den unteren Teil des Hauses halb verbarg und durch ein schmiedeeisernes Tor unterbrochen wurde. Jerry drückte auf die Klingel und hörte nichts. Als er versuchte, das Tor aufzudrükken, rührte es sich nicht. Er hörte ein Fenster zuknallen und glaubte, als er rasch aufblickte, ein braunes Gesicht hinter dem Moskitodraht verschwinden zu sehen. Dann surrte das Tor und ließ sich öffnen, und er stieg ein paar Stufen zu einer gefliesten Veranda und einer weiteren Tür hinauf, die aus massivem Teakholz bestand und ein winziges eingelassenes Gitter hatte, durch das man hinaus-, aber nicht hereinschauen konnte. Er wartete, dann betätigte er energisch den Türklopfer und hörte das Echo durchs ganze Haus hüpfen. Es war eine Flügeltür mit einer Fuge in der Mitte. Er preßte das Gesicht an den Spalt und konnte einen Streifen Fliesenboden und zwei Stufen sehen, vermutlich die beiden untersten Stufen einer Treppe. Auf der letzten standen zwei glatte braune Füße, nackt, und zwei nackte Schienbeine, aber er konnte nur bis zu den Knien sehen.

»Hallo!« rief er durch den Türspalt. »*Bonjour!* Hallo!« Und als die Beine sich noch immer nicht bewegten: »*Je suis un ami de Charlie Marshall! Madame, Monsieur, je suis un ami anglais de Charlie*

*Marshall! Capitaine Marshall! Je veux lui parler.*«
Er nahm eine Fünfdollarnote und schob sie durch den Spalt, aber nichts biß an, also zog er sie wieder zurück und riß statt dessen ein Stück Papier aus seinem Notizbuch. Er richtete die Botschaft an »Captain C. Marshall« und stellte sich namentlich als »britischen Journalisten mit einem Angebot im beiderseitigen Interesse« vor, ferner gab er die Adresse seines Hotels an. Auch dieses Papier fädelte er durch den Spalt, hielt wiederum nach den braunen Beinen Ausschau, aber sie waren verschwunden, und so ging er, bis er ein *cyclo* fand, und fuhr damit, bis er ein Taxi erwischte: und, nein, vielen Dank, nein, vielen Dank, er wollte kein Mädchen – nur daß er, wie üblich, schon eines wollte.
Das Hotel hieß früher *Royal.* Jetzt hieß es *Phnom.* Eine Fahne flatterte von der Mastspitze, aber mit der Großartigkeit war es nicht mehr weit her. Er trug sich ein, sah im Hof rings um den Swimming-pool eine Menge Fleisch in der Sonne schmoren und dachte wiederum an Lizzie. Für die Mädchen war dies die harte Schule, und wenn sie für Ricardo kleine Päckchen befördert hatte, dann war sie zehn zu eins durch diese Schule gegangen. Die hübschesten gehörten den Reichsten, und die Reichsten waren die kriminelle Elite von Phnom Penh: die Gold- und Gummischmuggler, die Polizeichefs, die korsischen Killertypen, die mit den Roten Khmer inmitten der Kämpfe säuberliche Schiebergeschäfte machten. Ein Brief war für ihn gekommen, unverschlossen. Der Empfangschef, der ihn bereits gelesen hatte, sah Jerry höflich zu, als er desgleichen tat. Eine goldgeränderte Einladungskarte mit einem Botschaftswappen lud ihn zum Dinner. Sein Gastgeber war jemand, von dem er noch nie etwas gehört hatte. Ratlos wendete er die Karte um. Auf der Rückseite war gekritzelt: »Kannte Ihren Freund George vom *Guardian*«, und *Guardian* war das Schlüsselwort. Dinner und tote Briefkästen, dachte er: was Sarratt vernichtend als die große Foreign-Office-Entbindung bezeichnete.
»*Téléphone?*« erkundigte sich Jerry.
»*Il est foutu, monsieur.*«
»*Electricité?*«
»*Aussi foutue, monsieur, mais nous avons beaucoup de l'eau.*«
»*Monsieur* Keller?« sagte Jerry und grinste.
»*Dans la cour, monsieur.*«
Er ging in den Garten. Zwischen all dem Fleisch saß eine Gruppe

altgedienter Fleet-Street-Haudegen bei Whisky und harten Geschichten. Sie sahen aus wie junge Piloten in der Schlacht um England, die einen geborgten Krieg führten. Und sie beobachteten ihn mit kollektiver Verachtung ob seiner adligen Abkunft. Einer trug ein weißes Halstuch und das glatte Haar verwegen aus der Stirn geworfen.

»Herrje, ist das nicht der Herzog?« sagte er. »Wie sind Sie hierhergekommen? Auf dem Mekong gewandelt?«

Aber Jerry war nicht an ihnen interessiert. Er war an Keller interessiert. Keller war ein Ständiger. Er war Presseagent, und er war Amerikaner, und Jerry kannte ihn aus anderen Kriegen. Kein ausländischer Reporter kam in die Stadt, ohne Keller seine Sache vorzutragen, und wenn Jerry sich Glaubwürdigkeit verschaffen wollte, so würde Kellers Siegel sie ihm sichern, und er legte immer mehr Wert auf Glaubwürdigkeit. Er fand Keller auf dem Parkplatz. Breite Schultern, grauer Kopf, ein Ärmel hinuntergerollt, Arm und Ärmel in die Tasche gestopft. So stand er da und sah zu, wie ein Fahrer das Innere eines Mercedes mit dem Schlauch ausspritzte.

»Max. Super.«

»*Famos*«, sagte Keller nach einem Blick auf ihn, dann wandte er sich wieder dem Wagen zu. Neben ihm standen ein paar schlanke Khmerjungens, die mit ihren hochhackigen Stiefeln, Trompetenhosen und den Kameras über den glänzenden offenen Hemden wie Modefotografen aussahen. Nach einer Weile hörte der Fahrer mit dem Spritzen auf und begann, die Polster mit einem Packen Scharpie zu schrubben, der braun wurde, je mehr er rieb. Ein zweiter Amerikaner gesellte sich zu ihnen, und Jerry vermutete in ihm Kellers neuesten Gehilfen. Keller verschliß seine Gehilfen ziemlich schnell.

»Was ist passiert?« sagte Jerry, als der Fahrer wieder mit Spritzen anfing.

»Kleiner Held hat große Kugel abgekriegt«, sagte der Gehilfe. »Das ist passiert.« Er war ein blasser Südstaatler und sah belustigt aus, und Jerry konnte ihn auf den ersten Blick nicht leiden.

»Stimmt das, Keller?« fragte Jerry.

»Fotograf«, sagte Keller.

Kellers Telegrafenagentur hatte einen ganzen Stall voll. Wie alle großen Pressedienste: kambodschanische Jungens, wie die beiden hier. Sie bekamen zwei US-Dollar, wenn sie an die Front gingen,

und zwanzig für jedes abgedruckte Foto. Jerry hatte gehört, daß Keller im Durchschnitt einen pro Woche verlor.
»Hat die Schulter durchschlagen, als er gebückt dahinrannte«, sagte der Gehilfe. »Kam durch den verlängerten Rücken wieder raus. Glatt durchgerutscht wie Gras durch eine Gans.« Er schien beeindruckt.
»Wo ist er?« sagte Jerry, nur um irgend etwas zu sagen, während der Fahrer immer noch wischte und spritzte und schrubbte.
»Stirbt ein Stück weiter draußen an der Straße. Wissen Sie, das war so, vor ein paar Wochen haben diese Schweine im New Yorker Büro die ärztliche Versorgung umorganisiert. Früher haben wir die Verwundeten nach Bangkok transportiert. Jetzt nicht mehr. Mann, jetzt nicht mehr. Wissen Sie, wie's jetzt geht? Jetzt liegen sie droben an der Straße auf dem blanken Boden und müssen die Pflegerinnen bestechen, damit sie Wasser kriegen. Stimmt's, Jungens?«
Die beiden Kambodschaner lächelten höflich.
»Wollen Sie was, Westerby?«
Kellers Gesicht war grau und zernarbt. Jerry hatte ihn in den sechziger Jahren im Kongo näher kennengelernt, wo Keller sich die Hand verbrannte, als er ein Kind aus einem Lastwagen zog. Jetzt waren die Finger zusammengeschweißt wie Schwimmflossen, aber sonst hatte er sich nicht verändert. Jerry konnte sich so genau an diesen Vorfall erinnern, weil er das andere Ende des Kindes gehalten hatte.
»Das Comic möchte, daß ich mich hier umsehe«, sagte Jerry.
»Können Sie das denn noch?«
Jerry lachte, und Keller lachte, und sie tranken Whisky in der Bar, bis der Wagen fertig war, und plauderten über alte Zeiten. Am Haupteingang lasen sie ein Mädchen auf, das den ganzen Tag lang auf Keller gewartet hatte, eine hochgewachsene Kalifornierin mit zuviel Fotoausrüstung und langen unruhigen Beinen. Da die Telefone nicht funktionierten, wollte Jerry unbedingt an der britischen Botschaft aussteigen und die Einladung beantworten. Keller war nicht sehr höflich.
»Sind Sie eine Art Spion oder so geworden, Westerby, daß Sie Ihre Storys abstimmen und den Bonzen in den Hintern kriechen, damit Sie den rechten Background kriegen und eine Pension nebenbei oder was?« Es gab Leute, die sagten, genau dies sei Kellers Fall, aber es gibt immer Leute.

»Klar«, sagte Jerry. »Schon seit Jahren.«

Die Sandsäcke am Eingang waren neu, und neue Granatabfanggitter glitzerten in der prallen Sonne. In der Halle empfahl ein großes mehrteiliges Plakat mit jener grenzenlosen Sachfremdheit, wie sie ausschließlich Diplomaten zustande bringen, »Britische Hochleistungswagen«, in einer Stadt ohne einen Tropfen Treibstoff, und zeigte fröhliche Fotos verschiedener unerreichbarer Modelle.

»Ich will dem Herrn Botschaftsrat bestellen, daß Sie die Einladung angenommen haben«, sagte der Herr am Empfang feierlich.

Der Mercedes roch noch immer ein bißchen warm vom Blut, aber der Chauffeur hatte die Klimaanlage eingeschaltet.

»Was tun die denn da drinnen, Westerby?« fragte Keller. »Stricken oder was?«

»Oder was«, sagte Jerry, und sein Lächeln galt der Kalifornierin.

Jerry saß vorn, Keller und das Mädchen hinten.

»Okay. Also hören Sie zu«, sagte Keller.

»Klar«, sagte Jerry.

Jerry hatte sein Notizbuch aufgeschlagen und kritzelte, während Keller sprach. Das Mädchen trug einen kurzen Rock, und Jerry und der Fahrer konnten ihre Schenkel im Spiegel sehen. Keller hatte die gute Hand auf ihrem Knie. Sie hieß ausgerechnet Lorraine und unternahm, genau wie Jerry, angeblich eine Tour durch die Kriegsgebiete im Auftrag ihres Mittelwest-Zeitungskartells. Bald waren sie das einzige Auto. Dann hörten auch die Rikschas auf, und sie sahen nur noch Bauern und Fahrräder und Büffel und die blühenden Büsche des nahenden Landes.

»Schwere Kämpfe auf allen Hauptverbindungsstraßen«, leierte Keller etwa in Diktiertempo. »Raketenangriffe bei Nacht, Plastikbomben tagsüber, Lon Nol hält sich noch immer für einen Gott, und die US-Botschaft unterstützt ihn anfallsweise und versucht dann, ihn rauszuwerfen.« Er gab statistische Zahlen über Rüstungsstärke, Verluste, Höhe der US-Hilfe. Er nannte Generale, von denen man wußte, daß sie amerikanische Waffen an die Roten Khmer verkauften, und Generale, die Gespensterarmeen befehligten, um den Sold der Truppen einzusacken, und Generale, die beides taten. »Alles in bester Unordnung. Böse Buben sind zu schwach, um die Städte einzunehmen, brave Buben sind schon zu sehr auf dem Hund, um das flache Land einzunehmen, und niemand hat Lust zum Kämpfen außer den Koms. Die Studenten wollen die ganze Stadt anzünden, wenn sie nicht mehr vom

Kriegsdienst befreit werden, Hungeraufstände gibt's jetzt täglich, Korruption, als gäbe es kein Morgen, niemand kann von seinem Gehalt leben, Vermögen werden gemacht, und das Land verblutet. Der Palast lebt nicht in der Wirklichkeit, und die Botschaft ist ein Irrenhaus, mehr Spione als anständige Kerle, und jeder behauptet, ein Geheimnis zu hüten. Möchten Sie noch mehr?«

»Wie lange geben Sie dem Krieg noch?«

»Eine Woche. Zehn Jahre.«

»Wie steht's mit den Fluglinien?«

»Die Fluglinien sind alles, was wir noch haben. Der Mekong ist praktisch tot, die Straßen dito. Die Fluglinien haben das ganze Feld für sich. Wir haben eine Story darüber gemacht. Haben Sie sie gesehen? Wurde total verrissen. Herrje«, sagte er zu dem Mädchen. »Warum muß ich das Ganze für die Insulaner nochmals durchpauken?«

»Weiter«, sagte Jerry und schrieb.

»Vor sechs Monaten hatte diese Stadt fünf eingetragene Luftfahrtgesellschaften. In den letzten drei Monaten wurden vierunddreißig neue Lizenzen ausgestellt, und noch ein weiteres Dutzend steckt in der Röhre. Übliche Taxe drei Millionen Riels an den Minister persönlich und zwei Millionen an seine Umgebung verteilt. Weniger, wenn man in Gold bezahlt, noch weniger in fremder Währung. Wir machen jetzt Route Nummer dreizehn«, sagte er zu dem Mädchen. »Vielleicht wollen Sie sich mal umsehen.«

»Großartig«, sagte das Mädchen und preßte die Knie zusammen, so daß Kellers gute Hand eingezwickt war.

Sie fuhren an einer Statue mit abgeschossenen Armen vorbei, und danach folgte die Straße den Windungen des Flusses.

»Das heißt, wenn's unser Westerby noch schafft«, fügte Keller als Nachtrag hinzu.

»Ach, ich glaube, ich bin soweit in Form«, sagte Jerry, und das Mädchen lachte und schlug sich für den Moment auf seine Seite.

»Die Roten Khmer haben draußen am anderen Ufer neue Stellungen bezogen, *honey*«, erklärte Keller, vorwiegend an das Mädchen gewandt. Jenseits des braunen, schnellen Wassers sah Jerry ein paar T 28 herumstochern, als suchten sie nach etwas zum Beschießen. Ein Feuer brannte, ein ziemlich großes, und die Rauchsäule stieg kerzengerade in den Himmel wie ein gottgefälliges Opfer.

»Welche Rolle spielen die Überseechinesen?« fragte Jerry. »In Hongkong hat kein Mensch von dieser Gegend gehört.«

»Die Chinesen kontrollieren achtzig Prozent unseres Handels, wozu auch die Fluggesellschaften gehören. Die alten oder neuen. Der Kambodschaner ist faul, wissen Sie, *hon*? Der Kambodschaner begnügt sich mit seinem Profit aus der amerikanischen Unterstützung. Der Chinese ist anders. Und wie, Sire. Chinese arbeitet gern, Chinese läßt sein Geld gern rollen. Sie bestimmen unseren Geldmarkt, unser Transportmonopol, unsere Inflationsrate, unsere Belagerungswirtschaft. Der Krieg ist allmählich hundertprozentig von Hongkong abhängig. He, Westerby, haben Sie noch die Frau, von der Sie mir erzählten, die Niedliche mit den Augen?«

»Ausgerückt«, sagte Jerry.

»Schade, hat sich großartig angehört. Er hat eine großartige Frau gehabt«, sagte Keller.

»Und Sie?« fragte Jerry.

Keller schüttelte den Kopf und lächelte das Mädchen an. »Was dagegen, wenn ich rauche, *hon*?« fragte er munter.

In Kellers zusammengeschweißter Pfote war ein Loch, das aussah wie eigens gebohrt, damit man eine Zigarette hineinstecken konnte, und der Rand war braun von Nikotin. Keller legte die gute Hand wieder auf ihren Schenkel. Die Straße wurde zur Wagenspur und wies tiefe Furchen auf, wo die Konvois darübergefahren waren. Sie kamen in einen kurzen Baumtunnel, und in diesem Moment brach zu ihrer Rechten Granatfeuer aus wie ein Gewitter, und die Bäume bogen sich wie Bäume in einem Taifun.

»Toll«, schrie das Mädchen. »Können wir ein bißchen langsamer fahren?« Und schon zerrte sie an den Riemen ihrer Kamera.

»Bedienen Sie sich. Mittelschwere Artillerie«, sagte Keller. »Unsere«, fügte er als Scherz hinzu. Das Mädchen ließ das Fenster herunter und schoß ihren Film ab. Das Sperrfeuer ging weiter, die Bäume tanzten, aber die Bauern im Reisfeld hoben nicht einmal die Köpfe. Als die Kanonade aufhörte, bimmelten die Glocken der Wasserbüffel wie ein Echo weiter. Sie setzten ihre Fahrt fort. Am diesseitigen Flußufer hatten zwei Kinder ein altes Rad, auf dem sie abwechselnd fuhren. Im Wasser tauchte ein Schwarm von Knirpsen in eine Kanalisationsröhre und wieder heraus, ihre braunen Körper glänzten. Das Mädchen fotografierte auch sie.

»Sprechen Sie noch französisch, Westerby? Ich und Westerby haben früher mal einiges zusammen im Kongo erlebt, wissen Sie,

*honey*«, erklärte er dem Mädchen.
»Hab's gehört«, sagte sie bewandert.
»Die Insulaner werden gebildet.« Jerry hatte ihn nicht so gesprächig in Erinnerung. »Sie werden kultiviert. Stimmt's, Westerby? Besonders die Lords, stimmt's? Westerby ist so eine Art Lord.«
»So sind wir, altes Haus, Gelehrte bis zum letzten Mann. Nicht wie ihr Hinterwäldler.«
»Dann sprechen Sie mit dem Fahrer, ja? Wir haben Anweisungen für ihn, Sie besorgen das Sprechen. Er hat noch keine Zeit gehabt, englisch zu lernen. Jetzt links.«
»*A gauche*«, sagte Jerry.
Der Fahrer war ein Junge, aber bereits so blasiert wie ein alter Fremdenführer.
Jerry sah im Spiegel, daß Kellers verbrannte Hand zitterte, wenn er an der Zigarette zog. Er fragte sich, ob das immer so war. Sie kamen durch einige Dörfer. Es war sehr still. Er dachte an Lizzie und die Krallenspuren an ihrem Kinn. Er sehnte sich danach, etwas Einfaches mit ihr zu unternehmen, wie einen Spaziergang durch englische Felder. Craw sagte, sie sei eine Vorstadtpflanze. Es rührte ihn, daß sie von Pferden träumte.
»Westerby?«
»Ja, altes Haus?«
»Diese Sache da mit Ihren Fingern. Daß Sie dauernd trommeln. Könnten Sie's vielleicht lassen? Macht mich verrückt. Irgendwie bedrückend. Seit Jahren ballern sie auf diese Gegend ein, *hon*«, sagte Keller mitteilsam. »Seit Jahren.« Er stieß einen Schwall Zigarettenrauch aus.
»Was diese Fluglinien betrifft«, warf Jerry ein und hatte wieder den Stift gezückt. »Wie geht das rechnerisch auf?«
»Die meisten Gesellschaften übernehmen Charterflüge aus Vientiane. Wartung, Piloten, Wertminderung, alles inbegriffen, außer Treibstoff. Vielleicht wußten Sie das. Am besten ist es, wenn man sein eigenes Flugzeug hat. Dann hat man beides. Man holt das Letzte aus dem Belagerungsgebiet heraus und kann abhauen, wenn das Ende kommt. Halten Sie nach den Kindern Ausschau, *hon*«, belehrte er das Mädchen und zog wieder an seiner Zigarette. »Solange die Kinder um den Weg sind, ist alles in Ordnung. Wenn die Kinder verschwinden, wird's mulmig. Bedeutet, daß sie sie versteckt haben. Immer nach den Kindern Ausschau halten.«

Das Mädchen Lorraine fummelte wieder an der Kamera herum. Sie waren zu einem rudimentären Checkpoint gekommen. Ein paar Posten linsten in den Wagen, als sie durchfuhren, aber der Chauffeur verlangsamte nicht einmal das Tempo. Dann kamen sie zu einer Gabelung, und der Fahrer hielt an.
»Den Fluß«, befahl Keller. »Sagen Sie ihm, er soll sich am Ufer halten.«
Jerry sagte es ihm. Der Junge schien erstaunt: schien sogar drauf und dran, einen Einwand zu machen, überlegte es sich aber anders.
»Kinder in den Dörfern«, sagte Keller, »Kinder an der Front. Kein Unterschied. Kinder sind überall Wetterfahnen. Die Khmer-Soldaten nehmen ganz selbstverständlich ihre Familien mit in den Krieg. Wenn der Vater stirbt, hat die Familie ohnehin nichts mehr, also können sie ebensogut mit den Soldaten ziehen, wo es zu essen gibt. Und noch was, *hon*, noch was: die Witwen müssen an Ort und Stelle sein, damit sie den Tod des Ernährers bezeugen können. Das ist doch eine Sache von menschlichem Interesse für Sie, nicht wahr, Westerby? Wenn sie es nicht bezeugen können, wird der kommandierende Offizier es leugnen und sich den Sold des Mannes unter den Nagel reißen. Bedienen Sie sich«, sagte er, als sie schrieb. »Aber glauben Sie nicht, daß irgendwer es drucken wird. Dieser Krieg ist vorbei. Stimmt's, Westerby?«
»*Finito*«, bestätigte Jerry.
Sie würde Spaß haben, dachte er. Wenn Lizzie hier wäre, würde sie bestimmt etwas Lustiges sehen und darüber lachen. Irgendwo unter allen ihren Fälschungen, vermutete er, mußte ein Original versteckt sein, und es war seine feste Absicht, es aufzufinden. Der Fahrer hielt neben einer alten Frau an und fragte sie etwas in Khmer, aber sie barg das Gesicht in den Händen und wandte den Kopf ab.
»Warum hat sie *das* getan, um Gottes willen?« rief das Mädchen ärgerlich. »Wir wollten ihr nichts Böses. Herrje!«
»Scheu«, sagte Keller mit tonloser Stimme.
Hinter ihnen feuerte die Artilleriesperre eine weitere Salve ab, und es war, als schlüge eine Tür zu und versperrte ihnen den Rückweg. Sie kamen an einem *wat* vorüber und auf einen von Holzhäusern umstandenen Marktplatz. Safrangelb gekleidete Mönche starrten sie an, aber die Mädchen an den Marktständen nahmen keine Notiz von ihnen, und die kleinen Kinder spielten weiter mit den Zwerghühnern.

»Wozu war vorhin der Checkpoint?« fragte das Mädchen, während sie fotografierte. »Sind wir jetzt in einer Gefahrenzone?«
»Kommt bald, *hon*, kommt bald. Jetzt halt die Klappe.«
Vor ihnen konnte Jerry den Klang automatischer Feuerwaffen hören, M 16 und AK 47 gemischt. Aus den Bäumen raste ein Jeep auf sie zu und schwenkte in der letzten Sekunde so jäh ab, daß er über die Wegfurchen rumpelte und stolperte. Im gleichen Augenblick erlosch das Sonnenlicht. Bis jetzt hatten sie es als ihr gutes Recht angesehen, ein flüssiges lebhaftes Licht, das die Regenschauer reingewaschen hatten. Es war März, die Trockenzeit; und sie waren in Kambodscha, wo der Krieg, wie ein Kricketmatch, nur bei ordentlichem Wetter stattfand. Aber jetzt ballten sich schwarze Wolken, die Bäume schlossen sich ringsum wie im Winter, und die Holzhütten wichen ins Dunkel.
»Wie kleiden sich die Roten Khmer?« fragte das Mädchen mit ruhigerer Stimme. »Haben sie *Uniformen*?«
»Federn und Lendenschurz«, brüllte Keller. »Manche sogar ohne Hinterteil.« Als er lachte, hörte Jerry, wie straff gespannt seine Stimme war, und er sah die Hand zittern, als Keller an der Zigarette zog. »Teufel, *hon*, sie sind angezogen wie Bauern, Herrgottnochmal. Sie haben einfach diese schwarzen Pyjamas an.«
»Ist es immer so leer?«
»Wechselt«, sagte Keller.
»Und Ho-tschi-min-Sandalen«, warf Jerry zerstreut ein.
Ein Paar grüner Wasservögel flog über dem Fahrweg auf. Das Schießen wurde nicht lauter.

»Hatten Sie nicht eine Tochter oder so? Was ist damit los?« sagte Keller.
»Ist in Ordnung. Großartig«, sagte Jerry.
»Hieß wie?«
»Catherine.«
»Klingt, als würden wir uns davon entfernen«, sagte Lorraine enttäuscht. Sie kamen an einer alten Leiche ohne Arme vorbei. In den Gesichtswunden hatten sich die Fliegen wie schwarze Lava eingenistet.
»Tun sie das immer?« fragte das Mädchen neugierig.
»Was tun sie, *hon*?«
»Die Stiefel ausziehen.«

»Manchmal ziehen sie ihnen die Stiefel aus, manchmal paßt die Größe nicht«, sagte Keller wiederum seltsam zornig. »Manche Kühe haben Hörner, manche Kühe haben keine, und manche Kühe sind Pferde. Jetzt reicht's, ja? Woher sind Sie?«

»Santa Barbara«, sagte das Mädchen. Plötzlich endeten die Bäume. Sie fuhren um eine Kurve und waren wieder auf dem flachen Land, der braune Fluß war direkt neben ihnen. Der Fahrer hielt ohne Aufforderung an und fuhr dann behutsam rückwärts unter die Bäume.

»Wo will er hin?« fragte das Mädchen. »Wer hat ihm das befohlen?«

»Ich glaube, er hat Angst um seine Reifen, altes Haus«, scherzte Jerry.

»Bei dreißig Dollar pro Tag?« sagte Keller, ebenfalls scherzend.

Sie hatten endlich eine kleine Kampfhandlung gefunden. Vor ihnen, über der Flußbiegung, ruhte ein zerstörtes Dorf auf einer öden Anhöhe, ohne einen lebenden Baum im Umkreis. Die Ruinen waren weiß, die Bruchkanten der Mauern gelb. Durch das fast völlige Fehlen jeder Vegetation wirkte das Dorf wie ein verfallenes Fort der Fremdenlegion, und vielleicht war es das sogar. Innerhalb der Mauern drängten sich braune Lastwagen wie auf einem Bauplatz. Sie hörten ein paar Schüsse, ein leichtes Rattern. Es hätten Jäger sein können, die auf den Abendflug schießen. Leuchtspuren flammten auf, ein Trio von Mörsergeschossen schlug ein, der Boden bebte, der Wagen vibrierte, und der Fahrer kurbelte gelassen sein Fenster herunter, während Jerry es ihm nachtat. Aber das Mädchen hatte die Tür geöffnet und stieg aus, ein Klasse-Bein nach dem anderen. Sie wühlte eine Weile in einer schwarzen Flugtasche, brachte eine Telefoto-Linse zum Vorschein, schraubte sie an ihre Kamera und studierte das vergrößerte Bild.

»Ist das alles, was es zu sehen gibt?« fragte sie zweifelnd. »Sollten wir nicht auch den Feind sehen? Ich sehe nichts als unsere Jungens und eine Menge schmutzigen Rauch.«

»Ach, sie sind drüben auf der anderen Seite, *hon*«, begann Keller.

»Können wir sie nicht sehen?« Kurze Zeit war es still, während die beiden Männer wortlos berieten.

»Hören Sie«, sagte Keller. »Das hier war nur eine Rundfahrt, okay, *hon*? Die Einzelheiten dieser Sache da können sehr verschieden sein. Okay?«

»Ich meine nur, es wäre großartig, den Feind zu sehen. Ich suche die Konfrontation, Max. Wirklich. Ich mag das.«
Sie machten sich auf den Weg.
Manchmal tut man es, um das Gesicht zu wahren, dachte Jerry, und manchmal einfach deshalb, weil man seine Arbeit nicht gemacht hat, wenn man nicht halbtot war vor Angst. Und gelegentlich geht man auch hin, um sich ins Gedächtnis zu rufen, daß das Überleben reiner Zufall ist. Aber meistens geht man, weil die anderen gehen: Männlichkeitswahn und weil man mittun muß, wenn man dazugehören will. In früheren Zeiten war Jerry vielleicht aus erhabeneren Gründen gegangen. Um sich selber kennenzulernen: die Hemingway-Masche. Um seine Angstschwelle anzuheben. Denn im Kampf wie in der Liebe eskaliert der Geschmack. Wer einmal im MG-Feuer stand, dem erscheinen Einzelschüsse trivial. Wer einmal von Granaten aufs Korn genommen wurde, dem ist MG-Beschuß ein Kinderspiel, und wäre es nur, weil der Einschlag einer simplen Kugel das Hirn in seinem Kasten läßt, während die Granate es einem durch die Ohren herausbläst. Und es gibt auch einen Frieden: auch daran erinnerte er sich. In den schlimmen Zeiten seines Lebens – Geld, Kinder, Frauen, alles dahin – hatte er eine Art Frieden gekannt, weil ihm klar wurde, daß er nichts weiter zu tun hatte als am Leben zu bleiben. Aber diesmal – dachte er –, diesmal ist es der blödsinnigste Grund von allen, nämlich weil ich einen ausgeflippten Piloten suche, der einen Mann kennt, der Lizzie Worthington zur Geliebten hatte. Sie gingen langsam, weil das Mädchen des kurzen Rocks wegen Mühe hatte, über die glitschigen Radfurchen zu balancieren.
»Tolle Biene«, murmelte Keller.
»Dafür geschaffen«, bestätigte Jerry pflichtschuldigst.
Unbehaglich erinnerte Jerry sich, daß sie damals im Kongo Kameraden gewesen waren, einander ihre Lieben und Schwächen anvertraut hatten. Um sich auf dem durchfurchten Boden halten zu können, balancierte das Mädchen mit den Armen.
*Nicht die Kamera in Anschlag bringen,* dachte Jerry, *um Gottes willen nicht. Auf diese Weise erwischt es die Fotografen immer.*
»Immer weitergehen, *hon*«, sagte Keller scharf. »An gar nichts denken. Gehen. Möchten Sie zurück, Westerby?«
Sie wichen einem kleinen Jungen aus, der im Staub still vor sich hin mit Steinen spielte. Jerry überlegte, ob der Kleine schon

geschütztaub sei. Er sah sich um. Der Mercedes stand noch unter den Bäumen. Vor ihnen konnte er im Gebüsch Männer in liegender Feuerposition ausmachen, mehr Männer, als er erwartet hatte. Plötzlich wuchs der Lärm. Am jenseitigen Ufer explodierten einige Bomben mitten im Feuer: die T 28 versuchten, die Flammen auszubreiten. Ein Querschläger klatschte in die Uferböschung unter ihnen und schleuderte Schlamm und Staub hoch. Ein Bauer radelte in heiterer Gelassenheit auf dem Fahrrad an ihnen vorbei ins Dorf, durchquerte es und fuhr wieder hinaus, langsam vorbei an den Ruinen und verschwand hinter den Bäumen auf der anderen Seite. Niemand schoß auf ihn, niemand rief ihn an. Er kann einer von ihnen oder einer von uns sein, dachte Jerry. Er ist gestern abend in die Stadt gefahren, hat eine Plastikbombe in ein Kino geworfen, und jetzt kehrt er zu den Seinen zurück.

»Herrje«, rief das Mädchen lachend, »warum haben *wir* nicht an Fahrräder gedacht?«

Mit einem Krachen wie von herabfallenden Ziegeln klatschte eine Maschinengewehrsalve rings um sie ein. Unter ihnen, in der Flußböschung, verlief gottlob eine Reihe leerer Schützenlöcher, die in den Schlamm gegraben waren. Jerry hatte sie bereits gesehen. Er packte das Mädchen und zog es hinunter. Keller hatte sich schon hingeworfen. Als Jerry neben dem Mädchen lag, empfand er einen tiefen Mangel an Interesse. Besser hier ein paar Kugeln, als das, was Frosti abbekommen hatte. Die Geschosse warfen Dreckwände hoch und pfiffen über die Straße. Sie blieben liegen und warteten, daß der Beschuß aufhöre. Das Mädchen blickte erregt über den Fluß und lächelte. Sie war blauäugig, flachshaarig und nordisch. Eine Granate landete hinter ihnen in der Böschung, und zum zweitenmal zog Jerry das Mädchen zu Boden. Die Druckwelle fegte über sie hin, und als sie vorüber war, schwebten Erdfedern herab wie von einem Sühneopfer. Das Mädchen stand lächelnd auf. Wenn das Pentagon an Zivilisation denkt, dachte Jerry, denkt es an dich. Im Fort hatte der Kampf sich plötzlich verdichtet. Die Lastwagen waren verschwunden, eine dichte Wolke hatte sich zusammengezogen, ohne Pause blitzten und krachten Granatwerfer, leichtes Maschinengewehrfeuer forderte heraus und antwortete sich selber durch forcierte Geschwindigkeit. Kellers narbiges Gesicht erschien bleich wie der Tod über dem Rand seines Schützenlochs.

»Die Roten Khmer heizen ihnen ein«, schrie er. »Über dem Fluß, vorne, und jetzt von der anderen Flanke. Wir hätten die andere Straße nehmen sollen!«
Herrje, dachte Jerry, als ihm die übrigen Erinnerungen zurückkamen, Keller und ich haben auch einmal um ein Mädchen gekämpft. Er versuchte sich zu erinnern, wer sie gewesen war und wer gewonnen hatte.
Sie warteten. Das Feuer erstarb. Sie gingen zurück zum Wagen und kamen rechtzeitig zur Gabelung, um den abziehenden Konvoi zu treffen. Tote und Verwundete lagen am Straßenrand, zwischen ihnen kauerten Frauen und fächelten die betroffenen Gesichter mit Palmwedeln. Wieder stiegen sie aus. Flüchtlinge zerrten Büffel und Karren und einander die Straße entlang und schrien die Schweine und die Kinder an. Eine alte Frau kreischte beim Anblick der Kamera auf, weil sie das Objektiv für einen Gewehrlauf hielt. Geräusche schwirrten durch die Luft, die Jerry nicht lokalisieren konnte, ähnlich dem Klingeln von Fahrradglocken und einem Wimmern; und Geräusche, die er identifizieren konnte, so das trockene Schluchzen der Sterbenden und das Dröhnen näher kommenden Granatfeuers. Keller lief neben einem Lastwagen her und versuchte einen englischsprechenden Offizier zu finden; Jerry hastete neben Keller her und brüllte die gleichen Fragen auf französisch.
»Ach hol's der Teufel«, sagte Keller plötzlich gelangweilt. »Fahren wir heim.« Mit englischer Herrchenstimme näselte er »dieses *Volk* und dieser entsetzliche *Lärm.*« Sie kehrten zu ihrem Mercedes zurück.
Eine Weile steckten sie mitten in der Kolonne. Die Lastwagen drängten sie an den Wegrand, und Flüchtlinge klopften höflich ans Fenster und fragten, ob sie mitfahren dürften. Einmal glaubte Jerry, Deathwish den Hunnen auf dem Sozius eines Krads zu sehen. An der nächsten Gabelung befahl Keller dem Chauffeur, links abzubiegen.
»Ist privater«, sagte er und legte die gute Hand wieder auf das Knie des Mädchens. Aber Jerry dachte an Frost im Leichenschauhaus und an das Weiß seines schreienden Kiefers.
»Mein altes Mütterchen hat's mir *immer* gesagt«, erklärte Keller in volkstümelndem Knautschton: ›Mein Sohn, geh im Dschungel nie den gleichen Weg zurück, den du gekommen bist.‹ *hon?*«
»Ja?«

»Hon, jetzt ist Ihre Unschuld flöten. Entbiete meinen untertänigsten Glückwunsch.« Seine Hand rutschte noch ein bißchen höher. Nun stürzte Wasserrauschen über sie herein wie aus einer Unzahl geborstener Rohre, als ein Wolkenbruch niederging. Sie kamen durch eine Ansiedlung voller Hühner, die wild auseinanderstoben. Ein Barbiersessel stand leer im Regen. Jerry wandte sich zu Keller um.

»Diese Sache über die Wirtschaft im belagerten Land«, begann er von neuem, als sie ihr Interesse wieder einander widmeten. »Marktbeherrschende Kräfte und so weiter. Glauben Sie, diese Story könnte gehen?«

»Könnte schon«, sagte Keller leichthin. »Ist schon ein paarmal gegangen. Aber es gibt immer Varianten.«

»Wer sind die Hauptmacher?«

Keller nannte einige.

»Indocharter?«

»Indocharter gehört auch dazu«, sagte Keller.

Jerry machte einen kühnen Vorstoß:

»Ein Clown namens Charlie Marshall fliegt für sie, Halbchinese. Jemand hat gesagt, er würde reden. Kennen Sie ihn?«

»Nö.«

Er fand, daß er weit genug gegangen war. »Welche Maschinen verwenden sie vorwiegend?«

»Was sie kriegen können. DC 4 zum Beispiel. Eine genügt nicht. Man muß mindestens zwei haben, eine zum Fliegen, die andere zum Ausschlachten für Ersatzteile. Billiger, eine Maschine am Platz zu halten und auszuschlachten als den Zoll zu bestechen, damit man die Ersatzteile auslösen kann.«

»Wie hoch ist der Profit.«

»Nicht druckbar.«

»Viel Opium dabei?«

»Draußen am Bassac ist eine ganze verdammte Raffinerie. Sieht aus wie zu Zeiten der Prohibition. Ich kann eine Besichtigung arrangieren, wenn's das ist, was Sie interessiert.«

Das Mädchen Lorraine hatte sich dem Fenster zugewandt und starrte in den Regen hinaus.

»Ich sehe keine Kinder, Max«, verkündete sie. »Sie sagten, ich soll Ausschau halten, ob Kinder da sind oder nicht. Ich habe also Ausschau gehalten, und sie sind verschwunden.« Der Fahrer hielt den Wagen an. »Es regnet, und ich habe mal gelesen, wenn es

regnet, kommen die Kinder in Asien aus den Hütten zum Spielen. Also, wo sind die Kinder?« sagte sie. Aber Jerry interessierte sich nicht dafür, was sie mal gelesen hatte. Er duckte sich und lugte durch die Windschutzscheibe, alles zur gleichen Zeit, als er sah, was der Fahrer gesehen hatte, und seine Kehle wurde trocken.
»Sie sind der Boß, altes Haus«, sagte er ruhig zu Keller. »Ihr Wagen, Ihr Krieg und Ihr Mädchen.«
Zu seinem Schmerz sah Jerry im Spiegel, wie sich in Kellers Bimssteingesicht Erfahrung und Unvermögen mischten.
»Fahren Sie langsam auf sie zu«, sagte Jerry, als er nicht länger warten konnte. »*Lentement.*«
»Ja, gut so«, sagte Keller. »Tun Sie das.«
Fünfzig Yards vor ihnen, in strömenden Regen gehüllt, hatte sich ein grauer Lastwagen quer über den Weg gestellt und ihn blockiert. Im Spiegel war ein zweiter Lastwagen hinter ihnen auszumachen, der den Rückweg versperrte.
»Besser, wir zeigen unsere Hände«, stieß Keller heiser hervor. Mit der guten Hand kurbelte er sein Fenster herunter. Das Mädchen und Jerry taten es ihm nach. Jerry wischte den Beschlag von der Windschutzscheibe und legte beide Hände auf das Ablagebrett. Der Fahrer hielt das Steuer ganz oben.
»Sie dürfen sie nicht anlächeln, Sie dürfen sie nicht ansprechen«, befahl Jerry.
»Herrje«, sagte Keller. »Heiliger Gott.«

In ganz Asien, dachte Jerry, schrieben die Reporter ihre Lieblingsgeschichten über das, was die Roten Khmer einem antaten, und die meisten waren wahr. In diesem Fall wäre sogar Frost für sein vergleichsweise friedliches Ende dankbar gewesen. Jerry kannte Reporter, die immer Gift bei sich hatten, sogar eine versteckte Pistole, um sich eben diesen Fall zu ersparen. Wenn man gefangen wird, so ist die erste Nacht die einzige zum Fliehen, erinnerte er sich: ehe sie einem die Schuhe weggenommen haben, die Gesundheit und Gott weiß was noch alles. Die erste Nacht ist die einzige Chance, sagt der Volksmund. Er überlegte, ob er es dem Mädchen erzählen sollte, aber er wollte Keller nicht zu nahetreten. Sie pflügten sich im ersten Gang mit wimmerndem Motor voran. Der Regen flog über den Wagen hin, donnerte aufs Dach, klatschte auf die Kühlerhaube und peitschte durch die offenen Fenster. Wenn wir steckenbleiben, sind wir erledigt, dachte er. Der

Lastwagen vor ihnen hatte sich noch immer nicht bewegt, und er war jetzt nicht mehr als fünfzehn Yards entfernt, ein glänzendes Ungeheuer in der Sintflut. Im dunklen Führerstand des Lastwagens sahen sie magere Gesichter ihr Herannahen beobachten. In letzter Sekunde stieß der Laster ins Gebüsch zurück und machte gerade so viel Platz, daß sie durchkonnten. Der Mercedes schlingerte. Jerry mußte sich am Türholm festhalten, um nicht auf den Fahrer zu fallen. Die beiden Außenräder glitschten und winselten, die Kühlerhaube schaukelte und wäre um ein Haar mit der Stoßstange des Lastwagens zusammengestoßen.
»Keine Nummernschilder«, flüsterte Keller. »Herrje.«
»Langsam«, warnte Jerry den Fahrer. »*Toujours lentement*. Keine Scheinwerfer.« Er ließ die Augen nicht vom Rückspiegel.
»Und das waren die schwarzen Pyjamas?« sagte das Mädchen aufgeregt. »Und Sie haben mich nicht einmal ein Bild schießen lassen?«
Niemand sprach.
»Was wollen sie? Auf wen lauern sie?« wollte das Mädchen wissen.
»Auf jemand anderen«, sagte Jerry. »Nicht auf uns.«
»Irgend ein paar Strolche hinter uns«, sagte Keller. »Wen interessiert's?«
»Sollten wir nicht jemanden warnen?«
»Haben nicht die Vorrichtung dazu«, sagte Keller.
Hinter sich hörten sie Schüsse, aber sie fuhren weiter.
»Scheißregen«, flüsterte Keller, mehr zu sich selber. »Warum zum Teufel muß es plötzlich regnen?«
Dabei hatte es fast aufgehört zu regnen.
»Aber Herrje, Max«, protestierte das Mädchen, »wenn sie uns schon so schön in der Zange haben, warum erledigen sie uns dann nicht?«
Ehe Keller antworten konnte, tat es der Fahrer, auf Französisch, sanft und höflich, und nur Jerry verstand es.
»Wenn sie kommen wollen, dann kommen sie«, sagte er und lächelte sie im Spiegel an. »Bei schlechtem Wetter. Während die Amerikaner nochmals fünf Meter Beton aufs Dach ihrer Botschaft pflanzen, und die Soldaten in Regenumhängen unter ihren Bäumen kauern, und die Journalisten Whisky trinken, und die Generale in der *fumerie* sind, werden die Roten Khmer aus dem Dschungel kommen und uns die Kehlen durchschneiden.«

»Was hat er gesagt?« fragte Keller. »Übersetzen Sie das, Westerby.«
»Ja, was *war* das alles?« sagte das Mädchen. »Es hat sich ganz großartig angehört. Wie eine ganz tolle Idee oder sowas.«
»Hab's ehrlich gesagt nicht recht mitgekriegt, altes Haus. War ein bißchen zu schnell für mich.«
Alle brachen in Lachen aus, in viel zu lautes Lachen, auch der Fahrer.
Und während der ganzen Zeit, stellte Jerry fest, hatte er an nichts und an niemanden gedacht, außer an Lizzie. Nicht unter Ausschluß der Gefahr – ganz im Gegenteil. Wie der strahlende Sonnenschein, der jetzt alles überflutete, war sie sein Siegespreis.

Im Phnom verglommen auf der Pool-Seite die letzten Strahlen der Sonne. In der Stadt hatte es nicht geregnet. Eine feindliche Rakete, die nahe der Mädchenschule einschlug, hatte acht oder neun Kinder getötet. Der Gehilfe aus den Südstaaten war gerade zurückgekommen und hatte die Opfer gezählt.
»Wie hat sich Maxie beim päng-päng gehalten?« fragte er Jerry, als sie sich in der Halle begegneten. »Scheint mir, daß seine Nerven in letzter Zeit ein bißchen ausfransen.«
»Geh mir mit deiner feixenden Visage aus den Augen«, riet Jerry ihm, »sonst schlag ich sie dir ein.« Immer noch feixend entfernte sich der Südstaatler.
»Wir können uns morgen treffen«, sagte das Mädchen zu Jerry. »Morgen ist mein ganzer Tag frei. Vielleicht können wir uns ein paar Opiumhöhlen ansehen oder dergleichen?«
Hinter ihr stapfte Keller langsam die Treppen hoch, eine gebeugte Gestalt in einärmeligem Hemd, die sich am Geländer in die Höhe zog.
»Wir können uns sogar heute Abend treffen, wenn Sie mögen«, sagte Lorraine.
Eine Weile saß Jerry allein in seinem Zimmer und schrieb Postkarten an Cat. Dann machte er sich auf den Weg zu Max' Büro. Er hatte noch ein paar Fragen über Charlie Marshall. Außerdem konnte er sich vorstellen, daß Max seine Gesellschaft recht wäre. Nach getaner Pflicht nahm er eine Rikscha und fuhr nochmals hinaus zu Charlie Marshalls Haus, aber so viel er auch an die Tür bullerte und rief, er bekam wiederum nur die gleichen nackten braunen Beine zu sehen, die regungslos am Fuß der

Treppe standen, diesmal bei Kerzenlicht. Aber die Seite, die er aus seinem Notizbuch gerissen und hinterlegt hatte, war verschwunden. Er kehrte in die Stadt zurück und ließ sich, da er noch immer eine Stunde totzuschlagen hatte, auf einem von etwa hundert leeren Stühlen eines Straßencafés nieder, trank einen langen Pernod und dachte daran, wie einst die Mädchen der Stadt auf ihren kleinen geflochtenen Wägelchen an ihm vorbeidefiliert waren und in französischem Singsang Klischees von Liebe geflüstert hatten. Heute Nacht erbebte die Luft von nichts Liebevollerem als dem dumpfen Dröhnen des gelegentlichen Geschützfeuers, während die Stadt sich duckte und auf den Einschlag wartete.

Und doch ging die größte Furcht nicht von den Schüssen aus, sondern von der Stille. Denn, wie der Dschungel selber, war diese Stille, nicht der Beschuß das natürliche Element des herannahenden Feindes.

Wenn ein Diplomat jemanden sprechen will, dann denkt er als erstes an eine Mahlzeit, und in diplomatischen Kreisen wurde wegen der nächtlichen Ausgangssperre früh gespeist. Nicht daß Diplomaten solchen Härten unterworfen gewesen wären, aber es gehört zu der reizenden Arroganz der Diplomaten in der ganzen Welt, daß sie mit gutem Beispiel voranzugehen glauben – wem oder was, das weiß der Teufel. Das Haus des Botschaftsrats lag in einer flachen, grünen Enklave, die an Lon Nols Palast grenzte. Als Jerry ankam entließ gerade eine offizielle Limousine ihre Insassen in die Auffahrt, bewacht von einem Jeep voller Milizsoldaten. Entweder gekrönte Häupter oder Kirchenfürsten, dachte Jerry, als er ausstieg; aber es waren nur ein amerikanischer Diplomat und seine Frau, die zum Essen kamen.

»Ah, Sie müssen Mr. Westerby sein«, sagte seine Gastgeberin. Sie war hochgewachsen, elegant und amüsierte sich darüber, daß jemand *Journalist* sein konnte, wie sie sich über jeden amüsierte, der nicht Diplomat war, und zwar im Rang eines Botschaftsrats.

»John *brennt* darauf, Sie kennenzulernen«, erklärte sie strahlend, und Jerry nahm an, sie wolle ihm die Befangenheit nehmen. Er folgte dem Zug die Treppe hinauf. Sein Gastgeber stand oben, ein drahtiger gebeugter Mann mit Schnurrbärtchen und einer Jungenhaftigkeit, die Jerry üblicherweise eher bei der Geistlichkeit gesucht hätte.

»Ausgezeichnet! Fabelhaft. Sie sind das Krickett-As. Ausgezeichnet. Gemeinsame Freunde, stimmt's? Ich glaube, wir benutzen heute abend den Balkon besser nicht«, sagte er mit einem scheelen Blick zur amerikanischen Ecke. »Gute Männer sind zu rar, wie mir scheint. Sollten in Sicherheit bleiben. Ihren Platz gefunden?« Er stach mit befehlendem Finger nach einer ledergerahmten Tischordnung, auf der die Plätze eingetragen waren. »Lassen Sie sich mit ein paar Leuten bekannt machen. Moment.« Er zog ihn ein wenig abseits, aber nur ein wenig. »Es geht alles über mich, ja? Ich habe das eindeutig klargemacht. Lassen Sie sich nicht in eine Ecke drängen, ja? Kleine *Balgerei* im Gang, wenn Sie mich verstehen. Rein lokal. Nicht Ihr Problem.«

Der amerikanische Diplomat wirkte auf den ersten Blick klein, er war so dunkel und adrett, aber als er aufstand und Jerry die Hand schüttelte, waren beide fast gleich groß. Er trug ein kariertes rohseidenes Jackett und in der anderen Hand ein Walkie-Talkie in einem schwarzen Plastiketui. Die braunen Augen waren intelligent, aber übertrieben respektvoll, und während sie einander die Hände schüttelten, sagte eine Stimme in Jerry: »Vetter«.

»Freut mich, Sie kennenzulernen, Mr. Westerby. Habe gehört, Sie kommen aus Hongkong. Ihr Gouverneur dort ist ein sehr guter Freund von mir. Beckie, das ist Mr. Westerby, ein Freund des Gouverneurs von Hongkong, und ein guter Bekannter von John, unserem Gastgeber.«

Dies zu einer fülligen Frau, die mit plumpen handgehämmertem Silberschmuck vom Markt behängt war. Ihre farbenfrohen Gewänder flossen in asiatischem Durcheinander an ihr herab.

»Oh, Mr. *Westerby*«, sagte sie. »Aus Hongkong. *Hallo.*«

Die übrigen Gäste waren eine gemischte Gesellschaft aus Geschäftsleuten der Stadt. Ihre Frauen waren Eurasierinnen, Französinnen und Korsinnen. Ein Hausboy schlug auf einen silbernen Gong. Der Plafond des Eßzimmers war aus Zement, aber als sie Einzug hielten, sah Jerry, wie mehrere Augen emporblickten, um sich zu vergewissern. Ein silberner Kartenhalter belehrte ihn, daß er der »Honourable G. Westerby« sei, ein silberner Speisenkartenhalter versprach ihm *le roast beef à l'anglaise,* in silbernen Leuchtern steckten lange Kerzen, die ein bißchen geweiht wirkten; kambodschanische Boys flitzten halb gebückt mit Tabletts voller Speisen herein und hinaus, Speisen, die schon am Vormittag gekocht worden waren, solange es Strom gab. Eine viel

gereiste französische Schöne mit einem Spitzentaschentuch im Ausschnitt saß Jerry zur Rechten. Ein zweites Tüchlein hielt sie in der Hand, und sooft sie etwas gegessen oder getrunken hatte, tupfte sie sich das Mündchen. Die Tischkarte benannte sie als Gräfin Sylvia.
»*Je suis très, très diplomée*«, flüsterte sie Jerry zu, während sie pickte und tupfte. »*J'ai fait la science politique, mécanique et l'éléctricité générale*. Im Januar habe ich ein schlechtes Herz. Jetzt bin ich besser.«
»Ah, *well*, also ich, ich kann *überhaupt* nichts richtig«, behauptete Jerry, und es klang übertrieben witzig. »Hansdampf in allen Gassen, aber nirgends zu Hause.« Es dauerte eine ganze Weile, bis er das ins Französische übersetzt hatte, und er mühte sich noch immer damit ab, als plötzlich irgendwo ganz in der Nähe eine Maschinengewehrsalve abgefeuert wurde, viel zu lang, um dem Gewehr gutzutun. Es kamen keine Antwortschüsse. Die Unterhaltung erlahmte.
»Irgend so ein Blödmann schießt auf Gekkos, scheint mir«, sagte der Botschaftsrat, und seine Frau lachte ihn liebevoll über den Tisch hinweg an, als wäre der Krieg eine kleine Einlage, die sie sich zur Zerstreuung ihrer Gäste ausgedacht hatten. Das Schweigen kehrte zurück, tiefer und gefahrenträchtiger als zuvor. Die kleine Gräfin legte die Gabel auf den Teller, und es bimmelte wie eine Tramklingel in der Nacht.
»*Dieu*«, sagte sie.
Sofort fingen alle wieder zu sprechen an. Die amerikanische Ehefrau fragte Jerry, wo er *aufgezogen* worden sei, und als sie damit durch waren, fragte sie ihn, wo sein *Heim* sei, und Jerry sagte Thurloe Square, Old Pet's Wohnung, weil ihm nicht danach war, über die Toskana zu sprechen.
»Wir besitzen Land in Vermont«, sagte sie energisch. »Aber whr haben noch nicht gebaut.«
Zwei Raketen schlugen gleichzeitig ein. Nach Jerrys Berechnung etwa eine halbe Meile weiter östlich. Als er ringsum blickte, ob die Fenster geschlossen seien, fing er die braunen Augen des amerikanischen Ehemanns ab, die mit rätselhafter Eindringlichkeit auf ihn geheftet waren.
»Haben Sie für morgen schon etwas vor, Mr. Westerby?«
»Nichts Besonderes.«
»Wenn wir irgend etwas für Sie tun können, lassen Sie es mich

wissen. Wir sind immer für Sie da.«

»Vielen Dank«, sagte Jerry, aber er hatte das Gefühl, daß die Frage anders gemeint war.

Ein Schweizer Geschäftsmann mit klugem Gesicht wußte eine lustige Geschichte, und er nutzte Jerrys Anwesenheit, um sie zu wiederholen.

»Vor nicht langer Zeit war eines nachts die ganze Stadt hell vom Geschützfeuer, Mr. Westerby«, sagte er. »Wir werden alle sterben. Oh, *zweifellos*, in dieser Nacht müssen wir sterben! Alles mögliche: Granaten, Leuchtspurgeschosse überströmten den Himmel, für eine Million Dollar Munition, wie wir später erfuhren. Stunde um Stunde. Ein paar meiner Freunde gingen von Tür zu Tür und verabschiedeten sich voneinander.« Eine Armee von Ameisen kam unter dem Tisch hervor und begann in einer Heersäule über das blütenweiße Damasttischtuch zu marschieren, wobei sie die Kerzenleuchter und die von Hibiskusblüten überquellende Blumenschale sorgfältig umging. »Die Amerikaner funkten herum, wetzten hin und her, und jeder von uns bedachte sehr genau seinen Platz auf der Evakuierungsliste, aber eins war komisch, wissen Sie: die Telefone funktionierten und wir hatten sogar Strom. Und was war das Ziel des Beschusses gewesen, wie sich später herausstellte?« – Die Tischrunde lachte bereits hysterisch. – »Frösche! Ein paar sehr gefräßige *Frösche*!«

»Kröten«, berichtigte ihn jemand, aber das tat dem Gelächter keinen Abbruch.

Der amerikanische Diplomat, ein Muster höflicher Selbstkritik, lieferte den amüsanten Epilog.

»Die Kambodschaner haben einen alten Aberglauben, Mr. Westerby. Bei einer Mondfinsternis muß man viel Lärm machen. Man muß Feuerwerkskörper abbrennen, man muß auf Blechdosen schlagen, oder noch besser Munition für eine Million Dollar in die Luft jagen. Denn wenn man das nicht tut, dann werden die Frösche den Mond verschlingen. Wir hätten es wissen *sollen*, aber wir *wußten* es nicht, und folglich standen wir ausgesprochen albern da«, sagte er stolz.

»Ja, ich fürchte, da haben Sie sich ins Bockshorn jagen lassen, alter Freund«, sagte der Botschaftsrat selbstgefällig.

Aber obgleich das Lächeln des Amerikaners offen und unvoreingenommen blieb, drückten die braunen Augen etwas weit Dringenderes aus – etwas wie eine Botschaft unter Fachleuten.

Jemand sprach über Dienstboten und deren erstaunlichen Fatalismus. Eine einzelne Detonation, laut und anscheinend sehr nahe, beendete die Vorstellung. Als Gräfin Sylvia nach Jerrys Hand griff, lächelte die Gastgeberin ihrem Mann fragend über den Tisch hinweg zu.
»John, *darling*«, fragte sie mit ihrer gastlichsten Stimme, »ging das herein oder hinaus?«
»Hinaus«, erwiderte er lachend. »Oh, entschieden hinaus. Frag unseren Freund, den Journalisten, wenn du mir nicht glaubst. Er hat schon einige Kriege hinter sich, nicht wahr, Westerby?«
Worauf das Schweigen sie wiederum vereinte wie ein verbotenes Thema. Die amerikanische Dame klammerte sich an den Grundbesitz in Vermont: vielleicht sollten sie schließlich *doch* dort bauen. Vielleicht war es jetzt Zeit:
»Vielleicht sollten wir *doch* dem Architekten schreiben«, sagte sie.
»Vielleicht sollten wir das«, pflichtete ihr Mann bei – und in diesem Augenblick gerieten sie in eine regelrechte Schlacht. Aus nächster Nähe erleuchtete eine langgezogene Flaksalve die Wäsche im Hof, und eine Gruppe MGs, mindestens zwanzig, knatterten anhaltend und verzweifelt. Im Aufblitzen der Schüsse sahen sie die Dienerschaft ins Haus eilen, und durch das Feuern hörten sie, wie Befehle gegeben und beantwortet wurden, beides schreiend, und das irre Bimmeln von Handgongs. Im Speisezimmer bewegte sich niemand, nur der amerikanische Diplomat hob das Walkie-Talkie an die Lippen, zog die Antenne aus und flüsterte etwas, ehe er das Gerät ans Ohr hielt. Jerry blickte auf seine Knie und sah die Hand der Gräfin sich vertrauensvoll um die seine schmiegen. Ihre Wange streifte seine Schulter. Der Geschützlärm ließ nach. Er hörte ganz in der Nähe eine kleine Bombe fallen. Keine Erschütterung, nur die Kerzenflammen neigten sich grüßend, und auf dem Kaminsims fielen ein paar schwere Einladungskarten klatschend um und blieben liegen, die einzigen sichtbaren Gefallenen. Dann hörten sie als letztes und einzelnes Geräusch das Heulen einer abfliegenden einmotorigen Maschine wie fernes Kinderweinen. Es wurde vom fröhlichen Gelächter des Botschaftsrats übertönt, der zu seiner Frau sagte:
»Also, das war *nicht* die Mondfinsternis, fürchte ich, wie, Hills? Das war die Ehre und das Vergnügen, Lon Nol als Nachbarn zu haben. Einer von seinen Piloten wird dann und wann ungeduldig, weil er keinen Sold bekommt, und dann steigt er auf und

bombardiert auf gut Glück den Palast. *Darling*, wie wär's, wenn du die Mädels mitnähmst, damit sie sich die Nase pudern können oder was immer ihr so macht?«
Es ist Zorn, dachte Jerry, als er wiederum den Blick des Amerikaners auffing. Er sieht aus wie ein Mann, der den Armen das Heil bringen möchte, und statt dessen seine Zeit mit den Reichen verplempern muß.

Drunten standen Jerry, der Botschaftsrat und der Amerikaner schweigend im Arbeitszimmer im Erdgeschoß. Der Botschaftsrat war jetzt von wölfischem Argwohn.
»Ja, *well*«, sagte er. »Ich habe Sie jetzt miteinander bekannt gemacht und laß Sie vielleicht am besten allein. Whisky ist in der Karaffe, recht so, Westerby?«
»Recht so, John«, sagte der Amerikaner, aber der Botschaftsrat schien nicht gehört zu haben.
»Und vergessen Sie nicht, Westerby: die Vollmacht liegt bei *uns*, ja? Wir halten das Bett warm. Ja?« Er wackelte warnend mit dem Finger und verschwand.
Das Arbeitszimmer war mit Kerzen erleuchtet, ein kleiner, männlich wirkender Raum ohne Spiegel oder Bilder, nur eine geriefte Teakholzdecke und ein grüner Metallschreibtisch, und der Eindruck, draußen in der Dunkelheit herrsche nun wieder tödliche Stille, obwohl die Gekkos und die Ochsenfrösche das raffinierteste Mikrophon außer Gefecht gesetzt hätten.
»Heh, überlassen Sie das mir«, sagte der Amerikaner, als Jerry zur Anrichte gehen wollte, und machte eine Show daraus, die richtige Mischung für ihn herzustellen: »Wasser oder Soda, Vorsicht, daß ich ihn nicht ersäufe.«
»Scheint ein bißchen umständlich, auf diese Weise zwei Freunde zusammenzubringen«, sagte der Amerikaner in krampfhaftem Plauderton von der Anrichte her, während er die Drinks eingoß.
»Könnte man sagen.«
»John ist ein feiner Kerl, aber er hat's mit dem Protokoll. Ihre Leute haben zur Zeit hier keine Stütze, aber sie haben gewisse Rechte, und John möchte alles tun, um zu verhindern, daß sie den Ball endgültig verlieren. Ich kann seinen Standpunkt verstehen. Ich respektiere ihn. Nur erfordern diese Dinge eben manchmal ein bißchen mehr Zeit.«
Er reichte Jerry einen länglichen braunen Umschlag, den er aus

der Brusttasche des karierten Jacketts gezogen hatte, und sah mit der gleichen gewichtigen Intensität zu, wie Jerry das Siegel erbrach. Das Papier fühlte sich schmierig an, wie eine Fotokopie. Irgendwo greinte ein Kind und wurde beschwichtigt. Die Garage, dachte er: die Dienstboten haben Flüchtlinge in der Garage untergebracht, und der Botschaftsrat darf es nicht wissen.

*DROGENFAHNDUNG SAIGON meldet Charlie MARSHALL, wdh. MARSHALL planmäßig nach Battambang ETA 1930 morgen via Peilin . . . umgebaute DC 4 Carvair, Abzeichen Indocharter Frachtbrief gibt an gemischte Ladung . . . planmäßig Weiterflug Phnom Penh.*

Dann las er Uhrzeit und Datum der Übermittlung, und Zorn fiel ihn an wie eine Sturmbö. Er erinnerte sich an sein gestriges Herumrennen in Bangkok und an die heutige hirnrissige Taxifahrt mit Keller und dem Mädchen, und er schleuderte die Mitteilung mit einem »Herrgott!« zwischen ihnen auf den Tisch.

»Wie lange haben Sie schon darauf gesessen? Das ist nicht morgen, das ist *heute* abend!«

»Leider konnte unser Gastgeber die Hochzeit nicht früher arrangieren. Sein Einladungsprogramm ist außerordentlich gedrängt. Viel Glück.«

Er war genauso zornig wie Jerry, nahm wortlos das Fernschreiben wieder an sich, steckte es in die Tasche seines karierten Jacketts und verschwand nach oben zu seiner Gattin, die damit beschäftigt war, die mittelmäßige Sammlung geklauter Buddhas ihrer Gastgeberin zu bewundern.

Jerry blieb allein zurück. Eine Rakete fiel, und seine Zeit war bemessen. Die Kerzen erloschen, und am Nachthimmel schien endlich die ganze Spannung dieses illusorischen und grotesken Krieges zu platzen. Blindlings fielen die Maschinengewehre in den allgemeinen Krach ein. Der kleine kahle Raum mit seinem Fliesenfußboden ratterte und summte wie ein Tongenerator.

Nur um ebenso unvermittelt wieder aufzuhören und die Stadt dem Schweigen zu überlassen.

»Stimmt was nicht, alter Junge?« erkundigte sich der Botschaftsrat herzlich von der Tür her. »Der Yankee hat Sie gegen den Strich gebürstet, was? Sieht aus, als wollten sie jetzt die ganze Welt allein regieren.«

»Ich muß eine Option für sechs Stunden haben«, sagte Jerry. Der Botschaftsrat begriff nicht ganz, was er meinte. Nachdem Jerry es

ihm erklärt hatte, trat er rasch in die Nacht hinaus.
»Sie haben ein Gefährt, ja, alter Junge? Sehr gut. Andernfalls erschießen sie Sie. Passen Sie auf sich auf.«

Er schritt kräftig aus, Zorn und Abscheu beflügelten ihn. Der Zapfenstreich war längst vorbei. Er sah keine Straßenlampen, keine Sterne. Der Mond war verschwunden, und das Quietschen seiner Kreppsohlen begleitete ihn wie ein unerwünschter, unsichtbarer Weggenosse. Das einzige Licht kam aus dem Umkreis des Palasts auf der anderen Straßenseite, aber es reichte nicht bis zu ihm. Hohe Mauern schotteten den Innenbau ab, hohe Stacheldrahtzäune krönten die Mauern, die Rohre der Flugabwehrgeschütze schimmerten bronzen vor dem schwarzen und lautlosen Himmel. Junge Soldaten dösten in Gruppen, und als Jerry an ihnen vorrübertrabte, erscholl eine neue Runde von Gongschlägen: der Wachtmeister hielt die Posten wach. Es herrschte kein Verkehr, aber zwischen den einzelnen Wachtposten hatten die Flüchtlinge das ganze Pflaster entlang ihre nächtlichen Dörfer errichtet. Einige hatten sich mit Streifen brauner Zeltbahn umwickelt, einige hatten Bretterliegen und einige kochten auf winzigen Flammen, obwohl Gott allein wußte, was sie Eßbares gefunden hatten. Einige saßen in säuberlich getrennten Standesgruppen und blickten nur einander an. Auf einem Ochsenkarren lag ein Mädchen mit einem Jungen, Kinder, so alt wie Cat gewesen war, als er sie zum letztenmal in Fleisch und Blut gesehen hatte. Aber von diesen Hunderten von Menschen kam kein Laut, und nachdem er eine Strecke weit gegangen war, drehte er sich um und sah nach ihnen, ob sie wirklich dort waren. Wenn ja, dann verbarg sie das Dunkel und die Stille. Er dachte an die Dinnerparty. Sie hatte in einem anderen Land stattgefunden, in einer anderen Welt. Jerry war hier völlig unbedeutend, und doch hatte auch er zu diesem Debakel beigetragen.
*»Und vergessen Sie nicht, wir haben die Vollmacht, ja? Wir halten das Bett warm.«*
Der Schweiß war ihm ausgebrochen. Die Nachtluft hatte keine kühlende Wirkung. Das Dunkel war genauso heiß wie der Tag. Vor ihm in der Stadt schlug ziellos eine verirrte Rakete ein, dann folgten zwei. Sie kriechen über die Reisfelder, bis sie auf Schußweite heran sind, dachte er. Sie liegen in ihrem Versteck, ihr Stückchen Rohr und ihr Bömbchen fest an sich gepreßt, dann

werfen sie und rasen wie irre in den Dschungel. Der Palast lag nun hinter ihm. Eine Batterie feuerte eine Salve ab, und ein paar Sekunden lang konnte er im Aufblitzen seinen Weg erkennen. Die Straße war breit, ein Boulevard, und er hielt sich möglichst in der Mitte der Fahrbahn. In regelmäßigen Abständen sah er die Öffnung der einmündenden Straßen. Wenn er sich bückte, konnte er sogar die Baumwipfel in den blassen Himmel entweichen sehen. Einmal kam eine Rikscha nervös aus der Kurve geschwankt, stieß an den Bordstein, fing sich wieder und klapperte vorüber. Er dachte schon daran, sie anzurufen, marschierte aber doch lieber zu Fuß weiter. Eine männliche Stimme grüßte ihn unschlüssig aus dem Dunkeln – ein Flüstern, nichts Aufdringliches:
»*Bon soir? Monsieur? Bon soir?*«
Die Posten standen alle hundert Meter allein oder zu zweien und hielten ihre Karabiner in beiden Händen. Ihr Gemurmel erreichte ihn wie Aufforderungen, aber Jerry achtete stets darauf, die Hände weit weg von den Taschen zu halten, so daß die Posten sie sehen konnten. Manche lachten beim Anblick des riesigen schwitzenden Rundauges und winkten ihn weiter. Andere hielten ihn mit vorgehaltener Pistole an und blickten beim Schein von Fahrradlampen ernst zu ihm auf, während sie ihm Fragen stellten, um sich im Französischen zu üben. Einige forderten Zigaretten, und er gab sie ihnen. Er zerrte das durchweichte Jackett herunter und riß das Hemd bis zur Taille auf, aber noch immer wollte die Luft ihn nicht abkühlen und wieder dachte er, ob er vielleicht Fieber habe und ob er, wie letzte Nacht in Bangkok, in seinem Schlafzimmer erwachen und im Dunkeln kauernd darauf warten würde, jemandem mit einer Tischlampe den Schädel einzuschlagen.
Der Mond schien, vom Schaum der Regenwolken angeleckt. In seinem Licht glich das Hotel einer verrammelten Festung. Er kam zur Gartenmauer und folgte ihr nach links den Bäumen entlang, bis sie wiederum eine Biegung machte. Er warf sein Jackett über die Mauer und kletterte mühsam hinterher. Er überquerte den Rasen bis zur Treppe, drückte die Tür zur Halle auf und fuhr mit einem erstickten Ausruf des Ekels zurück. Die Halle war pechschwarz, nur ein einzelner Mondstrahl richtete sich wie ein Punktstrahler auf eine riesige helle Insektenpuppe, die sich um die nackte braune Larve eines menschlichen Körpers spann.
»*Vous désirez, monsieur?*« fragte eine Stimme leise.

Es war der Nachtwächter, der in seiner Hängematte unter einem Moskitonetz schlief.

Der Junge übergab ihm einen Schlüssel und einen Zettel und nahm schweigend sein Trinkgeld entgegen. Jerry ließ sein Feuerzeug aufleuchten und las den Zettel: *»Darling, ich bin in Zimmer achtundzwanzig und sehr einsam. Erwarte Sie. L.«*

Warum zum Teufel eigentlich nicht? dachte er: Vielleicht kommt dadurch alles wieder ins Lot. Er stieg die Treppe zum zweiten Stock hinauf, vergaß die furchtbare Banalität des Mädchens, dachte nur an ihre langen Beine und den schlanken Körper, als sie über die Wagenfurchen das Flußufer entlangbalanciert war; an ihre kornblumenblauen Augen und die typisch amerikanische Gelassenheit, als sie in dem Schützenloch gelegen hatte; dachte nur an sein Sehnen nach einer menschlichen Berührung. Wer schert sich einen Deut um Keller? dachte er. Einen anderen Körper an sich pressen, heißt, am Leben sein. Vielleicht hatte sie auch Angst? Er klopfte an die Tür, wartete, öffnete sie behutsam.

»Lorraine? Ich bin's. Westerby.«

Nichts tat sich. Er tappte zum Bett, bemerkte das Fehlen eines jeden weiblichen Geruchs, sogar von Gesichtspuder und Deodorant. Auf halbem Weg zeigte ihm das gleiche Mondlicht den erschreckend vertrauten Anblick von Jeans, einem Paar schwerer Kommißstiefel und einer ramponierten Olivetti-Reiseschreibmaschine, nicht unähnlich seiner eigenen.

»Noch einen Schritt näher, und es ist versuchte Notzucht«, sagte Luke und entkorkte die Flasche auf seinem Nachttisch.

# *16 Charlie Marshalls Freunde*

Jerry hatte die Nacht auf Lukes Fußboden verbracht und machte sich vor Tagesanbruch davon. Er nahm seine Schreibmaschine und die Schultertasche mit, obgleich er überzeugt war, keines von beidem zu benötigen. Er ließ einen Zettel zurück, auf dem er Keller bat, an Stubbs zu drahten, daß er die Story über den Belagerungszustand draußen in der Provinz weiter verfolge. Sein Rücken schmerzte vom Fußboden, und sein Kopf von der Flasche.
Luke war wegen der Päng-Pängs, wie er sagte, gekommen, nachdem sein Büro ihm eine Pause von Big Moo eingeräumt hatte. Außerdem hatte Jake Chiu, sein erboster Hauswirt, ihn endgültig aus der Wohnung geworfen.
»Ich bin obdachlos, Westerby!« hatte er gerufen und angefangen, laut zu jammern: »*Obdachlos*!«, bis Jerry, um sich ein bißchen Schlaf zu erkaufen, und das Klopfen der Nachbarn zum Schweigen zu bringen, seinen zweiten Wohnungsschlüssel vom Ring nestelte und ihn Luke zuwarf.
»Bis ich wieder da bin«, warnte er. »Dann *raus*. Verstanden?«
Jerry fragte nach dem Fall Frost. Luke hatte alles vergessen und mußte erst erinnert werden. Ach *der*, sagte er. *Der*. Tja, also, es gingen Gerüchte um, Frost habe sich mit den Triaden angelegt, und vielleicht stelle sich in hundert Jahren heraus, daß dem wirklich so war, aber wen kümmere das heute?
Aber nicht einmal dann konnte er so ohne weiteres schlafen. Sie hatten die Pläne für den heutigen Tag besprochen. Luke wollte alles tun, was Jerry tat. Allein sterben sei langweilig, behauptete er. Am besten würden sie sich betrinken und sich ein paar Huren suchen. Jerry hatte erwidert, Luke werde noch eine Weile warten müssen, ehe sie beide gemeinsam in ihr letztes Abendrot marschierten, denn er wolle den Tag über Fischen gehen, und zwar allein.

»Wonach fischen, zum Teufel? Wenn's eine Story ist, dann teilen Sie. Wer hat Ihnen Frost gegeben, gratis und franko? Wohin können Sie gehen, wo's nicht unendlich schöner wäre, wenn Bruder Luke dabei ist?«

So ziemlich überall hin, hatte Jerry unfreundlich erwidert, und war jetzt aus dem Zimmer geschlichen, ohne ihn aufzuwecken.

Als erstes begab er sich zum Markt, schlürfte eine *soupe chinoise* und musterte eingehend die Verkaufsstände und Ladenfronten. Er entschloß sich für einen jungen Inder, der ausschließlich Plastikeimer, Wasserflaschen und Besen zu verkaufen hatte und dennoch dabei gute Geschäfte zu machen schien, nach seinem Aussehen zu schließen.

»Was verkaufen Sie sonst noch, altes Haus?«

»Sir, ich verkaufe alles, an alle Gentlemen.«

Sie klopften beide eine Weile auf den Busch. Nein, sagte Jerry, er wolle nichts zu rauchen und nichts zu schlucken, nichts zu schnüffeln und auch nichts für die Handgelenke. Und nein, vielen Dank, bei allem Respekt vor den zahlreichen schönen Schwestern, Cousinen und jungen Männern seiner Kreise, auch für Jerrys sonstige Bedürfnisse sei gesorgt.

»Dann, Freude meines Herzens, Sir, sind Sie ein sehr glücklicher Mann.«

»Ich habe *wirklich* etwas gesucht, für einen Freund«, sagte Jerry.

Der junge Inder blickte scharf die Straße auf und nieder und jetzt klopfte er nicht mehr auf den Busch.

»Einen *freundlichen* Freund, Sir?«

»Nicht sehr.«

Sie nahmen gemeinsam eine Rikscha. Der Inder hatte einen Onkel, der auf dem Silbermarkt Buddhas verkaufte, und der Onkel hatte ein Hinterzimmer mit Schlössern und Riegel an der Tür. Für dreißig amerikanische Dollar kaufte Jerry eine niedliche braune Walther Automatic mit zwanzig Runden Munition. Die Bärentreiber in Sarratt, dachte er, als er wieder in die Rikscha kletterte, wären glatt in Ohnmacht gefallen. Erstens wegen der, wie sie es nannten, unpassenden Zutat, und zweitens weil sie den zählebigen Unsinn predigten, kleine Kanonen brächten mehr Verdruß als Nutzen. Aber wenn er seine Webley aus Hongkong durch den Zoll nach Bangkok und von dort aus nach Phnom Penh mitgenommen hätte, wären sie vermutlich überhaupt nicht mehr aus ihrer Ohnmacht erwacht, also konnten sie sich nach Jerrys

Meinung noch glücklich schätzen, daß er nicht nackt und bloß in dieses Abenteuer zog, welche Parole auch immer sie in dieser Woche auf ihre Fahnen geschrieben hatten. Am Flugplatz war keine Maschine nach Battambang zu finden, aber dort war nie eine Maschine zu finden, egal wohin. Die silbernen Reis-Jets landeten und starteten heulend auf dem Rollfeld, und nachdem in der Nacht wiederum Raketen gefallen waren, wurden jetzt neue Futtermauern errichtet. Jerry sah zu, wie die Erde in Lastwagen ankam und die Kulis sie in rasender Eile in Munitionskisten füllten. Wenn ich wieder auf die Welt komme, beschloß er, handle ich mit Sand und karre ihn in belagerte Städte.

Im Wartesaal fand Jerry eine Gruppe Stewardessen, die Kaffee tranken und lachten, und er gesellte sich in seiner flotten Art zu ihnen. Ein großes Mädchen, das englisch sprach, zog eine zweifelnde Miene und verschwand mit seinem Paß und fünf Dollar.

»*C'est impossible*«, versicherten sie ihm alle, während sie auf die Rückkehr des Mädchens warteten. »*C'est tout occupé.*«

Das Mädchen kehrte lächelnd zurück. »Der Pilot ist *sehr* schwierig«, sagte sie. »Wenn Sie ihm nicht gefallen, nimmt er Sie nicht mit. Aber ich zeige ihm Ihr Foto, und er will ausnahmsweise *surcharger*. Er darf nur einunddreißig *personnes* mitnehmen, aber er nimmt Sie mit, es ist ihm egal, er tut es aus Freundschaft, wenn Sie ihm tausendfünfhundert Riels geben.«

Die Maschine war zu zwei Dritteln leer, und die Geschoßeinschläge in den Tragflächen tröpfelten wie blutende Wunden.

Zu diesem Zeitpunkt war Battambang noch die sicherste Stadt in Lon Nols dahinschwindendem Archipel, und Phnom Penhs letzte Farm. Eine Stunde lang trödelten sie über einem mutmaßlich von Roten Khmer überschwemmtem Gebiet, ohne daß eine Menschenseele sich zeigte. Während sie kreisten, schoß jemand müßig aus den Reisfeldern, und der Pilot beschrieb auf gut Glück ein paar Kurven, um den Schüssen auszuweichen, aber Jerry richtete seine ganze Aufmerksamkeit darauf, sich die Bodenanlagen einzuprägen, ehe sie aufsetzten: die Abstellplätze; welche Rollbahnen der Zivilluftfahrt und welche den Militärmaschinen vorbehalten waren; die drahtumzäunte Enklave, in der die Frachtschuppen standen. Sie landeten in einer ländlichen Idylle. Blumen wuchsen rings um die Geschützstellungen, fette braune Hühner scharrten in den Granattrichtern, Wasser und Strom gab es im Überfluß, und dennoch dauerte ein Telegramm nach Phnom Penh damals bereits eine Woche.

Jerry ging jetzt sehr behutsam vor. Instinktiv hielt er sich strikter an seine Legende als je zuvor. *Der Honourable Gerald Westerby, unser ausgezeichneter Lohnschreiber, berichtet über die wirtschaftlichen Auswirkungen des Belagerungszustands.* Wer so groß ist wie ich, der muß einen verdammt guten Grund haben für alles, was er tut. Also nebelte er sich ein, wie es in der Branche heißt. Am Informationsschalter, wo mehrere stille Männer ihn beobachteten, fragte er nach den Namen der besten Hotels in der Stadt und schrieb sich einige davon auf, während er nebenbei die Gruppierungen der Maschinen und der Gebäude studierte. Er unternahm eine Wanderung von Büro zu Büro und fragte, wie man am besten einen Zeitungsbericht per Luftfracht nach Phnom Penh schicken könne, und niemand hatte die geringste Ahnung. Er setzte seine diskrete Rekognoszierung fort, schwenkte überall seine Telegrammkarte und erkundigte sich, wie man zum Gouverneurspalast komme, um den Eindruck zu erwecken, er habe mit dem großen Mann persönlich etwas zu besprechen. Binnen kurzem war er der berühmteste Reporter, der jemals nach Battambang gekommen war. Inzwischen merkte er sich die Türen mit der Aufschrift »Besatzung« und die Türen mit der Aufschrift »Privat« und wo »Herren« war, damit er später, wenn er unverdächtig sein würde, eine Skizze der gesamten Anlage zeichnen könnte, mit besonderer Berücksichtigung der Ausgänge nach dem abgezäunten Teil des Flugfelds. Schließlich fragte er, wer von den Piloten zur Zeit in der Stadt sei. Er sei mit einigen von ihnen befreundet, sagte er, also sei es wohl das Einfachste – falls es nötig sein sollte –, einen von ihnen zu bitten, seine Reportage in seinem Fluggepäck mitzunehmen. Eine Stewardeß las ihm Namen von einer Liste vor, und während sie das tat, drehte Jerry die Liste sanft um und las den Rest selber herunter. Der Indocharter-Flug war aufgeführt, aber ohne den Namen des Piloten.

»Fliegt Captain Andreas noch für Indocharter?« erkundigte er sich.

»Captain *qui*, Monsieur?«

»Andreas. Wir nannten ihn nur André. Kleiner Bursche, trug immer eine dunkle Brille. Flog die Strecke Kampong Cham.«

Sie schüttelte den Kopf. Nur Captain Marshall und Captain

Ricardo, sagte sie, flogen für Indocharter, aber Captain *Ric* sei einem Absturz zum Opfer gefallen. Jerry zeigte weiter kein Interesse, stellte aber doch ganz nebenbei fest, daß Captain Marshalls Carvair am Nachmittag starten würde, wie gestern nacht gemeldet. Es werde aber keine Fracht mehr mitgenommen, alles sei ausgebucht, Indocharter sei immer voll ausgelastet.
»Wissen Sie, wo ich ihn erreichen kann?«
»Captain Marshall fliegt nie am Vormittag, Monsieur.«
Er fuhr mit einem Taxi in die Stadt. Das beste Hotel war eine Wanzenbude in der Hauptstraße. Die Straße war eng, stinkig und mit ohrenbetäubendem Lärm erfüllt, eine asiatische Konjunkturstadt im Entstehen, donnernd vom Lärm der Hondas und verstopft von den frustrierten Mercedes der über Nacht Reichgewordenen. Um seine Legende aufrechtzuerhalten nahm er ein Zimmer und bezahlte im voraus, nahm auch den *special service,* was nichts Exotischeres bedeutete als frische Laken zum Unterschied von denen, die noch die Spuren früherer Schläfer trugen. Er wies den Fahrer an, in einer Stunde wiederzukommen. Aus alter Gewohnheit verschaffte er sich eine überhöhte Rechnung. Er duschte, zog sich um und hörte höflich zu, während der Hausboy ihm erklärte, wie man nach der Sperrstunde ins Haus gelangen könne, dann ging er aus und suchte sich ein Frühstück, denn es war noch immer erst neun Uhr morgens.
Er trug Schreibmaschine und Schultertasche mit sich. Er sah keine anderen Rundaugen. Er sah Korbflechter, Häute- und Obsthändler, und wieder einmal lagen die unvermeidlichen Flaschen mit dem gestohlenen Benzin am Gehsteig aufgereiht und warteten auf einen Angriff, der sie in die Luft jagen würde. In einem Spiegel, der in einem Baum hing, sah er zu, wie ein Zahnarzt einem in einen hohen Stuhl geschnallten Patienten Zähne zog und wie der Zahn mit der roten Wurzel zu den anderen feierlich an die Schnur gehängt wurde, an der das Tagessoll aufgefädelt war. Das alles hielt Jerry demonstrativ in seinem Notizbuch fest, wie es einem gewissenhaften Berichterstatter des Alltagslebens anstand. Und von einem Straßencafé aus, wo er kaltes Bier und frischen Fisch zu sich nahm, beobachtete er die schmutzigen, halbverglasten Räume mit der Aufschrift »Indocharter« jenseits der Straße und wartete, daß jemand kommen und die Tür aufschließen würde. Niemand kam. *Captain Marshall fliegt nie am Vormittag, Monsieur.* In einer Drogerie, die vor allem Kinderfahrräder feilbot, erstand er

eine Rolle Heftpflaster, und als er wieder in seinem Hotelzimmer war, klebte er sich die Walther an die Rippen, damit sie nicht in seinem Hosenbund herumrutschte. Also ausgerüstet machte sich der furchtlose Journalist auf, um ein weiteres Stück seiner Legende zu leben – was zuweilen, in der Psychologie eines Außenagenten, nichts weiter ist als ein *acte gratuit* der Selbstbestätigung, wenn es anfängt, brenzlig zu werden.

Der Wohnsitz des Gouverneurs lag am Stadtrand, hinter einer Veranda und einem Portal im französischen Kolonialstil. Ihm unterstand ein siebzigköpfiges Sekretariat. Die weite Zementhalle führte in einen nicht zu Ende gebauten Warteraum und dahinter zu bedeutend kleineren Büros. In eines davon wurde Jerry nach fünfzig Minuten Wartezeit eingelassen und sah sich einem winzigen, sehr vorgesetzt wirkenden Kambodschaner im schwarzen Anzug gegenüber, der von Phnom Penh hierhergeschickt worden war, um lästige Korrespondenten abzufertigen. Es hieß, er sei der Sohn eines Generals und manage den Battambang-Abschnitt des Opiumhandels seiner Familie. Der Schreibtisch war viel zu groß für ihn. Mehrere Hofchargen lungerten herum und sahen sämtlich sehr ernst aus. Einer trug Uniform und eine Menge Ordensbänder. Jerry fragte nach eingehenden Hintergrundinformationen und stellte eine Liste mehrerer reizender Träume auf: daß der kommunistische Feind so gut wie geschlagen sei; daß die Wiedereröffnung des gesamten nationalen Verkehrsnetzes ernsthaft diskutiert werde; daß der Tourismus die Wachstumsindustrie der Provinz sei. Der Sohn des Generals sprach ein langsames, wunderschönes Französisch und hörte sich offensichtlich mit größtem Genuß reden, denn beim Sprechen hielt er die Augen geschlossen und lächelte, als lausche er seiner Lieblingsmelodie.

»Ich darf zum Abschluß, Monsieur, ein warnendes Wort anfügen, das Ihrem Land gilt. Sind Sie Amerikaner?«

»Engländer.«

»Das kommt aufs gleiche hinaus. Sagen Sie Ihrer Regierung, Sir: wenn Sie uns nicht helfen, den Kampf gegen die Kommunisten fortzuführen, dann gehen wir zu den Russen und bitten sie, Ihre Stelle in unserem Ringen einzunehmen.«

O Mutter, dachte Jerry. O Junge. O Gott.

»Ich werde Ihre Botschaft weitergeben«, versprach er und schickte sich an, zu gehen.

»*Un instant, Monsieur*«, sagte der höhere Beamte scharf, und seine dösenden Hofschranzen regten sich. Er zog eine Schublade auf und brachte einen imposanten Hefter zum Vorschein. Frosts Testament, dachte Jerry. Mein Todesurteil. Briefmarken für Cat.

»Sie sind Schriftsteller?«

»Ja.«

Ko greift nach mir. Heute nacht Knast, und morgen wache ich mit durchgeschnittener Kehle auf.

»Waren Sie an der Sorbonne, Monsieur?« erkundigte sich der Beamte.

»Oxford.«

»Oxford in London?«

»Ja.«

»Dann haben Sie die großen französischen Dichter gelesen, Monsieur?«

»Mit allergrößtem Genuß«, erwiderte Jerry begeistert. Die Schranzen blickten strenger denn je.

»Dann werden Monsieur mich vielleicht mit seiner Meinung über die folgenden Verse beehren.« Mit seinem langsamen würdevollen Französisch begann der kleine Beamte laut zu lesen und skandierte die Verse mit der Hand.

*»Deux amants assis sur la terre*
*Regardaient la mer«,*

begann er, und fuhr ungefähr zwanzig schweißtreibende Zeilen lang fort, während Jerry ratlos lauschte.

»*Voilà*«, sagte der Beamte schließlich und legte den Hefter beiseite. »*Vous l'aimez?*« wollte er wissen und richtete dabei den Blick auf eine neutrale Stelle im Raum.

»*Superbe*«, sagte Jerry enthusiastisch. »*Merveilleux.* Welche Sensibilität.«

»Von wem sind sie, Ihrer Meinung nach?«

Jerry nannte den nächstbesten Namen, der ihm einfiel: »Von Lamartine?«

Der höhere Beamte schüttelte den Kopf. Die Schranzen belauerten Jerry womöglich noch aufmerksamer.

»Victor Hugo?« riet Jerry.

»Sie sind von mir«, sagte der Beamte und legte mit einem Seufzer sein Werk wieder in die Schublade. Die Schranzen entspannten sich. »Sorgen Sie dafür, daß dieser literarische Herr jede Hilfe erhält«, befahl er.

Jerry kehrte zum Flugplatz zurück und fand ein wirbelndes gefährliches Chaos. Mercedes schwirrten die Zufahrt auf und ab, als hätte jemand ihr Nest überfallen, der Vorplatz war ein Hexenkessel aus Warnlichtern, Motorrädern und Sirenen, und die Halle, wo er sich durch die Absperrung palaverte, war vollgestopft mit verängstigten Menschen, die sich drängten, um die Anschläge lesen, einander zubrüllen und die plärrenden Lautsprecher hören zu können, und das alles zur gleichen Zeit. Als Jerry sich gewaltsam einen Weg zum Informationsschalter gebahnt hatte, fand er ihn geschlossen. Er sprang auf den Tresen und konnte durch ein Loch in der Splitterschutzwand auf das Flugfeld sehen. Ein Zug bewaffneter Soldaten lief im Trab über die leere Rollbahn auf eine Gruppe weißer Masten zu, an denen schlaff die Nationalflaggen in der windstillen Luft hingen. Sie holten zwei der Flaggen auf halbmast nieder, und in der Halle unterbrachen die Lautsprecher ihre Durchsagen und plärrten ein paar Takte der Nationalhymne. Jerry suchte über die brodelnden Köpfe hinweg nach jemandem, mit dem er sprechen könnte. Er wählte einen schlanken Missionar mit kurzgeschorenem gelbem Haar, Brille und einem sechs Zoll großen silbernen Kreuz, das an die Tasche seines braunen Hemds geheftet war. Neben ihm standen kläglich zwei Kambodschaner mit gestärkten Priesterkragen.

»*Vous parlez français?*«

»Ja, aber ich spreche auch englisch!«

Ein singender weicher Tonfall. Jerry tippte auf einen Dänen.

»Presse. Was ist denn hier los?« Er brüllte, so laut er konnte.

»Phnom Penh ist geschlossen«, schrie der Missionar zurück. »Keine Maschine darf starten oder landen.«

»Warum?«

»Die Roten Khmer haben das Munitionsdepot auf dem Flugplatz getroffen. Die Stadt ist mindestens bis morgen geschlossen.«

Wieder begann der Lautsprecher zu schnattern. Die beiden Priester lauschten. Der Missionar beugte sich fast bis zum Boden, um die undeutliche Übersetzung zu verstehen.

»Kann sein, daß sie großen Schaden angerichtet und bereits ein halbes Dutzend Flugzeuge zerstört haben. O ja! Der ganze Betrieb stockt. Die Behörden vermuten auch Sabotage. Vielleicht nehmen sie auch einige Gefangene. Hören Sie, warum wird überhaupt in einem Flughafen Munition gelagert? Das war höchst gefährlich. Was ist hierfür ein Grund?«

»Ausgezeichnete Frage«, pflichtete Jerry bei.
Er bahnte sich einen Weg durch die Halle. Sein Plan Nummer eins war bereits gestorben, was seinen Plänen Nummer eins meist passierte. Vor der Tür »Nur für Besatzung« standen zwei furchterregende Gestalten Posten, und in dieser Atmosphäre sah Jerry keine Chance, sich mit einem Trick durchzumogeln. Die Menge schob in Richtung Fluggastausgang, wo das abgekämpfte Bodenpersonal sich weigerte, die Bord-Tickets anzuerkennen und abgekämpften Polizisten Passierscheine vorgewiesen wurden, die dem prominenten Inhaber den Kontakt mit der Polizei hätte ersparen sollen.
An den Rändern zeterte ein Team französischer Geschäftsleute nach Rückerstattung des Flugpreises, und die Älteren richteten sich bereits auf eine Übernachtung ein. Der Hauptstrom schob und spähte und tauschte immer neue Gerüchte aus, und in seinem Sog wurde Jerry stetig nach vorn getragen. Als er an der improvisierten Barriere angelangt war, zückte er seine Telegrammkarte und kletterte hinüber. Der schmucke Polizeioffizier wahrte Abstand und beobachtete Jerry geringschätzig, während seine Untergebenen sich abmühten. Jerry, der den Riemen der Schultertasche ums Handgelenk geschlungen hatte, schritt geradewegs auf ihn zu und hielt ihm die Telegrammkarte unter die Nase.
»*Sécurité americaine*«, donnerte er in grauenhaftem Französisch, kläffte den beiden Männern an den Schwingtüren irgend etwas zu, und schon war er draußen auf dem Flugfeld und marschierte unverwandt weiter, obwohl es in seinem Rücken prickelte und er die ganze Zeit über einen Anruf oder einen Warnschuß erwartete oder – in dieser scharfgeladenen Atmosphäre – einen Schuß, der keine Warnung mehr war. Er stapfte zornig, mit derber Bestimmtheit dahin und schwang, nach bester Sarratt-Manier, die Schultertasche zwecks Ablenkung. Vor ihm – sechzig Yards, bald fünfzig – stand eine Reihe einmotoriger Militär-Übungsmaschinen ohne Abzeichen. Dahinter befanden sich auf dem eingezäunten Platz die Lagerschuppen, numeriert von neun bis achtzehn, und hinter den Lagerschuppen sah Jerry Hangars, Abstellplätze und Verbotstafeln in praktisch jeder Sprache außer der chinesischen. Als Jerry bei den Übungsmaschinen angelangt war, schritt er die Front wie bei einer Parade ab. Sie waren mit Drahtseilen und Ziegelsteinen verankert. Er verhielt den Schritt, ohne jedoch

stehenzubleiben, trat mit dem Wildlederstiefel unwillig gegen einen Ziegelstein, ruckte an einer Tragfläche und schüttelte den Kopf. Die Bedienung eines Flakgeschützes sah ihm von ihrer mit Sandsäcken umhegten Stellung aus gleichmütig zu.

»*Qu'est-ce que vous faîtes?*«

Jerry wandte den Kopf und legte die Hände trichterförmig vor den Mund. »*Dort* solltet ihr raufglotzen, verdammt nochmal!« schrie er zurück, wies erzürnt zum Himmel und ging weiter, bis er vor der hohen Umzäunung anlangte. Das Tor war offen, und die Schuppen lagen vor ihm. Sobald er an ihnen vorbei sein würde, könnte man ihn weder vom Flughafengebäude noch vom Kontrollturm aus mehr sehen. Er marschierte über geborstenen Beton, in dessen Sprüngen Queckengras wuchs. Kein Mensch weit und breit. Die Schuppen waren aus Teerpappe, dreißig Fuß lang, zehn hoch, mit Palmdächern. Er kam beim ersten an. Auf der Fensterverschalung stand: »Splitterbomben, ohne Zünder«. Ein Trampelpfad führte hinüber zu den Hangars. Durch den Zwischenraum erhaschte Jerry einen Blick auf die papageienbunten Transportmaschinen.

»Hab ich dich!« sagte Jerry laut vor sich hin, als er die sichere Seite der Schuppen erreicht hatte, und er kam sich vor, als hätte er nach monatelangem einsamen Marsch zum erstenmal den Feind erblickt: dort, genau vor ihm, kauerte fett wie eine Kröte eine verlotterte blau-graue DC 4 Carvair mit geöffnetem Einstieg auf der bröckeligen Piste. Dieselöl tröpfelte wie schwarzer Regen aus beiden Steuerbordmotoren, und ein spindeldürrer Chinese, auf dem Kopf eine Schiffermütze voll militärischer Abzeichen, stand rauchend unter der Ladeluke und kontrollierte die Ware anhand einer Liste. Zwei Kulis schleppten Säcke herbei und ein dritter bediente den altertümlichen Ladeaufzug. Zu seinen Füßen scharrten muntere Hühner. Und über den Rumpf liefen in flammendem Scharlach auf Drake Kos verblichenen Rennfarben die Buchstaben OCHART. Der Rest war bei irgendeiner Reparatur verlorengegangen.

*Oh, Charlie ist unverwüstlich, absolut unsterblich! Charlie Marshall, Mr. Tiu, ein phantastischer Halbchinese, nur Haut und Knochen, und ein ausgesprochen fabelhafter Pilot . . .*

Was er auch bitter nötig haben wird, dachte Jerry schaudernd, als die Kulis Sack um Sack durch die geöffnete Luke in den verbeulten Bauch des Flugzeugs luden.

*Der getreue Sancho Pansa des edlen Don Ricardo, Ehrwürden,* hatte Craw Lizzies Schilderung ergänzt. *Halber Chow, wie die gute Dame uns kundtat, und stolzer Veteran zahlreicher sinnloser Kriege.*

Jerry machte keinen Versuch, sich zu verstecken, er blieb aufrecht stehen, ließ die Tasche vom Handgelenk baumeln und trug das reuige Grinsen eines Engländers auf Abwegen zur Schau. Nun schienen Kulis, eine ganze Menge, aus verschiedenen Richtungen gleichzeitig auf das Flugzeug zuzustreben. Jerry wandte ihnen den Rücken und wiederholte seinen alten Trick: er schlenderte an der Front der Lagerschuppen entlang, wie er die Front der Übungsmaschinen abgeschritten hatte oder durch den Korridor zu Frosts Büro marschiert war, linste durch Spalten in der Teerpappe und sah weiter nichts als dann und wann eine zerbrochene Versandkiste. *Die Konzession, Battambang als Operationsbasis zu benutzen, kostet eine halbe Million US-Dollar und muß immer wieder erneuert werden,* hatte Keller gesagt. Wer gibt bei solchen Preisen noch Geld fürs Neulackieren aus? Die Zeile der Lagerschuppen endete, und er kam zu vier Armeelastwagen, die mit Obst, Gemüse und unbeschrifteten Rupfensäcken hochbeladen waren. Die Laster standen mit der hinteren Ladeklappe zum Flugzeug und trugen Artillerie-Embleme. Auf jedem Lastwagen standen zwei Soldaten und reichten die Rupfensäcke den unten stehenden Kulis. Vernünftigerweise hätte man die Lastwagen direkt auf die Startpiste fahren müssen, aber hier ging es offenbar in erster Linie um Diskretion. *Die Army mischt immer gern mit,* hatte Keller gesagt. *Die Navy kann aus einem einzigen Konvoi, der den Mekong hinabfährt, Millionen herausholen, die Air Force kommt auch nicht schlecht weg: Die Bomber fliegen Obst, und die Hubschrauber holen anstatt der Verwundeten die reichen Chinesen aus den belagerten Städten heraus, die Kampfflieger gehen ziemlich leer aus, weil sie wieder dort landen müssen, von wo aus sie aufgestiegen sind. Aber die Army muß wirklich alles zusammenkratzen, um sich durchzubringen.*

Jerry war jetzt näher an die Maschine herangekommen und hörte die quäkenden Laute, wenn Charlie Marshall den Kulis Befehle erteilte.

Dann kamen wieder Lagerschuppen. Nummer achtzehn hatte Doppeltüren, und der Name *Indocharter* war mit grüner Farbe senkrecht auf eine Holzstrebe gekleckst, so daß die Lettern aus einiger Entfernung wie chinesische Schriftzeichen aussahen. Drinnen, im Halbdunkel, kauerte ein chinesisches Bauernpaar auf der Erde. Ein Schwein, an einem Strick festgebunden, hatte den Kopf auf die Pantoffeln des Alten gelegt. An weiteren Besitztümern hatten sie nur ein längliches Bündel Binsen, das sorgfältig umwickelt war. Das Bündel hätte eine Leiche sein können. In einer Ecke stand ein Wasserkrug, daneben zwei Reisschalen. Sonst war die Hütte leer. »Willkommen im Indocharter-Wartesalon«, dachte Jerry. Während ihm der Schweiß über die Rippen rann, reihte er sich in den Zug der Kulis ein, bis er vor Charlie Marshall stand, der immer noch lauthals in der Khmer-Sprache quäkte, während er mit zitternder Hand jede Ladung auf seiner Liste abhakte.

Er trug ein ölverschmiertes, weißes kurzärmeliges Hemd und so viel goldene Streifen auf den Achselstücken, daß es in jeder Luftwaffe für einen Viersterne-General gereicht hätte. Zwei amerikanische Kampfabzeichen waren an die Hemdbrust geheftet, inmitten einer erstaunlichen Kollektion von Ordensbändern und kommunistischen roten Sternen. Auf einem der Abzeichen stand »Töte einen Kommi für Christus«, und auf dem anderen »Christus war im Herzen Kapitalist«. Er hielt den Kopf gebeugt und sein Gesicht wurde von seiner riesigen Schiffermütze beschattet, die über seinen Ohren hin und herschwappte. Jerry wartete, bis er aufblickte. Die Kulis schrien Jerry bereits zu, er solle abhauen, nur Charlie Marshall hielt den Kopf hartnäckig gesenkt, während er sein Verzeichnis ergänzte, abhakte und wütend zurückquäkte.

»Captain Marshall, ich schreibe eine Story über Ricardo für eine Londoner Zeitung«, sagte Jerry ruhig. »Ich möchte mit Ihnen bis Phnom Penh fliegen und Ihnen ein paar Fragen stellen.«

Während er das sagte, legte er behutsam den *Cai dide* auf das Warenverzeichnis, und aus dem Buch lugten, diskret aufgefächert, drei Einhundertdollar-Banknoten hervor. Wenn man will, daß jemand in eine bestimmte Richtung schaut, sagt die Zauberlehrlingsschule in Sarratt, muß man ihn immer in die andere weisen.

»Ich habe gehört, Sie mögen Voltaire«, sagte er.

»Ich mag überhaupt niemand«, erwiderte Charlie Marshall in heiserem Falsett und beugte sich noch tiefer über sein Verzeichnis, so daß ihm die Mütze noch weiter ins Gesicht rutschte. »Ich hasse die ganze menschliche Rasse, hören Sie?« Trotz des chinesischen Tonfalls war seine Schmährede eindeutig frankoamerikanisch. »Herrgott, ich hasse die Menschheit so verdammt gründlich, daß sie sich endlich selber in die Luft sprengen muß, wenn ich mir nicht aus eigener Tasche ein paar Bomben anschaffe und es persönlich erledige!«

Er hatte sein Publikum verloren. Jerry war schon halbwegs die Eisenleiter hinauf, ehe Charlie Marshall seine Absichtserklärung beendet hatte.

»Voltaire hat keinen blauen Dunst begriffen!« plärrte er den nächsten Kuli an. »Er hat den ganz falschen Krieg ausgefochten, hörst du? Leg's dort drüben hin, du faules Stinktier und hol dir das nächste! *Dépêche-toi, crétin, oui?*«

Aber er stopfte den Voltaire dennoch in die hintere Tasche seiner ausgebeulten Hose.

Im Inneren des Flugzeugs war es dunkel, geräumig und kühl wie in einer Kathedrale. Die Sitze waren ausgebaut worden. An den Wänden waren grüne Regale auf durchlöcherten Längsstangen wie aus einem Stabilbaukasten montiert. Von der Decke baumelten Schweinekadaver und tote Perlhühner. Die übrige Ladung war die Gangway entlang gestaut, angefangen vom Schwanzende – was Jerry ein mulmiges Gefühl bereitete, wenn er an den Start dachte –, und bestand aus Obst, Gemüse und jenen Rupfensäcken, die Jerry in den Armeelastwagen bereits gesehen hatte. Jetzt waren sie säuberlich mit »Getreide«, »Reis«, »Mehl« in so großen Buchstaben beschriftet, daß sie sogar der kurzsichtigste Drogenfahnder lesen konnte. Aber der süßliche Geruch nach Hefe und Sirup, der sich bereits im Laderaum ausgebreitet hatte, bedurfte keiner Etikettierung. Ein paar Säcke dienten als Sitze für Jerrys Mitreisende. Da waren vor allem zwei ernste Chinesen, sehr ärmlich in Grau gekleidet, aus deren Uniformität und strenger Überlegenheit Jerry sofort auf Fachleute irgendwelcher Art schloß. Er erinnerte sich an Sprengmeister und Entschärfervirtuosen, die er gelegentlich ins Kampfgebiet oder heraus befördert hatte, ohne ihren Dank zu ernten. Dann, in respektvollem Abstand, vier bis an die Zähne bewaffnete Bergbewohner, die rauchten und aus ihren Reisschalen spachtelten. Jerry tippte auf Miaos oder Leute aus den Shan-Staaten an der Nordgrenze, wo

Charlie Marshalls Vater seine Armee hatte. Aus ihrer ungezwungenen Haltung schloß er, daß sie zur ständigen Mannschaft gehörten. Die VIPs saßen getrennt von den gewöhnlichen Passagieren: der Artillerieoberst höchstselbst, der so zuvorkommend Transport und Eskorte gestellt hatte, und sein Kompagnon, ein höherer Zollbeamter, ohne den das Ganze nicht geklappt hätte. Sie thronten auf eigens aufgestellten Sesseln königlich in der Gangway, sahen voll Stolz beim Beladen zu, das noch immer nicht beendet war, und trugen, wie es die festliche Gelegenheit erheischte, ihre besten Uniformen.

Und noch ein Mann war mit von der Partie. Er hockte allein im Heck hoch droben auf den Kisten, so daß sein Kopf fast an die Decke stieß. Es war unmöglich, ihn im einzelnen auszumachen. Er trug eine Fidel-Castro-Kappe und einen Vollbart. An den dunklen Armen funkelten goldene Kettenglieder, damals bei jedermann (außer bei denen, die sie trugen) als CIA-Armbänder bekannt, da man optimistischerweise annahm, ein Mann, der in Feindesland in der Patsche saß, könne sich den Weg in die Sicherheit dadurch erkaufen, daß er jeweils ein Kettenglied herausrückte. Aber die Augen des Mannes, die Jerry über den wohlgeölten Lauf einer automatischen AK 47 hinweg fixierten, blickten starr und klar. »Er hat durch den Einstieg auf mich gezielt«, dachte Jerry. »Er hat mich schon aufs Korn genommen, als ich den Lagerschuppen verließ.«

Die beiden Chinesen waren Köche, befand er in einer plötzlichen Eingebung: *Köche*, wie man in der Unterwelt die Chemiker nennt. Keller hatte gesagt, die Air-Opium-Gesellschaften seien dazu übergegangen, die Rohsubstanz einzufliegen und in Phnom Penh aufbereiten zu lassen, aber sie müßten Himmel und Hölle in Bewegung setzen, damit die Köche sich bereitfänden, herzukommen und unter Belagerungsbedingungen zu arbeiten.

»He, Sie, Voltaire!«

Jerry lief an die Ladeluke. Als er hinunterschaute, sah er die alten Bauersleute am Fuß der Leiter stehen, während Charlie Marshall versuchte, des Schweins habhaft zu werden und die alte Frau die eiserne Leiter hinaufzuschieben.

»Wenn sie raufkommt, dann langen Sie raus und packen sie, verstanden?« rief er und hielt das Schwein umarmt. »Sie fällt runter, bricht sich den Arsch, und wir haben noch mehr Scherereien mit diesen Niggern. Sind Sie vielleicht auch so ein verdammter Rauschgiftzwerg, Voltaire?«

»Nein.«

»Gut, also Sie packen die Alte richtig fest, verstanden?«

Die alte Frau machte sich an den Aufstieg. Nach ein paar Sprossen fing sie an zu lamentieren, und Charlie Marshall klemmte sich das Schwein unter den Arm, versetzte ihr eins auf den Hintern und schrie sie auf chinesisch an. Ihr Mann kletterte hinter ihr her, und Jerry hievte beide sicher an Bord. Schließlich tauchte Charlie Marshalls Clownskopf im Einstieg auf, und obwohl die Mütze das Gesicht fast verdeckte, konnte Jerry doch einen ersten Blick darauf erhaschen: ausgemergelt und braun, mit schläfrigen chinesischen Augen und einem großen französischen Mund, der sich nach allen Seiten verzog, wenn er quakte. Charlie schob das Schwein durch die Luke, Jerry packte es und schleppte das quiekende und strampelnde Tier zu den alten Bauersleuten. Dann zog sich Charlies fleischloses Gestell an Bord wie eine Spinne, die aus einem Abfluß klettert. Sofort erhoben sich der Zollbeamte und der Artillerieoberst, staubten die Hosenböden ihrer Uniformen ab und begaben sich eiligen Schritts die Gangway entlang zu dem Mann mit der Castro-Kappe, der im Halbdunkel auf den Versandkisten hockte. Als sie bei ihm angelangt waren, warteten sie respektvoll, wie Kirchendiener, die den Klingelbeutel zum Altar zurücktragen.

Die Armbandkette blitzte auf, ein Arm griff nach unten, einmal, zweimal, und frommes Schweigen senkte sich über die Gemeinde, während die beiden Männer sorgfältig eine große Menge Banknoten zählten und alle ihnen zusahen. Im Gleichschritt marschierten sie zur Leiter zurück, wo Charlie Marshall mit dem Frachtverzeichnis wartete. Der Zollbeamte unterschrieb es, der Artillerieoberst warf einen billigenden Blick darauf, dann salutierten beide und verschwanden die Leiter hinunter. Die Lukenklappe senkte sich, schloß nicht ganz, so daß Charlie Marshall ihr einen Tritt versetzte, eine Matte über den Spalt warf und behende über die Versandkisten hinweg zu einer Innentreppe kletterte, die zur Pilotenkanzel führte. Jerry kletterte hinterher, machte es sich auf dem Sitz des Copiloten bequem und rechnete sich insgeheim seine Überlebenschancen aus:

»Wir haben *jede Menge Übergewicht.* Wir verlieren Öl. Wir haben eine bewaffnete Leibgarde an Bord. Wir haben keine Landeerlaubnis, und auf dem Flugfeld von Phnom Penh dürfte ein

Loch von der Größe ganz Buckinghamshires sein. Zwischen uns und dem rettenden Hafen liegen eineinhalb Stunden Rote Khmer, und wenn am anderen Ende jemand unsere Nase nicht gefällt, dann sitzt Staragent Westerby mit heruntergelassenen Hosen und ungefähr zweihundert Rupfensäcken voll Rohopium auf dem Buckel da.«

»Wissen Sie, wie man so eine Mühle fliegt?« schrie Charlie Marshall und riß an einer Reihe vergammelter Hebel. »Sind Sie vielleicht irgend großes fliegendes As, Voltaire?«
»Ich kann's nicht ausstehn.«
»Ich auch nicht.«
Charlie Marshall ergriff eine Patsche und stürzte sich damit auf einen riesigen Brummer, der um die Windschutzscheibe kurvte, dann startete er nacheinander die Motoren, bis der ganze gräßliche Vogel schlingerte und ratterte wie ein Londoner Bus auf seiner letzten Fahrt hinauf nach Clapham Hill. Das Funkgerät begann zu knacken, und Charlie Marshall nahm sich Zeit, eine obszöne Anweisung an den Kontrollturm durchzugeben, zuerst in Khmer und anschließend, nach bester Fliegertradition, in Englisch. Als sie auf das Ende der Startpiste zuhielten, rumpelten sie an einigen Geschützstellungen vorüber, und Jerry war sekundenlang darauf gefaßt, daß eine übereifrige Mannschaft den Flugzeugrumpf aufs Korn nehmen könnte, bis ihm voll Dankbarkeit der Oberst mit seinen Lastwagen und seinem Schmiergeld einfiel. Ein zweiter Brummer tauchte auf, und diesmal ergriff Jerry die Fliegenpatsche. Die Maschine schien überhaupt nicht Tempo zu gewinnen, aber die Hälfte der Instrumente war außer Betrieb, so daß es sich nicht genau feststellen ließ. Das Räderrollen auf der Piste übertönte die Motoren. Jerry mußte daran denken, wie Old Sambos Chauffeur ihn ins Internat zurückgefahren hatte: das langsame, unerbittliche Dahingleiten auf der West-Autobahn in Richtung Slough und schließlich nach Eton.
Einige Bergbewohner waren nach vorn geeilt, um sich den Spaß anzusehen und lachten sich halbtot. Eine Palmengruppe hopste ihnen entgegen, aber immer noch behielt die Maschine die Füße fest auf dem Boden. Charlie Marshall riß zerstreut den Steuerknüppel zurück und zog das Fahrwerk ein. Jerry war keineswegs überzeugt, daß sich die Nase wirklich schon gehoben hatte, und wieder dachte er an die Schule und an die Wettkämpfe im

Weitsprung und entsann sich des gleichen Gefühls, nicht ganz zu fliegen, dennoch nicht mehr auf dem Boden zu sein.
Er fühlte den Ruck und hörte das Blätterrauschen, als der Bauch des Flugzeugs die Wipfel rasierte. Charlie Marshall brüllte der Maschine zu, sie solle sich gefälligst in die verdammte Luft raufschwingen, aber ungefähr ein Jahrhundert lang gewannen sie überhaupt nicht an Höhe, sondern hingen und schnauften wenige Fuß über einer kurvenreichen Straße, die unerbittlich auf eine Hügelkette zuhielt. Charlie Marshall zündete sich eine Zigarette an, während Jerry den Steuerknüppel umklammerte und ein energisches Rucken des Seitenruders verspürte. Charlie Marshall übernahm wieder das Steuer, ließ die Maschine langsam auf den niedrigsten Punkt der Hügelkette zu abkippen. Er kurvte weiter, überflog die Hügelkette und beschrieb einen kompletten Kreis. Als sie unter sich die braunen Dächer, den Fluß und den Flugplatz sahen, schätzte Jerry, daß sie eine Höhe von tausend Fuß haben müßten. Für Charlie Marshall war dies eine durchaus annehmbare Flughöhe, denn jetzt nahm er endlich die Mütze ab und genehmigte sich mit der Miene eines Mannes, der seine Sache gut gemacht hatte, ein großes Glas Whisky aus der Flasche zu seinen Füßen. Unter ihnen begann es zu dunkeln, und die braune Erde verfärbte sich sacht ins Violette.
»Danke«, sagte Jerry und nahm die Flasche entgegen. »Ja, könnte nicht schaden.«

Jerry leitete die Unterhaltung mit ein bißchen Geplauder ein – sofern man von Geplauder sprechen kann, wenn jemand aus vollem Hals brüllen muß.
»Die Roten Khmer haben das Munitionsdepot auf dem Flugplatz in die Luft gejagt!« schrie er. »Ist für alle Starts und Landungen geschlossen!«
»So?« Jerry sah Charlie Marshall zum erstenmal erfreut und beeindruckt.
»Es heißt, Sie und Ricardo waren dicke Freunde.«
»Wir bombardieren alles. Haben schon die halbe menschliche Rasse umgelegt. Wir sehen mehr Tote als Lebendige. Hochebene der Tonkrüge, DaNang, wir sind so große verdammte Helden, wenn wir sterben, kommt Jesus Christus persönlich im Hubschrauber und fischt uns aus dem Dschungel.«
»Ich hab' gehört, Ricardo war auch als Geschäftsmann ganz groß.«

»Klar! Der Größte! Wissen Sie, wieviel Firmen wir im Ausland haben, ich und Ricardo? Sechs. Unternehmen in Liechtenstein, Gesellschaften in Genf, einen Bankdirektor auf den Niederländischen Antillen, Rechtsanwälte, Herrje. Wissen Sie, wieviel Geld ich habe?« Er schlug auf die Gesäßtasche. »Dreihundert US ganz genau. Charlie Marshall und Ricardo haben mitsammen die halbe verdammte Menschheit umgelegt. Keiner gibt uns kein Geld nicht. Mein Vater hat die andere Hälfte umgelegt, und er hat *jede* Menge Geld. Ricardo hat diese blödsinnigen Einfälle immer gehabt. Patronenhülsen. Herrje. Wir zahlen die Eingeborenen, damit sie alle Patronenhülsen in Asien aufsammeln, dann verkaufen wir sie für den nächsten Krieg!« Die Nase der Maschine senkte sich, und er zog sie mit einem gemeinen französischen Fluch wieder hoch. »Latex! Wir wollen alles Latex von Kampong Cham stehlen! Wir fliegen nach Kampong Cham, wir haben große Hubschrauber, Rote Kreuze. Und was tun wir? Wir bringen die verdammten Verwundeten zurück. Halt doch still, du dummes Schwein, hörst du?« Er sprach wieder mit seinem Flugzeug. In der Kanzel sah Jerry eine lange Reihe von Einschlaglöchern, die recht unzulänglich repariert waren. *Hier abtrennen,* dachte er idiotisch. »Menschenhaar. Wir werden Millionäre mit Menschenhaar. Die ganzen Chinesenmädel in den Dörfern haben lange Haare. Wir schneiden sie ab und fliegen sie nach Bangkok für Perücken.«
»Wer hat Ricardos Schulden bezahlt, damit er für Indocharter fliegen konnte?«
»Niemand!«
»Jemand hat mir erzählt, es sei Drake Ko gewesen.«
»Nie von Drake Ko gehört. Auf dem Totenbett sage ich meiner Mutter, meinem Vater: Bastard Charlie, der Sohn des Generals, er hat nie in seinem Leben von Drake Ko gehört.«
»Was hat Ricardo so Besonderes für Ko getan, daß Ko alle seine Schulden bezahlt hat?«
Charlie Marshall nahm einen Schluck Whisky aus der Flasche, dann gab er sie Jerry. Seine fleischlosen Hände zitterten heftig, sobald er sie vom Steuerknüppel nahm, und seine Nase lief ständig. Jerry fragte sich, bei wie vielen Pfeifen pro Tag er wohl angelangt sein mochte. Er hatte einmal einen korsischen Hotelier in Luang Prabang gekannt, einen *pied-noir,* der sechzig nötig hatte, um sein Tagewerk ordentlich hinter sich zu bringen. *Captain Marshall fliegt nie am Vormittag,* dachte er.

»Die Amerikaner haben's immer eilig«, klagte Charlie Marshall kopfschüttelnd. »Wissen Sie, warum wir das Zeug da jetzt nach Phnom Penh bringen müssen? Jeder ungeduldig. Jeder will heutzutage Schnellschuß. Niemand hat Zeit zum Rauchen. Jeder will schnell antörnen. Wenn man die menschliche Rasse umlegen will, muß man sich Zeit lassen, hören Sie?«
Jerry nahm einen neuen Anlauf. Einer der vier Motoren hatte den Geist aufgegeben. Ein zweiter hatte zu heulen angefangen, als wäre ein Auspuff kaputtgegangen, so daß man noch lauter brüllen mußte als vorher.
»Was hat Ricardo für soviel Geld getan?« wiederholte er.
»Hören Sie zu, Voltaire, okay? Ich mag keine Politik, ich bin bloß ein einfacher Opiumschmuggler, okay? Sie mögen Politik, dann gehn Sie wieder runter und reden mit den verrückten Shans. ›Politik kann man nicht essen. Politik kann man nicht vögeln. Politik kann man nicht rauchen.‹ Das sagt er zu meinem Vater.«
»Wer sagt das?«
»Drake Ko sagt meinem Vater, mein Vater sagt mir, und ich, ich sage der ganzen verdammten Menschheit! Drake Ko großer Philosoph, ja?«
Aus unerfindlichen Gründen verlor die Maschine stetig an Höhe, bis sie nur noch ein paar hundert Fuß über den Reisfeldern schwebte. Sie sahen ein Dorf, brennende Kochstellen und Gestalten, die wild auf die Bäume zurannten, und Jerry fragte sich ernstlich, ob Charlie Marshall etwas aufgefallen sei. Aber in letzter Sekunde lüpfte er den Hintern und beugte sich weit vor, wie ein geduldiger Jockey, und kriegte schließlich die Nase des alten Gauls wieder hoch, und dann genehmigten sie sich beide noch einen Whisky.
»Kennen Sie ihn gut?«
»Wen?«
»Ko.«
»Hab' ihn nie im Leben gesehen, Voltaire. Sie wollen über Drake Ko sprechen, Sie fragen meinen Vater. Er schneidet Ihnen die Gurgel durch.«
»Und was ist mit Tiu? – Sagen Sie, wer sind die beiden mit dem Schwein?« schrie Jerry, um die Unterhaltung in Gang zu halten, während Charlie die Flasche wieder an sich nahm und einen weiteren Zug daraus tat.
»Haw-Leute, drunten aus Chiang Mai. Sorgen sich um ihren

lausigen Sohn in Phnom Penh. Glauben, er ist am Verhungern, deshalb bringen sie ihm Schwein.«

»Also was ist mit Tiu?«

»Nie von Mr. Tiu gehört, verstanden?«

»Ricardo wurde vor drei Monaten droben in Chiang Mai gesehen«, brüllte Jerry.

»Ja, *well*, Ric ist komplett verrückt«, sagte Charlie Marshall inbrünstig. »Ric soll seinen Hintern aus Chiang Mai draußenhalten oder einer geht her und schießt ihn ihm glatt weg. Wenn sich einer tot stellen muß, soll er seine verdammte Klappe halten, ja? Ich sage zu ihm: ›Ric, du bist mein Partner. Halt deine verdammte Klappe und zieh die Rübe ein oder gewisse Leute könnten persönlich werden.‹«

Die Maschine geriet in eine Regenwolke und verlor sofort rapide an Höhe. Regen rauschte über auf das blecherne Verdeck und drang durch die Fenster ein. Charlie Marshall riß ein paar Hebel nach oben und unten, man hörte einen Signalton, und am Instrumentenbrett leuchteten ein paar Lämpchen auf, die selbst durch noch so vieles Fluchen nicht zum Erlöschen gebracht werden konnten. Zu Jerrys Verwunderung begannen sie wieder zu steigen, wenngleich er inmitten der dahinrasenden Wolken den Steigungswinkel nur schwer schätzen konnte. Als er sich prüfend umblickte, sah er gerade noch, wie die bärtige dunkelhäutige Gestalt des Zahlmeisters mit der Fidel-Castro-Kappe die Kabinenleiter hinunterklomm und dabei die AK 47 am Lauf hielt. Sie stiegen immer höher, der Regen hörte auf, und die Nacht umgab sie wie eine Landschaft. Plötzlich brachen über ihnen die Sterne durch, dann setzten sie über die mondhellen Gletscherspalten der Wolkengipfel, stiegen abermals, die Wolken verschwanden endgültig, und Charlie Marshall setzte die Mütze wieder auf und verkündete, daß nunmehr beide Steuerbordmotoren jede Beteiligung an der festlichen Veranstaltung eingestellt hätten. In diesem Augenblick zwischen Himmel und Erde stellte Jerry seine kühnste Frage.

»Und wo ist Ricardo jetzt, altes Haus? Muß ihn finden, ja? Hab' meiner Zeitung versprochen, daß ich mit ihm rede. Können sie doch nicht sitzenlassen, oder?«

Charlie Marshalls schläfrige Augen hatten sich fast völlig geschlossen. Er saß da wie in Trance, den Kopf zurückgelehnt; der Mützenrand bedeckte seine Nase.

»Was ist, Voltaire. Haben Sie was gesagt?«

»Wo ist Ricardo jetzt?«

»Ric?« wiederholte Charlie Marshall und sah Jerry wie verwundert an. »Wo Ricardo ist, Voltaire?«

»Genau, altes Haus. Wo ist er? Ich möchte mich mit ihm unterhalten. Dafür waren die dreihundert Piepen. Es gibt nochmals fünfhundert, wenn Sie Zeit finden könnten, uns beide zusammenzubringen.«

In jähem Erwachen fischte Charlie Marshall den *Candide* heraus und schleuderte ihn Jerry in den Schoß, während er sich einem Zornausbruch überließ.

»Ich weiß überhaupt *nie*, wo Ricardo ist, verstanden? Ich will nie keinen Freund in meinem Leben. Wenn ich diesen blödsinnigen Ricardo sehe, schieß ich ihm auf offener Straße die Eier weg, verstanden? Er ist tot. Und er kann tot bleiben, bis er stirbt. Er sagt jedem, er ist ums Leben gekommen. Und vielleicht glaub ich diesem blöden Hund ausnahmsweise einmal!«

Er steuerte die Maschine wütend in die Wolken und hielt dann im Sinkflug auf die langsamen Blitze der Artilleriestellungen vor Phnom Penh zu, um in der, wie es Jerry schien, stockfinsteren Nacht eine vollendete Dreipunktlandung zu machen. Jerry wartete auf den MG-Beschuß durch die Bodenabwehr, er wartete auf den gräßlichen Plumps, wenn sie kopfüber in einen Mammutkrater tauchen würden, aber er sah nur, und zwar ganz plötzlich, eine neuerrichtete Futtermauer aus den wohlbekannten erdgefüllten Munitionskisten, die mit offenen Armen und schwach erleuchtet darauf wartete, sie in Empfang zu nehmen. Als sie darauf zurollten, erschien vor ihnen ein brauner Jeep, an dessen Heck ein grünes Licht blinkte, als würde eine Signallampe von Hand an- und ausgeknipst. Das Flugzeug rumpelte über den Grasboden. Dicht neben der Futtermauer konnte Jerry ein paar grüne Lastwagen und ein dichtes Knäuel wartender Gestalten ausmachen, die ihnen gespannt entgegenblickten, und dahinter den dunklen Schatten einer zweimotorigen Sportmaschine. Sie kamen zum Stehen, und sogleich hörte Jerry, wie sich unterhalb ihrer Kabine die Laderaumluke kreischend öffnete, Schritte auf der Eisenleiter klapperten und Stimmen rasch Fragen und Antworten tauschten. Der Abmarsch ging so schnell vor sich, daß Jerry völlig überrumpelt war. Aber er hörte noch etwas anderes, er hörte etwas so Packendes, daß er in großen Sprüngen die Stufen in den Bauch der Maschine hinunterraste.

»Ricardo!« schrie er. »Halt! Ricardo!«

Doch die einzigen verbliebenen Passagiere waren die beiden Alten, die Schwein und Paket fest umklammert hielten. Jerry packte die Eisenleiter und ließ sich im freien Fall hinunter, so daß er sich das Rückgrat prellte, als er auf die Piste schlug. Der Jeep mit den chinesischen Köchen und deren Leibgarde aus den Shans war bereits abgefahren. Im Dahinrennen sah Jerry, daß der Jeep auf ein offenes Tor am Rand des Flugfelds zuraste. Dann war er durch. Zwei Posten warfen das Tor zu und bezogen wieder davor Aufstellung. Hinter Jerry schwärmten bereits die behelmten Lastträger auf die Carvair zu. Mehrere Mannschaftswagen voller Polizisten sahen zu, und einen Augenblick lang war der törichte Europäer in Jerry versucht, anzunehmen, sie könnten den Fortgang der Handlung verzögern, bis ihm klar wurde, daß sie Phnom Penhs Empfangskommitee für eine Drei-Tonnen-Ladung Opium repräsentierten. Aber sein Hauptaugenmerk galt einem einzelnen, nämlich dem großen bärtigen Mann mit der Fidel-Castro-Kappe und der AK 47, dessen schweres Hinken wie synkopiertes Trommeln klang, als er in seinen Fliegerstiefeln die Eisenleiter hinuntergehumpelt war. Jerry sah ihn nur kurz. Die Tür der kleinen Beechcraft war schon für ihn geöffnet worden, und zwei Leute vom Bodenpersonal warteten, um ihm hineinzuhelfen. Sie streckten die Hände nach dem Gewehr aus, aber Ricardo wehrte ab. Er drehte sich um und hielt nach Jerry Ausschau. Eine Sekunde lang sahen sie einander. Jerry warf sich bereits zu Boden, Ricardo hob das Gewehr, und zwanzig Sekunden lang sah Jerry wieder sein ganzes Leben vor sich, von der Geburt bis zu diesem Augenblick, während ein paar weitere Kugeln über den kampfzerpflügten Flugplatz pfiffen. Als Jerry wieder aufblickte, hatte Ricardo das Feuer eingestellt und war bereits im Flugzeug verschwunden. Die Gehilfen zogen die Bremsklötze weg. Als die kleine Maschine sich ins Scheinwerferlicht schwang, rannte Jerry wie der Teufel auf die dunkelste Stelle des Feldes zu, ehe noch jemand zu der Ansicht gelangen konnte, seine Anwesenheit könne schlecht für's Geschäft sein.

*War nur Theaterdonner,* sagte er sich, als er im Taxi saß, die Hände über den Kopf hielt und versuchte, das wilde Poltern in seiner Brust zu beruhigen. Das kommt davon, schalt er sich, wenn man unbedingt mit einer alten Flamme von Lizzie Worthington

Räuber und Gendarm spielen will.
Irgendwo schlug eine Rakete ein, aber er scherte sich den Teufel drum.

Er gab Charlie Marshall zwei Stunden, obwohl er schon eine einzige für reichlich hielt. Es war bereits Ausgangssperre, aber die Krisis des Tages war nicht mit Eintritt der Dunkelheit beendet, auf dem ganzen Weg zum Phnom waren Straßensperren errichtet und die Posten hielten ihre Maschinenpistolen im Anschlag. Auf dem Platz schrien zwei Männer beim Licht von Taschenlampen vor einer sich ansammelnden Menge aufeinander ein. Ein Stück weiter auf dem Boulevard hatten Soldaten ein angestrahltes Haus umzingelt, sie lehnten an der Mauer und fingerten an den Gewehren. Der Fahrer sagte, die Geheimpolizei habe hier jemanden festgenommen. Ein Oberst und seine Leute seien mit einem mutmaßlichen Agitator noch drinnen. Im Vorhof des Hotels standen Panzer, und in seinem Schlafzimmer fand Jerry Luke auf dem Bett liegend und stillvergnügt süffeln.
»Läuft das Wasser?«
»Mhm.«
Er drehte den Hahn auf und fing an, sich auszuziehen. Dann fiel ihm die Walther ein.
»Etwas geschrieben?« fragte er.
»Mhm«, sagte Luke wieder. »Und Sie auch.«
»Ha Ha.«
»Ich ließ Keller in Ihrem Namen an Stubbsi kabeln.«
»Die Flugplatz-Story?«
Luke überreichte ihm den Belegbogen. »Hab' ein paar original Westerbyfarben zwischengemischt. Wie auf den Friedhöfen die Knospen sprießen. Stubbsi liebt Sie.«
»Vielen Dank.«
Im Badezimmer löste Jerry die Walther vom Heftpflaster und steckte sie in die Jackentasche, wo er sie leicht erreichen könnte.
»Wo gehen wir heute abend hin?« rief Luke durch die geschlossene Tür.
»Nirgends.«
»Soll 'n das heißen?«
»Ich hab' schon eine Verabredung.«
»'ne Frau?«
»Ja.«

»Nehmen Sie Lukie mit. Drei in einem Bett.«
Jerry sank dankbar in das lauwarme Wasser. »Nein.«
»Rufen Sie sie an. Sie soll noch eine Hure für Lukie auftreiben. Hören Sie, da ist dieser tolle Feger aus Santa Barbara hier im Hotel. Ich bin nicht stolz. Ich hol' sie.«
»Nein.«
»Herrgottnochmal«, schrie Luke jetzt ernstlich böse. »Warum zum Teufel denn nicht?« Er war nah an die verriegelte Tür gekommen, um seinen Protest vorzubringen.
»Altes Haus, rutschen Sie mir den Buckel runter«, riet ihm Jerry. »Ich mag Sie, aber Sie bedeuten mir nicht alles, ja? Also lassen Sie mich in Ruhe.«
»Wenn's dem Esel zu wohl ist . . . wie?« Langes Schweigen. »Na ja, aber lassen Sie sich bloß nicht die Rübe wegputzen, ist eine stürmische Nacht da draußen, Partner.«
Als Jerry ins Schlafzimmer zurückkam, lag Luke zusammengerollt auf dem Bett, starrte die Wand an und betrank sich mit System.
»Wissen Sie was, Sie sind schlimmer als so ein verdammtes Weibsbild«, sagte Jerry und hielt an der Tür inne, um sich nochmals nach ihm umzusehen.
Die ganze kindische Szene wäre ihm nie wieder eingefallen, wenn die Dinge sich später anders entwickelt hätten.

Diesmal hielt Jerry sich nicht mit der Glocke am Tor auf, sondern kletterte über die Mauer und zerschnitt sich die Hände an den Glasscherben, mit denen die Mauerkrone bestückt war. Er begab sich auch nicht zum Vordereingang, noch spähte er wie bisher nach den braunen Beinen, die auf der untersten Stufe warteten. Statt dessen blieb er im Garten stehen, bis die Folgen seiner harten Landung abgeklungen waren und seine Augen und Ohren ein Lebenszeichen aus der großen Villa auffangen würden, die vor dem hellen Mond dunkel vor ihm aufragte.
Ein unbeleuchteter Wagen fuhr vor, und zwei Gestalten stiegen aus, Kambodschaner, nach ihrer Größe und Lautlosigkeit zu schließen. Sie klingelten am Tor, an der Vordertür flüsterten sie das magische Losungswort durch den Spalt und wurden unverzüglich, wortlos eingelassen. Jerry versuchte sich die Anlage des Hauses vorzustellen. Es wunderte ihn, daß kein verräterischer Duft zu bemerken war, weder von der Vorderseite her noch im

Garten, wo er stand. Es war windstill. Er wußte, daß für einen großen *Divar* Geheimhaltung lebenswichtig war, nicht wegen der hohen Geldstrafen, sondern wegen der horrenden Bestechungssummen. Die Villa hatte einen Schornstein und einen Innenhof und zwei Stockwerke: ein Anwesen, in dem es sich als französischer *colon* mit einer kleinen Familie von Konkubinen und Mischlingskindern bequem leben ließ. Die Küche dürfte vermutlich dem Präparieren dienen. Der sicherste Ort zum Rauchen war zweifellos im Oberstock, in den Zimmern, die nach dem Innenhof zeigten. Und da aus der Vordertür kein Geruch drang, schloß Jerry, daß weder Seitenflügel noch Fronttrakt benutzt wurden, sondern die Rückseite des Hofes.

Er pirschte sich lautlos weiter, bis er zu dem Lattenzaun kam, der die rückwärtige Begrenzung des Grundstücks bildete. Ein vergittertes Fenster lieferte seinem Wildlederstiefel den ersten Halt, ein Überlaufrohr den zweiten, ein Entlüftungskasten den dritten, und als er von dort aus zum oberen Balkon weiterkletterte, stieg ihm der Geruch in die Nase, den er erwartet hatte: warm und süß und lockend. Auch auf dem Balkon war kein Licht, aber im Mondschein waren die beiden kambodschanischen Mädchen, die dort kauerten, deutlich zu sehen, und er sah auch die erschreckten Blicke, die sie auf ihn richteten, als er wie vom Himmel gefallen dort auftauchte. Er befahl ihnen aufzustehen, und trieb sie vor sich her, dem Geruch entgegen. Der Granatenbeschuß hatte aufgehört, die Nacht gehörte den Gekkos. Jerry erinnerte sich, daß den Kambodschanern die Zahl ihrer zirpenden Laute als Orakel diente: morgen ist ein guter Tag, es ist keiner; morgen werde ich eine Braut nehmen; nein, erst übermorgen. Die Mädchen waren sehr jung und mußten darauf gewartet haben, daß die Kunden sie holen ließen. An der Binsentür zögerten sie und drehten sich mit unglücklichen Mienen nach ihm um. Jerry machte ihnen ein Zeichen, und sie begannen, mehrere Schichten von Matten beiseitezuschieben, bis ein blasser Lichtschein auf den Balkon fiel, nicht stärker als das Licht einer Kerze. Er schob die Mädchen vor sich her und trat ein.

Der Raum mußte früher das Hauptschlafzimmer gewesen sein und führte in ein zweites, kleineres Gemach. Jerrys Hand lag auf der Schulter des einen Mädchens. Das andere folgte widerstandslos. Im ersten Zimmer lagen zwölf Kunden, lauter Männer. Zwischen ihnen lagen ein paar Mädchen und flüsterten leise.

Barfüßige Kulis bewegten sich behutsam zwischen den Ruhenden und bedienten sie, steckten ein Kügelchen auf die Nadel, zündeten es an und hielten es über den Pfeifenkopf, während der Kunde einen langen und stetigen Zug tat und das Kügelchen verbrannte. Die Gespräche waren träge, leise und intim, von sanften kleinen Wellen dankbaren Gelächters unterbrochen. Jerry erkannte den weisen Schweizer von der Dinner-Party des Botschaftsrats. Er plauderte mit einem fetten Kambodschaner. Niemand interessierte sich für Jerry. Die Mädchen wiesen ihn aus, so wie damals die Orchideen in Lizzie Worthingtons Apartmenthaus.

»Charlie Marshall«, sagte Jerry ruhig. Ein Kuli wies ihn in den Nebenraum. Jerry entließ die beiden Mädchen, und sie schlüpften weg. Das zweite Zimmer war kleiner. Marshall lag in einer Ecke, ein Chinesenmädchen in einem kunstvoll gearbeiteten Cheongsam kauerte über ihm und bereitete ihm die Pfeife. Jerry nahm an, sie sei die Tochter des Hauses und Charlie Marshall genieße bevorzugte Behandlung, weil er sowohl Habitué wie Stofflieferant war. Er kniete an Marshalls anderer Seite nieder. Ein alter Mann sah von der Tür her zu. Auch das Mädchen sah zu, die Pfeife noch immer in der Hand.

»Was wollen Sie, Voltaire? Warum lassen Sie mich nicht in Ruhe?«

»Bloß ein kleiner Bummel, altes Haus. Dann können Sie wieder hierher zurück.«

Jerry faßte ihn am Arm und zog ihn vorsichtig in die Höhe, das Mädchen half.

»Wie viele hat er schon gehabt?« fragte er das Mädchen. Sie hielt drei Finger hoch.

»Und wie viele raucht er gewöhnlich?« fragte er.

Sie senkte lächelnd den Kopf. Eine ganze Menge mehr, hieß das.

Charlie Marshall ging zuerst schwankend, aber als sie am Balkon angelangt waren, konnte er sich schon wehren, und Jerry hob ihn hoch und trug ihn über der Schulter, wie aus einem brennenden Haus, die Holztreppe hinunter und über den Hof. Der alte Mann dienerte sie unterwürfig durch die Vordertür, ein grinsender Kuli hielt das Tor zur Straße auf, und beide waren Jerry deutlich dankbar dafür, daß er soviel Takt bewies. Nach etwa fünfzig Yards kamen ein paar Chinesenjungen auf dem Weg dahergerannt, sie brüllten und schwangen Stöcke wie kleine Paddel. Jerry setzte Charlie Marshall aufrecht an den Wegrand, hielt ihn aber mit der linken Hand fest, ließ den ersten Jungen zum Schlag ausholen, unterlief das Paddel und versetzte dem Jungen einen sehr harten Zwei-Knöchel-Schlag direkt unters Auge. Der Junge rannte davon, sein Freund hinterher. Jerry zog Charlie Marshall wieder hoch und marschierte mit ihm, bis sie den Fluß und eine pechdunkle Stelle erreichten, dann setzte er ihn wie eine Marionette auf das trockene Gras der Böschung.

»Woll'n Sie mir jetzt das Hirn aus dem Kopf blasen, Voltaire?«

»Das werden wir wohl dem Opium überlassen müssen, altes Haus«, sagte Jerry.

Jerry mochte Charlie Marshall, und in einer heilen Welt hätte er mit Freuden einen Abend mit ihm in der *fumerie* verbracht und sich die Geschichte seines unseligen, aber außergewöhnlichen Lebens angehört. Jetzt aber hielt seine Faust Charlie Marshalls mageren Arm unbarmherzig umklammert, für den Fall, daß er in seinem hohlen Kopf Fluchtpläne hegte; denn es sah so aus, als könne Charlie unheimlich schnell rennen, wenn ihn die Verzweiflung packte. Also lag Jerry, ähnlich wie damals neben dem Zauberberg aus alten Schätzen in Old Pets Wohnung, auf der linken Hüfte und dem linken Ellbogen und hielt Charlie Marshalls Handgelenk im Schlamm fest, während Charlie Marshall flach auf dem Rücken lag. Vom Fluß, dreißig Fuß unter ihnen, kam das leise Singen der Sampans herauf, die wie lange Blätter auf dem goldenen Mondpfad dahinglitten. Vom Himmel her kamen – bald vor, bald hinter ihnen – die unregelmäßigen, gezackten Blitze des Mündungsfeuers der stadtauswärts gerichteten Geschütze, die sinnlos in den Dschungel ballerten, weil irgendein gelangweilter Geschützführer beschlossen hatte, seine Daseinsberechtigung zu beweisen. Dann und wann kam, aus weit geringerer Entfernung, das leichtere, schärfere Bellen, wenn die Roten Khmer das Feuer erwiderten, aber auch dies waren nur geringfügige Zwischenspiele inmitten des Lärmens der Gekkos vor der größeren Stille dahinter. Im Mondlicht sah Jerry auf seine Uhr und dann auf das irre Gesicht und versuchte, den Heftigkeitsgrad von Charlie Marshalls Gier zu berechnen. Wie wenn man ein Baby füttert, dachte er. Wenn Charlie ein Nachtraucher war und am Vormittag schlief, dann würde bald etwas fällig. Schon war sein Gesicht von Nässe bedeckt. Sie strömte aus den groben Poren, aus den langgezogenen Augen, aus der schnüffelnden Triefnase. Sie richtete ihren

Verlauf gewissenhaft nach den tiefen Furchen und bildete in den Höhlungen kleine Stauseen.

»Herrje, Voltaire. Ricardo ist mein Freund. Hat eine Menge Philosophie, der Junge. Den sollten Sie reden hören, Voltaire. Dem seine Ideen sollten Sie hören.«

»Ja«, stimmte Jerry zu. »Das sollte ich.«

Charlie Marshall faßte Jerrys Hand.

»Voltaire, das sind ordentliche Jungens, verstanden? Mr. Tiu . . . Drake Ko. Die wollen keinem nicht wehtun. Die wollen Geschäfte machen. Sie haben was zu verkaufen, sie haben Leute, die es kaufen! Ist ein Service! Keinem wird seine Reisschale zerbrochen. Warum wollen Sie das kaputtmachen? Sie sind doch selber auch ein netter Kerl. Hab' ich gesehen. Sie haben dem Alten sein Schwein getragen, okay? Wer hat schon mal gesehen, daß ein Rundauge dem Schlitzauge sein Schwein trägt? Aber, herrje, Voltaire, wenn Sie's aus mir rauspressen, dann bringen sie Sie ganz und gar um, weil dieser Mr. Tiu, der ist ein geschäftlicher und sehr philosophischer Gentleman, verstanden? Und sie bringen *mich* um und sie bringen *Ricardo* um und sie bringen *Sie* um, sie bringen die ganze verdammte Menschheit um!«

Die Artillerie ließ eine Salve los, und diesmal antwortete der Dschungel mit einer kleinen Sendung Raketen, vielleicht sechs, die wie katapultierte Felsbrocken über ihre Köpfe wegpfiffen. Sekunden später hörten sie die Einschläge irgendwo in der Innenstadt. Danach nichts mehr. Nicht das Heulen der Feuerwehr, nicht die Sirene einer Ambulanz.

»Warum sollten sie *Ricardo* umbringen?« fragte Jerry.

»Voltaire! Ricardo ist mein Freund! Drake Ko ist der Freund meines Vaters! Diese zwei Alten sind *big brothers,* kämpfen gemeinsam in irgendeinem lausigen Krieg in Schanghai vor ungefähr zweihundertfünfzig Jahren, okay? Ich gehe zu meinem Vater. Ich sag' zu ihm: ›Vater, jetzt mußt du mich einmal lieben. Du mußt aufhören, mich deinen Spinnenbastard zu nennen und du mußt deinem guten Freund Drake Ko sagen, er soll Ricardo aus seinem Malheur helfen. Du mußt sagen: ›Drake Ko, dieser Ricardo und mein Charlie, die sind wie Sie und ich, Mr. Ko. Sind Brüder, so wie wir. Lernen gemeinsam fliegen in Oklahoma, legen gemeinsam die menschliche Rasse um. Und sie sind sehr gute Freunde. Ja, so ist das.‹ Mein Vater haßt mich sehr, okay?«

»Okay.«

»Aber er schickt trotzdem einen verdammt langen persönlichen Brief an Drake Ko.«

Charlie Marshall holte so tief und so lang Atem, als könnte seine schmale Brust nicht genug Luft für ihn kriegen. »Diese Lizzie. Tolle Frau, Lizzie, sie geht selber persönlich zu Drake Ko. Auch auf sehr privater Basis. Und sie sagt zu ihm: ›Mr. Ko, Sie müssen Ric aus seinem Malheur helfen.‹ Das hier ist eine sehr kitzlige Situation, Voltaire. Wir alle müssen fest zusammenhalten, oder wir fallen runter von dem blöden Berg, verstanden? Voltaire, lassen Sie mich los. Ich bitt' Sie! Ich fleh' Sie direkt an um Gottes willen, *je m'abîme*, hören Sie? Das ist alles, was ich weiß!«

Während Jerry ihn beobachtete, seinen gequälten Ausbrüchen lauschte, sah, wie er zusammenklappte, einen Anlauf nahm, wieder schlappmachte und der nächste Anlauf mäßiger ausfiel, hatte er das Gefühl, Zeuge der letzten Zuckungen eines gemarterten Freundes zu sein. Seine instinktive Regung war, Charlie langsam weiterzulotsen und ihn abschweifen zu lassen soviel er wollte. Sein Dilemma war, daß er nicht wußte, wieviel Zeit noch blieb, bis passierte, was immer mit einem Süchtigen passieren mochte. Er stellte Fragen, aber meist schien Charlie sie gar nicht zu hören. Dann wieder beantwortete er offenbar Fragen, die Jerry überhaupt nicht gestellt hatte. Und manchmal warf ein mit Verzögerung arbeitender Mechanismus die Antwort auf eine Frage aus, die Jerry längst abgeschrieben hatte. In Sarratt sagten sie, ein gebrochener Mann sei gefährlich, denn er zahle dir Geld, das er nicht habe, nur um deine Liebe zu erkaufen. Aber ganze kostbare Minuten hindurch konnte Charlie überhaupt nichts zahlen.

»Drake Ko war nie in seinem Leben in Vientiane!« schrie Charlie plötzlich. »Sie verrückter Voltaire! Ein großer Mann wie Ko und macht sich in einem asiatischen Drecknest zu schaffen? Drake Ko ist ein Philosoph, Voltaire! Den Jungen sollten Sie sich genau ansehn!« Wie es schien, war jeder ein Philosoph – oder jeder, außer Charlie Marshall. »In Vientiane hat niemand auch nur denaNamen Ko gehört! Verstanden, Voltaire?«

Dann weinte Charlie Marshall und ergriff Jerrys Hände und fragte unter Schluchzen, ob Jerry auch einen Vater gehabt habe.

»Ja, altes Haus, hab' ich gehabt«, sagte Jerry geduldig. »Und er war auf seine Art auch ein General.«

Zwei weiße Leuchtkugeln ergossen jähes Tageslicht über den Fluß und lösten in Charlie Marshall die Erinnerung an die Mühsal ihrer gemeinsamen Anfänge in Vientiane aus. Er setzte sich kerzengerade aufrecht und zeichnete den Aufriß eines Hauses in den Dreck. Hier haben Lizzie und Ric und Charlie Marshall gewohnt, sagte er stolz: in einer stinkenden Flohhütte am Stadtrand, einer so lausigen Bude, daß sogar die Gekkos krank wurden. Ric und Lizzie hatten die Fürstensuite, will heißen, das einzige Zimmer, das die Flohhütte enthielt, und Charlies Aufgabe bestand darin, ihnen nicht in die Quere zu kommen und die Miete zu zahlen und den Schnaps zu besorgen. Aber die Rückschau auf ihre schreckliche wirtschaftliche Lage bewegte Charlie plötzlich zu einem erneuten Tränenausbruch.

»Und wovon habt ihr dann gelebt, altes Haus?« fragte Jerry, ohne sich von der Frage etwas zu erhofften. »Na los. Jetzt ist's vorbei. Wovon habt ihr gelebt?«

Noch mehr Tränen, während Charlie eine monatliche Zuwendung von seinem geliebten und verehrten Vater eingestand.

»Diese verrückte Lizzie«, sagte Charlie tief bekümmert, »diese verrückte Lizzie, die macht Trips nach Hongkong für Mellon.«

Mit Mühe unterdrückte Jerry seine Erregung, um Charlie nicht aus dem Tritt zu bringen.

»*Mellon.* Wer ist dieser Mellon?« fragte er. Aber der sanfte Tonfall machte Charlie schläfrig und er fing an, mit dem Haus im Dreck zu spielen, zeichnete einen Kamin und Rauch hinzu.

»Los, verdammt nochmal! *Mellon. Mellon!*« schrie Jerry ihm direkt ins Gesicht und versuchte, ihm durch den Schock die Antwort zu entringen. »*Mellon,* du ausgeflipptes Wrack! Trips nach Hongkong!« Er zog Charlie auf die Füße und schüttelte ihn wie eine Lumpenpuppe, aber er mußte sehr lang schütteln, bis die Antwort herauskam, und inzwischen beschwor Charlie Marshall ihn, doch zu begreifen, wie es sei, wenn man liebe, wirklich liebe, eine verrückte rundäugige Nummer, und dabei wisse, daß man sie nie kriegen würde, nicht mal für eine Nacht.

Mellon sei ein schmieriger englischer Kaufmann gewesen, niemand habe gewußt, was er eigentlich tat. Ein bißchen dies, ein bißchen das, sagte Charlie. Die Leute hatten Angst vor ihm. Mellon sagte, er könne Lizzie ins große Heroingeschäft bringen. »Mit Ihrem Paß und Ihrer Figur«, hatte Mellon offenbar zu ihr gesagt, »können Sie in Hongkong ein- und ausgehen wie eine

Prinzessin.«
Erschöpft sank Charlie zu Boden und kauerte sich vor seinem Haus nieder. Jerry hockte sich neben ihn und packte Charlies Kragen, vorsichtig, um ihm nicht wehzutun.
»Das hat sie also für ihn getan, wie, Charlie? Lizzie hat für Mellon Stoff transportiert.« Mit der Handfläche drehte er behutsam Charlies Kopf herum, bis die blicklosen Augen direkt in die seinen starrten.
»Lizzie tut's nicht für *Mellon*, Voltaire«, verbesserte Charlie ihn. »Lizzie tut's für *Ricardo*. Lizzie liebt nicht Mellon. Sie liebt *Ric* und mich.«
Charlie starrte düster auf das Haus hinunter und brach unvermittelt in heiseres schmutziges Lachen aus, das er nach einiger Zeit kommentarlos wieder einstellte.
»Du hast es vermurkst, Lizzie!« rief Charlie tadelnd und stach mit dem Finger in die Haustür. »Du hast es vermurkst, wie üblich, Herzchen! Du redest zu viel. Warum sagst du allen, du bist die Königin von England? Warum sagst du jedem, du bist große Spionierdame? Mellon wird sehr sehr böse auf dich, Lizzie. Mellon wirft dich raus, glatt raus auf deinen Hintern. Ric wird auch ganz schön böse, weißt du noch? Ric verdrischt dich, und Charlie muß dich mitten in der verdammten Nacht zum Doktor bringen, weißt du noch? Du hast eine verteufelt große Klappe, Lizzie, hörst du? Du bist meine Schwester, aber du hast die verdammt größte Klappe von der Welt!«
Bis Ricardo sie ihr geschlossen hat, dachte Jerry und sah die tiefen Narben an ihrem Kinn vor sich. Weil sie das Geschäft mit Mellon verpatzt hatte.
Während er noch immer neben Charlie hockte und ihn am Genick gepackt hielt, beobachtete Jerry, wie die Welt um ihn versank und an ihrer Stelle sah er Sam Collins unterhalb von Star Heights im Auto sitzen, mit freiem Ausblick auf die achte Etage, während er um elf Uhr nachts die Rennseite der Zeitung studierte. Nicht einmal das Aufplumpsen einer Rakete, die ziemlich nah niederging, konnte diese gespenstische Vision verscheuchen. Auch hörte er über das Donnern der Mörser hinweg Craws Stimme, die sich über das Thema von Lizzies Kriminalität ausließ. Wenn Ebbe in der Kasse war, hatte Craw gesagt, schickte Ricardo sie mit kleinen Päckchen über die Grenzen.
Und wie hat *das* die Stadt London erfahren, Ehrwürden – hätte er

Old Craw gern gefragt –, wenn nicht von Sam Collins, alias Mellon persönlich?

Ein dreißig Sekunden dauernder Wolkenbruch hatte Charlies in den Schmutz gekratztes Haus weggewaschen, und er war wütend darüber. Er patschte auf allen vieren herum und suchte es, schluchzte und fluchte wie ein Besessener. Der Anfall ging vorüber, und er fing wieder an, von seinem Vater zu sprechen und wie der alte Mann seinem unehelichen Sohn eine Anstellung bei einer angesehenen Luftfahrtgesellschaft in Vientiane verschafft hatte – obwohl Charlie damals die Fliegerei überhaupt hatte aufstecken wollen, weil seine Nerven nicht mehr mitmachten.
Eines Tages hatte der General offenbar die Geduld mit seinem Charlie verloren. Er trommelte seine Leibgarde zusammen und stieg von seinem Horst in den Shangebirgen in eine kleine Opiumstadt namens Fang herab, unweit der Grenze innerhalb von Thailand. Dort blies der General Charlie den Marsch wegen seines verschwenderischen Wandels, wie es die Patriarchen auf der ganzen Welt tun.
Charlie bediente sich eines ganz speziellen Quäkens, wenn er den Vater sprechen ließ, und dazu blies er in militärischer Entrüstung die abgezehrten Backen auf:
»›Jetzt wirst du ausnahmsweise mal anständige Arbeit tun, verstanden du *kweilo*-Bastard! Jetzt ist Schluß mit den Pferdewetten und dem Suff und dem Opium, verstanden! Und nimm gefälligst diese Bolschewikensterne vom Kittel und schick deinen sauberen Freund Ricardo zum Teufel. Und sein Weibsbild wirst du ihm auch nicht mehr bezahlen, verstanden? Weil ich dich nämlich nicht einen Tag länger auf dem Hals haben will, nicht eine *Stunde*, du Spinnenbastard, und ich hasse dich so, daß ich dich eines Tags noch umbringe, weil du mich an diese korsische Hure, deine Mutter, erinnerst!‹«
Dann beschrieb er seinen Job, und wiederum hatte Charlies Vater, der General, das Wort:
»›Gewisse sehr feine Chiu-Chow-Gentlemen, sehr gute Freunde von sehr guten Freunden von mir, haben zufällig an einer gewissen Fluggesellschaft eine Mehrheitsbeteiligung. Auch habe ich gewisse Aktien dieser Gesellschaft. Und diese Gesellschaft trägt zufällig den angesehenen Namen Indocharter Aviation. Was, du lachst, du *kweilo*-Affe! Das soll dir bald vergehen! Diese

guten Freunde also tun mir einen Gefallen und helfen mir mit meinem schändlichen dreibeinigen Spinnenbastardsohn, und ich bete aufrichtig, daß du vom Himmel runterfällst und dir dein *kweilo*-Genick brichst.‹«

Also flog Charlie für Indocharter das väterliche Opium: anfangs ein, zwei Flüge pro Woche, aber regelmäßige, ehrliche Arbeit, und er tat sie gern. Sein Mumm kehrte zurück, seine Nerven beruhigten sich, und er empfand echte Dankbarkeit für seinen alten Herrn. Er versuchte natürlich, die Chiu-Chow-Jungens zu überreden, daß sie auch Ricardo nähmen, aber sie wollten nicht. Nach ein paar Monaten ließen sie sich herbei, Lizzie zwanzig Dollar pro Woche dafür zu zahlen, daß sie im Empfangsbüro saß und den Kunden schöne Augen machte. Das seien die goldenen Tage gewesen, ließ Charlie durchblicken. Charlie und Lizzie verdienten das Geld, Ricardo steckte es in immer blödsinnigere Projekte, alle waren glücklich, alle waren beschäftigt. Bis eines Abends Tiu erschien, gleich einer Nemesis, und ihnen den ganzen Spaß verdarb. Er kam herein, als sie gerade Büroschluß machten, einfach so von der Straße herein, ohne vorherige Anmeldung, fragte nach Charlie Marshall und bezeichnete sich selber als Angehörigen der Firmenleitung in Bangkok. Die Chiu-Chow-Boys kamen aus dem rückwärtigen Büro, warfen einen einzigen Blick auf Tiu, erklärten ihn für glaubwürdig und verkrümelten sich schleunigst.

Charlie unterbrach sich, um an Jerrys Schulter zu schluchzen.

»Jetzt hören Sie mir mal gut zu, altes Haus«, beschwor Jerry ihn. »Hören Sie. Jetzt kommt das, was ich hören möchte. Sie erzählen es mir ganz genau, und dann bring' ich Sie nach Hause. Ehrenwort. *Bitte.*«

Aber Jerry schätzte die Lage falsch ein. Es ging nicht mehr darum, Charlie zum Sprechen zu bringen. Jerry war jetzt die Droge, von der Charlie Marshall abhing. Es ging auch nicht mehr darum, ihn festzuhalten. Charlie Marshall klammerte sich an Jerrys Brust, als wäre sie das letzte Rettungsfloß auf seinem einsamen Meer, und ihre Unterhaltung war zu einem verzweifelten Monolog geworden, aus dem Jerry sich seine Fakten herausfischte, während Charlie Marshall um die Aufmerksamkeit seines Peinigers bettelte und schmeichelte und heulte, Witze riß und unter Tränen über sie lachte. Flußab feuerte eines von Lon Nols Maschinengewehren, das noch nicht an die Roten Khmer verkauft war, beim

Schein einer weiteren Leuchtkugel Leuchtspurmunition in den Dschungel. Lange goldene Pfeile flogen gebündelt über und unter dem Wasser dahin und brannten eine kleine Höhlung aus, wo sie in den Bäumen verschwanden.

Charlies schweißnasses Haar kitzelte Jerry am Kinn, und Charlie schnatterte und sabberte zugleich.

»Mr. Tiu will in keinem Büro nicht sprechen, Voltaire. O nein! Mr. Tiu ist auch nicht sehr gut angezogen. Mr. Tiu ganz und gar Chiu-Chow, er benutzt Thai-Paß wie Drake Ko, er benutzt verrückten Namen und macht ganz ganz kleinen Mann, wenn er nach Vientiane kommt. ›Captain Marshall‹, sagt er zu mir, ›wie gern möchten Sie eine Menge Extrageld verdienen mit einer interessanten und abwechslungsreichen Arbeit außerhalb Ihrer Tätigkeit bei der Firma? Möchten Sie für mich einmal außer der Reihe fliegen? Wie ich höre, sind Sie jetzt wieder ein ganz großartiger Pilot, sehr gute Nerven. Vielleicht möchten Sie sich, sagen wir, vier- bis fünftausend Dollar an einem einzigen Tag verdienen, nicht einmal einem ganzen Tag? Wie würde Ihnen das persönlich zusagen, Captain Marshall?‹ ›Mr. Tiu‹, sage ich zu ihm« – Charlie schreit jetzt hysterisch –, »›mal ganz unverbindlich, Mr. Tiu, für fünftausend Dollar US würd ich, so wie ich mich zur Zeit in Form fühle, für Sie in die Hölle fliegen und Ihnen dem Teufel seine Eier holen.‹ Tiu sagt, eines Tages kommt er wieder, und ich soll gefälligst meine verdammte Klappe halten.«

Plötzlich hatte Charlie wieder zur Stimme seines Vaters übergewechselt, und er nannte sich einen Spinnenbastard und den Sohn einer korsischen Hure: bis es Jerry allmählich dämmerte, daß er bereits die nächste Episode der Geschichte schilderte.

Überraschenderweise hatte Charlie das Geheimnis von Tius Angebot tatsächlich für sich behalten, bis er seinen Vater wiedersah, diesmal in Chiang Mai zur Feier des chinesischen Neujahrs. Er hatte Ric nichts erzählt, und er hatte es nicht einmal Lizzie erzählt, vielleicht weil sie damals schon nicht mehr allzu gut miteinander auskamen und Ric eine Menge Frauen nebenbei hatte.

Der Rat des Generals war nicht ermutigend:

»›Lass' du mir die Pfoten von diesem Pferd! Dieser Tiu, der hat ein paar dicke Verbindungen ganz hoch oben, und die sind nichts für einen blöden kleinen Spinnenbastard wie dich, verstanden! Herrgott, wer hat schon jemals gehört, daß ein Swatonese einem lausigen Halb-*kweilo* fünftausend Dollar zahlt, bloß für eine Bildungsreise!‹«

»Also haben Sie das Geschäft an Ric abgetreten, stimmt's?« sagte Jerry schnell. »Stimmt's, Charlie? Sie haben zu Tiu gesagt ›Tut mir leid, aber probieren Sie's mit Ricardo.‹ War es so?«

Aber Charlie Marshall war vermißt, wahrscheinlich gefallen. Er war von Jerrys Brust herabgeglitten und lag flach im Dreck, mit geschlossenen Augen und schnappte nur dann und wann nach Luft unter gierigen rasselnden Atemzügen, und als Jerry sein Handgelenk befühlte, gab der wie rasend hämmernde Puls Zeugnis vom Leben in diesem Gestell.

»Voltaire«, flüsterte Charlie. »Bei der Bibel, Voltaire. Sie sind ein guter Mensch. Bringen Sie mich heim. Herrje, bringen Sie mich heim, Voltaire.«

Betroffen starrte Jerry auf die hingestreckte und zerbrochene Gestalt, und er wußte, daß er noch eine bestimmte Frage stellen mußte, und wäre es die letzte in ihrer beider Leben. Jerry griff nach Charlie und zerrte ihn zum letztenmal auf die Füße. Und hier auf der dunklen Straße, während zielloses Sperrfeuer durch die Finsternis stach, zappelte und schrie Charlie Marshall eine volle Stunde lang unter Jerrys Griff, bettelte und schwor, er werde Jerry ewig lieben, wenn er es ihm nur erlasse, die Abkommen zu verraten, die sein Freund Ricardo um seines Überlebens im Verborgenen willen getroffen hatte. Aber Jerry erklärte, ohne diese Enthüllung wäre das Rätsel nicht einmal zur Hälfte gelöst. Und es mag sein, daß Charlie Marshall in seiner Verlorenheit und Verzweiflung, während er die verbotenen Geheimnisse hervorschluchzte, Jerrys Argument sogar begriff: daß es nämlich in einer Stadt, die dem Dschungel wiedergegeben werden sollte, keine Zerstörung gebe außer einer vollständigen Zerstörung.

So behutsam wie möglich trug Jerry Charlie Marshall den Weg zurück in die Villa und die Treppe hinauf, wo ihn die gleichen schweigenden Gesichter dankbar begrüßten. Ich hätte mehr herausholen müssen, dachte er. Ich hätte ihm auch mehr sagen müssen: ich habe das Geschäft auf Gegenseitigkeit nicht so abgewickelt, wie sie es befohlen haben. Ich habe mich zu lange bei der Sache mit Lizzie und Sam Collins aufgehalten. Ich hab' das Pferd am Schwanz aufgezäumt, die Tour vermasselt, ich hab' alles vermurkst, genau wie Lizzie. Er versuchte, Reue darüber zu

empfinden, aber es gelang ihm nicht, und am deutlichsten erinnerte er sich an Dinge, die überhaupt nicht auf der Liste gestanden hatten, und eben diese Dinge ragten in seinem Denken auf wie Monumente, während er seine Botschaft an den lieben alten George tippte.
Er tippte hinter versperrter Tür und hatte die Pistole im Gürtel stecken. Von Luke war weit und breit nichts zu sehen, daher nahm Jerry an, er sei in seinem Dauersuff in ein Bordell gegangen. Er schrieb ein langes Telegramm, das längste seiner Laufbahn: »Das alles sollten Sie erfahren, falls Sie nie mehr von mir hören.« Er berichtete über seinen Kontakt mit dem Botschaftsrat, er gab seine nächste Telefonadresse an, er schrieb Ricardos Adresse und entwarf ein Porträt Charlie Marshalls und des Dreieckshaushalts in der Flohhütte, aber immer in sehr förmlichen Wendungen, und er erwähnte kein Wort über seine jüngsten Kenntnisse der Rolle, die der unerfreuliche Sam Collins spielte. Schließlich: wenn sie es bereits wußten, wozu es ihnen dann nochmals sagen? Er ließ die Ortsnamen und die Eigennamen weg und fertigte von ihnen einen besonderen Schlüssel an, dann verwendete er eine weitere Stunde darauf, beide Botschaften so primitiv zu codieren, daß ein Decodierer keine fünf Minuten benötigt hätte, um sie zu entschlüsseln, aber ein gewöhnlicher Sterblicher, auch ein Sterblicher wie sein Gastgeber, der britische Botschaftsrat, sie nicht hätten lesen können. Und er fügte eine Mahnung an die Housekeepers hinzu, man möge bitte nachprüfen, ob Blatt and Rodney die letzte Geldsendung an Cat überwiesen hätten. Er verbrannte die Klartexte, wickelte die codierten Versionen in eine Zeitung, dann legte er sich auf die Zeitung und döste, wobei die Pistole ihn in die Rippen drückte. Um sechs rasierte er sich, packte seine Telegramme in die Paperback-Ausgabe eines Romans um, von dem er glaubte, sich trennen zu können, und machte sich zu einem Spaziergang in der Morgenstille auf. Auf dem Platz parkte deutlich sichtbar der Wagen des Botschaftsrat. Der Botschaftsrat selbst parkte ebenso deutlich sichtbar auf der Terrasse eines hübschen *bistro,* er trug einen Strohhut im Riviera-Stil, der an Craw erinnerte, und labte sich an heißen *croissants* und *café au lait*. Als er Jerrys ansichtig wurde, winkte er elegant. Jerry schlenderte zu ihm hinüber:
»Guten Morgen«, sagte Jerry.
»Ah, Sie haben's! Guter Mann!« rief der Botschaftsrat und sprang

auf. »Kann's schon gar nicht mehr erwarten, es zu lesen, seit es erschienen ist!«

Als er sich von dem Telegramm trennte, dachte Jerry nur an all das, was nicht darin stand und hatte das gleiche Gefühl wie am Ende eines Schulsemesters. Vielleicht kam er wieder, vielleicht auch nicht, aber in jedem Fall würden die Dinge nie wieder ganz so sein wie vorher.

Die genauen Umstände von Jerrys Abreise aus Phnom Penh sollten sich später als wichtig erweisen, Lukes wegen.

Im ersten Teil des noch verbleibenden Vormittags setzte Jerry seine fanatische Suche nach Stories fort, vielleicht als natürliches Gegengift zu seinem wachsenden Gefühl des Nacktseins. Emsig machte er sich auf die Suche nach Geschichten von Flüchtlingen und Waisenkindern und expedierte sie um Mittag über Keller, zusammen mit einer recht ordentlichen und anschaulichen Schilderung seines Besuchs in Battambang, die zwar nie im Druck, dafür aber doch in seiner Personalakte erschien. Es gab damals zwei Flüchtlingslager, beide in vollem Schwang, das eine in einem riesigen Hotel am Bassac, Sihanuks privater und unvollendeter Traum vom Paradies; das andere auf einem Rangierbahnhof beim Flugplatz, wo jeweils zwei bis drei Familien in einem Waggon zusammengepfercht waren. Er besuchte beide Lager, und es war in beiden das gleiche: junge australische Helden, die sich mit dem Unmöglichen herumschlugen, das vorhandene Wasser stank, zweimal pro Woche Reisverteilung, und die Kinder zwitscherten »Hei« und »Bye-bye« hinter ihm her, während er seinen kambodschanischen Dolmetscher überall herumschleppte und jedermann mit Fragen belästigte, sich aufspielte und nach jenem besonderen Etwas Ausschau hielt, das Stubbsis Herz rühren würde.

In einem Reisebüro buchte er unter großem Getöse einen Flug nach Bangkok, ein schwacher Versuch, seine Spuren zu verwischen. Auf dem Weg zum Flugplatz überfiel ihn ein Gefühl des *déjà vu*. Als ich letztesmal hier war, gingen wir Wasserskifahren, dachte er. Die europäischen Geschäftsleute halten sich Hausboote, die am Mekong ankern. Und sekundenlang sah er sich – und die Stadt – in jenen Tagen, als dem kambodschanischen Krieg noch eine gewisse grausige Unschuld anhaftete: Staragent Westerby riskiert zum erstenmal Mono-Ski, hüpft wie ein ausgelassener

Junge über die braunen Wasser des Mekong, gezogen von einem lustigen Holländer in einem Rennboot, das soviel Sprit verbrauchte, daß man davon eine ganze Familie eine Woche lang hätte ernähren können. Das Gefährlichste war die zwei Fuß hohe Flutwelle, so erinnerte er sich, die den Fluß hinabrollte, sooft die Wachen auf der Brücke eine Tiefenladung losließen, damit Taucher der Roten Khmer sie nicht sprengen könnten. Aber jetzt gehörte ihnen der Fluß und der Dschungel dazu. Und morgen oder übermorgen würde ihnen auch die Stadt gehören.
Auf dem Flugplatz versenkte er die Walther in einem Abfallkorb und erschmierte sich in letzter Minute den Zugang zu einem Flugzeug nach Saigon, wohin er wirklich wollte. Beim Start fragte er sich, wer wohl die längere Lebenserwartung habe: er oder die Stadt.

Luke hingegen, in dessen Tasche vermutlich noch der Schlüssel zu Jerrys Wohnung in Hongkong nistete – oder genauer zur Wohnung Deathwishs des Hunnen –, flog nach Bangkok, und wie das Leben so spielt, flog er, ohne es zu wissen, unter Jerrys Namen, denn Jerry stand auf der Passagierliste und Luke nicht, und es war sonst kein Platz mehr frei. In Bangkok wohnte er einer hastigen Redaktionskonferenz bei, die den Zweck hatte, die Mitarbeiter der Zeitschrift zwischen den verschiedenen Abschnitten der zusammenbrechenden vietnamesischen Front aufzuteilen. Luke kriegte Hué und DaNang und flog daher anderntags nach Saigon und von dort mit der Anschlußmaschine am Mittag weiter nach Norden.
Entgegen späteren Gerüchten begegneten die beiden Männer einander in Saigon nicht.
Sie begegneten einander auch nicht im Verlauf des Rückzugs der Nordfront.
Sie hatten einander – im strengen Sinn des Wortes – zum letztenmal an ihrem letzten Abend in Phnom Penh gesehen, als Jerry mit Luke Krach gemacht und Luke geschmollt hatte, und das ist eine feststehende Tatsache – ein Artikel, der später erwiesenermaßen nur schwer erhältlich war.

# 17 *Ricardo*

Zu keinem anderen Zeitpunkt während dieses ganzen Falls hatte George Smiley sich so systematisch aus dem Spiel gehalten. Die Nerven der Circusleute waren bis zum Zerreißen gespannt. Die verdammte Warterei und der irre Rummel, vor denen Sarratt seit eh und je warnte, waren nicht mehr voneinander zu unterscheiden. Jeder Tag, der keine entscheidende Nachricht aus Hongkong brachte, war ein weiterer Unglückstag. Jerrys langes Telegramm wurde sorgfältig analysiert und zuerst als konfus, dann als neurotisch beurteilt. Warum hatte er Marshall nicht energischer in die Zange genommen? Warum hatte er das russische Phantom nicht wieder beschworen? Er hätte Charlie über die Goldader ausquetschen sollen, er hätte bei Tiu weitermachen müssen, wo er aufhörte. Hatte er vergessen, daß seine Aufgabe in erster Linie darin bestand, den Gegner in Unruhe zu versetzen, und erst in zweiter Linie im Sammeln von Informationen? Und was seine fixe Idee mit dieser unseligen Tochter betraf – Allmächtiger!, wußte der Mann nicht, was Telegramme kosten? (Der Circus schien vergessen zu haben, daß die Vettern für die Kosten aufkamen.) Und was sollte das heißen: er habe keinen Kontakt mehr zu den britischen Botschaftsangehörigen, die anstelle des abwesenden Circus-Residenten agierten? Sicher, es hatte einige Zeit gedauert, bis das Telegramm den Weg vom Vetternflügel bis hierher geschafft hatte. Und Jerry hatte Charlie Marshall doch wirklich aufgestöbert, wie? Es war schließlich nicht Sache eines Außenagenten, London zu sagen, was es zu tun und zu lassen habe. Nach Ansicht der Housekeepers, die den Kontakt arrangiert hatten, sollte ihm postwendend eine Zigarre verpaßt werden.

Der Druck, der von außen her auf den Circus ausgeübt wurde, war sogar noch stärker. Wilbrahams Mannen aus dem Kolonialamt waren nicht müßig geblieben, und der Lenkungsausschuß beschloß in einer bestürzenden Hundertachtzig-Grad-Wendung, daß der Gouverneur nun doch eingeweiht werden solle, und zwar bald. Es wurde davon gesprochen, ihn unter einem Vorwand nach London zurückzubeordern. Die Panik war ausgebrochen, weil Ko erneut im Gouverneurspalast empfangen worden war, diesmal bei einem der Talk-in-Soupers, zu denen einflußreiche Chinesen geladen wurden, damit sie zwanglos ihre Meinung äußern könnten.

Saul Enderby und sein harter Kern hingegen zogen in die entgegengesetzte Richtung: »Zum Teufel mit dem Gouverneur. Was wir fordern, ist unverzügliche und volle Partnerschaft mit den Vettern!« George solle noch *heute* zu Martello gehen, sagte Enderby, alle seine Karten offen auf den Tisch legen und die Vettern auffordern, das letzte Entwicklungsstadium dieses Falles selbst zu übernehmen. Er solle seine aussichtslose Jagd nach Nelson aufstecken, er solle zugeben, daß er nichts Konkretes in Händen habe, er solle es ihnen überlassen, sich den nachrichtendienstlichen Erkenntnisgewinn selber auszurechnen, und wenn sie Glück haben würden, um so besser: sollten sie doch Lorbeeren vom Capitol einheimsen, sehr zum Unbehagen ihrer Feinde. Das Ergebnis, so argumentierte Enderby, dieser ebenso großzügigen wie zeitlich zupaß kommenden Geste – gerade jetzt, inmitten des Vietnam-Fiaskos – würde eine tragfähige nachrichtendienstliche Partnerschaft auf Jahre hinaus sein, eine Ansicht, die Lacon auf seine nebulose Art zu unterstützen schien. Im Kreuzfeuer dieser beiden Lager holte Smiley sich unversehends einen zweifach üblen Ruf. Der Wilbraham-Clan brandmarkte ihn als antikolonial und pro-amerikanisch, während Enderbys Mannschaft ihn des Ultra-Konservatismus bei der Handhabung der Besonderen Beziehung bezichtigte. Weitaus peinlicher indes war Smileys eigener Eindruck, wonach Martello auf irgendwelchen Wegen von der Auseinandersetzung Wind bekommen hatte und durchaus fähig sein würde, sie auszunutzen. So sprachen zum Beispiel Molly Meakins Quellen von einer knospenden Beziehung zwischen Enderby und Martello auf privater Ebene, und nicht nur, weil beider Kinder die gleiche Schule in South Kensington besuchten. Offenbar unternahmen die Herren seit einiger Zeit an den Wochenenden regelmäßige Angelausflüge nach Schottland, wo Enderby ein Fischwasser besaß. Wie später das Scherzwort sagte: Martello stellte das Flugzeug und Enderby die Fische. Etwa um die gleiche Zeit erfuhr Smiley ferner, was alle anderen von Anfang an gewußt und ihm nicht erzählt hatten, weil sie annahmen, es sei ihm ebenfalls bekannt. Enderbys dritte und derzeitige Ehefrau war Amerikanerin und obendrein reich. Vor ihrer jetzigen Ehe gehörte sie zu den namhaften Gastgeberinnen des Washingtoner Establishment, eine Rolle, die sie nun mit einigem Erfolg in London wiederholte.

Aber der tiefere Grund für die allgemeine Erregung war letztlich der gleiche. An der Ko-Front tat sich nichts. Schlimmer noch, es herrschte quälender Mangel an operativen Erkenntnissen. Jeden Tag punkt zehn Uhr stellten Smiley und Guillam sich jetzt im Annex ein, und jeden Tag verließen sie ihn mit längeren Gesichtern. Tius Privattelefon war angezapft, desgleichen Lizzie Worthingtons Anschluß. Die Tonbänder wurden am Ort abgehört und dann zwecks detaillierter Auswertung nach London geflogen. Jerry hatte Charlie Marshall an einem Mittwoch in der Zange gehabt. Am Freitag hatte Charlie sich so weit erholt, daß er Tiu aus Bangkok anrufen und ihm sein Herz ausschütten konnte. Doch Tiu hatte kaum dreißig Sekunden lang zugehört und ihn dann mit der Anweisung unterbrochen, er solle »sich sofort mit Harry in Verbindung setzen«, womit niemand etwas anzufangen wußte: keiner hatte irgendwo einen Harry. Am Samstag wurde es dramatisch, weil der Lauscher an Kos Privatanschluß meldete, Ko habe seine regelmäßige Sonntagmorgen-Golfrunde mit Mr. Arpego abgesagt. Ko schützte eine dringende geschäftliche Verabredung vor. Das war's! Das war der Durchbruch! Am nächsten Tag setzten die Vettern in Hongkong mit Smileys Einverständnis einen Lieferwagen, zwei Autos und eine Honda auf Kos Rolls-Royce an, sobald er in die Stadt einfuhr. Welche geheimnisvolle Besorgung mochte für Ko so wichtig sein, daß er an einem Sonntagmorgen um halb sechs losfuhr und seine wöchentliche Golfpartie abblies? Antwort: ein Besuch bei seinem Wahrsager, einem verehrungswürdigen alten Swatonesen, der in einem verwahrlosten Tempel in einer Seitenstraße der Hollywood Road praktizierte. Ko verbrachte dort über eine Stunde, ehe er wieder heimfuhr, und obwohl ein strebsamer Knabe im Lieferwagen der Vettern während der ganzen Dauer der Sitzung ein verstecktes Richtmikrophon auf das Fenster des Tempels einstellte, konnte er, abgesehen vom Verkehrslärm, nur das Gegacker aus dem Hühnerstall des Alten auffangen. Zu Hause im Circus wurde di Salis konsultiert. Wozu in aller Welt ging jemand um sechs Uhr

früh zum Wahrsager, und noch dazu ein Millionär?
di Salis amüsierte sich so königlich über die allgemeine Ratlosigkeit, daß er entzückt an seinem Haarschopf riß. Ein Mann vom Range Kos würde darauf bestehen, bei seinem Wahrsager der erste Kunde des Tages zu sein, sagte er, solange der große Mann noch frischen Sinnes die Verkündigungen der Geister aufnehmen könnte.
Dann geschah zwei Wochen lang nichts. Gar nichts. Die Post- und Telefonüberwachung spuckte Stöße unverdaubaren Rohmaterials aus, das auch nach der Aufbereitung keinen einzigen Hinweis lieferte.
Inzwischen rückte der Ablauf der von der Rauschgiftfahndung gesetzten Frist unaufhaltsam näher und damit der Tag, an dem Ko Freiwild werden sollte für jeden, der ihm als Erster etwas anhängen könnte.
Aber Smiley behielt die Nerven. Er wies alle Anschuldigungen zurück, die gegen sein eigenes und gegen Jerrys Verhalten vorgebracht wurden. Der Baum sei geschüttelt, erklärte er immer wieder, Ko sei aufgescheucht worden, und die Zeit werde erweisen, daß man richtig gehandelt habe. Er wollte sich um keinen Preis zu einem Fußfall vor Martello drängen lassen und hielt sich entschlossen an die Bedingungen der Absprache, die er in seinem Brief, dessen Kopie jetzt bei Lacon lagerte, umrissen hatte. Auch ließ er sich, was ihm vertraglich zustand, weder von Gott noch von der Kraft der Logik oder von Kos möglichen Reaktionen dazu zwingen, irgendwelche operativen Details zu diskutieren, sofern nicht Protokollfragen oder koloniale Belange davon berührt wurden. Er wußte genau, daß hier die geringste Nachgiebigkeit nur den Zweiflern neue Munition für seinen Abschuß geliefert hätte.
Fünf Wochen lang hielt er das durch, und am sechsunddreißigsten Tag spielten Gott oder die Kraft der Logik oder Kos menschliche Reaktion George Smiley einen wertvollen, wenn auch geheimnisvollen Trost zu. Drake Ko ging unter die Seefahrer. Begleitet von Tiu und einem unbekannten Chinesen, der später als Erster Kapitän von Kos Dschunkenflotte identifiziert wurde, verbrachte er den größten Teil dreier Tage mit Rundreisen zu den Inseln vor Hongkong, von denen er allabendlich bei Einbruch der Dunkelheit zurückkehrte. Wohin sie genau gingen, war noch nicht festzustellen. Martello schlug eine Reihe von Hubschrauber-Überflügen

vor, um ihre Spur zu verfolgen, aber Smiley lehnte den Vorschlag rundweg ab. Die statische Observierung vom Kai aus bestätigte, daß die Reisegesellschaft offenbar täglich auf einer anderen Route ausfuhr und wieder heimkehrte, das war auch alles. Und am letzten Tag, dem vierten, kam das Schiff überhaupt nicht zurück. Panik. Wo war es abgeblieben? Martellos Herren und Meister in Langley, Virginia, gerieten vollends aus dem Häuschen und folgerten, daß Ko und die »Admiral Nelson« mit voller Absicht in chinesische Hoheitsgewässer geraten seien. Oder sogar, daß man sie entführt habe. Ko würde nie mehr gesehen werden, und Enderby, der seine eigenen Schiffe davonschwimmen sah, rief persönlich bei Smiley an und sagte, es sei »verdammt nochmal Ihre Schuld, wenn Ko in Peking auftaucht und ein großes Geschrei von wegen Belästigung durch den Geheimdienst erhebt«. Einen qualvollen Tag hindurch überlegte sogar Smiley selber insgeheim, ob Ko nicht wider alle Vernunft tatsächlich zu seinem Bruder gereist sei.

Dann, am nächsten Morgen, lief die Yacht ruhig im Haupthafen ein, als kehre sie gerade von einer Regatta zurück, und ein vergnügter Ko ging hinter seiner schönen Liese mit dem langen, sonnenfunkelnden Goldhaar – das reinste Werbeplakat – über die Laufplanke an Land.

Diese Nachricht gab den Anstoß, daß Smiley nach sehr langem Nachdenken und neuerlichem eingehendem Studium von Kos Akte – ganz zu schweigen von spannungsreichen Besprechungen mit Connie und di Salis – zwei Entscheidungen gleichzeitig traf oder, wie die Glücksspieler sagen, seine letzten beiden Karten auszuspielen beschloß.

Erstens: Jerry sollte die »letzte Stufe« in Angriff nehmen, womit er Smiley Ricardo meinte. Dieser Schritt würde, so hoffte er, den Druck auf Ko verstärken und Ko nötigenfalls den letzten Beweis dafür liefern, daß er jetzt handeln müsse.

Zweitens: Sam Collins sollte »aktiv werden«.

Die zweite Entscheidung wurde in einer Beratung mit Connie Sachs allein gefällt. Sie findet keine Erwähnung in Jerrys Personalakte, nur in einem geheimen Anhang, der später mit gewissen Streichungen zu weiterer Prüfung freigegeben wurde. Die verheerende Wirkung, die alle diese Aufschübe und Verzögerungen auf Jerry ausübten, hätte auch der größte Geheimdienstchef der Welt nicht in seine Berechnungen einbeziehen können.

Diese Wirkung zu kennen, war eine Sache – und Smiley kannte sie zweifellos und unternahm sogar einiges, um ihr vorzubeugen. Sich von dieser Wirkung bestimmen zu lassen, ihr den gleichen Stellenwert einzuräumen wie den hochpolitischen Faktoren, mit denen er täglich bombardiert wurde, wäre eine ganz andere und völlig unverantwortlich gewesen. Ein General muß einfach Prioritäten setzen.

Saigon war entschieden der letzte Ort, an dem Jerry seinen Wartestand hätte verbringen dürfen. Als die Verzögerungen sich häuften, sprach man im Circus wiederholt davon, ihn in eine bekömmlichere Stadt zu schicken, zum Beispiel nach Singapur oder Kuala Lumpur, aber Gründe der Zweckdienlichkeit und der Tarnung gaben stets den Ausschlag dafür, daß er bleiben mußte, wo er war: und außerdem, schon morgen konnte sich alles ändern. Hinzu kam das Problem seiner persönlichen Sicherheit. Hongkong kam nicht in Betracht, und sowohl in Singapur wie in Bangkok hatte Ko sicherlich beträchtlichen Einfluß. Und nochmals die Tarnung: was war natürlicher, als daß ein Journalist sich in Saigon aufhielt, nun, da der Zusammenbruch unmittelbar bevorstand? Trotz allem lebte Jerry nur ein halbes Leben, und er lebte in einer halben Stadt. Rund vierzig Jahre lang war der Krieg Saigons Schlüsselindustrie gewesen, doch der amerikanische Rückzug von dreiundsiebzig hatte einen Konjunktureinbruch ausgelöst, von dem die Stadt sich bis zuletzt nie richtig erholte, so daß sogar dieser lang erwartete Schlußakt mit seinem Millionenaufgebot von Darstellern vor fast leerem Haus spielte. Sogar wenn Jerry seine obligatorischen Fahrten in die unmittelbare Kampfzone unternahm, hatte er das Gefühl, einem verregneten Kricketmatch beizuwohnen, bei dem beide Parteien nur den Wunsch hatten, möglichst bald in die Umkleidekabinen zurückzukehren. Der Circus verbot ihm, Saigon zu verlassen, mit der Begründung, er könne jeden Augenblick irgendwo anders benötigt werden, aber die wörtliche Durchführung dieses Befehls hätte ihn lächerlich gemacht, also ignorierte er ihn. Xuan Loc war eine langweilige französische Kautschukstadt, fünfzig Meilen entfernt, an der derzeitigen Verteidigungslinie der Stadt. Denn dieser Krieg unterschied sich dramatisch vom Krieg in Phnom Penh, er war technischer und trug ein europäisches Gepräge. Während die Roten Khmer keine Panzerwaffe besaßen, hatten die Nordvietnamesen russische Tanks und 130er Artilleriegeschütze, die sie nach klassischem russischem Muster dicht an dicht auffahren ließen, als setzten sie unter Marschall Schukow zum Sturm auf Berlin an, und nichts rührte sich, ehe nicht die letzte Kanone geladen und aufs Ziel gerichtet war. Er fand die Stadt halb verlassen vor, die katholische Kirche war leer bis auf einen französischen Geistlichen.

»*C'est terminé*«, erklärte der Priester ihm schlicht. Die Südvietnamesen würden tun, was sie immer taten, sagte er. Sie würden den Vormarsch stoppen, dann kehrt machen und davonlaufen.

Sie tranken zusammen Wein und starrten auf den leeren Platz hinaus.

Jerry reichte seine Reportage ein, die besagte, daß dieses Fiasko das letzte sei, und Stubbsi lehnte sie prompt ab mit dem lakonischen Kommentar: »Porträts, nicht Prophezeiungen. Stubbs.«

Auf den Stufen des Hotels Caravelle in Saigon boten ihm bettelnde Kinder unnütze Blumengebinde zum Kauf an. Jerry gab ihnen Geld und nahm die Blumen, um ihr Gesicht zu wahren, dann warf er sie in seinem Zimmer in den Papierkorb. Als er unten in der Halle saß, klopften sie ans Fenster, an dem der Regen herabströmte, und verkauften ihm *Stars and Stripes*. In den leeren Lokalen, in denen er trank, scharten sich die Mädchen verzweifelt um ihn, als wäre er ihre letzte Chance vor dem Ende. Nur die Polizisten waren in ihrem Element. Sie standen mit weißen Helmen und frischgewaschenen weißen Handschuhen an jeder Ecke, als warteten sie bereits darauf, den anrollenden Fahrzeugstrom der Sieger zu dirigieren. In weißen Jeeps fuhren sie wie regierende Fürsten an den Flüchtlingen vorbei, die in ihren Vogelbauern auf dem Gehsteig hockten. Er kehrte in sein Hotelzimmer zurück, und bald darauf rief Hercule an, Jerrys Lieblings-Vietnamese, dem er aus Leibeskräften aus dem Weg gegangen war. Hercule, wie er selber sich nannte, war gegen das Establishment und gegen Thieu und verdiente nicht schlecht damit, daß er britische Journalisten mit Informationen über den Vietkong versorgte, mit der fragwürdigen Begründung, daß die Briten nicht in den Krieg verwickelt seien. »Die Briten sind meine Freunde!« flehte er ins Telefon. »Bringen Sie mich raus! Ich brauche Papiere, ich brauche Geld!«

Jerry sagte: »Probieren Sie's bei den Amis«, und legte auf.

Das Büro der Agentur Reuter, wo Jerry seine totgeborene Reportage ablieferte, war ein Monument für vergessene Helden und die Romantik des Scheiterns. Unter den Glasplatten der Schreibtische lagen die fotografierten Köpfe zerzauster junger Männer, an den Wänden sah man berühmt gewordene Ablehnungen und Beispiele für das Wüten der Redakteure; die Luft war erfüllt vom Gestank alter Druckerschwärze und vom Hauch des Heimwehs nach Irgendwo-in-England, das jeder Korrespondent im Exil im Herzen trägt. Gleich um die Ecke war ein Reisebüro, und später stellte sich heraus, daß Jerry während jener Zeit zweimal Flüge nach Hongkong gebucht hatte und dann nicht am Flugplatz erschienen war. Er wurde von einem ernsten jungen Vettern namens Pike betreut, der offiziell an der Pressestelle arbeitete und ihm gelegentlich Telegramme in gelben Kuverts mit der Aufschrift EILIGE PRESSEINFORMATION ins Hotel brachte, damit alles authentisch wirken sollte. Aber die Botschaft, die darin stand, war immer die gleiche: keine Entscheidung, stillhalten, keine Entscheidung. Er las Ford Maddox Ford und einen wahrhaft gräßlichen Roman über das alte Hongkong. Er las Greene und Conrad und T. E. Lawrence, und noch immer kam nichts. Die Bombardierungen klangen bei Nacht am schlimmsten, und die Panik war überall wie eine um sich greifende Seuche.

Auf der Suche nach Stubbsis Porträts, nicht Prophezeiungen, ging er hinüber zur Amerikanischen Botschaft, wo an die zehntausend Vietnamesen sich an den Türen drängten, um ihre amerikanische Staatsangehörigkeit nachweisen zu können. Er sah, wie ein südvietnamesischer Offizier in einem Jeep ankam, aus dem Wagen sprang und auf die Frauen einzubrüllen begann, sie Huren und Verräterinnen nannte – offenbar ließ er seine Wut an einer Gruppe amerikanischer Ehefrauen zur linken Hand aus.

Wiederum lieferte Jerry einen Artikel, und wiederum verwarf Stubbs ihn, was Jerrys Depression zweifellos noch steigerte.

Ein paar Tage später verloren die Planer im Circus die Nerven. Da die volle Auflösung anhielt und sich noch beschleunigte, wiesen sie Jerry an, sofort nach Vientiane zu fliegen und dort unterzutauchen, bis ein Postbote der Vettern ihm anderslautende Orders bringen würde. Also flog er hin und nahm ein Zimmer im Constellation, wo Lizzie sich so gern hatte bewundern lassen, und er trank an der Bar, wo Lizzie getrunken hatte, und gelegentlich plauderte er mit Maurice, dem Besitzer, und im übrigen wartete er. Die Bar war aus Beton und zwei Fuß unter Straßenniveau, so daß sie notfalls als Luftschutzkeller oder Geschützstellung dienen konnte. Nebenan, im trübseligen Speisesaal, saß Abend für Abend ein alter *colon* allein an einem Tisch, hatte die Serviette in den Kragen gestopft und tafelte ausgiebig. Jerry saß lesend an einem anderen Tisch. Sie waren und blieben die einzigen Gäste, und sie wechselten nie ein Wort. Auf den Straßen patrouillierten die Pathet Lao – die noch nicht lang von ihren Bergen herabgestiegen waren – in Siegerhaltung immer zwei und zwei, sie trugen Mao-Mützen und Mao-Röcke und mieden die Blicke der Mädchen. Sie hatten die Villen an den Straßenecken und die Villen entlang zum Flugplatz requiriert. Sie kampierten in tadellosen Zelten, deren Spitzen über die Mauern wuchernder Gärten lugten.

»Wird die Koalition halten?« fragte Jerry einmal Maurice.

Maurice war kein politischer Mensch.

»Wir müssen's nehmen, wie's kommt«, antwortete er in seinem Bühnenfranzösisch und schenkte Jerry zum Trost einen Kugelschreiber mit der Aufschrift »Löwenbräu«. Maurice hatte die Konzession für ganz Laos, er verkaufte dem Vernehmen nach alljährlich mehrere Flaschen. Jerry mied gewissenhaft die Straße, in der das Büro von Indocharter lag, und ebenso verbot er sich, aus reiner Neugier einen Blick auf die Flohhütte am Stadtrand zu werfen, die, nach Charlie Marshalls Aussage, die *ménage à trois* beherbergt hatte. Auf Jerrys Frage erwiderte Maurice, es seien zur Zeit nur noch sehr wenige Chinesen in der Stadt. »Chinesen mögen sie nicht«, sagte er lächelnd und wies mit dem Kopf auf die Pathet Lao draußen auf dem Gehsteig.

Bleibt noch das Geheimnis der Aufzeichnungen der Telefongespräche. Rief Jerry Lizzie vom Constellation aus an oder rief er sie nicht an? Und wenn er sie anrief, wollte er dann mit ihr sprechen oder nur ihre Stimme hören? Und wenn er beabsichtigte, mit ihr zu sprechen, was hatte er sich vorgenommen, ihr zu sagen? Oder genügte schon das bloße Tätigen eines Anrufs – ähnlich dem bloßen Buchen seiner Hongkong-Flüge – als Katharsis, die ihn von der Wirklichkeit erlöste?

Fest steht auf jeden Fall, daß man weder Smiley noch Connie oder sonst jemandem, der die fraglichen Aufzeichnungen las, Pflichtversäumnis vorwerfen kann, denn der Text war bestenfalls als zweideutig zu bezeichnen:

*»0055 Uhr HK-Zeit. Eingehender Überseeruf, mit Voranmeldung für Teilnehmer. Vermittlung am Apparat. Teilnehmer nimmt den Anruf entgegen, sagt mehrmals* ›hallo‹.

Vermittlung: Anrufer, bitte sprechen!

Teilnehmer: Hallo? Hallo?

Vermittlung: Können Sie mich hören, Anrufer? Bitte sprechen Sie!

Teilnehmer: Hallo? Hier Liese Worth. Wer ist dort, bitte?

*Gespräch wird durch Anrufer beendet.*«

Die Aufzeichnung erwähnt an keiner Stelle Vientiane als Herkunftsort des Anrufs, und es ist sogar ungewiß, ob Smiley sie überhaupt zu sehen bekam, denn sein Zeichen erscheint nicht bei den Unterschriften.

Indes, ob nun Jerry der Anrufer gewesen war oder jemand anderer, am nächsten Tag brachten ihm zwei Vettern, nicht einer, einen Marschbefehl und endlich den willkommenen befreienden Einsatz. Die verdammte, endlose wochenlange Warterei war vorüber – und zwar für immer.

Er verbrachte den Nachmittag damit, sich Visa zu beschaffen und seine Reise zu buchen und am nächsten Morgen, bei Tagesanbruch, überquerte er mit Umhängetasche und Reiseschreibmaschine den Mekong nach Nordost-Thailand. Auf dem langen hölzernen Fährboot drängten sich Bauern und quiekende Schweine. In der Kontrollbaracke am Grenzübergang gab er an, daß er auf dem gleichen Weg wieder nach Laos zurückwolle. Andernfalls hätte man ihm die Einreise verweigern müssen, wie die Beamten streng erklärten. Vorausgesetzt, daß ich überhaupt zurückkomme, dachte er. Als er zur entschwindenden Küste von Laos zurückblickte, sah er auf dem Treidelpfad einen amerikanischen Wagen stehen und daneben zwei schlanke regungslose Gestalten, die Ausschau hielten. Die Vettern sind allezeit bei uns. Auf dem Thai-Ufer war sofort alles unmöglich: Jerrys Visum war ungenügend, sein Foto sah ihm nicht ähnlich, das ganze Gebiet war für *farangs* gesperrt. Zehn Dollar bewirkten einen Meinungswandel. Nach dem Visum kam der Wagen. Jerry hatte auf einem englischsprechenden Fahrer bestanden, der Preis war entsprechend festgesetzt worden, aber der alte Mann, der auf ihn wartete, sprach nur Thai und auch dies nur mangelhaft. Jerry bellte so lange englische Sätze in den Reisladen nebenan, bis er einen fetten trägen Jungen herauslockte, der über einige Englischkenntnisse verfügte und behauptete, chauffieren zu können. Umständlich wurde ein Vertrag aufgesetzt. Die Versicherung des alten Mannes deckte keinen anderen Fahrer und war ohnehin abgelaufen. Ein erschöpfter Commis stellte eine neue Police aus, während der Junge nach Hause ging, um sich reisefertig zu machen. Der Wagen war ein klapperiger roter Ford mit abgefahrenen Reifen. Von allen Todesarten, die Jerry in den nächsten paar Tagen nicht zu sterben gedachte, war dies die allerletzte. Sie feilschten, und Jerry rückte weitere zwanzig Dollar heraus. In einer Werkstatt voller Hühner ließ er kein Auge von den Mechanikern, bis die neuen Reifen aufmontiert waren.

Nachdem so eine Stunde vertan war, brausten sie mit halsbrecherischer Geschwindigkeit in südöstlicher Richtung über ebenes Ackerland. Der Junge ließ fünfmal »The lights are always out in Massachussetts« spielen, ehe Jerry ihn bat, aufzuhören.

Die Straße war geteert, aber unbefahren. Nur dann und wann kroch ein gelber Bus mit Schlagseite bergab auf sie zu, und sofort gab der Fahrer Gas und blieb auf der Mitte der Straße, bis der Bus um einen Fußbreit nachgegeben hatte und vorbeigedonnert war. Einmal nickte Jerry ein und schrak jäh durch das Krachen eines Bambuszauns auf, gerade rechtzeitig, um zu sehen, wie eine Fontäne von Splittern genau vor ihnen ins Sonnenlicht hochschoß und ein Lastwagen langsam in den Straßengraben rollte. Er sah, wie die Tür hochflog wie ein Laubblatt, der Fahrer hinterher und durch den Zaun und in das hohe Gras. Der Junge hatte nicht einmal das Gas weggenommen, obwohl er so lachen mußte, daß sie im Zickzack über die Straße schlingerten. Jerry schrie »Stopp!«, aber der Junge wollte davon nichts wissen.

»Wollen Sie Blut auf den Anzug kriegen? Lassen Sie das den Doktors«, verwies er ihn streng. »Ich kümmere mich um Sie, okay? Dies hier sehr schlimmes Land. Menge Kommis.«

»Wie heißen Sie?« sagte Jerry resigniert.

Der Name war unaussprechlich, also einigten sie sich auf Mickey.

Zwei weitere Stunden vergingen, bis sie an die erste Absperrung kamen. Jerry döste wieder vor sich hin und probte seinen Part. Immer kommt nochmals eine Tür, in die man den Fuß stellen muß, dachte er. Er fragte sich, ob der Tag kommen würde – für der Circus, für das Comic –, an dem der alte Alleinunterhalter mit seinen Späßen auf der Strecke bleiben würde: an dem der bloße Kraftaufwand, sich über die Schwelle zu mogeln, ihn fertig machen und er mit schlotternden Knien dastehen würde, sein freundliches Vertreterlächeln zur Schau tragen, während ihm die Worte in der Kehle stecken blieben. Lieber Gott, nicht diesmal, bitte.

Sie hielten, und ein junger Mönch kam unter den Bäumen hervorgeschusselt und hielt eine *wat*-Schale hin, und Jerry ließ einige *baht* hineinfallen. Mickey öffnete den Kofferraum. Ein Polizeiposten linste hinein, befahl Jerry sodann, auszusteiger, und führte ihn zu einem Captain, der allein in einer schattigen Hütte saß. Der Captain ließ sich lange Zeit, ehe er Jerry überhaupt zur Kenntnis nahm.

»Er fragt, Sie Amerikaner?« sagte Mickey.

Jerry zeigte seine Papiere vor.

Jenseits der Schranke lief die tadellose Teerstraße schnurgerade über das flache Buschland.

»Er sagt, was Sie hier wollen?« sagte Mickey.

»Geschäfte mit dem Colonel.«

Auf der Weiterfahrt kamen sie an einem Dorf und einem Kino vorbei. Sogar die neuesten Streifen hier sind noch Stummfilme, erinnerte sich Jerry. Er hatte einmal darüber geschrieben. Einheimische Schauspieler lieferten die Stimme und erfanden irgendeinen Text, der ihnen gerade einfiel. Er erinnerte sich an John Wayne mit quäkender Thai-Stimme, das Publikum raste, und der Dolmetscher erläuterte ihm, es handle sich um eine Imitation des Bürgermeisters, der eine stadtbekannte Tunte sei. Sie durchfuhren Wälder, aber zu beiden Seiten der Straße waren Streifen von fünfzig Yards Breite gerodet worden, um die Gefahr eines Hinterhalts zu verringern. Manchmal fuhren sie an scharf gezogenen weißen Linien entlang, die nichts mit dem Straßenverkehr zu tun hatten. Die Straße war von den Amerikanern im Hinblick auf eventuelle Landemöglichkeiten angelegt worden.

»Kennen Sie diesen Colonel?« fragte Mickey.

»Nein«, sagte Jerry.

Mickey lachte entzückt. »Warum wollen Sie ihn?«

Jerry gab keine Antwort.

Die zweite Straßensperre kam nach zwanzig Meilen, inmitten eines kleinen Dorfs, das für die Polizei geräumt worden war. Eine Gruppe grauer Lastwagen stand im Hof des *wat*, vier Jeeps waren

neben der Schranke geparkt. Das Dorf lag an einer Kreuzung. Im rechten Winkel zu ihrer Straße lief ein Feldweg quer über die Ebene und wand sich zu beiden Seiten bergan. Diesmal ergriff Jerry die Initiative. Er sprang sofort aus dem Wagen und rief forsch: »Bringen Sie mich zu Ihrem Chef!« Als ihr Chef erwies sich ein nervöser junger Captain mit dem finsteren Gesichtsausdruck eines Mannes, der sich alles vom Hals halten möchte, was über seine Erfahrung hinausgeht. Er saß im Wachlokal und hatte die Pistole vor sich auf dem Schreibtisch liegen. Das Wachlokal war nur behelfsmäßig, wie Jerry feststellte. Durchs Fenster sah er die zerbombte Ruine, die vermutlich das frühere gewesen war.
»Mein Colonel ist ein sehr beschäftigter Mann«, erklärte der Captain über Mickey, den Fahrer.
»Er ist auch ein sehr tapferer Mann«, sagte Jerry.
Es folgte eine längere Pantomime, bis sie das Wort »tapfer« ausgedeutet hatten.
»Er hat viele Kommunisten erschossen«, sagte Jerry. »Meine Zeitung möchte über diesen tapferen Thai-Colonel berichten.«
Der Captain redete längere Zeit, und plötzlich begann Mickey, vor Lachen zu brüllen.
»Der Captain sagen, wir haben keine Kommis nicht. Wir haben bloß Bangkok. Arme Leute hier herum, wissen nichts, weil Bangkok keine Schulen, also kommen die Kommis bei Nacht zu ihnen, reden mit ihnen, sagen, alle ihre Söhne gehen alle nach Moskau und lernen große Doktors, und so haben sie Polizeistation in die Luft gesprengt.«
»Wo kann ich den Colonel finden?«
»Captain sagen, wir bleiben hier.«
»Wird er den Colonel bitten, zu uns zu kommen?«
»Colonel sehr beschäftigter Mann.«
»Wo ist der Colonel?«
»Er nächstes Dorf.«
»Wie heißt das nächste Dorf?«
Wiederum brach der Fahrer vor Lachen fast zusammen.
»Es heißt gar nicht. Ganzes Dorf ganz tot.«
»Wie hat das Dorf geheißen, als es noch nicht tot war?«
Mickey nannte den Namen.
»Ist die Straße bis zu diesem toten Dorf frei?«
»Captain sagen, militärisches Geheimnis. Das heißt, er weiß es nicht.«

»Wird der Captain uns hinfahren lassen?« fragte Jerry.
Ein langes Palaver folgte.
»Klar«, sagte Mickey endlich. »Er sagen, wir gehen.«
»Wird der Captain an den Colonel funken und ihm sagen, daß wir kommen?«
»Colonel sehr beschäftigter Mann.«
»Wird er ihm funken?«
»Klar«, sagte der Fahrer, als könne nur ein widerlicher *farang* von einer solchen selbstverständlichen Kleinigkeit soviel Wesens machen.
Sie stiegen wieder ein. Der Schlagbaum ging hoch, und sie fuhren weiter auf der tadellosen Teerstraße mit den gerodeten Seitendämmen und den aufgemalten Landestreifen. Zwanzig Minuten lang fuhren sie, ohne auf irgend etwas Lebendiges zu stoßen, aber Jerry war die Leere nicht geheuer. Er hatte gehört, auf jeden bewaffneten kommunistischen Guerilla in den Bergen kämen fünf in den Ebenen, die den Reis und die Munition beschafften und den Nachschub sicherten, und dies hier war die Ebene. Sie kamen zur Einmündung einer Landstraße zu ihrer Rechten, und das Erdreich war über den Teer verstreut, also war die Landstraße erst kürzlich befahren worden. Mickey bog in den Weg ein, folgte den tiefen Reifenspuren und ließ trotz Jerrys Einspruch »The lights are always out in Massachussetts« in voller Lautstärke spielen.
»Dann glauben die Kommis, wir viele Leute«, erklärte er unter lautem Lachen. Zu Jerrys Überraschung brachte er aus der Tasche unter seinem Sitz eine riesige langläufige 0.45er Pistole zum Vorschein. Jerry befahl ihm barsch, die Waffe wieder verschwinden zu lassen. Bald darauf kam der Brandgeruch, dann fuhren sie durch Holzrauch, dann erreichten sie, was von dem Dorf noch übriggeblieben war: Grüppchen verängstigter Menschen, ein paar Morgen verbrannter Teakbäume, die wie ein versteinerter Wald aussahen, drei Jeeps, einige zwanzig Polizisten und in ihrer Mitte einen untersetzten Lieutenant-Colonel. Dörfler wie Polizisten starrten auf einen sechzig Yards entfernten, schwelenden Aschenhaufen, aus dem einige verkohlte Balken die Umrisse der abgebrannten Häuser andeuteten. Der Colonel beobachtete, wie Jerry und der Fahrer ausstiegen und herüberkamen. Er war ein Kämpfer. Jerry sah das sofort. Er war vierschrötig und kräftig und blickte ihnen weder lächelnd noch drohend entgegen. Seine Gesichtshaut war dunkel, das Haar ergrauend, und wenn sein

Körper weniger dick gewesen wäre, hätte er Malaye sein können. Er trug Fallschirmspringerabzeichen und Fliegerabzeichen und mehrere Reihen Ordensbänder, einen Kampfanzug und eine Automatic im Lederhalfter am rechten Schenkel. Die Verschlußlasche hing offen.
»Der Zeitungsmann?« fragte er Jerry in monotonem militärischem Amerikanisch.
»Bin ich.«
Die Augen des Colonel richteten sich auf den Fahrer. Er sagte etwas, und Mickey ging schleunigst zum Wagen zurück, stieg ein und blieb drinnen.
»Was wollen Sie?«
»Hier jemand gestorben?«
»Drei Leute. Habe sie gerade erschossen. Wir haben achtunddreißig Millionen.« Sein amtliches, nahezu perfektes amerikanisches Englisch war eine Überraschung.
»Warum haben Sie die Leute erschossen?«
»In der Nacht hielten die KTs hier Schulung ab. Die Leute kamen aus der ganzen Umgebung, um den KTs zuzuhören.«
*Kommunistische Terroristen,* dachte Jerry. Er glaubte sich zu erinnern, daß es ursprünglich eine britische Wendung sei. Eine Reihe Lastwagen kam langsam auf der Landstraße daher. Bei ihrem Anblick begannen die Dörfler, Bettzeug und Kinder zusammenzuraffen. Der Colonel bellte einen Befehl, und seine Männer stellten die Leute in einer Schlange auf, während die Lastwagen wendeten.
»Wir bringen sie an einen besseren Ort«, sagte der Colonel. »Sie fangen neu an.«
»Wen haben Sie erschossen?«
»Letzte Woche wurden zwei meiner Männer durch Bomben getötet. Die KTs operierten von diesem Dorf aus.« Er suchte eine mürrische Frau aus, die gerade auf den Lastwagen klettern wollte und rief sie zurück, damit Jerry sie ansehen konnte. Sie stand mit gesenktem Kopf da.
»In ihrem Haus hielten sie sich auf«, sagte er. »Diesmal habe ich ihren Mann erschossen. Nächstesmal erschieße ich sie.«
»Und die beiden anderen?« fragte Jerry.
Er fragte, weil fragen am Ball bleiben bedeutet, aber der Befragte war Jerry, nicht der Colonel. Die braunen Augen des Offiziers waren hart und abschätzend und hielten eine ganze Menge

zurück. Sie blickten Jerry forschend, aber ohne Besorgnis an.
»Einer der KTs schlief mit einem Mädchen hier«, sagte er einfach. »Wir sind nicht nur die Polizei. Wir sind auch Richter und Gerichtshof. Es gibt sonst niemanden. Bangkok liegt nichts an einer Menge Prozesse hier draußen.« Die Dörfler waren jetzt auf den Lastwagen. Sie fuhren weg, ohne zurückzublicken. Nur die Kinder winkten über die Rückplanke. Die Jeeps folgten den Lastwagen, zurück blieben die drei Männer und die beiden Autos und ein Junge von vielleicht fünfzehn Jahren.
»Wer ist er?« sagte Jerry.
»Er kommt mit uns. Nächstes Jahr, vielleicht übernächstes, erschieße ich ihn auch.«

Jerry fuhr neben dem Colonel im Jeep, der Colonel chauffierte. Der Junge saß teilnahmslos hinter ihnen und murmelte nur ja und nein, während der Colonel ihm in festem, mechanischem Tonfall eine Ansprache hielt. Mickey folgte mit dem Taxi. Auf dem Boden des Jeeps, zwischen Sitz und Pedalen, hatte der Colonel vier Granaten in einer Pappschachtel liegen. Ein kleines Maschinengewehr lag quer über dem Rücksitz, und der Colonel geruhte nicht, es wegen des Jungen dort wegzunehmen. Über dem Rückspiegel hing neben den Heiligenbildern ein Postkartenfoto von John Kennedy mit dem Text »Frage nicht, was dein Land für dich tun kann. Frage lieber, was du für dein Land tun kannst.« Jerry hatte sein Notizbuch gezückt. Der Colonel redete noch immer auf den Jungen ein.
»Was sagen Sie zu ihm?«
»Ich erkläre ihm das Wesen der Demokratie.«
»Und das wäre?«
»Kein Kommunismus und keine Generale«, erwiderte er und lachte.
An der Hauptstraße bogen sie rechts ein, weiter ins Landesinnere, und Mickey folgte in seinem roten Ford.
»Mit Bangkok verhandeln ist genauso, wie wenn man auf den hohen Baum da klettert«, sagte der Colonel zu Jerry und wies zum Wald hinüber. »Man klettert auf einen Ast, steigt weiter, auf den nächsten, der Ast bricht ab, man steigt wieder hinauf. Vielleicht kommt man eines Tages bis zum obersten General. Vielleicht auch nie.«
Zwei kleine Kinder winkten vom Straßenrand, und der Colonel

hielt an, damit sie sich neben den Jungen quetschen konnten.
»Ich tue das nicht sehr oft«, sagte er und lächelte wieder unvermittelt. »Ich tue das, damit Sie sehen, ich bin ein netter Mensch. Wenn die KTs spitzkriegen, daß man wegen der Kinder anhält, dann richten sie die Kinder dazu ab. Man muß ständig wechseln. Nur dann bleibt man am Leben.«
Er war wieder in den Wald eingeschwenkt. Sie fuhren ein paar Meilen und ließen die kleinen Kinder aussteigen, nicht aber den mürrischen Jungen. Die Bäume wichen trostlosem Buschland. Der Himmel wurde weiß, nur die Umrisse der Berge ragten aus dem Nebel.
»Was hat er getan?« fragte Jerry.
»Der? Er ist ein KT«, sagte der Colonel. »Wir fangen ihn.«
Im Wald sah Jerry etwas golden blitzen, aber es war nur ein *wat.*
»Letzte Woche macht einer meiner Polizisten Spitzel für KT. Ich schicke ihn auf Patrouille, erschieße ihn, mache großen Helden aus ihm. Ich verschaffe der Frau eine Rente, ich kaufe große Fahne für den Sarg, mache großes Begräbnis, und das Dorf wird ein bißchen reicher. Der Bursche ist kein Spitzel mehr. Er ist ein Volksheld. Man muß die Bevölkerung für sich gewinnen.«
»Ganz recht«, bestätigte Jerry.
Sie kamen zu einem weiten trockenen Reisfeld, in dessen Mitte zwei Frauen den Boden bearbeiteten, sonst war nichts zu sehen außer einer entfernten Hecke und felsigem Dünenland, das sich in den weißen Himmel verlief. Mickey mußte im Ford sitzenbleiben, Jerry und der Colonel wanderten über das Feld, der mürrische Junge schlurfte hinterdrein.
»Sie sind Brite?«
»Ja.«
»Ich war auf der Internationalen Polizeiakademie in Washington«, sagte der Colonel. »Sehr hübsch dort. Ich habe an der Michigan State Law Enforcement studiert. Ging uns nicht schlecht dort. Würden Sie bitte ein bißchen Abstand von mir halten?« fragte er höflich, als sie bedächtig über einen Sturzacker stapften. »Ich werde erschossen, nicht Sie. Wenn sie einen *farang* erschießen, kriegen sie hier zu viel Scherereien. Das wollen sie nicht. Niemand erschießt einen *farang* in meinem Bezirk.«
Sie waren bei den Frauen angekommen. Der Colonel sagte etwas zu ihnen, ging ein Stück weiter, blieb stehen, schaute sich zu dem mürrischen Jungen um, kehrte zu den Frauen zurück und sagte

nochmals etwas zu ihnen.
»Worum geht's?« sagte Jerry.
»Ich frage sie, ob's in der Gegend KTs gibt. Sie sagen nein. Dann denke ich: vielleicht wollen die KTs den Jungen da wiederhaben. Also geh ich zurück und sage zu ihnen: ›Wenn irgendwas passiert, erschießen wir euch Weiber zuerst‹.« Jetzt waren sie an der Hecke. Vor ihnen lagen die Dünen, überwachsen von hohen Büschen und Palmen wie Schwertklingen. Der Colonel hielt die Hände trichterförmig vor den Mund und brüllte etwas, bis ein Antwortruf kam.
»Ich lernte das im Dschungel«, erklärte er und lächelte wieder. »Wenn man im Dschungel ist, immer zuerst rufen.«
»Was für ein Dschungel war das?« fragte Jerry.
»Bleiben Sie jetzt bitte dicht bei mir. Lächeln Sie, wenn Sie mit mir sprechen. Man muß Sie sehr deutlich sehen können.«
Sie hatten einen kleinen Fluß erreicht. Am Ufer hackten hundert oder mehr Männer, einige sogar noch jünger als der Junge, stumpfsinnig, mit Piken und Spaten auf die Felsen ein oder wuchteten Zementsäcke von einem hohen Haufen auf einen anderen, wobei eine Handvoll bewaffneter Polizisten lässig zusah. Der Colonel rief den Jungen herbei und sagte etwas zu ihm, und der Junge senkte den Kopf, und der Colonel versetzte ihm eine schallende Ohrfeige. Der Junge murmelte etwas, und der Colonel schlug nochmals zu, dann klopfte er ihm auf die Schulter, worauf der Junge wie ein freigelassener, aber verkrüppelter Vogel davonschusselte, um sich der Arbeitskolonne anzuschließen.
»Wenn Sie über KTs schreiben, schreiben Sie auch über meinen Damm hier«, befahl der Colonel, während sie sich auf der Rückweg machten. »Wir machen hier schönes Weideland. Es wird nach mir benannt.«
»In welchem Dschungel haben Sie gekämpft?« wiederholte Jerry, als sie zurückgingen.
»Laos. Sehr schwere Kämpfe.«
»Als Freiwilliger?«
»Klar. Ich habe Kinder, brauche das Geld. Gehe zu PARU! Schon von PARU gehört? Haben die Amerikaner aufgezogen und befehligt. Ich schreibe einen Brief, daß ich aus der Thai-Polizei austrete. Liegt in einer Schublade bei ihnen. Wenn ich umkomme, holen sie den Brief heraus als Beweis, daß ich ausgetreten bin, bevor ich zu PARU ging.«

»Haben Sie dort auch Ricardo kennengelernt?«
»Klar. Ricardo mein Freund. Haben zusammen gekämpft, eine Menge Feinde erschossen.«
»Ich möchte ihn besuchen«, sagte Jerry. »Ich habe in Saigon eines seiner Mädchen getroffen. Sie sagte mir, er hat hier in der Gegend ein Haus. Ich möchte ihm ein Geschäft vorschlagen.«
Sie kamen wieder an den Frauen vorüber. Der Colonel winkte ihnen zu, aber sie reagierten nicht. Jerry beobachtete seine Miene, aber er hätte ebensogut einen Felsblock hinten auf den Dünen beobachten können. Der Colonel stieg in den Jeep. Jerry sprang nach ihm hinein.
»Ich dachte, vielleicht könnten Sie mich zu ihm bringen. Ich könnte ihn sogar für ein paar Tage reich machen.«
»Ist es für Ihre Zeitung?«
»Es ist privat.«
»Sie wollen ihm ein privates Geschäft vorschlagen?« fragte der Colonel.
»Stimmt.«
Als sie zur Hauptstraße zurückfuhren, kamen ihnen zwei gelbe Zementmixerwagen entgegen, und der Colonel mußte zurücksetzen, um sie vorbeizulassen. Jerry las automatisch den Namen, der an die gelben Seitenwände aufgemalt war. Dabei bemerkte er, daß der Colonel ihn aus den Augenwinkeln beobachtete. Sie fuhren weiter ins Landesinnere, so schnell, wie der Jeep es schaffte, um allen üblen Absichten, die unterwegs auf sie lauern mochten, zuvorzukommen. Mickey folgte getreulich.
»Ricardo ist mein Freund, und das hier ist mein Bezirk«, wiederholte der Colonel in tadellosem Amerikanisch. Die Feststellung war, obgleich bereits bekannt, diesmal eine ausdrückliche Warnung. »Er lebt hier unter meinem Schutz, das haben wir vereinbart. Jeder hier weiß es. Die Dörfler wissen es, die KTs wissen es. Niemand tut Ricardo etwas, oder ich erschieße jeden KT auf dem Damm.«
Als sie von der Hauptstraße wieder auf den Feldweg einbogen, sah Jerry die leichten Rutschspuren eines kleines Flugzeugs auf dem Teer eingeprägt.
»Landet er hier?«
»Nur in der Regenzeit«, fuhr der Colonel fort und blieb bei der Erläuterung seiner ethischen Position in dieser Angelegenheit. »Wenn Ricardo Sie tötet, ist das seine Sache. Ein *farang* erschießt

einen anderen *farang* in meinem Bezirk, das ist natürlich.« Er sagte es, als erklärte er einem Kind das kleine Einmaleins. »Ricardo ist mein Freund«, wiederholte er ohne Verlegenheit. »Mein Kamerad.«

»Erwartet er mich?«

»Bitte seien Sie rücksichtsvoll. Captain Ricardo ist zeitweise ein kranker Mann.«

*Tiu bringt ihn unter*, hatte Charlie Marshall gesagt, an *einem Ort, wo nur Verrückte hingehen. Tiu sagt zu ihm »Sie bleiben am Leben, Sie behalten das Flugzeug, Sie schmuggeln Waffen für Charlie Marshall, jederzeit, befördern Geld für ihn, sorgen dafür, daß ihm nichts passiert, wenn Charlie es so haben will. Das ist das Abkommen, und Drake Ko hat noch nie ein Abkommen gebrochen«*, sagt er. *Aber wenn Ric Geschichten macht oder wenn Ric pfuscht oder wenn Ric über gewisse Dinge seine große Klappe nicht halten kann, dann machen Tiu und seine Leute diesen blöden Kerl gründlich fertig, daß er nicht mehr weiß, wer er ist.*

»Warum setzt Ric sich nicht einfach ins Flugzeug und haut ab?« hatte Jerry gefragt.

*»Tiu hat Rics Pass, Voltaire. Tiu zahlt Rics Schulden und seine geschäftlichen Unternehmungen und kauft seine Polizeiakte. Tiu hängt ihm ungefähr fünfzig Tonnen Opium an, und Tiu hat für die Rauschgifthelden alle Beweise parat, falls er sie mal brauchen kann. Ric kann ohne weiteres und jederzeit hin, wo er will. Überall auf der ganzen verdammten Welt wartet schon ein Gefängnis auf ihn.*

Das Haus mit dem ringsum laufenden Balkon war auf Pfählen erbaut, ein Bach floß neben dem Haus und darunter hielten sich zwei Thai-Mädchen auf, von denen die eine ihr Baby stillte, während die andere in einem Kochtopf rührte. Dahinter erstreckte sich ein flaches braunes Feld, an dessen Ende man einen Schuppen sah, groß genug für ein kleines Flugzeug – zum Beispiel eine Beechcraft –, und eine silbrige Spur aus zerdrücktem Gras führte über das Feld, wo kürzlich jemand gelandet sein mochte. Das Haus stand in der Mitte eines breiten Feldwegs auf einer kleinen Erhebung, und in der Nähe gab es keine Bäume. Man hatte freien Ausblick nach allen Richtungen, und die breiten, aber nicht sehr hohen Fenster schienen Jerry eigens umgebaut worden zu sein, damit man von drinnen einen möglichst weiten Schußwinkel hätte. Kurz vor dem Haus ließ der Colonel Jerry aussteigen und ging mit ihm nach hinten zu Mickeys Wagen. Er sagte etwas zu Mickey, und Mickey sprang heraus und öffnete den Kofferraum. Der Colonel griff unter den Fahrersitz, zog die langläufige Pistole heraus und warf sie verächtlich in den Jeep. Er filzte Jerry, dann filzte er Mickey, dann durchsuchte er persönlich den Wagen, dann gebot er ihnen beiden, zu warten, und stieg die Treppe zum ersten Stock hinauf. Die Mädchen beachteten ihn nicht.

»Er feiner Colonel«, sagte Mickey.

Sie warteten.

»England reiches Land«, sagte Mickey.

»England ein sehr *armes* Land«, gab Jerry zurück, während sie zum Haus hinübersahen.

»Armes Land, reiche Leute«, sagte Mickey. Er schüttelte sich noch immer vor Lachen über seinen eigenen Witz, als der Colonel aus dem Haus kam, in den Jeep stieg und wegfuhr.

»Warte hier«, sagte Jerry. Er ging langsam bis zum Fuß der Treppe, dann hielt er die Hände vor den Mund und rief hinauf. »Ich heiße Westerby. Vielleicht erinnern Sie sich, daß Sie vor ein paar Wochen in Phnom Penh auf mich geschossen haben. Ich bin ein armer Journalist mit teuren Einfällen.«

»Was wollen Sie, Voltaire? Jemand hat mir erzählt, Sie seien bereits tot.«

Eine südamerikanische Stimme, tief und samtig aus dem Dunkel über ihm.

»Ich möchte Drake Ko erpressen. Schätze, wir zwei beide könnten ihn um ein paar Millionen Dollar erleichtern, und Sie könnten sich Ihre Freiheit erkaufen.«

In der schwarzen Öffnung der Falltür sah Jerry einen Gewehrlauf, gleich einem Zyklopenauge, das ein paarmal blinzelte und dann den Blick wieder fest auf ihn richtete.

»*Jeder*«, rief Jerry. »Zwei für Sie, zwei für mich. Ich hab' den Plan fix und fertig. Mit meinem Verstand und Ihrem Wissen und Lizzies Worthingtons Figur kann gar nichts schiefgehen.«

Er begann, langsam die Stufen hinaufzusteigen. *Voltaire*, dachte er: wenn es darum ging, Nachrichten zu verbreiten, fackelte Charlie Marshall nicht lange. Und was das andere anging, nämlich daß er bereits tot sei, das war nur eine Frage der Zeit, dachte er.

Als Jerry durch die Falltür kletterte, kam er vom Dunkeln ins

Helle, und die südamerikanische Stimme sagte: »Bleiben Sie dort.« Jerry tat, wie ihm geheißen. Von seinem Standort aus konnte er den Raum überblicken, der eine Mischung aus einem kleinen Waffenmuseum und einem amerikanischen PX darstellte. Auf dem Mitteltisch stand auf einem Dreifuß eine AK 47, ähnlich der, aus der Ricardo ihn schon einmal beschossen hatte, und wie Jerry vermutet hatte, gaben die vier Fenster das Feuer nach allen Richtungen frei. Trotzdem waren für alle Fälle ein paar Reservewaffen bereit, und neben jeder lag ein hübscher Haufen Munition. Granaten lagen herum wie Obst, in Bündeln zu drei oder vier Stück, und auf der scheußlichen Walnuß-Hausbar unter einer Madonnenstatue aus Plastik lag ein Sortiment von Pistolen und Maschinenpistolen für jede Gelegenheit. Es war nur ein einziger Raum, aber er war groß und enthielt ein niedriges Bett in einem Rahmen mit japanischer Lackmalerei, und Jerry überlegte einen albernen Augenblick lang, wie zum Teufel Ricardo das Ding jemals in seine Beechcraft gebracht hatte. Er sah zwei Kühlschränke und eine Eismaschine, und er sah mühsam gepinselte Ölgemälde nackter Thai-Mädchen, gemalt mit jener Ungenauigkeit im erotischen Detail, die im allgemeinen eine mangelnde Vertrautheit mit dem Sujet verrät. Er sah einen Aktenschrank mit einer Luger obendrauf, und ein Regal mit Büchern über Gesellschaftsrecht, Internationales Steuerrecht und Sexualtechniken. An den Wänden hingen mehrere Heiligenfiguren aus einheimischer Schnitzarbeit, die Jungfrau Maria und das Jesuskind. Auf dem Fußboden stand ein Ruderapparat mit Gleitsitz zum Fitness-Training.

Inmitten all dieser Requisiten saß, in fast der gleichen Haltung wie damals, als Jerry ihn zum erstenmal gesehen hatte, Ricardo auf einem Direktorendrehsessel. Er trug seine CIA-Armbänder, einen Sarong und ein goldenes Kreuz auf der schönen bloßen Brust. Sein Bart war weit weniger üppig als beim letztenmal, und Jerry vermutete, daß die Mädchen ihn gestutzt hatten. Er trug keine Kopfbedeckung, und das krause schwarze Haar war im Nacken mit einem kleinen goldenen Ring zusammengefaßt. Er war breitschultrig und muskulös, und seine Haut war gebräunt und ölig, die Brust dicht behaart.

Neben seinem Ellbogen standen eine Flasche Whisky und ein Krug mit Wasser, aber kein Eis, denn es gab keinen Strom für die Kühlschränke.

»Bitte nehmen Sie das Jackett ab, Voltaire«, befahl Ricardo. Jerry gehorchte, und mit einem Seufzer stand Ricardo auf, nahm eine Automatic vom Tisch und umkreiste Jerry langsam, begutachtete seinen Körperbau genau, während er ihn sanft nach Waffen abtastete.

»Spielen Sie Tennis?« fragte er, während er hinter Jerry stand und ihm mit einer Hand sehr leicht den Rücken entlangfuhr. »Charlie sagt, Sie haben Muskeln wie ein Gorilla.« Aber Ricardo stellte Fragen eigentlich immer nur an sich selber. »Ich spiele sehr gern Tennis. Ich bin ein äußerst guter Spieler. Ich gewinne immer. Hier habe ich leider wenig Gelegenheit.« Er setzte sich wieder. »Manchmal muß man sich bei den Feinden verstecken, um vor den Freunden sicher zu sein. Ich reite, boxe, schieße, ich habe Preise gewonnen, ich fliege eine Maschine, ich weiß eine Menge vom Leben, ich bin hochintelligent, aber aufgrund unvorhergesehener Umstände lebe ich im Dschungel wie ein Affe.« Die Automatic lag lässig in seiner Linken. »Ist das, was Sie einen Paranoiker nennen würden, Voltaire? Jemand, der jeden für seinen Feind hält?«

»Das dürfte es wohl sein.«

Um den altbekannten Satz zu sprechen, legte Ricardo einen Finger auf die bronzebraune ölglänzende Brust:

»Nun, dieser Paranoiker hier hat wirklich Feinde«, sagte er.

»Mit zwei Millionen Dollar«, sagte Jerry, der noch immer dort stand, wo Ricardo ihn hatte stehenlassen. »könnte man vermutlich die meisten ausschalten.«

»Voltaire, ich muß Ihnen ehrlich sagen, ich betrachte Ihren geschäftlichen Vorschlag als Scheiß.«

Ricardo lachte. Das hieß, er stellte die prächtigen weißen Zähne hinter dem frischgestutzten Bart zur Schau, ließ die Bauchmuskeln ein bißchen spielen und hielt den Blick starr auf Jerrys Gesicht gerichtet, während er seinen Whisky trank. Er hat seine Instruktionen, dachte Jerry, genau wie ich.

*Wenn er auftaucht, dann horchst du ihn aus,* hatte Tiu zweifellos gesagt. Und wenn Ricardo ihn ausgehorcht hatte – was dann?

»Ich habe wirklich geglaubt, Sie hätten einen Unfall gehabt, Voltaire«, sagte Ricardo traurig und schüttelte den Kopf, als beklagte er die Unzuverlässigkeit seiner Information. »Möchten Sie was trinken?«

»Danke, ich bediene mich«, sagte Jerry. Die Gläser waren in einem Schränkchen, lauter verschiedene Farben und Formate. Jerry ging

gemessenen Schritts hinüber und nahm sich einen hohen rosa Becher mit einem bekleideten Mädchen außen drauf und einem nackten Mädchen innen drin. Er goß ein paar Fingerbreit Whisky hinein, ein bißchen Wasser dazu und setzte sich Ricardo gegenüber an den Tisch, während Ricardo ihn interessiert beobachtete.
»Trainieren Sie, Gewichtheben oder sonstwas?« erkundigte er sich liebenswürdig.
»Nur Flaschenstemmen«, sagte Jerry.
Ricardo lachte unbändig und musterte Jerry dabei unentwegt sehr genau mit seinen flackernden Schlafzimmeraugen.
»Das war wirklich sehr häßlich, was Sie mit dem kleinen Charlie gemacht haben, wissen Sie das? Es gefällt mir nicht, daß Sie meinen Freund im Dunkeln festhalten, wenn er seinen Stoff braucht. Charlie wird lang brauchen, bis er sich davon wieder erholt hat. So freundet man sich nicht mit Charlies Freunden an, Voltaire. Es heißt, Sie haben sich sogar gegen Mr. Ko schlecht benommen. Meine kleine Lizzie zum Dinner ausgeführt. Stimmt das?«
»Ich hab' sie zum Dinner ausgeführt.«
»Und sie gefickt?«
Jerry gab keine Antwort. Ricardo brach wiederum in Lachen aus, das so jäh aufhörte, wie es begonnen hatte. Er trank einen langen Schluck Whisky und seufzte.
»*Well*, ich hoffe nur, sie ist dankbar, sonst nichts.« Plötzlich war er der ach so mißverstandene Mann. »Ich verzeihe ihr. Okay? Wenn Sie Lizzie wiedersehen: sagen Sie ihr, ich, Ricardo, verzeihe ihr. Ich bilde sie aus. Ich bringe sie auf den rechten Weg. Ich bringe ihr eine Menge bei, Kunst, Kultur, Politik, Geschäft, Religion, ich bringe ihr bei, was sie im Bett kann, und ich schicke sie in die Welt. Wo würde sie sein, ohne meine Verbindungen? Sie würde mit Ricardo im Dschungel leben, wie ein Affe. Sie verdankt mir alles. *Pygmalion*: kennen Sie den Film? *Well*, ich bin der Professor. Ich lehre sie ein paar Dinge – verstehen Sie, was ich meine? –, ich lehre sie, was nur Ricardo sie lehren kann. Sieben Jahre in Vietnam. Zwei Jahre in Laos. Viertausend Dollar im Monat von der CIA, und ich bin Katholik. Glauben Sie, ich kann sie nicht ein paar Dinge lehren? Dieses Mädchen von nirgendwo her, diese englische Schneegans? Sie hat einen Jungen, wissen Sie das? Einen kleinen Jungen in London. Hat ihn einfach sitzenlassen, stellen Sie

sich das vor. Sowas will eine Mutter sein! Schlimmer als eine Hure.«

Jerry fiel nichts dazu ein. Er blickte auf die beiden großen Ringe, die Seite an Seite an den mittleren Fingern von Ricardos schwerer rechter Hand steckten, und verglich sie im Geist mit den Zwillingsnarben an Lizzies Kinn. Es war ein Schlag von oben nach unten, dachte er, ein regelrechter Abwärtshaken, während sie vor ihm stand. Ein Wunder, daß er ihr nicht den Kiefer gebrochen hatte. Vielleicht hatte er ihn ihr auch wirklich gebrochen, und die Reparatur war besonders geglückt.

»Sind Sie auf einmal taub, Voltaire? Ich hab' gesagt, ich möchte mir Ihren geschäftlichen Vortrag anhören. Ganz unvoreingenommen, ja? Nur daß ich kein Wort davon glaube.«

Jerry goß sich noch einen Whisky ein: »Ich dachte, wenn Sie mir vielleicht erzählen würden, was Drake Ko damals wollte, als Sie für ihn flogen, und wenn Lizzie mich mit Ko zusammenbringen könnte, und wenn wir nicht versuchen, einander übers Ohr zu hauen, dann hätten wir gute Aussichten, ihn kräftig zu rupfen.«

Als er es laut sagte, klang es sogar noch lahmer als bei seinen Rollenproben, aber es war ihm ziemlich egal.

»Sie sind verrückt, Voltaire. Verrückt. Sie phantasieren sich was zusammen.«

»Nicht, wenn Ko Sie wirklich in seinem Auftrag zum chinesischen Festland fliegen ließ, dann nicht. Ko kann meinetwegen ganz Hongkong besitzen, aber falls der Gouverneur jemals von diesem kleinen Ausflug erfahren sollte, dann dürfte es zwischen ihm und Ko über Nacht aus sein mit der Freundschaft. Das wäre das eine. Es gibt noch mehr.«

»Was reden Sie da, Voltaire? China? Was soll dieser Unsinn? Das chinesische *Festland*?« Er zuckte die schimmernden Schultern, trank und feixte dabei in sein Glas. »Ich weiß nicht, was Sie meinen, Voltaire. Sie reden wie ein Mann ohne Kopf. Wie kommen Sie darauf, daß ich für Ko nach China geflogen bin? Grotesk. Lächerlich.«

Als Lügner, fand Jerry, war Ricardo noch ungefähr drei Plätze auf der Landesligaliste unter Lizzie, und das wollte etwas heißen.

»Mein Verleger ist darauf gekommen, altes Haus. Mein Verleger ist ein alter Fuchs. Eine Menge einflußreiche Freunde, alles Leute, die sich auskennen. Sie sagen ihm so allerlei. Jetzt zum Beispiel hat mein Verleger ganz entschieden das Gefühl, daß Sie nicht lang nach Ihrem so tragischen Tod bei diesem Flugzeugabsturz eine verdammt große Ladung Rohopium an einen befreundeten amerikanischen Kunden verkauft haben, der an der Bekämpfung gefährlicher Drogen beteiligt ist. Und dem Verleger sagt sein Gefühl des weiteren, daß dieses Opium, das Sie verkauft haben, keineswegs Ihnen gehörte, sondern Ko, und daß es für das chinesische Festland bestimmt war. Nur daß Sie es vorzogen, sich zu verkrümeln.« Er fuhr unbeirrt fort, während Ricardos Augen ihn über das Whiskyglas hinweg beobachteten. »Nun, wenn dem so wäre, und wenn Ko den Ehrgeiz hätte, sagen wir, das Opiumrauchen in China wiedereinzuführen – langsam, aber stetig neue Märkte zu schaffen, Sie verstehen –, *well*, dann dürfte er es sich schätzungsweise einiges kosten lassen, daß diese Meldung nicht auf den Titelseiten der Weltpresse erscheint. Aber auch das ist noch nicht alles. Es bleibt noch ein weiterer, sogar noch einträglicherer Aspekt.«

»Welcher denn, Voltaire?« fragte Ricardo und starrte ihn an, als hätte er ihn im Visier seines Gewehres. »Von welchem anderen Aspekt sprechen Sie? Würden Sie es mir bitte sagen.«

»Ich glaube, den behalte ich zunächst noch für mich«, sagte Jerry mit offenem Lächeln. »Ich glaube, ich halte ihn warm, bis Sie mir eine kleine Gegenleistung zukommen lassen.«

Ein Mädchen kam lautlos mit Schüsseln voll Reis und Zitronenbartgras und Hühnerfleisch. Sie war adrett und vollendet schön. Man hörte Stimmen von unterhalb des Hauses, darunter auch Mickeys Stimme und das Lachen des Babys.

»Wer hat Sie hierher gebracht, Voltaire?« fragte Ricardo zerstreut, nur halb aus seinem Nachsinnen erwacht. »Haben Sie einen verdammten Leibwächter oder so?«

»Nur den Chauffeur.«

»Hat er Waffen?«

Als er keine Antwort erhielt, schüttelte Ricardo verwundert den Kopf. »Sie sind mir ein verrückter Bursche«, bemerkte er und schickte das Mädchen mit einer Handbewegung weg. »Sie sind wirklich ein verrückter Bursche.« Er reichte Jerry eine Schüssel und Eßstäbchen. »Heilige Maria. Dieser Tiu ist ein ziemlich harter Mann. Ich bin selber auch ein ziemlich harter Mann. Aber diese Chinesen können sehr unangenehm werden, Voltaire. Wenn Sie sich mit einem Mann wie Tiu anlegen, kommen Sie in Teufels Küche.«

»Wir kriegen sie schon klein«, sagte Jerry. »Wir nehmen englische Anwälte. Wir ziehen die Sache so auf, daß nicht einmal ein Bischofskollegium uns an den Karren fahren kann. Wir sammeln Zeugen. Charlie Marshall, Sie, jeden, der etwas weiß. Geben für alles, was er gesagt und getan hat, Daten und Zeit an. Wir zeigen ihm eine Kopie, und die anderen deponieren wir auf der Bank, und wir setzen eine Vertrag mit ihm auf. Unterschrieben, gesiegelt und ausgefertigt. Alles höllisch legal. So hat er's gern. Ko ist versessen auf Legalität. Ich habe Einblick in seine Geschäfte. Ich habe seine Bankauszüge gesehen, ich kenne sein Kapitalvermögen. Die Geschichte ist schon jetzt recht gut fundiert. Aber mit den anderen Aspekten, die ich erwähnte, dürfte sie mit fünf Millionen nicht zu hoch bezahlt sein. Zwei für Sie. Zwei für mich. Eine für Lizzie.«
»Für die? Gar nichts.«
Ricardo hatte sich über den Aktenschrank gebeugt. Er zog eine Schublade auf und fing an, in ihrem Inhalt herumzustöbern, Schriftstücke und Briefe zu studieren.
»Waren Sie schon mal auf Bali, Voltaire?«
Er setzte feierlich eine Lesebrille auf, nahm wieder am Tisch Platz und begann das Studium der Unterlagen. »Ich habe vor ein paar Jahren dort Grund gekauft. Ein Geschäft abgeschlossen. Ich schließe viele Geschäfte ab. Ich gehe, reite, ich habe eine Honda dort, ein Mädchen. In Laos bringen wir alle um, in Vietnam machen wir verbrannte Erde, also kaufe ich dieses Land auf Bali, ein Stück Land, das wir ausnahmsweise nicht verbrennen, und ein Mädchen, das wir nicht umbringen, verstehen Sie, was ich meine? Fünfzig Morgen Gestrüpp. Hier, kommen Sie hierher.«
Jerry lugte über seine Schulter und sah die Vervielfältigung eines Lageplans, eine Landenge, in viele numerierte Bauparzellen aufgeteilt, und in der linken unteren Ecke die Worte »Ricardo & Worthington GmbH, Niederländische Antillen.«
»Werden Sie mein Geschäftspartner, Voltaire. Wir betreiben diese Sache da gemeinsam, okay? Bauen fünfzig Häuser, behalten jeder eines für sich, nette Leute, setzen Charlie Marshall als Manager hin, holen uns ein paar Mädchen zusammen, machen vielleicht eine Kolonie, Künstler, manchmal Konzerte: Mögen Sie Musik, Voltaire?«
»Ich brauche harte Fakten«, sagte Jerry energisch. »Daten, Zeitangaben, Ortsangaben, Zeugenaussagen. Wenn Sie es mir

erzählt haben, will ich mit Ihnen verhandeln. Ich werde Ihnen diese anderen Aspekte erklären – die einträglichen. Ich erkläre Ihnen das ganze Geschäft.«

»Klar«, sagte Ricardo abwesend und beugte sich weiter über die Karte. »Wir legen ihn rein. Klar tun wir das.«

So also haben die beiden zusammen gelebt, dachte Jerry: mit einem Fuß im Märchenland und mit dem anderen im Knast, so haben sie sich gegenseitig in ihre Phantastereien hineingesteigert, eine Dreigroschenoper mit drei Darstellern.

Danach gab Ricardo sich liebevoll seinen Sünden hin, und Jerry hatte keine Möglichkeit, ihn zum Schweigen zu bringen. In Ricardos schlichter Welt mußte man über sich selber sprechen, wenn man den anderen besser kennenlernen wollte. Also sprach er von seiner großen Seele, seiner großen sexuellen Potenz und seiner Besorgnis um deren Erhaltung, aber am meisten sprach er von den Greueln des Krieges, ein Thema, das er kannte wie niemand sonst: »In Vietnam verliebe ich mich in ein Mädchen, Voltaire. Ich, Ricardo, ich verliebe mich. Das ist für mich sehr selten und sehr heilig. Schwarzes Haar, gerader Rücken, Gesicht wie eine Madonna, kleine Brüste. Jeden Morgen halte ich den Jeep an, wenn sie zur Schule geht, jeden Morgen sagt sie ›nein‹. ›Hör zu‹, sage ich zu ihr. ›Ricardo ist kein Amerikaner. Er ist Mexikaner.‹ Sie hat von Mexiko noch nicht mal gehört. Ich werde verrückt, Voltaire. Wochenlang lebe ich, Ricardo, wie ein Mönch. Die anderen Mädchen faß ich nicht mehr an. Jeden Morgen, dann, eines Tages, hab' ich schon den ersten Gang drinnen, da wirft sie den Arm hoch – stopp! Sie steigt zu mir ein. Sie verläßt die Schule, zieht in ein *kampong*, später einmal sag ich Ihnen den Namen. Die B 52er kommen und machen das Dorf dem Erdboden gleich. Irgendein Held kann nicht gut Landkarten lesen. Die kleinen Dörfer sind wie Steine am Strand, eines wie das andere. Ich bin im Hubschrauber dahinter. Nichts kann mich aufhalten. Charlie Marshall sitzt neben mir und brüllt mich an, daß ich verrückt bin. Ich hör nicht auf ihn. Ich gehe runter, lande, ich finde sie. Das ganze Dorf tot. Ich finde sie. Sie ist auch tot, aber ich finde sie. Ich fliege zur Basis zurück, die Militärpolizei schlägt mich zusammen, ich kriege sieben Wochen Dicken, werde degradiert. Ich, Ricardo.«

»Sie Ärmster«, sagte Jerry, der diese Spielchen schon öfter gespielt hatte und sie haßte: Er glaubte ihnen oder glaubte ihnen nicht, aber er haßte sie immer.

»Sie haben recht«, sagte Ricardo und quittierte Jerrys Würdigung mit einer Verbeugung. »Arm ist das richtige Wort. Wir werden wie Bauern behandelt. Ich und Charlie, wir fliegen alles. Wir sind nie ordentlich entlohnt worden. Verwundete, Tote, Zerstückelte, Stoff. Gratis. Herrje, in diesem Krieg wurde was geschossen! Zweimal fliege ich in die Provinz Yünnan. Ich bin furchtlos. Völlig. Obwohl ich so gut aussehe, habe ich keine Angst um mich.«
»Wenn man den Flug für Drake mitzählt«, erinnerte Jerry ihn, »dann wären Sie dreimal drüben gewesen, stimmt's?«
»Ich bilde Piloten aus für die kambodschanische Luftwaffe. Gratis. Die kambodschanische Luftwaffe, Voltaire! Achtzehn Generale, vierundfünfzig Maschinen – und Ricardo. Am Ende der Dienstzeit kriegt man die Lebensversicherung, damit hat sich's. Hunderttausend US. Nur man selber. Wenn Ricardo stirbt, kriegen seine nächsten Angehörigen nichts, so ist das. Wenn Ricardo es schafft, kriegt er das Ganze. Ich spreche einmal mit Freunden von der französischen Fremdenlegion, sie kennen den Schwindel, sie warnen mich. ›Gib acht, Ricardo. Bald schicken sie dich wohin, wo's so heiß hergeht, daß du nicht mehr rauskommst. Dann müssen sie dir nichts zahlen.‹ Die Kambodschaner verlangen von mir, daß ich mit der Hälfte Sprit fliege. Ich habe Tragflächentanks und sage nein. Ein anderes Mal blockieren sie mir die Hydraulik. Ich warte meine Maschine selber. Auf diese Art bringen sie mich nicht um. Hören Sie, ich schnalze mit den Fingern und Lizzie kommt zu mir zurück. Okay?«
Der Lunch war beendet.
»Wie war das also mit Tiu und Drake?« sagte Jerry. Beim Beichtehören, sagen sie in Sarratt, hat man weiter nichts zu tun, als ein bißchen den Strom zu lenken.
Zum erstenmal, so schien es Jerry, starrte Ricardo ihn mit der ganzen Intensität seiner tierischen Dumpfheit an.
»Sie bringen mich durcheinander, Voltaire. Wenn ich Ihnen zu viel erzähle, muß ich Sie erschießen. Ich bin ein sehr mitteilsamer Mensch, verstehen Sie? Ich bin einsam hier draußen, es liegt in meiner Art, daß ich immer einsam bin. Ich mag einen Burschen, ich sage ihm eine Menge, dann tut's mir leid. Meine geschäftlichen Verpflichtungen fallen mir wieder ein, verstehen Sie?«

Jetzt überkam Jerry große innere Ruhe – aus dem Sarratt-Mann wurde der Engel, den Sarratt ausgeschickt hatte, nicht damit er etwas tue, sondern damit er sich umhöre und Bericht erstatte. Er wußte, daß er, operativ gesehen, dem Ende der Reise nahe war: auch wenn man die Rückreise bestenfalls als nicht gesichert bezeichnen konnte. Operativ gesehen hätten nach aller Erfahrung jetzt Siegesglocken in seinem andächtig lauschenden Ohr ertönen müssen. Aber die Glocken schwiegen. Und ihr Schweigen war bereits eine erste Warnung, daß sein Trachten nicht mehr in allen Stücken mit dem der Bärentreiber von Sarratt übereinstimmte.

Zuerst ging es – mit einigen Zugeständnissen an Ricardos hochfliegendes Ego – ziemlich genau so vor sich, wie Charlie Marshall gesagt hatte, daß es vor sich gehen würde. Tiu kam nach Vientiane, in Kulikleidung und nach Katzen stinkend, und fragte überall nach dem besten Piloten in der Stadt, und natürlich wurde er sogleich zu Ricardo verwiesen, der zufällig eine Pause zwischen zwei geschäftlichen Verpflichtungen eingelegt hatte und für gewisse hochspezialisierte und hochbezahlte Arbeit in der Flugbranche frei war.

Im Gegensatz zu Charlie Marshall erzählte Ricardo seine Geschichte mit beflissener Sinnfälligkeit, als hätte er einen geistig Minderbemittelten vor sich. Tiu stellte sich als Mann mit weitreichenden Verbindungen in der Luftfahrtindustrie vor, erwähnte seinen nicht näher definierten Kontakt zu Indocharter und kam dann auf die Dinge zu sprechen, die er bereits mit Charlie Marshall erörtert hatte. Schließlich kam er zu dem gegenwärtigen Projekt – was hieß, daß er, um es im Sarratt-Stil auszudrücken, Ricardo die Legende verpaßte. Eine gewisse bedeutende Handelsfirma in Bangkok, mit der Tiu die Ehre hatte, in Geschäftsbeziehung zu stehen, so sagte er, stand kurz vor dem Abschluß eines gewinnbringenden und durchaus legalen Handels mit gewissen Behörden in einem benachbarten und befreundeten Land.

»Ich frage ihn, Voltaire, sehr ernst. ›Mr. Tiu, vielleicht haben Sie den Mond entdeckt. Ich hab' noch nie von einem asiatischen Land mit einem befreundeten Nachbarn gehört.‹ Tiu lachte über meinen Witz. Er betrachtete es natürlich als witzigen Ausspruch«, sagte Ricardo sehr ernsthaft.

Ehe indes dieser gewinnbringende und legitime Handel zum Abschluß kommen könne – habe Tiu nach Ricardos Worten erklärt –, standen seine Geschäftspartner vor dem Problem, wie man sich gewissen Behörden und anderen Stellen innerhalb dieses befreundeten benachbarten Landes, die ermüdende bürokratische Hindernisse aus dem Weg geräumt hätten, erkenntlich zeigen könne.

»Warum ist das ein Problem?« hatte Ricardo gefragt, was ganz natürlich war.

Angenommen, sagte Tiu, das Land wäre Burma. Nur angenommen. Im modernen Burma war es den Beamten nicht erlaubt, sich zu bereichern, auch war es für sie nicht einfach, Geld anzulegen. In einem solchen Fall müßten andere Möglichkeiten der Entlohnung gefunden werden.

Ricardo schlug Gold vor. Leider, sagte Tiu, sei in dem Land, um das es sich handle, sogar Gold schwer zu veräußern. Daher komme in diesem Fall nur eine einzige Währung in Frage, sagte er, nämlich Opium: vierhundert Kilo. Die Entfernung sei nicht groß, innerhalb eines Tages könne Ricardo drüben und wieder zurück sein, die Vergütung betrage fünftausend US-Dollar, und die restlichen Details würden ihm kurz vor dem Abflug zugehen, um eine unnötige Belastung seine Gedächtnisses zu vermeiden, wie Ricardo sich blumenreich ausdrückte: eine Sprache, die vermutlich zu Lizzies Lehrplan gehört hatte. Bei der Rückkehr von diesem nach Tius Ansicht zweifellos unproblematischen und lehrreichen Flug würde Ricardo unverzüglich in den Besitz von fünftausend Dollar in handlichen Noten gelangen – vorausgesetzt natürlich, daß Ricardo in irgendeiner beweiskräftigen Form die Bestätigung mitbringen würde, daß die Fracht ihren Bestimmungsort erreicht hatte. Zum Beispiel eine Quittung.

Ricardo erwies sich nun nach seiner eigenen Schilderung in seinen Verhandlungen mit Tiu als ein primitiver Schlaukopf. Er sagte, er wolle über das Angebot nachdenken. Er sprach von anderen dringenden Verpflichtungen und von seinem Ehrgeiz, eine eigene Fluggesellschaft zu gründen. Dann machte er sich daran, herauszubekommen, wer dieser Tiu eigentlich sei. Er entdeckte sofort, daß Tiu nach ihrem Gespräch nicht nach Bangkok, sondern nonstop nach Hongkong zurückgekehrt war. Er ließ durch Lizzie die Chiu-Chow-Jungens bei Indocharter ausfragen, und einer von ihnen plauderte aus, Tiu sei ein großes Tier bei China Airsea, denn als er in Bangkok war, habe er in der Suite von Airsea im Hotel Erawan gewohnt. Als Tiu wieder nach Vientiane kam, um sich Ricardos Antwort zu holen, wußte Ricardo daher eine ganze Menge mehr über ihn – sogar, obwohl er nicht viel davon

hermachte, daß Tiu die rechte Hand Drake Kos war.
Fünftausend US-Dollar für einen eintägigen Flug, sagte er nunmehr zu Tiu bei ihrem zweiten Gespräch, sei entweder zu wenig oder zu viel. Wenn der Job so einfach sei, wie Tiu behaupte, dann sei es zu viel. War er so riskant, wie Ricardo argwöhnte, dann sei es zu wenig. Ricardo schlug ein anderes Arrangement vor: ein »Kompromiß-Geschäft«, sagte er. Er habe damals, so erklärte er mit einer zweifellos häufig gebrauchten Wendung, an einem »vorübergehenden Liquiditätsproblem« gelitten. Mit anderen Worten (Jerrys Interpretation), er war wieder einmal pleite, und die Gläubiger hatten ihn am Kragen. Er brauchte unbedingt sofort ein regelmäßiges Einkommen, und das wäre ihm sicher, wenn Tiu dafür sorgte, daß er für ein Jahr bei Indocharter als Pilot und Flugberater angestellt würde, mit einem vertraglich vereinbarten Gehalt von fünfundzwanzigtausend US-Dollar. Tiu schien über diese Idee nicht weiter schockiert, sagte Ricardo. Im Zimmer über den Pfählen wurde es sehr still.
Zweitens wollte Ricardo anstelle der fünftausend Dollar bei Ablieferung der Fracht einen sofortigen Vorschuß von zwanzigtausend US-Dollar, um damit seine Verbindlichkeiten zu decken. Zehntausend sollten abgegolten sein, sobald er das Opium abgeliefert hätte, die anderen zehntausend sollten direkt von seinem Gehalt bei Indocharter abgezogen werden, im Lauf der Monate seiner Anstellung. Wenn Tiu und seine Geschäftspartner darauf nicht eingehen könnten, erklärte Ricardo, so müsse er zu seinem großen Bedauern die Stadt verlassen, ehe er die Opiumlieferung tätigen könne.
Am folgenden Tag erklärte Tiu sich – mit Variationen – mit den Bedingungen einverstanden. Nur anstatt der zwanzigtausend Dollar Vorschuß schlugen Tiu und seine Geschäftspartner vor, Ricardos Schulden direkt von seinen Gläubigern zu kaufen. Dabei, so erklärte er, würden sie sich wohler fühlen. Noch am gleichen Tag wurde die Absprache durch einen großartigen Vertrag »abgesegnet« – Ricardos Religiosität schlug auf Schritt und Tritt durch –, der in englischer Sprache verfaßt und von beiden Parteien unterzeichnet wurde. Ricardo – so stellte Jerry im stillen fest – hatte seine Seele verkauft.
»Was hielt Lizzie von diesem Handel?« fragte Jerry.
Ricardo zuckte die glänzenden Schultern. »Weiber«, sagte er.
»Klar«, sagte Jerry, und setzte wieder sein wissendes Lächeln auf.

Nachdem Ricardos Zukunft gesichert war, legte er sich wieder einen »angemessenen professionellen Lebensstil« zu. Der Plan, einen Gesamtasiatischen Fußballfond zu gründen, fesselte seine Aufmerksamkeit, desgleichen ein vierzehnjähriges Mädchen in Bangkok namens Rosie, das er mittels seines Indocharter-Gehalts regelmäßig aufsuchte, um es für des Lebens große Bühne zu schulen. Dann und wann, aber nicht oft, machte er einen kleinen Flug für Indocharter, nichts weiter Schwieriges:
»Ein paarmal Chiang Mai, Saigon. Ein paarmal in die Shan-Staaten zu Charlie Marshalls altem Herrn, vielleicht ein bißchen Schlamm mitnehmen, ihm ein paar Waffen bringen, Reis, Gold. Battambang vielleicht.«
»Wo hält Lizzie sich inzwischen auf?« fragte Jerry, von Mann zu Mann, wie vorhin.
Das gleiche verächtliche Achselzucken: »Sitzt in Vientiane. Mit ihrem Strickzeug. Betätigt sich ein bißchen im Constellation. Sie ist jetzt schon eine alte Frau, Voltaire. Ich brauche Jugend, Optimismus, Energie, Leute, die Respekt vor mir haben. Es liegt in meiner Natur, daß ich gebe. Wie kann ich einer alten Frau etwas geben?«
»Bis wann?« fragte Jerry.
»Was?«
»Wann war's vorbei mit dem herzlichen Einvernehmen?«
Ricardo hatte den Satz mißverstanden und blickte plötzlich sehr gefährlich, und seine Stimme wurde zur leisen Drohung. »Was zum Teufel meinen Sie?«
Jerry besänftigte ihn mit seinem sonnigsten Lächeln.
»Wie lang bezogen Sie Ihr Gehalt und trieben sich herum, ehe Tiu mit dem Vertrag ernst machte?«
Sechs Wochen, sagte Ricardo und faßte sich wieder. Vielleicht acht. Zweimal war der Flug bereits angesetzt und wieder abgeblasen. Einmal war er offenbar nach Chiang Mai beordert worden und hatte dort ein paar Tage gewartet, bis Tiu anrief und sagte, die Leute am anderen Ende seien noch nicht soweit. Ricardo hatte immer mehr das Gefühl, in eine undurchsichtige Sache verwickelt zu sein, sagte er, aber die Geschichte, so ließ er durchblicken, habe ihn von jeher für die großen Rollen des Lebens ausersehen, und wenigstens hatte er die Gläubiger vom Hals.
Ricardo schwieg und fixierte Jerry wiederum sehr genau, kratzte sich sinnend den Bart. Endlich seufzte er, goß für beide Whisky

ein und schob ein Glas über den Tisch. Unter ihnen bereitete sich der vollendet schöne Tag auf sein langsames Sterben vor. Die grünen Bäume wurden schwer. Der Holzrauch von der Feuerstelle der Mädchen roch feucht.

»Wo gehen Sie von hier aus hin, Voltaire?«

»Heim«, sagte Jerry.

Ricardo lachte wiederum schallend.

»Bleiben Sie über Nacht, ich schicke Ihnen eins von meinen Mädchen.«

»Ich tue genau, was mir paßt, ja, altes Haus«, sagte Jerry. Die beiden Männer belauerten einander wie kämpfende Tiere, und eine Weile stand es tatsächlich Spitz auf Knopf.

»Sie sind ein verrückter Kerl, Voltaire«, murmelte Ricardo.

Aber der Sarratt-Mann obsiegte. »Aber eines Tages fand der Flug doch statt, ja?« sagte Jerry. »Er wurde nicht abgeblasen. Und dann? Los, altes Haus, erzählen Sie, wie's war.«

»Klar«, sagte Ricardo. »Klar, Voltaire«, trank einen Schluck und beobachtete ihn. »Wie's war«, sagte er. »Hören Sie zu, ich erzähle Ihnen, wie's war, Voltaire.«

Und dann bringe ich dich um, sagten seine Augen.

Ricardo war in Bangkok, Rosie forderte ihn heftig. Tiu bestand darauf, daß Ricardo jederzeit erreichbar sein müsse, und eines frühen Morgens, etwa um fünf, traf ein Bote in ihrem Liebesnest ein und beorderte Ricardo per sofort ins Erawan. Ricardo war von der Hotelsuite sehr beeindruckt. So etwas hätte er auch gern gehabt.

»Jemals Versailles gesehen, Voltaire? Ein Schreibtisch, so groß wie eine B 52. Dieser Tiu ist eine ganz andere Persönlichkeit als der Kuli mit der Katzenstinke, der nach Vientiane gekommen ist, okay? Er ist ein sehr einflußreicher Mann. ›Ricardo‹, sagt er zu mir. ›Diesmal ist es sicher. Diesmal liefern wir ab.‹«

Seine Anweisungen waren einfach. In ein paar Stunden ging eine reguläre Maschine nach Chiang Mai. Ricardo sollte sie nehmen. Im Hotel Rincome waren bereits Zimmer für ihn bestellt. Dort sollte er über Nacht bleiben. Allein. Kein Alkohol, keine Frauen, keine Gesellschaft.

»›Sie sollten sich eine Menge zu lesen mitnehmen, Mr. Ricardo‹, sagte er zu mir. ›Mr. Tiu‹, sage ich zu ihm. ›Sie sagen mir, wo ich hinfliegen soll. Sie sagen mir nicht, wo ich lesen soll. Okay?‹ Der

Kerl ist sehr arrogant hinter seinem großmächtigen Schreibtisch, verstehen Sie, Voltaire? Ich seh mich gezwungen, ihm Manieren beizubringen.«
Am nächsten Morgen um sechs Uhr würde Ricardo im Hotel den Besuch eines Mannes erhalten, der sich als Freund von Mr. Johnny melden würde. Ricardo sollte mit ihm gehen.
Alles lief ab, wie geplant. Ricardo flog nach Chiang Mai, verbrachte eine enthaltsame Nacht im Rincome, und um sechs Uhr stellten sich zwei Chinesen, nicht einer, bei ihm ein und fuhren mit ihm ein paar Stunden lang nach Norden, bis sie zu einem Hakka-Dorf kamen. Sie stiegen aus, marschierten eine halbe Stunde bis zu einem leeren Feld, an dessen Ende ein Schuppen stand. Im Schuppen war eine »flotte kleine Beechcraft« abgestellt, nagelneu, und in der Beechcraft saß Tiu auf dem Sitz des Copiloten und hatte eine Menge Landkarten und Papiere auf dem Schoß. Die rückwärtigen Sitze waren ausgebaut worden, um für die Rupfensäcke Platz zu schaffen. Ein paar chinesische Bullen standen abseits und sahen zu, und die ganze Stimmung war, wie Ricardo durchblicken ließ, nicht unbedingt nach seinem Geschmack.
»Zuerst mußte ich meine Taschen leeren. Meine Taschen sind für mich etwas sehr Persönliches, Voltaire. Wie die Handtasche für eine Dame. Andenken, Briefe, Fotos, meine Madonna. Sie behalten alles. Meinen Paß, meine Fluglizenz, mein Geld . . . sogar meine Armbänder«, sagte er und hob die braunen Arme, so daß sie klimperten.
Danach, sagte er mißbilligend, hatte er weitere Dokumente zu unterschreiben. Zum Beispiel eine Prozeßvollmacht, mit der er die geringen Reste abtrat, die von seinem Leben nach dem Indocharter-Vertrag noch übrig waren. Zum Beispiel mehrere Geständnisse früherer »technisch illegaler Unternehmungen«, die – sagte Ricardo mit beträchtlicher Empörung – häufig auf das Konto von Indocharter gegangen seien. Einer der chinesischen Bullen entpuppte sich sogar als Jurist. Ricardo betrachtete das als besonders unsportlich.
Erst dann rückte Tiu mit den Landkarten und den Instruktionen heraus, die Ricardo in einer Mischung aus seiner eigenen und Tius Redeweise wiedergab. »›Sie nehmen Kurs nach Norden, Mister Ricardo, und Sie behalten diesen Kurs bei. Ob Sie nun den Abschneider über Laos nehmen oder über den Shans bleiben ist

mir egal. Das Fliegen ist Ihre Sache, nicht die meine. Fünfzig Meilen hinter der chinesischen Grenze stoßen Sie auf den Mekong und folgen ihm. Dann fliegen Sie weiter nach Norden, bis sie eine kleine Gebirgsstadt namens Tien-pao sehen, die an einem Zufluß dieses berühmten Stroms steht. Von dort zwanzig Meilen nach Osten finden Sie eine Landebahn, ein grünes Leuchtfeuer, ein weißes. Sie tun mir den Gefallen, dort zu landen. Ein Mann wird Sie erwarten. Er spricht Englisch nur mangelhaft, aber er spricht es. Hier ist eine halbierte Dollarnote. Der Mann hat die andere Hälfte. Laden Sie das Opium aus. Der Mann wird Ihnen ein Paket und gewisse spezielle Instruktionen übergeben. Dieses Paket ist Ihre Quittung. Bringen Sie es mit, wenn Sie zurückkommen, und befolgen Sie sämtliche Instruktionen ganz genau, besonders was den Ort Ihrer Landung betrifft. Haben Sie mich komplett verstanden, Mr. Ricardo?‹«

»Was für eine Art Paket?« fragte Jerry.

»Er sagt es nicht, und mir ist es egal. ›Sie tun das‹, sagt er, ›und halten Ihre große Klappe, Mr. Ricardo, und meine Geschäftspartner werden sich ihr ganzes Leben lang um Sie kümmern wie um einen eigenen Sohn. Um Ihre Kinder werden sie sich kümmern, um Ihre Mädchen. Um Ihr Mädchen in Bali. Solange Sie leben, werden sie sich dankbar zeigen. Aber wenn Sie sie betrügen oder etwas in der Stadt austrompeten, dann bringen sie Sie todsicher um, Mr. Ricardo, glauben Sie mir. Vielleicht nicht morgen und auch nicht übermorgen, aber sie bringen Sie todsicher um. Wir haben einen Vertrag, Mr. Ricardo. Meine Geschäftspartner brechen niemals einen Vertrag. Sie sind sehr rechtsbewußte Männer.‹ Mir ist der Schweiß ausgebrochen, Voltaire. Ich bin in bester Kondition, erstklassiger Sportsmann, aber der Schweiß bricht mir aus. ›Keine Sorge, Mr. Tiu‹, sage ich zu ihm. ›Mr. Tiu, Sir, wann immer Sie Opium nach Rotchina fliegen wollen, ist Ricardo Ihr Mann.‹ Voltaire, glauben Sie mir, mir war gar nicht wohl bei der Sache.«

Ricardo kniff sich in die Nase, als wollte er Meerwasser herausdrücken.

»Hören Sie zu, Voltaire. Hören Sie sehr aufmerksam zu. Als ich jung und dumm war, flog ich zweimal für die Amerikaner in die Provinz Yünnan. Um ein Held zu sein, muß man gewisse blödsinnige Dinge tun, und wenn man abstürzt, holen sie einen vielleicht eines Tages heraus. Aber bei jedem Flug schaue ich hinunter auf die lausige braune Erde und sehe Ricardo in einem Holzkäfig. Keine Weiber, einen lausigen Fraß, kein Platz zum Stehen, kein Platz zum Sitzen oder Schlafen, Ketten an den Armen, keinerlei Status oder Zugehörigkeit. ›Hier ist ein Imperialistenspion und Schmuggler zu sehen!‹ Voltaire, diese Vorstellung gefällt mir nicht. Mein ganzes Leben lang in China eingesperrt zu sein, weil ich Opium geschmuggelt habe? Ich bin nicht begeistert. ›Klar, Mr. Tiu! Bye-bye! Bis heute nachmittag!‹ Ich muß ernsthaft nachdenken.«

Der braune Dunst des Sonnenuntergangs erfüllte plötzlich den Raum. Auf Ricardos gebräunter Brust hatte sich trotz seiner tadellosen Kondition wiederum Schweiß gebildet. Er lag in Tropfen auf dem schwarzen Haar und den geölten Schultern.

»Wo war Lizzie während der ganzen Zeit?« fragte Jerry abermals.

Ricardos Antwort kam nervös, ja ärgerlich.

»In Vientiane. Auf dem Mond. Im Bett mit Charlie. Was zum Teufel geht das mich an?«

»Wußte sie von dem Handel mit Tiu?«

Ricardo schnitt nur eine verächtliche Grimasse.

Zeit, daß ich gehe, dachte Jerry. Zeit, daß ich die letzte Ladung zünde und davonrenne. Drunten zog Mickey vor Ricardos Frauen eine große Schau ab. Jerry konnte sein singendes Geplapper hören, unterbrochen von ihrem hellen Lachen, das sich anhörte wie das Lachen einer ganzen Mädchenklasse.

»Also sind Sie geflogen«, sagte er. Er wartete, aber Ricardo blieb tief in seinen Gedanken versunken.

»Sie sind gestartet und nahmen Kurs nach Norden«, sagte Jerry.

Ricardo hob ein wenig die Lider und heftete einen drohenden, wütenden Blick auf Jerry, bis er schließlich der Aufforderung, von seiner Heldentat zu berichten, doch nicht länger widerstehen konnte.

»Ich bin nie im Leben so gut geflogen. Diese kleine schwarze Beechcraft. Hundert Meilen nach Norden, weil ich keinem traue. Vielleicht haben diese Clowns mich irgendwo auf einem Radarschirm eingefangen? Ich gehe kein Risiko ein. Dann nach Osten, aber sehr langsam, so nah über den Bergen, daß ich den Kühen zwischen den Beinen durchfliege, okay? Im Krieg haben wir dort droben kleine Landebahnen, verrückte Vorposten mitten im feindlichen Land. Ich habe solche Plätze schon angeflogen, Voltaire. Ich kenne sie. Ich finde einen, direkt auf einem

Berggipfel, ist nur aus der Luft erreichbar. Ich schaue hinunter, sehe die Tanksäule, ich lande, ich tanke die Maschine auf, ich schlafe ein bißchen, verrückte Sache. Aber Herrgott, Voltaire, es ist nicht die Provinz Yünnan, okay? Es ist nicht China, und Ricardo, der amerikanische Kriegsverbrecher und Opiumschmuggler, wird den Rest seines Lebens nicht in Peking an einem Fleischerhaken hängen, okay? Hören Sie, ich bringe diese Maschine wieder zurück nach Süden, ich kenne Orte, ich kenne Orte, an denen ich eine komplette Luftwaffe verlieren könnte, glauben Sie mir.«

Was die kommenden Monate seines Lebens anging, wurde Ricardo plötzlich sehr unpräzis. Er hatte einmal vom Fliegenden Holländer gehört und sagte, genau das sei aus ihm geworden. Er flog, versteckte sich wieder, flog, spritzte die Beechcraft neu, verkaufte das Opium in kleinen Portionen, um nicht aufzufallen, ein Kilo hier, fünfzig dort, wechselte einmal im Monat die Zulassung, kaufte bei einem Inder einen spanischen Paß, traute ihm aber nicht und hielt sich von allen seinen Bekannten fern, auch von Rosie in Bangkok und sogar von Charlie Marshall. Das war damals, so erinnerte Jerry sich an Old Craws Information, als Ricardo den Leuten vom Rauschgiftdezernat Opium verkaufte, aber mit seiner Geschichte abblitzte. Auf Tius Anweisung hatten die Jungens bei Indocharter Ricardo unverzüglich auf die Verlustliste gesetzt und seine Flugroute nach Süden verlegt, um die Aufmerksamkeit abzulenken. Ricardo hatte es erfahren und nichts dagegen gehabt, tot zu sein.

»Was haben Sie mit Lizzie angefangen?« fragte Jerry.

Wiederum war Ricardo ziemlich aufgebracht: »*Lizzie, Lizzie*, haben Sie einen Komplex, was diese Schneegans betrifft, Voltaire, daß Sie mir dauernd *Lizzie* ins Gesicht schleudern? Ich habe nie eine so unbedeutende Person gekannt. Hören Sie, ich hab' sie an Ko abgetreten, okay? Ich mache ihr Glück.« Verdrießlich griff er zum Glas und trank einen Schluck Whisky.

Sie vertrat seine Interessen, dachte Jerry. Sie und Charlie Marshall. Die beiden liefen sich die Hacken ab, um Ricardo zu schützen.

»Sie haben mit weiteren einträglichen Aspekten des Falls geprahlt«, sagte Ricardo. »Bitte sagen Sie mir, welche das sind.«

Der Sarratt-Mann hatte seine Antwort parat:

»Punkt eins: Ko erhielt große Summen von der russischen

Botschaft in Vientiane. Das Geld wurde über Indocharter geschleust und landete auf einem Schwindelkonto in Hongkong. Wir haben die Beweise. Wir haben Aufnahmen der Bankauszüge.«

Ricardo schnitt ein Gesicht, als schmeckte ihm der Whisky plötzlich nicht mehr, dann trank er weiter. Jerry fuhr fort:

»Ob das Geld für die Wiedereinführung des Opiumlasters in Rotchina war oder für irgendeine andere Dienstleistung, das wissen wir nicht«, sagte Jerry. »Aber wir werden es herausbringen. Punkt zwei. Wollen Sie ihn hören oder halte ich Sie auf?«

Ricardo hatte gegähnt.

»Punkt zwei«, sprach Jerry weiter. »Ko hat einen jüngeren Bruder in Rotchina. Hieß früher Nelson. Ko behauptet, er sei tot, aber in Wirklichkeit ist er jetzt ein hohes Tier bei der Regierung in Peking. Ko versucht seit Jahren, ihn aus China herauszubringen. Ihr Auftrag lautete, Opium einzufliegen und ein Paket herauszubringen. Dieses Paket war Bruder Nelson. Deshalb wollte Ko Sie lieben wie seinen eigenen Sohn, wenn Sie es schaffen würden. Und deshalb wollte er Sie töten, wenn Sie es nicht zurückbrächten. Wenn das keine fünf Millionen Dollar wert ist, was dann?«

Während Jerry ihn im schwindenden Licht beobachtete, geschah nichts Besonderes, außer daß das schlummernde Tier in Ricardo sichtlich erwachte. Er beugte sich ganz langsam vor, um sein Glas abzusetzen, aber das Straffen seiner Schultern und das Zusammenziehen seiner Bauchmuskeln konnte er nicht verbergen. Er wandte sich betont träge zu Jerry, um ihm ein höchst freundschaftliches Lächeln zu schenken, aber in seinen Augen war ein Schimmer, der einem Angriffsignal glich; so daß Jerry, als Ricardo die Hand ausstreckte und ihm mit der Rechten einen liebevollen Klaps auf die Wange gab, auf dem Sprung war, sich nach hinten zu werfen, die Hand zu packen und Ricardo wenn möglich quer durchs Zimmer zu schleudern.

»Fünf Millionen Taler, Voltaire!« rief Ricardo in flammender Erregung, »fünf Millionen! Hören Sie, wir müssen was für den armen Charlie Marshall tun, okay? Aus Liebe. Charlie ist immer pleite. Vielleicht könnten wir ihn einmal den Fußballfond verwalten lassen. Moment. Ich hole uns noch eine Flasche Whisky, wir feiern.« Er stand auf, neigte den Kopf zur Seite und streckte die nackten Arme aus. »Voltaire«, sagte er sanft. »*Voltaire*!« Liebevoll kniff er Jerry in beide Backen und küßte ihn.

»Hören Sie, Ihr Jungens habt da allerhand ausgegraben! Der Verleger, für den Sie arbeiten, ist ein cleverer Bursche. Sie sollen mein Geschäftspartner sein. Sie haben das Sagen. Okay? Ich brauche einen Engländer in meinem Leben. Ich muß noch wie Lizzie werden, einen Schulmeister heiraten. Tun Sie das für Ricardo, Voltaire? Halten Sie mich ein bißchen im Zaum?«

»Kein Problem«, sagte Jerry und erwiderte das Lächeln.

»Spielen Sie einen Moment mit den Ballermännern, okay?«

»Klar.«

»Muß den Mädchen eine Kleinigkeit sagen.«

»Klar.«

»Familienangelegenheit.«

»Ich bleibe hier.«

Jerry sah ihm durch die Falltür gespannt nach. Mickey, der Chauffeur, wiegte das Baby auf den Armen und kitzelte es hinterm Ohr. In einer irren Welt muß man die Fiktion aufrechterhalten, dachte er. Bis zum bitteren Ende dabei bleiben, und ihm den ersten Biß überlassen. Jerry ging zum Schreibtisch zurück, nahm Ricardos Stift, seinen Schreibblock und schrieb eine nichtexistente Adresse in Hongkong darauf, wo er jederzeit erreichbar wäre. Ricardo war noch immer nicht zurück, aber als Jerry aufstand, konnte er ihn aus den Bäumen hinter dem Wagen hervorkommen sehen. Er hat eine Schwäche für Verträge, dachte er. Geben wir ihm was zu unterschreiben. Er nahm ein neues Blatt Papier: *Ich, Jerry Westerby, versichere hiermit an Eides statt, daß ich mit meinem Freund Captain Tiny Ricardo den gesamten Ertrag aus unserer gemeinsamen Auswertung seiner Lebensgeschichte teilen werde,* schrieb er, und setzte seinen Namen darunter. Ricardo kam jetzt die Treppe herauf. Jerry war versucht, sich aus dem privaten Armeemuseum zu bedienen, aber er mutmaßte, daß Ricardo genau das von ihm erwartete. Während Ricardo nochmals die Gläser vollgoß, überreichte Jerry ihm die beiden Papiere.

»Ich werde einen amtlich beglaubigten Vertrag aufsetzen«, sagte er und blickte Ricardo direkt in die Augen. »Ich kenne einen englischen Anwalt in Bangkok, dem ich absolut vertraue. Er soll den Vertrag prüfen und Ihnen zur Unterschrift bringen. Danach wollen wir die Marschroute festlegen, und ich werde mit Lizzie sprechen. Okay?«

»Klar. Hören Sie, draußen ist es schon dunkel. In den Wäldern

stecken eine Menge Banditen. Bleiben Sie über Nacht. Ich spreche mit den Mädchen. Die mögen Sie. Sagen, Sie sind ein sehr starker Mann. Nicht so stark wie ich, aber stark.«
Jerry sagte etwas, daß er keine Zeit verlieren dürfe. Er wolle morgen in Bangkok sein, sagte er. Für seine eigenen Ohren klang es so lahm wie ein dreibeiniges Muli, vielleicht gut genug, um irgendwo reinzukommen, aber nie wieder raus. Aber Ricardo schien zufrieden, ja erfreut. Vielleicht ein Hinterhalt, dachte Jerry, irgendwas, das der Colonel arrangiert.
»Gott befohlen, Pferdeschreiber. Gott befohlen, mein Freund.«
Ricardo legte beide Hände um Jerrys Nacken und ließ die Daumenspitzen auf Jerrys Kiefer ruhen, dann zog er Jerrys Kopf nach vorn und zu sich heran und küßte ihn. Jerry ließ es zu. Obwohl sein Herz hämmerte und sein nasses Rückgrat bei der Berührung mit dem Hemd wie eine Wunde schmerzte, ließ Jerry es zu. Draußen war es fast dunkel. Ricardo begleitete sie nicht zum Wagen, sondern sah ihnen milde von dem Platz unter den Pfählen aus nach, und die Mädchen saßen zu seinen Füßen, während er mit beiden nackten Armen winkte. Vor dem Wagen blieb Jerry stehen, drehte sich um und winkte zurück. Die letzten Sonnenstrahlen lagen sterbend in den Teakbäumen. Mein allerletzter Sonnenuntergang, dachte er.
»Nicht starten«, sagte er ruhig zu Mickey. »Ich möchte den Ölstand prüfen.«
Vielleicht bin bloß ich hier der Verrückte. Vielleicht habe ich wirklich einen guten Handel abgeschlossen, dachte er.
Mickey, der auf dem Fahrersitz saß, öffnete die Halterung, und Jerry hob die Kühlerhaube, aber da war kein kleiner Sprengsatz, kein Abschiedsgeschenk von seinem neuen Freund und Partner. Er zog den Ölstab heraus und tat, als prüfte er ihn.
»Brauchen Sie Öl, Pferdeschreiber?« schrie Ricardo den Weg entlang.
»Nein, alles in Ordnung. Wiedersehen!«
»Wiedersehen.«
Er hatte keine Taschenlampe, aber als er sich bückte und im Zwielicht unter dem Chassis herumtastete, fand er wiederum nichts.
»Haben Sie was verloren, Pferdeschreiber?« rief Ricardo wieder, wobei er die Hände vor den Mund hielt.
»Anlassen«, sagte Jerry und stieg ein.

»Lichter an, Mister?« fragte Mickey.
»Ja, Mickey. Lichter an.«
»Warum nennt er Sie Pferdeschreiber?«
»Gemeinsame Bekannte.«
Wenn Ricardo die KTs bestochen hat, dachte Jerry, dann ist es so und so egal. Mickey schaltete die Scheinwerfer an, und im Wagen leuchtete das amerikanische Armaturenbrett auf wie eine kleine Stadt.
»Los«, sagte Jerry.
»Tempo-Tempo?«
»Ja, Tempo-Tempo!«
Sie fuhren fünf Meilen, sieben, neun. Jerry behielt den Zeiger im Auge. Er rechnete zwanzig bis zur ersten Kontrollstelle und fünfundvierzig bis zur zweiten. Mickey fuhr jetzt siebzig, und Jerry war nicht in Stimmung, um zu protestieren. Sie fuhren in der Straßenmitte, die Straße verlief gerade, und jenseits der gerodeten Streifen glitten die hohen Teakbäume vorüber wie orangefarbene Gespenster.
»Feiner Mann«, sagte Mickey. »Viel feiner Liebhaber. Die Mädchen sagen, er ein feiner Liebhaber.«
»Halt nach Drähten Ausschau«, sagte Jerry.
Auf der rechten Seite erschien eine Lücke zwischen den Bäumen, und ein roter Feldweg verschwand darin.
»Er hat schönes Leben da drinnen«, sagte Mickey. »Mädchen, Babies, er hat Whisky, PX. Er hat wirklich schönes Leben.«
»Gas weg, Mickey. Anhalten. Hier in der Mitte der Straße, wo es eben ist. Tu, was ich sage, Mickey.«
Mickey fing an zu lachen.
»Mädchen haben auch schönes Leben«, sagte er. »Mädchen kriegen Süßigkeiten, kleines Baby kriegt Süßigkeiten, alle kriegen Süßigkeiten!«
»Halt den verdammten Wagen an!«
Mickey ließ sich Zeit, bis er den Wagen zum Stehen brachte, er kicherte noch immer über die Mädchen.
»Ist das Ding da zuverlässig?« fragte Jerry und wies auf die Benzinuhr.
»Zuverlässig?« echote Mickey, der mit dem englischen Wort nichts anfangen konnte.
»Benzin. Sprit. Voll. Oder halb voll? Oder drei Viertel? Hat es auf der Hinfahrt richtig angezeigt?«

»Klar. Ist richtig«, versicherte Mickey ohne Zögern.
»Als wir zu dem verbrannten Dorf kamen, Mickey, stand es auf halbvoll. Es steht noch immer auf halbvoll.«
»Klar.«
»Hast du nachgefüllt? Aus einem Kanister? Hast du Benzin nachgefüllt?«
»Nein.«
»Steig aus.«
Mickey begann zu widersprechen, aber Jerry beugte sich über ihn, öffnete die Tür auf seiner Seite, stieß Mickey kurzerhand hinaus auf die Straße und folgte ihm. Er packte Mickeys Arm, drehte ihn auf den Rücken und schob den Jungen im Galopp vor sich her, über die Straße und zum Seitenstreifen und zwanzig Yards über die breite, weiche Fläche, dann warf er ihn ins Gebüsch und stürzte halb neben ihn, halb auf ihn, so daß der Atem aus Mickeys Brust in einem überraschten Japsen herausgepreßt wurde und er eine geschlagene halbe Minute brauchte, ehe er ein entrüstetes »Wozu« hervorbringen konnte. Aber Jerry hatte inzwischen bereits das Gesicht des Jungen wieder auf die Erde gepreßt, damit die Explosion darüber hinweggehen sollte. Der alte Ford schien zuerst zu brennen und nachher zu explodieren, schließlich bäumte er sich in einer letzten Lebensregung auf in die Luft, ehe er tot und lodernd auf die Seite fiel. Während Mickey bewundernd nach Luft rang, blickte Jerry auf die Uhr. Achtzehn Minuten, seit sie den Pfahlbau verlassen hatten. Vielleicht zwanzig. Hätte eigentlich früher passieren sollen, dachte er. Kein Wunder, daß Ricardo uns so schnell draußen haben wollte: in Sarratt wären sie nicht darauf gefaßt gewesen: das hier war fernöstliche Machart, und Sarratt gehörte mit Leib und Seele nach Europa und in die guten alten Tage des Kalten Krieges: Tschechei, Berlin und die alten Fronten. Jerry überlegte, welche Art Granate wohl verwendet wurde. Die Vietkong bevorzugten amerikanische Modelle: wegen der Doppelwirkung. Man braucht weiter nichts, sagten sie, als einen breiten Stutzen zum Benzintank. Man entfernt den Schwimmer, klebt ein Gummiband über die Feder, steckt die Granate in den Benzintank und wartet geduldig, bis sich das Benzin durch den Gummi gefressen hatte. Das Ergebnis gehörte zu jenen westlichen Errungenschaften, die erst durch die Vietkong entdeckt wurden. Ricardo mußte dicke Gummistreifen benutzt haben, dachte er.

Zum ersten Kontrollpunkt kamen sie nach vierstündigem Marsch auf der Straße. Mickey war überglücklich wegen der Versicherung, denn er nahm an, da Jerry die Prämie bezahlt hatte, würden sie automatisch das Geld kassieren und verprassen können. Jerry konnte ihn nicht von dieser Annahme abbringen. Aber Mickey hatte auch Angst: zuerst vor den KTs, dann vor Gespenstern, dann vor dem Colonel. Also erklärte Jerry ihm, daß sich nach diesem kleinen Zwischenfall weder ein Gespenst noch ein KT in die Nähe der Straße wagen würde. Was den Colonel anging – aber das sagte Jerry nicht zu Mickey –: der war Vater und Soldat und hatte einen Damm zu bauen: nicht umsonst baute er ihn mit Kos Zement und mit Transportmitteln von China Airsea.
Am Kontrollpunkt fand sich ein Lastwagen, der Mickey nach Hause brachte. Jerry fuhr ein Stück weit mit und sicherte ihm die Unterstützung seiner Zeitung bei irgendwelchen Schwierigkeiten mit der Versicherung zu, aber Mickey wollte in seiner Euphorie kein Wort von Schwierigkeiten hören. Unter anhaltendem Lachen tauschten sie ihre Adressen und zahlreiche herzliche Händedrücke aus, dann ließ Jerry sich an einer Raststätte absetzen und wartete einen halben Tag auf den Bus, der ihn nach Osten, auf einen neuen Kriegsschauplatz befördern sollte.

Erstens: Mußte Jerry unbedingt Ricardo aufsuchen? Wäre der Ausgang, für ihn persönlich, ein anderer gewesen, wenn er es nicht getan hätte? Oder lieferte Jerry, wie Smileys Verteidiger bis auf den heutigen Tag behaupten, durch seine Stippvisite bei Ricardo den letzten und entscheidenden Anstoß, der den Baum schüttelte und die reife Frucht zu Fall brachte? Für den Club der Smiley-Anhänger besteht kein Zweifel: der Besuch bei Ricardo war der letzte Tropfen, und Ko ertrank darin. Ohne ihn hätte er womöglich noch so lange gezögert, bis die Schonzeit abgelaufen und Ko, und der Geheimdienst mit ihm, Freiwild für jedermann gewesen wären. Basta. Und auf den ersten Blick bewiesen die Fakten eine wunderbare Kausalität.
Denn folgendes passierte. Nur sechs Stunden nachdem Jerry und sein Fahrer Mickey sich aus dem Staub dieses Randstreifens in Nordost-Thailand aufgerappelt hatten, explodierte das ganze fünfte Stockwerk des Circus in einem Feuerbrand ekstatischen Jubels, der den Scheiterhaufen von Mickeys brennendem Leihwagen jederzeit in den Schatten gestellt hätte. In der Rumpelkam-

mer, wo Smiley die Nachricht kundtat, tanzte Doc di Salis tatsächlich einen steifbeinigen kleinen Gigue, und Connie hätte unzweifelhaft mitgetanzt, wenn die Arthritis sie nicht an den elenden Rollstuhl gefesselt hätte. Trot heulte, Guillam und Molly fielen sich in die Arme, und nur Smiley bewahrte inmitten all dieses Überschwangs seine gewohnte leicht erschrockene Miene, obgleich Molly schwor, sie habe ihn erröten sehen, als er in die Runde blinzelte.
Er habe soeben eine Meldung bekommen, sagte er. Ein Blitzgespräch von den Vettern. Um sieben heute morgen, Hongkong-Zeit, habe Tiu bei Ko in Star Heights angerufen, wo Ko die Nacht bei Lizzie Worth zugebracht habe. Zuerst nahm Lizzie den Anruf entgegen, aber Ko schaltete sich am Nebenapparat ein und befahl ihr schroff, aufzulegen, was sie auch tat. Tiu schlug ein sofortiges gemeinsames Frühstück in der Stadt vor, bei George, sagte Tiu, zur großen Belustigung der Aufzeichner.

Drei Stunden später machte Tiu bei einem Telefongespräch mit seinem Reisebüro eilige Pläne für eine Geschäftsreise nach dem chinesischen Festland. Seine erste Station würde Kanton sein, wo China Airsea eine Vertretung hatte, aber sein Ziel war Schanghai. Wie aber hatte Ricardo Tiu so schnell erreicht, ohne das Telefon zu benutzen? Die wahrscheinlichste Theorie lautete: durch die Verbindung des Polizei-Obersten mit Bangkok. Und von Bangkok aus? Das wußte der Himmel. Handels-Telex, das Wechselkursübertragungsnetz, alles ist möglich. Die Chinesen haben bei solchen Unternehmungen ihre eigenen Kanäle.
Andererseits war es auch denkbar, daß einfach Kos Geduldsfaden gerade in diesem Augenblick von selbst gerissen war und daß es bei dem Frühstück »Bei George« um etwas völlig anderes ging. So oder so, es war der Durchbruch, von dem sie alle geträumt hatten, die triumphale Rechtfertigung für Smileys Mühen. Um die Lunchzeit hatte Lacon persönlich vorgesprochen, um seine Glückwünsche zu entbieten, und am frühen Abend hatte sich Saul Enderby zu einer Geste aufgeschwungen, die niemand von der falschen Seite des Trafalgar Square jemals gemacht hatte. Er hatte von Berry Brothers and Rudd eine Kiste Champagner schicken lassen, Krug Auslese, eine wahre Pracht. Dabei lag ein Briefchen an George mit den Worten: »Auf den ersten Sommertag«. Und genau das schien es zu sein, auch wenn man erst Ende April

schrieb. Durch die dicken Netzgardinen der unteren Stockwerke konnte man das volle Laub der Platanen sehen. Weiter oben waren die Hyazinthen in Connies Fensterkasten erblüht.

»Rot«, sagte sie, als sie auf Saul Enderbys Wohl trank. »Karlas Lieblingsfarbe, hol ihn der Teufel.«

## *18 Die Flußbiegung*

Der Luftstützpunkt war weder großartig noch berühmt. Technisch gesehen unterstand er den Thais, in der Praxis durften die Thais lediglich den Müll einsammeln und die Einzäunung des Platzes bewachen. Der Kontrollpunkt war eine Stadt für sich. Überall roch es nach Holzkohle, Urin, Pökelfisch und Propangas, und eine Reihe baufälliger Wellblechschuppen beherbergte die uralten Gewerbe des militärischen Besatzungszustands. Die Bordelle waren mit Ausschußware bevölkert, die Schneiderläden boten Hochzeitsfräcke feil, die Buchhandlungen boten Pornographie und Reisen an, die Bars hießen Sunset Strip, Hawaii und Lucky Time. In der M.P.-Baracke fragte Jerry nach Captain Urquhart von Public Relations, und der schwarze Sergeant machte Miene, ihn rauszuwerfen, als er sagte, er sei Journalist. Am Diensttelefon hörte Jerry lange Zeit nur Klicken und Knattern, bis eine langsame Südstaatenstimme sagte: »Urquhart ist im Moment nicht da. Mein Name ist Masters. Wer spricht?«

»Urquhart und ich trafen uns letzten Sommer beim Lagebericht von General Crosse«, sagte Jerry,

»Na, dann trafen wir zwei uns auch«, sagte die erstaunlich langsame Stimme, die ihn an Deathwish erinnerte. »Zahlen Sie Ihr Taxi. Komme gleich. Blauer Jeep. Warten Sie, bis Sie das Weiße in seinen Augen sehen.«

Langes Schweigen folgte, vermutlich während die Codewörter Urquhart und Crosse auf der Liste nachgesehen wurden.

Auf dem Gelände herrschte ein ständiges Hin und Her von Flugpersonal, Schwarzen und Weißen in getrennten, finster blickenden Gruppen. Ein weißer Offizier kam vorbei. Die Schwarzen entboten ihm den Gruß von Black Power. Der Offizier erwiderte ihn zögernd. Die Mannschaften trugen, ähnlich wie Charlie Marshall, aufgenähte Abzeichen an den Uniformen, meist mit Werbesprüchen für Drogen. Die Stimmung war mürrisch,

niedergeschlagen, latent gewalttätig. Die Thai-Soldaten grüßten niemanden. Niemand grüßte die Thais.
Ein blauer Jeep kam mit Blinklicht und heulender Sirene am Schlagbaum angeschlittert. Der Sergeant ließ Jerry passieren. Eine Sekunde später rasten sie in halsbrecherischem Tempo über die Rollbahn auf eine lange Reihe niedriger weißer Baracken in der Mitte des Flugplatzes zu. Der Fahrer war ein schlaksiger Junge, ganz offensichtlich ein Neuling.
»Sind Sie Masters?« fragte Jerry.
»Nein, Sir. Ich trage nur das Gepäck des Majors, Sir«, sagte er.
Immer noch mit Blinklicht und ständig heulender Sirene fuhren sie an einem drittklassigen Baseballspiel vorüber.
»Großartige Legende«, sagte Jerry.
»Was meinen Sie, Sir?« schrie der Junge über den Lärm hinweg.
»Ach, nichts.«
Es war nicht gerade die größte Luftbasis. Jerry hatte größere gesehen. Sie kamen an Reihen von Phantomjägern und Hubschraubern vorbei, und als sie sich den weißen Baracken näherten, erkannte Jerry unter ihnen einen separaten Spukhaus-Komplex, mit eigenen Gebäuden und Funkantennen und einer eigenen kleinen Luftflotte aus schwarzbemalten Kleinflugzeugen, die vor dem Abzug Gott weiß wen Gott weiß wo abgesetzt und aufgefischt hatte.
Sie traten durch eine Seitentür ein, die der Junge aufschloß. Der kurze Korridor war leer und still. An seinem Ende eine offene Tür aus der traditionellen Rosenholz-Imitation. Masters trug eine kurzärmelige Luftwaffenuniform mit wenigen Abzeichen. Er hatte Orden und den Rang eines Majors, und Jerry tippte auf einen paramilitärischen Vetter, vielleicht nicht einmal Berufsoffizier. Er war fahl und drahtig, hatte einen bitteren, verkniffenen Mund und hohle Wangen. Er stand vor einer Kaminattrappe unter der Reproduktion eines Bildes von Andrew Wyeth und wirkte seltsam still und isoliert. Man hatte den Eindruck, er gebe sich absichtlich langsam, weil ringsum alles in Eile war. Der Junge besorgte die Vorstellung und zögerte dann. Masters glotzte ihn an, bis er hinausging, dann wandte er die farblosen Augen zu dem Rosenholztisch, auf dem Kaffee bereitstand.
»Sehen aus, als könnten Sie ein Frühstück gebrauchen«, sagte Masters.
Er goß Kaffee ein und bot Doughnuts an, alles im Zeitlupentempo.

»Dann redet sich's leichter«, sagte er,
»Stimmt«, pflichtete Jerry bei.
Auf dem Schreibtisch stand eine elektrische Schreibmaschine, daneben lag einfaches Papier. Masters marschierte steifbeinig zu seinem Stuhl und hockte sich auf die Lehne. Er nahm ein Exemplar von *Stars and Stripes* zur Hand und las demonstrativ, während Jerry sich am Schreibtisch niederließ.
»Höre, Sie erobern das Ganze für uns mit der linken Hand wieder zurück«, sagte Masters in Richtung *Stars and Stripes.* »Sehr schön.«
Anstatt die elektrische Schreibmaschine zu benutzen, stellte Jerry seine Reisemaschine auf den Tisch und hackte seinen Bericht in raschen Salven herunter, die ihm immer lauter vorkamen, je weiter sein Werk vorrückte. Vielleicht kam es auch Masters so vor, denn er blickte häufig auf, wenn auch nur bis in Höhe von Jerrys Händen und der Spielzeugschreibmaschine.
Jerry gab ihm das Blatt.
»Ihre Anweisung lautet, daß Sie hierbleiben«, sagte Masters, wobei er jedes Wort bedächtig artikulierte. »Ihre Anweisung lautet, daß Sie hierbleiben, während wir Ihr *Funktelegramm* weitergeben. Mann, und wie wir dieses Telegramm weitergeben! Ihre Anweisung lautet, hierzubleiben zwecks Bestätigung und Entgegennahme weiterer Instruktionen. Klar? Ist das klar, *Sir?*«
»Klar«, sagte Jerry.
»Zufällig schon die gute Nachricht gehört?« erkundigte sich Masters. Sie standen einander gegenüber, keinen Meter von einander entfernt. Masters starrte auf Jerrys Telegramm, aber seine Augen schienen nicht den Zeilen zu folgen.
»Was denn für eine Nachricht, altes Haus?«
»Wir haben soeben den Krieg verloren, Mr. Westerby. *Yes,* Sir. Die Letzten der Tapferen haben sich gerade von einem Heli vom Dach der Botschaft in Saigon runterkratzen lassen, wie eine Bande Blödmänner, die mit runtergelassenen Hosen in einem Puff geschnappt werden. Vielleicht interessiert es Sie gar nicht. Hund des Botschafters ist gerettet, wird Sie freuen zu hören. Journalist ließ ihn auf seinem Schoß mitfliegen. Vielleicht interessiert Sie das auch nicht. Vielleicht sind Sie kein Hundefreund. Vielleicht mögen Sie Hunde ungefähr so gern, wie ich persönlich Journalisten mag, Mr. Westerby, Sir.«
Jerry hatte inzwischen Masters' Brandyfahne gerochen, die keine

noch so große Menge Kaffee überdecken konnte, und er vermutete, daß Masters schon sehr lange getrunken hatte, ohne daß es ihm gelang, betrunken zu werden.
»Mr. Westerby, Sir?«
»Ja, alter Junge.«
Masters streckte die Hand aus.
»*Alter Junge,* ich möchte, daß Sie mir die Hand schütteln.«
Die Hand schwebte mit hochgerecktem Daumen zwischen ihnen.
»Wozu?« sagte Jerry.
»Ich möchte, daß Sie die Willkommenshand ergreifen, Sir. Die Vereinigten Staaten von Amerika haben sich soeben um Aufnahme in den Club zweitklassiger Mächte beworben, wo, soviel ich höre, Ihre eigene ruhmreiche Nation Chairman, Präsident und ältestes Mitglied ist. *Schütteln*! «
»Begrüße Sie an Bord«, sagte Jerry und schüttelte dem Major zuvorkommend die Hand.
Sofort wurde ihm dafür ein strahlendes Lächeln falscher Dankbarkeit zuteil.
»Also das nenn ich *wirklich* hübsch von Ihnen, Mr. Westerby, Sir. Wenn wir irgend etwas tun können, um Ihren Aufenthalt bei uns angenehmer zu machen, bitte lassen Sie es mich wissen. Wenn Sie das Anwesen mieten möchten: jedes einigermaßen vernünftige Angebot wird akzeptiert.«
»Sie könnten ein Fläschchen Whisky durch die Gitterstäbe schieben«, sagte Jerry und grinste.
»Aber mit Vergnügen«, sagte Masters und zog die Worte so in die Länge, daß sie wie ein langsamer Boxhieb wirkten. »Mann nach meinem Herzen. *Yes,* Sir.«
Masters ließ ihm eine halbe Flasche J & B, die er aus dem Schrank genommen hatte, und ein paar alte Nummern von *Playboy* zurück.
»Halten wir uns eigens für englische Gentlemen, die keinen Finger gerührt haben, uns zu helfen«, erklärte er herzlich.
»Sehr aufmerksam von Ihnen«, sagte Jerry.
»Jetzt geh ich und schicke Ihren Brief heim zur Mammi. Übrigens, wie geht's der Queen?«
Masters schloß nicht ab, aber als Jerry die Tür probierte, war sie nicht zu öffnen. Die Fenster, die auf den Flugplatz hinausgingen, hatten undurchsichtige Doppelscheiben. Auf der Rollbahn landeten und starteten Flugzeuge, ohne daß man einen Laut hörte. So

versuchten sie, den Krieg zu gewinnen, dachte Jerry: aus schalldichten Räumen heraus, hinter undurchsichtigem Glas, mit allen Maschinen in Reichweite. So haben sie ihn verloren. Er trank, er empfand nichts. Es ist also vorbei, dachte er, das war alles. Was würde seine nächste Station sein? Charlie Marshalls alter Herr? Kleine Spritztour durch die Shan-Staaten, Plauderstündchen mit den Leibwächtern des Generals? Er wartete, seine Gedanken drängten sich formlos. Er setzte sich, dann legte er sich aufs Sofa und schlief eine Weile, wie lange, wußte er nicht. Er erwachte jäh, als die Tonbandmusik einsetzte, die gelegentlich von Wald-und-Wiesendurchsagen unterbrochen wurde. Würde Captain Soundso dies oder jenes tun? Einmal wies der Sprecher auf die Möglichkeit zur Weiterbildung hin. Dann auf preisgünstige Waschmaschinen. Einmal kam ein Gebet. Die Krematoriumsstille und die Musik machten Jerry so nervös, daß er im Zimmer auf und ab lief.

Er ging hinüber zum anderen Fenster, und im Geist sah er Lizzies Gesicht neben seiner Schulter, wie damals das Gesicht der Waise. Er trank noch einen Schluck Whisky. Ich hätte im Lastwagen schlafen sollen, dachte er. Ich hätte überhaupt mehr schlafen sollen. Also haben sie den Krieg schließlich doch verloren. Der Schlaf hatte ihm nicht gut getan. Es schien lange her zu sein, daß er nicht mehr so geschlafen hatte wie früher. Seit Old Frosti war es aus damit. Seine Hand zitterte: Herrje, sieh dir das an. Er dachte an Luke. Zeit, daß wir wieder mal zusammen auf den Schwoof gehen. Er muß jetzt wieder zurück sein, wenn es ihn nicht erwischt hat. Muß mein Hirn ein bißchen zur Ruhe bringen, dachte er. Aber das Hirn machte sich in letzter Zeit gern selbständig. Ein bißchen zu oft, genau gesagt. Muß es an die Kandarre nehmen, sagte er sich streng. *Mann.* Er dachte an Ricardos Granaten. Beeil dich, dachte er. Los, wir müssen uns entscheiden. *Wohin* jetzt? *Wer* kommt als nächster dran? Sein Gesicht war trocken und heiß, und seine Hände waren feucht. Sein Kopf schmerzte über den Augen. Verdammte Musik, dachte er. Gottverdammte Weltuntergangsmusik. Er suchte fieberhaft herum, ob man sie nicht irgendwo abstellen konnte, als er Masters unter der Tür stehen sah, einen Umschlag in der Hand und Leere im Blick. Jerry las das Telegramm. Masters ließ sich wieder auf die Sessellehne nieder.

»›Junge, komm bald wieder‹«, sang Masters und äffte seinen

eigenen Südstaatenakzent nach. »›Komm direkt nach Haus. Nicht erst noch zweihundert Dollar kassieren.‹ Die Vettern werden Sie nach Bangkok fliegen. Von Bangkok fliegen Sie unverzüglich weiter nach London in England, *nicht*, wiederhole, nicht London in Ontario, mit einer Maschine Ihrer Wahl. Unter keinen Umständen kehren Sie nach Hongkong zurück. Ausgeschlossen! Nein, *Sir*! Mission beendet, *Junge*. Danke, gut gemacht. Ihre Majestät ist *ent*-zückt. Also flugs heim zum Abendbrot, es gibt Maisgrütze und Truthahn und *Blau*beerkuchen. Hört sich an wie eine Bande Tanten, für die Sie da arbeiten, *Mann*.«

Jerry las das Telegramm ein zweites Mal.

»Maschine nach Bangkok startet eins, eins, null, null«, sagte Masters. Er trug seine Armbanduhr mit dem Zifferblatt nach innen, so daß sie die Zeit nur für ihn anzeigte. »Hören Sie?«

Jerry grinste: »Entschuldigung, altes Haus. Langsamer Leser. Vielen Dank. Zu viele große Worte. Muß das alte Hirn ganz schön arbeiten. Hören Sie, ich hab meine Sachen im Hotel gelassen.«

»Meine Hausboys stehen Eurer Königlichen Hoheit zur Verfügung.«

»Danke, aber wenn's Ihnen nichts ausmacht, möchte ich lieber den offiziellen Kanal vermeiden.«

»Wie Sie wünschen, Sir, ganz wie Sie wünschen.«

Am Tor stehen Taxis. Hin und zurück in einer Stunde. »Danke«, wiederholte er.

»Wir haben *Ihnen* zu danken.«

Zum Abschied lieferte der Sarratt-Mann ein smartes Beispiel von Verfahrenstechnik. »Darf ich das solang hierlassen?« fragte er und wies auf seine schäbige Schreibmaschine neben Masters' IBM-Kugelkopfmodell.

»Sir, wir werden sie hüten wie unseren Augapfel.«

Hätte Masters sich die Mühe gemacht, in diesem Augenblick zu ihm hinzusehen, so wäre er vielleicht angesichts von Jerrys ungewöhnlich leuchtendem Blick stutzig geworden. Vielleicht wäre er, wenn er Jerrys Stimme besser gekannt oder auf ihre so besonders liebenswürdige Rauheit geachtet hätte, gleichfalls stutzig geworden. Hätte er gesehen, wie Jerry sich in seine Haartolle einkrallte, den Unterarm vor die Brust hielt in dem instinktiven Wunsch, sich zu verstecken, oder hätte er auf Jerrys albernes Dankesgrinsen geachtet, als der Junge wiederkam, um ihn in dem blauen Jeep zum Tor zu fahren: dann wären ihm vielleicht Zweifel gekommen. Aber Major Masters war nicht nur ein verbitterter Fachmann, der eine Menge Enttäuschungen erlebt hatte. Er war ein Gentleman aus dem Süden, der den Dolchstoß der Niederlage von den Händen unergründlicher Wilder empfing; und er hatte gerade damals nicht viel Zeit übrig für die Verdrehtheiten eines ausgedienten, überfälligen Briten, der sein in den letzten Zügen liegendes Spukhaus als Postamt benutzte.

Vor dem Aufbruch der Hongkong-Reisenden aus dem Circus herrschte festliche Stimmung, die durch die geheimnisvollen Vorbereitungen noch gesteigert wurde. Die Nachricht von Jerrys Wiederauftauchen hatte sie ausgelöst. Der Inhalt seines Fernschreibens intensivierte sie noch und fiel mit einer Meldung der Vettern zusammen, wonach Drake Ko seine sämtlichen gesellschaftlichen und geschäftlichen Verabredungen abgesagt und sich in die Abgeschiedenheit seines Hauses Seven Gates an der Headland Road zurückgezogen habe. Ein Foto von Ko, per Teleobjektiv aus dem Observierungswagen der Vettern aufgenommen, zeigte ihn im Viertelprofil, wie er in seinem großen Garten am Ende einer Rosenpflanzung stand und aufs Meer hinausblickte. Die Betondschunke sah man nicht, aber Ko trug seine viel zu große Baskenmütze.

»Wie ein moderner Gatsby, mein Lieber!« rief Connie Sachs entzückt, als sie sich alle über das Foto beugten. »Schmachtet hinüber zu dem blöden Licht an der Pier, oder was der arme Tropf sonst getan hat!«

Als der Observierungswagen zwei Stunden später wieder des Wegs kam, stand Ko noch immer in der gleichen Haltung da, also machten sie kein zweites Foto mehr. Viel bedeutsamer war die Tatsache, daß Ko das Telefon überhaupt nicht mehr benutzte – jedenfalls nicht die Apparate, die die Vettern angezapft hatten. Auch Sam Collins schickte einen Bericht, den dritten kurz nacheinander, aber den bisher bei weitem längsten. Wie üblich kam er in einem Spezialumschlag, der an Smiley persönlich adressiert war, und wie üblich besprach Smiley den Inhalt nur mit Connie Sachs. Und genau in dem Augenblick, als die Reisenden zum Flugplatz von London aufbrechen wollten, traf noch eine Botschaft von Martello ein, des Inhalts, daß Tiu aus China zurückgekehrt und zur Zeit mit Ko in der Headland Road in Klausur sei.

Aber die wichtigste Zeremonie, soweit Guillam sich damals und später erinnern konnte, und die verwirrendste, war ein kleiner Kriegsrat in Martellos Räumen im Annex, zu dem sich ausnahmsweise nicht nur das gewohnte Quintett Martello, seine beiden schweigsamen Männer sowie Smiley und Guillam einfanden, sondern auch Lacon und Enderby, die bezeichnenderweise mit dem gleichen Dienstwagen ankamen. Zweck dieser – von Smiley berufenen – Versammlung war die formelle Schlüsselübergabe. Martello sollte jetzt ein vollständiges Bild vom »Unternehmen Delphin« bekommen, einschließlich der hochwichtigen Verbindungen zu Nelson. Er sollte als vollgültiger Partner eingewiesen werden – abgesehen von einigen kleineren Auslassungen, die erst später bekannt wurden. Wie Lacon und Enderby sich hatten eindrängen können, erfuhr Guillam nie genau, und Smiley war später in diesem Punkt verständlicherweise zurückhaltend. Enderby erklärte rundweg, er sei »im Interesse der Ordnung und der militärischen Disziplin« mitgekommen. Lacon wirkte farbloser und herablassender denn je. Guillam hatte den deutlichen Eindruck, daß sie etwas im Schilde führten, und dieser Eindruck wurde noch verstärkt durch die Vorstellung, die Enderby und Martello gaben: die frischgebackenen Busenfreunde ignorierten einander so völlig, daß sie Guillam an ein heimliches Liebespaar erinnerten, das am gemeinsamen Frühstück in einem Landhaus teilnimmt, eine Situation, in der er selber sich schon häufig befunden hatte.

Es sei der *Maßstab* der Sache, erklärte Enderby einmal. Sie habe solche Ausmaße angenommen, daß er wirklich meine, ein paar große Tiere sollten mitmischen. Dann wieder erklärte er, es sei die Kolonial-Lobby. Wilbraham mache Stunk beim Schatzamt.

»So, jetzt haben wir also den ganzen Plunder gehört«, sagte Enderby, als Smiley seinen ausführlichen Überblick beendet hatte und Martellos Lobsprüche fast das Dach zum Einstürzen gebracht hätten. »Wer hat jetzt den Finger am Abzug, George, Punkt eins?« wollte er wissen, und daraufhin wurde die Besprechung vorwiegend Enderbys große Show, was Besprechungen mit Enderby gewöhnlich wurden. »Wer gibt den Feuerbefehl, wenn es zum Treffen kommt? Sie, George? Immer noch? Ich meine, Sie haben gute Planungsarbeit geleistet, zugegeben, aber unser alter Marty hier liefert schließlich die Artillerie, nicht wahr?«

Worauf Martello sich taub stellte, ein strahlendes Lächeln ausgoß

über all die großartigen und reizenden Briten, mit denen verbündet zu sein er die Ehre hatte, und Enderby weiterhin die grobe Arbeit tun ließ.
»Marty, wie sehen *Sie* diesen Punkt?« drängte Enderby, als hätte er selber keine Ahnung; als ginge er nie mit Martello angeln oder gäbe üppige Diners für ihn oder diskutierte mit ihm privat streng geheime Angelegenheiten.
In diesem Augenblick kam Guillam eine seltsame Erkenntnis, und später machte er sich Vorwürfe, daß er sie so wenig genutzt hatte. Martello *wußte* es. Die Enthüllungen über Nelson, über die Martello sich so völlig perplex gab, waren überhaupt keine Enthüllungen, sondern nur die Bestätigung von Informationen, die er und seine schweigsamen Männer längst besaßen. Guillam las es in ihren blassen hölzernen Gesichtern und den aufmerksamen Augen. Er las es aus Martellos Überschwang. Martello wußte *alles*.
»Äh, technisch ist es Georges Show, Saul«, erinnerte Martello loyalerweise Enderby in Beantwortung seiner Frage, aber mit gerade genug Nachdruck auf dem Wort *technisch*, um das übrige in Frage zu stellen. »George steht auf der Brücke, Saul. Wir heizen nur die Kessel.«
Enderby setzte ein unglückliches Stirnrunzeln auf und steckte ein Streichholz zwischen die Zähne.
»George, wie paßt *Ihnen* das? Paßt es Ihnen, so wie es ist? Daß Marty den Feuerschutz liefert, vor Ort alles bereithält, Kommunikationsmittel, die ganze Verschwörungsarbeit, Observierung, das Gelände in Hongkong sondieren und was weiß ich noch alles? Und Sie geben den Feuerbefehl? Muß schon sagen! Käme mir vor wie im fremden Frack rumzustolzieren.«
Smiley hielt sich gut, aber nach Guillams Meinung nahm er die Frage viel zu ernst und die kaum verhüllte Durchstecherei längst nicht ernst genug.
»Ganz und gar nicht«, sagte Smiley. »Martello und ich haben ein klares Abkommen getroffen. Die Speerspitze der Operation wird von uns dirigiert. Falls Unterstützung erforderlich ist, springt Martello ein. Das Produkt wird geteilt. Was den Gewinnanteil für die amerikanische Investition angeht, so wird er nach Erhalt des Produktes ausgeschüttet. Die Verantwortung dafür, daß ein solches Produkt anfällt, liegt nach wie vor bei uns.« Er schloß energisch: »Das Schreiben, worin das alles genau ausgeführt ist,

liegt natürlich schon längst bei den Akten.«
Enderby sah Lacon an. »Oliver, Sie sagten, Sie würden es mir schicken. Wo ist es geblieben?«
Lacon legte den länglichen Kopf zur Seite und lächelte trübselig ins Leere. »Treibt sich irgendwo in Ihren hinteren Räumen herum, nehme ich an, Saul.«
Enderby versuchte es mit einer anderen Taktik. »Und ihr beiden da könnt euch vorstellen, daß der Handel unter allen Umständen gültig bleibt, ja? Ich meine, wer sorgt für die sicheren Häuser und so weiter? Begräbt die Toten, all das?«
Wiederum Smiley. »Housekeeping Section hat bereits ein Haus auf dem Land gemietet und bereitet alles für künftige Bewohner vor«, sagte er ungerührt.
Enderby nahm das besabberte Streichholz aus dem Mund und zerbrach es über dem Aschenbecher. »Hätten meines haben können, wenn Sie was gesagt hätten«, murmelte er zerstreut. »Mengen von Zimmern. Kein Mensch je dort. Personal. Alles.« Aber seine Sorge galt dem anderen Thema. »Hören Sie. Beantworten Sie mir diese Frage. Ihr Mann dreht durch. Er türmt und rennt durch die Gassen von Hongkong. Wer spielt Räuber und Gendarm, um ihn wieder einzufangen?«
*Nicht* antworten! betete Guillam. Er hat überhaupt kein Recht, so um sich zu dreschen! Sag ihm, er soll sich zum Teufel scheren!
Smileys Antwort war zwar entschieden, ermangelte indes der Hitzigkeit, die Guillam sich gewünscht hätte.
»Ach, ich glaube, *Hypothesen* kann man immer aufstellen«, konterte er milde. »Ich glaube, hier kann man lediglich sagen, daß Martello und ich in einem solchen Fall gemeinsam überlegen und nach bestem Ermessen handeln würden.«
»George und ich arbeiten großartig zusammen, Saul«, erklärte Martello großmütig. »Ganz großartig.«
»Wäre viel *sauberer*, verstehen Sie, George«, fuhr Enderby mit einem frischen Streichholz im Mund fort. »Viel *sicherer*, wenn es ganz in Yankee-Händen wäre. Wenn Martys Leute einen Bock schießen, brauchen Sie sich bloß beim Gouverneur zu entschuldigen, ein paar Kamele in die Wüste schicken und versprechen, daß Sie's nie wieder tun. Das wär's. Mehr erwartet ohnehin niemand von ihnen. Sind die Vorteile eines schlechten Rufs, wie, Marty? Keiner wundert sich, wenn Sie das Zimmermädchen vögeln.«
»Aber *Saul*«, sagte Martello und lachte ausgiebig über den

köstlichen britischen Sinn für Humor.
»Viel komplizierter, wenn *wir* die Bösewichter sind«, fuhr Enderby fort. »Oder besser gesagt, *Sie*, George. Der Gouverneur könnte Sie mit einem Puster vom Tisch fegen, so wie die Dinge im Moment stehen. Wilbraham weint schon seinen ganzen Schreibtisch naß.«
Gegen Smileys heillose Verstocktheit war indessen nichts auszurichten, also trat Enderby für eine Weile von der Bühne ab, und sie nahmen ihre Diskussion der Modalitäten wieder auf. Aber ehe sie fertig waren, machte Enderby noch einen letzten Vorstoß, um Smiley aus dem Sattel zu heben. Er wählte dazu wiederum die Frage nach der sachdienlichsten Behandlung und Nachbehandlung des Falls.
»George, wer wird denn die Verhöre und so weiter besorgen? Setzen Sie Ihren komischen kleinen Jesuiten an, den mit dem possierlichen Namen?«
»di Salis wird für die chinesischen Aspekte der Einvernahme zuständig sein, und unsere Soviet Research Section für die russische Seite.«
»Ist das die invalide Akademikerin, George, die der verdammte Bill Haydon wegen Trunksucht gefeuert hat?«
»Diese beiden haben das Unternehmen bis zu seinem augenblicklichen Stand gefördert«, sagte Smiley.
Wie immer sprang Martello in die Bresche.
»Also George, das lasse ich nicht zu! Sir, das nicht! Saul, Oliver, nehmen Sie zur Kenntnis, daß ich das Unternehmen Delphin – in allen seinen Aspekten, Saul – als persönlichen Triumph für unseren George betrachte, und für George *allein*!«
Nach reichlichem Applaus für den lieben alten George fuhren sie zurück zum Cambridge Circus.
»Himmelarschundzwirn!« platzte Guillam los. »Warum will dieser Enderby Sie abschießen? Was soll dieser ganze Quatsch von wegen: das Schreiben verloren?«
»Ja«, sagte Smiley nach einer langen Pause von weit her. »Ja, das ist sehr nachlässig von ihnen. Ich glaube, ich schicke ihnen eine Abschrift. Unsigniert, von Hand, nur zur Information. Enderby wirkte so *wollig*, wie? Würden Sie das übernehmen, Peter, die Mütter bitten?«
Die Erwähnung des Schreibens – *Hauptpunkt* des Abkommens, wie Lacon es nannte – weckte Guillams schlimmste Befürchtun-

gen von neuem. Er erinnerte sich, wie er es törichterweise durch Sam Collins hatte überbringen lassen und wie Sam, laut Fawn, unter dem Vorwand der Ablieferung mehr als eine Stunde zusammen mit Martello in dessen Büro verschwunden war. Er erinnerte sich auch daran, wie er Sam Collins in Lacons Vorzimmer gesehen hatte, den geheimnisvollen Vertrauten Lacons und Enderbys, der in Whitehall herumlungerte wie die verflixte Edamer Katze aus »Alice im Wunderland«. Er erinnerte sich an Enderbys Vorliebe für Backgammon, wobei er um sehr hohe Einsätze spielte, und während er versuchte, der Verschwörung auf den Grund zu kommen, dachte er sogar daran, daß Enderby Stammkunde in Sam Collins' Club sein mochte. Er wies diesen Gedanken als geradezu absurd sofort wieder von sich. Ironischerweise stellte er sich später als zutreffend heraus. Und er erinnerte sich an seine aufblitzende Überzeugung – die sich lediglich auf den Gesichtsausdruck der drei Amerikaner stützen konnte und daher gleichfalls wieder verworfen wurde –, daß sie bereits wüßten, was Smiley ihnen bei der Besprechung mitzuteilen hatte.

Aber die Idee, daß Sam Collins bei diesem Festmahl die Rolle des Steinernen Gasts spielte, gab Guillam nicht auf, und als er auf dem Londoner Flugplatz die Maschine bestieg, erschöpft von seinem langen und gründlichen Abschied von Molly, grinste ihn das Gespenst durch den Rauch von Sams teuflischer brauner Zigarette an.

Der Flug verlief ereignislos, mit einer Ausnahme. Sie waren zu dritt, und in Sachen Sitzordnung hatte Guillam in seinem Dauerkrieg mit Fawn eine kleine Schlacht gewonnen. Über die Leichen der Housekeepers hinweg flogen Smiley und Guillam in der Ersten Klasse, während Fawn, der Babysitter, einen vorderen Eckplatz am Mittelgang der Touristenklasse bekam, Wange an Wange mit der Wachmannschaft der Fluglinie, die fast während der ganzen Reise schlief, während Fawn schmollte. Glücklicherweise war nie der Vorschlag aufgetaucht, daß Martello und seine schweigsamen Männer mit ihnen fliegen könnten, denn Smiley war entschlossen, daß dies auf gar keinen Fall passieren dürfe. Und so flog Martello gen Westen, machte in Langley Station, um sich Instruktionen zu holen, und setzte seine Reise über Honolulu und Tokio fort, um bei ihrer Ankunft in Hongkong zur Stelle zu sein. Als unbewußt ironische Fußnote zu ihrer Abreise hinterließ

Smiley einen langen, handgeschriebenen Brief an Jerry, der diesem bei seiner Ankunft im Circus ausgehändigt werden sollte und worin er ihm zu seiner erstklassigen Leistung gratulierte. Der Durchschlag liegt noch immer in Jerrys Akte. Niemand kam auf den Gedanken, ihn zu entfernen. Smiley spricht von Jerrys »unbeirrbarer Loyalität« und davon, daß er »einer mehr als dreißigjährigen Dienstzeit die Krone aufgesetzt« habe. Er schließt einen nicht unbedingt authentischen Gruß von Ann ein, »die Ihnen, ebenso wie ich, eine gleicherweise ruhmreiche Karriere als Romancier wünscht«. Und er endet ziemlich ungeschickt mit dem Ausdruck seiner Überzeugung, wonach »eines der Privilegien unserer Arbeit darin besteht, daß sie uns mit so wundervollen Kollegen zusammenbringt. Ich darf Sie versichern, daß wir alle in diesem Sinn an Sie denken«.

Manche Leute fragen sich noch immer, warum den Circus vor dem Aufbruch kein Wort der Besorgnis über Jerrys Verbleib erreichte. Schließlich war er seit mehreren Tagen überfällig. Auch hier will man Smiley die Schuld in die Schuhe schieben, aber es gibt keinen Beweis dafür, daß der Circus sich einen Lapsus geleistet hätte. Für die Weitergabe von Jerrys Bericht aus dem Luftstützpunkt in Nordost-Thailand – seinem letzten – hatten die Vettern einen direkten Kanal über Bangkok nach London und in den Annex freigemacht. Aber das Arrangement galt nur für ein einziges Funktelegramm und eine einzige Rückantwort, ein Nachfaß-Telegramm war nicht vorgesehen. Entsprechend wurde Major Masters' Meldung, als sie erstattet wurde, zuerst über das militärische Nachrichtennetz nach Bangkok geleitet, von dort nach Hongkong über deren Nachrichtennetz an die Vettern – da man der Ansicht war, Hongkong habe totales Zurückhalterecht auf alles Material im Zusammenhang mit dem »Unternehmen Delphin« – und erst danach, mit dem Vermerk »Routine« versehen, von Hongkong an London, wo sie in mehreren rosenholzfurnierten Einlaufkästen zu liegen kam, ehe irgend jemand ihre Bedeutung erkannte. Übrigens hatte bereits der langsame Major Masters dem Nicht-Auftritt, wie er sich später ausdrückte, einer x-beliebigen englischen Reisetante sehr wenig Bedeutung zugemessen. »ERKLÄRUNG VERMUTLICH BEI IHNEN«, lautet der Schluß seiner Meldung. Major Masters lebt jetzt in Norman, Oklahoma, wo er eine kleine Autoreparatur-

Werkstatt betreibt.
Auch die Housekeepers hatten keinen Grund zur Panik – jedenfalls behaupten sie das noch heute. Jerrys Instruktionen lauteten, er solle sich, sobald er in Bangkok eintreffe, ein Flugzeug suchen, irgendeins, seine Flugnetzkarte vorzeigen und nach London kommen. Es wurde kein Datum genannt, auch keine Fluglinie. Zweck des Ganzen war lediglich, die Sache in Bewegung zu halten. Höchstwahrscheinlich hatte er irgendwo eine Erholungspause eingelegt. Das taten die meisten heimreisenden Außenagenten, und Jerry war als großer Sexkonsument aktennotorisch. Also hielten sie wie üblich ein Auge auf die Fluglisten und meldeten ihn provisorisch in Sarratt zur zweiwöchentlichen Desinstruktions- und Wiedereinschleusungszeremonie an, woraufhin sie sich wieder der weitaus dringenderen Aufgabe widmeten, das sichere Haus für »Delphin« vorzubereiten. Es war eine reizende alte Mühle, sehr abgelegen, aber in der Nähe der Pendlerstadt Maresfield in Sussex, und beinah immer fanden sie einen Vorwand, hinzufahren. Außer di Salis und einem beträchtlicher Teil seines China-Archivs mußte eine kleine Armee von Übersetzern und Transskriptions-Spezialisten untergebracht werden, ganz zu schweigen von den Technikern, Babysittern und einem chinesischsprechenden Arzt. Es dauerte nicht lang, bis die Bürger des Orts sich bei der Polizei lautstark über den Zustrom von Japanern beklagten. Die Regionalzeitung schrieb, es handle sich um eine Tanztruppe auf Tournee. Der Tip stammte von den Housekeepers.

Jerry hatte nichts im Hotel abzuholen, und zudem hatte er überhaupt kein Hotel, aber er schätzte, daß er eine Stunde Zeit haben würde, um sich aus dem Staub zu machen. Er zweifelte nicht daran, daß die Amerikaner die ganze Stadt abgeriegelt hatten, und er wußte, nichts würde – falls London es verlangen sollte – für Major Masters einfacher sein, als Jerrys Namen und Personenbeschreibung als die eines amerikanischen Deserteurs, der mit falschem Paß reiste, über den Rundfunk durchzugeben. Daher ließ er das Taxi, sobald es weit genug vom Tor entfernt war, zum südlichen Stadtrand fahren, dann wartete er eine Weile, nahm ein zweites Taxi und dirigierte es nach Norden. Feuchter Nebel hing über den Reisfeldern, und die schnurgerade Straße lief endlos in diesen Nebel hinein. Aus dem Radio leierten die

Stimmen von Thaifrauen, es klang wie ein langgezogener, nicht endender Kinderreim. Sie fuhren an einer elektronischen Überwachungsanlage der Amerikaner vorbei, einem kreisförmigen Drahtzaun von einer Viertelmeile Durchmesser, der im Nebel schwamm und bei den Einheimischen der Elefantenkäfig hieß. Der Umkreis war mit riesigen Pfählen abgesteckt, und in der Mitte brannte, umgeben von Spinnennetzen aus gespanntem Draht, ein einzelnes höllisches Licht wie die Verheißung eines künftigen Krieges. Er hatte gehört, hier hausten zwölfhundert Sprachenstudenten, aber keine Menschenseele war zu sehen.
Er brauchte Zeit, und es gelang ihm sogar, sich mehr als eine Woche zu verschaffen. Sogar jetzt brauchte er so viel Zeit, um zu sich selbst zu kommen; denn im Herzen war Jerry Soldat und dachte mit den Füßen. *Im Anfang war die Tat*, pflegte Smiley, wenn er in seiner Predigerstimmung war, aus einem seiner deutschen Dichter zu zitieren. Für Jerry war diese schlichte Maxime zur Säule seiner unkomplizierten Philosophie geworden. Was man denkt, ist jedermanns Privatsache. Wichtig ist, was man tut.
Als er am frühen Abend den Mekong erreichte, suchte er sich ein Dorf und streunte ein paar Tage lang müßig am Flußufer entlang, schleppte seine Umhängetasche und kickte mit den Zehen seines Wildlederstiefels leere Coca-Cola-Dosen vor sich her. Jenseits des Flusses, hinter den braunen Bergen, die wie Ameisenhügel aussahen, lag der Ho-Chi-Minh-Pfad. Er hatte einmal von genau dieser Stelle aus beobachtet, wie eine B 52 drei Meilen entfernt in Zentral-Laos angriff. Er erinnerte sich, wie der Boden unter seinen Füßen geschwankt, der Himmel sich geleert und gebrannt hatte, und ihm wurde bewußt, einen Augenblick lang klar bewußt, was es bedeutete, mittendrin zu sein.
Noch in der gleichen Nacht hieb Jerry Westerby, um seine eigene Redewendung zu gebrauchen, tüchtig auf die Pauke, ziemlich genau so, wie die Housekeepers es von ihm erwarteten, wenn auch unter etwas anderen Umständen. In einer Bar am Fluß, wo eine Musikbox alte Weisen plärrte, trank er Schwarzmarktwhisky aus dem PX, Nacht für Nacht, bis das Vergessen sich einstellte, führte eines der lachenden Mädchen nach dem anderen die unbeleuchtete Treppe in ein schäbiges Schlafzimmer hinauf, bis er schließlich dort wirklich einschlief und nicht mehr herunterkam. Erwachte er dann ruckartig und mit relativ klarem Kopf in der Morgendämme-

rung am Krähen der Hähne und dem Lärm auf dem Fluß, so zwang er sich, lang und liebevoll an seinen Kumpel und Mentor George Smiley zu denken. Es war ein reiner Willensakt, beinah ein Akt des Gehorsams. Er wollte ganz einfach die Glaubensartikel seines Credos hersagen, und sein Credo war bisher der gute alte George gewesen. Die Leute in Sarratt haben viel Verständnis für die Motive eines Außenagenten, und gar nichts übrig für den augenrollenden Fanatiker, der mit den Zähnen knirscht und »Ich hasse den Kommunismus« blökt. Wenn er ihn so sehr haßt, argumentieren sie, dann dürfte er bereits in ihn verliebt sein. Was sie wirklich gern hatten – und Jerry entsprach dieser Vorstellung –, war ein Mann, der nicht lang faselte, der seine Arbeit liebte und wußte – obwohl er um Himmels willen kein großes Trara darum machen sollte –, daß *wir* recht haben. Wobei *wir* ein notwendigerweise dehnbarer Begriff ist, aber für Jerry bedeutete er George und damit basta.

Alter George. Super. Guten Morgen.

Er sah ihn vor sich, so, wie er sich am liebsten an ihn erinnerte: bei ihrer ersten Begegnung in Sarratt kurz nach dem Krieg. Jerry war noch ein untergeordneter Dienstgrad bei der Army, seine Dienstzeit war fast abgelaufen, Oxford drohte, und er langweilte sich tödlich. Es war ein Kursus für Gelegentliche: für Leute, die schon kleine Proben ihrer Geschicklichkeit geliefert hatten, ohne formell auf die Gehaltsliste des Circus zu kommen und als Reservetruppe geschliffen wurden. Jerry hatte sich bereits um eine reguläre Anstellung beworben, aber die Personalabteilung des Circus hatte ihn abgelehnt, was seine Stimmung auch nicht gerade hob. Als daher Smiley mit Wintermantel und Brille in die ölbeheizte Unterrichtsbaracke gewatschelt kam, hatte Jerry innerlich einen Seufzer ausgestoßen und sich auf weitere fünfzig Minuten gähnender Langeweile gefaßt gemacht – auf geeignete Plätze für tote Briefkästen vermutlich – anschließend einen geheimen Streifzug durch die Umgebung von Rickmannsworth, bei dem es galt, hohle Baumstämme auf Friedhöfen auszumachen. Es gab große Heiterkeit, als die Hausverwaltung sich abmühte, das Lesepult niedriger zu schrauben, damit George darüber wegsehen könne. Schließlich stellte er sich ein bißchen nervös daneben und erklärte, sein Thema heute nachmittag laute: »Probleme der Führung von Kurierverbindungen innerhalb feindlichen Territoriums«. Langsam dämmerte es Jerry, daß Smiley nicht aus

Büchern lehrte, sondern aus Erfahrung: daß dieser eulenhafte kleine Pedant mit der schüchternen Stimme und der zwinkernden, wie um Entschuldigung bittenden Erscheinung drei Jahre in einer deutschen Provinzstadt durchgehalten hatte, die Fäden eines sehr bedeutenden Netzes in der Hand, während er ständig darauf wartete, daß ein Stiefel durch die Türfüllung fahren oder ein Pistolenknauf auf sein Gesicht niedersausen würde und er die Freuden eines Verhörs genießen dürfte.

Als der Vortrag vorbei war, wollte Smiley ihn sprechen. Sie trafen sich in der Ecke eines leeren Lokals, unter den Hirschgeweihen, wo die Scheiben für das Pfeilwerfen hingen.

»Es tut mir so leid, daß wir Sie nicht nehmen konnten«, sagte Smiley. »Ich glaube, wir waren der Ansicht, Sie hätten zuerst noch ein bißchen mehr Zeit *draußen* nötig.« Was heißen sollte, daß er unreif sei. Zu spät erinnerte Jerry sich, daß Smiley zu den wortlosen Mitgliedern des Prüfungsausschusses gehört hatte, von dem er abgelehnt worden war. »Vielleicht, wenn Sie Ihr Studium abschließen und es auf einem anderen Gebiet zu einigem Erfolg bringen könnten, würde man es sich anders überlegen. Bleiben Sie in Verbindung, ja?«

Und seitdem war der alte George auf die eine oder andere Art eigentlich immer dagewesen. Nie überrascht, nie ungeduldig hatte der alte George Jerrys Leben gelenkt, bis es dem Circus gehörte. Das väterliche Imperium brach zusammen: George wartete mit ausgestreckten Händen, um ihn aufzufangen. Seine Ehen scheiterten: George saß nächtelang bei ihm und hielt ihm den Kopf.

»Ich war diesem Amt immer dankbar, daß es mir Gelegenheit gibt, abzuzahlen«, hatte Smiley gesagt. »Ich bin überzeugt, daß wir so empfinden sollten. Ich glaube nicht, daß wir uns davor fürchten sollten, uns . . . aufzuopfern. Ist das altmodisch von mir?«

»Sie deuten in die Richtung, und ich zieh los«, hatte Jerry erwidert. »Sie geben mir die Schläge an, ich führe sie aus.«

Noch war es Zeit. Er wußte es. Zug nach Bangkok, hopp rein in ein Flugzeug und heimfliegen, und das Schlimmste, was ihm passieren konnte, war, daß sie ihm tüchtig den Kopf waschen würden, weil er für ein paar Tage ohne Erlaubnis von Bord gegangen war. *Heim*, dachte er. Bißchen schwierig. Heim in die Toskana und in die gähnende Leere auf dem Hügel, ohne die Waise? Heim zur alten Pet, sich wegen der kaputten Tasse entschuldigen? Heim zum lieben alten Stubbsi, Desk-Jockey spielen mit Zuständigkeit für abgelehnte Manuskripte? Oder heim in den Circus: »Wir nehmen an, in der Bankabteilung fühlen Sie sich am wohlsten.« Oder sogar – großartiger Gedanke – heim nach Sarratt, als Ausbilder, Herzen und Seelen der Neuen erobern, und verbotene Abstecher in eine Maisonettewohnung in Watford unternehmen.

Am dritten oder vierten Morgen wachte er sehr früh auf. Über dem Fluß erschien das erste Tageslicht, färbte ihn zuerst rot, dann orange, dann braun. Eine Familie von Wasserbüffeln watete im Schlamm, ihre Glocken bimmelten. In der Mitte der Strömung waren drei Sampans durch ein langes und kompliziertes Schleppnetz verbunden. Er hörte ein Zischen und sah ein Netz sich verknäueln, dann wie Hagel auf das Wasser klatschen.

Ich bin nicht hier, weil mir eine Zukunft fehlt, dachte er. Ich bin hier, weil ich keine Gegenwart habe.

*Heim* ist das, wo du hingehst, wenn du kein Heim mehr hast, dachte er. Womit ich bei Lizzie wäre. Verzwickte Sache. Verschieben wir's auf später. Erst mal frühstücken.

Als er auf dem Teakholzbalkon saß und Eier und Reis mampfte, erinnerte er sich, wie George ihm die Nachricht über Haydon beigebracht hatte. El Vino's Bar, Fleet Street, regnerischer Mittag. Jerry war nie fähig gewesen, jemand lange Zeit zu hassen, und nachdem der erste Schock vorbei war, gab es kaum noch etwas zu sagen.

»*Well*, hat keinen Sinn, in den Schnaps zu flennen, wie, altes Haus? Können das Schiff nicht den Ratten überlassen. Weiterkämpfen ist das einzige.«

Smiley stimmte zu: ja, das war das einzige, weiterkämpfen, dankbar für die Gelegenheit, abzuzahlen. Jerry hatte sogar einen seltsamen Trost in der Tatsache gefunden, daß Bill zum Clan gehörte. Er hatte, auf seine unartikulierte Weise, nie ernstlich daran gezweifelt, daß sein Land sich im Zustand unwiderruflichen Niedergangs befinde und daß seine eigene Klasse die Schuld an der Katastrophe trug. »Wir haben Bill *gemacht*«, lautete sein Argument, »also ist es nur recht, daß wir seinen Verrat ausbaden müssen.« Bezahlen hieß das. Bezahlen. Was der alte George schon die ganze Zeit tat.

Wieder bummelte Jerry den Fluß entlang, atmete die freie warme Luft und ließ flache Steine über das Wasser flitzen.

Lizzie, dachte er. Lizzie Worthington, Ausreißerin aus der

Vorstadt, Ricardos Schülerin und Spielball. Charlie Marshalls große Schwester und große Mutter und unerreichbare Hure. Drake Kos gefangener Vogel. Meine Tischgefährtin vier ganze Stunden lang. Und für Sam Collins – um nochmals auf diese Frage zurückzukommen – was war sie für ihn gewesen? Für Mr. Mellon, Charlies »schmierigen englischen Kaufmann« von vor eineinhalb Jahren, war sie der Kurier gewesen, der Heroin nach Hongkong schaffte. Aber sie war mehr als das gewesen. Irgendwann hatte Sam den Vorhang ein Stückchen gelüftet und ihr gesagt, er arbeite für Königin und Vaterland. Eine frohe Botschaft, die Lizzie umgehend ihrem bewundernden Freundeskreis mitteilte. Was Sam erzürnte, so daß er sie fallenließ wie eine heiße Kartoffel und sie schließlich als eine Art Lockziege verwendete. Als Köder auf Bewährung. In einer Hinsicht amüsierte dieser Gedanke Jerry sehr, denn Sam genoß den Ruf eines Staragenten, während Lizzie Worthington den Star einer Demonstration in Sarratt hätte abgeben können, Titel: »Urtyp der Frau, die man niemals anwerben darf, solange sie noch sprechen oder atmen kann.«

Weniger amüsant war die Frage, was sie *jetzt* für Sam bedeutete. Warum lauerte er in ihrem Schatten wie ein geduldiger Mörder und lächelte sein gußeisernes Lächeln? Diese Frage machte Jerry arg zu schaffen. Kurzum, er war von ihr besessen. Er wollte einfach nicht, daß Lizzie noch einen weiteren Reinfall erlebte. Wenn sie von Kos Bett irgendwo anders hinginge, dann sollte es Jerrys Bett sein. Immer wieder einmal – seit er sie zum erstenmal gesehen hatte – hatte er sich ausgemalt, wie gut Lizzie die kräftige Luft der Toskana bekommen würde. Es war ihm zwar nicht klar, was es mit Sams Anwesenheit in Hongkong auf sich hatte und was der Circus auf längere Sicht mit Drake Ko plante, aber eins – und dies war der Angelpunkt der ganze Sache – wußte er genau: daß er, wenn er in diesem Moment nach London abzischen würde, anstatt Lizzie auf seinem weißen Renner zu entführen, er sie auf einer sehr großen Bombe sitzend zurückließ.

Was für ihn nicht in Frage kam. Zu anderen Zeiten hätte er vielleicht die Lösung dieses Problems den Eulen überlassen, wie so manches andere in seinem früheren Leben. Aber jetzt waren nicht andere Zeiten. Diesmal zahlten die Vettern die Zeche, wie er wußte, und wenn Jerry auch weiter nichts gegen die Vettern hatte, so machte ihre Anwesenheit das Spiel doch bedeutend rauher. Und deshalb spielten seine vagen Vorstellungen von Georges Mensch-

lichkeit in diesem Fall keine Rolle.
Außerdem hing er an Lizzie. Über die Maßen. Hier waren seine Gefühle klar und eindeutig. Er sehnte sich nach ihr mit allen Fasern. Sie war ein Verlierer, wie er, und er liebte sie. Er hatte über alles nachgedacht und den Schlußstrich gezogen, und war, nach tagelangem Hinundherüberlegen zu diesem genauen, unabänderlichen Resultat gelangt. Es erschreckte ihn ein wenig, aber es gefiel ihm ungemein.
Gerald Westerby, ermahnte er sich. Du warst bei deiner Geburt anwesend. Du warst bei deinen verschiedenen Eheschließungen anwesend und bei einigen deiner Scheidungen, und mit Sicherheit wirst du bei deiner Beerdigung anwesend sein. Höchste Zeit, unserer wohlerwogenen Meinung nach, daß du auch einmal an gewissen anderen entscheidenden Wendepunkten deiner Lebensgeschichte anwesend bist.
Er fuhr mit einem Bus ein paar Meilen flußaufwärts, ging dann ein Stück zu Fuß, fuhr in Rikschas, saß in Kneipen, ging mit den Mädchen ins Bett und dachte nur an Lizzie. Der Gasthof, in dem er logierte, war voller Kinder, und als er eines Morgens erwachte, saßen zwei von ihnen auf seinem Bett, staunten über die gewaltig langen Beine des *farang* und kicherten darüber, wie seine nackten Füße unten hervorguckten. Vielleicht bleibe ich einfach hier, dachte er. Aber das meinte er nicht ernst, denn er wußte, daß er zurück mußte und sie fragen: auch wenn die Antwort nur blauer Dunst sein würde. Er ließ für die Kinder Papierflugzeuge vom Balkon segeln, und sie klatschten in die Hände und tanzten und sahen zu, wie die papierenen Vögel davonschwebten.

Er fand einen Schiffer, und als es Abend wurde, ließ er sich nach Vientiane übersetzen und vermied so die Einreiseformalitäten. Am nächsten Morgen schummelte er sich, ebenfalls ohne Formalitäten, an Bord einer außerplanmäßigen Royal Air Lao DC 8, und am Nachmittag war er auf dem Flug, einen köstlichen warmen Whisky in der Hand, und plauderte fröhlich mit ein paar freundlichen Opiumschmugglern. Als sie landeten, fiel schwarzer Regen, und die Fenster des Flughafenbusses waren dreckverschmiert. Jerry war das egal. Zum erstenmal in seinem Leben war die Rückkehr nach Hongkong für ihn, als käme er endlich doch noch nach Hause.
Trotzdem verhielt sich Jerry in der Ankunftshalle äußerst

vorsichtig. Nur nicht auffallen, sagte er sich, nie mehr auffallen. Die wenigen Ruhetage hatten für seine Geistesgegenwart Wunder getan. Nachdem er sich gründlich umgesehen hatte, begab er sich in »Herren« anstatt zum Einreiseschalter und blieb dort, bis ein großer Trupp japanischer Touristen eintraf, dann rannte er zu ihnen hin und fragte, ob jemand von ihnen Englisch spreche. Er suchte sich vier Leute aus, denen er seinen Presseausweis aus Hongkong unter die Nase hielt, und während sie Schlange standen und auf die Paßkontrolle warteten, bestürmte er sie mit Fragen über den Grund ihres Hierseins und über ihre Pläne, was sie unternehmen wollten und mit wem, und schrieb wie rasend auf seinen Notizblock, dann wandte er sich an die nächsten vier und wiederholte das Ganze. Inzwischen wartete er ab, bis die diensthabenden Polizisten abgelöst wurden. Um vier Uhr war es soweit, und sofort stürzte er zu einer Tür mit der Aufschrift »Kein Zutritt«, die er bereits früher ausgemacht hatte. Er ballerte an die Füllung, bis ihm geöffnet wurde, und machte Miene, hindurchzugehen.

»Wo zum Teufel wollen Sie hin?« fragte ein empörter schottischer Polizeiinspektor.

»Heim zum Käseblättchen, altes Haus. Muß den Quark über unsere reizenden japanischen Besucher abliefern.«

Er zeigte seinen Presseausweis vor.

»Gehn Sie gefälligst durch die verdammte Sperre, wie alle anderen.«

»Seien Sie doch nicht stur. Ich hab' meinen Paß nicht bei mir. Deshalb hat mich Ihr vortrefflicher Kollege vorhin hier durchgelassen.«

Seine Größe, sein sicherer Ton, seine eindeutig britische Erscheinung, sein gewinnendes Lächeln verschafften ihm fünf Minuten später einen Platz im Bus zur Stadt. Vor seinem Häuserblock trödelte er eine Weile herum, sah jedoch keine verdächtige Gestalt, aber hier war China, und wer konnte da wissen? Der Lift leerte sich wie üblich für ihn. Im Hinauffahren summte er Deathwishs einzige Platte, in der Vorfreude auf ein heißes Bad und frische Kleider. An der Wohnungstür erlebte er einen gelinden Schrecken, als er die kleinen Holzstückchen, die er eingeklemmt hatte, auf dem Boden liegen sah, aber dann fiel ihm Luke ein, und er lächelte bei dem Gedanken, ihn wiederzusehen. Er schloß die Tür auf und hörte in diesem Moment drinnen ein

Summen, ein monotones Dröhnen, das von einer Klimaanlage hätte stammen können, aber nicht von der in Deathwishs Wohnung, da sie zu schwach und unzulänglich war. Dieser Idiot von Luke hat den Plattenspieler nicht abgestellt, dachte er, und jetzt ist er am Durchbrennen. Dann dachte er: ich tue Luke unrecht, es ist dieser Kühlschrank. Dann öffnete er die Tür und sah Lukes Leiche auf dem Fußboden liegen. Der Kopf war zur Hälfte in Stücke geschossen, und fünfzig Prozent aller Fliegen Hongkongs umschwärmten ihn. Jerry fiel nichts Besseres ein – nachdem er schnell die Tür hinter sich geschlossen und das Taschentuch vor den Mund gepreßt hatte – als in die Küche zu rennen, für den Fall, daß dort noch jemand wäre. Dann kehrte er in den Wohnraum zurück, schob Lukes Füße beiseite, stemmte das Bodenbrett hoch, unter dem er seine verbotene Waffe und seinen Fluchtbeutel versteckt hatte, und stopfte alles in seine Taschen, ehe er sich erbrach.

Natürlich, dachte er. Deshalb war Ricardo so felsenfest überzeugt, daß der Pferdeschreiber tot sei.

Wir sind schon ein ganzer Club, dachte er, als er wieder draußen auf der Straße stand und Wut und Schmerz ihm in Ohren und Augen hämmerte. Nelson Ko ist tot, aber er regiert China. Ricardo ist tot, aber Drake Ko sagt, er könne am Leben bleiben, solange er sich auf der Schattenseite der Straße halte. Jerry Westerby, der Pferdeschreiber, ist auch mausetot, nur daß Kos blöder, verdammter, dreckiger Schweinehund von Leibwächter, Mr. Scheiß-Tiu, so dämlich gewesen war, das falsche Rundauge abzuknallen.

## 19 *Die Goldmakrele*

Das Innere des amerikanischen Konsulats in Hongkong hätte bis hin zum allgegenwärtigen falschen Rosenholz, der falschen Liebenswürdigkeit, den Flughallensesseln und dem herzerquikkenden Porträt des Präsidenten, auch wenn es diesmal Ford war, das Innere des Annex' sein können. Willkommen im Spukhaus, dachte Giullam. Die Abteilung, in der sie arbeiteten, hieß Die Isolierstation und hatte einen eigenen Ausgang zur Straße, den zwei Marineinfanteristen bewachten. Die Circusleute hatten Pässe auf falsche Namen – Guillam hieß Gordon –, und während der Dauer ihres Aufenthalts sprachen sie, außer am Telefon, mit keinem anderen Menschen innerhalb des Gebäudes. »Wir sind nicht nur offiziell inexistent, Gentlemen«, hatte Martello während der Lagebesprechung stolz erklärt, »wir sind auch unsichtbar.« So sei es gedacht, sagte er. Der amerikanische Generalkonsul würde dem Gouverneur mit der Hand auf der Bibel schwören können, daß sie nicht hier seien und sein eigenes Personal von der ganzen Sache nichts wisse, sagte Martello. »Keiner hat was gesehen oder gehört.« Danach hatte er George Platz gemacht, denn: »George, das hier ist Ihre Show, von der Suppe bis zum Nachtisch.«

Bergab waren sie in fünf Minuten im Hilton, wo Martello sie eingemietet hatte. Bergauf hätten sie zu Fuß, was ziemlich mühsam gewesen wäre, zehn Minuten bis zu Lizzie Worths Wohnblock gebraucht. Sie waren seit nunmehr fünf Tagen hier, und jetzt war es Abend, aber das war innen nicht festzustellen, denn ihre Arbeitsräume hatten keine Fenster. Sie verfügten über Landkarten, Seekarten und mehrere Telefone, die von Martellos schweigsamen Männern, Murphy und seinem Kameraden, bedient wurden. Martello und Smiley hatten je einen großen Schreibtisch. Guillam, Murphy und sein Kollege teilten sich den Tisch mit den Telefonen, Fawn hockte düster, wie ein gelangweilter Kritiker in der Pressevorführung, in der Mitte einer leeren Reihe von Kinostühlen an der rückwärtigen Wand, stocherte in den Zähnen, gähnte, aber er scherte sich nicht raus, wie Guillam ihm wiederholt nahelegte. An Craw war der Befehl ergangen, er solle sich völlig fernhalten: auf Tauchstation gehen. Smiley war seit Frosts Tod besorgt um ihn und hätte ihn lieber außer Landes gebracht, aber der alte Knabe wollte nicht weg.

Nun schlug endlich auch den schweigsamen Männern die große Stunde: »Unsere letzte detaillierte Lagebesprechung«, hatte Martello es genannt. »Äh, wenn es *Ihnen* recht ist, George.« Der blasse Murphy stand in weißem Hemd und blauer Hose auf dem Podium vor einer Wandkarte und las monoton aus einem Bündel Notizen. Die übrigen, einschließlich Smiley und Martello, saßen zu seinen Füßen und lauschten zumeist wortlos. Murphy hätte einen Staubsauger beschreiben können, und gerade deshalb fand Guillam seine Ausführungen so hypnotisierend. Auf der Karte war hauptsächlich das Meer zu sehen, nur oben und links hing der Spitzensaum der südchinesischen Küste. Hinter Hongkong sah man unter der Leiste, mit der die Karte befestigt war, gerade noch die versprenkelten Außenbezirke von Kanton, und in südlicher Richtung von Hongkong, genau in der Mitte der Karte, eine grün umzogene Fläche, wie eine Wolke, die in vier Sektoren A, B, C und D aufgeteilt war. Dies, sagte Murphy ehrfurchtsvoll, seien die Fischgründe, und das Kreuz in der Mitte sei der Zentralpunkt, Sir. Murphy sprach ausschließlich zu Martello, ob es nun Georges Show von der Suppe bis zum Nachtisch war oder nicht.

»Sir, ausgehend von Drakes letzter Ausreise aus China, Sir, haben wir, zusammen mit Navy Int., Sir –«

»Murphy, Murphy«, unterbrach Martello ihn freundlich, »machen Sie's nicht so feierlich, ja, mein Lieber? Wir sind hier nicht im Ausbildungslager, okay? Gürtel lockern, ja, mein Sohn?«

»Sir, erstens: das Wetter«, sagte Murphy, völlig taub gegen Martellos Vorschlag. »April und Mai sind die Übergangsmonate, Sir, zwischen den Nordost-Monsunen und dem Einsetzen der Südwest-Monsune. Die Wetterverhältnisse von einem Tag zum anderen sind nicht vorherzusagen, aber es werden für die Fahrt keine extremen Bedingungen erwartet.« Er benutzte den Zeigestock, um eine Linie von Swatow südwärts zu den Fischgründen zu ziehen, dann von den Fischgründen nordwestlich über Hongkong und den Perlfluß aufwärts nach Kanton.

»Nebel zu erwarten?« fragte Martello.
»Nebel herrscht um diese Jahreszeit üblicherweise, und die voraussichtliche Bewölkung ist sechs bis sieben Oktas, Sir.«
»Was zum Kuckuck ist ein Okta, Murphy?«
»Ein Okta ist ein Achtel der bedeckten Himmelsfläche, Sir. Die Oktas ersetzen die früheren Zehntel. Taifune im April wurden seit über fünfzig Jahren nicht registriert, und Navy Int. hält Taifune für unwahrscheinlich. Wind aus östlicher Richtung, neun bis zehn Knoten, aber eine Flotte, die unter Wind geht, muß sowohl mit Flauten wie mit Gegenwinden rechnen, Sir. Luftfeuchtigkeit um achtzig Prozent, Temperaturen von fünfzehn bis vierundzwanzig Grad Celsius. Meer ruhig mit geringer Dünung. Strömungen in der Gegend von Swatow zumeist nordöstlich durch die Formosa-Straße mit etwa drei Seemeilen pro Tag. Aber weiter westlich – auf *dieser* Seite, Sir – «.
»Also *das* weiß ich selber, Murphy«, warf Martello barsch ein. »Ich weiß, wo Westen ist, verdammt nochmal.« Dann grinste er zu Smiley hinüber, als wollte er sagen: »Diese neunmalklugen Grünschnäbel.«
Murphy war nicht zu erschüttern. »Wir haben dabei den Geschwindigkeitsfaktor sowie die Flottenbewegung an jedem Punkt ihrer Fahrt zu berücksichtigen, Sir.«
»Klar, klar.«
»Der Mond, Sir«, fuhr Murphy fort. »Angenommen, die Flotte hat Swatow in der Nacht vom Freitag, dem 25. April, verlassen, so würde das drei Tage vor Vollmond sein –«
»Warum wird das angenommen, Murphy?«
»Weil die Flotte zu dieser Zeit in Swatow auslief, Sir. Wir bekamen vor einer Stunde die Bestätigung von Navy Int., Sir. Dschunken-Kolonne gesichtet an östlichem Rand von Fischgrund C, bewegt sich langsam im Wind Richtung Westen, Sir. Eindeutige Identifizierung der Führungsdschunke bestätigt.«
Knisternde Stille. Martello lief rot an.
»Sie sind ein cleverer Junge, Murphy«, sagte Martello in warnendem Ton. »Aber Sie hätten mir das ein wenig früher mitteilen sollen.«
»Ja, Sir. Ferner angenommen, daß die Dschunke mit Nelson Ko an Bord in der Nacht des 4. Mai in den Gewässern von Hongkong eintreffen soll, so wird der Mond im letzten Viertel stehen, Sir. Wenn wir auch hier von unserem Präzedenzfall ausgehen . . . «

»Das tun wir«, sagte Smiley fest. »Die Flucht wird die genaue Wiederholung von Drakes Reise im Jahr einundfünfzig sein.«
Wiederum zog niemand seine Worte in Zweifel, wie Guillam feststellte. Warum nicht? Es war höchst verwirrend.
». . . dann erreicht unsere Dschunke die südlichste Außeninsel Po Toi morgen um zwanzig Uhr und trifft mit der Flotte droben am Perlfluß rechtzeitig zusammen, um am folgenden Tag zwischen zehn Uhr dreißig und zwölf Uhr im Hafen von Kanton einzulaufen, am 5. Mai, Sir.

Während Murphy weiterleierte, linste Guillam verstohlen zu Smiley hinüber und dachte, wie schon so oft, daß er ihn bis zum heutigen Tag nicht besser kenne als zur Zeit ihrer ersten Begegnung, damals in den dunklen Tagen des Kalten Kriegs in Europa. Wohin verschwand er zu den unmöglichsten Tageszeiten? Wollte er in Ruhe von Ann träumen? Von Karla? In welcher Gesellschaft hatte er sich bewegt, wenn er um vier Uhr morgens ins Hotel zurückkehrte? George wird doch nicht einen zweiten Frühling durchmachen, dachte er. Gestern Nacht um elf war ein Aufschrei aus London eingetroffen, und Guillam war hier heraufgetrabt, um ihn in Empfang zu nehmen. Westerby abgängig, hieß es. London fürchtete, Ko habe ihn ermordet oder, noch schlimmer, entführt und gefoltert, und somit würde das Unternehmen platzen. Guillam hielt es für wahrscheinlicher, daß Jerry sich auf dem Weg nach London mit ein paar Flughostessen irgendwo ein Nest gebaut hatte, aber der Dringlichkeitsvermerk ließ ihm keine Wahl, er mußte Smiley wecken und ihm Mitteilung machen. Er rief in Smileys Hotelzimmer an und erhielt keine Antwort, also machte er sich auf und hämmerte an Smileys Tür, und schließlich blieb ihm nichts anderes übrig, als das Schloß zu knacken, denn jetzt hatte die Panik von Guillam Besitz ergriffen: er glaubte, Smiley sei krank geworden.
Aber Smileys Zimmer war leer, das Bett unberührt, und als Guillam ein bißchen herumstöberte, entdeckte er fasziniert, daß der alte Außenmann sich die Mühe gemacht hatte, falsche Monogramme in seine Hemden zu nähen. Das war aber auch alles, was er entdeckte. Er setzte sich also in Smileys Sessel, döste ein und erwachte erst um vier Uhr durch ein winziges Geräusch. Er schlug die Augen auf und sah Smiley, der sich über ihn beugte und ihn aus zwanzig Zentimeter Entfernung anlinste. Wie er so lautlos

ins Zimmer gelangt war, wußte Gott allein.
»Gordon?« fragte Smiley leise. »Was kann ich für Sie tun?«, denn sie kannten sich natürlich rein beruflich und mußten annehmen, daß die Zimmer mit Wanzen versehen waren. Deshalb sagte Guillam auch nichts, sondern überreichte Smiley nur den Umschlag mit Connies Botschaft, die er las, nochmals las und dann verbrannte. Guillam war beeindruckt, wie ernst er die Meldung nahm. Ungeachtet der frühen Morgenstunde bestand er darauf, sofort zum Konsulat zu gehen und alles Nötige zu veranlassen, also ging Guillam mit ihm und trug sein Gepäck.
»Lehrreicher Abend?« fragte Guillam leichthin, als sie die kurze Strecke hügelan marschierten.
»Oh, in etwa, vielen Dank, in etwa«, erwiderte Smiley, ehe er wieder einmal verschwand, und das war alles, was Guillam oder irgend jemand sonst über seine nächtlichen oder sonstigen Wanderungen aus ihm herausbringen konnte. Während Guillam über all das nachdachte, hatte Smiley mit harten Daten zum anhängigen Unternehmen aufgewartet, und zwar auf eine Weise, die keinerlei Rückfragen duldete.
»Äh, George, wir können uns darauf verlassen, wie?« hatte Martello bei Smileys ersten Angaben gefragt.
»Wie? Ja, ja, das können Sie.«
»Großartig. Großartige Leistung, George. Ich bewundere Sie«, sagte Martello herzlich nach einer weiteren ratlosen Pause, und danach nahmen sie es, wie es kam, sie hatten keine andere Wahl. Denn niemand, nicht einmal Martello, wagte Smileys Autorität anzuzweifeln.

»Das macht wie viele Fischtage, Murphy?« fragte Martello jetzt.
»Die Flotte wird sieben Tage lang gefischt haben und hoffnungsfroh mit vollen Behältern nach Kanton kommen, Sir.«
»Paßt das, George?«
»Ja, o ja, nichts hinzuzufügen, vielen Dank.«
Martello fragte, um welche Zeit die Flotte die Fischgründe verlassen müßte, damit Nelsons Dschunke morgen abend rechtzeitig zum Rendezvous käme.
»Ich habe elf Uhr morgen vormittag angesetzt«, sagte Smiley, ohne von seinen Notizen aufzublicken.
»Ich auch«, sagte Murphy.
»Diese Ausreißerdschunke, Murphy«, sagte Martello mit einem

weiteren ehrfurchtsvollen Blick auf Smiley.
»Ja, Sir«, sagte Murphy.
»Kann sie sich so ohne weiteres von der Meute lösen? Unter welcher Legende würde sie in die Gewässer von Hongkong einlaufen?«
»Passiert ständig, Sir. Rotchinesische Dschunkenflotten arbeiten nach einem kollektiven Fangsystem ohne Rücksicht auf die Einzelergebnisse, Sir. Folge ist, daß immer wieder einzelne Dschunken bei Nacht ausbrechen, unbeleuchtet einlaufen und ihre Fische an die Leute auf den Außeninseln für gutes Geld verkaufen.«
Smiley hatte sich zur Karte der Insel Po Toi an der anderen Wand umgewandt und hielt den Kopf schräg, um die vergrößernde Wirkung seiner Brillengläser zu erhöhen.
»Mit welchem Dschunkentyp haben wir's zu tun?« fragte Martello.
»Achtundzwanzig-Mann-Langleiner, Sir, beködert für Haie, Goldmakrelen und Meeraale.«
»Hat Drake auch diesen Typ benutzt?« fragte Martello.
»Ja«, sagte Smiley, der noch immer auf die Karte blickte. »Ja, das hat er.«
»Und sie kann so weit hereinkommen, wie? Vorausgesetzt, das Wetter tut mit?«
Wiederum gab Smiley die Antwort. Bis auf den heutigen Tag hatte Guillam ihn im ganzen Leben noch nicht einmal das Wort Boot aussprechen hören.
»Der Tiefgang eines Langleiners beträgt weniger als fünf Faden«, erklärte er. »Die Dschunke kann so nah herankommen, wie sie will, immer vorausgesetzt, daß die See nicht zu rauh ist.«
Fawn auf seiner Hinterbank ließ ein unbändiges Lachen los. Guillam fuhr in seinem Sessel herum und schleuderte ihm einen mörderischen Blick zu. Fawn feixte und schüttelte den Kopf, er vermochte sich vor Freude über die Allwissenheit seines Herrn und Meisters gar nicht zu fassen.
»Aus wie vielen Dschunken besteht eine Flotte?« fragte Martello.
»Zwanzig bis dreißig«, sagte Smiley.
»Schach«, sagte Murphy schwach.
»Was wird also unser Nelson machen, George? Sich an den Rand der Meute schieben, ein bißchen rumzockeln?«
»Er wird zurückbleiben«, sagte Smiley. »Die Flotten formieren

sich in Kiellinie. Nelson wird seinen Skipper anweisen, die Nachhut zu bilden.«
»Gott geb's«, murmelte Martello vor sich hin. »Murphy, welches sind die traditionellen Erkennungszeichen?«
»Sehr wenig bekannt in dieser Gegend, Sir. Die Bootsleute sind notorisch schwer zu fassen. Haben keinen Respekt vor dem Seerecht. Draußen auf dem Meer setzen die Boote überhaupt keine Lichter, schon aus Furcht vor den Piraten.«
Smiley war wieder für die Welt gestorben. Er war in hölzerne Starre versunken, und obwohl seine Augen unverwandt auf die große Seekarte blickten, war er im Geist, wie Guillam wußte, überall, nur nicht bei Murphys öden, statistischen Aufzählungen. Nicht so Martello.
»Wie umfangreich ist der gesamte Küstenhandel, Murphy?«
»Sir, es gibt keine Kontrollen und keine Angaben.«
»Bestehen Quarantänekontrollen, wenn die Dschunken in die Gewässer von Hongkong einfahren, Murphy?« fragte Martello.
»Theoretisch sollte jedes Fahrzeug anhalten und sich kontrollieren lassen, Sir.«
»Und in der Praxis, Murphy?«
»Dschunken haben ihre eigenen Gesetze, Sir. Technisch gesehen ist es den Dschunken verboten, zwischen Victoria Island und Kowloon Point zu verkehren, Sir, aber das letzte, was die Briten sich wünschen, ist ein Gekabbel mit Festlandchina wegen der Wegerechte. Verzeihung, Sir.«
»Keine Ursache«, sagte Smiley höflich und wandte den Blick nicht von der Karte. »Briten sind wir, und Briten werden wir bleiben.«
Es ist sein Karla-Gesicht. Das gleiche, das er immer hat, wenn er das Foto ansieht. Sein Blick fällt darauf, er ist erstaunt und scheint es eine Weile zu studieren, die Konturen, die verschwommenen, blicklosen Augen. Dann erlischt in seinen eigenen Augen langsam das Licht und irgendwie auch die Hoffnung, und man spürt, daß er sich in äußerster Erregung in sich selber zurückzieht.
»Murphy, sprachen Sie nicht soeben von Positionslichtern?« fragte Smiley, wobei er den Kopf ein wenig drehte, die Karte jedoch nicht aus den Augen ließ.
»Ja, Sir.«
»Ich erwarte, daß Nelsons Dschunke drei Lichter setzt«, sagte Smiley. »Zwei grüne untereinander am Heckmast, und ein rotes Licht steuerbords.«

»Ja, Sir«, sagte Murphy wieder.
Martello versuchte, Guillams Blick zu erhaschen, aber Guillam spielte nicht mit.
»Vielleicht aber auch nicht«, warnte Smiley nach einigem Überlegen. »Vielleicht setzt sie überhaupt keine Lichter und signalisiert erst, wenn sie ganz nah ist.«
Murphy nahm seinen Vortrag wieder auf. Ein neues Kapitel: Nachrichtenverbindungen.
»Sir, zu den Nachrichtenverbindungen ist zu sagen, daß nur wenige Dschunken ein eigenes Funkgerät haben, aber fast alle haben einen Empfänger. Gelegentlich kauft ein Skipper ein Walkie-Talkie mit etwa einer Meile Reichweite, um das Trawlen zu erleichtern, aber sie machen es schon so lange, daß sie einander kaum etwas mitzuteilen haben dürften. Ferner, wie sie ihren Weg finden, also dazu sagt Navy Int., es grenze an ein Wunder. Wir haben zuverlässige Informationen, wonach manche Langleiner mit Hilfe eines primitiven Kompasses navigieren oder sogar nur mittels einer rostigen Alarmglocke ihren Kurs halten.«
»Murphy, wie zum Teufel stellen sie *das* an?« rief Martello.
»Leine mit einem Bleilot und Wachs daran, Sir. Sie loten den Grund aus, und an dem, was an dem Wachs hängen bleibt, erkennen sie, wo sie sind.«
»Na, umständlicher geht's wohl nicht mehr«, erklärte Martello.
Ein Telefon klingelte. Martellos zweiter Gehilfe nahm den Hörer ab, lauschte, dann legte er die Hand über die Sprechmuschel.
»Quarry Worth kommt gerade zurück, Sir«, sagte er zu Smiley. »Observierte fuhr eine Stunde lang herum, jetzt hat sie den Wagen hinter dem Häuserblock abgestellt. Mac sagt, es hört sich an, als würde sie Badewasser einlaufen lassen, also will sie vielleicht später noch ausgehen.«
»Und sie ist allein«, sagte Smiley unbewegt. Es war eine Frage.
»Ist sie allein in der Wohnung, Mac?« Er lachte bellend auf. »Würde dir so passen, du Halunke. Ja, *Sir*, die Dame ist ganz allein im Bad, und Mac sagt, wann kriegen wir endlich Video. *Singt* die Dame in der Badewanne, Mac?« Er legte auf. »Sie singt nicht.«
»Murphy, weiter im Text«, fauchte Martello.
Smiley sagte, er möchte die Pläne für das Eingreifen nochmals durchgehen.
»Klar George! Bitte! Es ist doch Ihre Show!«
»Vielleicht könnten wir uns nochmals der großen Karte der Insel

Po Toi zuwenden, ja? Und dann könnte Murphy es noch einmal Zug um Zug erklären, wenn's recht ist.«
»*Recht*, George, *recht*!« rief Martello, und Murphy begann von neuem, jetzt wieder mit dem Zeigestock in der Hand. »Die Posten von Navy Int. sind *hier*, Sir. In ständiger Wechselverbindung mit der Basis, Sir. Keinerlei Posten innerhalb von zwei Seemeilen rings um die Landezone. Navy Int. benachrichtigt die Basis, sobald Kos Jacht wieder Kurs auf Hongkong nimmt, Sir. Eingreifen geschieht durch reguläres britisches Polizeiboot, wenn Kos Jacht in den Hafen einläuft. US liefert lediglich operative Hilfestellung und hält sich bereit, falls unvorhergesehene Situation eintreten sollte.«
Smiley bekräftigte jedes Detail mit einem pedantischen Kopfnicken.
»So wie die Dinge stehen, Marty«, warf er an einer Stelle ein, »*kann* Ko doch, wenn er Nelson einmal an Bord hat, nirgendwo anders hinfahren, wie? Po Toi liegt direkt an der Grenze der chinesischen Hoheitsgewässer. Also heißt es für ihn: wir oder gar nichts.«
Eines schönen Tages, dachte Guillam, während er zuhörte, wird George eines von zwei Dingen passieren. Entweder er hört auf, sich um alles Gedanken zu machen, oder er geht an der Widersprüchlichkeit des Ganzen zugrunde. Wenn er aufhört, sich um alles Gedanken zu machen, ist er nur noch halb soviel wert. Wenn nicht, dann würde ihm das Herz vor Anstrengung brechen, die Erklärung für unser Tun zu finden. Smiley selber hatte einmal, in einem unseligen inoffiziellen Gespräch mit seinem Stab, das Dilemma in Worte gefaßt, und Guillam bewahrte die peinliche Erinnerung bis auf den heutigen Tag. *Mit unmenschlichen Mitteln unsere Menschlichkeit verteidigen, Härte zeigen im Kampf um das Mitgefühl, Intoleranz im Kampf um unsere Meinungsvielfalt*, hatte er gesagt. In einem regelrechten Protestmarsch hatten sie Mann für Mann den Raum verlassen. Warum konnte George nicht einfach seine Arbeit tun und die Klappe halten, anstatt sein Credo an die große Glocke zu hängen und daran herumzurubbeln, bis die schwachen Stellen zum Vorschein kamen? Connie hatte Guillam sogar einen russischen Aphorismus ins Ohr geflüstert, von dem sie behauptete, er stamme von Karla. »Es wird keinen Krieg geben, nicht wahr, Peter, *darling*«, hatte sie tröstend gesagt und seine Hand gedrückt, als er sie durch den

Korridor stützte. »Aber im Kampf um den Frieden wird kein Stein auf dem anderen bleiben. Recht hat er gehabt, der alte Fuchs, aber wetten, daß das Collegium ihm auch *hier*für keinen Dank wußte.«
Ein Plumps ließ Guillam herumfahren. Fawn hatte wieder einmal seinen Kinositz gewechselt. Als Guillam ihn ansah, blähte Fawn die Nüstern zu einer unverschämten Grimasse.
»Er ist übergeschnappt«, dachte Guillam schaudernd.
Auch um Fawn sorgte Guillam sich jetzt ernstlich, wenn auch aus anderen Gründen. Vor zwei Tagen hatte Fawn in Guillams Anwesenheit einen widerlichen Zwischenfall verursacht. Smiley war wie üblich allein ausgegangen. Um die Zeit totzuschlagen, hatte Guillam einen Wagen gemietet und war mit Fawn zur chinesischen Grenze gefahren, wo Fawn über die geheimnisvollen Berge gekichert und geprustet hatte. Auf der Rückfahrt mußten sie an einer Verkehrsampel irgendwo auf dem Land stoppen, als ein junger Chinese auf einer Honda sich neben ihren Wagen schob. Guillam saß am Steuer, Fawn neben ihm. Das Fenster auf Fawns Seite war heruntergedreht, er hatte die Jacke ausgezogen und den linken Arm auf den Rahmen gestützt, so daß er die neue goldene Armbanduhr bewundern konnte, die er sich in der Ladengalerie des Hilton gekauft hatte. Als sie anfuhren, ließ es sich der Chinesenjunge zu seinem Unglück einfallen, nach der Uhr zu grabschen, aber Fawn war viel zu schnell für ihn. Er packte seinerseits das Handgelenk des Jungen, hielt es fest und zog ihn, der sich vergebens loszureißen suchte, samt Honda neben dem Wagen her. Guillam war etwa fünfzig Yards gefahren, ehe er merkte, was vorging, dann hielt er sofort an, worauf Fawn nur gewartet hatte. Fawn sprang heraus, ehe Guillam ihn festhalten konnte, hob den Jungen aus dem Sattel der Honda, zerrte ihn an den Straßenrand und brach ihm beide Arme; dann kehrte er lächelnd zum Wagen zurück. Da Guillam Heidenangst vor einem Skandal hatte, fuhr er schleunigst weg, während der Junge schreiend zurückblieb und seine herabbaumelnden Arme anstarrte. Als sie in Hongkong ankamen, war Guillam fest entschlossen, Fawn unverzüglich bei George zu verklagen, aber zu Fawns Glück wurde es acht Uhr, ehe Smiley auftauchte, und Guillam vermutete, daß George inzwischen für den Moment genug habe.
Wieder klingelte ein Telefon, diesmal das rote. Martello nahm den Anruf persönlich entgegen. Er lauschte eine Weile und brach dann in lautes Lachen aus.

»Sie haben ihn gefunden«, sagte er zu Smiley und hielt ihm den Hörer hin.
»Wen?«
Der Hörer schwebte zwischen ihnen.
»Ihren *Mann*, George. Ihren Weatherby.«
»Westerby« berichtigte Murphy, und Martello schleuderte ihm einen giftigen Blick zu.
»Sie haben ihn« sagte Martello.
»Wo ist er?«
»Wo *war* er, wollen Sie sagen! George, er hat sich in zwei Puffs droben am Mekong gründlich ausgetobt. Wenn unsere Leute nicht übertreiben, dann ist er die heißeste Nummer, seit Barnums Elefantenbaby anno 49 die Stadt verließ!«
»Und wo ist er jetzt, bitte?«
Martello drückte ihm den Hörer in die Hand. »Am besten lassen Sie sich die Meldung selber vorlesen, okay? Er soll den Fluß überquert haben oder so.« Er wandte sich zu Guillam um und zwinkerte. »In Vientiane soll's auch ein paar Plätzchen geben, wo er sich betätigen könnte«, sagte er und lachte lang und herzhaft, während Smiley geduldig dasaß, den Telefonhörer am Ohr.

Jerry suchte sich ein Taxi mit zwei Seitenspiegeln und setzte sich neben den Fahrer. In Kaulun mietete er bei der größten Firma, die er finden konnte, einen Wagen. Er zeigte den Fluchtpaß und den dazugehörigen Führerschein vor, weil er blitzschnell überlegt hatte, daß der falsche Name sicherer sein könnte, wenn auch nur für eine Stunde. Als er die Midlevels hinauffuhr war es dämmrig, es regnete noch immer, und um die Neonlampen, die den Abhang beleuchteten, schwebten riesige Monde. Er fuhr am amerikanischen Konsulat vorbei und zweimal an Star Heights, in der vagen Erwartung, Sam Collins zu sehen, und beim zweitenmal glaubte er mit Sicherheit, ihre Wohnung ausfindig gemacht zu haben. Das Licht brannte: ein eleganter italienischer Kunstleuchter, soviel man sah, hing hinter dem Panoramafenster, dreihundert Dollar Angabe. Auch das Mattglasfenster des Badezimmers war erleuchtet. Als er zum drittenmal vorbeikam, sah er sie, wie sie einen Umhang um die Schultern schlug, und sein Instinkt oder etwas an der Förmlichkeit ihrer Bewegung sagte ihm, daß sie sich auch heute für einen abendlichen Ausgang rüstete, aber diesmal war sie in großer Aufmachung.

Sooft er sich den Gedanken an Luke erlaubte, legte sich ein schwarzer Schleier über seine Augen, und er stellte sich vor, daß er etwas Edles, Sinnloses tun werde, zum Beispiel Lukes Angehörige in Kalifornien anrufen oder den Zwerg im Büro oder sogar, zu welchem Zweck auch immer, den Rocker. Später, dachte er. Später, so gelobte er sich, würde er Luke gebührend betrauern.
Er glitt langsam die Auffahrt des Hauses hinauf bis zum Fahrstreifen vor dem Parkplatz. Der Parkplatz war dreireihig angelegt, und Jerry kurvte herum, bis er den roten Jaguar entdeckte. Er stand in einer sicheren Ecke, die durch eine Kette abgetrennt war, damit kein unvorsichtiger Nachbar dem funkelnden Lack zu nahe kommen könnte. Das Steuerrad war mit imitiertem Leopardenfell bezogen. Sie kann für den verdammten Wagen nicht genug tun. Sollte ein Kind kriegen, dachte er wütend, sich einen Hund kaufen oder Mäuse züchten. Um ein Haar hätte er die Kühlerhaube eingedrückt, aber eben nur um jenes bewußte Haar, das ihn öfter zurückgehalten hatte, als er wahrhaben wollte. Wenn sie den Jaguar nicht benutzt, dann schickt er ihr die Limousine, dachte er. Vielleicht sogar mit Tiu als Bordschützen. Oder er kommt persönlich. Oder sie putzt sich nur fürs abendliche Opferfest raus und geht überhaupt nicht weg. Er wünschte, es wäre Sonntag. Craw hatte ihm einmal gesagt, daß Drake Ko die Sonntage im Familienkreise verbringe und daß Lizzie sich den Tag allein vertreiben müsse. Aber es war nicht Sonntag, und er hatte auch nicht den guten alten Craw an seiner Seite, der ihm hätte sagen können, daß Ko geschäftlich verreist war, in Bangkok oder in Timbuktu.
Dankbar, daß der Regen sich in Nebel verwandelte, fuhr Jerry zurück zur Auffahrt und fand an der Einmündung einen schmalen Randstreifen, wo er den Wagen so dicht an der Barriere abstellte, daß die übrigen Verkehrsteilnehmer sich eben noch vorbeidrükken konnten, wenn auch schimpfend. Er schrammte die Barriere, aber das war ihm egal. Von seinem Platz aus konnte er beobachten, wie die Leute den Häuserblock unter der gestreiften Markise betraten und verließen, die Autos von der Hauptstraße ab- oder in sie einbogen. Er empfand nicht das Bedürfnis, sich in acht zu nehmen. Er zündete sich eine Zigarette an. Die Limousinen rauschten in beiden Richtungen an ihm vorbei, aber Kos Wagen war nicht darunter. Manchmal, wenn ein Wagen sich an ihm vorbeizwängte, verlangsamte der Fahrer und hupte oder fluchte,

aber Jerry nahm keine Notiz davon. Alle paar Sekunden warf er einen Blick in die Spiegel, und einmal, als eine plumpe Gestalt, die Tiu hätte sein können, verstohlen hinter ihm herangewatschelt kam, entsicherte er sogar die Pistole in der Jackentasche, ehe er erkannte, daß der Mann weit weniger muskulös war als Tiu. Treibt vermutlich Spielschulden bei den *pak-pai*-Chauffeuren ein, dachte er, als die Gestalt an ihm vorbeiging.

Er dachte daran, wie er mit Luke zusammen in Happy Valley war. Er dachte überhaupt daran, wie er mit Luke zusammen war.

Er blickte noch immer in den Spiegel, als der rote Jaguar hinter ihm aus der Parkplatzausfahrt auftauchte. Die Fahrerin war allein, das Verdeck hochgeschlagen. Die eine Möglichkeit, an die er nicht gedacht hatte: daß sie mit dem Lift direkt zum Parkplatz fahren und dort einsteigen könnte, anstatt sich, wie damals, den Wagen vom Portier vor die Tür stellen zu lassen. Als er hinter ihr herfuhr, warf er einen Blick nach oben und sah, daß das Licht hinter ihren Fenstern noch immer brannte. War jemand in der Wohnung zurückgeblieben? Oder wollte sie gleich wieder heimkommen? Dann dachte er, sei bloß nicht überschlau, sie verschwendet einfach Strom.

Als ich zum letztenmal mit Luke sprach, sagte ich, er solle mir den Buckel runterrutschen, dachte er, und als er zum letztenmal mit mir sprach, sagte er, daß er mich Stubbsi gegenüber gedeckt habe.

Sie fuhr jetzt bergab in Richtung Stadt. Er hielt sich hinter ihr, und eine ganze Weile folgte ihm kein anderes Fahrzeug, was ungewöhnlich war, aber diese Stunden waren überhaupt ungewöhnlich, und der Sarratt-Mann in ihm starb schneller, als er folgen konnte. Sie peilte den hellsten Teil der Stadt an. Er vermutete, daß er sie noch immer liebte, wenngleich er gerade jetzt in der Stimmung war, jedem Menschen alles Erdenkliche zuzutrauen. Er hielt sich dicht hinter ihr, denn er erinnerte sich daran, daß sie selten in den Rückspiegel schaute. Und auch dann hätte sie in der nebligen Dämmerung nur seine Scheinwerfer sehen können. Der Nebel hing in einzelnen Schwaden, und der Hafen sah aus, als stünde er in Flammen, gegen deren ziehenden Rauch sich die Strahlenfinger der Kranlichter wie Wasserschläuche richteten. In der Central Street tauchte sie in eine Tiefgarage, er fuhr straks hinter ihr her und parkte sechs Plätze entfernt, trotzdem sah sie ihn nicht. Sie blieb noch eine Weile im Wagen sitzen, um ihr Make-up aufzufrischen, und er konnte sogar feststellen, daß sie die Narben am Kinn überpuderte. Dann stieg sie aus und schloß den Wagen umständlich ab, obwohl jedes Kind im Handumdrehen das Verdeck mit einer Rasierklinge hätte aufschlitzen können. Sie trug etwas wie ein Seidencape und ein langes Seidenkleid, und als sie auf die steinerne Wendeltreppe zuschritt, hob sie beide Hände und legte ihr Haar, das im Nacken zu einem Pferdeschwanz gerafft war, sorgfältig über den Kragen des Capes. Jerry stieg ebenfalls aus und folgte ihr bis in die Hotelhalle, wo er gerade noch rechtzeitig zur Seite treten konnte, um aus dem Schußfeld einer schnatternden Meute von Modefotografen und Journalisten beiderlei Geschlechts in Abendgarderobe zu gelangen.

Jerry verzog sich in die relative Sicherheit des Korridors und setzte sich die einzelnen Teile der Szene zusammen. Es war eine große Privatparty, die Lizzie hier durch die Hintertür betreten hatte. Die übrigen Gäste kamen durch den Haupteingang, wo die Rolls-Royces so dicht gesät waren, daß keiner mehr besonders auffiel. Eine Frau mit blaugrauem Haar führte die Aufsicht, sie flatterte herum und redete in gingetränktem Französisch. Das Public-Relations-Mädchen, eine adrette Chinesin, bildete zusammen mit einigen Assistentinnen das Empfangsspalier. Eine ganze Riege rückte mit erschreckender Liebenswürdigkeit an und fragte nach den Namen, und manchmal ließen sie sich auch die Einladungskarten zeigen, ehe sie in einer Liste nachsahen und »Oh, ja, *natürlich*« flöteten. Die blaugraue Dame lächelte und knurrte abwechselnd. Die Riege verteilte Anstecknadeln an die Herren und Orchideen an die Damen, dann stürzte sie sich auf die nächsten Ankömmlinge.

Lizzie Worthington durchlief mit stoischer Ruhe die Prüfung. Jerry ließ ihr eine Minute Vorsprung, sah ihr nach, wie sie durch die Flügeltür schritt, an der ein Schild mit der Aufschrift »Soirée« und einem Pfeil hing, dann reihte er sich in die Schlange der Wartenden. Seine Wildlederstiefel machten der Public-Relations-Dame schwer zu schaffen. Sein Anzug war schon fragwürdig genug, aber was ihr wirklich zu schaffen machte, waren die Stiefel. Während sie hinunterstarrte, dachte er, in ihrem Ausbildungskursus hatte sie gelernt, größten Wert auf Schuhwerk zu legen. Millionäre können vom Kopf bis zu den Socken wie Tramps aussehen, aber ein Paar Zweihundert-Dollar-Schuhe von Gucci sind eine Legitimation. Stirnrunzelnd studierte sie seinen Presseausweis, dann ihre Gästeliste, dann nochmals den Presseausweis und wiederum die Stiefel, warf danach einen langen Blick hinüber zu der blaugrauen Schnapsdrossel, die immer noch lächelte und knurrte. Schließlich setzte das Mädchen in eigener Regie ihr Speziallächeln für ausgefallene Kunden auf und überreichte ihm eine untertassengroße Scheibe in rosa Leuchtfarbe mit der drei Zentimeter hohen weißen Aufschrift PRESSE.

»Heute machen wir *alle* unsere Gäste besonders schön, Mr. Westerby«, sagte sie.

»Hartes Stück Arbeit bei mir, junge Frau.«

»Gefällt Ihnen mein *Parfum*, Mr. Westerby?«

»Umwerfend«, sagte Jerry.

»Es heißt *Juice of the Vine*, Mr. Westerby, hundert Hongkong-Dollar die kleine Flasche, aber heute abend verteilt Maison Flaubert Gratismuster an alle unsere Gäste. Madame Montifiori . . . ja, ja natürlich, Maison Flaubert heißt Sie willkommen. Gefällt Ihnen mein *Parfum*, Madame Montifiori?«

Eine junge Eurasierin im *Cheongsam* trat mit einem Tablett auf ihn zu und flüsterte: »Flaubert wünscht Ihnen eine exotische Nacht.«

»Um Himmels willen«, sagte Jerry.

Innerhalb der Flügeltür wartete ein zweites Empfangsspalier, gebildet aus drei hübschen Knaben, die man ihrer Reize wegen aus Paris eingeflogen hatte, sowie einem Aufgebot Gorillas, das einem Präsidenten Ehre gemacht hätte. Sekundenlang fürchtete er, sie könnten ihn durchsuchen, und er wußte, daß er in diesem Fall den ganzen Tempel in seinen Untergang mitgerissen hätte. Sie beäugten Jerry ohne Freundlichkeit, hielten ihn für ein Mitglied des Aushilfspersonals, aber immerhin war er hellhaarig, und sie ließen ihn passieren.

»Presse dritte Reihe hinter dem Laufsteg«, näselte ein blonder Hermaphrodit im ledernen Cowboyanzug und überreichte ihm die Presseinformation. »Haben Sie keine Kamera, Monsieur?«

»Ich mach nur die Texte«, sagte Jerry und wies mit dem Daumen über die Schulter. »Spike dort hinten macht die Bilder«, und er marschierte in den Empfangssaal, sah sich unbefangen um, grinste übertrieben und winkte jedem zu, der in sein Blickfeld geriet.

Die Pyramide aus Champagnergläsern war sechs Fuß hoch und stand auf einem Sockel aus schwarzen, seidenbezogenen Stufen, damit die Kellner hinaufreichen konnten. In tiefen Eissärgen ruhten Magnumflaschen und warteten auf das Begräbnis. Eine

Schubkarre war mit gekochten Langusten gefüllt, und ein Hochzeitskuchen aus *pâté de foie gras* trug in Aspik die Aufschrift: »Maison Flaubert«. Vom Plafond strömte Musik herab, darunter wurde sogar Konversation gemacht, wenn auch nur das langweilige Bla-bla-bla der Superreichen. Der Laufsteg führte von der Mitte des Raums bis zu einem bodentiefen Fenster, das den Blick zum Hafen frei gab, aber der Nebel teilte die Aussicht in unregelmäßige Flecke auf. Die Klimaanlage lief auf Hochtouren, so daß die Damen ohne zu ersticken ihre Nerze tragen konnten. Die meisten Männer waren im Smoking, nur die jungen chinesischen Playboys traten in Slacks auf, wie sie in New York gerade Mode waren, schwarzen Hemden und Goldkettchen. Die britischen Taipans standen mit ihren Frauen in einem Kreis und süffelten wie gelangweilte Offiziere bei einem Garnisonsfest.

Jerry spürte eine Hand auf seiner Schulter und fuhr herum, aber vor ihm stand nur ein kleiner schwuler Chinese namens Graham, der für eines der lokalen Klatschblättchen arbeitete. Jerry hatte ihm einmal mit einer Story ausgeholfen, die er beim Comic nicht loswurde. Dem Laufsteg gegenüber waren Sesselreihen hufeisenförmig aufgestellt. Lizzie saß in der ersten Reihe zwischen Mr. Arpego und dessen Frau oder Mätresse. Jerry kannte sie aus Happy Valley. Sie sahen aus, als hätten sie Lizzie für den Abend unter ihre Fittiche genommen. Die Arpegos redeten mit ihr, aber sie schien kaum zuzuhören. Sie saß kerzengerade da und sah wunderschön aus und hatte das Cape abgelegt, und von Jerrys Platz aus gesehen hätte sie bis auf das Perlenkollier und die Perlohrringe splitternackt sein können. Wenigstens ist sie noch ganz, dachte er. Nichts kaputt, keine Cholera und keine Kugel im Kopf. Er entsann sich des goldenen Flaums, den er ihren Rücker entlang hatte schimmern sehen, als er an jenem ersten Abend neben ihr im Lift stand. Der schwule Graham saß neben Jerry, zwei Plätze weiter hockte Phoebe Wayfarer. Jerry kannte sie nur flüchtig, winkte ihr aber ausgiebig zu.

»Super, Pheeb, toll sehen Sie aus. Sollten da droben auf dem Laufsteg sein, altes Haus, ein Stückchen Bein zeigen.«

Er nahm an, sie sei ein bißchen blau, und vielleicht nahm sie das auch von ihm an, obwohl er seit dem Flug nichts getrunken hatte. Er nahm einen Block zur Hand und schrieb etwas darauf, es würde ihn beruhigen, wenn er sich professionell gäbe. Immer mit der Ruhe. Nicht das Wild erschrecken. Als er las, was er geschrieben

hatte, sah er nur »Lizzie Worthington«, sonst nichts. Auch Graham, der Chinese, las es und lachte.
»Mein neues Pseudonym«, sagte Jerry, und jetzt lachten sie beide so laut, daß die Leute in der vordersten Reihe sich umdrehten, während die Lichter sich verdunkelten. Aber Lizzie drehte sich nicht um, obwohl Jerry dachte, sie könnte seine Stimme erkannt haben.
Hinter ihnen wurden die Türen geschlossen, und als es dunkel war, wäre Jerry am liebsten in seinem weichen freundlichen Sessel eingeschlummert. Die Sphärenmusik wich einem Dschungel-Beat, mit Jazzbesen und Becken, bis nur noch ein einziger Leuchter über dem schwarzen Laufsteg flimmerte, als Gegenstück zu den flackernden Lichtflecken, die vom Hafen durch das rückwärtige Fenster hereinleuchteten. Verstärker in allen Winkeln ließen den Drumbeat in einem langsamen Crescendo anschwellen. Es ging lange Zeit so weiter, nur Trommeln, sehr gut gespielt, sehr eindringlich, bis nach und nach groteske menschliche Schatten vor dem Hafenfenster sichtbar wurden. Die Trommeln schwiegen. Im gespannten Schweigen wiegten sich zwei schwarze Mädchen Hüfte an Hüfte den Laufsteg entlang, nur mit Juwelen bekleidet. Ihre Köpfe waren geschoren, und sie trugen runde Elfenbeinohrringe und Brillantcolliers, wie die Eisenringe bei Sklavinnen. Sie waren groß, schön und geschmeidig, und kamen völlig unerwartet. Sekundenlang hielten sie die Zuschauer in einem unentrinnbaren erotischen Bann. Die Trommeln erwachten wieder und steigerten sich, Scheinwerfer flitzten über die Juwelen und die Glieder der Mädchen. Sie entwanden sich dem Dunstkreis des Hafens und schritten mit dem Zorn versklavter Sinnlichkeit auf die Zuschauer zu. Sie machten kehrt und gingen langsam zurück, ihre Hüften lockten und versagten sich zugleich. Die Lichter flammten wieder auf, und nach einem Ausbruch nervösen Beifalls folgten Lachen und Drinks. Alle redeten jetzt zugleich, Jerry am lautesten: er sprach zu Miss Lizzie Worthington, der bekannten blaublütigen Partyschönheit, deren Mutter nicht einmal ein Ei kochen konnte, und zu den Arpegos, denen Manila gehörte und ein paar der umliegenden Inseln, wie Captain Grant vom Jockey-Club ihm dereinst versichert hatte. Jerry zückte seinen Notizblock wie ein Oberkellner.
»Lizzie Worthington, super, ganz Hongkong zu Ihren Füßen, Madam, wenn ich so sagen darf. Meine Zeitung bringt einen

Exklusivartikel über diese Veranstaltung, Miss Worth oder Worthington, und wir hoffen, auch über Sie schreiben zu dürfen, ihre Kleider, ihren faszinierenden Lebensstil und ihre noch faszinierenderen Freunde. Meine Fotografen folgen mir auf dem Fuß.« Er verbeugte sich vor den Arpegos. »Guten Abend, Madame, Sir. Eine Ehre, Sie hier zu sehen. Ist dies Ihr erster Besuch in Hongkong?«

Er spielte den tapsigen jungen Riesenhund, die jungenhafte Seele des Abends. Ein Kellner brachte Champagner, und Jerry ließ es sich nicht nehmen, selber die Gläser herumzureichen. Den Arpegos machte seine Nummer Spaß. Craw hatte gesagt, sie seien falsche Fuffziger. Lizzie starte ihn an, es lag etwas in ihrem Blick, was er nicht definieren konnte, etwas Reales und Entsetztes, als hätte sie, nicht Jerry, kürzlich die Tür geöffnet und Luke gefunden.

»Mr. Westerby hat bereits einen Artikel über mich geschrieben, soviel ich weiß«, sagte sie. »Er ist wahrscheinlich nie erschienen, wie, Mr. Westerby?«

»Für wen schreiben Sie?« fragte Mr. Arpego plötzlich. Er lachte nicht mehr. Er sah gefährlich und häßlich aus, eindeutig hatte Lizzie ihn an etwas erinnert, was er gehört und gar nicht gemocht hatte. Etwas, wovor Tiu ihn gewarnt hatte, zum Beispiel.

Jerry sagte es ihm.

»Dann schreiben Sie nur. Lassen Sie diese Dame in Ruhe. Sie gibt keine Interviews. Wenn Sie hier zu tun haben, dann tun Sie es woanders. Sie sind nicht zu Ihrem Vergnügen hier. Verdienen Sie sich Ihr Geld.«

»Dann also ein paar Fragen an *Sie*, Mr. Arpego. Ehe ich weggehe. Wie darf ich Sie beschreiben, Sir? Als einen ungehobelten Philipino-Millionär? Oder nur Halb-Millionär?«

»Um Gottes willen«, hauchte Lizzie, und gnädigerweise gingen die Lichter wieder aus, das Trommeln setzte ein, jeder begab sich zurück auf seinen Platz, und die Stimme einer Frau mit französischem Akzent gab einen leisen Kommentar über den Lautsprecher. Am hinteren Ende des Laufstegs vollführten die beiden schwarzen Mädchen einen langen lasziven Schattentanz. Als das erste Mannequin erschien, sah Jerry, wie Lizzie vor ihm im Dunkeln aufstand, das Cape über die Schulter zog und an ihm vorbei schnell und leise den Gang entlang mit gesenktem Kopf auf die Türen zuschritt. Jerry folgte ihr. In der Halle drehte sie sich halb um, als wollte sie nach ihm sehen, und er dachte, sie müsse ihn erwarten. Ihr Gesichtsausdruck war noch der gleiche und spiegelte seine eigene Stimmung. Sie wirkte gejagt, müde und aufs äußerste verwirrt.

»Lizzie!« rief er, als wäre er soeben einer alten Freundin wiederbegegnet, und lief schnell zu ihr hin, ehe sie die Damengarderobe erreichen konnte. »Lizzie! Mein Gott! Es muß Jahre her sein! Eine Ewigkeit! Super!«

Ein paar Wachmänner blickten lässig auf, als er die Arme zum Kuß langer Freundschaft um sie schlang. Seine linke Hand war unter ihr Cape geschlüpft, und als er das lachende Gesicht zu dem ihren niederbeugte, hielt er den kleinen Revolver an ihren nackten Rücken, den Lauf direkt unter ihren Nacken, und so, von den Banden alter Zuneigung an sie gefesselt, führte er sie stracks hinaus auf die Straße, unter pausenlosem fröhlichem Geplauder, und schob sie in ein Taxi. Er hatte die Pistole nicht zu Hilfe nehmen wollen, aber er konnte es nicht riskieren, sie im Polizeigriff abführen zu müssen. Ja, so geht's, dachte er. Da kommt man zurück, um ihr zu sagen, daß man sie liebt, und dann führt man sie mit vorgehaltener Pistole ab. Sie zitterte und war wütend, aber er glaubte nicht, daß sie Angst hatte, er glaubte nicht einmal, daß sie diese gräßliche Veranstaltung besonders ungern verließ.

»Das hat mir noch gefehlt«, sagte sie, als sie sich wieder durch den Nebel bergan schlängelten. »Gut gemacht. Verdammt gut gemacht.«

Sie trug einen Duft, der ihm fremd war, aber er fand ihn unvergleichlich angenehmer als *Juice of the Vine*.

Nicht daß Guillam sich direkt langweilte, aber seine Konzentrationsfähigkeit war auch nicht grenzenlos, wie es bei George der Fall zu sein schien. Wenn er nicht gerade darüber nachdachte, was zum Teufel Jerry Westerby vorhaben mochte, dann sonnte er sich beim Gedanken an die erotischen Entbehrungen, unter denen Molly Meakin jetzt zu leiden hatte, oder er dachte an den Chinesenjungen mit den verdrehten Armen, der wie ein angeschossener Hase hinter dem entschwindenden Wagen hergeheult hatte. Murphy dozierte jetzt über die Insel Po Toi, und er verbreitete sich erbarmungslos über dieses Thema.

Vulkanisch, Sir, sagte er.

Härteste Felsensubstanz der ganzen Hongkong-Gruppe, Sir, sagte er.
Und die südlichste der Inseln, sagte er, und direkt dort, am Rande der chinesischen Hoheitsgewässer.
Siebenhundertneunzig Fuß hoch, Sir, die Fischer benutzen sie als Landmarke vom Meer her, *Sir*, sagte er.
Technisch gesehen keine einzelne Insel, sondern eine Gruppe von sechs Inseln, davon fünf völlig unfruchtbar, baumlos und unbewohnt.
Schöner Tempel, Sir. Echte Antiquität. Schöne Holzschnitzereien, aber kaum natürliche Bewässerung.
»Herrgott, Murphy, wir wollen die verdammte Insel doch nicht *kaufen*!« rief Martello. Nun, da der Einsatz nahe und London weit weg war, hatte Martello, wie Guillam feststellte, viel von seinem Firnis und jeden englischen Anstrich verloren. Seine Tropenanzüge waren reinste amerikanische Kreationen, und er empfand das Bedürfnis, sich mit Menschen zu unterhalten, vorzugsweise mit seinen eigenen Leuten. Guillam argwöhnte, daß sogar London für ihn ein Abenteuer bedeutete, und Hongkong war bereits Feindesland. Smiley hingegen reagierte auf Streß genau umgekehrt: er wurde verschlossen und von eisiger Höflichkeit.
Po Toi selber hat eine im Abnehmen begriffene Einwohnerzahl von einhundertachtzig Bauern und Fischern, zumeist Kommunisten, drei bewohnte Dörfer und drei verlassene, Sir, sagte Murphy. Er leierte weiter. Smiley hörte nach wie vor aufmerksam zu, Martello hingegen zeichnete Männchen auf seinen Notizblock.
»Und *morgen*, Sir«, sagte Murphy, »morgen nacht hält Po Toi das alljährliche Fest zu Ehren von Tin Hau ab, der Meeresgöttin, Sir.«
Martello hörte mit seinem Gekritzel auf. »Glauben die Leute wirklich an diesen Scheiß?«
»Jeder hat ein Recht auf seinen Glauben, Sir.«
»Lernt man das auch in Ihrem Ausbildungscollege, Murphy?« Martello widmete sich wieder seinen Zeichnungen.
Betretenes Schweigen herrschte, bis Murphy tapfer wieder zum Zeigestock griff und mit der Spitze auf eine Stelle an der Südküste der Insel wies.
»Das Tin-Hau-Fest, Sir, konzentriert sich auf den einzigen größeren Hafen, Sir, direkt hier an der Südwestspitze, wo der alte Tempel steht. Nach Mr. Smileys wohlbegründeter Prognose, Sir,

würde Kos Landeunternehmen *hier* stattfinden, abseits der Hauptbucht, in einer kleinen Bai an der Ostseite der Insel. Eine Landung auf dieser Seite der Insel, die *nicht* bewohnt ist, *keinen* natürlichen Zugang zum Meer bietet, zu einem Zeitpunkt, da die Festlichkeiten in der *Haupt*bucht eine Ablenkung . . . «

Guillam hatte das Klingeln nicht gehört. Erst die Stimme von Martellos zweitem Gehilfen, der den Anruf beantwortete: »*Ja, Mac*«, dann das Quietschen seines Sessels, als er sich bolzengerade aufrichtete und Smiley anstarrte. »Gut, *Mac*. Klar, Mac. Sofort. Ja. Sekunde. Direkt neben mir. Bleib dran.«

Smiley stand bereits neben ihm und hatte die Hand nach dem Hörer ausgestreckt. Martello beobachtete Smiley. Murphy auf dem Podium wandte ihnen den Rücken, während er weitere fesselnde Besonderheiten der Insel Po Toi aufzeigte und die Unterbrechung gar nicht richtig zur Kenntnis nahm.

»Die Insel ist den Seeleuten auch als Geisterfelsen bekannt, Sir«, erklärte er mit der gleichen langweiligen Stimme. »Aber niemand scheint zu wissen, warum.«

Smiley lauschte kurze Zeit, dann legte er auf.

»Vielen Dank, Murphy«, sagte er höflich. »Es war sehr interessant.«

Eine Weile stand er wie versteinert da und hatte die Finger wie der selige Mr. Pickwick nachdenklich an die Oberlippe gelegt. »Ja«, wiederholte er. »Ja, sehr interessant.«

Er ging bis zur Tür, dann blieb er wieder stehen.

»Entschuldigung, Marty, ich muß Sie für eine Weile verlassen. Nicht mehr als ein, zwei Stunden, nehme ich an. Auf jeden Fall rufe ich Sie an.«

Er streckte die Hand nach dem Türgriff aus, dann wandte er sich zu Guillam um.

»Peter, es wäre mir lieb, wenn Sie mitkämen. Es könnte sein, daß wir einen Wagen brauchen, und Sie scheinen mit dem Verkehr in Hongkong fabelhaft zurechtzukommen. Habe ich Fawn nicht irgendwo gesehen? Ah, da sind Sie ja.«

Die Blumen an der Headland Road glänzten flaumig, wie Farne, die für Weihnachten mit Lackspray verschönert wurden. Der Gehsteig war schmal und wenig benutzt, außer von den Amahs, die den Kindern Bewegung verschafften, was sie taten, ohne mit den Kleinen zu sprechen, als führten sie Hunde spazieren. Der

Observierungswagen der Vettern war ein absichtlich unauffälliger brauner Mercedeslaster, ziemlich mitgenommen, mit Tonstaub an den Kotflügeln und den an einer Seitenwand aufgemalten Buchstaben H.K.DEVp. und BLDg.SURVEY Ltd. Eine alte Antenne mit chinesischen Wimpeln daran war über die Kabine geneigt, und als der Lastwagen sich – zum zweiten, oder war es zum viertenmal an diesem Vormittag –, an Kos Wohnsitz vorüberschob, achtete niemand auf ihn. Irgend jemand baut immer in Headland Road, wie überall in Hongkong.

In seinem Inneren kauerten in eigens für diesen Zweck installierten kunststoffbezogenen Kojen zwei Männer in einem Wald von Ferngläsern, Kameras und Funktelefoneinrichtungen und beobachteten intensiv. Auch für sie war die Fahrt an Seven Gates vorbei langsam zur Routine geworden.

»Keine Veränderung?« sagte der erste.

»Keine Veränderung«, bestätigte der zweite.

»Keine Veränderung«, wiederholte der erste in das Funksprechgerät, und hörte am anderen Ende Murphys vertrauenerweckende Stimme die Nachricht bestätigen.

»Vielleicht sind sie bloß Wachsfiguren«, sagte der erste, ohne sich ablenken zu lassen. »Vielleicht sollten wir mal mit der Nadel reinstechen, ob sie dann schreien.«

»Sollten wir vielleicht wirklich«, sagte der zweite.

Während der ganzen beruflichen Laufbahn, darüber waren sie sich einig, hatten sie niemals irgend etwas beobachtet, das sich so still verhalten hatte. Ko stand, wo er immer zu stehen pflegte, am Ende des Rosenbeets, den Rücken ihnen zugewandt, und starrte aufs Meer hinaus. Seine winzige Ehefrau saß ein Stück von ihm entfernt allein auf einem weißen Gartenstuhl, wie immer schwarz gekleidet, und schien auf ihren Mann zu starren. Nur an Tiu bewegte sich etwas. Auch er saß auf einem Stuhl, aber neben Ko, und er mampfte irgend etwas, das wie ein Schmalzkringel aussah.

Als der Lastwagen die Hauptstraße erreicht hatte, rumpelte er in Richtung Stanley weiter und setzte aus Gründen der Tarnung seine angebliche Inspektionsfahrt durch die Gegend fort.

# 20 *Lieses Lover*

Ihre Wohnung war groß und ohne einheitliche Note: eine Mischung aus Wartesaal, Direktionssuite und Bordellsalon. Die Decke des Wohnraums fiel nach einer Seite schräg ab wie das Schiff einer Kirche, deren Grundmauern sich gesenkt haben. Das Niveau des Fußbodens wechselte ständig, der Teppich war dicht wie ein Rasen, und beider Schritte ließen glänzende Fußabdrücke zurück. Die riesigen Fenster gaben den Blick auf grenzenlose Einsamkeiten frei, und als Lizzie die Jalousien heruntergelassen und die Vorhänge zugezogen hatte, waren sie und Jerry plötzlich in einem Vorstadtbungalow ohne Garten. Die Amah hatte sich in ihr Zimmer hinter der Küche zurückgezogen, und als sie von dort auftauchte, schickte Lizzie sie wieder weg. Sie schlurfte zischend und stirnrunzelnd hinaus. Warte nur, bis ich's dem Herrn stecke, hieß das.

Jerry legte die Ketten an der Wohnungstür vor, und danach ging er mit ihr durch alle Räume, ließ sie zu seiner Linken einen Schritt vorangehen und die Türen öffnen, sogar die Schränke. Das Schlafzimmer glich dem Bühnenaufbau für einen Fernsehfilm über eine *femme fatale*, mit seinem runden abgesteppten Bett und der eingelassenen Badewanne hinter Wandschirmen. Er durchsuchte die Nachtschränkchen nach einer Waffe. Man ist zwar in Hongkong nicht besonders schießwütig, aber wer einmal in Indochina gelebt hat, bei dem war im allgemeinen irgend etwas im Haus. Ihr Ankleidezimmer sah aus, als hätte sie einen der smarten skandinavischen Einrichtungsläden per Telefon ausgekauft. Das Eßzimmer bestand aus Rauchglas, blitzendem Chrom und Leder. Falsche Gainsborough-Ahnen starrten verdrossen auf die leeren Stühle – alle die Mamas, die keine Eier kochen konnten, dachte er. Mit schwarzem Tigerfell bezogene Stufen führten zu Kos Gemach, und hier blieb Jerry staunend stehen. Er war wider Willen fasziniert, sah in jeder Einzelheit den Mann und seine

Verwandtschaft mit Old Sambo. Der überdimensionale Schreibtisch mit den geschweiften Beinen und den Klauenfüßen, die Präsidentengarnitur. Die Tintenfässer, Brieföffner und Scheren im Futteral, die unberührten Gesetzesbücher, genau die gleichen, die auch Old Sambo überall mitgeschleift hatte: Simon über Steuerrecht, Charlesworthy über Gesellschaftsrecht. Die gerahmten Zertifikate an der Wand. Die Verleihungsurkunde zu seinem O. B. E., die mit den Worten begann: »Elizabeth die Zweite von Gottes Gnaden ... « Der Orden selbst, auf Seide gebettet wie die Waffen eines toten Ritters. Gruppenfotos chinesischer Angehöriger auf den Stufen eines Tempels. Siegreiche Rennpferde. Lizzie, wie sie ihn anlachte. Lizzie im Badeanzug, ein atemraubender Anblick. Lizzie in Paris. Behutsam zog er die Schreibtischläden auf und entdeckte geprägte Geschäftsbogen von einem Dutzend verschiedener Firmen. In den Schränken leere Aktenordner, eine elektrische IBM-Schreibmaschine ohne Kabel, ein Adressenbuch ohne Adressen darin. Lizzie mit nacktem Oberkörper, wie sie über den langen Rücken hinweg zu ihm hinsah. Lizzie, Gott sei ihr gnädig, im Hochzeitskleid, einen Gardenienstrauß in der Hand. Ko mußte sie zum Fotografieren zu einem Brautausstatter geschickt haben.

Nirgends ein Foto von Rupfensäcken voller Opium.

Die Freistatt des Chefs, dachte Jerry. Old Sambo hatte deren mehrere gehabt: Mädchen, denen er Wohnungen hielt, einer sogar ein Haus, und die ihn doch nur ein paarmal im Jahr zu sehen kriegten. Aber immer dieser ganz besondere Raum mit dem Schreibtisch und den unbenutzten Telefonen und den Erinnerungsfotos, eine Ecke, die er buchstäblich aus dem Leben eines anderen Menschen herausgeschnitten hatte, ein Versteck vor seinen anderen Verstecken.

»Wo ist er?« fragte Jerry und mußte wieder an Luke denken.

»Drake?«

»Nein, der Weihnachtsmann.«

»Das möchte ich von Ihnen wissen.«

Er folgte ihr ins Schlafzimmer.

»Wissen Sie oft nicht, wo er ist?« fragte er.

Sie zog die Ohrringe ab und warf sie in eine Schmuckschatulle. Dann die Brosche, die Halskette und die Armbänder.

»Er ruft mich von überall her an, bei Tag oder Nacht, ganz egal. Dies ist das erste Mal, daß er nichts von sich hören läßt.«

»Können Sie ihn zu Hause anrufen?« fragte Jerry.
»Aber *jederzeit*«, erwiderte sie mit wildem Hohn. »Klar kann ich das. Erste Gattin und ich kommen *blendend* miteinander aus. Wußten Sie das nicht?«
»Und im Büro?«
»Er geht nicht ins Büro.«
»Wie steht's mit Tiu?«
»Dieser Schuft von Tiu!«
»Warum?«
»Weil er ein Schwein ist«, fauchte sie und riß eine Schranktür auf.
»Er könnte eine Botschaft von Ihnen übermitteln.«
»Wenn er Lust dazu hätte, was er nicht hat.«
»Warum nicht?«
»Woher zum Teufel soll ich das wissen?« Sie zerrte einen Pullover und Jeans heraus und schleuderte sie aufs Bett. »Weil er mich nicht mag. Weil er mir nicht traut. Weil er nicht zuläßt, daß ein Rundauge seinen Hohen Herrn belästigt. Gehen Sie jetzt raus, solange ich mich umziehe.«
Er schlenderte also wieder in den Wohnraum, wo er mit dem Rücken zur Tür stehenblieb und das Rascheln von Seide auf Haut hörte.
»Ich war bei Ricardo«, sagte er. »Wir hatten einen umfassenden und sehr offenen Meinungsaustausch.«
Er mußte unbedingt wissen, ob sie davon erfahren hatte. Er mußte sie von Lukes Tod freisprechen können. Er wartete eine Weile, dann fuhr er fort:
»Charlie Marshall gab mir die Adresse, also bin ich bei ihm aufgetaucht, und wir haben ein bißchen geplaudert.«
»Großartig«, sagte sie. »Demnach gehören Sie jetzt zur Familie.«
»Von Mellon war auch die Rede. Angeblich haben Sie für ihn Rauschgift geschmuggelt.«
Sie schwieg. Als er sich zu ihr umdrehte, saß sie auf dem Bett und hielt den Kopf in den Händen. In Jeans und Pullover sah sie aus wie fünfzehn und wirkte um eine Handbreit kleiner als sonst.
»Was wollen Sie denn eigentlich?« flüsterte sie endlich, so leise, als hätte sie sich selber die Frage gestellt.
»Sie«, sagte er. »Für immer.«
Er wußte nicht, ob sie es gehört hatte, denn ihre Antwort bestand nur in einem langen Ausatmen und einem geflüsterten »Mein Gott«.

»Sind Sie mit Mellon befreundet?« fragte sie schließlich.
»Nein.«
»Schade. Er braucht einen Freund wie Sie.«
»Weiß Arpego, wo Ko ist?«
Sie zuckte die Achseln.
»Wann haben Sie zuletzt von ihm gehört?«
»Vor einer Woche.«
»Was hat er gesagt?«
»Er hat verschiedene Erledigungen.«
»Welche Erledigungen?«
»Hören Sie um Himmels willen mit der Fragerei auf! Die ganze verdammte Welt stellt Fragen, also müssen Sie sich unbedingt anschließen, wie?«
Er starrte sie an, und ihre Augen loderten vor Zorn und Verzweiflung. Er öffnete die Tür zur Terrasse und trat hinaus.
Ich brauche Instruktionen, dachte er erbittert. Bärentreiber von Sarratt, wo seid ihr, jetzt, da ich euch brauche? Bisher war ihm nicht aufgegangen, daß er auch den Lotsen verlor, als er das Seil durchschnitt.
Die Terrasse umlief die Wohnung auf drei Seiten. Der Nebel hatte sich vorübergehend verzogen. Dahinter lag der Peak, die Vorsprünge waren von goldenen Lichtern bekränzt. Ziehende Wolkenbänke bildeten rings um den Mond wechselnde Höhlungen. Der Hafen hatte seinen ganzen Staat angelegt, in der Mitte räkelte sich ein angestrahlter, aufgeputzter amerikanischer Flugzeugträger wie eine verwöhnte Dame inmitten einer Traube dienernder Jachten. Die auf dem Deck abgestellten Hubschrauber und kleinen Kampfflugzeuge erinnerten ihn an die Luftbasis in Thailand. Eine Formation hochseetüchtiger Dschunken zog in Richtung Kanton langsam vorüber.
»Jerry?«
Sie stand unter der Tür und beobachtete ihn hinter einer Reihe von Bäumen, die in Kübeln gepflanzt waren.
»Kommen Sie rein. Ich bin hungrig«, sagte sie.
Es war eine Küche, in der niemand kochte oder aß, aber sie hatte eine bayrische Ecke mit Holzbänken, Berglandschaften und Aschenbechern mit der Aufschrift *Carlsberg*. Lizzie goß Kaffee aus der Maschine ein. Er stellte fest, daß sie, wenn sie vor etwas auf der Hut war, die Schultern vorschob und die Unterarme vor der Brust gekreuzt hielt, wie es auch die Waise immer getan hatte.

Sie zitterte. Sie muß schon die ganze Zeit gezittert haben, dachte er, seit er ihr die Pistole in den Rücken gedrückt hatte, und er wünschte, er hätte es nicht getan, denn langsam dämmerte ihm, daß ihr genauso schlimm zumute war wie ihm, vielleicht sogar erheblich schlimmer, und daß sie wirkten wie zwei Menschen nach einer Katastrophe, ein jeder lebte seine eigene Hölle. Er bereitete ihr einen Brandy mit Soda, für sich selber auch einen, und setzte sich ins Wohnzimmer, wo es wärmer war, und sah zu, wie sie dort kauerte und den Brandy trank und auf den Teppich starrte.

»Musik?« fragte er.

Sie schüttelte den Kopf.

»Ich bin auf eigene Rechnung hier«, sagte er. »Keinerlei Verbindung mit einer anderen Firma.«

Sie reagierte nicht.

»Ich bin aus freien Stücken und ohne böse Absicht hier«, sagte er. »Nur, ein Freund von mir ist vor kurzen gestorben.«

Er sah, daß sie nickte, aber nur aus Mitgefühl. Er war überzeugt, daß die Mitteilung ihr nichts sagte.

»Die Sache mit Ko nimmt üble Formen an«, sagte er. »Sie wird kein gutes Ende nehmen. Rauhe Burschen, mit denen Sie sich da eingelassen haben. Ko eingeschlossen. Objektiv gesehen ist er der Staatsfeind Nummer eins. Ich dachte mir, vielleicht möchten Sie aussteigen. Deshalb bin ich zurückgekommen. Sir Galahad persönlich. Weil ich einfach nicht dahinterkomme, was sich um Sie zusammenbraut. Mellon und so weiter. Vielleicht sollten wir's zusammen ausknobeln und sehen, worum's geht.«

An dieser Stelle seiner nicht besonders lichtvollen Ausführungen klingelte das Telefon. Das heißt, es gab jenes gedämpfte Schnarren von sich, das angeblich die Nerven schont.

Das Telefon stand auf der anderen Seite des Zimmers auf einem vergoldeten Teewagen. Bei jedem Ton flammte ein Lämpchen auf, und die gerippten Glasregale warfen den Schein zurück. Lizzie blickte auf den Apparat, dann auf Jerry, und ihr Gesicht war plötzlich lebhaft und voll Hoffnung. Jerry sprang auf und schob den Wagen, dessen Räder im Flor des Teppichs nur mühsam rollten, zur ihr hinüber. Hinter ihm ringelte sich die Schnur, bis sie die Form einer Kinderkritzelei angenommen hatte. Sie hob rasch den Hörer ab und sagte »Worth«, in dem ein wenig barschen

Tonfall, den Frauen annehmen, wenn sie allein leben. Er überlegte, ob er ihr sagen sollte, daß die Leitung angezapft war, aber er wußte nicht, wovor er sie warnen sollte: er gehörte nirgends mehr hin, weder auf die eine noch auf die andere Seite. Er wußte nicht, welches die Seiten waren, aber plötzlich war sein ganzes Denken wieder von Luke erfüllt, und der Jäger in ihm war hellwach.
Sie hielt den Hörer ans Ohr, aber sie hatte nichts mehr gesagt. Nur einmal ein »Ja«, als bestätige sie einen Befehl, und einmal sehr entschieden »nein«. Ihre Miene war ausdruckslos geworden, ihre Stimme verriet ihm nichts. Aber er spürte ihren Gehorsam und er spürte die Heimlichkeit, und Zorn flammte in ihm auf und überlagerte alles andere.
»Nein«, sagte sie ins Telefon. »Ich bin früher weggegangen.«
Er kniete neben ihr und versuchte mitzuhören, aber sie preßte den Hörer fest an ihr Ohr.
Warum fragte sie ihn nicht, wo er sei? Warum fragte sie nicht, wann sie ihn wiedersehen würde? Ob es ihm gut gehe? Warum er nicht angerufen habe? Warum sah sie Jerry so an, ohne ein Anzeichen von Erleichterung?
Er legte die Hand auf ihre Wange, drehte ihr den Kopf herum und flüsterte ihr ins andere Ohr.
»Sagen Sie, daß sie ihn *unbedingt* sehen müssen. Daß Sie zu ihm kommen. *Egal wohin.*«
»Ja«, sagte sie wieder ins Telefon. »*All right*. Ja.«
»Sagen Sie's ihm! Sagen Sie, daß Sie ihn sehen müssen!«
»Ich muß dich sehen«, sagte sie schließlich. »Ich komme zu dir, egal wo du bist.«
Sie hielt noch immer den Hörer in der Hand. Sie zuckte die Achseln, eine fragende Bewegung, und ihre Augen waren noch immer auf Jerry gerichtet – nicht auf ihren Sir Galahad, sondern auf einen Teil jener feindlichen Welt, die sie von allen Seiten bedrängte.
»Ich liebe dich!« flüsterte er. »Sprechen Sie mir nach!«
»Ich liebe dich«, sagte sie kurz mit geschlossenen Augen, und legte auf, ehe er sie daran hindern konnte.
»Er kommt hierher«, sagte sie. »Der Teufel soll Sie holen.«
Jerry kniete noch immer neben ihr. Sie stand auf und entfernte sich von ihm.
»Weiß er es?« fragte Jerry.

»Ob er *was* weiß?«
»Daß ich hier bin?«
»Vielleicht.« Sie zündete sich eine Zigarette an.
»Wo ist er jetzt?«
»Ich weiß nicht.«
»Wann kommt er?«
»Er sagt bald.«
»Ist er allein.«
»Das hat er nicht gesagt.«
»Ist er bewaffnet?«
Sie stand auf der anderen Seite des Zimmers. Die gespannten grauen Augen hielten ihn noch immer in ihrem zornig-ängstlichen Blick fest. Aber Jerry kümmerte sich nicht um ihre Stimmung. Ein fieberhafter Tatendrang hatte alle anderen Gefühle hinweggefegt.
»Drake Ko. Der liebenswerte Mann, der Sie hier einlogiert hat. Ist er bewaffnet. Wird er mich abknallen? Hat er Tiu bei sich? Ich frage nur.«
»Im Bett ist er unbewaffnet, wenn es das ist, was Sie wissen wollen.«
»Wo gehen Sie hin?«
»Ich dachte, die Herren wollen vielleicht unter sich sein.«
Er führte sie zurück zum Sofa und setzte sie so hin, daß sie auf die Flügeltür am Ende des Zimmers blickte. Die Türfüllungen bestanden aus undurchsichtigem Glas, dahinter lagen die Diele und die Wohnungstür. Er öffnete beide Flügel, so daß sie freien Blick auf jeden Ankömmling hatte.
»Haben Sie bestimmte Regeln für das Aufmachen?« Sie begriff seine Frage nicht. »In der Tür ist ein Guckloch. Will er, daß Sie immer erst nachsehen, ehe Sie jemand einlassen?«
»Er ruft von unten über das Haustelefon an. Dann sperrt er mit seinem eigenen Schlüssel auf.«
Die Wohnungstür bestand aus furnierter Hartfaser, nicht sehr solide, aber solide genug. In Sarratt sagten sie, wenn man einen einzelnen ahnungslosen Eindringling abpaßt, bloß nicht hinter die Tür stellen, sonst kommt man nie wieder raus. Jerry fand ausnahmsweise, daß sie recht hätten. Nur, wenn er sich auf der offenen Seite hielte, so würde er eine ideale Zielscheibe für aggressive Charaktere bilden, und Jerry war keineswegs überzeugt, daß Ko ahnungslos oder allein sein würde. Er könnte

vielleicht hinter dem Sofa warten, aber wenn es zu einer Schießerei käme, geriete das Mädchen womöglich in die Feuerlinie, und das wollte er auf keinen Fall. Ihre wiedergewonnene Passivität und ihr lethargisches Starren trugen nicht zu seiner Beruhigung bei. Sein Brandyglas stand neben dem ihren auf dem Tisch. Er stellte es ruhig hinter eine Vase mit künstlichen Orchideen, leerte den Aschenbecher und legte eine aufgeschlagene Nummer von *Vogue* vor ihr auf den Tisch.

»Spielen Sie Platten, wenn Sie allein sind?«

»Manchmal.«

Er wählte Ellington..

»Zu laut?«

»Lauter«, sagte sie. Argwöhnisch stellte er den Ton leiser und beobachtete sie. Da flötete das Haustelefon zweimal in der Diele.

»Vorsicht«, warnte er sie und ging mit der Pistole in der Hand zur offenen Seite der Wohnungstür, in Zielscheiben-Position, einen Meter von der Tür entfernt, nah genug, um vorzuspringen, weit genug, um schießen und sich zu Boden werfen zu können, was er vorhatte, als er halb in die Hocke ging. Er hielt die Waffe in der linken Hand und nichts in der rechten, denn auf diese Entfernung würde er beidhändig treffen, doch falls er zuschlagen müßte, brauchte er die freie Rechte. Er erinnerte sich, wie Tiu die Finger gekrümmt hielt und ermahnte sich, nicht zu nahe heranzugehen. Alles, was er tun würde, aus gemessener Entfernung zu tun. Einen Tritt in die Leiste, aber sich danach nicht auf ihn werfen. Aus der Reichweite dieser Hände bleiben.

»Sagen Sie ›Komm rauf‹«, befahl er.

»Komm rauf«, wiederholte Lizzie ins Telefon. Sie legte auf und hakte die Kette aus.

»Wenn er hereinkommt, lächeln sie in die Kamera. Nicht schreien.«

»Scheren Sie sich zum Teufel.«

Sein geschärftes Ohr hörte den Ruck, mit dem der Lift hielt und das klimpernde »Ping« der Glocke. Er hörte Schritte sich der Tür nähern, ein einziges Paar Füße, stetige Schritte, und er dachte an Drake Kos komische, leicht affenartige Gangart in Happy Valley, wie die Knie sich durch die graue Flanellhose abzeichneten. Ein Schlüssel glitt ins Schloß, eine Hand griff um die Türkante, der Rest folgte offenbar ohne böse Ahnung. Inzwischen hatte Jerry bereits sein ganzes Gewicht in den Sprung gelegt und den Körper, der keinen Widerstand leistete, gegen die Wand gedrückt. Eine Ansicht von Venedig fiel zu Boden, das Glas splitterte, er warf die Tür zu, alles auf einmal, er fand eine Kehle und preßte den Pistolenlauf direkt in das weiche Fleisch. Dann wurde die Tür ein zweitesmal von außen aufgesperrt, sehr schnell, alle Luft wich aus seinem Körper, seine Füße flogen nach oben, eine Welle wahnsinnigen Schmerzes brach aus seinen Nieren und schleuderte ihn auf den dicken Teppich, ein zweiter Schlag traf ihn in die Leisten, so daß er mit einem keuchenden Laut die Knie zum Kinn hochriß. Durch die strömenden Tränen sah er die kleine wütende Gestalt Fawns, des Babysitters, der über ihm stand und zu einem dritten Schlag ausholte, und das starre Grinsen Sam Collins', der gelassen über Fawns Schulter blickte, um festzustellen, wie groß der Schaden sei. Und unter der Tür stand noch immer, mit der Miene ernster Befürchtung, während er den Mantelkragen nach Jerrys grundlosem Angriff auf seine Person wieder in Ordnung brachte, die verdutzte Gestalt seines einstigen Führers und Mentors, Mr. George Smiley, der atemlos seine Bluthunde zurückpfiff.

Jerry konnte sitzen, aber nur, wenn er sich vorbeugte. Er hielt beide Hände vor sich hin und die Ellbogen in die Leisten gepreßt. Der Schmerz flutete durch seinen ganzen Körper wie ein Gift, das sich von einem zentralen Punkt ausbreitet. Lizzie beobachtete ihn von der Tür her. Fawn lauerte auf einen weiteren Anlaß, ihn zu schlagen. Sam Collins saß auf der anderen Seite des Zimmers in einem Lehnstuhl und hatte die Beine übergeschlagen. Smiley hatte Jerry einen strammen Brandy eingegossen, beugte sich über ihn und drückte ihm das Glas in die Hand.

»Was tun Sie hier, Jerry?« sagte Smiley. »Ich verstehe das nicht.«

»Flirten«, sagte Jerry und schloß die Augen, als eine neue Woge des Schmerzes über ihm zusammenschlug. »Habe eine unprogrammgemäße Zuneigung zu unserer Gastgeberin gefaßt. Tut mir leid.«

»Sie haben da etwas Gefährliches getan, Jerry«, tadelte Smiley. »Sie hätten das ganze Unternehmen vereiteln können. Wenn es nun Ko gewesen wäre! Die Folgen wären nicht auszudenken.«

»Das glaube ich Ihnen gern.« Er trank einen Schluck Brandy. »Luke ist tot. Liegt in meiner Wohnung mit zerschossenem Schädel.«

»Wer ist Luke?« fragte Smiley, der vergessen hatte, daß er ihm einmal bei Craw begegnet war.
»Niemand. Nur ein Freund.« Er trank nochmals. »Amerikanischer Journalist. Säufer. Kein Verlust für die Menschheit.«
Smiley warf einen Blick zu Sam Collins hinüber, aber Sam zuckte die Achseln.
»Niemand, den *wir* kennen«, sagte er.
»Läuten Sie trotzdem an«, sagte Smiley.
Sam nahm das tragbare Telefon und ging damit aus dem Zimmer. Er kannte sich in der Wohnung aus.
»Ihr habt sie wohl erpreßt, wie?« sagte Jerry und wies mit dem Kopf auf Lizzie. »Ungefähr das einzige auf der Welt, was ihr bisher noch nicht angetan wurde, soviel ich weiß.« Er rief zu ihr hinüber: »Wie geht's immer, altes Haus? Bitte um Verzeihung wegen der Balgerei. Wir haben doch nichts kaputtgemacht, wie?«
»Nein«, sagte sie.
»Haben Ihnen die Daumenschrauben angesetzt wegen Ihrer gottlosen Vergangenheit, wie? Zuckerbrot und Peitsche? Haben versprochen, daß alles vergeben und vergessen ist? Dummes Mädel, Lizzie. In diesem Spiel darf man keine Vergangenheit haben. Und auch keine Zukunft. Verboten!«
Er wandte sich wieder Smiley zu:
»Mehr war nicht dran, George. Keine Philosophie im Spiel. Lizzie hat mir's einfach angetan.«
Er kippte den Kopf zurück und studierte Smileys Gesicht durch die halbgeschlossenen Lider. Und mit der Klarsichtigkeit, die der Schmerz zuweilen bewirkt, begriff er, daß er durch sein Tun auch Smileys Existenz in Gefahr gebracht hatte.
»Keine Angst«, sagte er freundlich. »Wird *Ihnen* nicht passieren, soviel steht fest.«
»Jerry« sagte Smiley.
»*Yessir*«, sagte Jerry und tat, als wolle er im Sitzen strammstehen.
»Jerry, Sie verstehen nicht, was vorgeht. Wie sehr Sie alles durcheinanderbringen können. Milliarden Dollar und Tausende von Menschen könnten nicht einen Bruchteil dessen erobern, was wir bei diesem einzigen Unternehmen zu gewinnen haben. Ein Heerführer würde sich schief lachen bei dem Gedanken an ein so winziges Opfer für sein so enormes Resultat.«
»Verlangen Sie bloß nicht von *mir*, daß ich Ihnen aus der Klemme helfe, alter Junge«, sagte Jerry und blickte wieder zu Smileys

Gesicht auf. »Sie sind die Eule, erinnern Sie sich? Nicht ich.«
Sam Collins kam zurück. Smiley blickte ihn fragend an.
»Zu den anderen gehört er auch nicht«, sagte Sam.
»Sie hatten es auf mich abgesehen«, sagte Jerry. »Statt dessen haben sie Luke erwischt. Er ist ein Riesenkamel. Oder war es vielmehr.«
»Und er ist in Ihrer Wohnung?« fragte Smiley. »Tot. Erschossen. Und in Ihrer Wohnung?«
»Schon eine ganze Weile.«
Smiley zu Collins: »Wir werden die Spuren verwischen müssen, Sam. Wir können uns keinen Skandal leisten.«
»Dann geh ich jetzt wieder zu ihnen zurück«, sagte Collins.
»Und erkundigen Sie sich nach den Flügen«, rief Smiley ihm nach. »Zwei Plätze, Erster Klasse.«
Collins nickte.
»Kann den Burschen um die Welt nicht leiden«, gestand Jerry. »Noch nie gekonnt. Muß das Schnurrbärtchen sein.« Er deutete mit dem Daumen auf Lizzie. »Was weiß sie denn, worauf Sie gar so scharf sind, George? Ko flüstert ihr nicht seine teuersten Geheimnisse ins Ohr. Sie ist ein Rundauge.« Er wandte sich zu Lizzie um. »Oder?«
Sie schüttelte den Kopf.
»Und wenn, dann könnte sie sich's nicht merken«, fuhr er fort. »In diesem Punkt ist sie unheimlich blöd. Wahrscheinlich hat sie überhaupt nie von Nelson gehört.« Wieder wandte er sich an sie. »Heh. Wer ist Nelson. Los, wer ist er? Kos toter kleiner Sohn, wie? Stimmt. Hat sein Schiff nach ihm getauft, ja? Und sein Hoppepferdchen.« Er drehte sich wieder zu Smiley um. »Haben Sie's jetzt gesehen? Blöd. Lassen Sie Lizzie aus dem Spiel, wenn ich Ihnen einen Rat geben darf.«
Collins war mit einem Zettel zurückgekehrt, auf dem die Abflugzeiten standen. Smiley las stirnrunzelnd. »Wir müssen Sie sofort nach Hause schicken, Jerry«, sagte er. »Guillam wartet unten mit einem Wagen. Fawn kommt auch mit.«
»Ich möchte nur schnell mal kotzen, wenn's möglich wäre.«
Jerry griff nach Smileys Arm, um sich an ihm aufzurichten, und Fawn sprang sofort vorwärts, aber Smiley beorderte ihn zurück.
»Abstand halten, widerlicher Gnom«, knurrte Jerry und streckte warnend einen Finger aus. »Ein Streich genügt. Der nächste wird nicht so einfach sein.«

Er schleppte sich gebückt dahin, die Hände in die Leisten gepreßt. Vor dem Mädchen blieb er stehen.

»Haben sie hier oben Palaver abgehalten, Ko und seine reizenden Knaben, altes Haus? Hat Ko seine Freunde auf ein Plauderstündchen hier heraufgebracht?«

»Manchmal.«

»Und Sie sorgten für genügend Mikrophone, wie eine brave kleine Hausfrau? Haben die Guten hereingelassen, die Lampe gehalten? Klar haben Sie das.«

Sie nickte.

»Genügt immer noch nicht«, nörgelte er, während er zum Badezimmer humpelte. »Beantwortet immer noch nicht meine Frage. Muß noch mehr dahinterstecken. *Viel* mehr.«

Im Badezimmer hielt er das Gesicht unters kalte Wasser, trank einen Schluck und übergab sich prompt. Auf dem Rückweg hielt er wieder nach Lizzie Ausschau. Sie war im Wohnzimmer, und so, wie man sich manchmal bei großer Nervenanspannung irgendeine banale Beschäftigung sucht, sortierte sie die Schallplatten und steckte jede in die dazugehörige Plattentasche. In einer entfernten Ecke hielten Smiley und Collins leise Kriegsrat. In nächster Nähe wartete Fawn an der Tür.

»*Bye*, altes Haus«, sagte er zu ihr. Er legte ihr die Hand auf die Schulter und drehte sie herum, bis die grauen Augen direkt in die seinen blickten.

»*Goodbye*«, sagte sie und küßte ihn, nicht ausgesprochen leidenschaftlich, aber immerhin intensiver, als sie die Kellner küßte.

»Ich war eine Art Requisit zur Tatvorbereitung«, erklärte er ihr. »Tut mir leid. Sonst tut mir nichts leid. Und passen Sie auch auf diesen Schuft Ko auf. Denn wenn's die dort nicht fertigbringen, ihn umzulegen, dann tu's vielleicht ich.«

Er berührte die Spuren an ihrem Kinn, dann schlurfte er zur Tür, wo Fawn stand, und drehte sich nochmals um, um sich von Smiley zu verabschieden, der wieder allein war. Collins war zum Telefonieren weggeschickt worden. Smiley stand in einer Haltung da, die Jerry so vertraut an ihm war, die kurzen Arme leicht angehoben, den Kopf ein bißchen zurückgebeugt und im Gesicht einen halb schuldbewußten, halb fragenden Ausdruck, als hätte er gerade seinen Regenschirm in der U-Bahn vergessen. Lizzie hatte sich von den beiden Männern abgewandt und sortierte immer

noch automatisch ihre Schallplatten.
»Also, Grüße an Ann«, sagte Jerry.
»Danke.«
»Sie haben unrecht, altes Haus. Weiß nicht wie, weiß nicht warum, aber Sie haben unrecht. Na ja, vermutlich ist es jetzt schon zu spät.« Wieder wurde ihm übel und sein Schädel dröhnte von den Schmerzen in seinem Körper. »Bloß einen Fußbreit näher«, sagte er zu Fawn, »und ich brech dir endgültig dein verdammtes Genick, verstanden?« Er wandte sich wieder an Smiley, der noch in genau der gleichen Haltung dastand und durch nichts erkennen ließ, ob er etwas gehört hatte.
»Also dann, alles Gute«, sagte Jerry.
Mit einem letzten Nicken, das jedoch nicht dem Mädchen galt, hinkte Jerry hinaus in den Korridor, Fawn hinterher. Als sie auf den Lift warteten, sah er den eleganten Amerikaner unter seiner offenen Wohnungstür stehen und seinen Abtransport beobachten.
»Ach ja, Sie hätte ich fast vergessen«, rief Jerry sehr laut. »Sie sorgen für die Wanzen in ihrer Wohnung, wie? Die Briten erpressen sie, und die Yankees belauschen sie, das Glückskind kriegt's von allen Seiten.«
Der Amerikaner verschwand und schloß rasch die Tür hinter sich. Der Lift kam und Fawn stieß ihn hinein.
»Hände weg«, warnte ihn Jerry. »Der Name dieses Herrn hier ist Fawn«, teilte er den übrigen Liftbenutzern in lauter Stimme mit. Die meisten trugen Smoking und Pailettenkleider. »Er arbeitet beim britischen Geheimdienst und hat mir gerade vorhin die Eier poliert. Die Russen kommen«, schrie er in die teigigen gleichgültigen Gesichter. »Sie werden euch euer ganzes verdammtes Geld wegnehmen.«
»Besoffen«, sagte Fawn angewidert.
In der Halle beäugte ihn Lawrence, der Portier, mit deutlichem Interesse. Vor der Tür wartete eine blaue Peugeot-Limousine. Peter Guillam saß am Steuer.
»Einsteigen«, herrschte er Jerry an.
Die Tür zum Beifahrersitz war abgeschlossen. Jerry kletterte in den Fond, Fawn folgte.
»Was zum Teufel fällt Ihnen denn eigentlich ein?« fragte Guillam durch die zusammengebissenen Zähne. »Seit wann reißen lausige Tagelöhner mitten in der Operation das Steuer herum?«

»Vorsicht«, warnte Jerry Fawn. »Bloß ein falscher Blick, und es kracht. Mein voller Ernst. Ich warne Sie. Offiziell.«
Der Bodennebel war wieder eingefallen und wallte über den Kühler. Die vorüberhuschende Stadt präsentierte sich wie Bildausschnitte aus einem Trödelmarkt: ein gemaltes Bild, ein Schaufenster, Kabelstränge, die von einer Neonlampe hingen, ein Büschel erstickten Laubwerks; die unvermeidliche Baustelle unter Flutlicht. Im Spiegel sah Jerry einen schwarzen Mercedes nachfolgen, männlicher Fahrgast, männlicher Fahrer.
»Die Vettern bilden das dicke Ende«, verkündete er.
Ein Schmerzanfall im Unterleib ließ ihn fast ohnmächtig werden, und einen Moment lang glaubte er tatsächlich, Fawn habe ihn wieder geschlagen, doch es war noch die Nachwirkung vom erstenmal. In der Central Street bat er Guillam, anzuhalten, und kotzte vor den Augen der Passanten in den Rinnstein. Während er den Kopf durchs Fenster streckte, kauerte Fawn über ihm. Der Mercedes hinter ihnen hielt ebenfalls.
»Geht nichts über ein bißchen Schmerz«, rief er und setzte sich wieder hin, »damit das alte Hirn ab und zu wieder in Schwung kommt. Was, Peter?«
Guillam, der vor Zorn kochte, gab eine obszöne Antwort.
»*Sie verstehen nicht, was vorgeht,* hatte Smiley gesagt. *Wie sehr Sie alles durcheinanderbringen können. Milliarden Dollar und Tausende von Menschen könnten nicht einen Bruchteil dessen erobern, was wir zu gewinnen haben . . .* «
*Wie*? fragte er sich immer wieder. *Was* zu gewinnen? Nelsons Stellung in China war ihm nur andeutungsweise bekannt. Craw hatte ihm nur gesagt, was er unbedingt wissen mußte. *Nelson hat Zugang zu den Kronjuwelen von Peking, Ehrwürden. Wer Nelson zu fassen kriegt, hat sich selber und seinem edlen Geschlecht unsterbliches Verdienst erworben.*
Sie umrundeten den Hafen und hielten auf den Tunnel zu. Von Seehöhe aus wirkte der amerikanische Flugzeugträger seltsam klein vor der fröhlichen Kulisse von Kaulun.
»Wie wird Ko ihn übrigens rausholen?« fragte er Guillam beiläufig. »Mit dem Flugzeug wird er's nicht noch einmal versuchen, *soviel* steht fest. Dafür hat Ricardo gesorgt, wie?«
»Rauskitzeln«, fauchte Guillam. Das war dumm von ihm, dachte Jerry triumphierend, er hätte nichts sagen dürfen, hätte die Klappe halten müssen.

»Soll er vielleicht schwimmen?« fragte Jerry. »Nelson durchquert Mirs Bay. *Das* ist doch nicht Drakes Stil, wie? Und überhaupt ist Nelson zu alt dafür. Würde erfrieren, sogar wenn die Haifische das Beste an ihm dranließen. Wie wär's mit dem Schweinetreck; wie wär's, wenn er mit den Grunzern rauskäme? Tut mir leid, daß Sie den großen Augenblick verpassen müssen, altes Haus, alles meine Schuld.«

»Mir tut's auch leid, wenn Sie's genau wissen wollen. Am liebsten würde ich Ihnen die Zähne einschlagen.«

In Jerrys Hirn ertönte ein Triumphmarsch. *Es stimmt!* dachte er. *Darum geht es! Drake holt Nelson raus, und die ganze Bande steht schon Schlange für's Finish!*

Hinter Guillams Lapsus – nur ein *ei ziges* Wort, aber nach den Maßstäben von Sarratt ganz unverzeihlich, absolut regelwidrig – kam eine Enthüllung zum Vorschein, so verwirrend wie alles, was Jerry zur Zeit erlebte, und in mancher Hinsicht noch weit bitterer. Wenn es für das Verbrechen der Indiskretion überhaupt einen mildernden Umstand gab – nach den Maßstäben von Sarratt gab es keinen –, dann lieferten ihn Guillams Erlebnisse während der letzten Stunde, die er teils damit verbracht hatte, Smiley im Höllentempo durch den Verkehr der *rush hour* zu kutschieren, teils im Wagen vor dem Eingang von Star Heights, in verzweifeltem ungewissem Warten. Alles, was er in London befürchtet hatte, seine schaurigsten Ahnungen in bezug auf die Enderby-Martello-Verbindung und die Rollen, die Lacon und Collins dabei spielten, hatten sich in diesen sechzig Minuten als zweifelsfrei richtig, wahr und berechtigt erwiesen, allenfalls als leicht untertrieben.

Zuerst waren sie zur Bowen Road in den Midlevels gefahren, zu einem so anonymen und nichtssagenden, riesigen Häuserblock, daß sogar die Bewohner die Hausnummern zweimal ansehen mußten, um sich nicht in ihrer eigenen Tür zu irren. Smiley drückte auf eine Klingel neben dem Namensschild *Mellon*, und Guillam fragte idiotischerweise: »Wer ist Mellon?«, im gleichen Augenblick, als ihm einfiel, daß es Sam Collins' Arbeitsname war. Aber welcher Wahnsinnige – so fragte er sich, nicht Smiley, mit dem er inzwischen den Lift betreten hatte – konnte auf die Idee verfallen, nach allen Verwüstungen, die Haydon angerichtet hatte, wieder den gleichen Arbeitsnamen zu benutzen, den dieser vor dem Sündenfall gehabt hatte? Dann öffnete Collins ihnen die Tür: er trug einen Morgenrock aus Thai-Seide, hatte eine braune Zigarette in der Spitze stecken und sein waschbares, bügelfreies Lächeln aufgesetzt. Schon hatten sie in einem Wohnzimmer mit Bambussesseln Platz genommen und Sam hatte zwei Transistor-Radios auf verschiedene Programme eingestellt, eine Wortsendung und ein Konzert, um während ihrer Unterhaltung wenigstens eine primitive Lauschabwehr zu sichern. Sam hörte zu – von Guillam nahm er keinerlei Notiz –, dann rief er unverzüglich Martello auf der direkten Leitung an – Sam hatte einen *direkten Draht* zu Martello, bitte zu beachten, kein Wählen, nichts, bloß den Hörer abheben – und fragte in verschlüsselten Wendungen, »wie es mit Chummy stehe«. Chummy, so erfuhr Guillam später, war unter Zockern ein Slangwort für Gimpel. Martello erwiderte, der Observierungswagen habe sich soeben zurückgemeldet. Chummy und Tiu säßen zur Zeit in Causeway Bay an Bord der *Admiral Nelson*, sagten die Observanten, und die Richtmikrophone nähmen (wie üblich) soviel Wasserklatschen auf, daß die Techniker Tage, wenn nicht Wochen brauchen würden, um die Nebengeräusche herauszufiltern und festzustellen, ob die beiden Männer überhaupt irgend etwas Interessantes gesagt hatten. Inzwischen sei ein Mann am Kai als statischer Observierungsposten mit dem Befehl zurückgelassen worden, Martello unverzüglich zu benachrichtigen, falls das Schiff die Anker lichten oder einer der beiden Obengenannten an Land gehen sollte.

»Dann müssen wir sofort hin«, sagte Smiley. Also drängten sie sich wieder in den Wagen, und während Guillam die kurze Strecke nach Star Heights fuhr, vor sich hinkochte und hilflos der knappen Unterhaltung zu folgen versuchte, festigte sich mit jeder Sekunde seine Überzeugung, daß er ein Spinnennetz vor sich habe und daß nur George Smiley, besessen von der Verheißung des Unternehmens und von Karlas Bild, so kurzsichtig und vertrauensselig, und, auf seine besondere bizarre Art, auch so unschuldsvoll sein konnte, geradewegs mittenhinein zu stolpern.

Georges Alter, dachte Guillam. Enderbys politischer Ehrgeiz, seine Vorliebe für den pro-amerikanische Falken-Stil – ganz zu schweigen von der Kiste Champagner und seiner übertriebenen Beweihräucherung der fünten Etage. Lacons halbherzige Unterstützung Smileys, während er insgeheim das Auge schweifen ließ und einen Nachfolger suchte. Martellos Zwischenlandung in

Langley. Enderbys Versuch, *erst vor ein paar Tagen,* Smiley aus dem Unternehmen auszubooten und es Martello auf dem Präsentierteller zu servieren. Und jetzt, und das war das Beredtste und Bezeichnendste von allem, das Wiederauftauchen von Sam Collins als Joker im Spiel, mit einem direkten Draht zu Martello! Und Martello, der Himmel sei uns gnädig!, stellte sich an, als wüßte er nicht, woher George seine Informationen bezog – als gäbe es keinen direkten Draht.

Für Guillam liefen alle diese Fäden in einem einzigen Punkt zusammen, und er konnte es kaum erwarten, bis er Smiley beiseite nehmen und ihn mit allen zur Verfügung stehenden Mitteln genügend weit und wenigstens für einen Augenblick vor seinem Vorhaben abbringen könnte, nur damit er wissen würde, worauf er sich einließ. Bis er ihm die Sache mit dem Brief erzählen könnte. Von Sams Besuch bei Lacon und Enderby in Whitehall. Aber nein! Er sollte statt dessen zurück nach England! Und warum sollte er zurück nach England? Weil ein reizender, dickköpfiger Lohnschreiber namens Westerby die Dreistigkeit besessen hatte, sich von der Leine loszureißen.

Auch wenn Guillam die Katastrophe nicht so unerbittlich hätte nahen sehen, wäre allein die Enttäuschung für ihn fast unerträglich gewesen. Er hatte um dieses Augenblicks willen viel erduldet. Ungnade und Exil in Brighton unter Haydon, den Laufburschen spielen für Old George, anstatt wieder als Außenagent zu arbeiten, sich mit Georges krankhafter Heimlichtuerei abfinden, die Guillam bei sich demütigend und selbstzerstörerisch nannte – aber wenigstens diese Reise hatte ein Ziel gehabt, bis ausgerechnet der verdammte Westerby ihm sogar das gestohlen hatte. Aber daß er nun nach London zurückkehren sollte und Smiley und den Circus, zumindest für die nächsten zweiundzwanzig Stunden, einem Rudel Wölfen überlassen, ohne auch nur die Möglichkeit, ihn zu warnen – das war für Guillam die grausame Krönung eines verfehlten Lebens. Und sollte es ihm helfen, wenn er Jerry dafür verfluchte, dann würde er ihn verfluchen, Jerry oder irgend jemand sonst.

»Schicken Sie Fawn!«

»Fawn ist kein Gentleman«, würde Smiley erwidert haben oder etwas anderes gleichen Sinns.

Auch *das* kann man wohl behaupten, dachte Guillam und erinnerte sich an die gebrochenen Arme.

Auch Jerry war überzeugt, irgendwen den Wölfen vorzuwerfen; in diesem Fall allerdings eher Lizzie Worthington als George Smiley. Als er durch das Rückfenster des Wagens blickte, schien es ihm, als sei auch diese ganze Welt, durch die er fuhr, dem Untergang geweiht. Die Straßenmärkte waren menschenleer, die Gehsteige, sogar die Türnischen. Über ihnen ragte wie sprungbereit der Peak, den Krokodilsrücken vom zerzausten Mondlicht gesprenkelt. Es ist der Jüngste Tag der Kolonie, dachte er. Peking hat den sprichwörtlichen Telefonanruf getätigt. »Raus jetzt, aus der Traum.« Das letzte Hotel schloß seine Pforten, er sah die leeren Rolls-Royces wie Schrott rings um den Hafen liegen und die letzte europäische Matrone mit blaugespültem Haar, schwankend unter der Last ihrer zollfreien Pelze und Juwelen die Laufplanken des letzten Linienschiffes passieren, den letzten China-Experten in rasender Hast seine letzten Fehlkalkulationen dem Reißwolf einfüttern, sah die geplünderten Läden, die leere Stadt, die wie ein Leichnam auf die fleddernden Horden wartete. Einen Augenblick lang war alles für ihn eine einzige versinkende Welt – dies hier, Phnom Penh, Saigon, London; eine geborgte Welt, und jetzt klopften die Gläubiger an die Tür, und Jerry selber bildete aus unerklärlichen Gründen einen Teil der Schuld, die eingefordert wurde.
*Ich war diesem Amt immer dankbar dafür, daß es mir Gelegenheit gab, abzuzahlen. Fühlst du dich auch so? Jetzt? Als Überlebender, sozusagen?*
Ja, George, dachte er. Leg mir die Worte in den Mund, alter Junge. Genauso fühle ich mich. Aber vielleicht nicht ganz in dem Sinn, wie *du* es gemeint hast, altes Haus. Er sah Frosts lustiges, lebensfrohes kleines Gesicht, als sie tranken und feierten. Er sah es ein zweitesmal, in diesem grauenvollen Schrei erstarrt. Er spürte Lukes Freundeshand auf seiner Schulter und sah die gleiche Hand auf dem Fußboden liegen, über den Kopf zurückgestreckt, wie um einen Ball zu fangen, der nie kommen würde, und er dachte: der Haken ist der, altes Haus, daß in Wirklichkeit die anderen armen Teufel zur Kasse gebeten werden.
Wie zum Beispiel Lizzie.
Er würde das eines Tages George gegenüber zur Sprache bringen, falls sie jemals, bei einem Gläschen, auf die Gretchenfrage zurückkommen sollten, warum wir eigentlich den Berg erklimmen. Er würde dann – nicht aggressiv, nicht daß ich Ihnen zu nahe

treten möchte, altes Haus – darauf hinweisen, wie selbstlos und bereitwillig wir andere Menschen opfern, wie zum Beispiel Luke und Frost und Lizzie. George würde natürlich eine gute Antwort parat haben, vernünftig, wohlerwogen, rechtfertigend. George sah das große Ganze. Begriff das Gebot der Stunde. War ganz natürlich. Er war eine Eule.

Der Hafentunnel kam näher, und er dachte an ihren bebenden letzten Kuß und erinnerte sich gleichzeitig an die Fahrt zum Leichenschauhaus, denn vor ihnen stieg das Gerüst eines Neubaus aus dem Nebel, und es war hell erleuchtet wie das Gerüst auf der Fahrt zum Leichenschauhaus, und schweißglänzende Kulis mit gelben Helmen krabbelten darauf herum.

Tiu kann sie auch nicht leiden, dachte er. Kann keine Rundaugen leiden, die über die Geheimnisse des Großen Herren plaudern.

Er zwang seine Gedanken in eine andere Richtung und versuchte, sich vorzustellen, was sie mit Nelson machen würden: staatenlos, heimatlos, ein Fisch, den man fressen oder wieder ins Meer zurückwerfen konnte, ganz wie's beliebte. Jerry hatte schon einige solcher Fische gesehen: er war dabeigewesen, als man sie fing; als sie einem Blitzverhör unterzogen wurden; er hatte schon mehr als einen wieder über die Grenze abgeschoben, die sie erst vor so kurzer Zeit überschritten hatten, damit sie schleunigst wieder *in Umlauf* gesetzt würden, wie der Sarratt-Jargon es so reizend ausdrückte – »schnell, bevor sie überhaupt merken, daß er weg gewesen war«. Und wenn sie ihn nicht zurückschickten? Wenn sie ihn behielten, diesen stolzen Siegespreis, nach dem sie alle gierten? Dann würde Nelson, nach den Jahren des Ausquetschens, nach zwei oder drei Jahren – er hatte gehört, manchmal dauerte es sogar fünf –, sich zur Schar der Ewigen Juden des Spionagegewerbes gesellen, versteckt werden und wieder in Bewegung gesetzt, aufs neue versteckt, und von keinem geliebt, nicht einmal von denen, an die er seinen Glauben verriet.

*Und was wird Drake mit Lizzie anstellen,* fragte er sich, *während dieses kleine Drama seinen Lauf nimmt? Welchem Schlamassel geht sie diesmal entgegen?«*

Sie hatten den Zugang zum Tunnel erreicht und waren fast zum Stehen gekommen. Der Mercedes war direkt hinter ihnen. Jerry ließ den Kopf nach vorne fallen. Er legte beide Hände an die Leisten, schwankte vor und zurück und keuchte vor Schmerz. Aus einem improvisierten Polizeiposten, der einem Schilderhäuschen

glich, lugte ein chinesischer Schutzmann neugierig herüber.
»Wenn er zu uns herkommt, sagen Sie, wir haben einen Betrunkenen im Wagen. Zeigen Sie ihm das Erbrochene auf dem Boden«, fauchte Guillam.
Sie krochen in den Tunnel. Wegen des schlechten Wetters waren die Wagen auf zwei Fahrspuren in nördlicher Richtung Nase an Heck aufgereiht. Guillam hatte die rechte Spur gewählt, der Mercedes hielt in gleicher Höhe auf der linken. Im Spiegel sah Jerry durch die halbgeschlossenen Lider einen braunen Lastwagen, der hinter ihnen langsam bergab zuckelte.
»Geben Sie mir Kleingeld«, sagte Guillam »Ich brauche Kleingeld, wenn ich rausfahre.«
Fawn grub in seinen Taschen, wobei er nur eine Hand benutzte. Der Tunnel rütterte vom Dröhnen der Motoren. Ein Hupkonzert setzte ein. Zum alles durchdringenden Nebel kam nun noch der Gestank der Auspuffgase. Fawn schloß sein Fenster. Der Lärm schwoll an und wurde von den Wänden zurückgeworfen, bis der Wagen im Takt bebte. Jerry hielt sich die Ohren zu.
»Tut mir leid, altes Haus. Glaube, mir wird wieder schlecht.«
Aber diesmal beugte er sich nach Fawns Seite, der mit einem unterdrückten »Dreckschwein« hastig sein Fenster wieder herunterkurbeln wollte, als Jerrys Kopf in seinen Kiefer krachte und Jerrys Ellbogen ihm in die Leisten fuhr. Für Guillam, der zugleich steuern und sich hätte wehren müssen, hatte Jerry einen Handkantenschlag auf die Stelle zwischen Schultergelenk und Schlüsselbein vorgesehen. Er fing mit völlig entspanntem Arm an und legte erst im allerletzten Moment seine ganze Kraft in den Hieb. Der Aufschlag hob Guillam vom Sitz, er schrie auf, und der Wagen schwang nach rechts. Fawn hatte einen Arm um Jerrys Hals geschlungen und versuchte mit der anderen Hand, Jerrys Kopf darüberzubiegen, womit er ihn zweifellos getötet hätte. Aber in Sarratt wird ein Spezialschlag auf engstem Raum gelehrt, die sogenannte Tigerpranke, wobei man den Handballen von unten nach oben gegen die Luftröhre des Gegners sausen läßt, den Arm angewinkelt und die Finger straff nach hinten gereckt. Diesen Schlag führte Jerry jetzt, und Fawns Kopf fuhr mit solchem Schwung ins Rückfenster, daß die Sicherheitsscheibe sternförmig barst. Die beiden Amerikaner im Mercedes hielten die Blicke starr nach vorn gerichtet, als führen sie zu einem Staatsbegräbnis. Jerry überlegte, ob er Fawns Luftröhre mit Finger und Daumen

abpressen sollte, aber es schien nicht nötig zu sein. Er schnappte sich seine Waffe aus Fawns Hosenbund und öffnete die rechte Tür. Guillam warf sich verzweifelt auf ihn und riß den Ärmel seines getreuen, aber sehr alten blauen Anzugs bis zum Ellbogen auf. Jerry hieb ihn mit der Pistole auf den Arm und sah, wie sich sein Gesicht vor Schmerz verzerrte. Fawn kriegte ein Bein durch die Tür, aber Jerry schmetterte sie mit aller Kraft zu und hörte ihn nochmals »Dreckschwein«! schreien, und danach rannte er einfach zurück in Richtung Stadt, gegen den Strom der Fahrzeuge. Er sprang und schlängelte sich zwischen den eingepferchten Wagen hindurch, schoß aus dem Tunnel und den Hügel hinauf, bis er zu dem kleinen Schilderhäuschen kam. Er glaubte, Guillam schreien zu hören. Er glaubte, einen Schuß zu hören, aber es konnte auch eine Fehlzündung gewesen sein. Seine Leiste schmerzte unwahrscheinlich, aber es war, als beschleunigte der Schmerz sein Tempo. Ein Polizist schrie vom Straßenrand herüber, ein anderer breitete die Arme aus, aber Jerry fegte ihn beiseite, und sie gewährten ihm die Narrenfreiheit des Rundauges. Er rannte, bis er ein Taxi fand. Der Fahrer konnte nicht Englisch, und er mußte ihm den Weg weisen: »Genau, altes Haus. Dort rauf. Links, du verdammter Idiot. Genau . . .« Bis sie bei ihrem Häuserblock ankamen.

Er wußte nicht, ob Smiley und Collins noch in der Wohnung waren oder ob Ko inzwischen aufgekreuzt war, womöglich mit Tiu, aber zu Rätselspielen war sehr wenig Zeit. Er klingelte nicht an der Tür, denn er wußte, daß die Mikrophone das Klingeln aufnehmen würden. Statt dessen fischte er eine Karte aus der Brieftasche, kritzelte etwas darauf, schob sie durch den Briefschlitz und wartete kauernd, zitternd und schwitzend wie ein Karrengaul, während er auf ihre Schritte lauschte und die Hände auf die Leisten preßte. Er wartete eine Ewigkeit, dann öffnete sich endlich die Tür, und sie stand vor ihm und starrte ihn an, während er versuchte, sich aufzurichten.

»Mein Gott, Sir Galahad«, flüsterte sie. Sie trug kein Make-up, und Ricardos Krallenspuren waren tief und rot. Sie weinte nicht; er glaubte nicht, daß sie je weinte, aber ihr Gesicht wirkte älter als alles übrige an ihr. Ehe er etwas sagte, schob er sie in den Korridor, und sie leistete keinen Widerstand. Er wies zur Tür, die auf die Feuertreppe führte.

»Wir treffen uns draußen in genau fünf Sekunden, verstanden?

*Keine* Telefonanrufe, *keinen* Krach beim Weggehen, und *keine* blöden Fragen. Warm anziehen. Los jetzt, altes Haus. Nicht gefackelt. *Bitte.*«
Sie blickte ihn an, seinen zerfetzten Ärmel, das schweißnasse Jackett, die Haarsträhne, die ihm übers Auge hing.
»Die Wahl heißt: mich oder gar nichts«, sagte er. »Und glaub mir, es ist ein riesengroßes Garnichts.«
Sie tastete allein in die Wohnung zurück und ließ die Tür offen, kam blitzschnell wieder und verschloß zur Sicherheit nicht einmal die Tür. Auf der Feuerleiter kletterte er voran. Sie hatte eine Schultertasche umgehängt und trug einen Ledermantel. Sie hatte ihm eine Strickweste mitgebracht, vermutlich Drakes Weste, denn sie war ihm viel zu klein, aber er zwängte sich trotzdem hinein. Er leerte den Inhalt seiner Jackentaschen in ihre Handtasche und stopfte die Jacke in den Müllschlucker. Sie folgte ihm so lautlos, daß er sich zweimal umsah, ob sie überhaupt noch da war. Als sie im Erdgeschoß angelangt waren, lugte er durch das Drahtglasfenster und zog seinen Kopf gerade noch rechtzeitig zurück, als er den Rocker höchstpersönlich, begleitet von einem bleichen Untergebenen, auf die Portiersloge zumarschieren und seinen Polizeiausweis vorzeigen sah. Jerry und das Mädchen stiegen weiter abwärts bis zur Tiefgarage, und Lizzie sagte: »Nehmen wir das rote Kanu.«
»Rede doch keinen Blödsinn, wir haben es in der Stadt stehenlassen.«
Kopfschüttelnd führte er sie an den Wagen vorbei in ein schmutziges, nicht überdachtes Gelände voller Abfall und Bauschutt, das dem Hinterhof des Circus glich. Von dort führte zwischen triefnassen Betonwänden eine steile Treppe hinab zur Stadt, von schwarzen Ästen überhangen und von der gewundenen Fahrstraße immer wieder unterbrochen. Die Erschütterung des Treppablaufens verursachte heftigen Schmerz in seinen Leisten. Als sie das erstemal an die Fahrstraße kamen, führte Jerry das Mädchen stracks hinüber. Beim zweitenmal sahen sie in der Ferne das blutrote Blitzen eines Warnlichts, und er zog sie unter die Bäume, aus dem Scheinwerferkegel eines Polizeiwagens, der mit Höchstgeschwindigkeit bergab heulte. An der Unterführung fanden sie einen *pak-pai*, und Jerry gab ihm die Adresse an.
»Wo zum Teufel ist das?« fragte Lizzie.
»Irgendwo, wo man sich nicht eintragen muß«, sagte Jerry. »Halt

den Mund und laß mich den Pascha spielen, ja? Wieviel Geld hast du dabei?«
Sie öffnete die Tasche und zählte den Inhalt einer dicken Geldbörse nach.
»Das habe ich Tiu beim Mah jong abgewonnen«, sagte sie, und aus irgendeinem Grund wußte er, daß sie wieder einmal schwindelte.
Der Fahrer setzte sie am Ende der Gasse ab, und sie gingen den kurzen Weg bis zu dem niedrigen Gitter zu Fuß. Im Haus brannten keine Lichter. Als sie zur Tür kamen, flog sie auf und ein Pärchen flitzte an ihnen vorbei und verschwand im Dunkeln. Sie traten ein, die Tür schloß sich hinter ihnen, sie folgten einem Lämpchen, das vor ihnen hergetragen wurde, bis zu einer eleganten Halle, in der Flötenmusik ertönte. Auf dem geschwungenen Sofa in der Mitte thronte eine adrette chinesische Dame, einen Stift in der Hand und ein Notizbuch auf dem Schoß, für alle Welt das Muster einer Châtelaine. Sie sah Jerry und lächelte, sie sah Lizzie, und ihr Lächeln wurde breiter.
»Für die ganze Nacht«, sagte Jerry.
»Selbstverständlich« erwiderte sie.
Sie folgten ihr die Treppe hinauf zu einem schmalen Korridor. Durch die offenen Türen sah man seidene Bettdecken, gedämpftes Licht und Spiegel. Jerry wählte das am wenigsten wollüstige Zimmer, lehnte das Angebot eines zweiten Mädchens – aller guten Dinge seien drei – ab, gab der Frau Geld und bestellte eine Flasche Rémy Martin. Lizzie trat hinter ihm ein, warf die Umhängetasche auf das Bett und brach, noch während die Tür offen war, in ein nervöses Lachen der Erleichterung aus.
»Lizzie Worthington«, verkündete sie, »genau hier, sagten sie, würdest du einmal enden, du schamloses Weibsstück, und ich will verdammt sein, wenn sie nicht recht hatten!«
Das Zimmer enthielt eine Chaiselongue, und Jerry legte sich darauf, kreuzte die Beine, hielt das Brandyglas in der Hand und starrte an die Decke. Lizzie legte sich ins Bett, und eine Weile sprach keiner von ihnen. Das Haus war sehr still. Dann und wann hörten sie aus dem oberen Stockwerk einen Lustschrei oder unterdrücktes Lachen, einmal eine Klage. Lizzie ging zum Fenster und sah hinaus.
»Was ist da draußen?« fragte er.
»Eine Ziegelmauer, ungefähr drei Dutzend Katzen, und mehrere Stapel von leeren Kisten.«

»Neblig?«
»Gräßlich.«
Sie schlenderte ins Badezimmer, kramte herum und kam wieder herein.
»Altes Haus«, sagte Jerry ruhig.
Sie war sofort auf der Hut.
»Bist du nüchtern und zurechnungsfähig?«
»Warum?«
»Ich möchte, daß du mir alles erzählst, was du ihnen erzählt hast. Und danach möchte ich, daß du mir alles sagst, was sie dich gefragt haben, ob du es beantworten konntest oder nicht. Und wenn du damit fertig bist, dann wollen wir's mit einem kleinen Spielchen versuchen, das sich Rückpeilung nennt, und gemeinsam herausfinden, wo diese ganze Schweinebande ihre Plätze im Weltenplan hat.«
»Es ist die Wiederaufführung eines alten Stücks«, sagte sie schließlich.
»Welches Stück?«
»Das weiß ich nicht. Es soll alles genauso ablaufen, wie es schon einmal war.«
»Und was war schon einmal?«
»Was immer es war«, sagte sie müde, »es wird sich genauso noch einmal abspielen.«

## 21 *Nelson*

Es war ein Uhr morgens. Sie hatte ein Bad genommen. Sie kam aus dem Badezimmer, in ein weißes Laken gehüllt, ein Handtuch ums Haar geschlungen und war barfuß, so daß ihre Proportionen plötzlich ganz anders wirkten.

»Sogar Papierbanderolen sind über dem Klodeckel«, sagte sie. »Und die Zahnputzbecher in Cellophan verpackt.«

Sie döste auf dem Bett, er auf dem Sofa. Einmal sagte sie: »Ich möchte schon, aber es ist nichts zu machen«, und er antwortete, nach Fawns gezieltem Fußtritt sei auch seine eigene Libido ein wenig angeschlagen. Sie erzählte ihm von ihrem Schulmeister – Mr. Bloody Worthington, nannte sie ihn – und ihrem »einzigen Versuch, auf dem Pfad der Tugend zu wandeln«, und von dem Kind, das sie ihm aus Höflichkeit geboren habe. Sie sprach von ihren schrecklichen Eltern und von Ricardo und was für ein Schwein er gewesen sei und wie sie ihn geliebt habe und wie ein Mädchen in der Constellation Bar ihr geraten habe, ihn mit Cytisin zu vergiften und daß sie ihm eines Tages, nachdem er sie halbtot geprügelt hatte, eine »verdammt große Dosis in seinen Kaffee getan« habe. Aber vielleicht hatte sie nicht das richtige Mittel erwischt, sagte sie, denn es sei weiter nichts passiert, als daß er tagelang krank gewesen sei, und »wenn es etwas Schlimmeres gibt als den gesunden Ricardo, dann ist es ein Ricardo an der Schwelle des Todes«. Wie sie ihm ein anderesmal tatsächlich einen Messerstich beigebracht habe, als er in der Badewanne saß, aber er habe einfach ein Stück Heftpflaster drübergeklebt und sie aufs neue verdroschen.

Wie sie und Charlie Marshall nach Ricardos offiziellem Verschwinden nicht an seinen Tod hatten glauben wollen und eine, wie sie es nannten, »Ricardo-lebt-Campagne« gestartet hatten, und wie Charlie sich hinter seinen alten Herrn geklemmt habe, alles genau, wie er es Jerry geschildert hatte. Wie Lizzie ihren

Rucksack gepackt und nach Bangkok gegangen sei, geradewegs in die Suite von China Airsea im Erawan, in der Absicht, sich Tiu vorzuknöpfen, und statt dessen an Ko geriet, den sie erst einmal und nur sehr kurz gesehen hatte: bei einer Teegesellschaft in Hongkong, die eine gewisse Sally Cale gegeben hatte, ein Mannweib mit blaugetöntem Haar, im Antiquitätenhandel und nebenbei im Heroingeschäft tätig. Und wie sie im Erawan ein richtiges Boulevardstück gespielt habe, das mit Kos barschem Befehl, sie solle sich rausscheren, anfing, und damit endete, daß, wie Lizzie fröhlich sagte, »die Natur ihren Lauf nahm«: »Wieder ein Schritt auf Lizzie Worthingtons unbeirrbarem Marsch ins Verderben.« Und wie sie langsam und umständlich, während »Charlie Marshalls alter Herr zog und Lizzie Worthington schob«, wie man sagen könnte, einen sehr chinesischen Vertrag zustande brachten, mit Ko und Charlies altem Herrn als Signatarmächten und als Gegenstand der Transaktion erstens Ricardo und zweitens dessen Lebensgefährtin a. D., Lizzie.

Jerry erfuhr ohne große Überraschung, daß sowohl sie wie Ricardo dankbar in das Abkommen einwilligten.

»Du hättest ihn verschimmeln lassen sollen«, sagte Jerry und dachte an die Zwillingsringe an Ricardos rechter Hand und an den in die Luft gesprengten Ford.

Aber Lizzie hatte die Sache ganz anders und gar nicht so gesehen und tat es auch heute noch nicht.

»Er gehörte zu uns«, sagte sie. »Auch wenn er ein Schwein war.« Aber nachdem sie ihm sein Leben erkauft hatte, fühlte sie sich nicht mehr an ihn gebunden.

»Die Chinesen arrangieren alle Tage Hochzeiten. Warum also nicht Drake und Liese?«

Was es mit diesem *Liese* auf sich habe? wollte Jerry wissen. Warum *Liese* anstatt *Lizzie?*

Sie wußte es nicht. Das sei etwas, worüber Drake nicht spreche, sagte sie. Er habe ihr nur erzählt, daß es einmal eine Liese in seinem Leben gegeben habe und daß sein Wahrsager ihm versprach, eines Tages werde er eine zweite finden, und er war der Meinung, Lizzie komme der Sache nahe genug, also halfen sie ein bißchen nach und nannten sie Liese, und weil sie schon einmal dabei war, stutzte sie ihren Familiennamen zu einem schlichten Worth.

»Blonde Biene«, sagte sie zerstreut.

Der Namenswechsel habe auch einen praktischen Zweck gehabt, sagte sie. Nachdem Ko ihr einen neuen Namen gegeben hatte, habe er dafür gesorgt, daß ihre auf den alten Namen lautende Polizeiakte vernichtet wurde.
»Bis dieses Schwein Mellon auftaucht und sagt, er läßt eine neue erstellen, und darin werde dann auch stehen, daß ich sein verdammtes Heroin befördert habe«, sagte sie.
Was sie wieder darauf brachte, wo sie jetzt waren. Und warum. Sie redeten gelöst dahin, als ruhten sie von der Liebe aus. Jerry lag auf dem Diwan, er war hellwach, Lizzie hingegen schlief im Sprechen immer wieder ein und nahm danach ihre Erzählung dort wieder auf, wo sie eingeschlummert war, und er wußte, daß sie ihm die Wahrheit sagte, denn es kam nichts darin vor, was er nicht schon von ihr wußte und verstand. Er begriff auch, daß Ko für sie zum Lebensanker geworden war. Er wachte über ihrer Odyssee, ähnlich wie es der Schulmeister getan hatte.
»Drake hat nie im Leben ein Versprechen gebrochen«, sagte sie einmal, drehte sich um und fiel wieder in unruhigen Schlummer. Jerry dachte an die Waise: lüg mich bloß nie an.
Stunden, Ewigkeiten später erwachte sie durch einen ekstatischen Schrei aus dem Zimmer nebenan.
»Herrje«, erklärte sie anerkennend. »Die ist wirklich im siebenten Himmel!« Der Schrei wiederholte sich. »Ach! War nur Mache!« Stille.
»Bist du wach?« fragte sie.
»Ja.«
»Was willst du jetzt machen?«
»Morgen?«
»Ja.«
»Ich weiß nicht«, sagte er.
»Herzlich willkommen im Club«, sagte sie.
Ich muß neue Instruktionen von Sarratt kriegen. Unbedingt, dachte er. Einen Kassiberanruf bei Old Craw, dachte er. Den lieben alten George um einen seiner philosophischen Winke bitten, die er in letzter Zeit so gern spendiert. Er muß in der Nähe sein. Irgendwo.

Smiley war in der Nähe, aber zu diesem Zeitpunkt hätte er Jerry überhaupt keine Hilfe zuteil werden lassen können. Er würde sein ganzes Wissen für ein bißchen Verständnis eingetauscht haben.

Die Isolierstation kannte keine Nacht, sie lagen oder lungerten unter dem Tageslicht des durchbrochenen Plafonds, die drei Vettern und Sam auf der einen Seite des Raums, Smiley und Guillam auf der anderen, und Fawn schritt unermüdlich die Reihe der Kinositze ab, ein Gefangener, der vor Wut beinah platzte, und preßte in jeder der winzigen Fäuste etwas, das wie ein Tennisball aussah. Seine Lippen waren schwarz und verschwollen, ein Auge war geschlossen. Unter seiner Nase hielt sich hartnäckig ein Blutgerinsel. Guillam trug den rechten Arm bis zur Schulter bandagiert und ließ kein Auge von Smiley. Auch die Blicke aller anderen waren auf Smiley gerichtet, aller, außer Fawn. Ein Telefon klingelte, aber es war der Nachrichtenraum im Oberstock, der meldete, daß Jerrys Spur mit Sicherheit bis Vientiane verfolgt werden konnte.

»Sagen Sie ihnen, die Fährte ist kalt, Murphy«, befahl Martello und hielt dabei den Blick auf Smiley gerichtet. »Sagen Sie ihnen irgendwas. Aber schaffen Sie uns die Bande vom Hals. Recht so, George?«

Smiley nickte.

»Recht so«, sagte Guillam energisch an seiner Stelle.

»Die Fährte ist kalt, *honey*«, echote Murphy ins Telefon. Das *honey* war eine Überraschung. Murphy hatte bislang keinerlei Symptome menschlicher Wärme gezeigt. »Wollen Sie zurückdrahten, oder muß ich es erledigen? Wir sind nicht interessiert, ja? Abblasen.«

Er legte auf.

»Rockhurst hat ihren Wagen gefunden«, sagte Guillam zum zweitenmal, während Smiley unentwegt vor sich hinstarrte. »In einer Tiefgarage in Central. Ein Mietwagen steht auch drunten. Westerby hat ihn gemietet. Heute. Auf seinen Arbeitsnamen. George?«

Smiley nickte so schwach, als hätte er nur einen Anfall von Schläfrigkeit verscheuchen wollen.

»Wenigstens unternimmt er etwas, George«, sagte Martello anzüglich aus seiner Ecke, die er mit Collins und den schweigsamen Männern teilte. »Es heißt, wenn ein Elefant ausbricht, dann gibt's nur eins: hingehen und ihn erschießen.«

»Zuerst muß man ihn finden«, schnauzte Guillam, dessen Nerven am Zerreißen waren.

»Ich bin nicht einmal ganz sicher, ob George das möchte, Peter«,

Martello war wieder in seinen onkelhaften Ton verfallen, »ich glaube, George sollte sich doch entschließen, der ernsten Gefährdung unseres gemeinsamen Unternehmens einige Aufmerksamkeit zu schenken.«
»Was sollte George denn tun, Ihrer Meinung nach?« konterte Guillam schroff. »Durch die Straßen laufen, bis er ihn zu fassen hat? Rockhurst veranlassen, Namen und Personenbeschreibung in Umlauf zu setzen, damit jeder Journalist in der ganzen Stadt erfährt, daß nach ihm gefahndet wird?«
Neben Guillam hockte Smiley gebückt und kraftlos wie ein alter Mann.
»Westerby ist ein Profi«, fuhr Guillam fort. »Er ist kein geborener Außenmann, aber er ist gut. Er kann sich in einer Stadt wie dieser monatelang versteckt halten, ohne daß Rockhurst davon Wind bekommt.«
»Auch mit dem Mädchen im Schlepptau?« sagte Murphy.
Trotz des bandagierten Arms beugte Guillam sich zu Smiley hinüber.
»Es ist Ihre Operation«, drängte er flüsternd. »Wenn Sie sagen, wir müssen warten, dann warten wir. Aber geben Sie den Befehl. Diese Burschen da lauern doch nur auf einen Vorwand, das Steuer zu übernehmen. Alles, nur kein Vakuum. Alles.«
Fawn, der vor den Kinositzen auf und ab wanderte, ließ ein sarkastisches Murmeln hören.
»Reden, reden, reden. Mehr ist nicht drin.«
Martello probierte es nochmals.
»George. Ist diese Insel nun britisch oder nicht? Ihr könnt doch diese Stadt jederzeit um-und-umkehren.« Er wies auf eine fensterlose Wand. »Da draußen ist ein Mann – Ihr Mann –, der offenbar entschlossen ist, Amok zu laufen. Nelson Ko ist der größte Fisch, den Sie oder ich jemals an Land ziehen können. Der größte in meiner ganzen Laufbahn, und, da wette ich um meine Frau, meine Großmutter und meine Plantage, sogar auch in der Ihrigen.«
»Keine Gegenwetten«, sagte Sam Collins, der Spieler, und grinste.
Martello ließ nicht locker.
»Sollen wir uns von ihm die Beute abjagen lassen, George, während wir hier herumsitzen und darüber brüten, wieso Christus an Weihnachten zur Welt kam und nicht am sechsundzwanzigsten oder siebenundzwanzigsten Dezember?«

Endlich linste Smiley hinüber zu Martello, dann zu Guillam hinauf, der stocksteif neben ihm stand und die Schultern zurücknahm, um die Armschlinge zu straffen, und schließlich blickte er hinab auf seine ineinander verkrampften Hände, und während einer Zeitspanne, die nicht meßbar war, prüfte er sich im Geist und überdachte seine Suche nach Karla, den Ann *seinen schwarzen Gral* nannte. Er dachte an Ann und wie sie ihn wiederholt betrogen hatte auf der Suche nach ihrem eigenen Gral, den sie Liebe nannte. Er entsann sich, wie er, wider besseres Wissen versucht hatte, ihren Glauben zu teilen, ihn wie ein wahrer Gläubiger mit jedem Tag zu erneuern, trotz ihrer anarchischen Auslegung seiner Bedeutung. Er dachte an Haydon, den Karla auf Ann angesetzt hatte. Er dachte an Jerry und das Mädchen, und er dachte an Peter Worthington, den Ehemann, und an den Hundeblick der Zusammengehörigkeit, den Worthington auf ihn gerichtet hatte, als er ihn in seinem Reihenhaus in Islington aufsuchte: »Du und ich, wir gehören zu denen, die man zurückläßt«, lautete die Botschaft.

Er dachte an Jerrys andere Liebesversuche auf seinen ungeraden Pfaden, an die halbbezahlten Rechnungen, die der Circus für ihn beglichen hatte, und es wäre naheliegend gewesen, Lizzie als eine von vielen abzutun, aber das konnte er nicht. Er war nicht Sam Collins, und er zweifelte keine Sekunde daran, daß in diesem Augenblick Jerrys Gefühle für das Mädchen eine Sache seien, für die Ann wärmstens eingetreten wäre. Aber er war auch nicht Ann. Dennoch fragte er sich einen schmerzhaften Moment lang, während er noch immer dasaß, von Unentschlossenheit gelähmt, ob Ann nicht recht habe damit, daß sein eigenes Streben nichts anderes mehr sei als ein privates Abenteuer inmitten der Chimären und Schreckgestalten seiner eigenen Unzulänglichkeit, in das er schlichte Gemüter wie Jerry bedenkenlos hineinzog.

*Sie haben unrecht, altes Haus. Weiß nicht wie, weiß nicht warum, aber Sie haben unrecht.*

*Allein deshalb, weil ich unrecht habe,* hatte er einmal im Verlauf eines ihrer endlosen Streitgespräche zu Ann gesagt, *hast du noch lange nicht recht.*

Wieder hörte er Martello sprechen, diesmal in der Gegenwartsform.

»George, einige Leute warten mit *offenen Armen* auf das, was wir ihnen geben können. Was Nelson ihnen geben kann.«

Ein Telefon klingelte. Murphy nahm den Anruf entgegen und gab die Botschaft an den schweigenden Raum weiter: »Funktelefon vom Flugzeugträger, Sir. Navy Int. meldet die Dschunken genau nach Zeitplan, Sir. Südwind günstig und auf der ganzen Strecke gute Fänge. Sir, ich glaube, Nelson fährt gar nicht mit ihnen. Ich sehe auch nicht ein, warum er das tun sollte.«
Die allgemeine Aufmerksamkeit wandte sich jäh Murphy zu, den man noch nie eine eigene Meinung hatte äußern hören.
»Was zum Teufel soll denn *das* heißen, Murphy?« fragte Martello baß erstaunt. »Waren Sie vielleicht auch beim Wahrsager, mein Junge?«
»Sir, ich war heute morgen drunten auf dem Schiff, und die Leute dort haben eine Menge Unterlagen. Sie können sich nicht vorstellen, warum jemand, der in Schanghai lebt, jemals von Swatow aus starten sollte. Sie würden es ganz anders machen, Sir. Zuerst per Flugzeug oder Bahn nach Kanton und von dort mit dem Bus zum Beispiel nach Waichow. Sie sagen, das sei bedeutend sicherer, Sir.«
»Die Dschunkenfischer sind Nelsons Leute«, sagte Smiley, als die Köpfe wieder zu ihm herumschwangen. »Sie sind sein Clan. Er macht lieber mit ihnen die Seereise, auch wenn es ein Risiko ist. Er vertraut ihnen.« Er wandte sich an Guillam. »Wir machen folgendes«, sagte er. »Sagen Sie Rockhurst, er soll eine Beschreibung von Westerby und dem Mädchen zusammen in Umlauf setzen. Er hat den Wagen unter seinem Arbeitsnamen gemietet, sagen Sie? Hat seine Fluchtpapiere benutzt?«
»Ja.«
»Worrell?«
»Ja.«
»Die Polizei sucht demnach Mr. und Mrs. Worrell, britische Staatsangehörige. Keine Fotos, und sorgen Sie dafür, daß die Beschreibungen vage genug sind, um keinen Verdacht zu erregen. Marty.«
Martello war ganz Aufmerksamkeit.
»Ist Ko noch immer auf seiner Jacht?« fragte Smiley.
»Sitzt seelenruhig drinnen, zusammen mit Tiu, George.«
»Es wäre möglich, daß Westerby versucht, mit ihm Kontakt aufzunehmen. Sie haben einen statischen Observierungsposten am Kai. Schicken Sie noch mehr Männer hin. Sagen Sie ihnen, sie müssen auch im Hinterkopf Augen haben.«

»Wonach sollen sie Ausschau halten?«
»Anzeichen von Unruhe. Das gleiche gilt für die Observierung seines Hauses. Sagen Sie –« er versank einen Augenblick in Gedanken, aber Guillams Besorgnis war unbegründet, »– sagen Sie – können Sie eine technische Störung von Kos Privattelefon simulieren?«
Martello blickte Murphy an.
»Sir, wir verfügen nicht über die nötigen Vorrichtungen«, sagte Murphy, »aber ich nehme an, wir könnten . . . «
»Dann kappen Sie's«, sagte Smiley einfach. »Schneiden Sie das ganze Kabel durch, wenn nötig. Möglichst in der Nähe einer Straßenbaustelle.«
Martello erteilte seine Anweisungen, schritt dann leise durch den Raum und ließ sich an Smileys Seite nieder.
»Äh, George, jetzt wegen morgen. Glauben Sie, wir sollten, äh, auch einiges an *hardware* bereithalten?« Vom Schreibtisch aus, wo er mit Rockhurst telefonierte, verfolgte Guillam den Dialog mit gespannter Aufmerksamkeit. Desgleichen Sam Collins aus seiner Ecke. »Schließlich kann man nicht wissen, was Ihrem Westerby einfällt, George. Wir müssen für alle Eventualitäten gerüstet sein, nicht wahr?«
»Halten Sie auf jeden Fall alles bereit. Inzwischen wollen wir, wenn Sie nichts dagegen haben, unsere Einsatzpläne so belassen, wie sie sind. Und die Zuständigkeit bleibt bei mir.«
»Klar, George. Klar«, sagte Martello übertrieben eifrig und begab sich, wiederum auf Zehenspitzen, als wäre er in der Kirche, in sein eigenes Lager zurück.
»Was hat er gewollt?« fragte Collins flüsternd und kauerte sich neben Smiley nieder. »Zu welchem Zugeständnis will er Sie beschwatzen?«
»Lassen Sie das, Peter«, rügte Smiley, ebenfalls leise. Er war plötzlich sehr ärgerlich. »Ich will das nie wieder hören. Ich kann Ihre byzantinischen Ideen von einer Palastverschwörung nicht dulden. Diese Leute sind unsere Gastgeber und Verbündeten. Wir haben mit ihnen ein schriftliches Abkommen. Wir haben auch ohne solche Phantastereien schon genügend Sorgen und können auf, wenn ich ehrlich sein soll, paranoide Wahngespinste verzichten. Also bitte –«
»Ich muß Ihnen etwas sagen . . . « begann Guillam, aber Smiley ließ ihn nicht zu Wort kommen.

»Sehen Sie zu, daß Sie Craw erwischen. Suchen Sie ihn notfalls persönlich auf. Die Fahrt würde Ihnen vielleicht gut tun. Sagen Sie ihm, Westerby ist los. Er soll uns sofort Mitteilung machen, wenn er etwas von ihm hört. Er wird wissen, was zu tun ist.«
Fawn, der noch immer die Sesselfront abschritt, sah dem abziehenden Guillam nach, und seine Fäuste kneteten ruhelos, was immer in ihnen verborgen sein mochte.

Auch bei Jerry war es jetzt drei Uhr früh, und die Madame hatte ihm einen Rasierapparat gebracht, aber kein frisches Hemd. Er hatte sich rasiert und gesäubert, so gut es ging, aber sein Körper schmerzte noch immer von Kopf bis zu den Zehen. Er trat an das Bett, auf dem Lizzie lag. Er versprach ihr, in ein paar Stunden wieder da zu sein, bezweifelte jedoch, ob sie ihn überhaupt gehört hatte. *Mehr Zeitungen drucken hübsche Mädchen anstatt Politik,* erinnerte er sich, *und die Welt wird verdammt besser dransein, Mr. Westerby.*
Er nahm *pak-pais,* da er wußte, daß auf sie die Polizei ein weniger scharfes Auge hatte. Zwischendurch ging er zu Fuß. Das Marschieren tat ihm gut und brachte auch den im Geiste durchgespielten Prozeß seiner Entscheidungsfindung wieder in Gang, der auf dem Diwan des Hotelzimmers plötzlich ins Stocken geraten war. Er brauchte Bewegung, um die Richtung zu finden. Er hielt auf die Deep Water Bay zu und wußte, daß er heißen Boden betreten würde. Seit seiner Fahnenflucht würden sie sich an diese Jacht heften wie die Blutegel. Er überlegte, wen sie angesetzt, was sie eingesetzt haben mochten. Wenn es die Vettern waren, so mußte er nach einem Überaufgebot an *hardware* und an Leuten Ausschau halten. Es fing an zu regnen, und er fürchtete, daß der Nebel sich langsam lichten würde. Während er lautlos bergab trabte, war der Mond bereits teilweise sichtbar geworden, und Jerry erkannte in seinem bleichen Licht die Maklerdschunken, die jetzt ächzend an ihrer Vertäuung zerrten. Südostwind, stellte er fest, auffrischend. Für einen statischen Beobachtungsposten würden sie eine hochgelegene Stelle wählen, dachte er, und auf dem Felsvorsprung zu seiner Rechten sah er tatsächlich, unter Bäumen halb versteckt, einen ramponierten Mercedes-Laster mit Antenne und chinesischen Wimpeln. Er wartete und blickte in den rollenden Nebel, bis ein Wagen mit voll aufgeblendeten Scheinwerfern bergab daherkam und vorüberfuhr, und in der nächsten

Sekunde raste er über die Straße, denn er wußte, daß sie ihn hinter den grellen Scheinwerfern, die direkt auf sie zuhielten, auch mit Hilfe sämtlicher *hardware* der Welt nicht sehen konnten. Auf Seehöhe war die Sicht nahe Null, und er mußte sich zu dem wackeligen hölzernen Steg vorantasten, an den er sich von seiner früheren Erkundungstour erinnerte. Dann hatte er gefunden, was er suchte. Die gleiche zahnlose Alte saß in ihrem Sampan und grinste durch den Nebel zu ihm herauf.

»Ko«, flüsterte er. »*Admiral Nelson. Ko?*«

Das Echo ihres Gegackers sprang über das Wasser.

»Po Toi!« kreischte sie. »Tin Hau! Po Toi!«

»Heute?«

»Heute.«

»Morgen?«

»Morgen!«

Er warf ihr ein paar Dollar zu, und ihr Lachen folgte ihm, als er davonschlich.

Ich habe recht, Lizzie hat recht, *wir haben* recht, dachte er. Ko besucht das Fest. Jerry hoffte zu Gott, Lizzie habe sich nicht vom Fleck gerührt. Sollte sie aufgewacht sein, dann wäre es ihr zuzutrauen, daß sie sich auf die Socken gemacht hat.

Durch kräftiges Aufstampfen versuchte er, den Schmerz in Leisten und Rücken zu vertreiben. Mach es Zug um Zug, dachte er. Nichts Großes. Einfach so, wie's kommt. Der Nebel war wie ein Korridor, der in verschiedene Zimmer führt. Einmal begegnete er einem altersschwachen Wagen, der hart am Gehsteig entlangkroch, während der Fahrer seinem Schäferhund einen Auslauf verschaffte. Einmal zwei alten Männern in Unterhemden, die ihr Morgentraining absolvierten. In einem öffentlichen Park starrten ihn kleine Kinder aus einem Rhododendronbusch an, in dem sie zu wohnen schienen, denn sie hatten ihre Kleider über die Zweige drapiert und waren nackt wie die Flüchtlingskinder in Phnom Penh.

Lizzie saß auf dem Bett und wartete auf ihn, als er zurückkam, und sie sah schrecklich aus.

»Tu das nicht nochmal«, warnte sie und hängte sich bei ihm ein, als sie sich auf den Weg machten, um ein Boot und ein Frühstück zu suchen. »Verschwinde bloß nicht nochmal, ohne mir ein Wort zu sagen.«

In Hongkong gab es zunächst an diesem Tag überhaupt keine Boote. Die großen Fährschiffe, die den Ausflugsverkehr zu den Inseln besorgten, konnte Jerry nicht in Betracht ziehen. Er wußte, daß der Rocker sie dort dingfest machen ließe. Er wollte auch nicht hinunter zu den Buchten und Erkundigungen einziehen. Es war zu verdächtig. Er rief bei den im Telefonbuch aufgeführten Wassertaxis an, aber was dort vorhanden war, war entweder bereits weg oder zu klein für die Fahrt. Dann fiel ihm Luigi Tan ein, der Makler für alles, der im Auslandskorrespondenten-Club einen sagenhaften Ruf genoß: Luigi konnte alles beschaffen, von einer koreanischen Tanzgruppe bis zum verbilligten Flugbillett, und das schneller als irgendein anderer Makler in der Stadt. Sie fuhren mit einem Taxi zur anderen Seite von Wanchai, wo Luigi hauste, dann gingen sie zu Fuß. Es war acht Uhr morgens, aber der heiße Nebel hatte sich nicht verzogen. Die unbeleuchteten Transparente hingen schlaff wie ermattete Liebespaare über den schmalen Gassen: Happy Boy, Lucky Place, Americana. Der Duft aus übervollen Lebensmittelläden mischte sich mit dem Gestank von Benzin und Ruß. Durch schmale Mauerlücken erblickten sie manchmal einen Kanal. »Jeder kann Ihnen sagen, wo ich zu finden bin«, rühmte sich Luigi Tan immer. »Fragen Sie nur nach dem Großen mit dem einen Bein.«
Sie fanden ihn hinter seinem Ladentisch. Luigi war gerade groß genug, um drüberwegzusehen, ein winziger wendiger Halb-Portugiese, der sich früher seinen Lebensunterhalt als Boxer in den schmuddeligen Jahrmarktbuden von Macao verdient hatte. Die Ladenfront war sechs Fuß breit. Das Warenangebot reichte von neuen Motorrädern zu Relikten aus der Kolonialzeit, die er als Antiquitäten bezeichnete: vergilbte Lichtbilder von behüteten Damen in Schildpattrahmen, eine ramponierte Schiffskiste, das Logbuch eines Opiumclippers. Luigi kannte Jerry bereits, aber Lizzie gefiel ihm bedeutend besser, und er bestand darauf, daß sie voranging, so daß er ihr Hinterteil bewundern konnte, als er seine Gäste unter einer Wäscheleine hindurch zu einer Hütte im Hof führte. An der Tür klebte ein Schild mit der Aufschrift »Privat«. Das Innere wies drei Stühle und ein Telefon auf dem Fußboden auf. Luigi kauerte sich nieder, bis er wie eine Kugel aufgerollt war, und sprach chinesisch ins Telefon und englisch Richtung Lizzie. Er sei Großvater, sagte er, aber sehr viril, und habe vier Söhne, alle wohlgeraten. Sogar der Sohn Nummer vier sei schon selbständig.

Alle gute Fahrer, gute Arbeiter und gute Ehemänner. Außerdem, sagte er zu Lizzie, habe er einen Mercedes, komplett mit Stereo. »Vielleicht nehme ich Sie einmal auf eine Fahrt mit«, sagte er.
Jerry überlegte, ob sie begriffen habe, daß er ihr die Ehe anbot oder doch etwas kaum Geringeres.
Und, ja, Luigi glaubte, er habe auch ein Boot.
Nach zwei Telefonanrufen wußte er, daß er ein Boot hatte, das er nur an seine besten Freunde auslieh, zu einem rein symbolischen Preis. Er gab Lizzie sein Täschchen mit Kreditkarten, damit sie nachzähle, wie viele Karten darin seien, dann seine Brieftasche, damit sie die Familienfotos bewundern konnte. Eines zeigte einen Hummer, den der Sohn Nummer vier kürzlich an seinem Hochzeitstag gefangen hatte – der Sohn war allerdings nicht zu sehen.
»Po Toi ganz schlecht«, sagte Luigi Tan, der noch immer am Telefon hing, zu Lizzie. »Sehr schmutzig. Rauhe See, lausiges Fest, schlechtes Essen. Warum wollen Sie dorthin?«
Wegen Tin Hau natürlich, sagte Jerry geduldig an ihrer Stelle. Wegen des berühmten Tempels und wegen des Fests.
Luigi Tan wandte sich auch weiterhin ausschließlich an Lizzie.
»Gehen Sie nach Lantau«, riet er. »Lantau gute Insel. Nettes Essen, guten Fisch, nette Leute. Ich sage Ihnen, Sie gehen nach Lantau, essen bei Charlie, Charlie mein Freund.«
»Po Toi«, sagte Jerry energisch.
»Po Toi riesige Menge Geld.«
»Wir haben eine riesige Menge Geld«, sagte Lizzie mit reizendem Lächeln, und Luigi Tan blickte sie wiederum lange sinnend an und musterte sie von Kopf bis Fuß.
»Vielleicht fahre ich mit Ihnen«, sagte er zu ihr.
»Nein«, sagte Jerry.
Luigi fuhr die beiden nach Causeway Bay und begleitete sie auf dem Sampan. Das Boot war vierzehn Fuß lang, ein Motorboot, nichts Besonderes, aber Jerry hielt es für tüchtig, und Luigi sagte, es habe einen tiefen Kiel. Ein Junge lungerte im Heck und ließ einen Fuß ins Wasser baumeln.
»Mein Neffe«, sagte Luigi stolz und zauste den Haarschopf des Jungen. »Er Mutter in Lantau. Er bringt Sie nach Lantau, essen bei Charlie, machen schönen Tag. Sie bezahlen später.«
»Alter Junge«, sagte Jerry geduldig. »Altes Haus. Wir wollen nicht nach Lantau. Wir wollen nach Po Toi. Nur nach Po Toi. Po

Toi oder gar nichts. Setzen Sie uns dort ab, und fahren Sie zurück.«
»Po Toi schlechtes Wetter, schlechtes Fest, schlechte Insel. Zu nah am Chinameer. Menge Kommis.«
»Po Toi oder gar nichts«, sagte Jerry.
»Boot zu klein«, sagte Luigi, wodurch er das Gesicht verloren hatte, und es bedurfte Lizzies ganzen Charmes, damit er es wiederfand.
Es dauerte eine weitere Stunde, bis die Jungens das Boot startbereit hatten, und inzwischen blieb Jerry und Lizzie nichts anderes übrig, als im Schutz der Überdachung einer offenen Kabine zu sitzen und in gemessenen Schlückchen Rémy Martin zu trinken. Immer wieder versank der eine oder andere von ihnen in träumerisches Nachdenken. Lizzie schlug dabei die Arme eng um sich und wiegte langsam den Oberkörper. Jerry hingegen zerrte an der Haarsträhne, die ihm in die Stirn fiel, und einmal riß er so heftig daran, daß Lizzie seinen Arm festhielt, und er lachte.
Beinah lässig legte das Boot vom Hafen ab.
»Bleib im Schatten«, befahl Jerry und legte zur Sicherheit den Arm um sie, um sie im dürftigen Schutz der offenen Kabine festzuhalten.
Der amerikanische Flugzeugträger hatte seine Gala abgestreift und lag grau und drohend, wie ein gezogenes Messer, auf dem Wasser. Zuerst herrschte weiterhin stickige Windstille. An der Küste drängten Nebelschwaden gegen die grauen Hochhäuser, und braune Rauchsäulen zogen in einen weißen, ausdruckslosen Himmel. Auf dem flachen Wasser schwebte das Boot wie ein Ballon. Aber als sie die Wellenbrecher passiert hatten und Kurs nach Osten nahmen, schlugen die Wellen so heftig an die Bordwand, daß das ganze Boot krängte und krachte und sie sich einstemmen mußten, um nicht zu fallen. Der kleine Bug bäumte sich und ruckte wie ein schlechtes Pferd. Sie torkelten an Kränen und Lagerhäusern und Fabriken und den Trümmerfeldern zerwühlter Hänge vorüber. Sie liefen direkt vor den Wind, und Gischt sprühte von allen Seiten. Der Rudergänger lachte und krähte seinem Gehilfen etwas zu, und Jerry vermutete, daß sie über die verrückten Rundaugen Witze rissen, die sich einen stampfenden Bottich als Liebesnest ausgesucht hatten. Ein riesiger Tanker glitt an ihnen vorüber. Er schien stillzustehen. Braune Dschunken tanzten in seinem Kielwasser. Von den Werften her,

wo ein Frachter eingedockt lag, blinkten ihnen die weißen Blitze der Schweißbrenner über das Wasser hinweg zu. Das Gelächter der Jungen beruhigte sich, und sie redeten jetzt vernünftig, denn nun waren sie auf offener See. Jerry blickte zurück und sah zwischen den schaukelnden Bordwänden von Transportschiffen die Insel langsam entschwinden, von der Wolkenbank waagerecht abgeschnitten wie ein Tafelberg. Wieder einmal hörte Hongkong auf zu existieren.

Sie passierten ein weiteres Vorgebirge. Als der Seegang kräftiger wurde, hörte das Boot zu stampfen auf, die Wolke über ihnen sank herab, bis ihr Bauch fast den Mast berührte, und eine Weile verblieben sie in dieser unterirdischen, unwirklichen Welt, glitten unter der schützenden Decke dahin. Plötzlich lichtete sich der Nebel, und sie gerieten in tanzendes Sonnenlicht. Von den üppigen Hügeln im Süden schickte ein orangefarbenes Positionsfeuer seine Signale durch die klare Luft.

»Was tun wir jetzt?« fragte Lizzie leise und spähte durch die Luke.

»Lächeln und beten«, sagte Jerry.

»Ich lächle, du betest«, sagte sie.

Ein Lotsenboot zog längsseits vorüber, und Jerry war darauf gefaßt, die häßliche Visage des Rockers auf sie herunterglotzen zu sehen, aber die Mannschaft nahm keinerlei Notiz von ihnen.

»Wer sind sie?« flüsterte Lizzie. »Was haben die vor?«

»Reine Routine«, sagte Jerry. »Hat nichts zu bedeuten.«

Das Lotsenboot drehte ab. Es ist soweit, dachte Jerry ohne besondere Erregung, sie haben uns ausgemacht.

»Bist du sicher, daß es nur Routine war?« fragte sie.

»Hunderte von Booten fahren heute zum Fest«, sagte er.

Ihr Boot hatte jetzt angefangen, heftig zu bocken. Fabelhaft seetüchtig, dachte er und hielt Lizzie eisern fest. Großartiger Kiel. Wenn das so weitergeht, bleibt uns die Entscheidung erspart. Das Meer nimmt sie uns ab. Es war eine jener Fahrten, von denen niemand Notiz nimmt, wenn man sie überlebt, schafft man es aber nicht, dann heißt es, man habe sein Leben leichtfertig weggeworfen. Der Ostwind konnte jederzeit in jähen Wirbeln auffrischen, dachte er. In der Zeit zwischen den Westmonsunen mußte man mit allem rechnen. Er lauschte besorgt auf den sprunghaften Galopp des Motors. Wenn er stirbt, enden wir auf den Felsen, dachte Jerry.

Plötzlich steigerten sich seine Alpträume ins Ungemessene. Das

*Butan*, dachte er. *Herrgott, das Butan*! Als die Jungen das Boot herrichteten, hatte er gesehen, wie sie zwei Gasflaschen im Bugraum neben den Wassertanks verstauten, wahrscheinlich, um Luigis Hummer zu kochen. Wahnsinn, daß ihm das nicht sofort aufgefallen war. Er überlegte. Butan ist schwerer als Luft. Alle Flaschen lecken. Fragt sich nur, wie stark. Wenn die Wellen so hart gegen den Bug donnern wie jetzt, dann lecken sie schneller, und das entwichene Gas dürfte sich nun in der Bilge ausbreiten, ungefähr zwei Fuß vom Zündfunken des Motors entfernt, und die Oxygenbeimischung erhöht die Entzündbarkeit. Lizzie war aus seinem Arm geschlüpft und stand im Heck. Das Meer wimmelte plötzlich von Booten. Aus dem Nichts hatte sich eine Flotte von Fischerdschunken formiert, und Lizzie beobachtete sie aufmerksam. Jerry packte sie am Arm und zog sie wieder unter das schützende Kabinendeck.

»Was glaubst du, wo du bist?« schrie er. »Bei der Regatta in Cowes, wie?«

Eine Weile musterte sie ihn schweigend, dann küßte sie ihn sanft, küßte ihn ein zweitesmal.

»Ruhig«, sagte sie, »nur ruhig.« Sie küßte ihn ein drittesmal, murmelte: »Ja«, als sei die erwartete Wirkung eingetreten, dann saß sie eine Zeitlang still da und blickte aufs Deck, hielt aber seine Hand fest.

Jerry schätzte, daß sie fünf Knoten vor dem Wind machten. Über ihnen surrte ein kleines Flugzeug. Er schob Lizzie hinter sich und blickte hastig zum Himmel, aber es war schon zu spät, er konnte die Beschriftung nicht mehr lesen.

»Zuviel der Ehre«, dachte er.

Sie umrundeten die letzte Landspitze, das Boot schleuderte und ächzte im Gischtregen. Einmal hob sich die Schraube aufbrüllend aus dem Wasser. Als sie wieder aufprallten, stockte der Motor, würgte, entschloß sich aber dann doch, am Leben zu bleiben. Jerry berührte Lizzies Schulter und wies nach vorn, wo die kahle steile Insel Po Toi sich wie ein Scherenschnitt vor dem wolkengepeitschten Himmel abhob: zwei Gipfel, senkrecht aus dem Meer aufragend, der größere im Süden, und dazwischen ein Sattel. Die See war jetzt stahlblau, der Wind raste darüber hin, riß ihnen den Atem vom Mund und schleuderte ihnen Gischt wie Hagel ins Gesicht. Backbord lag Beaufort Island: ein Leuchtturm, eine Mole, keine Bewohner. Der Wind legte sich so jäh, als hätte es ihn nie

gegeben. Nicht eine Brise grüßte sie, als sie in das spiegelglatte Wasser an der Leeseite der Insel gelangten. Die Sonne knallte unerbittlich herab.
Etwa eine Meile vor ihnen lag die Einfahrt zur Hauptbucht von Po Toi, und dahinter lagerten die flachen braunen Schemen der chinesischen Inseln. Bald konnten sie eine ganze, bunt zusammengewürfelte Flotte von Dschunken und Vergnügungsbooten erkennen, mit denen die Bucht vollgestopft war, und zugleich wehten die ersten Klänge von Trommeln und Zimbeln und wirrem Gesang über das Wasser zu ihnen. Auf dem Hügel hinter der Bucht lag das elende Dorf mit seinen flimmernden Blechdächern, und auf einem gesonderten kleinen Felsvorsprung thronte ein einzelnes massives Bauwerk, der Tin-Hau-Tempel. Ringsum ein Bambusgerüst, das als improvisierte Tribüne diente, eine gewaltige Menschenmenge, über der eine Rauchwolke hing, dazwischen sah man goldenes Funkeln.
»Auf welcher Seite war es?« fragte er sie.
»Ich weiß nicht. Wir sind zu einem Haus hinaufgeklettert und von dort aus weitergegangen.«
Sooft er mit ihr sprach, sah er sie an, aber jetzt wich sie seinem Blick aus. Er tippte dem Rudergänger auf die Schulter und wies in die Richtung, die er einschlagen sollte. Der Junge begann sofort zu protestieren. Jerry balancierte breitbeinig zu ihm hin und zeigte ihm ein Bündel Geldscheine, so ziemlich alles, was er hatte. Unwirsch riß der Junge das Steuer herum und manövrierte das Boot zwischen den übrigen Fahrzeugen hindurch an der Hafeneinfahrt vorbei zu einem kleinen Granitvorsprung, wo ein halbverfallener Anlegesteg zum Risiko einer Landung einlud. Hier war der Festlärm viel lauter. Es roch nach Holzkohle und Spanferkel, und sie hörten gewaltige Lachsalven, aber im Augenblick sahen sie weder die Menge, noch konnte die Menge sie sehen.
»Hier!« schrie Jerry. »Hier anlegen. Jetzt! *Jetzt*!«
Der Anlegesteg kippte wie betrunken zur Seite, als Jerry und Lizzie ihn betraten. Sie waren noch nicht an Land, als das Boot auch schon gewendet und Kurs auf seinen Heimathafen genommen hatte. Niemand grüßte zum Abschied. Hand in Hand kletterten sie den Felsen hinauf und gerieten direkt in eine Münzenjagd, die von einer großen und lachenden Menge verfolgt wurde. In der Mitte stand ein alter Mann mit einem Beutel voller Geldstücke, die er einzeln den Felsen hinunterwarf, während

barfüßige Buben hinterherjagten und einander im Eifer des Gefechts beinah über den Rand der Klippen stießen.

»Sie haben ein Boot genommen«, sagte Guillam. »Rockhurst hat sich bei dem Besitzer erkundigt. Der Besitzer ist ein Freund Westerbys, und, ja, es waren Westerby und ein schönes Mädchen, und sie wollten zum Tin-Hau-Fest nach Po Toi.«

»Und wie hat Rockkurst sich verhalten?« fragte Smiley.

»Sagte, das sei dann wohl doch nicht das Paar gewesen, nach dem er suche. Hat sich dankend empfohlen. Enttäuscht. Auch die Hafenpolizei hat, allerdings verspätet, gemeldet, daß sie das Boot mit Kurs zum Festplatz gesichtet habe.«

»Sollen wir ein Beobachtungsflugzeug raufschicken, George?« fragte Martello nervös. »Navy Int. hat jeden Typ auf Lager.«

Murphy machte einen genialen Vorschlag: »Gehen wir doch einfach mit Hubschraubern los und fischen uns Nelson aus dieser letzten Dschunke!« meinte er.

»Murphy, halten Sie den Mund«, sagte Martello.

»Sie fahren zur Insel«, sagte Smiley unbeirrbar. »Das wissen wir. Ich glaube nicht, daß wir Luftbeobachtung nötig haben, um es zu beweisen.«

Martello gab sich nicht zufrieden. »Dann sollten wir vielleicht ein paar Leute zu dieser Insel rausschicken, George. Vielleicht sollten wir doch endlich ein bißchen eingreifen.«

Fawn erstarrte zur Salzsäule. Sogar seine Fäuste hatten aufgehört zu kneten.

»Nein«, sagte Smiley.

Auf Martellos Seite wurde Sam Collins' Grinsen ein bißchen dünner. »Gründe?« fragte Martello.

»Ko hat bis zum allerletzten Moment *eine* Möglichkeit. Er kann seinem Bruder signalisieren, daß er nicht landen solle«, sagte Smiley. »Schon die geringfügigste ungewöhnliche Bewegung auf der Insel könnte ihn dazu veranlassen.«

Martello stieß einen nervösen, ärgerlichen Seufzer aus. Er hatte die Pfeife beiseitegelegt und bediente sich kräftig aus Sams Vorrat an braunen Zigaretten, der unerschöpflich zu sein schien.

»George, was *will* dieser Mann eigentlich?« fragte er gereizt. »Handelt es sich um eine Erpressungsgeschichte? Einen Bruch? Ich sehe nicht, wie ich es einordnen soll.« Ein gräßlicher Gedanke durchzuckte ihn. Seine Stimme sank zu einem Flüstern, und er wies mit ausgestrecktem Arm quer durch den Raum. »Sagen Sie mir jetzt um Gottes willen nicht, daß er zu diesen *..euen* gehört, die uns zur Zeit zu schaffen machen! Sagen Sie mir nicht, daß er zu dieser Spezies von Spätzündern gehört, die der Kalte Krieg bekehrt hat und daß er jetzt öffentlich Reue und Leid erwecken will. Denn wenn dem so ist, und wenn wir dann in der nächsten Woche die ungeschminkte Lebensgeschichte dieses Burschen in der *Washington Post* lesen, George, dann jage ich persönlich die gesamte fünfte Flotte zu dieser Insel, wenn das die einzige Möglichkeit sein sollte, ihn mundtot zu machen.« Er wandte sich an Murphy. »Ich habe doch die nötigen Befugnisse, ja?«

»Ja.«

»George, ich möchte eine Landeabteilung hinschicken. Ihr könnt mitkommen oder zu Hause bleiben. Ganz wie's beliebt.«

Smiley starrte Martello an, dann Guillam mit seinem bandagierten und unbrauchbaren Arm, dann Fawn, der dastand wie ein Turmspringer an der Kante des Sprungbretts, die Augen halb geschlossen, Fersen zusammengenommen, und langsam auf den Zehenspitzen wippte.

»Fawn und Collins«, sagte Smiley schließlich.

»Ihr beiden Jungens bringt sie runter zum Flugzeugträger und übergebt sie den Leuten dort. Murphy kommt zurück.«

Eine Rauchwolke bezeichnete die Stelle, an der Collins gesessen hatte. Wo Fawn stand, rollten langsam zwei Tennisbälle ein Stück über den Fußboden, bis sie liegenblieben.

»Gott sei uns allen gnädig«, murmelte jemand inbrünstig. Es war Guillam, aber Smiley achtete nicht auf ihn.

Im Löwen steckten drei Männer, und die Menge lachte, weil er nach den Zuschauern schnappte und weil ein paar selbsternannte *picadores* mit Stöcken nach ihm stachen, während er zum Getöse von Trommeln und Zimbeln den schmalen Pfad bergab tänzelte. Als der Zug das Kap erreicht hatte, machte er langsam kehrt, um den gleichen Weg wieder zurückzugehen, und in diesem Moment zog Jerry Lizzie schnell in die Mitte des Menschenstroms. Er hielt sich gebückt, damit seine Größe nicht auffiel. Der Steig war schlammig und voller Pfützen. Alsbald führte der Tanz sie am Tempel vorüber, dann über Betonstufen zum Sandstrand hinab, wo die Spanferkel gebraten wurden.

»Wohin jetzt?« fragte er sie.

Sie führte ihn rasch nach links, weg von den Tanzenden, hinter einem elenden Dorf vorbei und über eine Holzbrücke, die eine kleine Meerzunge überspannte. Unter Lizzies Führung kletterten sie am Saum eines Zypressenwäldchens entlang, bis sie wieder allein waren. Sie standen nun hoch über der hufeisenförmigen Bucht und blickten hinab auf Kos »Admiral Nelson«, die genau in der Mitte thronte wie eine große Dame, umgeben von Hunderten von Vergnügungsbooten und Dschunken. An Deck war niemand zu sehen, auch kein Mitglied der Besatzung. Ein Rudel grauer Polizeiboote, fünf oder sechs, ankerte weiter draußen auf dem Meer.

Warum auch nicht, dachte Jerry, schließlich findet hier ein Volksfest statt.

Sie hatte seine Hand losgelassen, und als er sich zu ihr umwandte, starrte sie noch immer hinunter auf Kos Jacht, und er sah den Schatten der Ratlosigkeit auf ihrem Gesicht.

»Ist das wirklich der Weg, über den er dich hinaufgeführt hat?« fragte er.

Es sei der gleiche Weg, sagte sie, wandte sich wieder ihm zu, sah ihn an, besiegelte oder wägte irgend etwas in ihren Gedanken. Dann zeichnete sie mit dem Zeigefinger ernst seine Lippen nach, in der Mitte, wo sie ihn geküßt hatte. »Mein Gott«, sagte sie und schüttelte mit dem gleichen Ernst den Kopf.

Sie setzten ihren Aufstieg fort. Jerry blickte hoch und sah den braunen Gipfel der Insel täuschend nah und an den Hängen terrassenförmig angelegte, verkommene Reisfelder. Sie erreichten ein kleines Dorf, das nur noch von mißtrauischen Hunden bewohnt wurde, dann geriet die Bucht außer Sicht. Das Schulhaus war offen und leer. Durch die Tür sahen sie Wandbilder von kämpfenden Jagdflugzeugen. Auf der Schwelle standen Waschkrüge. Lizzie schöpfte mit den hohlen Händen und wusch sich das Gesicht. Die Hütten waren mit Draht und Ziegelsteinen gegen die Taifune verankert. Der Pfad wurde sandig, das Gehen mühsamer.

»Immer noch richtig?« fragte er.

»Einfach *rauf*«, sagte sie, als sei sie es leid, immer wieder das gleiche zu sagen. »Einfach *rauf*, und dann kommt das *Haus* und basta. Herrgott, wofür hältst du mich denn? Für einen kompletten Idioten?«

»Ich habe kein Wort gesagt«, sagte Jerry. Er legte den Arm um sie, und sie schmiegte sich hinein, hingegeben, wie damals in der

Tanzbar in Hongkong.
Drunten beim Tempel brüllte die Musik auf, als jemand die Lautsprecher ausprobierte, danach kam das Wimmern einer langsamen Melodie. Die Bucht war wieder in Sicht. Am Ufer hatte sich eine Menschenmenge angesammelt. Jerry sah noch mehr Rauchschwaden aufsteigen, und in der windstillen Hitze auf dieser Seite der Insel erhaschte er den Duft von Räucherwerk. Das Wasser war blau und klar und ruhig. Ringsum brannten an Pfählen weiße Lichter. Kos Jacht hatte sich nicht von der Stelle gerührt, die Polizeiboote auch nicht.
»Siehst du ihn?« fragte er.
Sie blickte angestrengt in die Menge. Sie schüttelte den Kopf.
»Macht wahrscheinlich ein Mittagsschläfchen«, sagte sie leichthin.
Die Sonnenglut war höllisch. Als sie in die Schattenzone kamen, war es, als sei plötzlich die Dämmerung eingefallen, und als sie wieder ins Sonnenlicht traten, schlug es ihnen wie Flammenhitze ins Gesicht. Die Luft war erfüllt von Libellen. Der Abhang war mit großen Felsbrocken bestreut, aber dort, wo Büsche wuchsen, rankten und wucherten sie überall und trieben üppige Blütentrichter, rote und weiße und gelbe. Leere Konservendosen von Picknicks lagen in Mengen herum.
»Und das ist das Haus, von dem du gesprochen hast?«
»Hab' ich dir doch gesagt«, sagte sie.
Es war eine Ruine: eine verfallene, braune Stuckvilla mit klaffenden Mauern, aber einer hinreißenden Aussicht. Sie stand stolz über einem ausgetrockneten Flußbett und wurde durch einen Betonsteg mit dem Weg verbunden. Der Schlamm stank und summte von Insekten. Zwischen Palmen und Farnkraut boten die Überreste einer Veranda einen weiten Blick über das Meer und die Bucht. Als sie über den Steg schritten, nahm er ihren Arm.
»Also, dann wollen wir mal«, sagte er. »Kein Verhör. Du erzählst einfach.«
»Wir gingen hier herauf, wie ich schon gesagt habe. Ich, Drake und der verdammte Tiu. Die Boys trugen einen Korb und die Getränke. Ich sagte: ›Wohin gehen wir?‹, und er sagte ›Picknick‹. Tiu wollte mich nicht dabeihaben, aber Drake sagte, ich könne mitkommen. ›Du *haßt* doch das Zufußgehen‹, sagte ich. ›Ich habe noch nie gesehen, daß du auch nur die Straße überquert hättest!‹ ›Heute gehen wir zu Fuß‹, sagte er und macht wieder einmal auf

Industriekapitän. Also trotte ich mit und halte den Mund.«
Eine dicke Wolke verdunkelte bereits den Gipfel über ihnen und rollte langsam bergab. Die Sonne war verschwunden. Im Handumdrehen hatte die Wolke sie erreicht, und sie waren allein am Ende der Welt und sahen nicht einmal bis zu ihren eigenen Füßen. Sie tasteten sich ins Haus. Lizzie setzte sich ein Stück von ihm entfernt auf einen herabgefallenen Dachbalken. Chinesische Sprichwörter waren mit roter Farbe an den Türpfosten aufgemalt. Auf dem Fußboden lagen überall Picknickabfälle und längliche Knäuel Verpackungspapier herum.
»Er sagt zu den Boys, sie sollen abschwirren, also schwirren sie ab. Er und Tiu führen ein langes ernstes Gespräch über das Thema der Woche, und mitten im Lunch fängt er an, englisch zu sprechen und sagt zu mir, Po Toi sei *seine* Insel. Hier sei er zum erstenmal gelandet, nachdem er China verlassen hatte. Die Bootsleute setzten ihn hier ab. ›Meine Leute‹, nennt er sie. Deshalb kommt er jedes Jahr zum Volksfest her und stiftet Geld für den Tempel, und deshalb mußten wir uns den verdammten Berg raufschinden zum Picknick. Dann sprechen sie wieder chinesisch, und ich habe den Eindruck, Tiu macht ihm Vorwürfe, weil er zu viel redet, aber Drake ist ganz aus dem Häuschen, aufgeregt wie ein kleiner Junge und will nicht hören. Dann steigen sie weiter hinauf.«
*»Hinauf?«*
»Hinauf zum Gipfel. ›Die alten Wege sind die besten‹, sagt er zu mir. ›Wir sollten uns an das Bewährte halten‹. Dann seine Baptistenmasche: ›Halte am Guten fest, Liese. Das ist Gott gefällig.‹«
Jerry blickte hinauf in die Nebelbank über ihnen, und er hätte schwören können, das Knattern eines kleinen Flugzeugs zu hören, aber in diesem Augenblick war es ihm ziemlich egal, ob es so war oder nicht, denn er hatte die beiden Dinge, die ihm am Nötigsten waren. Er hatte das Mädchen bei sich, und er hatte die Information: Denn jetzt verstand er endlich genau, was das Mädchen Smiley und Sam Collins wert gewesen war und daß sie ihnen unwissentlich den Schlüssel zu Kos Absichten verraten hatte.
»Sie gingen also weiter zum Gipfel. Bist du mit ihnen gegangen?«
»Nein.«
»Hast du gesehen, wohin sie gingen?«
»Zum Gipfel. Sagte ich schon.«

»Und was taten die beiden auf dem Gipfel?«
»Dann schauten sie auf der anderen Seite hinunter. Redeten. Deuteten. Redeten und deuteten wieder, und dann kommen sie wieder runter, und Drake ist noch viel aufgeregter, so, wie wenn er einen großen Coup gelandet hat und Erste Gattin ist nicht da, um ihm die Freude zu vermasseln. Tiu schaut finster drein, wie immer, wenn Drake zeigt, daß er mich gern mag. Drake will, daß wir noch bleiben und ein paar Cognacs trinken, also kehrt Tiu ärgerlich nach Hongkong zurück. Drake wird zärtlich und beschließt, daß wir auf dem Schiff übernachten und am anderen Morgen zurückfahren, und das tun wir auch.«
»Wo hat das Boot geankert? Hier? In der Bucht?«
»Nein.«
»Wo?«
»Vor Lantau.«
»Ihr seid auf dem kürzesten Weg dorthin, wie?«
Sie schüttelte den Kopf.
»Wir machten die Runde um die Insel.«
»Diese Insel?«
»Es gab da eine Stelle, die er sich im Dunkeln ansehen wollte. Einen Küstenstreifen auf der anderen Seite. Die Boys mußte ihn mit Laternen ableuchten. ›Dort landete ich im Jahr einundfünfzig‹, sagte er. ›Die Bootsleute fürchteten sich, in den Haupthafen einzulaufen. Sie fürchteten sich vor der Polizei und vor den Geistern und den Piraten und den Zöllnern. Sie sagen, die Inselbewohner würden ihnen die Hälse abschneiden.‹«
»Und in der Nacht?« sagte Jerry leise. »Als ihr vor Lantau geankert habt?«
»Da erzählte er mir, er habe einen Bruder, den er sehr liebe.«
»Hat er dir das zum erstenmal erzählt?«
Sie nickte.
»Und hat er auch gesagt, wo dieser Bruder jetzt ist?«
»Nein.«
»Aber du hast es gewußt?«
Diesmal nickte sie nicht einmal.
Von drunten drang der Festlärm in Fetzen durch die Wolke herauf. Jerry zog Lizzie behutsam auf die Füße.
»Verdammte Fragerei«, murmelte sie.
»Es ist fast vorüber«, versprach er. Er küßte sie, und sie ließ es zu, reagierte aber nicht.

»Wir wollen raufgehen und uns umsehen«, sagte er.
Nach zehn Minuten schien die Sonne wieder, und über ihnen tat sich der blaue Himmel auf. Unter Lizzies Führung kletterten sie eilig über mehrere Vorgipfel hinweg bis zum Sattel. Die Geräusche aus der Bucht waren verstummt, nur kreisende Möwen erfüllten die kälter gewordene Luft mit ihrem Geschrei. Sie hatten den Kamm erreicht, der Weg wurde breiter, sie gingen nebeneinander. Noch ein paar Schritte, und der Wind stürzte sich mit einer Macht auf sie, daß sie atemlos zurücktaumelten. Sie standen an der Felsenkante und blickten hinunter in einen Abgrund. Direkt zu ihren Füßen fiel die Klippe senkrecht in die See ab, das Kap verschwand unter der schäumenden Brandung. Wolkenkissen zogen von Osten heran, und hinter ihnen war der Himmel schwarz. Etwa zweihundert Meter weiter unten lag eine kleine Bucht, die von den Brechern nicht überspült wurde. Fünfzig Yards davon entfernt brach ein Gewirr brauner, von weißen Schaumringen umzogener Felsen den Anprall der Wogen.
»Ist es dort?« schrie er durch den Wind. »Ist er dort gelandet? An diesem Küstenstück?«
»Ja.«
»Und das hat er abgeleuchtet?«
»Ja.«
Er ließ sie stehen, wo sie stand, und kroch langsam, fast bis zum Boden gebückt die Felskante entlang, während der Wind ihm um die Ohren pfiff und sein Gesicht mit klebrigem Salzbeschlag überzog, und sein Magen schmerzte wie wahnsinnig, er vermutete einen Darmriß oder eine innere Blutung oder beides. An der eingezogensten Stelle, ehe die Klippe sich wieder scharf meerwärts wandte, blickte er nochmals hinunter, und jetzt glaubte er, einen schmalen Pfad ausmachen zu können, der stellenweise nur ein Felseneinschnitt war oder eine Grasfurche, und sich mühsam bis zur Bucht hinunterschlängelte. In der Bucht lag kein Sand, aber einige der Felsen sahen trocken aus. Jerry kehrte zu Lizzie zurück und führte sie von der Felskante weg. Der Wind legte sich. Sie hörten den Festlärm jetzt wieder viel lauter als vorher. Das Krachen von Feuerwerkskörpern veranstaltete einen Spielzeugkrieg.
»Es ist sein Bruder Nelson«, erklärte er. »Für den Fall, daß du es noch nicht erraten hast: Ko holt ihn aus China heraus. Heute ist die entscheidende Nacht. Schwierig, denn er ist eine sehr gesuchte

Persönlichkeit. Eine Menge Leute würden gern ein Schwätzchen mit ihm halten. Hier kam Mellon ins Spiel.« Er holte tief Atem. »Meiner Meinung nach solltest du zusehen, daß du hier schleunigst wegkommst. Was meinst du dazu? Drake möchte dich jedenfalls nicht in der Nähe haben, soviel steht fest.«
»Möchte er dich in der Nähe haben?« fragte sie.
»Ich glaube, das beste für dich wäre, wenn du schleunigst zurück zum Hafen gingest«, sagte er. »Hörst du mir zu?«
»Natürlich«, brachte sie hervor.
»Du suchst dir eine nette, freundlich wirkende europäische Familie. Wirf dein Auge ausnahmsweise nicht auf den Pappi, sondern auf die Frau. Sag ihr, du hättest dich mit deinem Freund verkracht, und ob sie dich in ihrem Boot mit zurücknehmen könnten. Wenn sie einverstanden sind, dann übernachte bei ihnen, andernfalls gehst du in ein Hotel. Tische ihnen eine von deinen Geschichten auf. Herrgott, *das* ist doch keine Kunst, oder?«
Ein Polizeihubschrauber knatterte in einer langen Kurve über sie hinweg, vermutlich, um das Fest zu beobachten. Instinktiv faßte Jerry nach Lizzies Schulter und zog sie unter die Felsen.
»Erinnerst du dich noch an das zweite Lokal, in das wir damals gingen, das mit der Big Band? Die Bar?« Er hielt sie noch immer fest.
Sie sagte: »Ja.«
»Ich hole dich morgen abend dort ab.«
»Ich weiß nicht«, flüsterte sie.
»Sei auf jeden Fall um sieben dort. Um sieben, verstanden?«
Sie schob ihn sanft von sich weg, als wollte sie unbedingt allein sein.
»Sag ihm, ich habe mein Wort gehalten«, sagte sie. »Das ist ihm das Wichtigste. Ich habe den Vertrag erfüllt. Wenn du ihn siehst, dann sag ihm, ›Liese hat ihr Wort gehalten.‹«
»Klar.«
»Nicht *klar, ja.* Sag es ihm. Er hat alles getan, was er versprochen hat. Er hat gesagt, er sorgt für mich. Und das hat er getan. Er hat gesagt, er läßt Ric laufen. Auch das hat er getan. Er hat immer sein Wort gehalten.«
Er hob ihren Kopf, faßte ihn mit beiden Händen, aber sie ließ sich nicht beirren.
»Und sag ihm, und sag ihm – sag ihm, sie ließen mir keine Wahl.

Sie haben mich in die Enge getrieben.«

»Sei um sieben Uhr dort«, sagte er. »Und warte, auch wenn ich mich ein bißchen verspäten sollte. Also, los jetzt, so schwierig ist es doch gar nicht, wie? Man muß nicht studiert haben, damit man das hinkriegt.« Er redete ihr gut zu, kämpfte um ein Lächeln, sehnte sich nach einem letzten Zeichen des Zusammengehörens, ehe sie sich trennten.

Sie nickte.

Sie wollte etwas sagen, aber es ging nicht. Sie machte ein paar Schritte, drehte sich um und blickte zu ihm zurück, und er winkte – ein ausholendes Armschwenken. Sie tat nochmals ein paar Schritte und ging dann weiter, bis sie unter dem Hügelrand verschwunden war, aber er hörte sie rufen: »Also, um sieben«, oder glaubte wenigstens, sie zu hören. Nachdem sie außer Sicht war, kehrte Jerry zur Felskante zurück, wo er sich hinsetzte, um vor seiner Tarzannummer ein bißchen zu verschnaufen. Ein paar Zeilen von John Donne fielen ihm ein, sie gehörten zu dem Wenigen, was von der Schule an ihm haften geblieben war, obwohl er Zitate nie so ganz wortgetreu wiedergeben konnte oder jedenfalls glaubte, er könne es nicht:

*Auf einem hohen Berg,*
*Zerklüftet und steil, steht die Wahrheit, und wer*
*Zu ihr will, muß dort hinauf, der muß dort hinauf.*

Oder so ähnlich. Eine Stunde, zwei Stunden lang lag er in tiefem Nachdenken im Windschatten des Felsens und sah zu, wie der Tag draußen über den chinesischen Inseln verdämmerte. Dann zog er seine Wildlederstiefel aus und fädelte die Schnürsenkel zu einem Fischgrätmuster, wie er es bei seinen Krickettstiefeln gemacht hatte. Dann zog er sie wieder an und schnürte sie so fest es ging. Es könnte wieder die Toskana sein, dachte er, mit den fünf Hügeln, auf die er vom Hornissenfeld aus gestarrt hatte. Nur daß er diesmal nicht vorhatte, irgend jemanden im Stich zu lassen. Nicht das Mädchen. Nicht Luke. Nicht einmal sich selber. Auch wenn es eine Menge Anstrengung kosten würde.

»Navy Int. meldet, Dschunkenflotte macht ungefähr sechs Knoten und hält den Kurs«, verkündete Murphy. »Verließ die Fischgründe punkt elf Uhr, als hielte sie sich genau an unseren Plan.«

Er hatte irgendwo eine Handvoll Spielzeugboote aus Bakelit

aufgetrieben, die er auf der Wandkarte befestigen konnte. Er stand davor und wies stolz auf die Säule, die der Insel Po Toi zustrebte. Murphy war zurückgekommen, sein Kollege war bei Sam Collins und Fawn geblieben, also waren sie vier.
»Und Rockhurst hat das Mädchen gefunden«, sagte Guillam ruhig und legte den Hörer des anderen Telefons auf. Seine Schulter schmerzte jetzt heftig, und er war sehr blaß.
»Wo?« fragte Smiley.
Murphy, der noch immer vor der Karte stand, drehte sich um. Martello, der am Schreibtisch saß und ein Logbuch über die Ereignisse führte, legte die Feder weg.
»Hat sie im Hafen von Aberdeen geschnappt, als sie an Land ging«, fuhr Guillam fort. »Sie hatte sich von Po Toi von einem Angestellten der Hong Kong and Shanghai Bank und dessen Frau mitnehmen lassen.«
»Also was geht vor?« fragte Martello, ehe Smiley sprechen konnte. »Wo ist Westerby?«
»Sie weiß es nicht«, sagte Guillam.
»Na, aber!« protestierte Martello.
»Sie sagt, sie hatten Krach und fuhren in verschiedenen Booten zurück. Rockhurst sagt, man soll sie ihm einfach noch eine Stunde lang überlassen.«
Smiley sprach. »Und Ko?« fragte er. »Wo ist er?«
»Seine Jacht liegt nach wie vor im Hafen von Po Toi«, erwiderte Guillam. »Die meisten anderen Boote sind bereits abgefahren. Aber Kos Schiff liegt noch an der gleichen Stelle wie heute vormittag. Rührt sich nicht vom Fleck, sagte Rockhurst, und alle Mann unter Deck.«
Smiley linste hinüber zur Seekarte, dann zu Guillam, dann auf die Karte von Po Toi.
»Wenn sie Westerby erzählt hat, was sie Collins erzählte«, sagte er, »dann ist er auf der Insel geblieben.«
»Und mit welcher Absicht?« fragte Martello sehr laut. »George, zu welchem Zweck bleibt *dieser* Mann auf *dieser* Insel?«
Alle hatten den Eindruck, als verginge ein Jahrhundert.
»Er wartet«, sagte Smiley.
»Und *worauf*, wenn ich fragen darf?« bohrte Martello im gleichen hartnäckigen Ton weiter.
Niemand sah Smileys Gesicht. Es lag im Schatten. Sie sahen seine Schultern einsinken, sie sahen seine Hand zur Brille tasten, als

wolle er sie abnehmen, sahen sie leer, wie besiegt, wieder auf den Rosenholztisch fallen.

»Was immer wir tun, wir müssen Nelson landen lassen«, sagte er.

»Und was immer *tun* wir?« fragte Martello, stand auf und kam um den Tisch herum. »Westerby ist nicht *hier*, George. Er hat die Kolonie nie betreten. Er kann sie auf dem gleichen verdammten Weg verlassen!«

»Bitte, schreien Sie mich nicht an«, sagte Smiley.

Martello scherte sich nicht darum. »Welches von beiden wird es sein, nur das ist die Frage: Verrat oder Versagen?«

Guillam stellte sich ihm in voller Größe in den Weg, und einen spannenden Augenblick lang schien es möglich, daß er, gebrochene Schulter hin oder her, Martello physisch daran hindern wollte, auch nur einen Schritt näher an Smileys Platz heranzukommen.

»Peter«, sagte Smiley ruhig. »Wie ich sehe, steht hinter Ihnen ein Telefon. Würden Sie so freundlich sein, es mir herüberzureichen?«

Mit dem Vollmond hatte der Wind sich gelegt, und die See war ruhig geworden. Jerry war nicht ganz bis zur kleinen Bucht hinuntergestiegen, sondern hatte im Schutz eines Gebüschs, etwa dreißig Fuß oberhalb, ein letztes Lager aufgeschlagen. Seine Hände und Knie waren aufgerissen, ein Ast hatte ihm die Wange zerkratzt, aber er fühlte sich in Ordnung: hungrig und hellwach. In den Mühen und Gefahren des Abstiegs hatte er die Schmerzen vergessen. Die Bucht war größer, als er sie sich vom Gipfelpunkt vorgestellt hatte, und in den Granitklippen waren auf Meereshöhe zahlreiche Höhlen. Er versuchte, Drakes Plan zu erraten – wie Lizzie nannte er ihn nun in Gedanken Drake –, er hatte den ganzen Tag verschiedene Möglichkeiten durchgespielt. Was immer Drake tun mußte, es würde vom Meer aus geschehen, denn dem alptraumhaften Abstieg über die Klippe war er nicht gewachsen. Jerry hatte zuerst überlegt, ob Drake versuchen könne, Nelson vor der Landung abzufangen, aber er sah keine sichere Möglichkeit, wie Nelson sich heimlich von der Flotte entfernen und einen See-Treff mit seinem Bruder bewerkstelligen könnte.

Der Himmel wurde dunkel, die Sterne erschienen, und der Mondstreif wurde heller. Und Westerby, dachte er: was tut *A* jetzt? *A* war eine Ewigkeit entfernt von den gemeinschaftlich erarbeiteten Lösungen Sarratts, *das* stand fest.

Drake mußte außerdem wahnsinnig sein, wenn er versuchen sollte, seine Jacht auf diese Seite der Insel zu bringen, fand er. Sie war schwer manövrierbar und hatte zuviel Tiefgang, um eine windseitige Küste anzulaufen. Ein kleines Boot wäre besser, am besten ein Sampan oder ein Schlauchboot. Jerry kletterte die Klippe noch weiter hinunter, bis seine Stiefel auf Kiesel stießen, dann drückte er sich eng an den Felsen und sah zu, wie die Brecher herandonnerten und Phosphorfunken in der Gischt ritten.

»Jetzt muß sie zurück sein«, dachte er. Mit ein bißchen Glück hat sie jemanden überreden können, sie ins Haus aufzunehmen, sie scherzt mit den Kleinen und wärmt sich bei einer Tasse Bouillon auf. *Sag ihm, ich habe mein Wort gehalten,* hatte sie gesagt.

Der Mond stieg höher, und Jerry wartete immer noch, heftete die Augen angestrengt auf die dunkelsten Stellen, um sein Sehvermögen zu schärfen. Dann glaubte er mit Sicherheit, durch das Brausen der See das plumpe Klatschen von Wasser gegen einen hölzernen Schiffsleib und das kurze Aufknurren eines an- und abgestellten Motors zu hören. Er sah kein Licht. Er kroch den im Schatten liegenden Felsen entlang so nah an den Rand des Wassers heran, wie er irgend wagte, und kauerte sich dann wieder wartend nieder. Als die Brandungswelle ihn bis zu den Schenkeln durchnäßte, sah er, worauf er gewartet hatte: Im Gegenlicht des Mondes, keine zwanzig Yards von ihm entfernt, schaukelten die bogenförmige Kabine und der geschweifte Bug eines Sampan vor Anker. Er hörte ein Platschen und einen undeutlichen Befehl, und als er sich so weit duckte, wie die Bodenschrägung es zuließ, erblickte er vor dem sternenübersäten Himmel die unverwechselbare Gestalt Drake Kos in der anglo-französischen Baskenmütze, die vorsichtig an Land watete, dahinter Tiu, der ein M-16-Maschinengewehr auf beiden Armen trug. Na, da wären wir also, dachte Jerry, und meinte damit mehr sich selber als Drake Ko. Ende der langen Verfolgungsjagd. Lukes Mörder, Frostis Mörder – ob durch fremde oder eigene Hand, spielte keine Rolle –, Lizzies Liebhaber, Nelsons Vater, Nelsons Bruder. Wir begrüßen den Mann, der nie in seinem Leben ein Versprechen gebrochen hat.

Auch Drake trug etwas, aber es war weniger bedrohlich, und Jerry wußte bereits, ehe er es sehen konnte, daß es eine Lampe und eine Batterie waren, ziemlich die gleiche Sorte, die er selber bei den Wasserspielen des Circus im Helford Estuary benutzt hatte, nur daß der Circus ultraviolett und billige Brillen mit Drahtgestell

bevorzugte, die bei Regen oder in der Gischt nutzlos waren.
Auf dem Strand tappten die beiden Männer murrend über die groben Steine, bis sie den höchsten Punkt erreicht hatten, dann verschwanden sie, wie Jerry selber, im Schatten des schwarzen Felsens. Er schätzte, daß sie sechzig Fuß von ihm entfernt waren. Er hörte ein Brummen und sah die Flamme eines Feuerzeugs, dann die rote Glut von zwei Zigaretten, und daraufhin hörte er das Murmeln chinesischer Stimmen. Könnte auch eine vertragen, dachte Jerry. Er bückte sich, streckte eine große Hand aus, grabschte Steine zusammen, bis sie voll war, und pirschte sich dann so geräuschlos wie möglich am Fuß des Felsens entlang auf die beiden roten Pünktchen zu. Nach seiner Berechnung war er acht Schritte von ihnen entfernt. Er hatte die Pistole in der linken, die Kiesel in der rechten Hand und lauschte auf das dumpfe Geräusch der Wellen, wie sie sich sammelten, überschlugen und zusammenstürzten, und er überlegte, daß es sich mit Drake bedeutend leichter plaudern ließe, wenn Tiu aus dem Weg sein würde.
Sehr langsam lehnte er sich in der klassischen Position des Außenfeldspielers nach hinten, hob den linken Ellbogen nach vorn, krümmte den rechten Arm nach hinten und holte zum Wurf aus. Eine Brandungswelle überschlug sich, er hörte das Scharren der Gegenströmung, das Grollen, als sich die zweite Welle sammelte. Immer noch wartete er, den rechten Arm zurückgezogen, die Kiesel fest in der schwitzenden Hand. Dann, als die Welle ihren Höhepunkt erreichte, schleuderte er die Steine mit aller Kraft hoch die Klippe hinauf, ehe er sich tief zusammenkauerte und den Blick starr auf die beiden Zigaretten gerichtet hielt. Er wartete, hörte die Kiesel gegen den Felsen prasseln und dann wie einen Hagelschauer niederstürzen. Im nächsten Moment vernahm er Tius kurzen Fluch und sah eines der roten Pünktchen in die Luft fliegen, als Tiu aufsprang, das Maschinengewehr in den Händen, den Lauf zur Klippe gerichtet, den Rücken Jerry zugewandt. Drake kroch in Deckung.
Zuerst schlug Jerry Tiu die Pistole auf den Kopf, wobei er darauf achtete, die Finger am Abzug zu behalten. Dann verpaßte er ihm mit aller Kraft der geballten Rechten einen Zwei-Knöchel-Schlag – Faust nach abwärts und dann drehen, wie sie in Sarratt sagten – und als Finale einen Schwinger. Als Tiu zu Boden ging, traf Jerry seinen Backenknochen mit dem vollen Schwung des nach vorn

schießenden rechten Stiefels und hörte das Schnappen des Kiefers. Und als er sich bückte, um die M 16 an sich zu reißen, hieb er den Kolben in Tius Nieren und dachte dabei zornerfüllt an Luke und an Frost, aber auch an Tius billigen Witz über Lizzie, daß sie nicht mehr wert sei als die Fahrt von Kaulun nach Hongkong. Herzliche Grüße vom Pferdeschreiber, dachte er.

Dann blickte er zu Drake hinüber, der ein paar Schritte nähergekommen war, aber noch immer nur einen schwarzen Schatten vor der See bildete: eine gebeugte Silhouette mit abstehenden Ohren, die unter dem Rand seiner komischen Baskenmütze hervorragten. Erneut war eine kräftige Brise aufgekommen, oder Jerry bemerkte sie erst jetzt. Sie rumorte in den Felsen hinter ihnen und ließ Drakes weite Hosen flattern.

»Ist das Mr. Westerby, der englische Zeitungsmann?« fragte Ko in genau dem tiefen, barschen Tonfall wie in Happy Valley.

»Eben dieser«, sagte Jerry.

»Sie sind ein sehr politischer Mann, Mr. Westerby. Was zum Teufel wollen Sie hier?«

Jerry mußte erst wieder zu Atem kommen und fühlte sich im Moment nicht sprechbereit.

»Mr. Ricardo erzählt meinen Leuten, Sie beabsichtigen, mich zu erpressen. Geht es Ihnen um Geld, Mr. Westerby?«

»Botschaft von Ihrem Mädchen«, sagte Jerry, weil er das Gefühl hatte, sich zuerst dieses Versprechen entledigen zu müssen. »Sie sagt, sie habe ihr Wort gehalten. Sie ist auf Ihrer Seite.«

»Ich habe keine Seite, Mr. Westerby. Ich bin eine Ein-Mann-Armee. Was wollen Sie? Mr. Marshall sagt meinen Leuten, Sie sind eine Art Held. Helden sind sehr politische Persönlichkeiten, Mr. Westerby. Ich habe nichts übrig für Helden.«

»Ich bin gekommen, um Sie zu warnen. Man hat es auf Nelson abgesehen. Sie dürfen ihn nicht nach Hongkong zurückbringen. Er ist von allen Seiten eingekreist. Die Pläne, die man mit ihm hat, werden ihm für den Rest seines Lebens reichen. Und Ihnen auch. Die Falle ist für Sie beide aufgestellt.«

»Was *wollen* Sie, Mr. Westerby?«

»Ein Abkommen.«

»Niemand will ein Abkommen. Jeder will nur eine Ware. Durch das Abkommen wollen sie die Ware kriegen. Was wollen Sie?« wiederholte Drake und hob befehlend die Stimme. »Bitte sagen Sie es mir.«

»Sie, Mr. Ko, haben sich für Ricardos Leben das Mädchen gekauft«, sagte Jerry. »Ich dachte, vielleicht könnte ich sie um den Preis von Nelsons Leben zurückkaufen. Ich werde an Ihrer Stelle mit den betreffenden Leuten sprechen. Ich weiß, was sie wollen. Es wird sich arrangieren lassen.«
Das ist der letzte Fuß, den ich in der letzten Tür habe, dachte er.
»Ein *politisches* Arrangement, Mr. Westerby? Mit *Ihren* Leuten? Ich habe eine Menge politische Arrangements mit ihnen getroffen. Sie haben mir gesagt, Gott liebe die Kinder. Haben Sie schon einmal gesehen, daß Gott ein asiatisches Kind geliebt hätte, Mr. Westerby? Sie haben mir gesagt, Gott ist ein *kweilo* und seine Mutter hat gelbes Haar. Sie haben mir gesagt, Gott sei ein Mann des Friedens, aber ich habe einmal gelesen, daß es nirgends so viele Bürgerkriege gegeben hat wie im Reich Christi. Sie haben mir gesagt . . . «
»Ihr Bruder steht direkt hinter Ihnen, Mr. Ko.«
Drake fuhr herum. Zu ihrer Linken, von Osten her, zuckelten ein Dutzend oder mehr Dschunken in ungeordneter Formation und unter vollen Segeln südwärts quer durch den Mondstreif. Ihre Lichter perlten im Wasser. Drake fiel auf die Knie und begann fieberhaft nach der Laterne zu tasten. Jerry fand den Dreifuß und klappte ihn auf. Drake stellte die Laterne darauf, aber seine Hände zitterten so heftig, daß Jerry ihm helfen mußte. Jerry ergriff die Kontaktschnüre, riß ein Streichholz an und befestigte die Kabel an den Batteriepolen. Sie standen nebeneinander und starrten beide hinaus aufs Meer. Drake ließ die Lampe einmal aufleuchten, dann nochmals, zuerst rot, dann grün.
»Warten Sie«, sagte Jerry leise. »Es ist noch zu früh. Ganz ruhig, oder Sie verpatzen alles.«
Er schob Ko sanft beiseite, bückte sich, um durch das Okular zu blicken und machte die eilige Reihe der Boote aus.
»Welches?« fragte Jerry.
»Das letzte«, sagte Ko.
Jerry behielt die letzte Dschunke im Blickfeld, obwohl sie noch immer nur ein Schatten war, und signalisierte aufs neue, einmal rot, einmal grün, und Sekunden später hörte er Drake einen Freudenruf ausstoßen, als ein Antwortzeichen über das Wasser herüberflammte.
»Kann er sich danach orientieren?« sagte Jerry.
»Klar«, sagte Ko und ließ den Blick nicht von der See. »Klar. Er

wird sich danach orientieren.«
»Dann lassen wir's jetzt. Nicht mehr blinken.«
Ko drehte sich zu ihm um, und Jerry sah die Erregung in seinen Zügen und fühlte sein Vertrauen.
»Mr. Westerby. Ich gebe Ihnen einen aufrichtigen Rat. Wenn Sie mich und meinen Bruder Nelson hereinlegen, dann ist Ihre Christenhölle ein sehr angenehmer Aufenthaltsort verglichen mit der, die meine Leute Ihnen bereiten würden. Aber wenn Sie mir helfen, gebe ich Ihnen alles. Das ist mein Vertrag, und ich habe nie im Leben einen Vertrag gebrochen. Auch mein Bruder hat gewisse Verträge geschlossen.« Er blickte aufs Meer hinaus.
Die vorderen Dschunken waren außer Sicht. Nur die letzten sah man noch. Von weither glaubte Jerry das unregelmäßige Poltern eines Motors zu hören, aber er wußte, daß sein Denken gestreut war und es ebensogut das Donnern der Wogen sein konnte. Der Mond glitt hinter die Felsspitze, und der Schatten des Berges fiel wie eine schwarze Messerspitze auf das Meer, nur in der Ferne blieb noch ein silbriges Leuchten. Drake hatte sich zur Lampe niedergebeugt und stieß einen zweiten Jubelruf aus.
»Hier! Hier! Sehen Sie, Mr. Westerby!«
Durch das Okular konnte Jerry eine einzelne Geisterdschunke ausmachen, die, unbeleuchtet bis auf drei schwache Lampen, zwei grüne am Mast, eine rote steuerbords, auf sie zuhielt. Sie glitt aus dem Silber in die Schwärze, und er verlor sie aus den Augen. Hinter sich hörte er einen Schmerzenslaut von Tiu. Drake achtete nicht darauf, er preßte das Auge ans Okular und hielt einen Arm ausgestreckt wie ein Fotograf aus viktorianischer Zeit, während er leise Worte in chinesischer Sprache rief. Jerry rannte über den steinigen Strand, zog die Pistole aus Tius Gürtel, packte sich die M 16 auf, trug beides bis ans Wasser und schleuderte die Waffen hinein. Drake versuchte, das Lichtsignal zu wiederholen, konnte jedoch glücklicherweise den Knopf nicht finden, und Jerry kam gerade noch recht, um ihn zurückzuhalten. Wieder glaubte Jerry, ein Poltern zu hören, aber nicht von einem Motor, sondern von zweien. Er rannte hinaus bis zum Kap, blickte nach Norden und Süden auf der Suche nach einem Patrouillenboot, sah aber auch diesmal nichts, und wiederum gab er der Brandung und seiner überreizten Phantasie die Schuld. Die Dschunke war näher gekommen, lavierte auf die Insel zu, ihr braunes Segel, wie Fledermausflügel ausgebreitet, ragte plötzlich groß und schreck-

lich auffällig vor dem Himmel auf. Drake war ans Wasser gerannt und winkte und schrie übers Meer.
»Nicht so laut!« zischte Jerry neben ihm.
Aber Jerry war für Drake nicht mehr vorhanden. Drakes ganzes Leben gehörte Nelson. Aus dem Schutz des nahen Kaps taumelte Drakes Sampan hinüber zur schaukelnden Dschunke. Der Mond kam aus seinem Versteck, und einen Augenblick lang vergaß Jerry alle Ängste, als eine kleine graugekleidete Gestalt, kurz und stämmig, der Statur nach Drakes genaues Gegenteil, mit Kapokmantel und proletarischer Ballonmütze, sich über die Bordwand hinunterließ und in die wartenden Arme der Sampan-Besatzung sprang. Drake schrie wieder auf, die Dschunke blähte die Segel und glitt hinter das Kap, bis über den Felsen nur noch die grünen Lichter an den Toppen zu sehen waren, und dann verschwanden. Der Sampan steuerte auf die Bucht zu, und Jerry erkannte Nelsons gedrungene Erscheinung, als er im Bug stand und mit beiden Händen winkte, und Drake Ko, der mit seiner Baskenmütze wie ein Irrer am Ufer herumtanzte, winkte zurück.
Das Motorengeräusch wurde ständig lauter, aber noch immer konnte Jerry seinen Ursprung nicht ausmachen. Das Meer war leer, und als er nach oben blickte, sah er nur die Hammerkopfklippe und ihren Gipfel schwarz vor den Sternen. Die Brüder hatten sich gefunden, sie stürzten einander in die Arme und verharrten engumschlungen, ohne sich zu bewegen. Jerry packte beide, versetzte jedem einen Stoß und schrie aus Leibeskräften:
»Zurück ins Boot. Schnell!«
Aber sie sahen nur einander. Jerry rannte zum Wasser, zog den Bug des Sampan heran und hielt ihn fest. Er rief noch nach den beiden, als er den Himmel hinter dem Gipfel schon gelb und dann rasch immer heller werden sah, während das Motorengeräusch zu einem Brüllen anschwoll und drei gleißende Scheinwerfer aus schwarzbemalten Hubschraubern auf den Strand zielten. Die Felsen tanzten im Wirbel der Landescheinwerfer, das Meer furchte sich, Kiesel spritzten und flogen wie ein Schauer herum. Den Bruchteil einer Sekunde lang sah Jerry Drakes Gesicht sich hilfeflehend ihm zuwenden, als hätte er, viel zu spät, erkannt, wo die Hilfe lag. Er sagte etwas, aber der Lärm verschluckte seine Worte. Jerry stürzte vor. Nicht um Nelsons und noch weniger um Kos willen; sondern um dessentwillen, was die beiden miteinander verband und was ihn mit Lizzie verband. Aber lang ehe er sie

erreichte, hatte sich ein dunkler Schwarm um die beiden Männer geschlossen, riß sie auseinander und schob Nelsons formlose Gestalt blitzschnell in den Frachtraum des Hubschraubers. Während des Überfalls hatte Jerry seine Waffe gezogen und hielt sie in der Hand. Er brüllte, konnte jedoch in den Hurrikanen des Kampfes nicht einmal seine eigene Stimme hören. Der Hubschrauber hob ab. Eine einzelne Gestalt blieb in der offenen Luke stehen und blickte hinunter, und vielleicht war es Fawn, denn er sah dunkel und irre aus. Dann fuhr ein orangefarbener Blitz aus der Lukenöffnung, dann ein zweiter und ein dritter, und danach hörte Jerry auf, mitzuzählen. In flammendem Zorn warf er die Hände in die Luft, sein offener Mund schrie noch immer, noch immer flehte schweigend sein Gesicht. Dann stürzte er und blieb liegen, bis kein Laut mehr zu hören war außer der Brandung, die an den Strand schlug, und Drake Kos hoffnungsloser, erstickter Klage gegen die siegreichen Armadas des Westens, die ihm seinen Bruder gestohlen hatten und ihren hartbedrängten Krieger tot zu seinen Füßen liegen ließen.

# 22 *Die Wiedergeburt*

Der Circus geriet in einen wahren Siegestaumel, als von den Vettern die frohe Botschaft durchgegeben wurde. Nelson an Land gezogen, Nelson geschnappt, ohne daß ihm ein Haar gekrümmt wurde! Zwei Tage lang gingen wilde Spekulationen über Orden, Adelstitel und Beförderungen um. Jetzt müßten sie endlich *irgend etwas* für George tun, sie *müßten* einfach! Weit gefehlt, sagte Connie ätzend aus dem Abseits. Sie würden es George nie verzeihen, daß er die Scharte Bill Haydon ausgewetzt hatte.
Auf die Euphorie folgte eine Zeit verwirrender Gerüchte. Connie und Doc di Salis zum Beispiel, die im »sicheren Haus« von Maresfield, jetzt mit dem Spitznamen »Delphinarium« belegt, wie auf glühenden Kohlen saßen, warteten eine volle Woche auf das Eintreffen ihres Opfers, und warteten vergebens. Vergebens warteten auch die Dolmetscher, Aufzeichner, Inquisitoren, Babysitter und Angehörigen zugeordneter Berufe, aus denen das Empfangs- und Befragungskomitee bestand.
Das Treffen sei ins Wasser gefallen, sagten die Housekeepers. Es werde ein neues Datum festgesetzt. Nur Geduld, sagten sie. Aber bald darauf meldete eine Quelle bei der Immobilienfirma in der benachbarten Stadt Uckfield, daß die Housekeepers versuchten, aus dem Pachtvertrag auszusteigen. Und tatsächlich wurde das Team eine Woche später »bis auf weiteres« aufgelöst. Es trat nie wieder zusammen.
Als nächstes sickerte durch, daß Enderby und Martello gemeinsam – allein schon die Kombination schien befremdlich – einem anglo-amerikanischen Arbeitsausschuß vorstehen sollten. Der Ausschuß würde abwechselnd in Washington und London tagen und für die paritätische Verteilung des Delphin-Produktes, Codename CAVIAR, auf beide Seiten des Atlantik sorgen.
Rein zufällig kam heraus, daß Nelson in die Vereinigten Staaten verbracht worden sei, in einen befestigten Bau in Philadelphia, den

man schon vor einiger Zeit für ihn vorbereitet habe. Die Erklärung hierfür ließ sogar noch länger auf sich warten. Man habe das Gefühl – *man* war vermutlich eine bestimmte Person, aber Gefühle sind durch so viele Korridore schwer zu verfolgen –, Nelson werde dort sicherer aufgehoben sein. Körperlich sicherer. Denkt nur an die Russen. Denkt an die Chinesen. Außerdem, betonten die Housekeepers, hätten die Verarbeitungs- und Auswertungsstellen der Vettern weit günstigere Voraussetzungen, um den erwarteten, noch nie dagewesenen Materialanfall zu bewältigen. Außerdem, sagten sie, könnten sich die Vettern die horrenden Ausgaben leisten.

*Außerdem* –

»Alles kalter Kaffee,« wetterte Connie, als sie davon erfuhr.

Sie und di Salis warteten bedrückt auf die Einladung zur Mitarbeit im Team der Vettern. Connie ließ sich sogar Injektionen verabreichen, um in Form zu sein, aber die Einladung erging nicht. Weitere Erklärungen. Die Vettern hätten einen neuen Mann in Harvard, sagten die Housekeepers, als Connie im Rollstuhl bei ihnen anrauschte.

»Wer?« fragte sie zornig.

Ein Professor Soundso, jung, Moskau-Spezialist. Er habe sich die Beobachtung der dunklen Seite der Moskauer Zentrale zur *Lebensaufgabe* gemacht, sagten sie und erst unlängst eine Arbeit fertiggestellt – nur zur Verbreitung im Dienstbereich –, basierend auf geheimdienstlichen Archivstudien, worin er auf das *Maulwurfprinzip* und sogar, in verschleierten Wendungen, auf Karlas Privatarmee zu sprechen gekommen sei.

»Klar ist er das, dieser elende Wurm!« entfuhr es Connie unter bitteren Tränen der Enttäuschung. »Und er hat es alles aus Connies verdammten Berichten zusammengeklaut, oder? Und der Kerl heißt Culpepper, und er weiß über Karla genausoviel wie mein großer Zeh!«

Die Housekeepers vermochte indes nicht einmal der Gedanke an Connies großen Zeh aus dem Tritt zu bringen. Der neue Ausschuß hatte sich für Culpepper entschieden, nicht für Sachs.

»Wartet nur, bis George zurückkommt!« drohte Connie ihnen mit Donnerstimme. Die Drohung machte erstaunlich wenig Eindruck.

di Salis kam nicht besser weg. China-Spezialisten gingen in Langley zwölfe auf ein Dutzend, wurde ihm erklärt. Eine wahre

Schwemme, alter Junge. Tut uns leid, aber es ist ein Befehl von Enderby, sagten die Housekeepers.

»Von *Enderby?*« echote di Salis.

Vom Ausschuß, sagten sie vage. Ein Mehrheitsbeschluß.

Also wandte sich di Salis an Lacon, der in solchen Fällen gern als Ombudsman der kleinen Leute auftrat, und Lacon ging mit di Salis zum Lunch, und danach teilten sie sich die Rechnung, denn Lacon war nicht dafür, daß Staatsdiener sich gegenseitig auf Kosten der Steuerzahler zum Essen einluden.

»Übrigens, was haben Sie alle für ein *Gefühl* in bezug auf Enderby«, fragte er einmal während der Mahlzeit, und unterbrach damit di Salis' Jereminade über seine Vertrautheit mit den Chiu-Chow- und Hakka-Dialekten. *Gefühl* spielte im Moment eine große Rolle. »Macht er sich gut dort drüben? Ich hätte gedacht, die Art, wie er die Dinge sieht, sage Ihnen zu. Ist er nicht ziemlich realistisch? Was würden Sie sagen?«

*Realistisch* bedeutete in Whitehall in jenen Tagen: auf der Seite der Falken.

di Salis eilte zum Circus zurück und berichtete Connie Sachs getreulich von dieser erstaunlichen Frage – was Lacon natürlich beabsichtigt hatte –, und danach wurde Connie nur noch selten gesehen. Sie verbrachte die Zeit damit, still »ihr Bündel zu schnüren«, wie sie es nannte: will heißen, ihr Archiv über die Moskauer Zentrale für die Nachwelt zu ordnen. Es gab im Haus einen jungen Wühlmäuserich, der sich ihrer Gunst erfreute, einen linkischen, aber liebenswürdigen jungen Mann namens Doolittle. Dieser Doolittle durfte zu ihren Füßen sitzen, während sie ihm weise Lehren zuteil werden ließ.

»Die alte Ordnung wird aus dem Haus gejagt«, prophezeite sie jedem, der es hören wollte. »Dieser Arschkriecher Enderby schlängelt sich durch die Hintertür rein. Ein Pogrom.«

Zunächst begegnete man ihr mit dem gleichen Spott, dem Noah sich ausgesetzt sah, als er anfing, seine Arche zu bauen. Inzwischen nahm Connie, die auch die neue Lage richtig beurteilte, Molly Meakin beiseite und überredete sie, um ihre Entlassung einzugeben. »Sagen Sie den Housekeepers, Sie wollten sich um etwas Befriedigenderes umsehen, meine Liebe«, riet sie unter vielem Zwinkern und Zwicken. »Zumindest werden Sie eine Gehaltserhöhung herausholen.«

Molly befürchtete, beim Wort genommen zu werden, aber Connie

kannte das Spiel zu gut. Also schrieb Molly ihr Entlassungsgesuch und erhielt sofort Anweisung, nach Dienstschluß vorzusprechen. Gewisse Veränderungen lägen in der Luft, vertrauten ihr die Housekeepers unter dem Siegel der Verschwiegenheit an. Man beabsichtige, eine jüngere und energischere Dienststelle aufzubauen und sie enger an Whitehall zu binden. Molly versprach feierlich, ihre Entscheidung nochmals zu überdenken, und Connie Sachs machte sich mit noch größerer Entschlossenheit ans Packen.
Und wo *war* George Smiley nun während dieser ganzen Zeit? Im Fernen Osten? Nein. In Washington? Unsinn! Er war wieder in der Heimat und drückte sich irgendwo auf dem Land herum – Cornwall gefiel ihm besonders –, wo er der wohlverdienten Ruhe pflegte und seine Versöhnung mit Ann betrieb!
Dann entschlüpfte einem der Housekeeper die Äußerung, George könnte *an einer kleinen Überanstrengung leiden,* und dieses Wort jagte allen Schauder über den Rücken, denn sogar das kleinste Würstchen in der Bankabteilung weiß, daß Überanstrengung, genau wie Altsein, eine Krankheit ist, für die es nur eine Therapie gibt, und Heilung ist von ihr schwerlich zu erwarten.
Guillam kam eines Tages zurück, aber nur, um Molly in einen Urlaub zu entführen. Er weigerte sich, überhaupt etwas zu sagen. Wer ihn bei seinem Blitzbesuch in der fünften Etage gesehen hatte, sagte, er wirkt angeschlagen und habe offensichtlich eine kleine Pause nötig. Außerdem schien er sich das Schlüsselbein gebrochen zu haben: seine rechte Schulter war schwer bandagiert. Über die Housekeepers wurde bekannt, daß er ein paar Tage in der Privatklinik des Circusarztes am Manchester Square verbracht hatte. Aber noch immer war kein Smiley zu sehen, und die Housekeepers zeigten lediglich stahlharte Liebenswürdigkeit, wenn sie gefragt wurden, wann er zurückkommen werde. Die Housekeepers wurden in diesen Wochen zu einer Art Sternkammer, gefürchtet, aber unentbehrlich. Eines schönen Tages war auch Karlas Porträt verschwunden; es sei in der Reinigung, sagten die Spaßvögel.
Es war seltsam und einigermaßen erschreckend, daß niemand auf die Idee kam, das kleine Haus an der Bywater Street aufzusuchen und einfach auf die Türklingel zu drücken. Wer das getan hätte, der hätte Smiley dort angetroffen, höchstwahrscheinlich im Morgenrock, entweder beim Abwaschen oder mit der Zubereitung von Speisen beschäftigt, die er dann doch nicht aß. Manchmal,

gewöhnlich in der Abenddämmerung, unternahm er einen einsamen Spaziergang im Park und starrte Leute an, als erkenne er sie halb und halb, so daß diese Leute ihn ebenfalls anstarrten und dann den Blick senkten. Oder er setzte sich in eines der billigeren Cafés an der King's Road, mit einem Buch zum Zeitvertreib und gezuckertem Tee zur Labung, denn er hatte seine guten Vorsätze aufgegeben, der schlanken Linie zuliebe nur noch Süßstoff zu nehmen. Ein Beobachter hätte feststellen können, daß er viel Zeit damit zubrachte, auf seine Hände zu blicken und die Brille am Krawattenende zu putzen, oder zum soundsovielten Mal den Brief zu lesen, den Ann ihm hinterlassen hatte, und der sehr lang war, aber nur wegen der vielen Wiederholungen.

Lacon machte ihm einen Besuch, desgleichen Enderby, und einmal kam Martello, der jetzt wieder als Londoner auftrat, gemeinsam mit den beiden. Denn man war einhellig der Meinung, die niemand aufrichtiger teilte als Smiley selber, daß die Übergabe im dienstlichen Interesse so kurz und schmerzlos wie möglich vor sich gehen sollte. Smiley äußerte gewisse Wünsche bezüglich der Mitarbeiter, und sie wurden von Lacon gewissenhaft notiert. Zudem ließ Lacon durchblicken, daß das Schatzamt, allerdings nur, was den Circus betreffe, zur Zeit in Geberlaune sei. Zumindest in der Geheimwelt war der Sterlingkurs im Steigen. Diesen Sinneswandel habe nicht nur der Erfolg von »Unternehmen Delphin« herbeigeführt, sagte Lacon. Die Begeisterung der Amerikaner über Enderbys Ernennung sei überwältigend. Man habe sie sogar auf höchster diplomatischer Ebene *gefühlt*. *Spontaner Beifall*, so drückte Lacon sich aus.

»Saul weiß wirklich, wie man mit ihnen reden muß«, sagte er.

»Ja? Ah, gut. *Well*, gut«, sagte Smiley und nickte heftig Zustimmung, wie es Schwerhörige tun.

Auch als Enderby Smiley anvertraute, daß er Sam Collins als Leiter von London Station vorschlagen wolle, zeigte Smiley ausschließlich höfliches Interesse. Sam sei ungemein *rührig*, erklärte Enderby, und *Rührigkeit* sei im Moment in Langley hoch im Kurs. Mit vornehmer Zurückhaltung sei kein Blumentopf mehr zu gewinnen.

»Bestimmt nicht«, sagte Smiley.

Beide Männer stimmten darin überein, daß Roddy Martindale trotz seines enormen Unterhaltungswerts *nicht* für diesen Posten geeignet sei. Der alte Roddy sei einfach *zu* schwul, sagte Enderby, und der Minister habe einen wahren Horror vor ihm. Auch kam er nicht gerade glänzend bei den Amerikanern an, nicht einmal bei denen, die zufällig seine Neigungen teilten. Überdies hegte Enderby leise Bedenken, noch mehr ehemalige Eton-Schüler zu berufen. Könnte einen falschen Eindruck machen.

Eine Woche später schlossen die Housekeepers Sams altes Büro in der fünften Etage wieder auf und entfernten das Mobiliar. Collins' Geist habe endlich seine Ruhe gefunden, sagten gewisse vorlaute Stimmen genüßlich. Am Montag indes trafen ein imposanter Schreibtisch mit rotem Lederbezug sowie mehrere Imitationen von Jagdstichen ein, die einst die Wände von Sams Club geziert hatten. Was den Club selbst betraf, so war bereits seine Übernahme durch eines der größeren Glücksspielsyndikate in die Wege geleitet, zur Zufriedenheit sämtlicher Parteien.

Der kleine Fawn wurde nie wieder gesehen. Auch dann nicht, als mehrere der mehr muskelbetonten Londoner Außenstellen wieder zum Leben erweckt wurden, einschließlich der Skalpjäger in Brixton, denen Fawn dereinst angehört hatte, und der Pfadfinder in Acton unter Toby Esterhase. Aber niemand vermißte ihn. Ähnlich wie Sam Collins war er über die Bühne gegeistert, ohne eigentlich eine Rolle im Spiel zu haben. Aber zum Unterschied von Sam verschwand er in den Kulissen, um nie mehr aufzutauchen.

So fiel Sam Collins also an seinem ersten Tag im neuen Amt die Aufgabe zu, die traurige Nachricht von Jerrys Tod bekanntzugeben. Er tat es in der Rumpelkammer, in Form einer kurzen unsentimentalen Rede, und alle fanden, er habe es gut gemacht. Sie hätten es ihm gar nicht zugetraut.

»Nur für die Ohren der fünften Etage«, hatte er gesagt. Seine Zuhörer waren tief betroffen, dann stolz. Connie weinte und versuchte, Jerry als eines von Karlas zahlreichen Opfern hinzustellen, was jedoch schwerhielt, denn es war nicht zu erfahren, wer oder was ihn getötet hatte. Es sei im Zuge des Einsatzes gewesen, hieß es, und ehrenvoll.

Drüben in Hongkong zeigte der »Auslandskorrespondenten-Club« sich zunächst sehr besorgt um die Geschicke seiner vermißten Kinder Luke und Westerby. Dank unermüdlicher Vorsprachen seiner Mitglieder wurde eine regelrechte geheime Sonderkommission unter Vorsitz des umsichtigen Superinten-

dent Rockhurst eingesetzt, die das Doppelrätsel ihres Verschwindens klären sollte. Die Behörden sagten vollständige Veröffentlichung aller Resultate zu, und der Generalkonsul der Vereinigten Staaten von Amerika setzte eine Belohnung von fünftausend Dollar aus seiner eigenen Schatulle für jeden aus, der brauchbare Informationen liefern würde. Als ritterliche Geste gegenüber der Kolonie schloß er Jerry Westerbys Namen in dieses Anerbieten ein. Die beiden Männer wurden als Die Vermißten Reporter bekannt, und alsbald verbreiteten sich Andeutungen einer schimpflichen Verbindung zwischen ihnen. Lukes Büro legte nochmals fünftausend Dollar zu, und der Zwerg, obzwar untröstlich, bewarb sich allen Ernstes um die Gesamtsumme. Schließlich hatte er, dank unermüdlicher Zweifronten-Arbeit, von Deathwish erfahren, daß die Wohnung an der Cloudview Road, die Luke zuletzt benutzt hatte, vom Fußboden bis zur Decke renoviert wurde, ehe die scharfäugigen Fahnder des Rocker dazu kamen, sie zu durchsuchen. Wer hatte das angeordnet? Wer hatte das bezahlt? Niemand wußte es. Der Zwerg hatte auch aus erster Hand Berichte gesammelt, wonach Jerry am Flugplatz von Kai Tak einen japanischen Touristenschwarm interviewt hatte. Aber die Sonderkommission des Superintendent sah sich gezwungen, diese Informationen zurückzuweisen. Die besagten Japaner seien *willige, aber unzuverlässige Zeugen* gewesen, als es darauf ankam, einen Europäer zu identifizieren, der nach einer langen Reise so einfach über sie hergefallen sei. Und was Luke anging: nun ja, so wie er es getrieben habe, hieß es, habe es mit ihm auf jeden Fall ein übles Ende nehmen müssen. Die Wissenden sprachen von Gedächtnisverlust, verursacht vom Alkohol und Ausschweifung. Nach einer Weile wurden auch die besten Storys kalt. Gerüchte gingen um, die beiden Männer seien während des Falls von Hué – oder war es Da Nang? – in Saigon gesehen worden, wo sie gemeinsam gejagt und getrunken hätten. Dann wieder hätten sie angeblich Seite an Seite am Strand von Manila gesessen.
»Und Händchen gehalten?« fragte der Zwerg.
»Schlimmeres«, lautete die Antwort.
Der Name des Rocker war außerdem in aller Munde, dank seines Erfolges bei einem spektakulären Rauschgiftprozeß, der mit Hilfe der amerikanischen Drogenbekämpfung unlängst über die Bühne gegangen war. Mehrere Chinesen und eine betörend schöne englische Abenteurerin, Heroinschmugglerin, waren die Haupt-

angeklagten. Der große Boß konnte zwar, wie üblich, nicht vor Gericht gestellt werden, jedoch wäre es dem Rocker, wie es hieß, um Haaresbreite gelungen, ihn festzunageln. »Unser rauher, aber redlicher Retter in der Not«, schrieb die *South China Mornirg Post* in einem Leitartikel zum Lobe seiner Tüchtigkeit. »Hongkong könnte mehr Männer seines Schlages gebrauchen.«

Weitere Zerstreuungen konnte der Club aus der dramatischen Wiedereröffnung von High Haven beziehen. Das Haus wurde jetzt von einem zwanzig Fuß hohen Drahtzaun umzogen, mit Flutlicht angestrahlt und durch Wachhunde gesichert. Aber es gab keine Einladungen zum Lunch mehr, und so hatte die Sache bald ihren Reiz verloren.

Was Old Craw anging, so wurde er monatelang nicht gesehen, und niemand sprach von ihm, bis er eines Abends wieder erschien, sehr gealtert und nüchtern gekleidet, sich in seine angestammte Ecke setzte und ins Leere starrte. Ein paar Leute waren noch da, die ihn kannten. Der kanadische Cowboy schlug eine Runde »Shanghai Bowling« vor, aber Craw lehnte ab. Dann geschah etwas Seltsames. Es kam zum Streit über einen albernen Punkt der Clubsatzung. Durchaus nichts Ernstes: nur ob man im Interesse des Clubs unbedingt die traditionelle Form der Bons für Speisen und Getränke beibehalten müsse. Eine Kleinigkeit. Aber aus irgendeinem Grund brachte sie den alten Knaben völlig aus dem Häuschen. Er stand auf, stapfte zu den Lifts, und die Tränen liefe ı ihm übers Gesicht, während er die Clubmitglieder mit Beleidigungen überhäufte.

»Daß ihr mir nichts ändert!« drohte er und schüttelte wütend seinen Stock. »Du sollst nichts ändern an der alten Ordnung, laßt alles weiterlaufen, wie es ist. Ihr werdet das Rad nicht anhalten, nicht gemeinsam und nicht einzeln, ihr rotznäsigen, verschissenen Grünschnäbel! Sonst sägt ihr den Ast ab, auf dem ihr mit euern fetten Ärschen sitzt!«

Durchgedreht, entschieden sie, als die Türen sich hinter ihm geschlossen hatten. Armer Kerl. Peinlich.

War wirklich eine Verschwörung gegen Smiley von der Größenordnung im Gang, wie Guillam vermutete? Und wenn ja, wie wirkte sich Westerbys Alleingang darauf aus? Es ist keine einschlägige Information verfügbar, und sogar Leute, die einander durchaus vertrauen, sind nicht geneigt, die Frage zu diskutieren.

Ganz sicher bestand eine geheime Absprache zwischen Enderby und Martello, wonach die Vettern den ersten Happen von Nelson kriegen und sich in den Ruhm teilen sollten, ihn herbeigeschafft zu haben – als Gegenleistung für ihr Votum zugunsten Enderbys. Ganz sicher waren Lacon und Collins, in ihren weit auseinanderliegenden Bereichen, daran beteiligt. Aber wann genau sie den Plan faßten, sich Nelson selber unter den Nagel zu reißen und mit welchen Mitteln – zum Beispiel über das bewährte Verfahren einer konzertierten *démarche* auf ministerieller Ebene in London –, wird man vermutlich nie erfahren. Es kann indes, wie sich ja herausstellt, kein Zweifel darüber bestehen, daß Westerby sich für sie als Glück im Unglück erwies: er lieferte ihnen den Vorwand, nach dem sie gesucht hatten.

Und hatte Smiley nun, tief im Innern, von der Verschwörung *gewußt*? War er sich klar darüber, und hatte er diese Lösung insgeheim sogar begrüßt? Peter Guillam, der inzwischen bereits gut drei Jahre in seinem Exil in Brixton Zeit gehabt hat, sich seine Meinung zu bilden, behauptet, die Antwort auf beide Fragen sei ein entschiedenes *Ja*. Es gibt einen Brief, den George auf dem Höhepunkt der Krisis an Ann Smiley schrieb, sagt Guillam, vermutlich während einer der langen Warteperioden in der Isolierstation. Guillam stützte seine Theorie hauptsächlich auf diesen Brief. Ann hat ihn ihm gezeigt, als er sie in Wiltshire aufsuchte, in der Hoffnung, eine Versöhnung herbeiführen zu können, und im Lauf des Gesprächs, dem allerdings kein Erfolg beschieden war, förderte Ann ihn aus ihrer Handtasche zutage. Guillam behauptet, er habe einen Teil davon im Gedächtnis behalten und sofort aufgeschrieben, als er wieder im Wagen saß. Und es steht fest, daß der Stil des Schreibens bedeutend anspruchsvoller ist als alles, was Guillam je hätte verfassen können.

*Ich frage mich allen Ernstes und hoffentlich ohne jedes Selbstmitleid, wie ich in diesen gegenwärtigen Engpaß geraten konnte. Soweit ich mich zurückerinnere, wählte ich die geheime Straße, denn sie schien sich mir am direktesten und am weitesten dem Ziel meines Landes zu nähern. In jenen Tagen war der Feind jemand, auf den man hinzeigen, über den man in den Zeitungen lesen konnte. Heute weiß ich nur noch, daß ich gelernt habe, das ganze Leben als eine Verschwörung zu verstehen. Dies ist das Schwert, durch das ich gelebt habe, und nun, da ich Umschau halte, sehe ich, daß ich auch durch dieses Schwert umkommen werde. Wenn ich den Todesstoß empfangen soll, so falle ich doch wenigstens von den Händen meiner Peers.*

Wie Guillam erläutert, ist dieser Brief typisch für Smileys Blaue Periode.
Heute, sagt er, ist George fast wieder der alte. Dann und wann treffen er und Ann sich zum Lunch, und Guillam persönlich ist überzeugt, daß sie eines Tages einfach wieder zusammenkommen und beisammen bleiben. George spricht nie von Westerby. Und Guillam tut es auch nicht, George zuliebe.